韓国「反日主義」の起源

松本厚治
Koji Matsumoto

草思社

韓国「反日主義」の起源◉目次

第三章 日本の統治の特質 217

第七章　反日主義の成立　503

韓国「反日主義」の起源

［編集部注］

・本文中の（ ）番号ルビは注番号を示し、【注】として各章末に掲載した。
・すべての出典は、「引用・参考文献」として巻末に掲載した。
・引用文中、難読と思われる言葉にはルビを振った。

序

今日の日本で、朝鮮半島の歴史研究ほどに、複雑な配慮を求められる分野はまれのように思われる。ある日本の学者は、日本統治期における近代的経済の発展を主題としたC・J・エッカート『日本帝国の申し子』（原題は *Offspring of Empire: The Koch'ang Kims and the Colonial Origins of Korean Capitalism, 1876-1945*）の解説で、「このような結論はおそらく日本人研究者ならば、たとえ正しいと考えても、さまざまな反応を予想し、主張することをためらうのではないであろうか」と述べている。[1] エッカートの本はイデオロギーや民族感情とはもとより無縁のもので、著者の学問的誠実さに疑う余地はないと思われるが、同じことを日本人が語るのは憚られるというのである。[2]

理由は語るまでもない。日本の研究者たるもの、日本の植民地統治の正当化につながりかねないと感じれば、学問的主張に手心を加えるようなのである。伺いを立てる公《おおやけ》の機関があるわけもなく、捉えどころのない空気が漂っているだけだが、自ら行なう検閲は得てして過度なものになりがちである。

近代史だけの問題ではない。早稲田大学の調査報告『韓国の前方後円形墳』（一九九六年）は、南朝鮮の栄山江流域に点在する古墳を前方後円「形」墳と言いなしている。[3]前方後円墳と記せば、この地が倭国の支配下にあったという解釈につながり、韓国併合と植民地支配を正当化させた優越史観に悪用されかねないからと言う。[4]前方後円墳はもともと形に着目した概念だから、前が方形で後が円形なら、前方後円墳なのだろう。[5]北アフリカのローマ遺蹟を円形「形」闘技場と言うようなもので、あからさまな政治的配慮が道理として記されていることの異様さに、あらためて驚かざるをえない。

近代以前は中国の属国で、伝統文化の実体が中国文化だったこと、その状態に終止符を打ったのが日清戦争だったこと、その後日本を範型として民族の枠組みが作られ、大量に持ち込まれた日本の制度文物が国の新しい伝統となったこと、抗日は終始低調で、併合後は日本国民としての意識が徐々に定着していったこと——筆者には自明と思えるこれらのことに正面から向き合った研究は、今なお容易に見出せない。朝鮮半島の人々の耳にさからうと思えば、何事であれ腫れ物にさわるように接する。学術の分野だけでなく、日本の言論空間の総体がそのようにできている。

なぜ今、韓国（朝鮮）人の名を、韓国（朝鮮）漢字音で読んでいるのだろう。「朴正熙」が「ぼくせいき」なのは、「毛沢東」「習近平」が「もうたくとう」「しゅうきんぺい」になるのと同じである。「朴」が「ぼく」、「正」は「せい」、「熙」は「き」と読むという日本語の規範によるもので、他の要素が介在する余地はない。フランスではチャールズ、ダイアナをシャルル、ディアナと呼ぶが、イギリス王室が不満を洩らしたという話は耳にしない。バッハをバック、ムハをミュシャと言うのも同じで、問題にするほうがおかしいというのがヨーロッパ人に通有する感覚だろう。

韓国語の発音どおりと言ってもしょせんは大まかな近似でしかなく、おまけによけいなノイズが入る。たとえば全（전）は「チョン」、裵（배）は「ペ」となるが、こうした音を日本語文のなかに持ち込めば、俗語、卑語の語感が生じ、名前本来の格調を損なってしまう。少なくとも筆者には、全斗煥、裵勇俊を「チョンドファン」「ペヨンジュン」とするより「ぜんとかん」「はいゆうしゅん」と言うほうが、美しく、りっぱに聞こえる。日本人には日本語の音韻で育まれた自然な感覚があり、それになじむからだろう。もとの発音に近づければ正確な伝達が行なわれるとは、限らないのである。

孔子、始皇帝、司馬遷にせよ、李舜臣、愛新覚羅にせよ、東洋史上の人物はこれまで一貫して日本読みにしてきた[6]。今になって韓国（朝鮮）だけを例外として、金春秋《キムチュンジュ》、王建《ワンゴン》、李成桂《イソンゲ》式の奇矯な読みをする理由は何か。渤海の王大祚栄は韓国人「テジョヨン」なのか、中国の地方政権の首長「ダーツォロン」なのか、いちいちルビを振ってこの種の争論に首を突っ込むつもりだろうか。李、林、柳などは韓国と北朝鮮で読み方が違うが、戦後越北し北の高官となった作家、その反対の脱北者、帰属が分明でない在日の著名人を、どのように呼ぶのか。種々の読み方が混在する状況で、まともな人名事典が作れるのか。

なくもがなの問題が百出するが、そうまでして韓国（朝鮮）読みにこだわる理由が、ただ、かの国の人の意に適うということだけなら、愚かしい迎合というしかないだろう[7]。

筆者は、そもそもなぜ日本で跆拳道（テコンドー）の正体が語られないのか、不思議でならないのである。跆拳道の第一世代の指導者は戦前日本で修業した空手家で、当初は自分の道場に空手、唐手、拳法といった看板を掲げていた。跆拳道なる言葉が使われだしたのは一九五〇年代も半ばになってからで、韓国固有の武道を自称するようになったのもこれ以降のことである。

この間の事情を書いた韓国の書籍や雑誌記事、アメリカ人武道家による英語の論考もあり、秘密というほどの秘密でもないのに、なぜか日本で語られることがない。「長い歴史がある」と言いながら裏づけとなる資料はなく、跆拳道の名が日本に伝来したのも戦後もかなり経ってからのことである。古代からこの国に伝わるという武道がなぜ空手そっくりなのか、首をかしげる人も多いはずである。五輪種目ともなった知られた競技なのに、各種メディアがしのぎをけずる日本で、どうして今なお、死灰のような沈黙が続いているのだろう。

日本の社会に、韓国（朝鮮）への迎合、と言って悪ければ同調の心理が、確実に存在する。国技の実体がじつは空手だなどと言えば、「優越史観」に悪用されると慮っているのか。身もふたもない事実なので、裸の王様の行進をながめる民衆の心理になっているのだろうか。こと韓国（朝鮮）に関しては、眼前の事実を、それと認めることができなくなっているのである。

なぜだろう。筆者は、戦後に台頭した特異な朝鮮史学の影響が大きいと考えている。戦後しばらくの間は、今西龍、藤田亮策、高橋亨らによって築かれた学の伝統が健在だったが、一九六〇年代になって急激な変化がおとずれる。『史学雑誌』は年に一度、その年の研究成果を分野別に回顧しているが、その一九六三年版に突如、学術報告らしからぬ政治色剝き出しの文章が現れる[8]。

「一八年間日本に監禁され続けの状態にある在日朝鮮人の、祖国朝鮮民主主義人民共和国への自由往来の要求のたかまり、大衆運動のたかまりを抑圧しようとする権力の側では、露骨なマスコミ操作から在日朝鮮人に対する直接的なテロ行為まで続発させ、関東大震災が単に過去のこととばかりいえないことを我々に知らせた」
「朝鮮問題は再び日本の支配体制の矛盾の現象的結節点となりはじめている。このような状況に対してどういう立場をとるかが、意識するとしないとにかかわらず研究の内容を規定せざるを得ない」

朝鮮史学者吉野誠は、「一九六〇年代に本格化した日本人の手による新しい朝鮮史研究は、民族的責任の思想を深化させるところに基本的なモチーフをもつ」もので、それは「加害者としての自覚に立って、日本近代の総体とそれに規定されたみずからの存在を自己否定的に問い直していく方法的な枠組み」だと説明している。(9) ひと頃影響力のあった梶村秀樹は、「日本の排外主義的思想状況」を変えるために朝鮮史の研究が必要だとし、(10) 次のように述べている。(11)

「帝国主義的イデオロギーの中に浸っているということを自分自身が自覚し、たえず考える、そういう契機として朝鮮問題はある」
「おのれの欠落を回復するために行動そのものと同時に、朝鮮の歴史のありようにふれていくということが必要だ。なぜなら自分自身を必ずたえずめくられるのが朝鮮史だからだと思います」

「戦前戦後を通じて、日本社会と国家が何をしてきたかという物質的・精神的、両面を含めて侵略史の系統的暴露……それこそ具体的にわれわれがやらなければならないことでしょう」

朝鮮史学の主流は、悔い改めを説く何やら精神運動のようなものとなり、預言者の託宣風の学説がそのまま日本国民の韓国認識の基底を作り、今に至っている。

ひと握りの人々が一国民の意識になぜこれほどの影響を及ぼしてきたのか、いぶかしく感じる人も多いと思うが、それ相応の理由がある。欧米各国や中国、ロシアについてなら、重要な書物には概ね日本語訳があるが、韓国（朝鮮）の場合はそうでもない。この国に関心を持ち、原典にあたって自分なりに考えようと思っても、読める本がほとんどない。翻訳の点数自体が少ないとは言えず、『三国史記』や『三国遺事』などの古文献から、ハングル古小説、燕行使や朝鮮通信使の記録、西洋人の朝鮮見聞録、地理書、歳時記や料理書の類まで日本語になっているのに、（中国で言えば康有為、梁啓超、魯迅などに相当する）申采浩、[12]李光洙、[13]崔南善[14]らが遺した思想書が、まったくと言ってよいほど訳出されていない。[15]日本の専門家は、近代朝鮮の精神を文字にしたとおぼしき書物の翻訳に、あまり乗り気でないようなのである。

理由は想像に難くない。これら朝鮮の思想家はその日本観こそさまざまだが、一様に中国、というより自国の「内なる中国」――小中華という国のあり方に、激しい否定の意識を持っていた。その思想に立ち入っていけば、「新しい朝鮮史」とは別の絵柄の歴史が、否応なく目に入る。日本を加害者として片づけることが、難しくなる。日本の自己否定に熱中している人々には、それが困るのだろう。

翻訳がなければ原文にあたるしかないが、英語文献などとは異なり、一般の人がかんたんに手を出せるようなものではない。漢文からハングル専用文に至る、めまぐるしく変わる当地の書き言葉をひと通り読みこなすことは、かなりの専門家でもなければ不可能である。結局書店や図書館にある概説書に頼るしかないが、それには「新しい朝鮮史研究」の「成果」がぎっしりつめこまれている。知識の入手経路がもともと極端にせまく、その瓶の首にあたる部分を押さえてしまえば、極少数の人々による実質的な思想統制が可能となる。筆者の憶測にすぎないとも言えるが、戦後七〇年を経てなお、めぼしい思想書の翻訳が一つもないというのはどう見ても異常な事態であり、こうとでも考えなければ説明がつかない。

朝鮮の地政学的条件もあずかっている。多くの国がひしめくヨーロッパでは、こんなことはまずおきそうにない。たとえば特殊な使命感を抱いたドイツの学者が、ハンガリーの民族主義者と気脈を通じて、ハンガリーはナチス・ドイツと徹底的に戦ったなどと言い出せば、あちこちからたちまち「何を馬鹿な」という声があがるだろう。ハンガリーは七カ国と国境を接しており、事情は隣国に草の根レベルで知られている。ヨーロッパ的に思考する知識人はどの国にも多いし、奇矯な歴史認識は周囲の顰蹙《ひんしゅく》を買って、たちまち立ち枯れていくはずである。

しかし韓国の隣国はもともと数が少なく、この国に切実な関心を持つ外国はさらにない。あるとすればほかならぬ日本だが、その日本は「加害者としての自覚に立って」「みずからの存在を自己否定的に問い直し」てきた。韓国が自己主張し、日本が自己否定すれば、その場で決着する。あやしげな言説もはたから文句が出ることはまずないから、それがそのまま世の公論のようなものになってしまう。

我田引水の記述を満載した韓国の高等学校歴史教科書（一九九六年。原題は『国史』）日本語版のあとがきで、翻訳者は、この本には国家、民族の強調が目立つとしながら、「単なる傍観者的立場からこれを批判することは戒めるべきでしょう」と書いている[16]。

どういう意味だろう。韓国への共感や同情を欠いた批判は、すべきではないということか。日本人はしょせん傍観者なのだから、そもそも批判自体が良くないと言っているのか。その点はさだかでないが、本の内容を受け入れるよう促していることはたしかである。相手の立場も理解せよというならともかく、批判するなとはかなりなことだが、この人はおそらく、自分が住んでいる「韓国朝鮮村」の、村の掟のようなものを語っているのだろう。朝鮮史研究はこうした人々の手でひたすら「深化」を続け、厚化粧をかさねた歴史は、素顔とは似ても似つかぬ仮面のようなものになっていった。

『国史』は歴史の主体を民族におき、韓半島に定住したただ一つの民族「韓民族」が四千年以上前に国を建て、さまざまな困難を乗り越えて今に至ったことにしている。そうとすれば、日本列島を舞台に継起的発展を続けてきた日本の歴史に似ていることになるが、これは実際とはかけはなれている。朝鮮半島はこれまで、天体衝突によって地軸が横転するような激変に、幾度となく見舞われてきた。外力の作用で急激な方向転換を繰り返す歴史は、日本史のほぼ対極にあるものだが、多くの文明、宗教、民族がせめぎあうユーラシア大陸にあっては、さほど珍しいとも言えない。東欧史のある概説書が述べている[17]（鳥山成人。一九七八年）。

「（東欧の歴史は）全体としての統一性、一貫性が欠けていただけではない。それは、概して受け手の歴史、受け身の歴史であった。東欧は古代のギリシアをのぞけば、歴史の主役であったことがない。それは世界史の舞台の隅におかれ、その周辺に位置してきた」
「西欧の歴史であれば、われわれは、それを西欧社会の一種の自己運動として説明することができる。西欧の封建制の成立とか市民革命とかを、西欧外の世界からの影響によって説明することはしない。……西欧の歴史は自己完結性が高く、これに対して東欧の歴史はそれが低い。東欧諸民族の歴史的運命を左右してきたのは、大きく見れば、東欧の外の世界の動きと、そこからの働きかけであり、東欧の諸文化にも、外からもちこまれたものが決定的に多い」（pp. 31–33）

歴史に宿命があるとすれば、それは「太陽の下における彼らの場所」だという、ブルガリアのさる歴史家の言葉が引かれている。平和的発展には不向きな、押し寄せる民族の通り道に居を定めたことが、自国の宿命だったという（p. 23）。

東欧や北アフリカ、中央アジアの多くの地域同様、朝鮮半島の「場所」も、宿命だったというほかはない。中華帝国と北方民族の角逐の場となった北アジアの大陸塊に、小さな半島が何の緩衝もなく貼りついている。三方は海に囲まれ、かなたにはいくさ好きの民族が居住する大きな島がある。こうした地理的位置がこの国の歴史の自己完結性を低めたことは、否定のしようがない。さきの東欧史の本は、次のように続けている。

「わざわざこのことを指摘するのは、東欧の民族主義史学、そして現在のマルクス主義史学に、この自明の事実に背を向ける傾向があるからである。どの民族にとっても、その歴史は輝かしいものであってほしい。自分たちの文化が他からの借り物である、といったことも認めたくない。東欧の多くの歴史書は、東欧の、とりわけ自民族の歴史の一貫性、歴史における自民族の主体的役割、その文化的創造力といったことを力説してきた。そして第二次大戦後は、この傾向がマルクス主義とむすびついた。歴史の発展において、外的な原因よりは、その社会自身の内的矛盾の契機を重視するマルクス主義が、東欧ではおもしろいことに、民族主義史観を補強することになったのである」(p. 34)

韓国の事情も、基本的に同じである。戦後、朝鮮史の他律性という観念は皇国史観、優越史観の所産とされ、非難のまとになってきたが、筆者はこれは依然、当地の歴史の大枠を正しく捉えたものと考えている。いま半島に二つの国があるのは米ソが分割占領したからで、南北の人々が話し合って決めたのではないのだろう。光復[18]は、韓民族の抗日闘争とは無縁の所で実現した。日韓が一つの国になったのは日本が韓国を併合したからで、その逆ではない。朝鮮を中国の支配から解放したのは日清戦争であって、朝清戦争ではない。

いくらさかのぼっても事情は同じで、統一新羅の成立以来、歴史の節目で決定的な影響を及ぼしてきたのは、常に「外の世界の動きとそこからの働きかけ」だった[19]。文化も、外部の影響でほぼ根こそぎ変わっており、三国時代の文化で今に伝わるものは、かけらのようなものでしかない[20]。新羅による統一後朝鮮半島は国ぐるみ中国化し、人名や地名まで中国風となった。一九世紀末からは制度文物が一式日本からもちこまれ、小中国（mini-China）は小日本（mini-Japan）へと姿を変えた[21]（Kohli）。この国の人々が、民族史の一貫性、民族の主体性、文化の優越性をしきりに強調してきたのは、このような歴史を意識してのことだろう。

こうした事情にある国としては異とするに足りないが、問題は日本の学者である。なぜ、隣国の民族主義の片棒をかつぐのだろう。

旗田巍はその「朝鮮史研究の課題」（一九七〇年）で、南北朝鮮の歴史学界はともに、民族の主体性の確立を志向し、栄光の過去を国民に示そうと努めてきた旨述べている[22]。そんな認識があるのなら、この種の歴史にありがちな偏向に注意を喚起してよいはずだが、筆はあらぬ方へと走っていく。

「解放後躍進している南北朝鮮の歴史学は、われわれの朝鮮史研究に大きな学益をあたえている。それによってわれわれの欠陥が是正され、不備がおぎなわれることが多い。その成果の吸収は、日本人の朝鮮研究の水準をたかめる大きな力になっている」(p. 37)
「学問の内面的交流は相当にすすんでいる、といってよいであろう。これは、大切にし、のばしていかなければならない。それには、われわれ日本人の側で、さらにいちだんと朝鮮学界の成果を吸収しなければならない」(p. 42)

この前後を見ても、「南北朝鮮の歴史学」に距離をおこうとしている様子はなく、朝鮮民族の主体性と栄光の宣揚を手放しで歓迎しているように見える。「内面的交流」と言うが、ただの交流では足りないのだろうか。事情はさだかでないが、こんな風に言うのはよほど通じ合うものがあるからだろう。非難の矛先は、もっぱら日本の旧史学に向けられる[23]。

「朝鮮は後進・落伍の国であり、朝鮮は自立できない外勢依存の国であった、というような考えは、古い朝鮮史像のなかで明白に示され、それが日本の朝鮮支配を肯定する意識の大きな支柱になっていた。そういう朝鮮史像は誤っており、改められなければならない」(p. 11)

韓国の歴史教科書も、相呼応するように書いている[24]。

「わが民族史も日帝の植民地統治を合理化するために捏造されていった。とくに民族史の根源とも言うべき古代史が歪曲され檀君朝鮮は否定された。韓国史の他律性と停滞性が強調され、韓国史の自律性と独創性はまったく否定された」

「古い朝鮮史」への批判が当を得ているかどうかは、ひとまずおく。しかし、諸国の歴史が、みな栄光に満ちているというわけでもないのだろう。世界には、万華鏡のような多彩な歴史がある。自己完結性の高い歴史に低い歴史、強固な連続を示す歴史に、断層が目立つ歴史がある。表舞台で終始主役を演じた国があれば、発展から衰退に転じた国、低空飛行を続けた国、四分五裂になって消えた国がある。二千年前に滅び、二〇世紀に復活した国がある。一貫して内在的発展を続けてきた国などむしろ例外に属するもので、そうでない国のほうがはるかに多い。

朝鮮は国としてのまとまりを終始維持してはきたが、常に外部の強い影響のもとにおかれていた。華々しい軍事行動、広域の支配、目をみはるような新しい芸術様式の勃興を、その歴史に見ることは難しい。残された文化財も概して小ぶりで、東大寺大仏殿や紫禁城太和殿に比せられる大建築は存在しない。後進・停滞と表現するかどうかはともかく、過去千年にあったのは、中国の属国として「細く長く」生をつないできた歴史である。[25] 新しい朝鮮史学者はこうしたイメージの克服に努めてきたが、今なお達成感がないようなのは、実際の歴史がそうしたもので、潤色にも限度があるからである。[26]

日帝による「捏造」は基本的になかった。有り体に言えば、好太王碑[27]の碑文改竄説事件[28]で露わになったように、不都合な史実を消去するために、捏造が持ちだされるのである。

中国吉林省輯安《しゅうあん》の地に聳立し、古代日本（倭国）の南朝鮮進出を裏づけているこの石碑は、長年、韓国の国史叙述にとって眼中の釘のような存在だった。[29]日本ではあまり知られていないが、すでに一九三一年に、民族史学者申采浩が日本人による石灰塗布の可能性に言及している[30]（『朝鮮上古史』）。土地の少年との筆談でそれと知った由だが、こんな頼りない話を載せているのは、碑文の内容がそれほどに受け入れがたいものだったからである。

李進熙は申采浩に触発されたのだと思われるが、その点はどうあれ、石碑から拓取した文字が間違っているというのだから、こうとでも考えるしかないわけである。申采浩は可能性をほのめかしただけだが、李進熙は、皇国史観、参謀本部、隠密探偵、石灰塗布作戦等の語句をちりばめた常ならぬ物語を拵えて、ひと時、碑文の信憑性を失わせることに成功した。

金石の文字まで平気で無いことにするのだから、紙に書かれたものの抹消など何でもないのだろう。捏造を言い立てて反対方向に歴史を捏造する、「好太王碑的」行為が、至る所で行なわれている。

韓国の歴史教科書は、紀元前二三三三年の檀君即位を史実とし、日本の捏造行為でそれが否定されたかのように書いている。[31]檀君は『三国遺事』に記載があり、熊の血をひき国を千五百年統治したという、どこから見ても神話世界の人物である。[32]その実在を裏づける史料などあるはずもないが、日帝が抹殺したことにすれば、話が多少はもっともらしくなると踏んだのだろう。

捏造と言うが、戦前の日本の学者は、政治的思惑とはおよそ縁遠い人々だった。彼らの著作は、史料の扱いの慎重、異説への寛容、冷静で控えめなトーンにおいて、イデオロギーが先に立つ新しい朝鮮史学の本に比べ、はるかに学術書らしい風格をそなえている。毛を吹いて疵《きず》を求めれば何かは出てくるだろうが、先入見なしに読めば、捏造云々の荒唐無稽は誰の目にもあきらかなはずである。

朝鮮総督府が多数の研究者を糾合し、一五年を費やして編纂した、三七巻、二万四〇〇〇ページの大著『朝鮮史』は、戦前の朝鮮史学の総決算というべきものである。これは、一つの段落、ときには文の一行ごとに、朝鮮・日本・中国の史料から摘出した典拠を集結するという体裁で編まれている。私見や政治的意図の混入を排し、史料をして史実を語らせるという方針に徹したもので、特定の歴史認識を前面に押し出すいわゆる正史の対極にあるものである。史料探索の労を省き、反日の歴史家を含む後のすべての研究者を分けへだてなく助けてきた、朝鮮研究の公共財というべきものである。韓国の学者は口をつぐんでいるが、本音を洩らす人もないわけではない。「この文化的業績だけはどうしようもない」「嫌いだと言って見捨てるわけにもいかず、しかたなしに利用するほかはない」(33)

『朝鮮古蹟図譜』一五冊は、朝鮮全土の古建築、遺構、石碑や石像の類を写真に撮り、精密な実測図を描き、位置と寸法を記録している。ただそれだけで、文章がほとんどないこの資料の何が、どのようにして、日本の支配を肯定するのだろう。情報がとぼしかった朝鮮の遺跡・遺物を世界に紹介した画期的な報告書で、一九一六年、フランス学士院から、東洋学の顕著な業績を顕彰する学術賞（スタニスラス・ジュリアン賞）が授与されている。[34]

『朝鮮人名辞書』は、群書に散在する大小零細の記事を集め、一万三〇〇〇人もの人物の事蹟を収録している。褒貶を避け、史料との直結を旨としたもので、戦後韓国で刊行された歴史人名事典のすべてが本書を土台にしている。[35]叙述の公平は多くの人が認めるところで、たとえば李舜臣[36]に特大のスペースを割き、朝鮮を主とし、日本を客として敵軍、敵将、敵船などと表記しているのは、朝鮮の書としても間然する所はないように思う。

問題になりそうなものが、どこかにあるのだろうか。今西龍、高橋亨、四方《しかた》博、前間恭作、小倉進平、関野貞、村山智順、赤松智城、秋葉隆らの著作は純乎たる学術書で、よほどの深読みをしなければ政治的含意を引きだすことは難しい。原創的研究特有の威厳をそなえた労作を、偏見の書、植民統治を合理化する政治的著述と罵るのは、さすがにためらわれるのだろう。専門家でもない福田徳三の取るに足らない随想（「韓国の経済組織と経済単位」）。当時の朝鮮を「藤原氏時代」になぞらえた[37]田徳三の取るに足らない随想を、朝鮮の落伍を吹聴した旧史学の代表に据えたのは、標的にできそうなものが他に見あたらないからである。

四方博は、朝鮮における資本主義の発展を開港後の現象として、それ以前は「資本主義生成の条件とは凡そ正反対なる要素」しか存在しなかったと述べている[38]（一九三三年）。これは事実を端的に要約したもので、要するに本当のことだから、捏造、歪曲とは言えないだろう。戦後もたとえば安秉珆[39]は、旧朝鮮の「資本主義萌芽部分」は「極めて微々たる比重」しか占めていないと結論し

(一九七五年)、エッカートは、韓国の前近代に資本主義の萌芽を見出そうとする試みを、オレンジ畑でリンゴを探すようなものと評している[40](一九九一年)。戦後七〇年経った今も萌芽のイメージが定まらないのは、貨幣も十分機能していない経済をどう捉えたところで、それ相応の認識になるしかないからである。

赤松智城・秋葉隆の著作『朝鮮巫俗《ふぞく》の研究』は、朝鮮社会の蒙昧をあげつらったものではなく、先入観を捨て事実を見よと説いているのである。朝鮮の巫俗は、「他の如何なる民族のシヤマニズムよりも優れて発達した一の組織ある儀礼」で、長らく民衆の精神的欲求に応えてきたものだから、一概に迷信として排斥するのは忌むべき認識不足だと述べている[41]。巫俗は旧朝鮮の士人から淫祠とされ、社会の埒外におかれてきたから、考察はおろか記録もろくに残っていない。『朝鮮巫俗の研究』二巻中の一巻はあげて口伝の巫歌、巫経、巫祖伝説の筆録にあてられており[42]、巫俗の多くが湮滅に帰した今、この国の基層の文化を今に伝えるかけがえのない文献となっている。いったいこの本のどの部分が捏造で、植民統治を合理化するのだろう。

小倉進平は、朝鮮語学さらには韓国学に、個人としておそらくは最大の貢献をした人である。古語を集め、古代の漢字音を究明し、毎年ロバに乗って僻地をまわり方言を採取した。冗舌だった福沢諭吉と異なり学者としての言動に終始した人で、著作には政治的なことは書かれていないから、総督府官吏、のちに京城帝大教授となったことに目をつけて、日帝官学者と言いなしているだけである。

資料が蓄積された今とは違い、当時この分野の研究をするには半島に居を移すしかなく、生計の資を得るため判任官待遇で総督府に勤務した。朝鮮語に対する日本の学界の関心は低調で、のちに小倉は、その野心作『郷歌及び吏読の研究』を世に問うたとき、些少の反響もなかったと回想している。[43] 京城帝国大学の創立とともに朝鮮語学の教授になったのは当然だが、それまで周囲の無関心のなか、一人孤独な研究を続けていた。言語学者河野六郎が頌辞をささげている。[44]

「朝鮮に渡られてから博士は朝鮮総督府の一官吏としてあらゆる困難を排して朝鮮語研究を開始された」「環境は必ずしも博士の学的活動に有利ではなかつたのである。殊に当時朝鮮に於て公職の余暇に研究を続けることは容易ならざる困難を伴なつたと想像せられる。殆んど学的雰囲気の無かつた所で誰からも理解されることなく歩一歩着実な地盤を固めて行くことが如何に忍耐と努力を要することか。しかも博士は旺盛な意志を以てその困難を突破し、遂に朝鮮語の研究に科学的基礎を与えられたのであつた。実に博士は何よりも先ず意志の人であり、その業績で基礎的でないものは何一つなかつた」「朝鮮の言語が科学的研究の基盤を得たのは全く博士の献身的努力によるものであつて、今後朝鮮の内外の研究者によつてその発展が期待せられようが、それは必ずや博士の置かれた礎石の上に於てである」（原載は一九五〇年）

他の韓国（朝鮮）学の開拓者も似たようなもので、所在も知れない資料の捜索から手をつけ、恵まれない環境のなかで辛苦し、報われることなく生涯を終えた人も少なくない。旧朝鮮の士人は中国尊崇が嵩じて自国の事物を蔑《ないがし》ろにしがちで、学問的関心を寄せる第三国の人も皆無に近かったから、いきおい日本の学者が研究の担い手となった。この分野の専門家なら等しくその学恩を蒙っているはずで、先達に対し応分の敬意を払ってもよいと思うのだが、口をついて出るのは罵言だけというのはなぜだろう。(45)

「かつての朝鮮史研究は、『日鮮同祖論』『満鮮史』『他律性史観』『停滞論』などでいろどられていた。それらは、一言でいうと、朝鮮史の主体的発展の否認である。それは、意識すると否とをとわず、日本の朝鮮支配の肯定とむすびついていた」(旗田巍。一九七〇年)

「結論をまず無意識のうちに持っていて、日本軍なんかの世話を受けながら朝鮮の内部を一カ月ほど視察して歩いて蔑視観に満ちた印象を仕入れ、それを下地に発展段階論なんかの武器を使ってもっともらしく仕上げて、そして『停滞社会論』という権威ある理論ができあがる」(梶村秀樹。一九七一年)

「何しろ明治以来百年の、あるいはもっと言えば記・紀成立以来一二〇〇年以上の、日本の朝鮮蔑視の風潮のなかで形成された日本の学問のことであるから、再検討といっても、一人や二人の個人的な仕事では、とても効果的な成果をあげることは出来ないであろう」(中塚明。一九七七年)

「一言でいうと」と言うが、戦前の日本の学者の多岐にわたる業績を、一言で片づけられては困るのである。結論を無意識のうちに持っていたなどと述べてもいるが、そういう当の本人が、立場が研究を規定する、日本の侵略史の系統的暴露が必要だなどと語っているではないか[46]。日本の否定につながることなら、無意識どころか自覚的に結論を先取しても、良いことになるらしい。矛盾と見えるが、学の名のもとに何ごとかをなしている人には、大して気にならないのだろう。

戦前の日本の学者は森に分け入って木を伐りだし、それを組み立てて家を建てた人である。新しい朝鮮史学者は、空き家になったその家に入り込み、自分好みのペンキを塗りつけて、これで少しはましになったと嘯《うそぶ》いているようなものである。先人の業績を丸ごと借用していながら謝恩の言葉一つとてなく、不遜の言辞を並べているのは、戦後の韓国（朝鮮）学の異様さを如実に示している。崔敬洛が述べている[47]（一九六八年）。

「偉大なる星は、次々と消え去っていった。彼らの残した足跡は、軍国主義者の走狗であるという一喝のもとに消え去るかに見えた。日本でも韓国でも見捨てられた。特に日本では、古傷にさわられるように、彼らの業績を意識的に無視しようとしている」「高橋亨博士も草野にうずもれたまま、一九六七年の夏、寂しくあの世に旅立っていった。新村出博士同様の業績をもちながら、ただ『韓国学』の研究とそこに住んでいたという理由だけでは、新聞紙上に死亡記事が特別に扱わないということであろうか」

国内で安穏に日本のことを研究した学者には過分の栄誉を与え、一方外地にあって茨の道を切り開き、その国の文化の興隆に献身した人々に一顧の礼もないというのは、どう見ても正常なことではない、と続けている。この文が書かれてすでに五〇年が経過しているが、「どう見ても正常でないこと」は、今も十年一日のように行なわれている。自己否定的問い直しもけっこうだが、半世紀も続ければもう十分だろう。そろそろ、「自明の事実」に目を向ける時が来ているのではなかろうか。

本書は、仮面の下にある史実をあかるみに出し、歴史を再構成しようと試みたものである。人によっては過激な内容と感じるかもしれないが、それは、まことしやかに語られてきた虚構の数々、天動説のような歴史学を、真実と思い込んでいるからである。過激なのは本書の書きようではなく、生起した歴史そのものなのであり、筆者自身なお通念に引きずられ、全貌を捉えきれていないことを懸念している。

ここで、記述にあたって考慮した二、三の点について触れておきたい。近代以降、半島の国の名は「朝鮮」「韓国」の間を行き来し、文献中の呼称も二転三転し、時には同じ論稿のなかで二つが混在していることさえある。筆者は当初、何らかの原則を立てて使い分けることも考えたが、実際上困難であるとの結論に達し、両者を基本的に同義のものとして取り扱うこととした（ただし戦後の南北両国は、有り体に韓国・北朝鮮と表記している）。

韓国（朝鮮）語文献については、日本の一般読者の便宜を優先して、表題を日本語に訳して引用

している。韓国語と言っても、多くは『韓国法曹人秘伝』『日帝下의朝鮮社会経済史』といった態のもので、字面の上では日本語と大差ない場合が大半である。近年の出版物は表題がハングルだけで表記されているものがほとんどだが、それでも概ね直訳が可能で、たとえば「수탈론와 근대화론을 놈어서 식민지시대의 제인식」は、逐語的に「収奪論と近代化論を越えて植民地時代の再認識」に置き換えられる。専門家なら、日本語タイトルを見て韓国語の原本にあたることは容易なはずである。著者名・出版社名がハングルで記され、漢字表記が不明ないし存在しない場合は、その部分に片仮名をあてているが、この場合は（仮名からハングルをおこすことは困難なので）とくにハングル原表記をつけ加えている。

外国語文献から直接引用した場合は、各章末の注ないし引用文の後に「韓国語文献」「中国語文献」などと付記しているが、英語文献の場合は著者名を英字で表記することでこれに代えている。引用文の注に「要約紹介」とあるものは、文意が変わらない範囲で、引用にかかわる文から冗句を削ったことを示す[48]。

なにぶん過去一世紀の間に世に出た本や論稿の形態はさまざまで、引用の形式をそろえることに困難を感じたものも少なくない。その場合には、本書を手に取る人が最短距離で出典に到達できるよう、書き方の統一にはこだわらず入手し得た書誌情報を適宜注記に書き入れている。

なお本書では、韓国の国としての歴史認識を確認するため、一九九〇年および一九九六年に刊行された高等学校用国定歴史教科書（原タイトルは『国史』）をおもに引用している。今の韓国の世論の主要な担い手になっているのはこの教科書で学んだ世代の人々で、本書の目的に照らしこれが最適の選択と考えられるからである[49](ただしその後に刊行された教科書にも、必要に応じ言及している)。

巻末の韓国語・中国語の文献リストについては、著者名を日本語読みし、五十音順に配列している。日本の一般読者を意識してのことだが、専門家にとっても、これで検索が容易になる場合もあるはずである[50]。なお漢字は、韓国語・中国語を含め、原則日本の新字体に統一した[51]。

筆を擱くにあたり、以前知遇を得、交流のあった方々のことをあらためて想いおこす。わけても、故人となられて久しいグレゴリー・ヘンダーソン、田中明、服部民夫の各氏に、本書を届けられないことを残念に思う。友邦協会および学習院大学東洋文化研究所には、所蔵する友邦文庫の閲覧を許可して頂いた。当初の稿おこしに際しては、増田順子氏の助力を得た。最終段階で内容評価を依頼し、的確なご意見を頂いたのは、花房征夫、野副伸一、伊東和久の三氏である。花房氏はその後、出版社への紹介の労をとって下さった。草思社編集部の増田敦子氏には、拙稿を一冊の本に仕上げる過程で、ひと方ならぬ尽力があった。この場を借りて各位に謝意を表する。

平成三一年一月

松本厚治

【注】

（1）木村［2004］p. 440。この解説は、英語版の原著の書評を転載したもの。

（2）評者木村光彦（敬称略。以下同じ）は、日本統治時代に朝鮮人の生活水準が向上したとしており（Kimura［1993］pp. 629-652）、この解説においてもエッカートの所論に基本的に賛同している（木村［2004］p. 440）。引用部分は、日本の学界の現状に対する批判と解される。

（3）韓国南西部（全羅南道）の山中に発し、黄海に流入する川。一九八〇年代以降、流域と近傍で、前方後円墳が数多く存在することが確認されている。

（4）『韓国の前方後円形墳—早稲田大学韓国考古学学術調査研修報告—』に、次のような一節がある（岡内［1996］p. 23）。

「前方後円形墳とはいわゆる前方後円墳の平面形態をもつものだが、前方後円墳という表現を使うことは倭国の前方後円墳体制にこの地域が取り込まれていたという解釈に直結する恐れがあるので、ここでは敢えて前方後円墳という表現を用いず、前方後円形墳という表現を用いた」

今後の研究にあたり、韓国併合と植民地支配を正当化させた優越史観、日鮮同祖論、任那日本府説への悪用に陥らないようにする必要がある、と述べている（p. 29）。

（5）平面形態だけでなく、後円部中央に設置される玄室、横穴式の石室、周堀、葺石など、多くの共通点があることが指摘されている。

（6）忽必烈（フビライ）、抜都（バトゥ）などのモンゴル人、京劇俳優梅蘭芳（メイランファン）などの例外もあるが、韓国（朝鮮）人については原則を変えているのである。

（7）ベトナムのように人名の漢字表記が廃止されたのなら、（胡志明をホーチミンとするように）片仮名で表記すればよい。漢字表記があるのに、それを韓国（朝鮮）式に読むのは逸脱と言わざるをえない。

（8）『日本歴史学会の回顧と展望16　朝鮮』からの引用（史学会［1988］p. 49）。評者は北村秀人と梶村秀樹。

（9）吉野誠「『朝鮮史の方法』解説」（『梶村秀樹著作集〈第2巻〉朝鮮史の方法』一九九三年に収録されている。pp. 373-387）。

（10）『排外主義克服のための朝鮮史』。梶村［1971］p. 2。

(11) 前掲 p. 5, p. 9, p. 26。
(12) 一八八〇—一九三六年。代表的な民族主義歴史学者、言論人、独立運動家。『皇城新聞』の主筆として憂国の論陣を張り、併合直前に中国に移った。主著は『朝鮮上古史』。一九二八年に日本の官憲に逮捕され、のち旅順の監獄で死去した。
(13) 一八九二—一九五〇年。作家、思想家。早稲田大学在学中に発表した『無情』は、韓国最初の近代小説とされる。独立運動にもかかわったが、一九三〇年代から日本への傾斜を強め、戦後、反民族行為処罰法にもとづき逮捕(まもなく釈放された)。一九五〇年、朝鮮戦争のさい北朝鮮軍に拉致され、途中死去したともいう。
(14) 一八九〇—一九五七年。文学者、歴史家。早稲田大学で学ぶ。雑誌『少年』『青春』を創刊、三一独立宣言書の起草者となり、二年服役した後、『時代日報』の社長を経て(満洲国の)建国大学教授などを務めた。戦後親日派として反民族行為処罰法にもとづき逮捕されたが、まもなく釈放された。
(15) 申采浩「大韓の希望」「歴史と愛国心の関係」「西湖問答」「国家はすなわち一家族」(一九〇八年)、「同化の悲観」「東洋伊太利」(一九〇九年)、「精神上の国家」「国民の魂」「文化と武力」「二〇世紀新国民」(一九一〇年。いずれも『丹齋申采浩全集』下巻および別集に収録されている)、李光洙「子女中心論」「復活の曙光」(一九一八年)、「少年へ」(一九二一年)、「民族改造論」(一九二四年。いずれも評論集『民族改造論』に収録されている)、崔鉉培『朝鮮民族更生の道』(一九三〇年)、崔南善『歴史を通じて見た朝鮮人』(一九三一年)等の論稿を念頭においている。このほか、二〇世紀初頭、『太極学報』『西友』『大韓興学報』『学之光』などの朝鮮語雑誌に掲載された多くの論文も、訳出・紹介されてよいものである。
(16) 『国定韓国高等学校歴史教科書〈新版〉韓国の歴史』の訳者「あとがき」より引いた(大槻ほか [2000] p. 522。原著は一九九六年)。
(17) 以下一八頁までにある東欧についての言説は、『世界の歴史19 ビザンツと東欧世界』の冒頭の「東欧史の背景と特徴 その文化と民族と風土」より引いた(鳥山 [1978] pp. 9-35)。
(18) 元来は「勝って失地を奪回する」「旧業を恢復する」ことを意味する中国の古語だが、韓国ではおもに日本からの解放を指す言葉として用いられる。八月一五日の「光復節」は国の祝日になっている。
(19) 新羅による半島統一は唐の進攻の結果で、新羅は唐の滅亡とほぼ同時に終焉を迎えている。高麗の消滅と朝鮮の建国は、元から明への交替に連動するようにして実現した。一七世紀前半に事大先を明から清に替えたのは、侵入した清軍の要求を受け入れたのである。それぞれの節目で、中原の新興の王朝に与した側が、内争に勝利をおさめてきた（三品［1953］pp. 7-8）。ほかに稲葉［1939］p. 99を参照。

(20) 三国時代の歴史書・記録野乗の類で伝わるものは皆無で、統一新羅を含めても遺存する書物は崔致遠の『桂苑筆耕』しかない（今西［1933］p. 378）。高麗朝前期までの古建築もすべて消失し、石塔、石灯、石壇、石階などの石造物が残るだけである。

(21) Kohli［1994］p. 1285。

(22) 旗田［1970］p. 40。引き続く二つの見解は、同様にこの「朝鮮史研究の課題」より引いた。

(23) 旗田前掲書 p. 11。ほかに史学会『日本歴史学界の回顧と展望』p. 205を参照。

(24)『韓国の歴史』（一九九〇年に刊行された第五次教育課程による国定韓国高等学校歴史教科書。一九九七年に日本語訳が出版されており、引用の文と頁はともに訳本のもの）p. 425。

(25) 三品［1970］p. 3。原著は一九四〇年。

(26) 史学会『日本歴史学会の回顧と展望16　朝鮮』p. 188, p. 197, p. 205, p. 233, p. 280を参照。いつになっても、内在的発展を確認することが課題であり続けていたことがわかる。

(27) 高句麗の長寿王が、父の広開土境好太王の功業を称えるため、西暦四一四年に建てた石碑。一八〇二字からなる碑文は、当時の朝鮮半島と倭国の動静を伝える貴重な資料となっている。

(28) 李進熙は、日本軍の探偵酒匂景信が碑文に石灰を塗って改竄したと主張したが（『広開土王陵碑の研究』一九七二年）、のち誤謬であることが確認された。

(29) 金在鵬は、次のように述べている（金在鵬［1975］p. 58）。
「碑の前で、目も当てられないほど当惑するのは、韓国の歴史家たちであった。三九一年辛卯ごろから、海を渡って来た倭に、任那・百済・新羅が征圧（ママ）され、臣民にされたというのでは、『半万年の輝く歴史』も何もなかったからである」「しかし、当の好太王碑文テキストは、いくら目をこすって見なおしても、『倭以辛卯年来渡海破百残□□□羅以臣民』（ママ）になっているから、せっかくの『民族主体の国史叙述』は、空しく響くこだまとなって、地におちるだけである」

当時のどの韓国の歴史教科書も、碑文の内容には触れていなかったという。
(30) 申采浩［1983］pp. 231-232。原載は一九三一年。実際の執筆は一九二〇年代と推定されている。
(31) 前掲韓国の国定高等学校歴史教科書（一九九〇年）の日本語訳本。p. 33。
(32) 「檀君考」。今西［1934］p. 118。
(33) 崔敬洛［1968］p. 188。
(34) スタニスラス・ジュリアン賞はフランス東洋学の創始者の名をとり、一八七五年に創設された。一九七八年には宮崎市定が受賞している。なお反日の歴史家申采浩も、この研究の価値を認識していた（申采浩［1983］p. 25。原載は一九三一年。韓国語文献）。
(35) 安春根［1978］pp. 203-206。韓国語文献。
(36) 一五四五―九八年。李氏朝鮮の水師提督。一六世紀末の秀吉軍の侵入にさいし水軍を率いて善戦したが、露梁の海戦で戦死した。韓国（朝鮮）では、護国の英雄とされている。
(37) 福田［1925］p. 119。福田徳三「韓国の経済組織と経済単位」の内容の大半はドイツの経済学説の紹介であり、韓国を論じた実質部分は文庫本十数ページ程度の分量でしかない。韓国（朝鮮）の文献や統計の引用もろくにない雑感風の文章で、とうてい「朝鮮の後進性を学問的に立証しようとした」（旗田［1970］p. 23）などといった代物ではない。
(38) 「朝鮮における近代資本主義の成立過程――その基礎的考察」。四方［1933］p. 4。
(39) 大阪生まれの在日の経済史学者。『朝鮮近代経済史』（一九七五年）を著わした。
(40) 安秉玲［1975］p. 187、エッカート［2004］p. 26（原著は一九九一年）。
(41) 赤松・秋葉［1938］pp. 319-320。これは赤松智城の文章である。
(42) 筆録はハングルで行ない、これに日本語訳を付した。日本の祝詞と異なり、巫歌、巫経、巫祖伝説には漢字語が多く、音を採っただけでは意味が通じない場合が少なくない。漢字の推定には並々ならぬ苦心があったはずで、筆録それ自体が骨の折れる研究だった（それでも片仮名で表記せざるをえなかった箇所がある）。
(43) 前間恭作「処容歌解読」に寄せた小倉の解説中にある（『前間恭作著作集〈下巻〉』に収録されている pp. 410-411）。なお郷歌・吏読は、新羅・高麗の時代の朝鮮語の言語資料のほとんどすべてだから、『郷歌及び吏読の研究』は、ハングル発明前の朝鮮語の研究という、破天荒のものだったのである。

(44)「故小倉進平博士」『河野六郎著作集〈第3巻〉』に収録されている（河野［1980］pp. 332-333, p. 336。原載は一九五〇年）。

(45) 旗田［1970］p. 34。梶村［1971］p. 19。中塚［1977］pp. 255-256。

(46)「立場」云々は史学会［1988］p. 29（北村秀人・梶村秀樹連名の評）。「日本の侵略史」云々は梶村［1971］p. 2。

(47) 崔敬洛［1968］p. 188。崔敬洛は当時東京大学の大学院生。引用した論文「韓国における日本の文化的業績」（一九六八年）は、『中央公論』誌による「アジア留学生が見た明治百年」企画の一環として執筆された。

(48)「要約紹介」は、張徳順『国文学通論』（新丘文化社、一九七八年。韓国語文献）に倣った。文意が変わらないというのはもとより筆者の判断だから、疑義がある場合は注記にある原文にあたって頂きたい。

(49) 学生は日本の知識をおもに教科書と学校教師を通じて仕入れ、その影響は絶対的という（鄭在貞［1998］p. 113）。なお二〇一一年に出版された歴史教科書（イ・インソクほか『検定版 韓国の歴史教科書——高等学校韓国史』。日本語版は二〇一三年）からは、三一運動の死者七五〇九人といったあやしげな数字は姿を消しているが、他方「慰安婦」の記述量が増え、「私たちが克服すべき東アジアの歴史摩擦」という項目が設けられている。基本的な内容には変化はないようだが、全体として書きぶりがより過激になってきたという印象を受ける。

(50) たとえば、戦前に創氏名で発表された韓国語文献を引く場合、リスト冒頭にある「青木洪」「天城活蘭」（それぞれ洪鍾羽、金活蘭の創氏名）が、아오끼（アオキ）、아마기（アマギ）なのか、それとも청목（チョンモク）、천성（チョンソン）なのかが分明でなく、とまどう人もいるだろう。はじめから日本語にしておけば、こうした問題は生じない。ハングルの綴字も二〇世紀になってから大きく変わっており、原典にさかのぼって原表記を確かめることにさしたる意味があるとも思えない。一〇〇年を超える期間を扱う本書の場合、表記が比較的安定した日本語に依ったほうが、まぎれが少ないように思われる。なお韓国語文献リストを日本語訳で作成した例としては、金東旭『朝鮮文学史』、シュミット『帝国のはざまで——朝鮮近代とナショナリズム』などがある。

(51)『文藝春秋』『慶應義塾大学』などについては、旧字体による表記が広く用いられていることにかんがみ、とくに替えていない。斎藤、澤田、高光萬、金裕澤など、いくつかの人名についても、同様にしている。

第一章

反日する親日派の国

第二次大戦後、世界の各地域にあった反日感情は、今日ほぼ消失したように思われる[1]。中国は例外だろうが、一九七〇年代末の国交正常化の後、日中間に一〇年の蜜月の時代があったこともたしかである。しかしいま一つの例外である韓国の場合、反日意識が和らいだと思われる時期はとくになく、長い目で見てむしろ次第に険悪化してきたように見受けられる[2]。反日の強度と持続性、その広がりにおいて、この国が突出していることは、衆目の一致するところだろう。

他方韓国は、世界で最も日本に似た国でもある。近代以降長らく日本の制度文物を摂取してきたため、社会のすみずみまでに日本の影響が及んでいる。今の韓国語は近代になって日本語を範にして作り直されたもので、李朝時代の朝鮮語よりむしろ日本語に近くなっている[3]。刑法、民法、商法など多くの法律が日本の強い影響を受けており、戦後の新しい法律も、つぶさに見ると日本法を翻訳したように思える箇所が少なくない。基本的な制度がよく似ており、日本の事情に通暁した人なら、公的機関や経済団体の名前を聞いただけでだいたいどんなものか見当がつくし、実際それで間違えることはあまりない[4]。

文学や美術、教育制度、商慣行、実用書の内容、商品デザイン、流行歌の曲調、テレビの番組作り、はては労働組合の闘争戦術の類まで、日本由来のものが各処に見出される。「海一つ隔てた日本社会は常に模範答案紙のようなもので、韓国人は猛烈にそれを書き写した」（金時福。一九八一年）、「韓国の政治、社会、文化の大概の姿が、日本の慣習を模写するような形で進んでいる」（崔一男。一九九四年）という認識も、あながち誇張とは言えない[5]。

日本を「模範答案のように」書き写してきた国民が、最も日本を嫌っているということに、大方の日本人は慣れてしまったようなところがあるが、考えてみれば不思議な話ではある。日本のものと、日本の国への好悪は、別なのだろうか。

たしかに、フランス料理が好きだからといって親仏になる義理もないだろうし、日本の文物の取り入れにさしたる意味はなく、役に立つものを役立てているだけと見るべきなのかもしれない。しかし日本の影響は、実用性、技術性のまさった分野だけでなく、狭義の文化、精神の領域にまで及んでおり（後述）、それらをつなぎ合わせていけば、日本そのものが再現しかねない。

一方では「日本人は残忍、狡猾で邪悪な民族[6]」などという言辞を、はばかることなく公にできる雰囲気があり、他方ではその「邪悪な民族」のものを野放図に取り入れているという現実がある。

解放直後の一時の現象ならともかく、戦後七十余年、抑制のかからない反日と日本の取り込みが同居し、それで何がおきるということもなく今に至っている。地球上の任意にとりあげた二国の間にこんなことがおきていたとすれば、公平な観察者なら、一方が他を憎んでいるというだけでは十分とは思わないだろう。語られていない、何か大きなことがあると考えるのではなかろうか。本書はその解明をめざしている。

1　指導者の過去

反日の外見とはうらはらに、戦後のある時期まで、韓国の指導者のほとんどが日本と親密な関わりを持った人々だった。独立運動の闘士が反日の国を作ったというのならわかるが、現実となったのは、一見ありそうにない組み合わせである。

独立後、どのような人物が国家機関の長になってきたかを概観する。すべてを見るのは煩にすぎるので、ここでは、司法、軍事、内政、経済の各分野から、大法院長（最高裁判所長官に相当）、大法官・大法院判事（最高裁判事に相当）、大検察庁総長、法務部長官、国防部長官、陸軍参謀総長、内務部長官、文教部長官、財務部と商工部、復興部とその後身の経済企画院の長官、韓国銀行総裁を取り上げる[7]（国制上の位置づけにはこだわらず、要職と考えられるものを選んだ。選択には異論があり得るだろうが、他を視野に入れても結論が変わるわけでもない。いくつかはのちに行論の過程で触れることがある）。

結果は以下の一三の表に示されている。いずれも一九七〇年までに就任した人物であり、日本統治時代の職歴を示し、（満洲国を含む）日本帝国の公職に就いていた場合は右欄に黒丸を記入している。一九七〇年までとしたのは、概ねこの頃から、終戦時はまだ在学中だった戦後世代が進出してくるからである。

以下は各表に共通する注記である。

（1）「在任期間」欄中の、たとえば48・8は一九四八年八月を示す。

（2）「日本時代の職歴等」欄中、「総督府官吏」とあるのは朝鮮総督府の、「満洲国官吏」は満洲国の、「帝国官吏」は日本帝国（中央）政府の、行政官であったことを示す。司法官については、判事、検事などと書きわけている。

（3）職歴が公表資料等で確認できない場合、学歴や試験合格などの人事情報を括弧つきで記入している。たとえば「（42年城大卒）」とあるのは、一九四二年に京城帝国大学を卒業したことを示す。高等文官試験の司法科・行政科の合格者は、それぞれ「高文司法」「高文行政」と記す（卒業・合格の年次は、確認できたもののみ掲げている）。「満洲高文」は満洲国高等文官試験に合格したことを示す。

（4）日本時代の公職歴を持たない新しい世代に属すると思われる場合は、出生年のみを記す（たとえば「27年生」は、一九二七年に生まれたことを示す）。

（5）「陸士」とあるのは日本の陸軍士官学校、「松戸工兵」は松戸工兵学校、「豊橋予備」は豊橋予備士官学校、「千葉高射砲」は千葉高射砲学校、「満洲軍官」は新京軍官学校および奉天の幹部訓練処（いわゆる奉天軍官学校）、「京城法」は京城法学専門学校、「普成」は普成専門学校、「延禧」は延禧専門学校、「京城工」は京城高等工業学校、「平壌崇実」は平壌崇実専門学校、「セブランス」はセブランス連合医科専門学校、「梨花」は梨花女子専門学校を指す。

（6）「日帝系」欄に黒丸が記入されている人物は、朝鮮総督府、日本の中央政府、満洲国政府、日本軍や満洲国軍のほか、朝鮮銀行・朝鮮殖産銀行・東洋拓殖会社など総督府関係機関に勤務した過去があることを示す。

（7）各人の職歴はおもに以下の資料によっている。

1　『東亜年鑑』各年版、東亜日報社（韓国語文献）。
2　韓徹永『韓国を動かす人達〈第一選〉五十人集』（一九五三年。一九五一年に『韓国の人物――第一選・五十人集――』として出版された韓国語文献の日本語訳）。
3　韓徹永『韓国を動かす人達〈第二選〉五十人集』（一九五六年。一九五三年に『韓国の人物――第二選・五十人集――』として出版された韓国語文献の日本語訳）。
4　大韓年鑑社編述『韓国名士大鑑』一九五七年（韓国語文献）。
5　大韓年鑑社編述『韓国名士大鑑』一九五九年（韓国語文献）。
6　金鍾範編著『第四代民議員人物批判』中央政経研究所、一九六〇年（韓国語文献）。
7　外務省アジア局監修霞関会編『現代朝鮮人名辞典』世界ジャーナル、一九六二年。
8　韓国政経社編『六代選良のあれこれ』一九六五年（韓国語文献）。
9　大韓民国国防部戦史編纂委員会編『韓国戦争史〈第一巻〉』一九六七年（韓国語文献）。
10　外務省アジア局監修霞関会編『現代韓国人名辞典』世界ジャーナル、一九七一年。
11　日本文化情報センター編『現代韓国政治要覧　基本資料』文化堂出版、一九七六年。
12　韓国人物史編纂会編『韓国国会議員総攬』租税公論社、一九八三年（韓国語文献）。
13　連合通信編『韓国人名辞典』一九八九年（韓国語文献）。

［表1］**大法院長**　(1969年末までに就任した者に限る。以下同じ)

歴代	氏名	在任期間	日本時代の職歴等	日帝系
1	金　炳　魯	48.8〜57.12	弁護士・総督府判事	●
2	趙　容　淳	58.6〜60.5	総督府判事	●
職務代行	金　甲　洙	60.5〜60.5	総督府判事	●
職務代行	裵　廷　鉉	60.6〜61.6	弁護士	
職務代行	史　光　郁	61.6〜61.6	総督府判事	●
3	趙　鎮　滿	61.6〜68.10	総督府判事	●
4	閔　復　基	68.10〜78.12	総督府判事	●

14　日本図書センター編『旧植民地人事総覧　朝鮮編8』一九九七年。

［表1］は、大法院長（職務代行を含む）のリストだが、七人中六人が朝鮮総督府の判事だったことが示されている。初代金炳魯は基本的には弁護士といってよい人だが、短期間ながら釜山地方法院の判事を務めた経歴がある(8)。［表2］（四八、四九頁）は大法官および大法院判事の経歴を示す。弁護士出身者も何人か起用されているが、ほとんどは総督府司法官の経験者である。なお韓聖壽は終戦直前に総督府の検事になっていた可能性があるが、確認できなかった。

大検察庁総長の過半は、総督府司法官の出身である［表3］（五〇頁）。第八代李太熙は一九四八年に大検察庁検事に任じられるまで記録に長い空白があり、総督府司法官だった可能性があるが、確認できなかった。張栄淳、申稙秀は、光復時まだ若年だった新しい世代に属する人である。

次に法務部長官［表4］（五一頁）だが、初代の李仁は戦前から著名だった弁護士で、一九三五年から四年間、朝鮮弁護士協会の会長を務めている。權承烈も弁護士としての長い活動歴があり、独立後、対日協力者の追及にあたる「反民族行為特別調査委員会」（以下「反民特委」と略すことがある）の特別検察長官に任じられた。しかし大半は総督府司法官の出身である。李炳夏、高元増は一九四三年に高等文官試験に合格し、光復直後の職歴がいきなり判検事から始まっている。日本時代に司法官だった可能性があるが、確認はできなかった。

国防部長官は、初期の何人かを別にすれば、ほとんどが日本軍・満洲国軍の将校（以下日本軍系将校という）出身である［表5］（五二頁）。初代の李範奭《りはんせき》は一八九八年生まれで、一九一五年に上海に渡り、中華民国の雲南陸軍講武学校騎兵科を卒業、韓国の史書によれば光復軍を率い、青山里で日本軍を撃滅したとされる（ただし、この種の話には概して誇張が多い）。二代申性模は一八九一年生まれ、南京海洋大学、ロンドン航海大学を卒業し英国船の船長となった変わり種である。戦後に書かれた人物紹介には、独立運動に参加し、逮捕されて服役したと書かれている。三代李起鵬は一八九八年生まれで、アメリカの大学で学び、その地で新聞社を経営、三八歳のとき帰国したという。

第四代申泰英は日本の陸軍士官学校出身で、日本陸軍の韓国系将校の草分けの一人である。五代孫元一は外国生活が長く、上海海関の警備艦に勤務していたといい、初代の海軍参謀総長にも起用されている。六代金用雨は一九三九年に南カリフォルニア大学を卒業、帰国して教師となり、光復後ソウル市厚生局長を経て一九五〇年に民議員（国会議員）に当選している。

第七代金貞烈は日本陸軍の飛行将校出身で、戦闘機飛燕《ひえん》の戦隊長として南方戦線で活躍し、韓国

［表２］**大法官・大法院判事**

氏名	在任期間	日本時代の職歴等	日帝系
金　瓚　泳	46.1〜54.6	弁護士	
金　斗　一	48.6〜60.4	総督府判事	●
金　翼　鎭	48.11〜49.6	総督府判事・弁護士	●
盧　鎭　卨	48.11〜49.6	弁護士	
梁　大　卿	48.11〜50.4	総督府判事	●
崔　丙　柱	48.11〜50.2	総督府司法官試補	●
白　漢　成	44.11〜53.9	総督府判事	●
韓　相　範	50.6〜51.2	総督府判事	●
李　愚　軾	51.6〜51.12	総督府判事	●
金　東　炫	51.6〜51.12	総督府検事・判事	●
韓　格　晩	52.2〜52.3	総督府司法官試補	●
金　甲　洙	53.6〜60.6	総督府判事	●
金　世　玩	53.6〜60.6	総督府判事	●
高　在　鎬	54.9〜61.6	総督府判事	●
裵　廷　鉉	54.9〜61.6	弁護士	
許　　　瑨	54.9〜59.9	総督府判事	●
白　漢　成	55.4〜61.6	総督府判事	●
卞　沃　柱	58.10〜61.6	総督府判事	●
呉　弼　善	60. 6〜61. 6	総督府検事	●
金　蓮　洙	60. 6〜61. 6	28年朝鮮弁護士試験合格	
崔　潤　模	59.2〜61.6 61.9〜68.8	総督府判事	●
崔　秉　錫	59. 3〜60. 6	弁護士	
方　俊　卿	59.3〜61.6 64.2〜66.12	総督府判事	●

氏名	在任期間	日本時代の職歴等	日帝系
盧　龍　鎬	59.12〜61.6	総督府判事	●
桂　昌　業	59.12〜61.6	総督府判事	●
韓　聖　壽	59.6〜61.6 64.2〜68.10	弁護士	
孫　東　頊	59.3〜61.6 61.9〜73.4	総督府判事	●
金　致　傑	64.2〜73.4	総督府判事	●
史　光　郁	59.2〜61.1	総督府判事	●
洪　淳　曄	61.9〜76.11	弁護士	
梁　会　卿	61.9〜73.4	弁護士	
方　順　元	61.9〜73.4	総督府判事	●
羅　恒　潤	61.9〜73.4	総督府判事	●
李　英　燮	61.9〜79.3	総督府判事	●
朱　雲　化	64.2〜69.8	総督府検事	●
朱　宰　璜	68.1〜81.4	（42年城大卒）	
洪　南　杓	68.12〜73.4	弁護士	
劉　載　邦	68.12〜73.4	（京城法卒）	
金　英　世	68.12〜73.4	弁護士	
韓　鳳　世	69.9〜73.4	総督府判事	●
閔　文　基	69.9〜80.8	総督府司法官試補	●
梁　炳　晧	69.9〜80.8	弁護士	

（注）

1　大法官・大法院判事は同じ時期に何人もが在任しているので、本表にかぎり歴代欄は設けていない。

2　同一人物に2つの任期を記したものは、2度在任したことを示す。

3　中途で職名の変更があり、韓聖壽までは大法官、孫東頊以下は大法院判事として就任している。

［表3］**大検察庁総長**

歴代	氏名	在任期間	日本時代の職歴等	日帝系
1	權　承　烈	48.10〜49.6	弁護士	
2	金　翼　鎭	49.6〜50.6	総督府判事	●
3	徐　相　權	50.6〜52.3	弁護士	
4	韓　格　晩	52.3〜55.9	総督府司法官試補	●
5	閔　復　基	55.9〜56.7	総督府判事	●
6	鄭　順　錫	56.7〜58.3	総督府判事	●
7	朴　承　俊	58.3〜60.5	総督府判事	●
8	李　太　熙	60.5〜61.5	（東北大卒）	
9	張　栄　淳	61.5〜63.2	（23年生）	
10	鄭　暢　雲	63.2〜63.12	総督府検事	●
11	申　稙　秀	63.12〜71.6	（27年生）	

の初代空軍参謀総長となった。一九八〇年代には国務総理に就任している。以後は概ね日本軍系将校だった人が続く。志願兵、学徒兵出身者には黒丸は付していないが、総じて忠実な日本の軍人として任務を全うした（後述）。彼らは光復後韓国軍内部で貴重な指揮官経験者として処遇され、その経歴をスプリングボードにして昇進していった。

陸軍参謀総長は一三代まで全員が日本軍系将校出身で、陸士・満洲国軍官学校卒業生も少なくない［表6］（五三頁）。李應俊、申泰英は大韓帝国時代に日本の陸軍士官学校に派遣され、在学中に日韓併合を迎えた。その後朝鮮人の陸士入学はいったん途絶えたが、ほぼ四半世紀後に再開され、蔡秉徳《さいへいとく》や丁一権らの世代に引き継がれることになる。年次が二〇期以上も離れているのに、若い世代がただちに旧世代の後任になっているのは、日本の将校教育が軍内部でいかに重んじられていたかを示す。

［表４］**法務部長官**

歴代	氏名	在任期間	日本時代の職歴等	日帝系
1	李　　仁	48.8〜49.6	弁護士	
2	權　承　烈	49.6〜50.5	弁護士	
3	李　愚　益	50.5〜50.11	総督府判事・検事	●
4	金　俊　淵	50.11〜51.5	言論人	
5	趙　鎭　滿	51.5〜52.3	総督府判事	●
6	徐　相　權	52.3〜54.6	弁護士	
7	趙　容　淳	54.6〜55.9	総督府判事	●
8	李　　澔	55.9〜58.2	総督府検事	●
9	洪　璡　基	58.2〜60.3	総督府判事	●
10	權　承　烈	60.4〜60.8	弁護士	
11	曺　在　千	60.8〜61.5	総督府判事	●
12	李　炳　夏	61.5〜61.5	（43年高文司法）	
13	高　元　增	61.5〜62.1	（43年満洲高文）	
14	趙　炳　日	62.1〜63.2	（普成卒）	
15	張　栄　淳	63.2〜63.4	（23年生）	
16	閔　復　基	63.4〜66.9	総督府判事	●
17	權　五　柄	66.9〜68.5	総督府検事	●
18	李　　澔	68.5〜70.12	総督府検事	●

［表５］**国防部長官**

歴代	氏名	在任期間	日本時代の職歴等	日帝系
1	李　範　奭	48.8〜49.3	光復軍	
2	申　性　模	49.3〜51.5	英国船船長	
3	李　起　鵬	51.5〜52.3	デンバー大卒、アメリカで新聞経営	
4	申　泰　英	52.3〜53.6	陸士卒･日本陸軍将校（中佐）	●
5	孫　元　一	53.6〜56.5	上海海関警備艦勤務	
6	金　用　雨	56.5〜57.7	教師（培材高等普通学校）	
7	金　貞　烈	57.7〜60.4	陸士卒･日本陸軍将校（大尉）	●
8	李　鍾　賛	60.5〜60.8	陸士卒･日本陸軍将校（少佐）	●
9	玄　錫　虎	60.8〜60.9	総督府官吏	●
10	権　仲　敦	60.9〜61.1	民間人（穀物商）	
11	玄　錫　虎	61.1〜61.5	総督府官吏	●
12	張　都　暎	61.5〜61.6	日本陸軍将校（学徒兵、少尉）	
13	宋　堯　讃	61.6〜61.7	日本陸軍下士官（志願兵）	
14	朴　炳　権	61.7〜63.3	日本陸軍将校（学徒兵）	
15	金　聖　恩	63.3〜68.2	日本陸軍将校（学徒兵）	
16	崔　栄　喜	68.2〜68.8	松戸工兵卒・日本陸軍将校	●
17	任　忠　植	68.8〜70.3	満洲国軍将校	●
18	丁　来　赫	70.3〜71.8	陸士卒･日本陸軍将校（少尉）	●

［表６］**陸軍参謀総長**

歴代	氏名	在任期間	日本時代の職歴等	日帝系
1	李　應　俊	48.12〜49.5	陸士卒·日本陸軍将校（大佐）	●
2	蔡　秉　徳	49.5〜49.9	陸士卒·日本陸軍将校（少佐）	●
3	申　泰　英	49.10〜50.4	陸士卒·日本陸軍将校（中佐）	●
4	蔡　秉　徳	50.4〜50.6	陸士卒·日本陸軍将校（少佐）	●
5	丁　一　權	50.6〜51.6	満洲軍官卒・陸士卒・満州国軍将校（上尉）	●
6	李　鍾　賛	51.6〜52.6	陸士卒·日本陸軍将校（少佐）	●
7	白　善　燁	52.7〜54.2	満洲軍官卒・満州国軍将校（中尉）	●
8	丁　一　權	54.2〜56.6	満洲軍官卒・陸士卒・満州国軍将校（上尉）	●
9	李　亨　根	56.6〜57.5	陸士卒·日本陸軍将校（少佐）	●
10	白　善　燁	57.5〜59.2	満洲軍官卒・満洲国軍将校（中尉）	●
11	宋　堯　讃	59.2〜60.5	日本陸軍下士官（志願兵）	
12	崔　栄　喜	60.5〜60.8	松戸工兵卒·日本陸軍将校	●
13	崔　慶　祿	60.8〜61.2	豊橋予備卒·日本陸軍将校	●
14	張　都　暎	61.2〜61.6	日本陸軍将校（学徒兵·少尉）	
15	金　鍾　五	61.6〜63.5	日本陸軍将校（学徒兵·少尉）	
16	閔　機　植	63.6〜65.3	日本陸軍将校（学徒兵・少尉）・満洲建国大学卒業	
17	金　容　培	65.4〜66.9	日本陸軍将校（学徒兵·少尉）	
18	金　桂　元	66.9〜69.8	日本陸軍将校（学徒兵·少尉）	
19	徐　鐘　喆	69.8〜72.6	日本陸軍将校（学徒兵·少尉）	

（注）満洲国軍の階級「上尉」は大尉に相当する。

［表７］**内務部長官**

歴代	氏名	在任期間	日本時代の職歴等	日帝系
1	尹　致　暎	48.8～48.12	臨時政府駐欧米委員部評議員	
2	申　相　模	48.12～49.3	英国船船長	
3	金　孝　錫	49.3～50.2	学者・哲学博士	
4	白　性　郁	50.2～50.7	ヴィルツブルク大哲学博士・仏道修行	
5	趙　炳　玉	50.7～51.5	延禧教授	
6	李　淳　鎔	51.5～52.1	（京城工卒）	
7	張　錫　潤	52.2～52.5	（ヴァンダービルド大卒）研究者	
8	李　範　奭	52.5～52.7	光復軍	
9	金　泰　善	52.7～52.8	（平壌崇実卒・アメリカ留学）	
10	陳　憲　植	52.8～53.9	普成講師	
11	白　漢　成	53.9～55.4	総督府判事	●
12	金　享　根	55.4～56.5	総督府判事	●
13	李　益　興	56.5～57.2	総督府官吏	●
14	張　暻　根	57.2～57.9	総督府判事	●
15	李　根　直	57.9～58.6	総督府官吏	●
16	閔　丙　祺	58.6～58.8	医師	
17	金　一　煥	58.8～59.3	満洲国軍将校（上尉）	●
18	崔　仁　圭	59.3～60.3	（延禧卒・アメリカ留学）	
19	洪　璡　基	60.3～60.4	総督府判事	●
20	李　　　澔	60.4～60.8	総督府検事	●
21	洪　翼　杓	60.8～60.9	（城大卒）製紙業	
22	李　相　喆	60.9～60.10	言論人（朝鮮日報など）	
23	玄　錫　虎	60.10～60.11	総督府官吏	●

歴代	氏名	在任期間	日本時代の職歴等	日帝系
24	申　鉉　燉	60.11〜61.5	医師	
25	曺　在　千	61.5〜61.5	総督府判事	
26	韓　　　信	61.5〜62.10	日本陸軍将校（学徒兵・少尉）	●
27	朴　璟　遠	62.10〜63.12	（千葉高射砲卒）	●
28	嚴　敏　永	63.12〜64.5	総督府官吏	●
29	楊　燦　宇	64.5〜66.4	（26年生）	
30	嚴　敏　永	66.4〜67.6	総督府官吏	●
31	李　　　澔	67.7〜68.5	総督府検事	●
32	朴　璟　遠	68.5〜71.8	（千葉高射砲卒）	●

内務部の長官には、当初非日帝系の人士が就任した［表7］。初代の尹致暎は、大韓民国臨時政府の駐欧米委員部評議員としてワシントンに滞在し、李承晩とも親交があったという(9)。駐欧米委員部は李承晩が開設したとされるが、評議員の職能ともども、その実態は詳らかではない。ほかにも「臨時政府議政院議員」といった役職もあるが、臨時政府自体に活動実績がほとんどなく、こうした肩書きに実質はとぼしい。国外に出た人士の経歴を装飾するため戦後便利に使われた様子があり、どこまで実がある職だったのかは一つの問題である。

その後はおもに研究者生活をした人が就任しているが、在任期間は短く、初代から一〇代を合計しても五年にしかならない。一九五三年からは、かつて総督府や日本軍などに奉職した人物が主流となり、以後二〇年近くこの状態が続く。

文教部長官は大半が学者である［表8］（五六頁）。第四代李瑄根《りせんこん》は戦前満洲で満洲国協和会の役員になっ

［表８］**文教部長官**

歴代	氏名	在任期間	日本時代の職歴等	日帝系
1	安　浩　相	48.8〜50.5	普成教授	
2	白　楽　濬	50.5〜52.10	延禧教授	
3	金　法　麟	52.10〜54.4	僧侶・仏教学者	
4	李　瑄　根	54.4〜56.5	満蒙産業株式会社専務	
5	崔　奎　南	56.6〜57.2	理系研究者	
6	崔　在　裕	57.2〜60.4	セブランス教授	
7	李　丙　燾	60.4〜60.8	朝鮮史編修会修史官補	●
8	呉　天　錫	60.8〜61.5	普成教授	
9	尹　宅　重	61.5〜61.5	総督府官吏	●
10	文　熙　奭	61.5〜62.2	（22年生。44年同志社大卒）	
11	金　相　浹	62.2〜62.9	（20年生。42年東大卒）	
12	朴　一　慶	62.9〜63.3	総督府官吏	●
13	李　鍾　雨	63.3〜63.12	普成教授	
14	高　光　萬	63.12〜64.5	総督府官吏	●
15	尹　天　柱	64.5〜65.11	（47年ソウル大卒）	
16	權　五　柄	65.11〜66.9	総督府検事	●
17	文　鴻　柱	66.9〜68.5	（40年城大卒）	
18	權　五　柄	68.5〜69.4	総督府検事	●
19	洪　鍾　哲	69.4〜71.6	（24年生）	

たりしたが、正規の官職には就いていない。戦後は成均館大学の総長を経て、韓国精神文化研究院の初代院長になっている。第七代李丙燾《りへいとう》は、戦前早稲田大学で学んだ歴史家で、卒業後「朝鮮史編修会」の修史官補となった（この会は政務総監を長とする総督府の機関で、今の韓国では日本の官製朝鮮史学の総本山だったとされる）。光復後はソウル大学教授となり、国史学の権威の座に据えられてきたが、日帝官学者という陰口が絶えることはなかった。[10] 第一四代高光萬は視学官として総督府の教育行政に携わった人で、総じて一九六〇年代からは日帝系の人物が目立つようになる。

経済閣僚は日帝系の人士がひときわ多い。［表9］（五八頁）は歴代の財務部長官の経歴を示しているが、初代金度演は慶應義塾大学卒業後アメリカで経済学博士号を取得し、帰国後、朝鮮語学会事件にかかわって投獄されたとされる。[11] 二期（第六、第八期）長官を務めた金顯哲はアメリカで哲学博士の学位を得、臨時政府駐欧米委員部の評議員となり、アメリカの経済協力局、作戦部に勤務したと記録にある。延禧専門学校教授崔淳周、韓一銀行出身の李重宰も、一応非日帝系とみなしてよいだろう。白善鎭と李廷煥は経歴が不明で、徐奉均、南悳祐は若い世代に属する人である。

このほかは黒丸組で、第三代白斗鎭以下六人は朝鮮銀行、二人は朝鮮殖産銀行の出身である。前者は大蔵省、後者は総督府が所管する特殊銀行で、ともに日本の統治機構の一翼を担っていた。[12] 金融組合理事の経歴を持つ第一七代朴東奎にも、黒丸を付している。金融組合は民間人によって設立されるが、理事は総督府によって任命され、判任官として扱われたから、総督府官吏に準ずるものとみなした。

商工部も、非日帝系が長官になったのは初期だけである［表10］（五九頁）。初代の任永信は児童

［表９］**財務部長官**

歴代	氏名	在任期間	日本時代の職歴等	日帝系
1	金　度　演	48.8〜50.4	経済学者	
2	崔　淳　周	50.4〜51.3	延禧教授	
3	白　斗　鎮	51.3〜53.4	朝鮮銀行行員	●
4	朴　熙　賢	53.4〜54.6	総督府官吏	●
5	李　重　宰	54.6〜55.7	韓一銀行行員	
6	金　顯　哲	55.7〜56.5	臨時政府駐欧米委員部評議員	
7	印　泰　植	56.5〜57.6	総督府官吏	●
8	金　顯　哲	57.6〜59.3	臨時政府駐欧米委員部評議員	
9	宋　仁　相	59.3〜60.4	朝鮮殖産銀行行員	●
10	尹　皡　炳	60.4〜60.8	朝鮮銀行行員	●
11	金　永　善	60.8〜61.5	総督府官吏	●
12	白　善　鎮	61.5〜61.6	（同志社大卒）	
13	金　裕　澤	61.6〜61.7	朝鮮銀行行員	●
14	千　炳　圭	61.7〜62.9	朝鮮銀行行員	●
15	金　世　錬	62.9〜63.2	朝鮮銀行行員	●
16	黄　鍾　律	63.2〜63.12	満洲国官吏	●
17	朴　東　奎	63.12〜64.6	金融組合理事	●
18	李　廷　煥	64.6〜64.12	（東京商大卒・学者）	
19	洪　升　憙	64.12〜65.11	朝鮮殖産銀行行員	●
（職代）	徐　奉　均	65.11〜66.1	（26年生）	
20	金　正　濂	66.1〜66.9	朝鮮銀行行員	●
21	金　鶴　烈	66.9〜66.12	総督府官吏	●
22	徐　奉　均	66.12〜68.5	（26年生）	
23	黄　鍾　律	68.5〜69.10	満洲国官吏	●
24	南　悳　祐	69.10〜74.9	（24年生）	

［表10］**商工部長官**

歴代	氏名	在任期間	日本時代の職歴等	日帝系
1	任　永　信	48.8～49.6	中央保育学校校長	
2	尹　潽　善	49.6～50.5	臨時政府議政院議員	
3	金　　勲	50.5～52.3	アメリカの商事会社勤務	
4	李　教　善	52.3～52.11	（立教大卒・アメリカ留学）	
5	李　載　瀅	52.11～53.10	金融組合理事	●
6	安　東　赫	53.10～54.6	総督府官吏（中央試験所技師）	●
7	朴　熙　賢	54.6～54.7	総督府官吏	●
8	姜　声　部	54.7～55.9	総督府官吏・満州開拓社社員	●
9	金　一　煥	55.9～58.8	満洲国軍将校（上尉）	●
10	具　鎔　書	58.8～60.4	朝鮮銀行行員	●
11	金　永　燦	60.4～60.4	朝鮮銀行行員	●
12	全　澤　瑶	60.4～60.6	民間の銀行員	
13	呉　禎　洙	60.6～60.7	満洲穀物工業社長	
14	李　泰　鎔	60.8～60.9	総督府官吏	●
15	朱　耀　翰	60.9～61.5	文学者	
16	太　完　善	61.5～61.5	朝鮮殖産銀行行員	●
17	丁　來　赫	61.5～62.7	陸士卒（45年卒）	●
18	劉　彰　順	62.7～63.2	朝鮮銀行行員	●
19	朴　忠　勲	63.2～63.8	（39年同志社高商卒）	
20	金　　勲	63.8～63.12	アメリカの商事会社勤務	
21	李　丙　虎	63.12～64.5	東洋拓殖会社社員	●
22	朴　忠　勲	64.5～67.10	（同志社高商卒）	
23	金　正　濂	67.10～69.10	朝鮮銀行行員	●
24	李　洛　善	69.10～73.12	（27年生）	

［表11］**復興部長官**

歴代	氏名	在任期間	日本時代の職歴等	日帝系
1	兪　莞　昌	55.2〜56.5	延禧教授	
2	金　顕　哲	56.5〜57.6	臨時政府駐欧米委員部評議員	
3	宋　仁　相	57.6〜59.3	朝鮮殖産銀行行員	●
4	申　鉉　碻	59.3〜60.4	帝国官吏（商工省）	●
5	全　禮　鎔	60.4〜60.8	総督府官吏	●
6	朱　耀　翰	60.8〜60.9	文学者	
7	金　佑　枰	60.9〜61.1	言論人（東亜日報）	
8	太　完　善	61.1〜61.5	朝鮮殖産銀行行員	●
9	朱　耀　翰	61.5〜61.5	文学者	

保育の専門家で、サウスカロライナ大学を卒業後、一九三三年に帰国して中央保育学校を設立した。経済や行政とはおよそ無縁の人だが、李承晩との個人的な関係で任命されたともいう。尹潽善《いんふぜん》はエジンバラ大学で学位を取得し、臨時政府の議員になったといい、李承晩失脚後、短期間ながら大統領を務めている。第三代金勲、四代李教善の人物紹介では、長くアメリカに滞在していたことが強調されている。五代以降は、日帝系人士が大半を占める。

復興部は一九五五年に創設され、おもに復興計画の策定とアメリカの援助資金の管理を担当した官庁で、一九六一年に廃止されるまで九代八人の長官を戴いた［表11］。初代兪莞昌《ゆかんしょう》は一九〇七年生まれ、東京農大、延禧卒とあるだけで、日本時代の職歴はあきらかではない。二代金顕哲は臨時政府関係者である（既述）。三代、四代、五代、八代が日帝系だが、うち申鉉碻は日本帝国の中央政府（商工省）の高等官だった人である。

［表12］**経済企画院長官**

歴代	氏名	在任期間	日本時代の職歴等	日帝系
1	金　裕　澤	61.7〜62.3	朝鮮銀行行員	●
2	宋　堯　讃	62.3〜62.6	日本陸軍下士官（志願兵）	●
3	金　顯　哲	62.6〜62.7	臨時政府駐欧米委員部評議員	
4	金　裕　澤	62.7〜63.2	朝鮮銀行行員	●
5	劉　彰　順	63.2〜63.4	朝鮮銀行行員	●
6	元　容　奭	63.4〜63.12	総督府官吏	●
7	金　裕　澤	63.12〜64.5	朝鮮銀行行員	●
8	張　基　栄	64.5〜67.10	朝鮮銀行行員	●
9	朴　忠　勲	67.10〜69.6	（同志社高商卒）	
10	金　鶴　烈	69.6〜72.1	総督府官吏	●

［表13］**韓国銀行総裁**

歴代	氏名	在任期間	日本時代の職歴等	日帝系
1	具　鎔　書	50.6〜51.12	朝鮮銀行行員	●
2	金　裕　澤	51.12〜56.12	朝鮮銀行行員	●
3	金　鎭　炯	56.12〜60.5	朝鮮殖産銀行行員	●
4	裵　義　煥	60.6〜60.9	朝鮮銀行行員	●
5	全　禮　鎔	60.9〜61.5	総督府官吏	●
6	劉　彰　順	61.5〜62.5	朝鮮銀行行員	●
7	閔　丙　燾	62.5〜63.6	朝鮮銀行行員	●
8	李　廷　煥	63.6〜63.12	（東京商大卒）学者	
9	金　世　錬	63.12〜67.12	朝鮮銀行行員	●
10	徐　軫　銖	67.12〜70.5	朝鮮殖産銀行行員	●
11	金　聖　煥	70.5〜78.5	総督府官吏	●

経済企画院は復興部の後身として一九六一年に創設され、経済計画の策定や予算編成を管掌した。第三代、九代以外は日帝系で、ここでも朝鮮銀行出身者の進出が目立っている［表12］（六二頁）。［表13］（六二頁）は、韓国銀行の歴代総裁二一人を掲げている。非日帝系と目される人物は一人だけで、第五代全禮鎔と二一代金聖煥が総督府官吏、第三代金鎭炯《きんちんけい》と一〇代徐軫銖《じょしんしゅ》が朝鮮殖産銀行、他の六人はすべて朝鮮銀行の出身者である。

2 親日派による国づくり

独立から一九七〇年頃までを概観すると、国家機関の頂点には概ね日帝系人士が座った。建国当初こそそうでない人を据えようとした様子があるが、国防部と内務部のほかは、その試みも長くて二、三年しか続かなかった。陸軍参謀総長や韓国銀行総裁については、そうした形づくりも行なわれていない。

それに非日帝系といっても、これといった抗日の実績が知られているわけではない。二代商工部長官で、のちに大統領にもなった尹潽善、初代内務部長官尹致暎、八代財務部長官金顯哲は、臨時政府の議員や評議員だった由だが、どれも肩書き以上の実態はないようだ。アメリカは軍政後半期に入ってから「軍政の韓国化」をはかるようになり、欧米に留学し英語に堪能な、多くはクリスチャンでもあるような人物を登用するケースが増えたが、この三人もそうした類型に入る人々である。

弁護士は職業柄日帝系には含めていないが、戦前親日行為ないし「附日協力[13]」に手を染めなかった人はほとんどいない。戦後大法官になった弁護士裵廷鉉［表1］（四六頁）は、「戦意昂揚大講演会」の講師として熱弁をふるっている。[14]学者も同じで、在野の人といっても抗日の闘士だったわけではなく、法律家、教育者として当局からも重んじられ、大きく見れば体制の一翼を担っていた。

内務部長官には当初非日帝系とおぼしき人が就任しているが、親日行為の有無という観点からすれば、初代の尹致暎からして疑わしいのである。早稲田大学卒業後アメリカで国際法と外交史を研究、一九二九年に臨時政府の駐欧米委員部評議員となり、終戦後帰国したと人名録にはあるが、実際には帰国は一九三八年五月のことである。[15]

一九三八年といえば、日本はすでに国際連盟を脱退し、中国とは戦争状態にあり、朝鮮では皇民化運動が推進されていた。そんな時代に、わざわざアメリカから舞いもどってきたこと自体、帰順の行為とみなすしかないだろう。彼は司直の取り調べを受けたのち臨戦対策協議会[16]の委員となり、戦時国債の購入を呼びかける債券街頭遊撃隊に参加し、その年の暮れには米英打倒大座談会に出席して「皇民の使命」を高唱している。

第五代内務部長官趙炳玉（当時延禧専門学校教授）は、一九四一年八月京城府民館で開催された臨戦対策協議会の大集会で、「帝国臣民と朝鮮人の進路」と題し、「大聖戦」についての講話を行ない、世界を二分する人種闘争の時代が到来しつつあると述べている。[17]

第二代文教部長官白楽濬《はくがくしゅん》（当時延禧専門学校教授）も聖戦遂行の旗振り役を務めた人で、朝鮮語紙『毎日新報』（一九四三年一二月六日付）に寄せた論稿では、奴隷やアヘンの貿易で成りあがった英米の悪業を列挙し、「無比の聖戦」大東亜戦争の歴史的意義を謳いあげている。[18] 第四代の李瑄根は、満洲移民のため土地取得を先行的に行なう「満蒙産業株式会社」の重役、満洲国協和会の役員として（既述）、朝鮮人の満洲移住を支援する活動に従事していた。[19] 雑誌『朝光』（一九三九年七月号）では、朝鮮人農民の流血（万宝山事件）が満洲国建国の礎になったことを強調し、鮮満一如の国策に従い、今こそ満洲に進出せよ、と焚きつけている。[20]

初代商工部長官任永信は本来教育者で政治向きの人ではないが、一九四二年朝鮮臨戦報国団[21]の指導委員となり、「家庭生活にも決戦体制を」というラジオ番組に出演して、銃後の婦人の覚悟をうながしている。[22] 当時ほとんどの著名人が翼賛運動に参加していたから、精査すればこうした人は増える一方だろう。

第一五代商工部長官、第六代・九代の復興部長官朱耀翰《しゆようかん》は文学者として知られているが、この種の言論でとくに目立った人である。一九四二年、雑誌『大東亜』（五月号）誌上で、朝鮮人が大東亜共栄圏の指導民族となるために、青年の血の犠牲が必要だと説いている。[23] 朝鮮人が皇軍に参加できないことを残念がり、徴兵制の実施を熱望し、それが叶えられたとき感激のあまり歌まで詠んでいる。戦後の人物評でも日本に尽忠したと評されており（資料六、p. 6）、見方によっては役所で地道に仕事をしていた官吏よりも、ひときわ次元の高い親日派だったと言えなくもない。

表の黒丸は公職経験を示すにすぎず、実質的「親日度」を基準にすれば、該当する人は多い。それを黒っぽい記号で表現すれば、一三枚の表はいっそう黒々としたものになるだろう。

また、表が掲げているのは組織の長だけである。日本時代晩期、総督府官吏の半数はすでに朝鮮出身者になっていたが、彼らは戦後米軍政庁さらには大韓民国政府の行政官と身分を変えながら、総じて同じ職域に居座り、昇進をかさねていった。長官が誰であろうと、実務をこなしていた人々の大半は、かつての天皇の官吏だったのである。[24]

国家機構の外に視野を広げても、目に入るのは似たような光景である。日本では財閥家族は資産を事実上没収され、三〇〇〇人もの関係者が追放されたが、朝鮮ではこれに類することはおきなかった。産業化が進んだ一九三〇年代には、最大の民族系企業京城紡織の社長金季洙《きんねんしゅ》をはじめ、和信財閥の総帥朴興植、鉱山王と謳われた崔昌学などの企業家が輩出したが、みな総督府と良好な関係を築き、その支援を受けて大をなした。彼らは翼賛団体の役員となり、軍部の要請を受けて軍需産業に進出し、満洲国の名誉職を務めるなどして、帝国を支える経済人としてふるまった。[25]

日帝下で「民族企業の成長は抑圧され」、その「活動は大きく後退」したという韓国の歴史教科書〔注〕の記述（p. 414, p. 419）が正しければ、彼らは「非民族企業」家だったはずだが、光復後追放されることもなく、相変わらず経済界の重鎮でありつづけた。金季洙は韓国経済人連合会の初代会長となり、朴興植はその理事に就任している。『東亜日報』の創設者金性洙は副大統領になり、その死は国民葬で送られた。[26]

〔注〕歴史教科書は、国定韓国高等学校歴史教科書（原題は『国史』）のこと。以下「教科書（一九九〇年）」または単に「教科書」とあるときは、一九九〇年に刊行された第五次教育課程による上記教科書、「教科書（一九九六年）」とあるときは、一九九六年に刊行された第六次教育課程による上記教科書を指す（日本語訳本はそれぞれ一九九七年、二〇〇〇年に出版されている。引用文とページはともに日本語訳本のもの）。その後に刊行された教科書も適宜引用している。

文化の世界でも、人的交替は生じなかった。台湾では国民党の来台後、文人は総入れ替えにひとしい状態となったが[27]、当地では戦前からの有名作家がそれまでの地位を維持した[28]。李光洙、崔南善、金東仁は老境に近く、光復後の活動期間は短かったが、戦後も引き続き文壇の大御所として敬意を払われた。彼らの業績は歴史教科書にも書き込まれており、金東仁に至っては、日本の芥川賞にあたる「東仁文学賞」に今もその名をとどめている。朝鮮戦争で多くの作家が死去しあるいは行方不明となったため世代の交替が生じたが、戦後派作家が主流になったのはかなり後のことである[29]。

光復後オピニオン・リーダーとなったのも、やはり戦前からの著名な知識人だった[30]。兪鎮午は、一九四二年一一月に開かれた大東亜文学者大会に朝鮮代表として参加し、共栄圏全域での日本語普及の必要性を力説した人だが、戦後は高麗大学の総長、新民党の党首を務めている。『防人のこゝろ』『賀茂真淵』などの作品で知られる日本文学者徐斗銖は成均館大学の学長に、満洲国建国を寿《ことほ》ぐ戯曲『黒龍江』を書いた劇作家柳致真は中央国立劇場長になった。朝鮮文学の日本語化の必然性を唱え、国語文芸総督賞を受賞した崔載瑞は延世大学に、多くの皇民詩を発表した詩人徐廷柱は東国大学に、日本軍に随行し大陸から数々の戦況記事を送った『毎日新報』文化部長の白鉄、西欧文学の没落と皇道文学の勃興の必然性を説いた金八峯は中央大学に、それぞれ教授職を得ている。

日本時代に名をあげた多くの女性知識人も、相応の地位に就いた。愛国子女団の団長を務めた金活蘭は梨花女子大学の総長に、国民総力朝鮮連盟の委員李淑鍾、宋今璇《そうこんせん》は、それぞれ誠信女子大学、徳成女子大学の学長となった。

美術の世界でも、おきたことは同じである。朝鮮美術展覧会（鮮展）は、総督府の主催で一九二二年に第一回が開催され、日本時代を通じ最も権威ある発表の場となっていた。今の韓国では、日帝文化政策の道具だったなどと批判されることが多いが、光復後もその枠組みに大きな変化はなく、大韓民国美術展覧会に衣替えして存続した。金殷鎬、李象範、李英一、沈亨求、盧壽鉉、金基昶《きんきちょう》などの有名画家は、戦前出征する兵士を描くなどして「絵画奉公」を実践していたが、光復後も相変わらず画壇の中心的な存在でありつづけた。

鮮展の常連作家で、一九四一年に朝鮮美術家協会賞を受賞した洋画家高羲東《こうぎとう》は大韓美術協会の会長になり、鮮展で無鑑査や推薦の扱いを受けていた画家の多くは、新設された美術系の大学や学部の教授におさまった[31]。鮮展推薦作家だった彫刻家金景承は、世宗大王や李舜臣などの英雄像を数多く造形し、その彫刻は今も首都を飾っている。画壇から追われたのは李応魯くらいだが、北朝鮮による文化人拉致にかかわったとして逮捕されたもので、親日とは関係ない。

音楽の分野でも、事情は変わらない。安益泰は「交響的幻想曲満洲国」、「交響詩越天楽」などを作曲し、おもに欧州で活躍した音楽家だが、戦後彼の曲は国歌（愛国歌）の旋律に採用され、晩年文化勲章を受けている。戦時中「正義の凱歌」「太平洋行進曲」など多くの聖戦歌謡を作曲した洪《こう》蘭坡《らんぱ》は一九四一年に死去しているが、戦後その名にちなんだ「蘭坡音楽賞」が創設され、代表作「鳳仙花」「故郷の春」は今に歌いつがれている。戦前満洲で活動し、満洲国を寿ぐ「建国十周年慶祝曲」「建国十周年賛歌」などの祝典音楽を作曲した金東振は、戦後「祖国光復」等の愛国楽曲を作曲し、音楽界の重鎮となった[32]。

文化の分野でも革命的刷新は生じなかった。いたるところで確認されるのは、連続の事実である。

3　栄進する親日派

第二次大戦の終結後、旧植民地を含め各国で多くの叛国者が粛清されたが[33]、韓国ではこうしたことはおきなかった。一九四八年に反民族行為処罰法（反民法）が制定され、何人かが逮捕されたが、一九五〇年春までに全員が釈放され、お茶をにごしたとしかいえない結果に終わっている[34]。裁判が空振りに終わった背景として、李承晩や各政党の思惑、警察の陰謀などが語られるが、事情がどうあれ、それが国としての結論になったという事実には変わりはない。彼らはたくみに法網を逃れたのではなく、公的な審査を経て晴れておかまいなしとなり、以後過去の経歴の延長を大手を振って歩いていった。

どの分野の要人をとりあげても同じで、光復前後の経歴は、ほとんど何事もなかったかのようになめらかにつながっている。

第八代国防部長官李鍾賛は一九〇九年生まれで、名門京城中学を経て一九三三年に陸士予科に入学、卒業後第三師団に配属され、中国戦線で三年を過ごしたのち南方戦線に送られた。一九四三年に少佐に昇進、連隊長代理となり、ニューギニアで終戦を迎えている[35]。光復後国軍に入隊し、まもなく陸軍大佐（大領）となり、朝鮮戦争の最中に陸軍参謀総長に就任した。李承晩と衝突し一時陸軍大学総長に転じたが、許政政権時代に国防部長官として入閣している。

李澔《りこう》は一九一四年生まれ、東京帝大法学部を卒業後、京城と光州の地方検察庁検事を経て、一九四四年に京城高等検察庁検事に就任した。一九四九年には内務部治安局長となり、大検察庁検事などを経て、法務部長官（一九五五年）、次いで内務部長官（一九六〇年）に任じられている。

閔復基は一九一三年生まれ、京城中学を経て京城帝大法文学部を卒業、一九四〇年には京城地方法院判事になった。光復の年の一一月に京城覆審法院（高等裁判所に相当）判事となり、法務部警察局長、大検察庁総長、法務部長官を経て一九六八年に大法院長になった。

高光萬は一九〇四年生まれ、広島高等師範を卒業後、教員生活を経て総督府の視学官となり、光復後はソウル大学校師範大学長などを歴任、一九六三年に文教部長官に就任した。

印泰植は一九〇二年生まれ、東北帝大卒業後、江原道洪川税務署長、同財務部長を務め、光復後財務部司税局長、管財庁長を経て一九五六年に財務部長官になった。

金錫寛は釜山駅の傭人から出発して駅員になり、釜山駅助役、同駅長を経て、釜山鉄道事務局長に昇任した。光復後、交通部鉄道運輸局長などを経て交通部長官に就任（一九五〇年）、鉄道一筋の人生を完結させている。

具鎔書は一八九九年生まれ、東京商大卒業後朝鮮銀行に入行、麗水支店・大阪支店の副支配人を経て本店副支配人となり、光復後本店支配人となり、一九五〇年に韓国銀行総裁に就任している。

どの分野でも、こんなことがおきていた。李鍾賛が一九四九年に陸軍大佐になったのは、光復前にすでに佐官だったから、具鎔書が光復後本店支配人になったのは、直前に副支配人になっていたから、というしかない。日帝を追いだして国が誕生したという建前とは平仄《ひょうそく》が合わないのだが、人事は基本的に連続したのである。
法律も戦後長らく日本法が移用され、戦前の法秩序が基本的に維持されていた。総督府の機構は一体性を保ちながら、アメリカ軍政庁次いで大韓民国の行政府になり変わり、朝鮮出身の官吏は内地人がいなくなって空いたポストを埋め、何事もなかったように昇進していった。[36]
国軍は日本軍系将校七〇人、日本の陸士・満洲国軍官学校の卒業生・在校生約三〇〇人を基幹として創建された。階級の継承も日本陸軍・満洲国軍の間では存在したが、光復軍[37]との間には（明確な形では）存在しなかった。光復軍出身者は国軍内で疎外されたグループとなり、朝鮮戦争後大半が予備役にまわされている。[38]崔徳新はのち外務部長官になり、高位に就いた数少ない光復軍出身者だが、その自伝で、本来戦犯として処断されるべき輩《やから》が順調に昇進する一方、自分たちはひどい差別を受けたと書いている。彼自身光復軍の大佐だったが、士官学校への入学を求められ、卒業後与えられた階級は「少尉」だった。[39]
申泰英、李鍾賛ら日本帝国陸軍の佐官は、大韓民国の発足とともに陸軍大佐（大領）となり、そこから順調に軍幹部としての地位を築いていった。日本の支配を克服して興《おこ》った国という建前だが、実際にあったのは次のような対照である。
申泰英　日本軍中佐→［光復］→韓国軍大佐
崔徳新　光復軍大佐→［光復］→韓国軍少尉
ただ一つの孤立した事例ではない。これが原則だったのである。表向き言われていることと、一皮めくった現実とは、食い違うというよりほとんど真っ向から対立している。『朝鮮日報』の論説委員だった宋建鎬が述べている。

「40年代前半期の植民地朝鮮の主役が、後半期の独立宣布後も相変わらず新しい国の舞台で主役を演ずるようになった。形式的に見ると独立国となって出発したので、大きな変化があったはずだが、実は日帝に迎合した者が米軍政に参与し、新国家建設に一役買っていた。人的構成面では実質的な変化は見られず、40年代前半期の歴史線上にそのまま新しい国を建設したと見ざるを得ない」（宋建鎬［1984］p. 6）

激変がおきたのは朴正煕による一九六一年の軍事革命のときで、多くの人の経歴がそこで突然中断している。人事記録には「軍事革命により議員資格を喪失」「反革命容疑で逮捕」とか、「特殊犯罪に関する特別法」「不正蓄財処理法」などの違反で懲役何年、なかには無期懲役、死刑などという文字が並んでいる。先入観を排して、千数百名の要人の履歴の語るところに虚心に耳を傾ければ、何かがおきたのは一九六一年であり、光復の一九四五年、あるいは独立の一九四八年ではないとみなさざるをえないだろう。

大韓民国が臨時政府や独立運動を継承しているというのは、いったい何によって証明するのか。その証拠はないのではないか。この国はむしろ、日本帝国の血筋を色濃く受け継いでいるように見えるのである。

4 棚上げされた矛盾

第二次大戦終了後、ドイツ兵はフランスから無事帰還したが、多くのフランス人対独協力者《コラボ》は死刑に処せられた。中華民国政府は日本の兵士の帰国はさまたげなかったが、汪精衛政権の関係者三百数十人を処刑した[40]。どの国でも、外部の敵より国内の裏切り者のほうが憎まれるのに、韓国では逆だったように見える。

韓国の通念的認識によれば、日本の支配はきわめて悪逆なものだったはずである。教科書（一九九六年）には、「日帝は世界史で類例を見出せないほど徹底した悪辣《あくらつ》な方法で、我が民族を抑圧、収奪した」とある（p. 390）。教科書だけではない。「経済的搾取と思想的弾圧、韓国人の無権利状態は、世界統治史上でも最も過酷」で、日帝の植民地政策は「最も悪辣、最も残忍非道、最も非人間的、かつ野獣的なものであった」といった類の文章が、新聞や雑誌に何気なく現れる[41]。

真実性のほどはともかく、こう認識されている以上、その日帝の手先となった者は、列国の叛国者に比べてひときわ重い制裁が科されていなければおかしい。ところがその誰一人として処罰されず、されないどころか、集団として国の指導層におさまったというのである。常識的には考えられないことだが、その考えられないことがおきている。

なぜこんなことになったのだろう。通念的認識が一応正しいと前提して、どのような条件のもとでこんな歴史に帰結するかを考えてみる。

一つは、韓国人が類例がないほど寛容な国民だった、という条件である。これは単純ながら、二つのことを端的に調和させるもので、実際そう述べている人もいる。元総督府官吏で、光復後外資庁配定局長、企画処予算局長などを歴任した徐載軾《じょさいしょく》は、国民が自分のような人間を登用してくれたのは、「恕《じょ》」の民族性、つまり「許し合う精神」を持っていたからだと書いている(42)。

本当だろうか。政変のあと、失脚したかつての当権者が寛大に処遇されるのが、この国の伝統だったのだろうか。

その反対なのではないか。李朝時代、政争に勝った側は敗者を徹底的に追い詰め、それが党争をひときわ苛烈なものにした。李朝から大韓帝国に至るまで、めまぐるしい政権交替のたびに要路の人間が多数殺され、災いは時に九族に及んだ。一九六一年の軍事革命のさいも、二〇〇〇人が逮捕されて革命裁判所に送られ、おびただしい数の人々が公職を解かれている。元内務部長官崔仁圭、社会党組織委員長崔百根らは死刑になり、李秉喆《りへいてつ》、具仁会ら経済人は不正蓄財の咎《とが》で財産献納にひとしいほどの追徴金が課されている。民政移管後五人の大統領が、任期の終了あるいは解任の後に逮捕されたことは、記憶に新しい。

崔仁圭は李承晩の側用人とされ不人気な人物ではあったが、その罪は、「不逞鮮人」を追いまわしていた総督府警察の幹部より、はるかに重いと言えるのか。朴興植は歴代の朝鮮総督の知遇を得て事業を拡大し、日本の庇護のもと大陸に進出し、軍用機の製作にも乗りだした。「反民法」に基づいて検挙された最初の人物だが、結局処罰はされず、資産が召しあげられることもなかった。李秉喆が三星財閥創業の過程で何をしでかしたにせよ、朴興植とは次元の異なる悪事をはたらいたとは言えそうにない。親日派への寛容は伝統では説明できないというにとどまらず、むしろそれに正面から背馳する、この国の歴史に生じた「ただ一度の例外」なのである[43]（林鍾国）。

それに、「寛容」という表現で間尺に合うのか。処罰に手心を加えるのが寛容である。死一等を減ずる、核心の人物を処罰し、あとは大目に見るというならそうもいえようが、日本の先棒をかついだ連中をみな赦免し、あまつさえ指導者に戴いた事実の形容としては、いかにも不適切のように思われる。

では、あえて寛容とはいわないが、国づくりの人材が足りないために、やむをえず登用したと解することはできないだろうか。新国家の発足にあたっての、これは一つの見識にはちがいない[44]。しかし、このようなことが現実になることはまずないはずである。

総督府で能吏とされていた人物はそれなりの人材ではあっただろうが、何はともあれ、彼らは「世界史で類例を見出せない」悪辣な支配に加担した。人材がどれほど不足していようと、指導者として仰ぐなど心理的に無理だろう。まず罪を償わせる。すべてはそれからだと考えるのが、自然ではなかろうか。しかしけじめはつけられず、過去を懺悔する一片の声明とてないまま[45]、全員がおかまいなしになった。

過渡期の混乱による一時的現象ともいえない。国務総理（首相）には比較的年嵩の人が選ばれてきたためか、一九九〇年頃まで日帝系人士が起用されている。一九八三年から八五年にかけて就任した陳懿鍾《ちんいしょう》は元（日本の）内務官僚で、任官後しばらく内地で勤務した経験も持っている。金貞烈は元日本陸軍将校、姜英勲は元満洲国軍将校で、二人は一九八〇年代後半に相次いで国務総理になった[46]。光復後四〇年経ってなお適材が見あたらず、日帝系人士に頼るしかなかったとは考えられない。

要人の親日歴を、国民は知らされていなかったと見なせないだろうか。このような説明は、どだい成り立ちようがない。軍人は概ね外地に出征し、その活躍ぶりは当時の新聞・雑誌に克明に報じられていた。学務局長李軫鎬《りしんこう》、社会教育課長李源甫《りげんほ》や金大羽、官房調査課長崔夏永などの総督府本府の高官の動静は、いつも注目されていた。多くの朝鮮系官吏が道《どう》の知事や部長になっていたし、若手の役人も郡守や地方庁の幹部として民衆に接する機会は多かった。

各分野の有名人は国民総力朝鮮連盟などの役員や委員となり、各地を回って時局講演を行ない、皇民朝鮮の自覚を説いた。李光洙、崔南善、徐椿《じょちん》、申興雨、朱耀翰などが聖戦遂行を叫んでいた媒体は、全土で読まれていた新聞・雑誌であり、朴興植、愼鏞頊《しんようきょく》、崔麟、尹致暎、任永信らが道行く人に戦時国債の購入を呼びかけたのは、これ以上目立ちようがない京城の表通りである。

それでは、国民は知ってはいたがどうにもならなかった、占領軍や独裁者のしたことで、国民に責任はない、という解釈は可能だろうか。朝鮮の事情にうとい米軍政当局は定見なく、反共で、穏健・紳士風に見える人物を重用したため、親日派がつけ入ったなどと言われる。腹に一物ある李承晩が、親日派を取り込んだともいう。戦前からの名士は韓国民主党に結集したが[47]、彼らには名分上の問題があり、経歴に傷のない人物を神輿《みこし》にかつぐ必要があった。李承晩は、彼らの足もとを見て接近し、自分の与党に仕立てるとともに、弱みを握って献金を強要したりしたという[48]。

しかしそれが一面の真実だったとしても、一切国民に責任がないとするわけにはいかない。教科書は日帝に対する「民族の憤怒」を語っている。光復後、その日帝に与《くみ》した裏切り者が何食わぬ顔で権力の座にすわっている。アメリカや李承晩の思惑はどうあれ、「憤怒」が日本時代に輪をかけたものにならなければおかしい。なぜけじめがつけられなかったのだろう。

一九四五年一二月、米英ソ三国が朝鮮を信託統治下に置くことに合意したとき、国民の怒りは頂点に達し、巷《ちまた》では米兵との小競り合いさえおきた。しかし親日派の登用に対する国民の反応は、ごく控えめなものだった。怒りに燃える群衆が撤回を求めて軍政庁に押しかけたとか、登庁する親日派官吏に暴行を加えたといった話は伝わっていない。この頃暗殺された宋鎮禹、張徳秀は附日協力もしたが、日本との関係には一筋縄ではいかないところがあった。二人は少なくとも代表的親日派ではないし、殺された理由も別のところにあった。

一九六〇年に、大規模な学生デモによって、李承晩内閣は退陣に追い込まれる。しかしデモの標的は李承晩その人で、親日派ではなかった。後継の許政内閣には、元総督府官吏李澔、全禮鎔、李海翼、日本軍将校だった李鍾賛、元朝鮮銀行行員の尹皡炳《いんこうへい》が、何事もなく入閣している。

一九六一年にはクーデターがおきる。際限のない親日派支配に業を煮やした青年将校が、国民の輿望をになって決起したというのならわからなくもないが、そんな実態はなかった。いわゆる革命主体勢力の中核となったのは、朴正煕以下の日本軍・満洲国軍出身の軍人だった。

クーデターは民意でない、と言ったところではじまらない。一九六三年には朴正煕が親日歴のない尹潽善を破って大統領に選出され、四年後の選挙にも大差で勝ち、一九七九年に暗殺されるまでその地位にとどまった。形の上では、民意は親日派を選んだことになるが、この解釈も実は当を得ていない。一九六七年の選挙で尹潽善の支持母体となった新民党[49]の党首は親日派兪鎮午で、親日vs.抗日という対立軸自体がもともと存在しなかった、国民は親日問題などどうでもよいと思っていたとしか、考えられない。

結局、どの仮説も成り立たない。韓国人は「恕」の国民とは言えない。一時的現象でもないし、人材の払底で説明することもできない。アメリカや李承晩のせいだとも言えない。国民はすべてを承知のうえで、彼らを指導者に戴いたと考えるしかないのである。

5　国民は親日派を支持した

光復後におきたことを仔細に見れば、こんなことは今さらしい話である。朴正熙が大統領選挙に勝ったのは、特別なことではない。総督府官吏や日本軍将校の前歴の隠れもない人物が、国民の代表に選出されていたのは、そのはるか前からのことである。

桂珖淳は一九三一年東京帝大法学部を卒業、江原道平康の郡守を務めたのち、道の産業部長と内務部長を歴任した人である。のち総督府本府の課長として能吏ぶりを謳われたが、戦後（一九五八年）、その江原道の選挙区から立候補して国会議員になった。李《り》錫基《しゃくき》、趙定勲、鄭楽勲、厳敏永、池《ち》栄璡《えいしん》も同様で、いずれも戦前地方官を務めた地域から出馬し、議席を得た[50]。

総督府の警察・検察出身者で、国会議員になった人も少なくない[51]。金昌洙は戦前、忠清北道の警察に勤務したが、一九六〇年、この道の選挙区から立候補して当選した。総督府の警視だった李益興は一九五八年の選挙で、警部考試合格組の申正浩は一九五四年と五八年の選挙で、それぞれ議席を得た。総督府検察官だった金意俊と厳詳燮《げんしょうしょう》は、一九五〇年、五四年、五八年の三回の選挙で、連続して議席を獲得している。

民意を反映しない、不正な選挙の結果だろうか。李承晩政権下で乱暴な選挙干渉が行なわれ、警官の棍棒が結果を決めたとして「棍棒選挙」などと言われたこともあったが、ここであげた六人は全員野党から出馬しているから、そうも言えない。

親日派のなかには落選した人もいる。しかしその落選の事実からも、民意の実相について多くを知ることができる。一九五二年の大統領選挙に出馬し落選した申興雨は、キリスト教青年会連合会の総務を務め、教育者として著名だった人だが、日本時代後期に翼賛運動の隊列に加わった。「臨戦報国大講演会」(一九四一年九月)では、欧米のアジア侵略の過去を糾弾し、日本は目下支那から全欧米勢力を清算する聖業に従事していると説いている。[52] シンガポール陥落のあと、朝鮮語誌『大東亜』(一九四二年五月号)に寄稿し、幾百年、暗黒のなかに呻吟してきた国々に一大曙光が射してきたとし、「朝鮮同胞の挺身報国」を呼びかけている。[53]

こんな人だから落選した、民意は彼の親日を厳しくとがめた、と考えるべきなのか。しかしたとえば、ドイツから解放されたばかりのフランスやオランダで、これに類することがおき得ただろうか。落選したことよりも、祖国日本への挺身報国を語っていた人がその舌の根もかわかぬうちに大統領選挙への立候補を思い立ち、その立候補がまかり通ったことのほうが、よほど顕著な事実なのではなかろうか。

一九六〇年には、元慶尚北道知事金大羽が民議院選挙に出馬している。彼は日本時代、朝鮮系官僚のエースと言われた人で、その能吏ぶりで内地の役人からも一目置かれていた(54)。全羅南道内務部長のときに、『三千里』誌（一九四〇年七月号）に寄稿し、「本道出身の志願兵のなかより李亨洙君の如き名誉の戦死者を出し青少年の血を躍らしている」とし、日本人の清い血と崇高なる大和魂をしっかり把握し、彼のような勇士を出したことを忘れず、尊い犠牲の結果を収穫しなければならないと焚きつけている(55)。新聞・雑誌にしばしば登場した当時の有名人の一人で、総督府社会教育課長として皇国臣民の誓詞の立案に中心的な役割を果たしている(56)。

そんな人が立候補した。当選こそしなかったが、出馬したこと自体が相当なこととみなさざるをえない。落選の事実に、過度の意味づけは与えられない。なにぶん、同じ選挙で金錫源や朱耀翰が当選しているのである。金錫源は陸士出身の日本陸軍将校で、北支での戦功で金鵄勲章を受け、終戦直前少将に昇任している。当時広く知られた軍国日本の英雄だが、一九六〇年の選挙には無所属で出馬しながら、堂々の当選を果たしている。

朱耀翰は日本時代に朝鮮臨戦報国団常務理事となり、多くの皇民詩を書き、聖戦遂行の言論に情熱を傾けた。たとえば雑誌『大東亜』（一九四二年五月号）に寄せた論文「労務と義勇化問題」では、次のように述べている。

「今日の朝鮮青年が無辺の皇恩に報ゐ奉るべき千載一遇の大機会をムザムザ虚しくするならば

朝鮮の前途は暗いものとならう。もし彼等が大死一番子孫万代のために血と生命の供物を惜しまないならば皇国臣民としてのあらゆる栄誉が待つて居るのである」「朝鮮の若いものの中には大東亜共栄圏建設のために人柱となりたい奉公心に燃えるものが多い。彼等の血は沸き立つている。彼等の魂は零下四十度の極寒地から炎熱の赤道直下までを憧憬して居る。彼等に命の捨場を與へよ」（朱耀翰［1942］pp. 26–27）

しかし朝鮮では、徴兵が行なわれていないという現実がある。「残念至極」だが、大御心とあればしかたがない。そこで彼は続けて、それに代わる「五十万人の労務徴兵」を提唱する。「場所は内地満洲、南方どこでもよからう。出来るなら弾丸の洗礼も受ける前線での労役にしたい」という。このままでは、大東亜共栄圏成立の暁に、帝国の中核民族としての朝鮮人の居場所がないとあせっていた彼にとって、一九四三年の徴兵制導入の決定は無上の喜びだった。次のような歌を詠んでいる。(57)

今日にして吾等を召さむ大御旨　語り伝へて涙こぼるる
もののふとならむ日をこそ指折りつゝ　心きたへよ若きはらから

こういう人が当選した。ここで引いた三人とも実務的才能のある人で、万一の僥倖を頼んで出馬したとは思われない。彼らの後輩や同僚が、続々と議員や閣僚になっている。勝機は十分あると考えたのだろう。金大羽、朱耀翰は民主党の公認候補だから、民主党も同じように判断したとみるほかはない。少なくとも、崇高なる大和魂を把握せよ、朝鮮の若者に命の捨て場を与えよと叫んだ人を公認して、公党のスキャンダルになるとは全然思わなかった。そして現に、朱耀翰は当選した。親日歴はさしたる悪材料にはならなかったとしか考えようがない。

いったい当時の人々は、何を考えていたのだろう。一九五〇年代から六〇年代にかけて発行された名士録の類を見れば、ある程度見当がつく。そこには、今の通念とはまるで調子の合わないことが書かれている。

一九五一年に出版された『韓国の人物』は、厳詳燮議員を、独学で高文予備試験に合格した立志伝中の人物とし、その続編（一九五三年）は内務部長官張暻根について、東京帝大に在学中、高文に合格した非常な秀才だと持ちあげている。『韓国名士大鑑』（一九五九年）は、桂珖淳議員について「当時青少年の憧れのまとだった高等文官試験行政科に合格した」と記している[58]（資料2、3、5）。

「高文合格」は努力家であり秀才だったことの証としても、彼らは天皇の官吏になろうとしたのである。立志といってもその志の中身が問題となるはずだが、それを掘り下げようとした記述は見あたらない。

同じ頃に書かれた、過去の親日を非難している文章も、なくはない。金鍾範編著の『第四代民議員人物批判』（一九六〇年。資料6）は、批判と銘打っているだけあって内容は辛口で、親日歴も見逃していないのだが、その論旨は今日では考えられないような内容である。たとえば先の大物議員李益興については、次のように書かれている。

「日政当時、彼が平安北道警察部警部の職にあったとき、朝鮮人官吏たちは月一回懇親会を開いていた。しかし彼一人、日本人との会合にはよく出席するくせに、同胞官吏の集まりには一向に顔を出さず、仲間からひどく非難されていた」(p. 87)

これが、いかに親日だったかという非難の内容である。日帝の警察に勤務していたことではなく、日本人とくっつき、「同胞官吏」とのつきあいが悪かったことが批判されているのである。

当時、日本の行政官や軍人になることは人々の憧れで、その意識の残影は光復後も容易に消滅しなかった。それは、多くの元総督府官吏が、戦前に地方官として在勤した地を地盤にして立候補したことからも、あきらかである。戦後十数年経ってからも、高文合格、総督府勤務はもとより、陸軍幼年学校卒、陸士卒、朝鮮銀行や朝鮮殖産銀行の行員、満洲国判事、満洲国軍官学校卒といった履歴が人名録・紳士録に頻繁に現れるのは、当時それがりっぱな経歴とみなされていたからである。

戦後の韓国で、親日派は国民の意に反して居座っていたのではなかった。そもそも国民感情に真っ向からさからっているはずの人々が、かくも多くかつ長きにわたり、指導者でありつづけることなど考えられないのである。不可避の結論を語らざるをえない。

国民は、親日派を、それほど悪いと思っていなかったのである。

6　親日派が憎まれなかった理由

戦後の状況を直視すれば、親日派は国民に受容されていたと考える以外にない。しかしそれはそれとして、また別の問題が生じる。国民は民族の憤怒にかられ日帝と激烈に戦ったという認識と、どう辻褄を合わせるのか。「世界史上例をみない極悪の日帝」と、「それほど悪くない親日派」という認識が、どのようにして両立できるのだろう。

一九四三年の米英中三国によるカイロ宣言には、「朝鮮人民の奴隷状態に留意し」とある。親日派も朝鮮人民の一員として本質的には隷属の状態にあり、責任は問えないとみなされたのだろうか。しかし今の時点でそう認識するとしても、そんな話が解放直後の国民の耳に入ったとは思えない。

ドイツの侵略がなければコラボ（対独協力者）はなかった、悪いのはドイツだといったところで、裏切り者への憎しみが消えるはずがない。敵に「奴隷」のように奉仕するほど、ますます憎まれる。一万人もの処刑は、そうする以外にフランス人の怒りの持って行き場がなかったのである。

しかし、韓国ではこれに類することはおきていない。つい昨日まで極悪の日帝と激烈に戦ってきたという国民が、その日帝と結託していた連中を、一括して指導者に戴いた。親日派も「奴隷状態」にあったと信じられるなら話は別だが、それは無理だろう。

一九四四年までに、朝鮮系の総督府官吏は、学務局長以下各局課長のポストに進出していた。朝鮮総督府は、日本の中央政府の役人から「朝鮮王国」と揶揄《やゆ》されるほど自律性の高い組織で、学務局長は統治機能上は文部大臣に相当する。その官等俸給は東京の各省局長の一段上で、事務次官と同等だった。課長といっても、たとえば一九四三年当時の殖産局の課長は七名で、守備範囲の実質は商工省の局長に相当する。議会に掣肘《せいちゅう》されない分、その力はむしろ大きかったかもしれない。

　地方機関への登用はさらに進んでいた。朝鮮人ポストの参与官（副知事相当）は別にしても、一九四〇年時点で、一三道中知事は五人、内務部長三人、産業部長一〇人が朝鮮出身者になっていた。警察でさえ、一九三九年には警視六人、警部は七〇人をかぞえ、一九四四年には、それまで内地人が独占していた警察部長に初めて朝鮮出身者が任官している。

　郡守にいたっては早くから朝鮮系があてられており、高文合格組は入府後しばらくしてこの職に就いた。李朝時代と違い徴税と獄事の権限はなかったが、地方での威信は絶大で、「ウォンニム」（원님、殿様）のように扱われたという(59)。

　総督府本府の局課長、道の知事や部長、郡守、判検事、警察幹部、聖戦遂行を叫んだ文化人や言論人が、「すべては日帝の命令でしたことです」と言って通るものだろうか。こんな言い草で、「類例のない抑圧と収奪」を受けた人々が納得したとは、とても思えない。

　それでは、親日派は実は「専門家」だったという説明はできないだろうか。光復後、実際にそういう理屈を押したてて、非難をかわそうとした人もいる。パイロット出身の事業家で、戦時中軍用機の製造にたずさわった愼鏞頊《しんようぎょく》は、光復後「反民法」違反に問われたが、自分はエンジニアだと言いはり、結局不起訴になった(60)。

　総督府の官吏といっても、京城帝大付属病院の医師や、鉄道局、逓信局、専売局、試験場などの技師を、一概に日帝系人士として片づけるべきではないというのは一理ある。商工部長官安東赫、交通部長官の金充基と安京模、保健社会部次官李炳学などは、そのような人である(61)。

しかし、どこまでその範囲を広げられるかが問題である。行政官や司法官も、一種の技術者なのだろうか。

任文桓は、商工部次官だったとき、「信頼できる行政技術者が他にいなかったから」、元総督府の高等官をできるだけ幹部に据えようとしたと書いている(62)。自分を含め、総督府の朝鮮人官吏を、政治から距離をおいた専門家として捉えていたことがうかがえる。戦後、総督府司法官は「法律家」、同じく視学官や校長は「教育者」、日本軍や満洲国軍の将校は「軍人」として、自らの過去を定義しようと試みたようである。

しかし彼らが専門家として研鑽に努めていた一面はあったとしても、教科書がいうところの「抑圧と収奪」の機構に所属していたわけである。司法官が死刑を求刑し判決したのは、模擬裁判ではなく現実のものであり、間島《かんとう》特設隊所属の軍人は軍事技術を練磨していたのかもしれないが、その銃口は、実際に（言うところの）抗日軍の兵士に向けて火を噴いていたのである。技術者であろうとなかろうと、その事実が消えるはずもない。

技術者論と一脈通じるが、意図は善なるものだったと言えないだろうか。子供向きの朴正熙の伝記では、彼が日本軍人になったのはいずれ到来する独立の日にそなえ軍事知識を習得しようと思ったから、と説明されている(63)。朝鮮戦争中、韓国の将官として最初に三八度線を突破した金白一少将は、日本時代に満洲国軍官学校に学びのち間島特設隊に入隊したが、そのさいに「学んだ軍事知識で将来の祖国光復と建軍に貢献することを心に秘めていた」とされる。[64]

のちに内務部長官となった金一煥が満洲国軍の経理将校に任官したのは、日帝に対抗するため「満洲国軍隊の内容を知ることも一つの方便」と考えたからで（資料2、p. 165）、光復後は在日韓国人に対するテコ入れ工作に活躍した韋恵林が朝鮮銀行満洲支店に勤務したのは、朝鮮銀行を移住朝鮮人農民の福祉のために活用しようと考えたからだという（資料3、p. 86）。みな、国と同胞を思ってのことだった、というわけである。[65]

本当だろうか。真実がまったく含まれていないとまでは言えないだろうが、それ以上のものと考えることは難しい。新京軍官学校を首席で卒業した朴正熙が、総代として天皇と満洲国皇帝への忠誠の誓いを述べたとき、目の前の体制がまもなく崩壊すると本気で考えていたとは思えない。残された資料から判断するかぎり、日本帝国の崩壊を予見できた人はおらず、官吏も軍人も最後の瞬間まで帝国に忠実だった。朴正熙も同じだっただろう。

萩原彦三（元総督府局長）が戦後述べているように、知事のような職でも、朝鮮系だからといって監視役は付けなかった。[66]当たり前だが、忠誠心に疑問の余地がないと目された人だけが職に就いていた。本心はこうだったという言い分がみな正しければ、日本の当局はよほど人を見る目がなかったことになるが、そうではなかったのだろう。戦後になって言い出したことの真実性を、穿鑿《せんさく》してもしかたがない。そう言うしかないからそう言っただけである。

秘めた意図など本人にしかわからず、何とでも言える。教科書が言うように、日帝が心底憎まれていたとすれば、「祖国光復の準備」「民族利益の擁護」といった言い草は、国民の怒りをかきたてただけで終わっただろう。実際には、誰も意図の証明を求められることもなく、それでいて許されなかった人は一人もいなかった。だからこそ、「全員赦免、大量登用」が既成事実になってからあとづけした、こんな吹けば飛ぶような理屈がまかり通ってきた。

ほかに可能性はないだろうか。親日派がかつて何をしたにせよ、光復後懺悔し、生まれ変わった人間として受け入れられたとは考えられないだろうか。

この可能性もないと思う。そもそも彼らは全然反省の意を表したことがない。それも当然で、軍人も官吏も、大韓民国になってからの人生行路は戦前の延長である。前半生を否定して、どうして後半生が肯定できよう。中泰英が日本陸軍の中佐に、閔復基が総督府地方法院の判事になったのが根本的に間違ったことなら、光復後、大佐となり、覆審法院判事になったことも、さらにその先、参謀総長や大法院長になったことも、やはり間違っていたことになるしかない。

第三代交通部長官金錫寛は、日帝時代の自分を真実、「反省」できただろうか。傭人から雇員になり、車掌見習いから車掌になり、事務職に転じ、駅長、釜山鉄道事務局長へとめざましい昇進をかさねていった（資料8）。それぞれの節目ごとに、彼の実直な勤務ぶりを買った人、意外なその事務的才能を見出した上司、あえて彼を管理職に登用した幹部など、昇進の道をひらいてくれた内地人もいたはずである。

この人は、自分を押しあげてくれた総督府鉄道局に反感をいだき、そのために働いた半生を深く悔悟したのだろうか。とてもそうは思えない。それは言うならば、人間性の自然に反することである。彼が表向き何を言ったとしても、心底では独自の思いを温めていたような人だったのではなかろうか。

つまりこれらの人々は、その人生のあり方からして、日本時代を根底において否定できないのである。そして現に、いかなる反省、自己批判、告白のようなものも、公の場で行なった例がない[67]（宋建鎬）。一九四五年八月まで日本帝国のために働いたその姿のまま、何食わぬ顔で新しい国の指導層へと移動していった。

マスメディアを舞台にあらわな附日協力を行ない、目立っていた人の幾人かは反民特委に召還されたが、淡白に謝罪した人はいない。李光洙は誰かがしなければならない親日を自己犠牲として行なった、崔南善は日本の支配が長く続くと考え思想的長期戦に備えようとしたなどと述べた。朱耀翰は日帝末期に「わずかな保身」に走ったとして、以後政治に意を持たないことにしたと述べている[68]。反省して筆を折り、隠棲して余生を送ったというのならわからなくもないが、彼は国会議員選挙に立候補して当選し、三たび閣僚を務め、最後には大韓海運公社の社長におさまっている。こんな責任のとり方、あるいはとらせ方があるものだろうか。

金大羽も同じである。親日派に筆誅を加えてきた林鍾国は、彼は過去を悔い、解放後出官を拒絶したなどと書き、その謹慎ぶりを評価しないでもないような口ぶりだが[69]、選挙に出馬したことを知らなかったのではなかろうか。

この人は、もともと謹慎などとは縁のないたくましい政治的人物だったようで、知事時代の彼に仕えた倉島至によれば、終戦を知ったあとも気落ちするどころか、慶尚北道内の大人事異動を断行して金大羽王国を構築し、光復後の国での力の温存を画策したという[70]。一九六〇年の出馬はむろん公職への返り咲きを狙ったのであり、出官は拒絶したのではなく、落選して断念しただけだと思われる。

要するに親日派には具合が悪いことになったという意識はあったにせよ、とくに自分が悪事を働いたとは思っていなかったようなのである。

光復後何十年も経つと、昔本当に何があったのか、自分の言葉で語る人も出てくる。それはふと口をついて出た言葉、断片的な物言いであったりするが、本音のように聞こえる。光復前から弁護士として活動し、一九六三年に民主共和党の党首にもなった鄭求暎は、次のように書いている。

「日本の朝鮮統治においては、行政作用と司法作用が独立し、お互いに干渉するという事態は見られなかった。また行政官であれ司法官であれ、比較的優秀な者が招聘されて朝鮮の官僚として赴任し、彼らはいわゆる模範的な植民地統治という意欲をもって仕事をしていた」（鄭求暎［1976］p. 241）

司法の独立は守られ、法の運用は公正だったと続けている。独立後の、法治が軽んじられがちな韓国の状況をふまえての見解と思われるが、これは日本の統治への賛辞と解するしかない。彼は日本時代、短期間ではあるが検事の職に就いたことがあり、そのときの経験も下敷きになっていたのだろう。

元総督府官吏任文桓は、保健部次官に発令される前日の、李承晩大統領とのやりとりを書き残している。「時に君は、金にきれいな人だと言われているね」と「何とも対句に困る」ことを言われた彼は、「日本時代に役人をした人は、皆、金にはきれいです」と答えたという。[71] 日本の官吏は、同情心に篤く、律儀、辞めどきを重んじるなどとも書き、日本から学んだ行政技術、行政倫理が肯定的に引用されている。

この人はべつに日本の施政を手放しで称賛しているわけではないが、韓国人が公にはけして認めないことをあからさまに述べている。韓民族は団結、勤勉、節約の美徳を日本人から学ぶことで、策略と遊泳を重んじていた往時に比べ、はるかに民族の充実に希望を持てるようになったという。外国に長くいた老志士にはこのすばらしい変化が理解できず、彼らと国民の断絶が国政をひたすら悪化させるのをみて、自分は戦ったと書いている。[72] 何のための戦いか。日本時代に韓民族が身につけた価値を、老志士が持ち込んできた旧朝鮮的なものから守るための戦いである。これは悔悟だろうか。その反対ではないか。

日韓の元総督府官吏の交流が戦後も長く続いたことは、中央日韓協会[73]の機関紙『友邦』の記事にみえる。この雑誌には、旧友の消息、寄稿や私信、両国で開かれた懇親の催しなどの記事が、多数掲げられている。

たとえば一九七七年一一月号には、平安北道の警察関係者の集い「平北会」の第一五回大会が東北の松島で開かれ、全国からOB一八三人が集まり、元内務部長官李益興（日本時代、博川警察署長）、道知事を歴任した李夏栄（元渭原《いげん》警察署長）ら「旧警友」から送られた、「切々たる友情こもる祝辞」がその場で披露された、とある（pp. 10–11）。韓国の清州で開催された「日韓忠北警友会」に出席したある日本人は当初訪韓をしぶっていたが、韓国側が航空券まで送ってきたので、高齢をおして参加したと書いている（同年一二月号）。

この雑誌にまめに寄稿している倉島至によれば、一九七三年の彼の四回目の訪韓時には、金大羽のお声がかりで、かつて総督府に奉職した韓国の要人多数が集まった。日本側一行三五人の質問に対し、全禮鎔（復興部・建設部の長官。大韓民国での職歴。以下同じ）、玄錫虎（国防部・内務部の長官）、李海翼（農林部長官）、金泰東（逓信部・保健社会部の長官）などがこもごも立って、分野ごとに韓国事情を説明してくれたという(74)。

大会社の社長や大学の学長も参集したが、反体制派に分類される人もやってきた。夫琓爀は終戦時、慶尚北道善山の郡守だった人だが、金芝河の詩「五賊」を自分が発行する雑誌『思想界』に掲載したことで逮捕され、このとき雑誌も廃刊になっていた。当時最も権威ある総合雑誌の発行人、かつての若き総督府高等官「大山君」（夫琓爀）は、倉島らが訪韓するたびに必ず顔をみせ、「昔の内務部長と郡守の間隔を保って接してくれ」、市中案内などもしてくれたという(75)。

元朝鮮銀行副総裁星野喜代治が書き残したところによれば、一九七〇年に訪韓したとき、具鎔書（初代韓国銀行総裁、商工部長官）、張基栄（経済企画院長官、韓国日報社長）などの朝銀出身者三〇人が集まって盛大な歓迎の宴を開いてくれた。そのとき張基栄は「星野さんがかつて韓国人行員にも一人一人対談して不満を聞いてくださったり、終戦時は危険もかえりみず最後まで残って金融上の整理をして帰国された」ことに言及し、それがわれわれの胸に深くきざまれ銀行員としての指針となったなどとスピーチし、自分を立ててくれたと書いている(76)。

朝鮮殖産銀行の理事だった本田秀夫は、同じ年に韓国産業銀行の招待で訪韓し、金永徽《きんえいき》総裁以下の旧行友、企業家朴興植などと旧交を温めている。産業銀行の役員一〇人中八人が旧殖銀マンで、殖銀精神が今なお脈々と伝わり、その家族的雰囲気が他行からうらやましがられているなどという話を聞かされる(77)。

どの場合も、外からは窺いしれない通じあう気持があったようだ。「固く握手し再会を悦び思わず涙を流し」、「会場は感激的なふんいきに包まれ」「去っていった日本人行友への、思慕の情浅からぬ」などと書いている(78)。国境を越えたうるわしい友誼とするか、どうしようもない癒着の腐れ縁とするかは見方によるが、ともかくもこのような交流が、延々と続けられていたのである。

ここに、そもそも「悔悟」というものがあったのだろうか。

軍人も同じである。朴正熙は大統領になってからも、日本軍、満洲国軍時代の先輩・同僚に賀状を欠かさなかった。伝記作者は、青年期の軍隊経験こそ彼の人格の根幹を形成したもので、それは国籍を越えた追憶の対象だったのだろうと評している(79)。

彼にかぎらず朝鮮系将校の日本軍隊での経験は、十分追憶に値するものだったようだ。李鍾賛（第六代陸軍参謀総長・第八代国防部長官）は、彼らの心のうちを知りながら包摂しようとした日本陸軍の態度を、国士を遇する道、情において忍びずという言葉を知っていた、と追想している(80)。

山本七平はかつての韓国陸軍の元老にインタビューしたが、差別はなかったかという山本の問いに対する彼らの答えは、「公にはない。しかし実情は、一言でいえば、人による」「士官学校では表面的にはなかった。部隊ではまったくなかった」などというものだった(81)。いったん補任した以上、異民族出身の上官の命令は軽んじてよいなどという雰囲気が生まれれば、軍紀が保てない。多民族国家で軍隊が統合の絆になることが多いのは、軍隊特有のこうした事情があるからである[82]。日本帝国を、この点で例外だったと考えなければならない理由はない。

朴正熙は、「強い軍隊を作るには日本式の教育が一番よい」とかねがね語っていた[83]。一九八〇年に書かれた陸軍大学の教材から、こうした認識が軍に共有されていたことが窺える[84]。

「日本軍の精神戦力は、世界戦史を通じ最高水準に達したものと見られる。……日本軍は全ての戦場、全ての機会に必死の戦闘を展開し、その勇猛と果敢な行動は筆舌の及ぶところではない。日本軍は強かった」

日本軍の強さは兵士個々人の精神力のなかにこそあった、と続けている。韓国軍幹部による外国軍隊への賛辞だが、彼ら自身その一部でもあった帝国陸軍将校団の、自負の残響のようにも感じられる。その心のなかで、日本軍こその精神において、世界最強の軍隊として生きつづけていたのである。

日本の軍刀は、光復後も相変わらず誇りの源泉だった[85]。彼らは平然とそれを佩用《はいよう》し、日本軍の白兵突撃に強烈な印象を受けていた米軍将官を憤怒させた[86]。朴政権時代、軍幹部や軍出身の高官は、酒宴など私的な宴席では日本語に切り替えていたという（朴大統領暗殺事件の裁判の過程であかるみに出た[87]）。これが、日本時代の軍歴を本心で悔いていた人々の態度だろうか。

山本七平は、インタビューの印象を要約して、「きっぱりと自分の人生を割り切り、からっとした態度で……その言い分には『わが青春に悔いなし』といった感じでさえあった」と書き留めている[88]。誰も悔いてなどいなかったのである。

教科書的認識を前提にするかぎり、日本の支配機構に参画し、光復後も何ら悔悟していない、そんな人たちだとすれば、国民は彼らを憎む以外ないわけである。しかし現実は全然そうではない。これはいったい、どのように解釈すべきなのか。大前提にしてきたことの真実性を検討の俎上にのせる以外、今や出口がないのである。

7 避けがたい結論

「日帝は極悪であり、韓民族はそれと激烈に戦った」という命題と、「その日帝の手先となった親日派を、光復後指導者に戴いた」という命題を両立させる仮説は、結局見出せなかった。両立しないのであれば、いずれかを採り、他を棄てるしかない。

後者、つまり親日派による韓国指導層の形成は、客観的な事実に属することである。一切のレトリックを排した、形容詞のつかない、散文的な人事記録がそこにある。

他方「教科書」にある光復前の歴史は、半世紀にわたる公教育の所産として、「公共のものとして広く共有される歴史的記憶（パブリック・メモリー、公的記憶）」になっている[89]。しかしそれは、残忍非道な支配や徹底的な搾取にせよ、「激烈」「苛烈」「熾烈」な闘争にせよ、解釈にすぎない。裸の事実と対峙しているのは、今ひとつの系列の事実ではなく、あふれんばかりの修辞によって彩色された、解釈なのである。

両者は真に対照的である。一方の歴史は、文献が山のように出版され、国家は公教育を通じて長年子弟に教えこみ、それが真実だと大声で叫んでいる。他方はせいぜい仲間内でひそやかに語られるだけである。同時代の史料のなかにどれほど広範に見出される事象であっても、そこから韓国という国家の本質を抽出することはもちろん、意味づけを与えようともしない。しかし何が本当にあったことかを知りたいと願う立場からは、どちらの命題が棄却されるべきかは自ずからあきらかである。

「公的記憶」と背馳する事実が、あまりにも多い。日本時代の官歴や軍歴が、当時の人名録・紳士録の類にあれだけ頻繁に現れるのは、そもそも当時の官庁や軍隊が、教科書がいうほどに憤りの対象にはなっていなかったからとしか考えられない。

総督府警察には、常時定員の一〇倍から二〇倍の応募があったし、[90]朝鮮語の新聞は、韓国人の高等文官試験行政科の合格者を写真入りで報じていた。[91]同じ高文でも、弁護士になる道もあった司法科と違い、行政科は官吏にならなければ意味のない資格である。「わが民族の生存まで脅かした」（教科書 p. 388）日帝だとすれば、その日帝統治機構の一員になることが、どうして青少年に憧れられたのだろう。まして解放後になって、今さら「憧れのまと」だった試験に合格した秀才だなどと、書かれるはずがないではないか。

一九六二年、革命最高会議議長の資格で訪日した朴正熙は、池田勇人首相主催の晩餐会で、元満洲国軍官学校校長の席に歩みより、何事か語りかけた。二回も頭を下げた、お酌をしたと報じられ、長く語りつがれる事件になっている[92]。

昔の先生に敬愛の気持を表すのなら、別室に招いて語りあえばよい。衆人環視のなかでこんなことをする必要などなかった。李承晩的反日はもはや終わったというメッセージを伝えようとしたのか、旧軍の人脈をこれから活用しようという思惑があったのか。賀状を欠かさず書いた彼の、自然なふるまいというだけのことか。

事情はさだかでないが、それで国民があまり反発することはないと踏んでいたことはたしかだろう。朴正熙を批判する人は少なくないが、愚物とする人はまずいない。国民感情に何の洞察も持たなかったとは思われないし、現にその後この件はとくに致命傷にはならず、翌年には大統領に選出されている。

彼のこうした挙動には、韓国社会の真実の一端が投影されていたと考えざるを得ないのである。その当時発行されていた人名録・紳士録は、日本の統治を「日政」と表記している（資料2、3、4、6）。中華民国（台湾）の歴史教科書は長年、日本統治時代を「日据時代」と言い慣わしてきた。「据」とは、不法に占拠するという意味である。中華主義からの訣別をはかろうとした歴史教材『認識台湾』の原案では、「日据」に替え「日治」と書かれていたが、外省人（大陸出身者）の反発で、結局「日本植民地統治」という言葉に落ちついた[93]。今の韓国の教科書では、「日政」は使われない。侵略者日帝との闘争史として記述する歴史に、「政」の概念が入り込む余地はない。

しかしかつては違った。日本時代を直接経験した当時の韓国人の認識は、『認識台湾』なみのものであったように思われる。金暻東（ソウル大学社会科学研究所長）は、一九六〇年頃の韓国人は戦前を〝good old day〟（古き良き時代）とみなしていたという。(94)一般の人の目にはまずふれない、英語の論文の一隅にそう書いてある。

何が良かったのだろう。産業化が進んだためか。司法と行政が混交することのない、公正な統治が行なわれたためか。団結と節約、勤勉の美徳が生きていたためか。その説明はない。一九六〇年当時、政治的混乱と腐敗、経済的停滞に国民は心底倦んでいた。朴正熙のリーダーシップのもと、この国は苦境から脱していき、それとともにそのとき国民の心中にあったことは、徐々に忘れられてゆく。今は「古き良き時代」のことを語る人は誰もおらず、当時の記憶はほとんど湮滅に帰しているが、何かがあったのである。

戦後、日本時代を生きた多くの人々が、ひそやかな日本への郷愁を口にしている。いわゆる親日派だけでなく、しばしば表向き最も反日的な立場をとっている人にしてそうなのである。「反日は意識的で親日は意識下にある」といい、あるいは「しらふのときに反日し酔うと親日する」、「反日は理性に属し親日は感情に属する」などと語る人もいる。(95)「感情が親日」とは、公的認識とはあまりにもかけ離れている。なぜ、こんなことが言われてきたのだろう。

少し距離をおいてみれば、はじめから事態は明々白々なのである。韓国的歴史認識と無縁の外国人なら、「寛容」とか「知らなかった」、あるいは「人材」「奴隷状態」「技術者」「意図」「悔悟」に関する本章での考察は、求めて迂路《うろ》に迷い込むものだと感じるはずである。

先行する歴史過程が他民族によるひどい抑圧と収奪で、それに対する激烈な闘争によって解放が勝ちとられたのだとすれば、その敵の支配に加担した反逆者の運命は決まっている。どの国、どの民族であろうと、引き続いて生じるのは徹底的な報復と粛清以外にはありえない。教科書的歴史認識が正しいとすれば、光復後におきたことは、それこそ「史上類例のない」ものとみなさざるをえない。

多少とも似たような例があるだろうか。たとえば旧ソ連の高官がロシア連邦の高位層に横すべりしている、親日派が指導層に居座ったのもこれと同じだ、などと考えることができるだろうか。無理だろう。日韓の関係はソ連とロシア連邦の関係とはまったく違う。ソ連帝国の維持がロシア人の負担になった一面はあっても、依然それはロシア人が作った国である。[96] ソ連体制下でその支配領域は空前の広がりをみせ、その権力は中欧にまで及び、カリーニングラード周辺が今ロシアの飛び地となっているのは、その遺産である。中央アジアではロシア文化が広まり、人口のかなりの部分がロシア化された。東方では、スターリンが揚言したように日露戦争の復讐をし、日本から領土を取りあげた。

対独戦争は依然「大祖国戦争」であり、国がロシアになってからも戦没者を追悼し、戦勝記念式典を主催している。ソ連国歌の旋律はロシア国歌に転用され、安保理常任理事国の議席も引き継いだ。ロシア連邦は事実においてソ連の継承国家であり、ソ連時代の党・政府の幹部が横すべりしたところで、何の不思議もないのである。

韓国は、日本帝国を継承したという意識をまったく持たない。教科書は、日本の支配をはねのけて、今の国が誕生したと説くだけである。それが真実とすれば、その仇敵と野合していた輩《やから》が一人も処罰されず、集団として独立後の国の指導層に転化するなどということが、あるはずがないのである。

この認識は、歴史に整合を見出そうとする要求に根ざすもので、戦前の日本の支配を正当化するとかしないとか、皇国史観なのか韓国史観なのかといった類のこととは無関係である。象の体には象の頭が、キリンの胴にはキリンの首がついているべきで、その逆の組み合わせはおかしいといっているだけである。

教科書の記述が正しいとすれば、建国後の韓国の状態は、イスラム原理主義の国の指導層がキリスト教徒によって占められたとか、新生イスラエル国家の大統領や首相が、もとナチだったというようなものである。

戦後の韓国でおきたことを視野に入れれば、教科書的認識を信じることはどだい不可能である。少数の知識人は問題に気づいているが、これはこの国の公理のようなものだから、根本を懐疑できない。あえてそこに踏み込めば、反日する親日派の国の、いわばパンドラの箱をあけることになる。説明できないと感じながら、あるいは感じているからこそ、ことを倫理の問題にもっていくしかない。

親日派の糾弾に生涯をささげた林鍾国は、「解放後わずか四年で我々は再び売国をした。民族の魂と精気を根こそぎ売り飛ばした、反民族行為処罰法の事実上の廃棄がそれである」と書いている。彼に言わせれば、それは最初のボタンのかけ違いであり、「大地を売り渡した第一の売国よりひどい」「反民族の桁外れの罪悪」だった[97]。別の人は、「奇怪で恥辱的」(金石範)、「どのように説明する道理もない」(李炫熙)、「民族の歴史的使命に逆らった罪過」(金俊燁《きんしゅんよう》)などという[98]。

一人の知識人として筋を通すのなら、これでよいかもしれない。しかし民族としての筋は、それでは通らない。「極悪の日本と激烈に戦ったはずのあなた方が、その日本の手先になった者をなぜ赦免し、まとめて指導者の地位に就けたのですか?」

非難しているのではない。このような問いが客観的に存在するのである。国民的信念がどれほど堅固で、国家がどれほどおごそかに真実の歴史と宣言していても、前提としてきた認識をひきもどす以外ない。

国民は、日本の統治を、それほど悪いとは思っていなかったのである。

【注】

(1) BBC(二〇〇七年三月一一日付『日本経済新聞』の記事による)、『タイム』誌(二〇〇九年四月号)の世論調査によれば、調査対象となった各国中最も好感を持たれている国は日本だった。それぞれ二七カ国二万八〇〇〇人、五六カ国一二万人を対象にして行なわれたもので、日本の旧占領地域・交戦国での好感度が総じて高いという傾向も見られる。その後も同様の調査が行なわれているが、概ね同様の結果が示されている。

(2) 各国の日本観を比較した「外国メディアの対日イメージ 11カ国調査から」は、韓国人の「日本嫌い」は、時が経つにつれ増嵩していると結論づけている(川竹[2000]p. 84)。『朝日新聞』・『東亜日報』共同の類似の世論調査も同様の結果を示しており(嫌日韓国人の割合は、〔各年多少のふれはあるが〕一九八〇年代の四割程度に対し、九〇年代以降はおよそ六割から七割程度に上昇している)、「天皇」の称号(韓国紙は「日王」

と呼ぶ）、慰安婦、日本海の呼称、旭日旗、徴用工など、以前問題になっていなかったものが逐次、反発の対象になってきたのは、その証左と言えよう。古田［2014］p. 119を参照。

（3）南富鎮［2006］p. 110。

（4）松本［2001］pp. 26–28。

（5）金時福［1981］p. 64、崔一男［1994］p. 33。このほか金炳翼［1973］p. 103、文玉杓［1991］p. 34を参照。

（6）李相回［1985］p. 76（李相回は延世大学教授）。韓国語文献。

（7）国会議長、国務総理、合同参謀本部議長、海軍・空軍の参謀総長、さらに外務部、農林部、動力資源部、交通部、逓信部、建設部、社会部、保健部、保健社会部、公報部、文化公報部、国土統一院、科学技術処の各長官は、除外している。

（8）金利祚『韓国法曹人秘伝』［1994］p. 18。韓国語文献。

（9）大韓民国臨時政府は、一九一九年に上海で結成され、一九四〇年に重慶に移った。教科書は「国内外の独立運動をより組織的で効果的に推進する中枢機関」（p. 400）としているが、活動実績はほとんどない（後述）。臨時政府駐欧米委員部（欧米議員部、欧美議院府と表記されることもある）は李承晩がワシントンに設立したとされるが、一九二五年、臨時政府が彼を大統領職から解任したときに廃止された（ただし李承晩はこの決定を認めなかった）。実態は模糊としており、名ばかりのものとみなさざるをえない。

（10）朝鮮史編修会は政務総監を会長に戴き、李完用、朴泳孝、李允用などを顧問にしていた。韓国人研究者としては、李丙燾のほか、崔南善、李能和、申奭鎬らが参加している。韓国の「教科書（一九九〇年）」は、戦前期の日本による朝鮮研究について、次のように述べている。

「わが民族史も日帝の植民統治を合理化するために捏造されていった。とくに民族史の根源ともいうべき古代史が歪曲され檀君朝鮮は否定された。韓国史の他律性と停滞性が強調され、韓国史の自律性と独創性などはまったく否定された」（p. 425）

（11）朝鮮語学会事件の判決があったのは一九四五年一月末で、刑には概ね執行猶予がついた。金度演の場合も懲役二年、執行猶予三年だったが、韓国では実刑を受けたかのように書かれるのが普通である。戦後、「日帝に迫害された」ことが一種の勲章のようなものになったためと考えられる。

(12) 林鍾国は、総督府、朝鮮銀行、東洋拓殖会社、駐韓日本軍を「四大侵略機関」とする（林鍾国［1992］p. 502）。呉宗植は、民族運動の敵愾心が向けられた機関として、朝鮮銀行、朝鮮殖産銀行、東洋拓殖会社をあげている（呉宗植［1976］p. 186）。

(13) 「附日協力」は林鍾国の造語。日本に協力したからといって心中の意識までただちに親日と規定したくないからという（林鍾国前掲書 p. 451）。

(14) キム・ハクミン／チョン・ウンヒョン（김학민、정운현［1993］p. 458）韓国語文献。なお戦後大法官になった盧鎭卨も、戦前、時局対応前線思想報国連盟の幹事名簿に名を列ねている（林鍾国前掲書 p. 295）。

(15) 総督府警務局編『最近における朝鮮治安状況（昭和十三年版）』に、五月一九日、米国より帰鮮したばかりの「李承晩の股肱」尹致暎を取り調べた件が記載されている（朝鮮総督府警務局［1938］p. 386）。

(16) 一九四一年八月、月刊誌『三千里』社長金東煥が中心になって、皇民化運動の実践団体として設立された。

(17) 協議会の様子を報じる『三千里』（一九四一年一一月号）の記事の冒頭に、壇上の彼の写真が掲げられている（pp. 46–61）。韓国語文献。

(18) 白楽濬の論稿「永遠の光芒を放って」（「大東亜戦争二周年」の副題がついている）は『毎日新報』の一面に九段抜きで、自筆署名と顔写真付きで掲載されている。

(19) 満蒙産業株式会社は一九四〇年に設立され、「農場経営、移住者用土地取得ノ管理及分譲、移住者ニ必要ナル施設及其ノ経営」などを事業の目的とした（『満洲銀行会社年鑑昭和十五年版〈下〉』。須永［2002］p. 863）。

(20) 李瑄根［1939］pp. 58–61。韓国語文献。

(21) 一九四一年九月、皇道精神の宣揚と国民生活の刷新などを目的とする運動団体として設立された。団長は崔麟。

(22) キム・ハクミン／チョン・ウンヒョン前掲書 p. 450。

(23) 朱耀翰は創氏名松村紘一名で寄稿している（松村［1942］p. 26）。

(24) 元総督府官吏任文桓によれば、日本の高等文官の経歴を持ちながら新政府の幹部として採用されなかったのは二人だけだった由（任文桓［1975］p. 191）。

（25）軍の要請を受けて軍用機の製造事業に乗り出し（朴興植）、満洲国の京城駐在名誉総領事を務め（金季洙）、軍用機を献納したりした（文明琦、崔昌学、方義錫）。

（26）韓国経済人連合会は、のち全国経済人連合会に改称された。金性洙は一九五一年から五二年にかけて、李承晩政権下で副統領（副大統領）を務めた。

（27）陳芳明［1995］pp. 282-283。中国語文献。

（28）一九四六年に世に出た作品は八五篇で、著者のほとんどは、李光洙（五篇）、金東仁（二篇）、廉想渉（三篇）、李無影（三篇）、鄭飛石（八篇）、金来成（五篇）など、戦前からの有名作家である（『韓国文学史』金允植／キム・ヒョン〔김현〕［1973］pp. 314-316。韓国語文献）。この状況は朝鮮戦争に至るまでほとんど変わらず、新世代への交替のペースも遅かった。

（29）金允植／キム・ヒョン前掲書 pp. 314-350。

（30）『韓国論争史』全五巻（青藍社、一九七六年。韓国語文献）は、光復後の三〇年間に行なわれたおもな論争を五つの分野に分けて整理しているが、初期の論争参加者のほとんど（全期間を通観しても半数）は、日本時代からの著名人だった。

（31）岩野［1999］p. 266。

（32）李象範は弘益大学教授に、盧壽鉉はソウル美大教授、金基昶は弘益大と首都女子師範大の教授に、李惟台は梨花美大の学部長になっている。李仁星、金煥基、尹景承、具本雄、裵濂、李惟台、崔禹錫ら日本時代の有名画家が国展審査委員になったことは、作品評価の基準に本質的な変化がなかったことを示す。

（33）フランスについてはシャンボン［1997］p. 155を参照。イタリアでは粛清とそれへの報復で一万五〇〇〇人が、殺されたという。オランダでは八〇人、ベルギーでは二四〇人余が死刑になった（それぞれダガン［2005］pp. 343-344、ルイス［1990］p. 352）。中国では、終戦直後に制定された漢奸案件処理条例・漢奸懲罰条例に基づき、南京国民政府（汪兆銘政権）の要人繆斌、梅思平、林柏生、陳公博など三六九名が処刑されている（王秀鑫・郭徳宏［2012］pp. 752-753）。

（34）林鐘国［1992］p. 397。和信の社史が茶番ぶりを伝えている。創業者朴興植は最初に逮捕され、六〇〇〇ページ近い調書が作成されたが、一九四九年秋、結局「公民権停止二年」が求刑されただけだった。担当検事は、証拠もなく心苦しいと述べながら、やむなく求刑すると論告し、即日無罪が言いわたされたという（和信産業株式会社［1977］p. 234）。
（35）李基東［1983］p. 99。
（36）任文桓［1975］p. 191。
（37）一九四〇年九月、重慶で編成された朝鮮人の抗日武装組織。一九四一年に中国軍の指揮下に入ったが、兵力は（多く見積もっても）五〇〇名程度で、実戦に参加したことはほとんどなく、終戦後まもなく解散した。
（38）李東熙［1982］p. 276。中国軍・光復軍出身者は概ね高齢で、日本軍系将校の目には、ろくな訓練も受けておらず、軍人としての知識経験に欠けると映った（ヘンダーソン［1973］p. 344）。アメリカは国防警備隊や軍事英語学校を開設し新たな人事秩序を作ろうとしたが、日本軍の階級と訓練が終始権威を保ち、旧上官は、たとえ遅れて米軍の軍務に就き、階級は低くとも依然上官とみなされたという（同 p. 348）。
（39）崔徳新［1984］pp. 36–37。彼自身はのち少佐に特進しているが、自著にはこのことを書いていない。
（40）王秀鑫・郭徳宏［2012］pp. 752–753。三六九名が処刑された（既述）ほか、九七九名が無期懲役の判決を受けた由（これには、戦中随時行なわれた叛国者処断の件数は含まれていない）。
（41）教科書に引きつづく引用は、『朝鮮日報』社説（一九七四年一月三〇日付）、愼鏞廈の論文（［1991］pp. 144–145。『新東亜』一九九一年二月号に掲載。韓国語文献）。ほかに宋建鎬［1992］p. iii を参照。
（42）徐載軾［1988］p. 14。
（43）林鍾国が述べている。
「わが民族は、旧時代の非理に対して常に峻厳な態度をとってきた。朝鮮王朝の時期、あれほど多かった士禍は、旧時代に対する批判が三族を滅ぼすほど過酷であったことを示している」「政治報復ではあったが、肯定的な角度から見るならば、新しい時代に臨む決意の闡明と評価することができる。……ただの一度の例外が附日協力者の問題であった」（林鍾国［1992］pp. 400–401）
（44）当時良識派とみなされていた安在鴻は、日本支配が四〇年にもなるのだから、時代を生きた人々に一抹の仏心があってよい、反民嫌疑者も安んじて祖国再建に参加できるようにすべきだと述べている（「反民者処断への要望」一九四九年。安在鴻［1983］pp. 406–407。韓国語文献）。

（45）林鍾国［1992］p. 375。
（46）金貞烈は一九八七年から八八年、姜英勲は八八年から九〇年にかけて在任している。
（47）一九四五年九月に結成された保守派の政党。初代党首は李承晩、金九、李始栄の三人。
（48）カミングス［1989］p. 436。
（49）一九六七年に、当時の朴正煕政権に対抗するため、野党が結集して創立された。一九八〇年に解散。
（50）日本で言えば、国土交通省や農林水産省などの地方機関に勤務した官吏が、国会議員選挙に出馬するような状況と言えよう。見かけは様変わりしたが、国は根の部分で以前とつながっていたのである。
（51）李炳注の自伝的小説『弁明』に、「日帝時代に警察官をやったのも憲兵をやったのも……日帝にへつらって出世しようと血眼になったありとあらゆる奴らが立候補している」という一節がある（李炳注［1988］pp. 224–225）。
（52）申興雨［1941］pp. 25–27。韓国語文献。
（53）申興雨［1942］pp. 88–89。韓国語文献。
（54）雑誌『朝鮮行政』の記事によれば、金大羽は総督府の内地人官吏から「朝鮮随一の官僚」とみなされていた由（須麻［1939］pp. 76–82）。
（55）金大羽［1940］p. 67。
（56）反民族問題研究所［1993］pp. 279–287（三冊本の①に所載。韓国語文献）。皇国臣民の誓詞（一九三七年一〇月二日公布）には国民学校用と大人用の二種あり、学校や職場でいっせいに唱和した。うち前者は次のようなものである。

私共ハ、大日本帝国ノ臣民デアリマス
私共ハ、心ヲ合セテ天皇陛下ニ忠義ヲ尽シマス
私共ハ、忍苦鍛錬シテ立派ナ強イ国民トナリマス

（57）『京城日報』に掲載された、松村紘一（朱耀翰の創氏名）作「徴兵制実施即吟」七首中の冒頭の二首（『近代朝鮮文学日本語作品集（1908–1945）セレクション6』に収録されている。大村・布袋［2008］p. 97）。
（58）以下『韓国の人物』の引用ページは、本編・続編ともその日本語訳『韓国を動かす人達』（資料2および

3）のもの。厳詳燮については本編（資料2）p. 129、張暻根については続編（資料3）p. 186、桂珖淳については『韓国名士大鑑』（資料5）p. 35による。

(59) 全禮鎔の人物評（一九五九年。資料5）には、「弱冠二十九歳のとき京畿道広州郡の『ウォンニム』として登場した」とある（p. 80）。

(60) キム・ハクミン／チョン・ウンヒョン前掲書 p. 313。

(61) 安東赫は中央試験場の技師、金充基と安京模は鉄道局技師、李炳学は細菌検査所の技手を務めた。

(62) 任文桓［1975］p. 198。

(63) 金鍾信［1975］p. 111。

(64) 中西［1999］p. 114。

(65) 元総督府官吏倉島至（当時長野市長）は一九六八年に訪韓し、かつての同僚や部下と旧交を温めた。そのとき全禮鎔（元復興部長官）、金聖煥（元韓国銀行総裁）らは、戦後を乗りきるための大義名分として、「自分たちが総督府に奉職した所以は、日本人から侵害されがちな韓国人の利益を守ることであった」と説明してきたと語ったという（倉島［1980］p. 5）。

(66) 萩原［1969］p. 23。

(67) 宋建鎬［1984］p. 409。日帝系人士は、軍人や警察官を含め、総じて同じ道を歩みつづけたようにみえる。「朝鮮史編修会」で仕事をしていた人は「国史編修委員会」の委員や修史官に、「朝鮮美術展覧会」の審査員は「韓国美術展覧会」の審査委員になった。ポストが空いたために異常な昇進をした人も多く、たとえば道の水産課長が中央政府の漁撈課長になり、関東軍憲兵隊員が国軍の憲兵指揮官に、総督府衛生課員が国立中央防疫研究所長になったりした。郡守や郡の課長から一気に知事になった人もいる（資料8）。

(68) 「私の履歴書3」。朱耀翰［1976］p. 243。

(69) 林鍾国［1992］p. 373。

(70) 倉島［1976］p. 2。

(71) 任文桓［1975］p. 233。

(72) 任文桓前掲書 p. 3。

(73) 戦前の朝鮮在勤者を中心にして設立された、外務大臣所管の社団法人（平成二四年に内閣総理大臣所管の公益社団法人に移行）。代々木に本部を置き、会報『友邦』の発行、韓国関連のシンポジウムの開催などを行なう。
(74) 倉島［1976］pp. 1–2。
(75) 倉島［1985］p. 4。
(76) 星野［1971］p. 2。
(77) 本田［1970］p. 4。
(78) 順に、倉島［1969］p. 4、星野［1971］p. 2、本田［1970］p. 4。
(79) 李祥雨［1988］pp. 20–21。
(80) 山本［1997］p. 48。
(81) 山本前掲書 pp. 34–35。
(82) （多民族性が顕著だった）ハプスブルク帝国では、陸軍が民族の垣根を越えたオーストリア人意識の担い手になっていたという（シュタットミュラー［1989］p. 200）。
(83) 李祥雨［1988］p. 21。
(84) 陸軍大学発行『戦闘力の発揮と強化』からの引用。序文に、連隊長、大隊長、中隊長および将来軍指揮官になるため修学中の士官生徒のために書かれたとある（陸軍大学［1980］p. 88。韓国語文献）。
(85) ヘンダーソン［1973］p. 349。
(86) 大韓民国国防部戦史編纂委員会［1967］p. 370。韓国語文献。
(87) 金在洪［1995］p. 19。
(88) 山本［1997］p. 35。戦後陸軍大将となった白善燁は、日本時代には間島特設隊に所属し、鮮満国境付近のゲリラの討伐にあたっていた。彼は、あれは略奪と誘拐をこととしていた連中で、今日正義の味方のように持ちあげるのは「とんでもない間違い」だと述べている（白善燁［2000］pp. 74–75）。
(89) ピーティー［1996］p. 332。ピーティのいう「パブリック・メモリー」を、以下において「公的記憶」という。これに関連して、以下「公共のものとして広く共有される歴史」を「公的歴史」、「公共のものとして広く認識される認識」を「公的認識」という。
(90) Kohli［1994］p. 1274。
(91)「姜文元君　高文に合格」。『東亜日報』一九三〇年一月六日付。朝鮮語文献。
(92) 金容雲［1986］pp. 196–197、韓洪九［2003］p. 102などを参照。朴正熙自身が、満洲国軍官学校時代の校長・同窓生に会えるよう手配してほしいと日本側に事前に頼んだという（李祥雨［1988］pp. 20–21）。
(93) 彭維学［1997］p. 31。中国語文献。
(94) Kyong-Dong Kim［1985］p. 136。評論家金炳翼は、戦後の生活苦や不正腐敗の深化のため、昔は良かったという復古的風潮が広まったと書いている（金炳翼［1973］p. 104）。
(95) 日本時代に青年期を過ごした、崔禎鎬（『韓国日報』論説委員）の認識。「頭で考える日本と体で感じている日本」「えりを正している時とくつろいでいる時」とも表現している（崔禎鎬［1984］pp. 38–39。韓国語文献）。
(96) 一九九六年のロシア大統領選挙に出馬したレベジは、われわれは千年のルーシ、三百年のロマノフ家、七五年のソビエト政権の継承者であり、ロシア史の一部になっているものを拒む権利は誰にもないと述べている（レベジ［1997］p. 416, p. 427）。これはおそらくロシア人一般の、自然な認識だろう。
(97) 林鐘国［1992］序文 p. vii。
(98) 金石範［1984］p. 200、李炫熙の座談会での発言（金雲泰・金仁会・李炫熙［1985］pp. 82–83。韓国語文献）、金俊燁［1995］p. 62。

第二章

本当に抗日したのか

韓国人が日本の統治をそれほど悪いと思っていなかったとすれば、戦前までの歴史はどういうことになるのか。「教科書（一九九〇年）」は「民族の強靭な抵抗精神」「熾烈な武装闘争」（p. 353）を強調しているが、史実はほぼその反対だった。顕著だったのは抗日ではなく日本への同化と協力で、その延長線上に戦後親日派が指導層におさまった。当然のことながら、戦前戦後の歴史は基本的に整合しているのである。

1 抵抗は微弱だった

韓国では、韓民族が日本と徹底的に対決したことになっているが、実際の歴史の基調は、それとはうらはらの「対決の不足」である。人口一千万の、けして小さいとはいえない国を、隣国が力ずくで併呑したとすれば、惨烈な戦いがあってしかるべきだが、その形跡がまるでない。

イギリスはビルマの併合にさきだち、三回の戦争（英緬戦争）を戦っているし、中央アジアの征服を企てたロシアは、トルコ系部族の頑強な抵抗に直面し、屍《しかばね》の山を築いて目的を達成した。アメリカは、スペインから奪ったフィリピン諸島に一二万の大兵を送り、現地人二〇万人を虐殺してようやく独立運動を鎮圧した(1)。

これに対応する歴史が、ここにはない。併合に至る過程で日本が戦ったのは中国とロシアで、朝鮮の正規軍との戦いは、日清戦争開戦時に王宮を占拠したさいの、一六分間の小競り合いがあるだけである。

戦闘以前に、そもそも抵抗がほとんどなかった。王室は終始風見鶏をきめこみ、甲の国を引き入れ乙の国を制する手管に終始し、日本もその操縦の対象となった。朝鮮の新式軍の育成にあたった国の変遷は、その遊泳の軌跡を示す。一八八〇年代初頭、朝鮮軍はまず日本式で訓練され、壬午軍乱後は清国式に変わり、天津条約締結後日清の手打ちでアメリカ式となり、日清戦争が始まると日本式に戻り、三国干渉後はロシア式となり、日露戦争後は再び日本式に転じた。軍隊は粘土細工のようにこねくりまわされ、伝統らしい伝統は形成されず、最後まで烏合《うごう》の域を出なかった。この国の軍隊は、新たに取り入る外国への手みやげくらいにしか、扱われていなかったように見える。[2] 王室は国権を切り売りして、この国あの国とわたり歩き、最後に日本の懐に入っていった。

王（最後の一〇年余は皇帝を称した）は、王号と王宮の継続使用、皇族なみの処遇、潤沢な歳費の支給の確約を得て、統治権を譲渡した。天皇の封冊を受けてその臣下となり、世子は日本の皇族から妃を迎え、王室ぐるみ日本の体制の一部と化していった。[3] 独立運動家の文章に王室を敬慕したものが見あたらないのは、主権の譲渡と王家の安泰が取り引きされる結果になったからである。[4] 三一運動のときに叫ばれたのは、かつて存在もしなかった大韓「民国」の独立であり、この国は復辟《ふくへき》の試みが事実上なかったという、滅亡した君主国としては珍しい記録を残している。[5]

朝臣の行動も、似たようなものだった。「教科書」は、保護条約に賛同した大臣（朴斉純、李址鎔、李根沢、李完用、権重顕）を「五賊」と称しているが、他の閣僚も五十歩百歩だった。参政大臣（首相）韓圭卨《かんけいせつ》は条約に同意はしなかったとはいうものの、その後逃げ隠れるばかりで何をしたわけでもなく、同じく度支部《たくしぶ》大臣（蔵相）閔泳綺は、伊藤博文統監が仕切る内閣にあっさり入閣している。[6]

一八九四年の内閣制発足後に大臣となった人物は累計八一人に及んでいるが、うち四五人が、併合と同時に日本の爵位を得ている。[7] すでに他界していた十数人は選考の対象外だったから、結局閣僚経験者の大半が実は「賊」だったことになる。[8] 王朝の社稷《しゃしょく》に殉じた人は閔永煥、趙秉世《ちょうへいせい》、野にあった黄玹くらいで、頑強に抵抗の姿勢を貫いた人物は容易に見出せない。[9] 忠臣がどうしてこうも少ないのだろう。同時代の中国の思想家梁啓超が述べている。

「人々は風向きを見るのに長じ、……以前の中国党は数年も経ずして日本党に変じ、次いでロシア党になり、また日本党に戻った。強いほうにへつらい、庇護してくれるほうに従う」「明日国が滅びようと、今日官職と権勢があればよいのだ。日本が統監を置いたとき世界の人は朝鮮国の命旦夕《めいたんせき》に迫ると悟ったが、当の彼らにわかっていたのか。政権の争奪は、酒が熟し味が濃く旨くなるように、いっそう激しくなった。合併条約が発表されるや、隣国の人間はこの国に思いを馳せ幾ばくかは涙するのに、彼らは意気軒昂、愉快に酒を飲む。高官は日々運動し、新政府に栄爵を得んものと活気づいている」[10]（梁啓超『朝鮮滅亡之原因』、原載は一九一〇年。中国語文献）

併合条約調印の六日後に、最後の君主純宗の即位四周年を祝う盛大な祝賀会が挙行された。梁啓超は、群臣喜々として平時のごとしと書き、君臣の「達観」に一驚している[11]。

〝為政者は売国したが、民衆は抵抗した〟などと言うが、実際はどうだったのか。金九は国民の愛国心は希薄で、無知な農民は併合も亡国も何のことかまったくわかっていなかったと言う[12]。「教科書」は東学党を、「外勢の侵略を撃退しようとする反封建、反侵略の近代民族運動」と書いているが（p. 337）、同時代の人々からは「邪教徒」（黄玹）、「妖鬼」（申采浩）、「悪民」（崔益鉉）と言われ、あやしげな反社会的団体とみなされていた[13]。外侵に抵抗した実績はとくになく、のちには日本に接近し、日本の浪人集団「天佑俠」の支援を受けている。政府の圧迫から逃れる方便だったともいうが、東学党を母体に一進会が生まれ、教団幹部がその指導部に横すべりしたことは、まぎれもない事実である[14]。

アメリカの朝鮮史学者ヘンダーソンは、一進会を、自民族に対して行なわれた反民族主義的大衆運動の未曾有の例としている。ふつう売国の所業はこっそり行なうものだが、一進会は、デモ、集会や公開演説、ポスターの掲示などを通じて、自国を亡ぼすための活動を公々然と行なった。会員は断髪し独特の制帽をかぶり、白昼長蛇の列を作って市内を練り歩き、併合に向けて人心を動かしていった[15]。一九〇八年一二月には、李容九会長以下会員「百万人」が、日本との合邦《がっぽう》を求める上奏文を皇帝と統監に提出している。百万人はいかにも誇大だが、当時一進会が、抜きん出た規模と影響力を持つ政治結社だったことは否定できない。この国の草の根の大衆運動は、「反侵略」とは逆の方向を向いていたのである。

保護条約調印直後に書かれた論説「是日也放声大哭」（『皇城新聞』一九〇五年一一月二〇日付）が抗日の証のように引かれ、「教科書」はこれを激烈な抗日言論だとしているが（p. 350）、内容を見れば、伊藤侯にかけた期待が裏切られた、悲しく腹立たしいとして「大哭」しているだけで、決起の呼びかけはおろか日本を非難するくだりもない。どうしてこれが、「激烈な抗日」なのだろう。『皇城新聞』のほか『大韓毎日新報』が、独立自強の論陣を張った二大紙とされているが、他方には、併合を是とする『国民新報』、『大韓新聞』があった[16]。後者は日本の保護の多幸、親日してこそ真の排日ができるなどと書き、一進会の上奏文を掲載してその宣伝の便宜をはかったりしていた。

申采浩は、国の滅亡を祈禱する「精神界の売国賊」「魔報」と罵っている。[17]

こんな国で、まともな武力抵抗が行なわれ得たとすれば、むしろそのほうが不思議である。一九〇七年に日本が韓国軍を解散させたとき、首都に集結した兵力は、歩兵三個大隊、砲兵一個中隊の、たかだか四〇〇〇人にすぎない。これしきの兵が睨みをきかせるだけで、一国の軍隊がほぼ無抵抗の状態で消滅していった。併合のときも同様で、ある在韓日本人は、今度という今度は動揺は免れまいと思っていたのに、「鼠一匹も飛び出さず」「天下は寧ろ余りに平凡なるに気抜けした」と書いている。[18]

義兵は「激烈な抗日」の主役に据えられているが、同時代人の儒生黄玹は、イメージとほど遠いその実態を伝えている。

「忠を抱き、義に因る人は、若干名に過ぎなかった。名を売ろうとする者が導き、禍を楽しむ者が附き、悪人どもが千人、百人と群を成し、みな『義兵』と称していた」「残忍、兇暴、淫蕩で、略奪し、強盗と異なるところのない者がいた」（『梅泉野録』p. 263）

当初彼らは内陸を通行する丸腰の日本人を襲撃していたが、やがて朝鮮の良民に矛先を向けるようになり、犠牲者は時に日本人の一〇倍にもなったという。当時朝鮮の田舎を旅したロシア人は、朝鮮語の単語「義兵（의병）」が、「強盗」の意味合いで使われていたことを示唆する記述を残している。[19]

蜂起の件数が多かったことをあげて抵抗の激しさを強調する向きもあるが、組織も統一もなかったから、騒擾が各地でおきたというだけである。十数人の討伐隊が鎮圧に向かうと、百人、千人が蜘蛛の子を散らすように逃げるというのが「義兵戦争」の実態だった。[20]「暴徒の実力に至りては実に微弱」で、「二百乃至三百の団衆に対しても一小隊（三〇人程度。筆者注）以上の兵力を用ゆる程の強抗を受けたること無く」というのが日本側の認識で、野原に雀を狩るようなやっかいさはあったが、治安問題の域を出るものではなかった。現に「義兵戦争」たけなわの一九〇七年春、在韓日本人の不平を尻目に、駐屯二個師団のうちの一つが内地に引きあげている。[21]日本の治安当局は、本州ほどの広さのこの地に、一個師団もおいておけば十分と考えていたのである。

「教科書」は「抗日義兵闘争の展開」という項を立て、四ページを割いて「日帝の侵略を糾弾し、条約の廃棄を求める運動が燎原の火のように広が」り、「民族の憤怒と抵抗を結集し」「民族の生存権を死守しようとする救国闘争が力強く展開されていった」などと書いている（p. 350）。まるで叙事詩的な民族戦争が戦われていたかのような書きぶりだが、具体性に欠けるただの作文である。大仰なもの言いは、内容のなさを言葉で補おうとしているのだろう。「地方の主要都市を攻撃し」「日本軍と市街戦を展開し」「ソウル近郊まで進撃し」た（pp. 349-351）などというくだりに至っては、ほとんど架空戦記に類するもので、真実とはおよそ関係がない。世界史の基準で判定するかぎり、当時の朝鮮に抗日は実際上存在しなかった。[22]中采浩が『大韓毎日新報』（一九一〇年一月六日付）に寄せた論稿は、時代の証言と言えよう。

「気が胸をふさぎ、目に涙が溢れ筆にするに忍びない……。往年の韓国の独立が実力の独立でなく名目の独立だったにせよ、その名目の独立国を一朝に蹂躙し五条約を結び外交権を撤し、七条約を結んで内政に干渉しても何の障害もなく順風満帆の勢で進行し、軍部・法部を廃しても韓人はただ頭を垂れ、植民政策にも手をこまねくだけ、経済を恐慌に陥れ生活の大困難を与えてもただ黙然とするだけだった。日本人はこの有様を見て、天下に韓人ほど組し易いものはないと考え、隴《ろう》を得て蜀《しょく》を望む気分になり、やがて奸人連中の合邦説を先に立てて、合併を唱えるに至ったのだ」（「韓日合併論者に告ぐ」『丹齋申采浩全集〈別集〉』p. 204。韓国語文献）

長年武を抑え民気を摧折《さいせつ》してきたため、毅勇が最欠乏した国民になった。たがいの排擠《はいせい》に熱をあげ、国家を知らず公徳を滅し、売君売国もはばからない。志士はといえば、請願書を日本天皇に乱投し「東洋平和の盟主」日本の失策を「諷諫《ふうかん》」するのが関の山で、国賊に一剣一弾をあびせようともしない。武力の衰退は極に達し、対決の気力を欠いた国は何かというと外交に走り、危急滅亡のさいにも第三国に対してはもちろん、その危急滅亡を加えようとする当の相手にも、汲々と外交しようとする。(23)

「言語・文字で契券を作り条約をなし、全国をあげて手をこまねき、敵と一兵も交えず一矢も発しなかった」（崔益鉉、一九〇四年）、「手をつかねて縛につき他人の奴隷となった」（朴殷植、一九〇七年）。

当時を生き、国民の無気力を暗澹たる思いで見つめていた人々の、これがその肉声である。(24)歴史写真の原板には、公式記録とはまるで違う光景が写っていた。本当のことを知ろうというのなら、宣伝画や想像画、抽象絵画ではなく、写真の一枚も見るべきである。

国は内側から崩れていった。自国の安危を人ごとのように見ることにより、国家意識の希薄、愛国心と毅勇の欠乏により、軍隊らしい軍隊がないことにより、対決から逃げ、敵と狎《な》れ合うことにより、反民族的大衆運動、反韓紙の跳梁により、この国は滅んだ。梁啓超は二〇首の詩を賦《ふ》し古き王国の滅亡を悼んでいるが、その滅亡のゆえんを見誤ることはなかった。

「六国を滅ぼしたのは六国であり、秦ではない。……朝鮮が自滅の道を歩んでいなかったら、百の日本をもってしてもどうにもならなかったはずである」「スイス、オランダ、ベルギーの面積と人口は朝鮮よりはるかに小さいのに、強大国も手を出せなかった……朝鮮を滅ぼしたのは朝鮮である。日本ではない。朝鮮は自ら甘んじて滅んだ」（梁啓超『朝鮮滅亡之原因』p.6）

2　名ばかりの独立運動

併合後も、これという事件がない。「教科書」は激烈な独立戦争が戦われたとしているが、これは誇張を通り越している。当時の日本には朝鮮と戦争しているという認識はなく、駐屯兵力は（第二次大戦末期を除き）概ね二個師団を超えることはなかった。人口・単位面積あたりの警官の数も内地より少なかったが[25]、治安に問題はなく、官吏や軍人、その家族も、くつろいだ気分で日々を送っていた[26]。東トルキスタンやチベット、かつての北アイルランドやチェチェンなどとは、全然違う状況にあったのである。

三一運動（日本側呼称は独立騒擾事件、または万歳騒擾事件）は統治方針が転換するきっかけになった事件で、京城からほぼ全土に波及し、一部で暴動化しかなりの数の死傷者が出たが、これとて激烈な闘争というにははばかりがある。指導者ははじめから妥協的で、独立宣言書には、日本に「東洋支持者としての重責を全うさせるため勧告する」とあり、排他的感情に逸走せず、一切の行動は秩序を尊重し、実行することは民族の意思の「発表」だと言う。奇妙なのは大韓民国がすでに独立国であるとしている点で、これでは独立闘争は不要になってしまう。

三三人の指導者は、宣言書に署名し万歳を三唱したのち、警察に自首した。当然のことながら「発表」の行為で死傷した者はおらず、言いわたされた最も重い刑は懲役三年だった。秩序の尊重を謳い、文書に署名して万歳しただけでは、これ以上の量刑にはなりようがなかっただろう。ウィルソン米大統領が民族自決を唱えた機会を捉えて、このさい言うべきことを言っておこうとしたものので、独立を闘いとる決意があったようには見えない[27]（裵成東）。対決とはほど遠いこうしたものを抗日の大事件にしたてているのは、ほかにこれという闘争の記録がないからである。

三一事件以降、民族運動は独立を当面の課題からはずし、民族の実力養成と自治の獲得をめざすようになる。当局との衝突はほとんどなくなり、日鮮の学生の喧嘩が発端になった光州学生運動（一九二―二九年）も、一人の死者を出すこともなく収束した。一九三〇年代ともなれば、日本帝国への心理的統合が進み、民族運動そのものが事実上消滅する。孫基禎選手（ベルリン五輪のマラソン優勝者）の写真の日の丸抹消がよくとりあげられるのは、これが当時、ほとんど唯一の、事件らしい事件だからである[28]。

「教科書」は国外の闘争に多くのページを割いているが、これもあまり実態がない。「青山里大捷」では、十数回の戦闘で独立軍が日本軍の大部隊を撃破したなどと書いているが、日本側に対応する記録はなく、作り話というしかないものである[29]。こんなものを特筆大書しているのだから、いかに抗日が内容のないものだったかが思いやられる。

一九一九年に上海で設立された大韓民国臨時政府も、見るべき実績もないまま終戦を迎えた。亡命政権は政府がまとまって国外に移るもので、たとえば第二次大戦中のオランダ亡命政府は海外領土や軍隊を持ち、国内の抵抗組織と連携していたが、臨時政府は旧大韓帝国とは何の関係もなく、もとより領土も軍隊もなく、有志が集まってそう自称していただけである（アメリカ国務省は「クラブ」と言っていた。後述）。設立当初の一年余は、組織を作り新聞を発行するなど多少活動もしていたが、まもなくおもだった人物が帰国して休眠状態に陥った。送金もほとんどなくなり、資金は底をつき、「政府庁舎」の月三五ドルの家賃の支払いもままならなくなった。「閣僚」は生活難でちりぢりになり、首班金九は裕福な同胞をたずね歩いて食事にありついていたという[30]。

一九三二年の上海虹口公園の爆弾投擲事件の直後、金九はこれは自分が命令したと声明し、ここぞとばかりに宣伝を試みている[31]。この事件をきっかけに中国政府は臨時政府への資金援助も始めたが、当初の期待はやがてしぼんでゆく。政府と称しているものの頭だけの「純幹部性」の団体で、閣僚はいるが職員がいない[32]。党派の乱立にも困惑させられた。中国当局者の手になる報告書『韓国党派の調査と分析』は、三六の団体を列挙し、「党派が林立し複雑なことこの上ない」「独立の好機が来ているのに、なお軋轢《あつれき》し争いが絶えないのは惜しんでも余りある」と慨嘆している[33]。

独立運動に参加するため、一九四四年夏、日本軍を脱走して重慶にたどりついた張俊河は、名実あまりにかけはなれた「政府」の実態に愕然としている。高齢者ばかりで、働ける者はほとんどおらず、「倦怠と弛緩に首まで浸かっていた[34]」。内部抗争だけは盛んで、閣僚一一人のうち八人は「老衰」しており、彼の挨拶を聞いて泣きだしたりする。新来の五〇人をひきこめば最大勢力になれるという思惑から、金や酒、女を使った抱き込み工作まで始まった。張俊河は失望の極、「閣僚」を前に、これから日本の航空隊に入りここに爆弾を落としたいと叫ぶに至る[35]。

「教科書」は臨時政府の解説に延々一〇ページを割き、臨時議政院・国務院・法院で構成される三権分立に立脚した政府で、独立運動の中枢機関だったとし、五回にわたる憲法改正の解説まで行なっている。太平洋戦争には連合国の一員として参戦し、ビルマ戦線でイギリスとの連合作戦を遂行したなどと書いているが、舞文曲筆の最たるものである[36]。

戦争末期に、小規模の部隊を朝鮮に送り込む計画があったというが、実行には至らなかった[37]。結局臨時政府が歴史に残した足跡はないも同然で、金九も認めている（蔣介石宛て覚え書[38]）。「大した仕事もできず士気は消沈」（国民党中央組織部長陳果夫）、「二四年にわたり存在し続けてはいるものの、実のあることは何もしていない」（アメリカ軍。いわゆる『延安リポート』）、「資金入手困難となり暗闘絶えず、記念式を挙行し或は檄文《げきぶん》を各地に密送して援助を訴えるのみ」（朝鮮総督府警務局)、「本国民衆との接点を失い、他国の保護のもとに手を束ねて上層の諒解運動に終始」(中国に亡命していた共産主義者鹿地亘《かじわたる》)、「老朽昏庸、無能無力の輩」が寄り合う「仮名虚偽機関」(国民党中央秘書処に勤務していた朝鮮人李光済)等々、周囲の観察は一致している。(39)

韓国の独立運動は、そもそも存在したのだろうか。ガンジーやボース、ホセ・リサール、ケマル・アタチュルク、孫文、スカルノやホーチミンに相当する英雄は、いったい誰なのだろう。「教科書」がいうような激烈な独立戦争が戦われたとすれば、当然その指導者が建国の父になったはずだが、それらしい人物がいない。中国では孫文が、国民党と共産党双方からゆるぎない地位を認められているが、金九は半島の北では黙殺され、南でも国父として扱われることはなかった。南北二つの国の頂点には、アメリカに四〇年近く居住し、韓国語より英語のほうが得手だったという李承晩(40)と、ソ連軍大尉金日成が舞いおりてきて座った。

張りあげる声の大きさとはうらはらに、抗日史の貧困は覆うすべもない。激烈、熾烈な闘争は、核となる史実をほとんど欠いているのである。

3　親日の歴史

実際に生起した事件をつきあわせると、「民族の憤怒と抵抗」とはまるで異なる現実が浮かびあがってくる。義兵がいる。爆弾を投じた人、国外で抗日していた人、臨時政府要人、脱走した学徒兵がいる――しかし今日いかに特筆大書されていようと、それを全体の構図ととりちがえてはならない。近代史の現実は抗日ではなかった。歴史は、はじめから違う方向に展開していたのである。「教科書」が掲げている抗日の事件は、結果が出なかったものばかりである(41)(裵成東)。閔永煥が殉国し、安重根の義挙があり、激烈な抗日言論が発表されたというが、保護国化も併合も、それとはかかわりなく進行している。三一運動も独立を引き寄せるどころか、結果的に民族運動が衰退に向かう契機となった。臨時政府は有名無実化し、独立闘争は事実上消滅し、本国では内鮮一体と皇民化が大勢となったが、「教科書」にはまるであさってのことが書かれている。第二次大戦の後半、日本国民は日本軍の善戦敢闘を散々聞かされてきたが、戦場は歩一歩、本土に近づいてきた。それと同じで、言うところの「大本営発表」のような歴史が綴られているのである。

太い流れが別にあった。「近代化運動の先駆」(教科書、p. 332)甲申政変は、日本に頼って発起された、なかば以上日本の事件である。事後処理のため締結された天津条約は日清戦争の伏線となり、この戦争の結果朝鮮は中国から切りはなされ、独立の国の枠組みが生まれた(後述)。日露戦争後は日本の保護国となり、やがて日本の領土となり、日本統治下で進行した経済社会の変革、日本の文物の流入を通じて、今日かくあるような国の形が作られていった。親日派主導の戦後の国作りは、その自然な延長である。

重要人物が親日なのも、こうした歴史の反映である。甲申政変の主役となった金玉均、朴泳孝は、それぞれ岩田周作、山崎永春という日本名を持ち、当時「狂ったように日本を慕う」と言われた「朝鮮親日派」である(42)。政変が失敗した後日本に逃れ、うち朴泳孝は生き延びて後日本の貴族となったが、金玉均は王室の放った刺客に殺され、屍は漢城に運ばれて寸断され、市中に曝《さら》された。葬儀が行なわれたのは日本で、墓は今も日本にある。「近代化運動の先駆」は、同時に「親日の先駆」でもあった。

最も影響力のあった開化思想家兪《ゆ》吉濬《きつしゅん》は慶應義塾に学び、福沢の『西洋事情』を下敷きにして『西遊見聞』を著わした。日清戦争開始後に誕生した親日内閣で内部大臣を務め、併合時に（辞退はしたが）男爵位を授けられている。独立協会の創設者の一人徐載弼《じょさいひつ》も同じく慶應の塾生で、甲申政変では金玉均らと行動をともにした。二代会長尹致昊も日本に留学した人で、のち父の爵位を受け継いで貴族院議員になっている。

近代文化の担い手となった人物のほとんどは日本留学生で、濃密な親日の行跡を残している。新小説の代表的作家李《り》人稙《じんちょく》は、日露戦争のさい日本陸軍の通訳として働き、日本の勲章を受領し、親日紙『大韓新聞』の社長を務めている。文人・歴史家として名高い崔南善は、満洲国の勅任官（建国大学教授）となり、「銃後義勇」「長城の番兵」などの時局歌謡を作り、各地を遊説して学徒兵の志願勧誘にあたった。最大の作家李光洙は一進会派遣の留学生として渡日し、一時上海に出て独立運動にたずさわったりもしたが、一九三〇年代からは皇民化の旗手として一時代の思潮を牽引した。

李海朝、趙一斎、崔瓚植、金東仁、朱耀翰、柳致真らおもな文学者、金殷鎬、李象範、李英一、沈享求、洪蘭坡、安益泰などの画家・音楽家、普成専門学校の校長をつとめた金性洙、東亜日報社長宋鎮禹など指導的言論人も、要するに親日派である。梨花女子専門学校の校長金活蘭、詩人盧天命、初の女性飛行士朴敬元、舞踊家崔承喜など女性史の星も、あらわな親日の行跡を残している。

民族運動の指導者も、曲折のすえ親日に落ちついた。三一事件の首謀者の一人と目される崔麟、東京留学生（二・八）独立宣言の立役者徐椿、[43]光州学生事件の中心人物だった車載貞など抗日事件の主役は、奇妙なことにのちに親日でひときわ目立った人でもある。ひと頃臨時政府の幹部だった呂運亨、張徳秀も、金東煥、林和、白鉄、朴英熙らプロレタリア文学の作家も、結局は内鮮一体と皇民化の流れに身を投じていった。早世した人は別として、世に知られた民族主義者で主義主張をまっとうした人は皆無と言ってよい。[44]重要人物のほとんどが親日派なのは、歴史の真相が親日史だったからである。

「教科書」は抗日の人の名を多くあげているが、ほとんどが素性も知れない、義兵（一八人）とテロリスト（一二人）の類で、安重根や李奉昌[45]もほかにこれといった仕事をした人ではない。その一挙がなければ無名のまま終わっただろう人物がこれほど多く言及されているのは、表舞台の人に顕著な親日歴があり、正面から光を当てられないからである。抗日を記述する多くの文章の主語が、国民、民衆、義兵などの集合名詞になっているのも、同じ理由による。

犠牲者の少なさにも、注意が払われるべきだろう。三一運動の死者が「教科書」の言うとおり本当に七五〇九人だったとして（p. 397）、これに日本時代の刑死者をすべて政治犯とみなして足し合わせても、李承晩政権下の国家テロルによる何十万もの犠牲の数には遠く及ばない。[46]ましてや、二〇世紀になって世界各地でおきた百万、千万単位の大量死とは、比べようもない。犠牲はたとえ一〇〇人でも十分多いという考え方もあるだろうが、三五年間、日本の「武断統治」に「挙族的な抵抗」を行なってきた（「教科書［一九九六年］」p. 392）にしては、これはいかにも少なすぎるのではなかろうか。

実際には、保護国化、併合はさしたる波乱もなく決着し、日本の支配は大きな抵抗なく受け入れられた。「教科書」が特筆する安重根の一挙や三一運動も、仔細に見ると対決に透徹していたようでもなく、[47] 光州学生運動、（孫基禎選手の）写真の日の丸抹消も、学生が退学になり新聞社が停刊になった程度のもので、本来事件とも言えない事件である。

李漢基は「組織的抵抗運動はなく、内鮮一体の道を黙々と歩んでいた」、ヘンダーソンは、日本の統治にはさほどの反発もなく、のちにはほとんどの人が「体制内での出世のチャンスにとびついた」としている。事実に即して事実を要約すれば、こうとでも言うしかないだろう。[48] マーク・ピーティーが述べている。

「日本にほとんど抵抗もせず、戦争に協力した人も多数いたという事実は、日本植民地支配に対して全民族的抵抗を行ってきたという神話から逸脱するものであり、今でも、特に韓国では、こうした歴史の現実を直視しようとする人はほとんどいない。戦時中の対日協力の問題は、やむを得ない面もあり、ある程度は理解できることだが、戦後の韓国で公共のものとして広く共有される歴史的記憶（パブリック・メモリー）の枠の外に置かれることになってしまった」「いつの日かこうした事実が広く知られ、国民共有の記憶にきちんと織り込まれるまで、朝鮮の歴史の空白は完全には埋められない」（ピーティー［1996］p. 332）

世界の各地でおきた激烈な民族戦争とは、この国は終始無縁だった。「無慈悲な弾圧」「激烈な抵抗」を語る記述の背後に透けて見えるのは、韓国近代の、深部における日本との癒着である。史観を支える史実が貧弱なために、レトリックに頼るしかないのである。

4　日本への統合

いったい何があったのだろう。公的記憶からは消されているが、朝鮮が近代日本と深くかかわるようになってから、国民の意識は急速に日本に傾斜していったのである。江華島条約締結後に渡日した若い指導者の多くが一種の思想的回心を経験し、それまでの国のあり方についての根源的な懐疑が生まれ、日本を範として自国の改革を模索する試みが始まった。(49) 当初はひと握りの先覚者に限られたことだったが、徐々に裾野を広げ、日清戦争・日露戦争を経て、一気に社会の主流の意識になっていった。(50)

日本の文物が流入し、日本語熱が高まり、社会の各処に「日本通」が現れる。上流家庭では日本人の家庭教師を雇う風潮が広まり、進んで日本の風俗に同化する人々がいた。和服を着て日本名を名乗り、「さよなら」「今日は」と挨拶をかわし、手紙に何々殿と書く。(51) まだ併合前のことである。当時書かれた小説（「新小説」）は、こぞって日本を先進国、範とすべき文明国として描いていた（後述）。社会には、「民族の憤怒と抵抗」とは、およそかけはなれた空気が彌漫《びまん》していたのである。

併合後は、生活や意識の日本化が進んでいく。七〇万を超える在鮮日本人の多くが日本式の家を建てて住んだため、まずは住生活に影響が及んだ。大門に代わって玄関が作られ、床の間や押入、廊下や縁側、引き違い戸や畳、庭の植え込みなどが取り入れられた。日本式の意匠、家屋の表と裏の感覚などは、そのまま今に受け継がれている。[52]

色つきの衣服を着ること、湯槽を用いる入浴、子どもにおもちゃを与えること、家族一緒の食事は、今でこそありふれた光景になっているが、どれもこの頃日本から入った習慣である。[53]学校は武道教育や体育を通じて生徒に規律と集団意識を植えつけ、武を賤しむ風も徐々に変化していった。本来は敬老の国柄なのに若者を尊重するようになったのも、武人を重んじる日本の影響という。労働を賤視する意識も変わり、団結、勤勉、節約の価値観が浸透した。[54]日本時代の晩期には日常生活のすみずみが内地同然となり、人々の風貌、物腰まで内地人と区別がしにくくなっていた。[55]

日本はもはや抵抗したり協力したりする外国ではなく、かなりの程度自らの内にあるものだった。一九三〇年代後半ともなると、人々は（それまで避けていた）昭和の年号を手紙に書き入れるようになり、神社参拝者が激増し、神前結婚式も珍しくはなくなった。[56]日本語理解者は末期でも人口の一五パーセント程度だったが、教育ある青壮年層の多くは、すでに日本語中心の言語生活を送っていた。[57]

知識人は『中央公論』や『改造』を読む日本の「インテリ」のような人々で、一九三〇年代ともなると、張赫宙、金史良、金聖珉、李石薫、李箱《りそう》、鄭芝溶などおもに日本語で創作する作家が数多く現れた。人は国でなく国語に住む、祖国とは国語なり（シオラン）という言説が正しいとすれば、彼らの祖国はすでにして日本になっていたのかもしれない。当時の半島には、いまの韓国人より日本人にずっと近い人々が住んでいたのである。

作家金東仁は、光復直後に発表した小説『キム・ドクス（김덕수）』のなかで、大正半ばに生をうけた世代の実像を形象している。朝鮮は地理上の名称にすぎず、独立の国として再興するなど夢にも考えられなかった頃である。学校で日本人として教育され、家でも別に違うことを教えられていなかったから、内地人とは種族が別だという意識もはっきりしない。朝鮮は九州や東北のようなもので、せいぜい中央から少し距離が遠いくらいにしか思っていなかったという[58]。終戦時二二歳だった釋弘元が書いている。

「私が生れた時、既に朝鮮は日本に併合されて十年以上の月日がたっていたのである。私は大日本帝国の朝鮮半島に生れたのであって、自分は日本人だとさえ思っていた。当時の状況からいって、反日感情などもてというほうが無理であった。生活のあらゆる面において、私たちは〝日本人〟になっていた」（釋弘元［1983］p. 29）

次に掲げるものは、一四歳と一二歳で光復を迎えた人の回想である。

「私は、私だけでなく幼い学生たちは、体の中を流れている血とは違って、精神はほとんど日本人になりかけていたのである。実際私は、日本が連合軍に無条件降伏した時、それが民族の解放であることがわからず、もはやわれわれも『アメリカ』『イギリス』の軍人たちに全部殺されるようになるのだと思ったのだ」（河瑾燦［1988］p. 312）

「私は、祖国が日本の植民地となっている時代に生まれ、日本の軍国主義教育をまともに受けてそだった……子供の時の私は、日本が戦争に負けることなど、一度も考えたことがなかった。それどころか夢中になって日本を応援していた」（金昌国［2000］p. 3）

年の順に並べかえると、「日本を応援し」（一二歳）「日本人になりかけ」（一四歳）「日本人になっていた」（二二歳）ということになる。表現の区々にこだわることもないが、若い人の実相はこんなところだったのだろう。

一九二二年に生まれ、京都大学で学び、学徒出陣も経験した台湾の李登輝は、自分は二二歳まで日本人だったと述べている。[59] 民族をあげて抗日してきたことになっている韓国で、要人がこんなことを口にするのは不可能に近いが、大差はなかっただろう。

朴正熙は一九一七年の生まれで、新京（現長春）軍官学校を首席で卒業、選ばれて日本の陸軍士官学校に学び、陸軍大臣表彰まで受けている。卒業後北支に赴任し、満洲国軍中尉として終戦を迎えた。寡黙な、日本の軍人らしい風格を持った人で、吉田松陰や久坂玄瑞などの維新の志士、二・二六事件の青年将校を敬慕していた。趣味は詩吟で、大統領になってからもしばしば宴席で披露していたが、クーデターの決行前、夜ごと「川中島」を吟じていたという。[60]「鞭声粛々夜河を渡る、暁に見る千兵の大牙を擁するを」。麾下の兵を率い政府の転覆にかかろうとする自らの姿を、武田の陣に粛々と迫る上杉謙信に擬していたのである。

伝記作者（李祥雨）は、朴正熙を、日本に精神的故郷をおいた人物と評している[61]。陸士の同期だった李燮俊《りしょうしゅん》は、当時の自分は九割方日本人で、朝鮮の独立がなぜ必要かなど、およそ考えたこともなかったと回想している。朴正熙も同じだったのだろう[62]。少なくとも、師範学校と軍の学校で長い寄宿生活を送り、二七歳まで日本軍人だった彼は、李登輝よりなおいっそう日本人だったのではなかろうか。

韓国人も日本人も血脈を重んじるが、そうでない考えもあるだろう。フランス人は、もとはイタリア国籍だったゾラ、ポーランドとアイルランドの両親から生まれたベルクソン、アルザスでドイツ人として育ったシュヴァイツァーも、ごく自然に自国民と感じることができる。ましてフランスの領土に生まれ、少年の頃からフランスの教育を受け、フランス軍の優秀な将校となった人物を、そもそも外国人とみなす理由など何もないと思うのではなかろうか。

生い立ちからして「日本人度」が高そうな人は、いくらもいた。戦後国防部長官となった劉載興は親子二代にわたる日本軍将校で、韓国語が下手だったという。同じく大法院長となった閔復基は貴族（子爵家）の出で、日本人子弟の通う名門京城中学を経て京城帝大に入り、総督府判事になっている。

のちソウル大学総長になった尹日善は内地の生まれで、六高を経て京都大学で学び、京城帝大医学部に助教授として赴任した。生まれは日本、教育は一貫して日本のそれで、終始日本語しか話さなくてもよいような環境だったと思われる。戦後成均館大学総長になった徐斗銖は日本文学者で、

『防人のこゝろ』『賀茂真淵』『明治の詩歌』などの論考を発表していた。日本文学はその血肉になっていたはずで、精神の実態は日本人だったと思われる。韓国農業の父と称される禹長春（国立園芸試験場長）は生まれも育ちも日本で、戦後五〇歳を過ぎてまだ見ぬ祖国の土を踏み、終生日本語で通したという。

国歌の作曲者安益泰は、東京の正則中学、東京高等音楽学院を卒業し、その後ヨーロッパに渡り、音楽家人生の大半をそこで過ごした。堀口大学に私淑し戦後『源氏物語』を韓訳した歌人柳呈、雑司ヶ谷の空手道場松濤館で修業し、のち跆拳道（태권도、テコンドー）の元老に祭りあげられた空手家李元国、こうした人々に、今日言うところの韓国人の実態がどれだけあったのか、懐疑せざるをえない。

日本時代も後期になると、朝鮮半島に生を享けながら日本人の意識をもち、また実態上も日本人であるような人々が、着実に増加していた。当時少年だった崔禎鎬は、神社に行くと知らず知らず神々しい雰囲気に浸り、ハイネ、ヴェルレーヌの詩も日本語訳なら感興も湧くが、韓国語では街の雑音にしか感じられなかったという。日本の教育を受けて成長した人々は、感性の根底からして日本人になっていた(63)。

戦後そのまま日本国籍になった人も多い。朝鮮（駐屯）軍のスポークスマンとして一種の有名人だった鄭勲少佐は日本人蒲勲となり、終戦時一九歳だった早稲田の学生金胤奎は作家立原正秋に、空手家崔永宜は極真空手の開祖大山倍達となった。朴啓成は戦前内地人の妻の籍に入り属姓《さつか》を称していたが、ウィーン留学を経て国立《くにたち》音楽大学の教授となり、日本の代表的音楽学者として活動することになる。

みな血統上は純然たる朝鮮人で、今日日本に帰化したなどと言われたりもするが、実態に即して言えば、日本人が日本人でありつづけたというだけである。終戦のときたまたま内地にいたとか、日本の女性と結婚していたなどの事情で運命は分かれていったが、徐斗銖が金胤奎、李元国が崔永宜の席に座ったところで、どうということもなかっただろう。当時半島には、似たような人がそれこそ星の数ほどもいたのである。

韓国人が韓国人になるほうが――日本領朝鮮に生まれた朝鮮系日本人が、韓民族の意識を持った韓国人になるほうが、よほど大ごとだった。光復の一年後、金東仁は、いまだ祖国の観念に立てない若者が数百万おり、彼らを国民にひきもどすには、日本が韓国人の日本人化に費やしたのと同じ程度の時間と努力を要するだろうと書いている。[64] その試みは戦後に始まったが、それは実際上一つの国民を創り出すにひとしい大事業となった。

ひと時自分を日本人と感じ、あるいはそう信じていた人々が、韓国人として生きることを運命づけられた。日本に「帰国」することもかなわず、やむなく家庭教師を雇い韓国語の勉強から始めた人も少なくなかった。彼らはのちに自分の前半生をそれらしく説明したが、実際はどうだったのか。本来の韓国人の姿にたちもどったのか、日本人なのに韓国人のふりをしたのか。本当のところは誰も知らない。

親日派という言葉は、当時を生きた人々の実像、さらに言えば日本統治下で進行していた事態を、全面的に隠蔽している。彼らは日本に親しくしたのではない。日本人だった。こう言いきるのが不都合なら、「日本に精神的故郷をおいた」「九割方日本人」だったと言ってもよい。日本人が日本人として進退したことを、今の物差しをあてて「親日した」と言っているのである。

5　各国の認識

周辺国の認識も、基本的にこれと整合している。ソ連が一九三七年、沿海州に居住していた朝鮮人を、中央アジアに強制的に移住させたことは広く知られている。ソ連権力とスターリンの暴虐の所為とされているが、この説明にはどこか欠けたところはないだろうか。

スターリンは、クリミア・タタール、ボルガ流域のドイツ系住民、チェチェン人を居住地から引き離し、中央アジアに根こそぎ追いやっている。沿海州に日系人の集団が入り込んでおり、それを移住させたというならわからなくもない。しかし、なぜ朝鮮人なのか。

彼らはもともと富農でもないし共産党に反抗したこともなく、ソ連極東部では食糧生産での貢献が大きかった。民族の憤怒に燃え、激烈な抗日闘争を戦っていた人々だったとすれば、その存在が日本に対する格好の楯《たて》になると、ソ連はなぜ考えなかったのだろう。

どう見ても、抗日しているようではなかったからである。一九二〇年代からソ連領内の朝鮮人についての報告が極東の党組織に届いており、そこには、朝鮮人は日本人から身内視されている危険な集団というくだりがあるという[65]（クージン）。一九三〇年の暮れには、在ソ朝鮮人人口の四分の一にあたる六万人が、酷寒のなか、徒歩で朝鮮に脱出するという事件がおきている。日本は入国を認め、食料や医薬、衣服を支給して救援にあたった。農業集団化の余波ともいうが、これはいわゆる「足による投票」で、ソ連当局の心証に大きく影響したと思われる。

ソ連は、それまで農業移民に限定して朝鮮人の入国を認めていたが、一九三一年からは全面禁止に転じ、一九三六年には域内の朝鮮人活動家をいっせいに逮捕し、組織を解散させている。強制移住はスターリン個人の思いつきから出たものではなく、こうした順を追った政策の、最後の階梯だった。

ソ連は隣接国として具体的な情報を持ち、長い観察の期間もあった。東西から迫る日独の脅威に直面し、状況をリアルに見ていた国が、朝鮮人を日本帝国の一構成民族として扱った[66]。スターリンの暴虐といっても、人命や人権を歯牙にもかけず仮借なくやりぬくという意味での暴虐なのであり、錯乱して無茶苦茶をしたわけではない。強制移住は、国防上のつきつめた判断から行なわれた。アメリカが日系人を収容所に入れたのと動機は同じで、日本との戦争になったとき、敵方にまわることを恐れたのである。

中国が企てたのは奥地への連行でなく、国外への追い出しだった。朝鮮人の満洲移住は一八世紀末から始まっていたが、ほとんどが経済的動機によるもので、荒蕪地を開拓し農業を営み、土地をめぐって現地の農民との角逐があった。

中国は当初、彼らが日本国籍を持っているのは併合に伴う形だけのものと見ていたが、認識は徐々に変わっていく。とくに抗日しているようでもないし、いくら促しても国籍の切り替えに応じようとしない。日本籍を現地の官憲や地主の圧迫を防ぐ護符にしたともいうが、中国に移住してきてまでなぜ日本に執着するのかという疑念が生じたのは、やむをえない。これはただの移民ではない、侵略の先導、いな侵略者そのものだとみなされるまで、さほど時間はかからなかった[67]。今日語られることはまずないが、当時、満洲における朝鮮系日本人（日本国籍を持つ朝鮮人）の排撃は、日貨排斥と並ぶ反日運動の要《かなめ》の一つになっていたのである。

　在満朝鮮人学校の閉鎖、土地の保有と借入の禁止は、すでに一九二〇年代前半から実施されていたが、一九二七年からは官憲主導の排斥運動が満洲全域に広まった。帰化を強要し、食糧を強奪し、門戸税、巡回費、民兵費などと称して金を取り、応じない場合は鼻に輪を通して引きずっていき、投獄したうえ多額の刑務所生活費を徴収するなどと朝鮮の新聞に報じられ、人々の憂慮と憤慨のまとになっていた[68]。

　満洲事変後、事態は一変する。張赫宙はその小説『開墾』で、暗黒の時が終わり、夢のような時代がきたと開拓民に語らせている。迫害は止み、補助金と営農資金の支給が始まり、漸減していた移民は激増に転ずる。彼らは満洲に住む日本国民として特権を享受するようになり、米の特配を受け、子弟を日本の在満学校に通わせることもできた。公務に就く際も優遇され、一九四〇年時点で朝鮮出身の満洲国高等官は七八名にのぼっている[69]。知識人は今や「指導民族」の立場で発言するようになり、他民族に対する「いわれなき優越感」をいましめる文章さえ書くようになる[70]。

　日本の勢力が華北に及ぶとそこにも朝鮮人が進出し、冀東《きとう》政権の成立後は二〇万人が定住するに至る。日本軍のあとを追い、新聞社の連絡員、通訳、運転手、各種の御用業者として便宜を提供す

るのは必ず半島出身者で、俊敏、精力的に働き、日本国民であることを誇りにしていたという。(71)

運命の突然の変転が反動をひきおこしたのは、やむをえない。一部の在満朝鮮人は、「積年の迫害を復讐するの秋《とき》将に来れりと内心密に快哉を叫」び、意趣返しを始める。(72) 中国人の脳裏にあった亡国の民は、いつのまにか二鬼子（第二日本人）に変じていた。高麗棒子（朝鮮野郎）という言葉が広まり、中国の新聞には「朝鮮暴民」「日帝爪牙」などの文字が頻出するようになる。(73) 戦後長らく、在満の朝鮮人が集団として漢族から迫害される結果となったのは、このときのことが遠因となっている。(74)

アメリカも、韓民族の抗日にはリアリティを感じていなかった。朝鮮は日本領になって久しく、日本帝国に多くの軍人軍属を供給していた。地理的に日本の勢力圏の中心に位置し、小規模な日本軍部隊しか配備されていなかったのに、何かがおきているようには見えなかった。日本の作戦が破壊活動やサボタージュで妨げられた様子もなく、大陸と半島を結ぶ鉄道、北鮮の重工業も、鎮海の軍港も、最後まで機能していた。戦時中の朝鮮人の言動（後述）を詳しく知っていれば、アメリカはさらに警戒を強めただろう。

親日は現象で、本質は反日だったなどと言いなす人もいるが、軍にとっては銃弾がどちらの方向に飛ぶのかという「現象」がすべてである。要するにどっちなのだという問いに、結局、日本の一部という答えしか出てこなかった。日本の降伏後（九月八日）に完全武装した米兵が仁川に上陸するが、司令官ホッジは先だって部下に次のように訓示していた。(75)

「日本帝国の一部として朝鮮はわれわれの敵国だった。だから降服条件に従わなければならない。わが軍は降服条件が果たして守られるかどうかを監視するため朝鮮に上陸する」

まもなく公布された米軍の布告（極東軍最高司令官布告第一号）には、日本が署名した降伏文書中の地域を占領するとあり、英語を公用語とすること、官吏は別命あるまで今の職務に従事すべきこと、逆らう者は厳罰に処することなどと記されていた。(76) 上陸後アメリカ軍はかしこにひるがえっていた太極旗を引きおろし、日章旗を掲揚するよう命じ、後日それを星条旗にかけ直した。アメリカが解放者としてではなく、占領軍としてやってきたことを内外に示す、これは象徴的行為と言えよう。まもなく「朝鮮人民共和国」の代表を名乗る人々が接触を求めてきたが、アメリカ軍はとりあわず、総督府と事務引き継ぎの協議を行なって、ただちに軍政を開始した。

アメリカに、韓民族の抗日への理解がなかったことは、今日韓国の歴史家から非難されている。しかし、理解しようにも、しようがなかったというのが実情である。インド国民会議、自由フランス軍、アルジェリア民族解放戦線、カプチナンやタキン党に相当するものは、ここには存在しなかった。臨時政府は名ばかりのもので、アメリカ国務省はひと握りの人間が「勝手に作ったクラブ（self-constituted club）」と認識していた。(77)「朝鮮人民共和国」にいたっては、総督府から治安権限と資金の提供を受け、米軍上陸の前日に突如出現した「国」で（後述）、アメリカ軍は「興業価値も疑わしい人形芝居」ときめつけて相手にしなかった。(78) 臨時政府も共和国も自然消滅したが、それがいつのことかとも言えないのは、もともと無くなるほどの実態がなかったからである。解放後の反日も盛りあがりにとぼしく、日本人への暴力沙汰、警察署や神社への襲撃もいくばくかはあったが、民族衝突というにはほど遠いものだった[79]。

要するに上陸したアメリカ軍が目にしたことは、朝鮮が日本帝国の一部だったという認識と齟齬《そご》するものではなかった。当地は日本の領土としていったんアメリカに占領され、三年後そのアメリカから独立を与えられることになる。朝鮮は事実において日本の一部だったのであり、歴史はこの事実のうえに展開するしかなかったのである。

金九は帰国後の記者会見で、対日協力者をどうするつもりかと問われ、「本当を言えば朝鮮の者は一人残らず対日協力者だ。みんな牢屋に入るべきなんだ」と答えている。彼は一年前、脱走して重慶にきた朝鮮人学徒兵に、国民がみな日本人になったと思っていたと述べてもいる。君らのおかげで杞憂とわかったとほめる前置きだから割り引く必要はあるが、本心が含まれていたと思う[80]。

満洲だけでも数十万の朝鮮人が居住し、上海には資産家も多くいたのに、人も金も来なかった。全民族的抵抗が真実で、その中心が臨時政府だったとすれば、必ずや家庭で、内輪の席で、中国の奥地で奮闘する愛国者の話が出たはずだが、そうしたことがなかった[81]。物心の支援がなく、人々にも忘れられて、四半世紀前に上海にやってきた「要人」が、なすこともなく老い朽ちていった。金九があのように言ったのは、無理もないのである。

戦後間もない頃、咸錫憲は、抗日の実績と称するものを我がちにひけらかす風潮に反発し、そんな人がどこにいるのか、みな日本に協力したではないかと述べている。勝ち馬日本に乗ろうとしたじゃないかと言ったのは、詩人林和である。終戦の年に行なわれた座談会でのこの発言に、正面切った反論はなかった(82)。

ソ連、中国、アメリカも、総督府、臨時政府関係者も、認識は基本的に一致している。公的記憶（パブリック・メモリー）から消されてはいるが、過去から聞こえてくる生《なま》の声は、抗日神話と尖鋭に対立する一つのことを語っている。それは、戦後の展開と全面的に整合する、ただ一つの仮説でもある。すべてを結合するときがきたと思う。

韓民族は日本と戦わなかった。日本帝国の順民だったのである(83)。

6　国旗と国歌の来歴

三色旗はフランス革命の進行の途上に生まれ、ラ・マルセイエーズは、外国軍の邀撃《ようげき》に向かう市民兵の熱気のなかから誕生した。アメリカ、ソ連、中国、インドネシア、ベトナム、アルジェリアなど、革命や独立戦争を経て生まれた国旗や国歌にはふさわしい由来があるが、同じようにして建国されたことになっている韓国の事情は、少し変わっている。

太極旗を考案した朴泳孝は日本帝国の侯爵、国歌（愛国歌）の作詞者尹致昊は同じく男爵だった人である(84)。朴泳孝は壬午軍乱の謝罪使として渡日し、以後独立党の大立物となり、甲申政変に参加、失敗して日本に亡命した。日清戦争の勃発とともに帰国し、日本の推挙で内部大臣に任じられている。併合後は、朝鮮人最高の官職である中枢院(85)副議長として日本の統治機構の一翼を担い、正二位、旭日大綬章が授与されている。その生涯できわだっているのは日本との関係で、義兵や独立戦争とはおよそかかわりがない。

尹致昊も一七歳のとき紳士遊覧団の一員として日本に渡り、中村正直の同人社に入学、のち甲申政変に参加した。その父尹雄烈は、李朝末期の親日内閣の軍部大臣を務め、併合後男爵に列せられた。彼はその爵位を継ぎ、のち貴族院議員にもなっている。当時のこの人は、こんなことを言っていた。

「内地人も　天皇陛下の赤子であり、朝鮮民衆も　天皇陛下の赤子であつて、一視同仁の下に等しく生活するのが内鮮一体の基礎原則である。此の原則の上から内鮮一体を実現する方法は一つしかない。即ち我々は内地人たると朝鮮人たるとを問はず、皇室に対し奉り徹底的に忠良なる臣民となるのが唯一の方策であると信ずる(86)」

朝鮮人は皇室に対し徹底的に忠良なる臣民であれと説いた、大日本帝国の貴族院議員・男爵、朝鮮志願兵後援会会長の「愛国歌」など、でたらめにもほどがある、ということにどうしてならなかったのだろう。

二人が国旗・国歌を制作したのは、日本の貴族になるはるか前である。親日派に転落する前のことで、国旗や国歌はいまだ愛国者だった人の心に宿ったものだから、問題はないと言えるのだろうか。しかし、そうでないように考えることもできる。のちに日本の貴族になるような人間には、当初からそれ相応のものがあったのだ、という認識も排除できないからである。それに彼らは、貴族になってから初めて親日したのではない。朴泳孝が併合と同時に侯爵に叙せられたのは、併合に至るまでのその「功績」が、侯爵に値すると日本が評価したからと解するしかない。

大きなことが公的記憶から除かれている。つまりこの国の民族主義が、かつて反日とは違う角度を指向していたということである。太極旗は、朴泳孝が一八八二年に壬午軍乱の謝罪使として日本に渡ったとき船中で考案したとされ、のち朝鮮王国、大韓帝国の国旗になった。愛国歌は一八九六年の独立門の定礎式で歌われ、国民に歌い継がれてきた。その独立門は、事大（対中従属）の象徴迎恩門が取り壊された跡地に建てられた。一九世紀末の民族主義は中国を標的にしていたから、日本との関係は経歴上の傷にはならなかった。この時代の二人は、国の象徴の制作者にふさわしい、輝ける星だったのである。

近代史が抗日で一貫していたとすれば、国民は当初から二人を悪者と見ていたはずである。日本語を話し日本の兵士に護衛され、亡命先といえば日本で、ついには日本の貴族になった人物の作ったものなど、たとえ出来ばえがどれほど良くても、国旗や国歌として定着していくなど考えられないことである。しかし現実には、その考えられないことがおきている。おかしいように見えるが、それは公的認識を前提にしているからである。

太古に生成された岩には、今と異なる地球の磁極の痕跡が残されている。火山岩が溶けた状態から冷却すると、そのときの地球の磁場の痕跡が残る。磁極が不動と思われていた頃には説明不能の事実だったが、今では化石磁気は磁極移動の端的な証拠とされるようになった。

国旗と国歌に、いわば化石磁気が残されている。それは近代史が抗日の歴史として斉一的に展開してきたとする認識とは整合しないが、ごまかしようのない厳然たる記録である。その記録は端的に、民族主義の磁場が変化したことを示している。公的認識が実は誤りなのであり、変わったのは二人の立ち位置ではなく、まわりの世界なのである。

今は抗日神話が支配する、反日の世界である。しかし旗や歌が誕生したとき、違う世界があった。独立門の定礎式で愛国歌が歌われたとき、その独立を求める心は中国に向けられていた。日本はその中国と戦い独立を助けてくれた国で、日本に親しみながら親日派とも言われず、愛国の人とみなされた。そのような人物が作った旗、歌だからこそ、人々の心に根を下ろすことができたのである。

国旗と国歌の来歴は、金石の文字というべきものである。大きな命題は、イデオロギーの方針に従いいかようにも図面が引ける。日本の抑圧は最も過酷で、韓民族の抵抗は最も激烈だったという。語調こそ断言的だが、内容の核心は曖昧で、どうとでも言えるいわば「お話」である。

しかし個々の具体的な事実については、その大半がどうでもよい些末なものとしても、なかには重大な意味を持つものがある。それはどのような恣意的操作も受けつけない。国旗は安重根が考案し、国歌は金九が作詞したとは、まさか言えない。大韓民国の象徴に日本帝国の二人の貴族の名が刻印されている事実は、どうすることもできない。そのこと自体が、近代を抗日の近代として描き出そうとするすべての試みの虚妄を、如実に証しているのである。

7　文化は親日的だった

戦前期にこの地にあった意識は反日とは言いがたいものだったが、文化の実相もこれと整合している。

近代文学の嚆矢とされる新小説には日本と日本人が頻繁に登場するが、そのイメージは大変よいものである。新小説の最初の作品『血の涙』（李人稙、一九〇六年）は、日清戦争のさい流れ弾にあたった女主人公玉蓮が日本の軍人に助けられ、彼の大阪の家で日本での生活を始めるという設定になっている。負傷して呻吟している彼女を見つけて野戦病院に運び込んだのは日本の看護手で、その後親切な日本の憲兵が家までつきそって送りとどけてくれる。のちに戦死する井上軍医少佐と玉蓮の会話は、小説全体にあふれる日本人への親愛感をよく表している(87)。

同じ年に書かれた一鶴山人の『一捻紅』は、韓国官吏の企みで国事犯に仕立てられた主人公が、日本公使の計らいで特赦を受け、その縁で日本の海軍大学に学び、日露戦争に従軍し日本から勲章を授与されるという筋書きになっている。

李海朝の作品『春外春』には、在鮮の教師花田春子が主人公の少女の恩人の役回りで登場する。悪役は継母で、少女を虐待して病気にし、金を惜しんで入院もさせない。春子は八方手を尽くして彼女を救おうとするが、継母は姦計を弄して妨げる。やがて東京に転任した春子は旅費を送って少女を呼び寄せ、彼女は春子の家に下宿している朝鮮の留学生と結婚する、という粗筋である。文学史家は、どの作品にも盲目的な日本礼賛が見られるという。

「『春外春』における花田春子、『雨中行人』中の乃木大将と古賀太郎（北海道の農場主。筆者注）にはすべて日本人の善良さと優秀さを強調する要素があり、朝鮮人にひたすら友愛と慈善を施す者として描写されている」「彼らは主人公が危うくなったり、ここぞというときに現れ問題を解決し、たとえ脇役であっても決定的な役割を演ずる。作家李海朝の対日観は、ほとんど盲目的といってよいほどの日本礼賛に陥っているようである」（愼根縡《しんこんさい》［1995］p. 308。韓国語文献）

崔瓚植作の『秋月色』には、新婚旅行に出かけた主人公夫妻が、日露戦争の戦場鶏冠山と松寿山を望んで語り合う場面がある。(88)

「悲しいことですわ。あの青々とした山で斃《たお》れた勇猛な将校も忠義な兵士も皆今は白骨になつて墓の中に眠り、遺された年若い妻や幼ない子供たちの夢の中の人になつてしまつたのですね」「しかし東洋平和の基礎は、この地での戦勝によつて完全に固まつたのだ。あのように鉄道も敷設され、市街も開発されて、次第に繁華な土地になつていく。これはわれわれ黄色人種もだんだんと進歩していく兆しだよ」（宇野秀弥訳）

勇猛な将校、忠実な兵士の死を悼み、この戦争で平和の基礎が固まったと語るくだりは、作家が日露戦争を自分たちの戦争とみなしていたことを示す。まるで日本人同士の会話のようで、日本との距離感はないにひとしい。李海朝『雨中行人』にいたっては、日本を内地と表記し、日本の勝利は天の助け、東洋平和の希望で、われわれ朝鮮人も歓喜して迎えなければならないと説く。

これは特別の例ではない。李人稙、李海朝、趙一斎、崔瓚植らの手になる新小説に描かれている日本は、文明国、開化された国、先進国、女性が開化され旧習が改良された国、資本主義や学問が発達している国、現実のまたは精神上の避難所と考えられていた。日本人は、韓国人の恩人、文明人、人格者、模範的な教育者、優れた軍人、勇敢で誠実な憲兵と巡査、信義があり善良だが韓国人に対し優越感を持っている人々、として形象されている。[89] どうみてもこれは、今の教科書が強調する日本像とはかけ離れたものである。

日本と日本人を賛美する反面、対手の中国をひどくおとしめている。新小説は、中国を野蛮で凶悪な国として描き出す。中国兵の横暴に堪えきれず人々は山に避難したが、彼らはその山中にもやってきて、金を奪い、女を犯し、自分の得にはならなくても、「ノルブの心情」で民衆をいためつけた。人々は虎を恐れるように恐れた——。

これが最初の新小説『血の涙』の描写である。ノルブの心情とは、人を苦しめて喜ぶ心をいう。日本の弾にあたってもすぐ治るが、中国軍の弾には毒が塗ってあり、一夜明けると体中に毒がまわるなどとも書く。李人稙は、暴虐の中国兵に対する憎悪をあらわにしている。[90]

「教科書」が「愛国運動の代表」（p. 333）とする義兵は、「強暴をきわめ」（崔瓚植『金剛門』）

「凶器を持って山野をさまよい人民の財物を強奪する」(李人稙『銀世界』)、要するにただの悪党である。作者は何の共感も示さず、もとより抗日の愛国者などという認識はかけらもない。日本による保護国化も、作者は主人公の口を借りて正当化する。悪弊だらけの国を自力で変えられなかったのだからしかたがない、過去の悪政を思えば人民がまだ生きているのが不思議なくらいで、日本の保護下にある今は、及ぶかぎりの改革が行なわれているとする(『銀世界』)。

韓国の文学史家は、新小説の根本的な欠陥はほとんどが親日的傾向をおびている点であるとして、作者は日本や日本人に対しあまりにも歪んだ、無知な認識を持っていたという(91)。作者は特別な人たちだったのだろうか。代表的作家李人稙は日本陸軍の通訳として日露戦争に従軍し、併合のさいに李完用を助けて裏工作を行なった。つまりは親日派である。しかし、そういってみたところではじまらない。新小説の書き手はみな似たりよったりの日本観で、親日派が時代を代表し、近代のあけぼのを告げる作品を残し、それが後につながる文学伝統になったのである。

公的記憶が真実なら、ひたすら日本を賛美する作者は無知で、新小説は反民族の黒い文学になるしかない。しかし一人二人ならともかく、一時代の作家がこぞって無知だったというのはおかしい。まして無知から生まれた作品がのちのちまで読み継がれ、近代の文学伝統の起点に据えられるなど、なおさらありえない。文芸は時代の鏡で、人々の心の反映である。作家にとって日本は実際にあのような国だったから、あのように書いた。公的記憶からは消されているが、文字は消えずに残った。当時の人々は親日だったのである(92)。

その後も事情は変わらない。めぼしい文学者には親日作品こそあれ、明確に反日だとみなせるような作品はほとんどない。最初の近代詩を書いた崔南善は後に満洲国の勅任官となり、聖戦を称える多くの歌謡を作詞した。最大の文豪李光洙は、同時に最大の親日派でもあった。一時期上海に渡り独立運動に携わり、その地で発行されていた独立新聞に二、三の詩を寄稿しているが、とくにこれという反日作品はない。金東仁、柳致真、朱耀翰、金龍済、金東煥など名ある文人も、同様である。

小説には一部、当該の何行かを取り出せば反日的に見えるものもあるが、作品の基調はそうした印象を与えるものではない。廉想渉の『万歳前』（一九二四年）には、関釜航路で朝鮮人を監視する警察、朝鮮で一儲けをたくらむ日本人が書き込まれているが、反日小説とまでは言えない。「東京に渡ってから後、……それほど敵愾心や反抗心を起こす機会が事実、少なかった」「七年近くも東京にいる間に警察官以外には私に民族的観念を強く意識させるものはそれほどなかった」（白川豊訳）などと主人公に言わせているのは、（もしこれが反日作品とすれば）大きな瑕疵《かし》と言わざるをえない。

植民地の搾取、帝国主義、土地収奪などという言葉に出くわす作品もあるが、どれもプロレタリア文学の範疇に属するもので、すぐにブルジョア・労働者という常套語や、日本の同志との連帯を強調するくだりが現れる。文学史に残るような作品で民族主義に透徹しているものは皆無にひとしく、三一運動に対する弾圧を糾弾したものなど、文字どおり一行の文章も残っていない[93]。

全文を引ける詩を例にとる。今日の韓国では、韓龍雲、李相和、李陸史、尹東柱は代表的な抗日詩人とされているが、なかでも抗日詩の筆頭にあげられてきたのは韓龍雲の『ニムの沈黙』である。

ニムは行きました。ああ　わたしの愛するニムは行きました。青い山彩りを裂いて　楓の林に向って延びている小径をたどりとうとう振り切って行きました。

黄金の花のように固く輝いていた昔の誓いは　冷えきった塵埃となって　嘆息の微風に飛び散りました。

最初の口づけの鋭い追憶は　わたしの運命の針を狂わせておいて　後ずさりして消え去りました。

わたしは香わしいニムの話し声に耳を塞がれ、ニムの花のかんばせに盲にされました。

愛とて人のことなれば　出会いのときにあらかじめ別れのときのことに気を遣い　用心しないではいなかったけれど、別離は思いもかけぬこととなり、驚いた心は新たな悲しみに引き裂かれます。

けれども、別離を無用の涙の泉に変えてしまうのは、みずからの愛に目覚めたことを知ったからで、取りとめもない悲しみの力を転じて、新たな希望のつるべに注ぎこみました。

わたしたちは、出会いのときに別離を気遣うのと同じく、別離のときにまたふたたびの出会いを信じます。

ああニムは行ってしまったけれど、わたしはニムを送りませんでした。

おのずと節回しが湧いてくる愛の歌は、ニムの沈黙を押し包んでまわります。

（安宇植訳。韓龍雲『ニムの沈黙』講談社、pp. 13-14）

恋愛詩のようにも見えるのだが、長年ニムは祖国と解され、この詩は抵抗精神を内に秘めた叙情詩とされてきた。植民地支配の現実を「沈黙」として象徴的にとらえ、祖国喪失の悲哀を歌っているという。[94]

尹東柱の四行詩「白い手拭いで黒い髪をつつみ　白いゴム靴をひび割れた足につっかけた　白い上衣《チョゴリ》と下裳《チマ》とで悲しい体をつつみ　白い帯をか細い腰にしっかりとしめつけた」（全文）も、抗日詩だという。反復される「白」は民族の象徴で、「黒い髪」「ひび割れた足」「悲しい体」「か細い腰」でその悲運を詩的にとらえ、「しっかりとしめつけた」という結びで不屈の抵抗を鋭く浮かびあがらせたというのだが、[95]ひどく深読みしているようにも思われる。

李相和の「今は人の地、奪われた野にも春は来るか」の詩も、日帝に奪われた祖国を歌ったと解されているが、それらしいところはこの一行、というより「奪われた」の一語だけである。李陸史の『曠野』も、末尾にある「白馬に打ちまたがる超人」の到来が日帝からの解放をイメージしているというのだが、その到来の時が「千古の後」と書かれているのは何とも解釈のしようがなく、文学史家を悩ませてきた。

どれも、あるいはそうも考えられる、という態のもので、本当のところどうなのか、何とも言えない。崔曙海の『飢餓と殺戮』『紅焔』、柳致真『黒龍江』、金東仁『赤い山』、張赫宙『開墾』など、朝鮮人移民を虐げる中国人を活写した作品はいくらでもあるのに、[96]日本となると、どうしてこうも不得要領のものばかりなのだろう。

臨時政府機関紙に掲載された独立闘士の作品を中心に、正統文学史を綴るべきだという主張があるのは[97]、文学の域に達しているかどうかはともかく、そこまで拾わなければ端的な反日作品が見あたらないからである。文学的価値に即した自然の選択に委ねれば、結局文学史は抗日とはほとんど無縁の作品で埋めつくされることになる。

いくら弾圧をもちだしても、説明できることではない。徹底した言論統制下にあったソ連でも、パステルナークやソルジェニーツィンなどの作品が書かれ、今に伝えられている。日帝の検閲はソ連に比べれば大甘で、当局からみて好ましくない作品も結構世に出ていた。一九二五年には「専制勢力への闘争」を標榜する朝鮮プロレタリア芸術同盟が結成され、以後一〇年近く、文壇はプロレタリア文学に席巻される。弾圧も受けているが、それでも『猟犬』（朴英熙）、『故郷』（李箕永）、『黄昏』（韓雪野）、『洛東江』（趙明熙）など、この範疇に入る多くの作品が、今に残っている。

日本領朝鮮は法治国家で（後述）、筆禍で殺された人はおらず、死を覚悟するほどのことでもなかったのに、総ぐるみで抗日していたという民族のなかから、筆で対決に打って出る人が一人も現れなかったというのは、どうにも解せない。日露戦争たけなわのとき、与謝野晶子は、死んではいけない、旅順が落ちようと落ちまいとどうでもいい、などと歌ったが、こうした真率の声が、なぜ全然聞えてこないのだろう。

親日文芸は山のようにあり、林鍾国によれば、その数は四一三、名ある作者は一三二名にのぼる[98]。皇民詩は朱耀翰、金龍済、金東煥、李光洙、鄭芝溶、盧天命、金鐘漢、韓光炫、尹斗憲、趙宇植、李漢稷、趙薫、趙靈出らによって書かれ、その詩想は誤解の余地のないものである。朱耀翰は徴兵制公布のさい、「千年を超えて（半島の子等召さるゝ日に）」と題する、次のような詩を作っている。

我等百万、今や立ち上る
立ち上れば、即ち、我を超え時を
超え
即ち千年を超えて、その昔
きみとかみとに連なり
ことばと血とに連なりし
大和とからの大おや達の
融け合ひし心に帰り行く
直く、清らけく帰り行く
我等百万、今や立ち上る
立ち上がれば、即ち、我を超え時を
超え
即ち千年を超えて、来らむ春の
八紘を宇となし
東の民の栄えまさむ日を
得のぞみて大いなるみいくさに

我等が青春をさゝげまつる
惜気なく、全くさゝげまつる

（『朝日新聞〈中鮮版〉』一九四三年八月四日付）

全民族的抗日の時代に、どうしてこんな詩を世に問う気になったのだろう。日帝のおぼえはめでたくなっても、千載に悪名を残す民族の罪人になる。どこへいっても同胞の非難や呪詛に遭遇し、生活は荊棘《けいきょく》にみちたものになっただろうに、そんな思いまでしてこんな詩を書く必要がどこにあったのだろう。

そうではなかったのである。教科書が書いているような現実はなかった。ニムの沈黙、白い上衣の模糊とした詩と、幾多の鮮烈な皇民詩をつきあわせれば、当時の実相が自ずから感得される。時代精神は内鮮一体と皇民化で、その同胞の心を心として、詩人は詩を書いた。朱耀翰は裏切り者ではなく、現に国民からそう思われていなかったから、戦後も表舞台で活躍し、国会議員にも選ばれた。

抗日の作品が残っていないのは、検閲のせいではない。上海はじめ外地にはかなりの数の朝鮮人が居住していたから、そこで本にすることもできただろうし、短い詩なら手ずから書き写され、あるいは口伝えでも伝わるはずなのに、何も残っていない。誰もそうしたものを書きたいと思わなかったと、解するしかない(99)。

美術も同じである。一九四三年には内鮮の画家一九人が協力し、百号大画面の作品「朝鮮徴兵制施行記録画」が制作された。金の簪《かんざし》を総督に献納する朝鮮女性を描いた「金釵《きんさ》奉納図」（金殷鎬）、出征する兵士に朝鮮服の老親を配した「お召しを賜って」（金基昶）、若者の決然たる表情を写した「青年学徒兵」（鄭玄雄）、前線で銃を構える兵士を描いた「興亜を守る」（沈享求）、街頭で戦時国債の購入を呼びかける文化人群像のイラスト「債券報国隊」（玄在徳）など、「絵画奉公」を実践した多くの作品が今も残っている。[100]

しかし、抗日の絵画はない。[101] 美術の世界では、本人や知人に所蔵され、のちに公開されて世に知られる作品がままあるが、今なお抗日画は一枚も出てこない。安重根の義挙、三一の蜂起など絵になる主題はあるのに、描かれずじまいに終わったのは、描こうとする意思がもとからなかったと考えるしかない。

正統の文化史をどう綴ったところで、残された作品はどうにもならない。国民の知性と感性を反映する、かんじんの文化が総じて反日性を持たず、（教科書がいうところの）民族の憤怒、激烈な抵抗が、ほとんど表現されていない。それが、公的記憶とどうにもなじまない、奇妙な不協和音を流しているのである。

8　回想の「良き日本」

戦前の両民族の関係には、教科書的認識とかけはなれた実態があった。廉想渉が、民族的敵愾心をかきたてる機会は少なかったと書いているのは、自身の経験だろう。新小説が日本と日本人をあのように描き出したのは、実際に見聞した日本、接した日本人の実像がそうしたものだったと考えるのが、最も自然で無理のない解釈だと思われる。

今日何かというと、強制連行されたとか、土地を奪われて流浪してきたなどという話が出てくるが、早い時期に来日した人の多くは富裕層の出で、日本人の平均値より数段ゆとりある生活をしていた。崔南善は裕福な薬種商の家に生まれ、帰国のさい日本から印刷機械を持ち込み、日本人技術者を雇って漢城で雑誌を創刊した。これが一九歳の時である。金東仁は平壌一の富豪の息子で、学生の身で旅行はすべて一等車、一等船室で通した。金性洙、崔麟、金史良、白斗鎮、任永信、李仲燮も大地主や資産家の生まれで、こういう人ばかりではないが、こういう人が多かったことも事実である。牧師の子朱耀翰は、詩人川路柳虹に朝鮮から来た御曹司と勘違いされ、出資をもちかけられたという。[102] 当時日本では、朝鮮の学生といえば、富豪の子息というイメージがあったのである。

併合後急増した朝鮮人移住者にとっても、内地が茨の地だったとは思われない。異郷への移住はかなりの決意を要することで、悪い話が伝わってくれば、(戦後の北朝鮮への帰還のように)すぐ尻つぼみになる。渡航制限措置(一九一九年)が講じられた後も内地居住者が一貫して増加を続けたのは、内地がそれ相応の所だったと考えるしかないだろう。

残された記録は概ね高等教育を受けた人のものだが、多くは良き思い出を綴っている。任文桓は東京帝国大学法学部を卒業した後、朝鮮総督府の官吏となった人である(既述)。彼はその自伝的小説(『愛と民族』)で、青春時代を過ごした日本を「たくさんの日本人友人と結び付けて、第二の故郷としてなつかしむ」「日本で暮らしながら培われた反日感情など、一かけらもありはしない」と書いている(103)。

ここでいう日本とは、青年期を過ごした内地のことで、第一の故郷ではなかった。朝鮮の学童の通う普通学校と日本人の小学校の間には些少の交渉もなく、日本の友達は一人もできなかったという。朝鮮総督府に勤務してからは昇進差別に直面する。後年次の内地人の後輩が先に昇進するという、役人世界では正当化できない人事の仕打ちに痛憤している。そういう人が、内地の友人との屈託のない交流を回想し、懐旧の念にひたっている。真実性を疑う理由はないように思われる。

金貞烈は名門京城中学を卒業したのち、陸軍予科士官学校に入学、中尉としてフィリピン攻略戦に参加し、サイゴンで終戦を迎えた。戦後空軍の創設に力を尽くし、国防部長官、さらには国務総理にもなっている。戦時中この人は所属師団から陸軍大学の受験を推薦されたが、当時陸大を受験することと自体が特別なことで、彼はジャカルタの最高級のホテルに移され、冷房のない当時のこととて氷柱を林立させた部屋のなかで受験勉強をさせられた。差別はなかったかという山本七平の問いに対する、これがその答えである。彼は、自分の経験は、旧軍に朝鮮人差別がなかった証拠だろうという(104)。

朱耀翰は一二歳のとき渡日したが、その回想録（「私の履歴書」）からは自由で闊達な少年期を送ったという印象しか受けない。学校では「朝鮮人ということで特にいじめられた覚えはなく」、のち一高に入り得意の青春時代を過ごした。「高下駄に汚れた手ぬぐいを腰にぶら下げて街を闊歩しながら放歌高吟しても……羨望と愛情のまなざしで見てくれる日本人であった」。日本時代晩期、内鮮一体と皇民化にのめり込んでいったのは、この頃の経験が下敷きになっているのだろう。[105]

ソウル大学教授、韓国窯業総協会会長などを歴任した南基棟は、平壌第一中学から六高に入学した人である。朝鮮出身の生徒は三学年あわせて七人いたが、民族差別はまったくなかったといい、陸上部に入り、三年生のときには主将と対等の選手監督に選ばれた。「私の人生の相当部分が六高で作られた。六高時代の精神と哲学が、今も私を支えている」と言う。[106]

戦後政治家になった李東華は、一九二九年に山口高校を卒業し東京帝大に学んだ人だが、当時大学には独立運動家から高文受験を準備している学生までさまざまなタイプの朝鮮人がいたという。うずたかく積まれた各種の思想書を好きに読めた往時を振り返り、自分の人生で最も幸福、貴重だった時代としてなつかしんでいる。[107]どれも、憎悪と敵対でいろどる教科書的記述とは、およそ調和するものではない。

恵まれた境遇にあった人々だから、認識が偏っているとみるべきなのか。しかしそうとも言えない人も、同じような感想を洩らしているのである。黄長燁は一九二三年に生まれ、内地に渡航、日雇い仕事をしながら中央大学の夜間部に通った。戦後は北で労働党書記にまでのぼり、一九九七年に韓国に亡命した人だが、当時を回想して次のように述べている。

「日本は滅びると考えていた。天皇中心制は必ず失敗し敗戦は疑いないと思っていた。だが、日本人の友人や個人的な関係では日本に対し悪い感情はなかった。苦学していれば労働でいろんな人に会う。ほかの人が盗んだミカンをくれたので、私も食べた。日本人の親方が来て私のほっぺたを殴ったが、それでおしまいだった。さっぱりしたものだ。私の引っ込み思案の性格が完全になくなったのは、あの労働生活の収穫だと思う」（黄長燁、『産経新聞』二〇〇七年四月五日付）

キム・サン（金山。張志楽の変名）は中国で抗日に従事した共産主義者で、ニム・ウェールズ（エドガー・スノー夫人）との対談で日本の侵略への非難をまくしたてているが、いつしか意外な胸中の思いが口をついて出る。彼は日本人が好きなのだという。

「私は日本にいる日本人が朝鮮にいる日本人とたいそう違っているのに驚いた。これは当然ともいえることで、帝国主義の番頭や手代として植民地の人間を抑えるために雇われているのだから、母国にいるのと態度がまるきり変わる。私は東京で知り合ったたくさんの日本人が好きだ」（ウェールズ、ニム／キム・サン［1987］p. 92。原著は一九四一年）

少々ではなく、まるきり違っていた。予断を持ってやってきた男を驚かせるに十分で、それで日本人が好きになった。たんに内地と朝鮮の日本人を比較しているのではない。彼はこのとき中国共産党の拠点延安にいて、中国人社会のなかで暮らしていた。前衛党の日本人の美点を語る口ぶりにも、深い感慨がこめられているように感じられる。

「日本人はよき同志である。日本の共産主義者は誠実で強く、犠牲を恐れず、彼らの大義に情熱的に献身する。これまで会った人が私はみんな好きだ。中国では反植民地闘争が行われているために、共産主義運動ですら民族主義的傾向が非常に強いが、日本の共産主義運動にはこの傾向がまったくない。中国人がするように朝鮮人その他外国の同志を差別することがなくて、実に国際的な気質を持っている」(同 p. 92)

場所は延安、相手はエドガー・スノー夫人で、朝鮮の共産主義者がここで日本を弁護しなければならない理由は何もない。戦後世代の記者が書き散らす、八月一五日の反日特集記事より、よほど真実味があるのではなかろうか。

この国の公的な言論空間のなかで、好意的な日本認識を語るのはたやすいことではないが、一連の回想は目立たないところであきらかにされたものである。(キム・サンは別だが)老境を迎え、来し方を振り返り一生を締めくくる。日本時代を潤色しことさらに良くいったところで、今さら三文の得にもならない。彼らは、本当に思っていることを語ったのである。

韓国社会の、いや日本にさえある、日本時代についての通念を承知のうえで、真実を伝えようとした。朱耀翰が「朝鮮人ということで特にいじめられた覚えはなく」というのは、「さぞいじめられたはずと君らは思っているだろうが、そういうことはなかったのだよ」と言っているのである。日本で培われた反日感情など一かけらもないという任文桓も同じで、通念を意識したうえで、強く、積極的に否定しているのである。

たまたま一人か二人、親切な日本人に出会ったという程度の話ならともかく、語られているのは長きにわたる本格的な日本経験で、例外として片づけられてよいはずがない。新小説の作家は全員が現実を歪曲し、無知だったことにされたが、ここで引いた人たちが綴ったのは小説ではなく、生身の体験だから、歪曲も無知もないだろう。これらは、日本社会の実相の端的な証言なのである。

それが日本のすべてだったわけではない。任文桓やキム・サンが述べたとおり、まず朝鮮の状態は違っていた。併合以降、両民族の社会的力量差は縮小し、朝鮮人はあらゆる分野に進出し自信をつけた。絶対的少数派の在鮮内地人のよりどころは、ますます、自分たちが「真正」の日本人だということしかなくなってゆく。当然のことながら、内地人がただ内地人だという理由だけで威張って暮らせるという状態が、彼らにはつごうがよかった。創氏改名や内鮮一体に白い目を向けたのもそのためで、朝鮮人が本当に皇国臣民となり自分たちと区別できなくなったら、大変なことになると恐れていたという[108]。

金貞烈が経験したのは部隊の現場である。士官教育をし将校に任じた以上相応に処遇するのは当然で、そこにいたって差別するくらいだったらはじめから採らなければよい。しかし核心的な要職は自ずから別で、大本営、陸軍省軍務局などの中枢、朝鮮軍司令官や参謀に朝鮮出身者を補職することは、この時点では考えられない。総督府でもあとあとまで任用に参酌があった。各道部長職も振興行政中心の産業部長が多く、警察部長に朝鮮出身者が任じられたのは、ようやく一九四四年のことである。

完全な平等とは言えない状態だったが、両民族をへだてる障壁はもともと高くはなく、日本人も朝鮮人にとくに警戒的であったようにも見えない。朝鮮人は早くから高等官として総督府に採用されていたし、一九四〇年代からは内務省、大蔵省、商工省など中央政府の省庁への任用が急増している。軍では洪思翊《こうしよく》中将の存在が目立っているが、日本時代晩期には相当数の朝鮮出身者が大佐級に進出している。

一般社会もそれほど閉鎖的ではなかった。張赫宙は雑誌『改造』に載った小説がきっかけで日本の流行作家の一人となった。当時人気のあった雑誌『モダン日本』の社長馬海松は、日本作家の回想や伝記にしばしば登場する、当時の有名人の一人である。日本体育会専務理事李相伯、京都大学教授李泰圭、ビタミンEを発見した金良瑕(理化学研究所研究員)、外科医金晟鎮博士、マラソンの孫基禎、芥川賞候補になった作家金史良、作曲家孫牧人(久我山明)、歌手蔡奎燁(長谷川一郎)、同じく金永吉(永田絃次郎)、アイドル的人気を博した舞踊家崔承喜など、各分野で全日本的名声を得た人も多い。併合後三〇年経つか経たないうちにこうした状況が生まれたのは、世界の他の「植民地」と比較すれば、異数といえるのではなかろうか。

国会議員になった人もいる。一九二五年の普通選挙法成立以来、延べ一一人の朝鮮人が衆議院議員選挙に立候補しており、一九三七年には東京四区で立った朴春琴が当選している。次の選挙には落ちたが、再度の挑戦で議席を回復した。この人は親日派とされているが、韓国で槍玉にあがることが少ないのは、引き合いに出せば、日本の選挙民が朝鮮人を帝国議会の議員に選出していたという、どうにも落ちつきの悪い事実との対面を迫られるからである。

宗教的対立めいたものはなく、人種の壁があったわけでもない。平等を旗印にするアメリカにも、移民に対する社会的差別の現実はある。教育や技術のある人は別として、総じて低賃金に甘んじ、言葉や文化の壁にぶつかり、下積みから出発して上昇をめざす。南欧移民が最下層にもぐり込み、東欧系、次いでアジア系がその後をひきついでいったという。当時の内地の差別も基本的にこうした性質のもので、欧州のユダヤ人差別のような根深いものではなかった。(109)

もともと日本人には朝鮮人と戦争した覚えはないし、日本の民衆から見て、とくに憎む理由はなかった。半島の住民の日本国民意識も時とともに強まり、一九三〇年代からはむしろ感情的融和が進んでゆく。外地では日本人として扱われ、日本の体制の一翼を担っていた。しばしば植民地と表現されるが、こうした実態は欧米植民地の姿とはおよそかけ離れたもので、ここで引いた人々の回想もそれを裏打ちしている。

摩擦がなかったとはいえないが、少なくとも教科書が強調するような両極的対立はなかった。反日は（さらには日本人の嫌韓も）基本的に戦後の現象で、激しく対立していたという認識自体が戦後に造作されたものなのである（後述）。

9　満洲進出の夢

東京留学生（二・八）独立宣言の立役者、かつての独立運動家徐椿は、朝鮮人が真の帝国臣民になったのは、満洲事変の後だったと述べている(110)（『緑旗《みどりはた》』一九三九年三月号）。朝鮮軍が終戦直後に作成した内部資料が、軍の立場から見た事変後の変化を記している（『朝鮮軍概要史』[111]）。

「有能の士を簡抜して関東軍に推挙して活動の途を開き、在満在北支朝鮮人にも亦温情の手を伸べ、之等の保護救済に力を致せり。会々《たまたま》奉天吉林の獄裡に無実の罪に収容せられありたる朝鮮人を関東軍が解放する外、在満洲一百萬朝鮮人を日本同胞として取扱ひ其の能力に応じて或は官公吏となし、或は事業面に志を進展せしめたれば、嘗ては反日を呼号し弓を日本に引きたるものまでも恩義に感じ……親日依日の傾向著しく濃厚となれり」「朝鮮人の親日感情、親日本軍感情、亦各段の躍進を見たり。斯くて朝鮮人の対日感情が好転する一方、日本人の朝鮮人観亦大いに改善接近し、両者の融合美談佳話見るべきものあり」

小さくなって暮らしていた人々の前に、日本帝国は保護者として立ち現れた。迫害が停止されたのみか、朝鮮人は満洲国で「満支人」の上に据えられ、特権を享受するようになった[112]。それは半島の地に跼蹐《きよくせき》してきた人々に新しい意識の地平を切りひらく、精神史的事件とさえいえるものだった。民族の対外活動の不振に対する悔恨は、近代以降、知識人に反芻されてきた。——どの国民にも、たいてい一度か二度、民族的エネルギーを爆発させ、侵略と征服の事業に熱中した過去があるのに、われわれにはこうした民族の青春時代がない。歴史家文一平は、高句麗以外に「積極的大雄図」を見出せない民族的活動の「寂寞《じやくばく》」を嘆き、「小さな半島の囲いに閉じこもり、鴨緑江のかなたに一歩も踏みこめなかった歴史は、どう弁明しても男性的な歴史とは言えない」という。崔南善は、朝鮮史の大半はただ「なまぬるく芳しくなく、あくびが出、眠気までもよおす記録の連続」だと言う(113)。何の緩衝もなく大陸と接壌している国が、中原《ちゅうげん》の大国に事大してきたのは、生存のための不可避の選択とも見えるが、失望を語ってきた人は多い。申采浩は、高麗元宗以降の七百余年の歴史を見るに、怒髪天をつき憤拳を握りしめ、史書を引き裂いて火中に投じたくなるという(114)。周囲から一方的に侵略され、城下の誓いの連続で、長い歴史のあいだ一度もその形勢を逆転させたことがない(115)。こうした記憶を抱えて生きてきた民族にとって、侵略や他民族支配は見はてぬ夢、ほとんど憧れに近いものとなったとしても、驚くにあたらない。

申采浩は、高句麗の淵蓋蘇文を「朝鮮の歴史上未曾有の軍国的侵略主義を行った」とし、乙支文徳は女真《じょしん》の地を「植民地」とし「帝国主義」を実行し「鴨緑以北の萬餘里の地を割取し、言語風俗の異なる幾百万の客族を駕馭《がぎょ》した」とする。先祖がしでかした侵略を、反省しているのではない。彼はこの二人を、「韓国のアレキサンダー大王」広開土王（好太王）とともに、民族の守護神の最上位に据えている(116)。英雄の筆頭におかれるのは、ハングルを創製した世宗や国の防衛に挺身した李舜臣ではなく、他民族を蹂躙し支配したとされる人物なのである。遠古の歴史を語るにはなじまない、帝国主義や軍国的侵略主義という言葉をあえて用いるのは、いまの劣弱な朝鮮にも、過去にはそれを実行した光輝ある歴史があると言いたいからである。

近代以降、こうした思いに駆られなかった知識人はまずいないだろう。事情は今も変わらない。国史編纂室長として歴史教科書の作成にたずさわった朴成壽は、受難史、侵略されるだけの国難克服史だったという認識を拒絶し、われわれも外国を侵略した強い民族だったとする視角で国史を綴るべきだと主張している。古代韓国は日本や中国北部に進出したというのが彼の持論[117]で、歴史教科書にはそれが史実として書き込まれている。[118]征服と軍事的栄光への渇望の前には、史料の不足など何の障害にもならない。

満洲の事態があれほど大きな感作を与えたのは、この宿痾《しゆくあ》のような民族心理があったからである。[119]限られた期間ではあったが、それは、積もり積もった鬱屈を晴らす空前の出来事だった。目の前に立ちはだかっていた中国の壁は突如消滅し、満洲への進出はいともやすやすと実現した。移民は激増し、半島に隣接する間島《かんとう》省では人口の八割、さらには省長（知事）さえ、朝鮮人になった。

李鶴城は、「東滿はいつの間にか朝鮮の延長となり、将来全滿を朝鮮化しやうとする気勢をうかがつてゐる。……朝鮮人の滿洲進出は、歴史的故郷に錦衣をきて帰るやうな感がなくもない」と熱っぽく語る。[120]終局の「朝鮮化」を展望できる現実が、形成されていた。民族の夢を、正夢に変えてくれたのが日本帝国であることは、誰の目にもあきらかだった。

『京城日報』の論説委員だった近藤釼一は、内鮮間の窮屈な感情が日一日と薄らいでいったと回想している。[121]大野緑一郎政務総監は、一九三七年のラジオ放送で、かつて両民族は思想や感情を共有するまでには至らず、奥深く不満を蔵してうちとけられない時もあったが、いまや薄皮一枚のへだたりもなく、心の底から手を握りあえる境地に進み入ったと述べている。[122]内鮮の融和が進む一方、長い間眠っていた反漢族の感情が噴出する。『朝鮮軍概要史』は述べている。

「朝鮮民族の反漢民族思想は数千年被圧迫の岩窟を破つて逆出し、日本軍の連勝に依つてさらに拍車せらるるあり。朝鮮人の軍国熱は逐日昇騰せり。特に日本より北支へ出動する陸軍・空軍諸隊の大部分が朝鮮半島を縦断経由したるため、朝鮮人と日本軍隊とは親炙《しんしゃ》の機多く且軍隊に付随して北支に進出する朝鮮人亦尠からず。歓送の声は鉄路を埋め民族交流の佳話は感激渦となり、朝鮮人の親日依日、奉仕精神を駆り立てたり」「第二十師団歩兵大隊長少佐金錫源（金山錫源）は北支に従軍して抜群の殊勲を建て、其の他の朝鮮人出身将校相踵《あいつい》で立勲の報伝わるや、朝鮮青年の好戦的気分は頓《とみ》に昂揚せり」（p. 106。句読点を補った）

『朝鮮日報』と『東亜日報』はこの年、それまでの「日本軍」という表記を、「皇軍」「わが軍」にあらためる。朝鮮人に代えて「半島人」という言葉が使われるようになったのは、自分たちは内地人とともに日本人の一部をなしているという認識が広まったからである。大陸を舞台に、両民族の連帯の関係が生まれたことが、心中の壁をとり除いていったのである。

10　聖戦への参加

独立はもはや、現実問題ではなくなった。二百近い国がひしめく今とは異なり、当時独立国は少なく、それも減る傾向にあった。世界は、ドイツが支配する欧州、ユーラシアに蟠踞《ばんきょ》するソ連、英帝国、新大陸のアメリカ、それに東アジアと西太平洋に広がる日本帝国の五つに分割されつつあるように思われた。

中国やフランスのような大国も存続があやぶまれているのに、「天にある太陽のように永遠につづくかに見えた」日本帝国の勢力圏のただ中にある半島が、その二二万平方キロの地をもって独立するなど、夢物語としか思えなかったとしても無理はない[123]。隆盛のきわみにあった日本の帝国権力が与えていた圧倒的な印象がどのようなものだったのか、想像力をもって思いめぐらす必要がある。その倒壊が間近に迫っていることなど、知る由もなかった。

日本の支配が続くのなら、その枠のなかで将来を考える。以前と異なり、日本帝国の一部であることは、民族に大きな可能性を与えているように感じられた。終戦に至る一〇年余は、もはやありえないと思われた、民族的発展の甘美な夢を、存分に見ることができた時だったのである。

「雄大な気分」が広がっていた[124]。企業家朴興植が朝鮮語の総合雑誌『朝光』に寄せた一文に、時代の空気が示されている。


「今次戦争が我々の勝利に帰したとき、我が国力の進展は文字どおり豪華そのものである。我々半島人が自己の各職域を通じ大東亜共栄圏内に一大躍進をとげるのもこの時である。既往の伝統的消極意識、消極主義を断然打破し、世界の活舞台に活動の翼を広げねばならない。さもなくば永久に『時代の落伍者』になってしまう。共栄圏が確立され濠洲も圏内に入れば、今の内地・朝鮮・樺太・台湾・満洲の計二〇〇万平方キロは約一二倍の二四〇〇万平方キロの面積に変わり、実に広大で光明ある天地となる。このとき、我々は何でも良い、濠洲に進出し牧畜を経営するのも良いし、仏印やタイに進出し農業に従事するのも良いだろう。無尽蔵の資源を利用し産業や貿易業を興すのも良い。誰でも、また職業如何にかかわらず、全員が奮い立ち進出し、帝国の国策に順応し国家百年の大計の基礎を固める天与の時機であることを知るべきである」（朴興植［1942］p. 114。原文は朝鮮語）

目のくらむような現実が姿を現しつつあった。もはや満洲どころではない。日本の膨張がこのまま続けば、半島人は、ソ連よりも広い二四〇〇万平方キロの圏域で、特権的な地位を手に入れる。たんなる見通しではなく、あてにならない約束ではもちろんなく、これは現に今、満洲で経験している事態の外延的拡大にすぎない。

それは千載一遇の機会と感じられたが、あせりもあった。申興雨は、忠実な皇国臣民として「強い同類意識を持つ内鮮人」が共栄圏内の指導の任務に就くと述べているが[125]、自他に言い聞かせているようなところがないでもない。在鮮の内地人は、朝鮮人が血を流すこともなく、いいとこ取りをするのは許せないと白い目を向けていたし、朝鮮人にも忸怩《じくじ》たる思いがあった[126]。大東亜共栄圏における地位を確固たるものにしようと考えた人々は、内鮮一体、皇民化の道をつき進んでいく。半島はまもなく、皇民賛歌の一大合唱会場と化していった。

「完全に日本国民となつて、完全に天皇陛下に忠義を尽くし奉つらねばならぬ。完全なる皇国臣民とならなければならぬ[127]」（玄永燮）

「内鮮一体とは朝鮮人の皇民化をいふのであつて双方歩み寄ることを意味するのではない。朝鮮人のほうで、どんなことがあつても天皇の臣民にならう、日本人にならうと押しかけてくる気迫によつてこそ、内鮮一体はなる」[128]（李光洙）

「（一部に）銀行に貯金すると危ないといふ謬想のもとに地下に穴を掘つてゐるといふが、これでよいか、天皇陛下の赤子であればこそ『祖国日本を守れ！』この歴史の声が聞こえるはずだ。今こそ奮ひ起つてこの恥辱を拭ひ拂ひ、お国のために赤誠を捧げるべきである」[129]（崔麟）

言わされていたと思う人もいるかもしれないが、当時書かれたものをどう読んでも、強いられた言説を義務的になぞったようなニュアンスは感じられない。熱っぽい語調といい、断定的な物言い、過激な内容といい、不承不承口をひらいたとはとても思えない。戦後、「集団ヒステリー」[130]（崔元植）などと言った人もいるが、何がおきていたかは自ずからあきらかである。内鮮一体、皇民化は、大東亜の指導民族たろうとした人々によって、熱狂的に追求されたのである。

朝鮮憲兵隊司令官岩佐禄郎は、出征する内地人兵士が朝鮮を通過するとき「多数の人々が熱誠を込めて出迎見送をなし、殊に寒風肌を刺す深夜の駅頭に又は鉄道沿線の寒村では屋根の上に上つて迄声嗄《か》らし国旗を打ち振つて万歳を唱へる」、その「涙の出る程嬉しい情景」を語っている。[131]森田芳夫は、感慨をこめて記している。

「農民達は、鉄道沿線の田畑で鎌や鍬を高くあげて、万歳を叫んで出征兵士を送つた。駅々には、皆日の丸を振つて、下手な国語で『天に代わりて不義をうつ』――恐らくその意味は殆んど分らないであらうに――の歌を唱つて送つた。金錫源少佐が朝鮮人部隊長として第一線に向ふ感激を胸一杯に、生還を期せずとパゴダ公園で演説した時、民衆は一杯にあふれて、心からの拍手だつた。……ああこの公園でかつて独立万歳がどれだけ叫ばれたことか」（緑旗連盟［1939］p. 29）

人々は朝鮮神宮で、国威宣揚、武運長久を祈り、婦人は千人針をもって街頭に立った。国防献金はひきもきらず、朝鮮軍愛国部は深夜まで礼状書きに追われた。農婦は飯米を節約して貯めた金を、中学生は農家実習で手にした金を、部落の青年は大量の秣《まぐさ》を献納した。「偏った民族的感情もなく、功利的な打算もなかつた。血の本能であり、いつしか養はれた国家的感情であつた」。半島を通る兵士は、民衆のこの赤誠にどれだけうたれたことかと、森田は結んでいる(132)。

一九三九年九月、出征兵士送迎のため京城駅に集まった人々は延べ四三万人に達し、当時「天に代わりて不義を討つ」の軍歌は四、五歳の子供まで口にしていたという(133)。深夜の駅頭で、屋根の上で、兵士の送迎に日の丸を打ち振る人々、鎌や鍬をあげて万歳を叫ぶ農民、朝鮮神宮に雲集する民衆、軍歌を歌う幼児――八〇年前のこととはいえ、一場の幻影のような気がする。こんなことが本当にあったのだろうか。

太平洋戦争に突入してからも、この地の風景は内地とあまり変わらなかったようだ。青木洪（洪鍾羽）はその随筆「草鞋」で、シンガポール陥落の報が届いた黄海道の、とある村の様子を活写している。大戦果のニュースは村民を歓喜させ、国民学校で開かれた戦勝祝賀会にはたすきがけの国防婦人や児童までが参加し、人波であふれていたという。村人は進軍ラッパを吹奏し米英撃滅の歌を歌い、手に手に日の丸の小旗をもって練り歩いた[134]。

捷報が次々ともたらされ、知識人は世界史的大転換のイメージに陶酔する。

「にゅーす速報版に集まる人々　らじおの前にたかる群衆　感激と緊張と亢奮に拳を握りしめて喊声を挙げる民衆に銃劍を執らせよ　三百四十年間搾取と圧制の蹄鉄に蹂躙された十億民衆に　復讎と雪辱の機会を與へよ[135]」（尹斗憲）

「大東亜共栄圏の範囲は濠洲、印度にまで拡大されつつある。香港、マニラ、シンガポール、ラングーン、バタビヤの諸拠点が攻略され米英の東洋海軍力は全滅とはなつた。今や新しい東洋歴史が初まりつつある。今から五十年後、百年後、亜細亜と大洋洲の故土に皇道樂土が建設されて東亜十二億の人民が平和と文化を享受する時に朝鮮人は如何なる位置に自分を見出すであらうか、今日に於て朝鮮の青年が血と生命によつて与へられた義務を果さざればその時になつて何の面目あつて東亜の指導民族たる栄誉を享有することが出来るだらうか[136]」（朱耀翰）

「国語が世界語としての権威を持ち、国語で書く文学が世界的な認識を得るやうになる日を念じたのも、単なる夢ではなかつたやうです。大東亜の主国語となり、やがては西邦にまでその威勢が延びたとき、国語による文学ももはや世界的なものにならざるを得なくなるでせう[137]」（李孝石）

人々は大東亜共栄圏の建設が目睫に迫っていると感じ、このまま朝鮮人の出番なしに戦争が終われば、指導民族としての立場がなくなると危惧していた。結果がわかっている今では、早とちりもいいところと思われるかもしれないが、当時見えていた現実は違っていた。戦果はあまりにも巨大で、あまりにもやすやすと獲得された。伊藤正徳が描写した日本国民の意識は、歴史のその場に居合わせた人々の感慨としては、十分首肯できるものである[138]。

「南方作戦は完勝裏に終わり、新緑のころには、いっさいの進攻作戦が予想以上の戦績をもって片づいていた。シンガポール、マニラ、バタビア（ジャカルタ）、ラングーンの四大都市には、日本人の総督が豪勢な居を構え、大東亜共栄圏（支那以外の）はわが国の支配下に帰しつつあった。戦争はかくも簡単に勝てるものか。これほどの大広域を征定して、犠牲は一万人に満たないではないか。『戦争してよかった』という満足感が、国民大多数の胸に宿った」（『帝国陸軍の最後〈1〉進攻篇』伊藤［1973］p. 247）

平時でも毎年百数十万人が死ぬ多産多死の時代に、一万の戦死などものの数ではなかった。タイは日本の終局の勝利を確信して米英に宣戦を布告し、日本の後押しでフランス領インドシナ、英領ビルマ・マレーから広大な領土をせしめた。中南米諸国も日本の破竹の進撃を見て、アメリカが要求する対日宣戦に難色を示しはじめた。建国以来の脅威に茫然自失したオーストラリアは、国土の大半を放棄して東南部の中核地帯を死守する防衛計画を急遽策定し、民間では米英の弾よけ役を返上し日本との協調を模索する「オーストラリア第一運動（The Australia First Movement）」が頭をもたげた。[139]当時の日本はまさに勝ち馬で、その戦争への参加は、格安の乗馬切符に見えたのである。

徴兵制の実施が発表されたのは、このあとである。崔載瑞は、「暗雲を衝き破つて燦然たる太陽が姿を現はした時のやうな……終生忘れることの出来ない感激を覚ゑた」と書いた。[140]当時、多くの人が同じ思いを披歴している。[141]

「五月九日、半島に徴兵制が実施されるといふ報道に接したときほど私の生涯中激しい衝撃をうけたときはなかつた。感激と感謝を口で語る程度をはるかに超えて、神秘と崇高な境地を経験したのである」「この身も御国のために役立ち、またわが子らが大御宝となつたことの感激と有難さは、永久に忘れることのできないことである」（朴英熙「自慢よりも練成」『京城日報』）

「今度発布された朝鮮徴兵制が、半島人としてこの上ない栄誉であることは言をまたない。われわれは、この制度によつて一人前の国民になれるわけだ」「職務の為には何時でも命を捨てるといふ軍人精神は、人間精神の最美なものでなくて何であらう？」（柳致真「先づ尚武の精神」『京城日報』）

「東京では一日（八月。筆者注）の午前八時から靖国神社前で、徴兵制発展記念大会が催されたが、内鮮の壮丁を前に、谷萩少将が与へた激励の辞を伝へる放送員の言葉を聞き洩らすまいと、私はよく聞えない受信機の前に齧《かじ》りついてゐた」「徴兵制実施が、求めないで与へられたとすれば、私は決してこんな興奮はしないに違ひない。求めて、なほ容易には与へられさうになかつた徴兵制なのだから感激するのである」（張赫宙「大御心への帰一　朝鮮の徴兵制実施〈一〉」『朝日新聞』）

日本の国防を担うことによって内地・朝鮮の隔たりは一瞬にして消え、日本は真の祖国となった。大東亜共栄圏における半島人の地位を確定する最後の階梯が、いまや乗り越えられた。だからこそそれは、燦然たる太陽、忘れることの出来ない感激だったのである。

「この戦争に勝ちさえすれば、日本は世界の覇者になる。朝鮮が日本に協力して戦勝者の仲間になれば、そのとき朝鮮が受けとる分け前は莫大なものになろう。貧弱な一独立国家としてかろうじて命をつないでいくより、日本の一部として勝利の玉座をともにする方がずっとましだ」「而陪は前途にひたすら勝利だけを見ていた。きっと勝つと固く信じた。そして、日本勝利のあかつきに朝鮮に転がりこんでくるはずの幸福のことを考えて喜んだ」

右は、金東仁が一九四六年一〇月に発表した小説『民族反逆者』の一節である(142)（波多野節子訳）。李光洙をモデルにしたとおぼしき主人公呉而陪《ごじばい》は、若年にして民族の精神的指導者となり、日本時代晩期に日本への協力の旗幟を高く掲げた人物として形象されている。金東仁自身の当時の言動も李光洙と大差なかったし、小説も呉而陪の人生を民族の運命に重ねあわせたんたんと描いているだけで、「反逆」を糾弾しているようには読めない。主人公の内的告白はおそらく、当時の知識人の胸中深くにあった思いだったのだろう。日本がこの地を立ち去ってから一年後に、あえて小説まで書いて、根も葉もない話を並べたてたとは思えない。

長らく京城帝大教授を務め、戦後は奈良国立文化財研究所長などを歴任した、朝鮮考古学・朝鮮史学の泰斗藤田亮策は、次のように述べている。

「明治四十三年八月から昭和二十年八月まで、まる三十五年間は、朝鮮も日本の一部であって、二度の世界大戦を日本とともに戦いぬいてきたのであります。このことだけは世界の歴史から消すことはできないし、感情や政策などでうちけすことのできない事実であることを、日本人も半島の人々も忘れてはならないと思います」(藤田［1958］pp. 2-3)

今の日本の朝鮮史学者が受け入れそうにない認識だが、この人は嘘をついているのだろうか。あるいは、死んでも悔い改めない日帝官学者の、たわ言だろうか。そうではないのだろう。

内鮮一体、皇民化は、そっぽを向く人々に押しつけられた「荒唐無稽な標語」(「教科書」p. 390)ではなかった。総督府の操縦、戦時下の異常な空気もあっただろうが、それだけでは説明できない。近藤釼一は、大多数の朝鮮人は誠心誠意日本の戦争に協力してくれた、戦時政策はこの民心に支えられ強力に実行することができた、と回想している。戦後まことしやかに語られてきた言説は、時代迎合の脚色を施した、不真面目なものだと言う[143]。

戦後多くの日韓の歴史家が、この時期の抗日の史実を何とか発掘しようとやっきになってきたが、ほとんど何も出てこない。総督府警察が拾い集めた流言蜚語でも引くしかないだろうが、この種のものは内地にも（さらに言えば連合国にも）いくらもある。当時の半島で卓越していたのは、大東亜の指導民族としての地位を得ようという熱望であり、それに鼓舞された「あの熱烈な戦争への協力」だったのである[144]。

11　「強制」へのすり替え

日帝の「強制」「強要」「強圧」などの表現が「教科書」に頻出するのは、激烈に抗日していたと前提する以上、こうした認識に立つしかないからである。文学史家李青原は、抗日の作品が残っていないのは、文学活動が「殺人的統制」下にあったからだという[145]。しかし、根拠はない。共産主義崩壊後に見られたように、書きためていた作品が光復後どっと現れることにならなかったのは、発表できなかったのではなく、要するに誰も書いていなかったのである。それが容認できないから統制のせいにする。それも、作品は少ないというよりゼロに近いから、統制は「殺人的」だったことにする。

創氏については、「教科書（一九九六年）」は「われわれの姓名までも日本式に変えるように強制した。日帝はこれを拒否する人に対しては投獄、殺傷までも躊躇せず」（p. 397）と書いているが、事実とはかけはなれている[146]。

もともと朝鮮の「姓（ソン、성）」は男系の血統を表示するもので、家の称号である「氏《うじ》」とは別ものである。義務づけられたのは氏の新設で、創氏後も姓は従来のまま戸籍簿に載せられた。これまでの男系血族集団の名に加えて、家の名をも併せ持つというのが創氏の眼目で、姓をそのまま氏に転用することも認められた。これは法定創氏といわれ、特別の手続きは必要なく、期限までに届出がなければ、たとえば以前の「李」姓の人なら姓・氏ともに「李」という扱いになる。個人名の改名は任意で、創氏後も（李源甫が李家源甫になる、というように）変えなかった人が多い。

すべては法令（氏設定に関する制令、届出および氏名変更に関する総督府令。昭和十四年制令第十九号　朝鮮民事令改正の件）に書いてあることで、これ以外の事実関係は存在しない（言うところの「強制的創氏改名」を証拠だてる法律や行政命令の類を提示できた研究者は、今に至るまで存在しない[147]）。ただ影響するところの大きい制度改正なので、総督府自身誤解があり得ることを意識し、法務局民事課が先頭に立って啓蒙にこれ努めていた。

岩島肇（当初事務官、のち民事課長）は、広報役としてマスメディアに何度となく登場した人だが、雑誌『総動員』（昭和一四年一二月号）で、これまでなかった家名を設けることになっただけで、姓には何の影響もない、姓がなくなるとか改姓になるというのはとんでもない誤解で、血統が存するかぎり姓は連綿と続く不易のものだと述べている[148]（「『氏』制度の創設に就いて　一問一答」）。

雑誌『緑旗』（昭和一五年二月号）では、誤解がないとは言えないので説明すると前おきし、総督談話を引いて「内地人式の氏を欲しない人は従来の姓が金なら金をそのまゝ氏として、換言すれば家族団体の称号として設ければ良いので何も自己の気持を曲げてまでも内地人式の氏を作らねばならぬことはない」「其のときは姓は金で氏も金だと云ふことになるのであります。左様に従来の姓を氏に用ひる人は何の届出をするに及びません」と懇切に説明している。[149]「投獄、殺傷までも躊躇せず」などという話は、いったいどこから来たのだろう。

終戦に至るまで数百万もの人が、現に朝鮮名で通しているのである。多くの名士がそのなかに含まれており、創氏届出の締切り五日後の人事記録でも、中枢院参議六二名中、内地人式の名の人は二五名にすぎない。崔夏永、金大羽、鄭在英、閔漢植、崔景烈、張壽吉、桂珖淳、安東赫、金熙徳、玄錫虎など総督府高等官の名も、以前のままである（『旧植民地人事総覧　朝鮮篇8』。資料14）。金大羽にいたっては、一九四二年に慶尚南道の内務部長職にあったとき、この名前で「皇民錬成道場長」を兼任している。総督府は、朝鮮名で皇民鍛錬の指導をしても、何ら問題ないと考えていた。[150]

朴興植（実業家）、崔南善（文人、歴史家）、兪鎮午（文人、法律家）、崔承喜（舞踊家）、朴春琴（代議士）など著名人の名もそのままだし、それで世をはばかっていたようには見えない。むろん、投獄、殺傷された人など誰もいない。一九四二年一二月七日付『毎日新報』（朝鮮語新聞）は、首相官邸で開かれた懇談会に出席した朴興植が天皇から拝謁を賜ったことを報じ、「朴社長」名の謹話を掲載している。内地人式の名にすることが皇民の義務だったとすれば、ぬけぬけと拝謁する方も方だが、名前を頑として変えないこの男「朴興植」にこうした栄誉を与え、それを検閲下の新聞を通じて半島一円に周知させるとは、いったい日帝の頭のなかはどうなっていたのだろう。改名を強制したなどというから、わけがわからなくなる。法定創氏を選んだ朴興植に、咎められるいわれは何もなかった。届出をしない人が役場で意地悪された、子供が教師から嫌味を言われたなどという類の話が流布しているが、事件の文脈も信憑性もさだかでない、文字どおりの流言である。[151]

問い合わせに対し公に説明役を務めていたのは総督府法務局、地方法院とその支庁、府邑面の戸籍係だが、朝鮮名でもよいというのは建前で、実際には許されない、などとやっていたのだろうか。法令万能主義の総督府行政の一端を多少なりとも知っていれば、とうてい信じられるような話ではない。

親日派の行跡調査に生涯をささげた林鍾国が書いているように、当時人々は先をあらそって創氏した。[152]今日口にされることはまずないが、内地の事物は総じて憧れのまとだったから、朝鮮姓を捨てるというならともかく、内地人式の氏を持つこと自体は何ら悪い話ではなかった。[153]

娘の名に「子」をつける風潮があったことが、その証左である。今の韓国には、創氏政策の副産物とする見方があるようだが、あたらない。創氏の施行は一九四〇年二月からだが、「子」の名づけがはるか前に始まっていたことは、以下の例からもあきらかである。[154]

崔敬子（一九一一年生まれ。国際服装学院院長。以下同様に、生年と、おもに戦後の職業・役職等を記す）、権清子（一九一八年、教育者、五允学園理事長）、崔玉子（一九一九年、医博、

世宗大学教授）、朴京子（一九二三年、国際服飾文化研究院院長）、千鏡子（一九二四年、画家）、尹英子（一九二四年、彫刻家）、崔貞子（一九二五年、大韓キリスト教女子節制会会長）、朴貞子（一九二七年、国会議員）、白英子（一九二七年、家具会社会長）、金賢子（一九二八年、韓国女性政治連盟総裁、国会議員）、李潤子（一九二四年、消費者保護団体協議会会長、国会議員）、朱良子（一九三一年、医博、国会議員）、李信子（一九三一年、工芸家、徳成女子大学教授）、金仁子（一九三二年、西江大学教授）、睦栄子（一九三三年、医博、高麗大学教授）、朴順子（一九三三年、工博、ソウル大学教授）、尹福子（一九三四年、延世大学教授）、李永子（一九三六年、東国大学教授）、李仁子（一九三六年、建国大学教授）、金文子（一九三八年、声楽家、建国大学教授）、許英子（一九三八年、詩人、誠信女子大学教授）、韓栄子（一九三八年、医博。韓国女子医師会副会長）

こんなことまで総督府が強要したとはさすがに言えないから、触れないようにしているが、これが現実だった。戦後流行した言説を真に受けて、懐疑する人もいるだろうが、不思議でも何でもない。一九三〇年代後半ともなると日本国民の意識がほぼ定着し、教育ある青壮年層は日本語を話し、何のこだわりもなく日本文化を受け入れていた。娘に「子」の名をつけるだけでは物足りず、できれば和風の氏を持ちたいと願っていた人も、多かったはずである。

軍人志望が激増したのも、こうした時代の空気あってのことである。教科書が描いているところとはまるで異なり、当時この地は（日本を祖国とする）愛国運動に沸きかえっていた。総督府官房が書いている。

「それは啻《ただ》に朝鮮半島内のみに止まらず、内地、満洲国、北支、上海等苟《いやし》くも半島同胞のあるところ、今次の支那事変を契機として湧き起こつた愛国心乃至は愛国運動で……、熱烈、純情に、内地同胞と殆ど差異がない程に愛国心が昂揚して来たことは、何人も思ひ設けなかつたところであらう」「社会の最大多数を構成する比較的低層にある人々が、時局認識もいかがかと思はれたに拘らず、老幼男女、職業の如何を問はずきほひたつたことを特徴とするのであって、この観点から考えても半島統治史上の一エポックを意味する」（朝鮮総督府官房文書課［1938］p. 94。傍点原文）。

警務局資料『最近に於ける朝鮮治安状況』（一九三八年）も、変化を特筆する。満洲事変によって今さらのように日本の力に畏服し、日本に信倚し民族発展の途をさぐろうとする意識が生まれたと分析している。支那事変後はこうした意識はさらに強まり、上下こぞって熱誠なる銃後後援運動をおこし、「稀有の国民精神高揚時代」を迎えたという。[155] 警務局は常に治安情勢をリアルにとらえてきた、幻想とは縁のない機関である。[156] この言わば職業的警戒屋が、この期に及んで我田引水の認識で自らを欺いていたとは考えがたい。

先に引いた『朝鮮軍概要史』は、「共産主義者、民族主義者はほとんど市に逼塞し、転向者続出せり。於《ここにおいて》此民族主義者尹致昊、天道教崔麟等巨頭を始め朝鮮神宮前に戦捷祈願式典を催し、各道各邑面亦之に随へり」と記している。これまでの「主義運動」の頭首も、自ら時局認識の徹底や国防献金などの指導に乗り出し、しかもはたから非難の声はおきなかった。朝鮮人大衆の自覚奮起が、頑迷不逞輩の妄動を封じたと結論づけている(157)（前掲警務局資料）。

当時『毎日新報』の主筆となっていたかつての独立運動家徐椿は、『総動員』（一九三九年一一月号）誌上で、青年に帝国臣民としての心構えを諄々と説いている。

「是れ、諸君にとつて無上の光栄でなければならぬ。併し大日本帝国の臣民となることは事簡単なようでそう簡単ではない。之れには重大な意義が含まれて居るからである。1　大君の為に生まれ、2　大君の為に働き、3　大君の為に死すといふ精神を持たないものは大日本帝国の臣民とはなれないのである」「大日本帝国の臣民となることに依つて、1　万世一系の大君を未来永久に亘つて戴くことが出来る、2　亡びることを知らない国の国民になる。3　八紘一宇の大理想を移して以て各自の理想となし得る……等々の光栄に浴し得るのである(158)」

民族指導者としての長い活動歴を持つ、『東亜日報』の創設者金性洙は次のように述べている(159)。

「目下我々が果たさねばならない義務とは何か、それは諸君が重々承知しているとおりである。諸君をはじめ、我ら朝鮮の同胞は大東亜の聖戦に参加する義務がある。この聖戦を通じて［我らは］新時代の到来を見、人類の歴史に残る大事業を成し遂げるのだ」「万が一、諸君が大東亜の聖戦に結集しなければ［どういう事態になるか］想像してくれたまえ……大東亜の新秩序は我々［朝鮮民族］抜きで成し遂げられてしまう。大東亜に生を享けるという『恩』がありながら、その恩を返さなかった落伍者として、我々はこの歴史的瞬間に存在することができなくなる。この聖戦の戦線から逃れるなら、諸君のとるに足りない個人の生命は守れるかもしれない。だが、のちの世に生まれてくる、諸君の兄弟姉妹はどうなるのだ。まさしく、諸君は朝鮮の未来に絶大なる義務を負っているのだ」（金性洙「学徒よ聖戦に出でよ　大義に死す時　皇民たることの責務は大」。原文は朝鮮語。小谷まさ代訳）

当時の半島は、軍国のまったき一部となっていた。志願兵制は一九三八年に発足し、応募者は当初から採用枠の七倍を上回っていたが、倍率は上昇を続け、一九四二年には（定員四千余に対し）二五万人が応募している。今の韓国では、志願自体が強制だったことにしているが、根拠としてあげられるのは、逸聞、風説の類の、頼りないものばかりである。そもそも、員数を何とか合わせたというならともかく、定員の六〇倍も志願させることはないだろう。

もともと総督府も、その警察、軍隊も、朝鮮の民衆から白い目で見られるような職域ではなかった。今日あまり語られることはないが、総督府警察には常時定員の一〇倍から二〇倍の応募があった（既述）。愛国熱が高揚するさなか、多くの若者が軍職志願に押しかけたとしても、何の不思議もないのである。[160]

志願兵の実地の戦いぶりも、裏づけになるだろう。戦時中に朝鮮半島で編成された師団のいくつかがニューギニア、ビルマ、フィリピンの激戦地に派遣されているが、そのどれにもかなりの数の朝鮮人兵士がいた。インパールの敗戦後急遽ビルマに送られた第四九師団は朝鮮出身者を中心に編成され（とくにその第一〇六連隊は兵士全員が朝鮮人志願兵だった）、戦局非に傾くなか最後まで勇戦した。通敵や抗命の記録はないようだし、そもそもあてにならない兵士を多く抱えた部隊を、あのような困難な戦闘に投入するはずがないのである。

一九四四年には徴兵制が施行され、二四万人が日本軍に編入されている。これもむりやり戦場に駆りたてたというのだが、激烈に抗日する民族から兵を徴し、彼我錯綜する前線に立たせるなど、軍の身になってみればありえない話である。(161)

戦後、複数の元総督府高官が、武器を渡せばやられるなどという懸念はみじんもなく、安心しきっていたと回想している。(162) 脱走して重慶に赴いた申相楚は、戦地に向かう汽車のなかで学徒兵仲間に計画をうちあけたが、賛同は得られなかったとのちに書いている。大多数は日本に忠誠を誓い、手柄を立てて父母兄弟を喜ばせようと考えていたという。金俊燁は、同化政策は若者から民族意識を失わせ、皇軍兵士であることを誇りに思うほどに堕落させたと書いているが、是非はともかく、まさにそのような実態があったからこそ、戦争への動員が可能になったのである。徴兵の実施は、民心の日本への統合を示す鉄証にほかならない。(163)

親日の絶対多数は、受動でなく能動だった(164)（林鍾国）。強制が語られるのは、あるべき歴史と、あった歴史が、ほぼ正反対だからである。朝鮮の人々は内鮮一体の道を突き進み、日本風の名を称し、若者は軍国熱に燃えて従軍した。(165) 皇民文学、皇民絵画は山のようにあるのに、端的明快な一篇の抗日文学、一枚の抗日画も残っていない。その事実が容認できないから、強制を持ち出す。強制されたから、親日したのではない。親日したから、強制されたことにしているのである。[166]

12 終戦後におきたこと

一九四五年八月一五日は解放の日とされているが、その後の展開は、解放された国にはそぐわないものだった。日本降伏のときから建国の運動が始まったが、それは独立闘争の延長として行なわれたものではなかった。

この地がカオスに陥ることを恐れた総督府（遠藤政務総監と西広警務局長）は、ポツダム宣言の受諾の当日、民族指導者の一人呂運亨を呼んで治安権限の委譲を申し出、朝鮮人の手で秩序維持の機構を作ることを要請した（そのさい、安在鴻への協力要請の伝言も託した）。呂運亨はこれに応ずる形で、建国準備委員会の名のもとに活動を始め、全国で一〇〇を超える支部と治安部隊を組織し、米軍上陸の前日（九月七日）、全国代表大会を開いて「朝鮮人民共和国」の建国宣言を行なった。[167]

半島北東部にはすでにソ連軍が侵入していたが、日本の行政がまだ機能していた時点で迅速にことが運んだのは、総督府とりわけ警察の後見あってのことである。呂運亨、安在鴻が建国準備委員会の正副委員長に就任したのも、つまりは彼らに総督府が声をかけたからである。財政支援も行なわれた。当時総督府の官房調査課長だった崔夏永によれば、四五〇万ドルという、当時としては破格の活動資金が提供されたという(168)。

二人は生涯の一時期、民族運動に携わったこともあり、単純に親日派として片づけることはできないが、対日協力の隊列に加わったことはかくれもない事実だった。つい最近まで、彼らはこんなことを言っていたのである。

「立て学徒、征け若者、我ら二千五百万同胞が真に皇民として生きるか死ぬかの秋《とき》なのだ、学徒志願の数を競ふのではない、今にして起たずんば二千五百万同胞は汚辱に塗れ去るであらう。ゆかう、そして半島同胞を全き皇民として生かすのだ、例へその為に斃れるやうなことがあつたとしてもそれでよい。半島二千五百万のために否、皇民一億の純粋なる一人として死ねたら本望ではないか」（呂運亨「今ぞ示せ〝皇民半島〟」『京城日報』一九四三年一一月九日付）

「親愛なる半島学徒諸君、刀折れ箭《や》尽きるまで仇敵米英撃滅に一路邁進しろ、これ即ち、大東亜十億民衆を束縛した鉄鎖をたち切り、言語に絶する塗炭の苦難から政治的に解放し、道義的に救済することになるのである」（安在鴻「殉国の雄魂と散れ　学徒よ千載一遇の秋だ」『京城日報』一九四三年一一月一五日付）

こんな人が、消滅まぎわの総督府から白羽の矢をたてられ、権限や金を受けとって、建国の指導者として立ち現れた。終戦の翌日、二人がこもごも立って日本人との対立を戒める演説をしたのは、

総督府の思惑に沿ったものといえよう。(169)

敗戦に狼狽する総督府の悪あがき、それにつけ入る野心家の妄動と切り捨てられるなら話は別だが、建国準備委員会、「朝鮮人民共和国」(実際は党派なので、しばしば「人共」と略される)は、多数の支持を得てぬきんでた勢力となった。抗日神話を信じている人には奇怪千万と見えるかもしれないが、直前まで日本と一体化して大戦争を戦っていた国民が、指導者の戦中の言動を咎める気になれなかったのは当然だろう。(170)「人共」はまもなく姿を消すが、それは民意に反したためではなく、アメリカ軍政庁が相手にしなかったからである。

臨時政府関係者の帰国が一一月下旬になったというのも、考えてみればおかしな話である。ノルマンディ上陸後、自由フランス軍は米英軍と種々軋轢《あつれき》をおこしながら突進し、一九四四年八月二五日にパリに入城、夕刻ドゴールが市庁舎でフランスの解放を宣言した。どの国の軍隊がパリに一番乗りするかは軍事的にはさしたる意味はないだろうが、フランス人にとっては象徴的意義をもつ重大事だった。「教科書」的認識を前提にすれば、朝鮮も同じ状況だったはずだが、臨時政府は終戦後も中国に腰を据え、帰国を急いでいる風ではなかった。

アメリカが入国を許可しなかった、飛行機が手配できなかったなどともいうが、そういう問題ではないのだろう。なぜ船をしたててしゃにむに海岸に乗りつけ、あるいは万難を排して鴨緑江を押し渡ろうとしなかったのか。日帝支配からの解放、軍政の開始、三八度線による分割と、戦後の枠組みが固まっていく決定的な時期に、「独立運動の中枢機関」は、いったい何をしていたのだろう。

これまでどおり国民党を相手に外交もしていたし、内部の敵との闘いにも忙しかった。一九四五年五月、金九と金若山（金元鳳）がそれぞれ率いる韓国独立党と朝鮮民族革命党とのあいだに軋轢がおき、回国の時に至ってなお決着がつかなかった。この期に及んでこんなことにかまけていたのは、臨時政府が終始歴史の蚊帳《かや》の外にいて、大きな現実との接点を持たなかったからである。中国の奥地に引きこもっていたわれわれに、アメリカへの発言権などあるわけがない、急いで帰ったところでしかたがないと、達観していたのだろう。

アメリカはのちに臨時政府関係者の帰国は認めたが、政府の帰還の形をとらず個人として入国することを条件とした。金九らはこれを受け入れて承諾書を提出し、米軍機に乗って身一つで帰国した(171)。

半世紀前フィリピン人は、米西戦争終結後スペインが自国をアメリカに譲渡したと知って、矛先をアメリカに転じて独立戦争を続けた。日本の支配が不当なら、その日本から権利を得たと称する支配も、同様に不当なはずである。異議申し立ての一つくらいはあってもよいのに、勝者アメリカの権利を丸ごと認め、それによって敗者日本の過去の権利を間接的に認めてしまった。独立運動の筋を通したとは言えないが、中国の支給に頼ってかつかつ生き延びてきた老人たちに、これ以上を望むのは無理というものだろう。こうして臨時政府は、無為に過ごした四半世紀の過去とともに、時の波間に消えていった。独立運動のクラブ、名ばかりの政府にふさわしい終焉だったと言うほかはない。

金九らの帰国にあたって国民への事前の連絡はなく、ニュースが流れたのは一行が京城の宿舎に着いた一一月二三日の当日だった。記者会見も開かれたが、国民の反応は熱狂とはほど遠いもので、さえない帰還だったという[172]。光復は夏のさなかに訪れ、帰国第二陣が到着した一二月初旬には、飛行場には雪が舞っていた。こんな時ならぬ帰国では、盛りあがらなかったのも当然だろう。
彼らの帰還を待っていた人も、いなかったわけではない。九月一六日、かつて東亜日報の社長を務めた宋鎮禹、金性洙らが韓国民主党（韓民党）を結成、呂運亨の率いる「人共」の対抗勢力となっていた。韓民党は親日歴のない臨政関係者を看板にかつごうとし、帰国したばかりの申翼煕、趙素昴らに接触を求めてきた。金石範が各般の資料から復元したところによると、臨政側は会談の席で、国民の前に打って出るには親日人士とは提携できない、まず民族陣営内部の粛清が先決と発言したという。宋鎮禹は怒りを爆発させ、申翼煕らをやっつけている[173]。

「どこからそんな偉そうな言葉が出てくるのか。亡命政権が窮乏してどん底にあったとき、何をやらかして延命したのか、こちらが知らなかったとでも思っているのか。臨時政府の看板で、恥ずべき党派争いに没頭したのが関の山で、いったい何をしたというんだ。国内人士の傷を暴いて、老兄たちの醜悪な姿は隠されたままですむと考えているのか、おとなしくしているのが身のためですぞ」

この剣幕に誰も反駁できなかったという。宋はたしかに親日もした。しかし三一独立宣言の署名者の一人であり、一九二六年には筆禍事件で収監もされている。日本とは一定の距離をおいていたことも事実で、東亜日報を率い苦労してきたという自負もあっただろう。――まともに粛清など始めれば人がいなくなるということが、この連中にはどうしてわからないのか。黙って神輿《みこし》に乗っていればよいものを、今頃のこのこやってきてとぼけた正論を吐かれ、むかっ腹が立ったのだろう。臨時政府の実態についての指摘は、図星である。臨政側には、目の前で大口を叩く男を押さえつけるだけの、道義的威信も、実力もなかった。

その少し後（一二月一五日）、申翼熙は崔夏永を招いて協力を要請している。崔の回想によれば、自分は元日本の役人として謹慎しているとして一旦は断わったが、先方から、われわれの無力のせいで臨時政府は交戦団体の承認も受けられず、自分も個人の資格で入国した始末だからしょせん五十歩百歩で、何も遠慮することはないと説かれ、その言葉に感じ入り承諾したと書いている[174]。

二つの会談での臨政側の申し状には違いがあるようだが、時期がずれているので考えが変わったのかもしれない。ただそのいずれからも、臨政の自信のなさ、立場の弱さが浮かびあがってくる。一方では居丈高な国内人士に押さえこまれ、他方では総督府の元官吏に、君たちと五十歩百歩と言いながらすり寄っている。「教科書」にあるような「独立運動の中枢機関」が実在し、勝利に輝く光復軍の威勢が首都を覆っていれば、どちらのやりとりもおきるはずのないことである。

のちの軍事政権下での国づくりを念頭に置くと、国軍が旧日本軍系統の人々の手に落ちたことは重要な展開である。光復軍に所属し中国軍大佐でもあった崔徳新が書いている[175]。

「私は陸軍士官学校三期生として卒業した後、少尉に任官した。米軍政は日本軍や偽満軍の将校には最終階級を継承させたが、中国軍出身者だけは階級の上下を問わず士官学校へ入学させた。中国軍大領（大佐。筆者注）だった私が少尉に任官されたとき、日本軍や偽満軍の大尉は大領に昇進していた。まったく奇怪なことだった。敵国に服務していた者や、自民族を裏切った戦犯として処断されるべき連中を優遇し、逆に連合国の一員であった中国軍の服務者に不当な差別扱いをするとは、心底、怒りを禁じえなかった」

崔徳新は、差別を米軍政のせいにしているが、本来アメリカには、日本軍や満洲国軍の出身者を優待しなければならない理由は何もない。気持としてはむしろ逆だったはずである。アメリカ軍人は日本軍系将校が踏襲していた日本式訓練を憎悪し、佩用《はいよう》している軍刀を見て憤怒したという[176]。その登用にあたって、アメリカ軍自身、こうした感情を克服しなければならなかった。

望んでしたことではなく、そうするほかなかったのである。日本軍はともかくも一流の軍隊で、その将校には相応の資質があった。光復軍は形だけの軍隊で、戦闘経験もろくになく、崔徳新は、歳月を無駄に過ごすことが光復軍司令部の仕事だったと書いている。彼自身、軍事訓練を受けたことはなく、その仕事も宣伝文を中国語で書き、李青天将軍の決済を受けて中国軍当局に提出することだけだったという[177]。

これでは大佐であろうと、いや大将を名乗っていようと、国防軍の幹部に登用する気になれないのはアメリカ軍ならずとも当然である。日本軍系将校に名分上の問題はあっても、当時の社会には親日派への怒りは実際上なかった。国民の反発がないとわかったあとは、登用に反対する理由も見つからなかったのだろう。この問題も、対日協力に比べて抗日の要素があまりにも微弱だった、歴史の大局の反映である。

「教科書」が一〇ページを割くにふさわしい抗日の大戦争が実際にあったのなら、それを戦う軍隊は大規模なものとなり、後世造作するまでもない真の革命の伝統、ゆるぎない威信をもった政府が生まれ、親日派との妥協を事実においてありえないものにしただろう。しかし、それは現実ではなかった。粛清を語る臨政要人が、宋鎮禹の一喝にあって黙りこんでしまったように、ひと握りの抗日老人は、有能で活動的な親日派の大群に、手もなく圧倒された。

今日、親日派問題を糾弾する人は、ありえないことがおきたと言う。高みに立って戒めを垂れるのならそれでよいだろうが、事実の分析という観点からはそれではすまない。「ありえないこと」が実際におきたのなら、それはもともと「ありえないこと」ではなかったのである。

何ら不思議なことはおきていない。史実を抗日神話によって歪曲したため、見かけ上の問題が生まれた。歴史の主流は抵抗でなく皇民化で、重きをなしていたのは抗日の闘士でなく親日派である。その前史に引き続いて、親日派による建国が行なわれた。歴史の論理的帰結としか言いようのない、そうあるしかないことが実際におきただけである。

【注】

（1）一二万の米兵、二〇万人の死者は、フィリピンの歴史家レナト・コンスタンティーノによる（コンスタンティーノ［1978］p. 361, p. 367。原資料は Henry Parker Willis, *Our Philippine Problem: A Study of American*

Colonial Policy, New York, Henry Holt and Company, 1905, p. 23)。別のフィリピン人歴史家イレートは、強制移住と焦土作戦が実行され、死者は行方不明者も含め五〇万人に達したと書いている（イレート［2004］p. 40。死者については、多くの概説書は二〇万人説を採っている）。戦いは米比戦争と表現されるほど苛烈なもので、この過程でフィリピン全人口の三パーセントが失われたという（池端［1999］p. 314）。ほかにアゴンシㇽリョ［1977］pp. 135–137を参照。

（2）以下は英紙『タイムズ』の論評（「朝鮮侵略」。一八九四年八月二八日付）。
「（朝鮮は）敵対国の間でやり取りされる羽子の運命に甘んじている。強いほうの国に頼りたいという気はあるが、各国の強さを判断し損なえば手ひどい報復を受ける危険がある。独立は問題外なのだから、朝鮮の統治者がいちばん高い値をつけた者に自らを差し出すとしても許されると言っていいほどだ」（『国際ニュース事典 外国新聞に見る日本〈第2巻〉本編』より引用、p. 551。なお本事典を以下『事典』という）。

（3）李王職権藤四郎介によれば、一九一九年の王世子李垠と梨本宮方子女王との成婚にさいしての高宗の「御満足は限りなかった」。高宗は「李朝五百年の宗祀を安泰にする基」とまで述べたという（権藤［1926］p. 164）。

（4）洪承勉は、国を譲渡した王室は主権者の資格を失ったとしている（洪承勉［1983］p. 214。韓国語文献）。

（5）高炳翊［1973］pp. 99–101。

（6）両人ともに、併合と同時に朝鮮貴族に列せられたが、韓圭卨は辞退した。

（7）朝鮮貴族の授爵の標準は、併合への貢献におかれていた（田保橋［1943］p. 44）。なお併合前に他界した金弘集、魚允中、安駉壽などの遺族は、公債の形で功労金を受領した。

（8）叙爵された閣僚経験者は、以下の四五人である。
李根命、閔泳奎、韓圭卨、朴齊純、李完用、李鍾健、李載完、金允植、閔種默、李夏栄、趙義淵、李允用、閔泳綺、閔丙奭、尹雄烈、李根澤、李鳳儀、権重顕、李秉武、尹用求、李容元、李載克、李址鎔、金嘉鎭、李根澔、朴容大、趙重応、高永喜、李乾夏、閔泳韶、李容稙、李載崑、李根湘、朴泳孝、任善準、閔泳達、兪吉濬、李容泰、宋秉畯、鄭洛鎔、趙同熙、成岐運、南廷哲、金声根、張錫周。

（9）閔永煥は侍従武官長、趙秉世はもと左議政である。ほかに洪範植や金奭鎭の名が伝わるが、事績は明確でない（戸叶［1912］p. 285）。

(10)『朝鮮滅亡之原因』の成書は一九一〇年。『飲冰室合集6　専集1―21』中華書局、一九八九年に収録されている。pp. 4-5。中国語文献（本書を以下『専集』という）。

英字紙『ノース・チャイナ・ヘラルド』はこの一四年前に、同趣旨のことを書いている（『朝鮮』一八九六年一二月一八日付。『事典』〈第3巻〉本編・上、pp. 72-73）。

「朝鮮人の性格が変わらないかぎり、朝鮮の独立はありえない。今のところ、あらゆる朝鮮人の最大の関心事は、ロシアの支配下であろうが中国の支配下であろうがおかまいなく、とにかく何らかの官職にありつくことだ」

(11)『日本併呑朝鮮記』による（成書は一九一〇年。前掲『専集』に収録されている。p. 19）。

なお一九一〇年九月一日付『申報』（上海で創刊された歴史ある新聞）に掲載された記事には、次のようなくだりがある。

「韓国は滅んだ。しかし韓国の君主は泰然とし、臣は喜び、太上皇もまたさばさばし、皆外国の寵愛を受けていることを得意に思っているようだ」「どうして四〇〇〇年の宗廟と一三道の土地をあげて他人に渡し、少しも哀惜せず、悲哀を一時の喜びに取り換えるに至ったのか」（「ああ、韓国は滅んだ」『事典』〈第4巻〉本編・上、pp. 317-318）

(12) 金九［1989］p. 169, p. 186。

(13) 同時代の儒生黄玹が著わした『梅泉野録』は、東学党員は妖術で矢弾を防げると信じていたと書いている（黄玹［1990］p. 167, p. 220。成書は一九一〇年代）。「妖鬼」は「天喜堂詩話」（申采浩『別集』p. 62。朝鮮語文献。申采浩の論文は、丹齋申采浩先生記念事業会『丹齋申采浩全集』〈上・中・下〉各三巻および別集より引用している〈上・中・下〉各巻は一九七二年、別集は一九七七年に刊行された。以下それぞれ申采浩『上』『中』『下』『別集』と表記する）、「悪民」は『梅泉野録』からの重引（p. 47）。

安重根は「獄中記」で「この頃、韓国の各地方ではいわゆる東学党（今の一進会の前身である）というものが蜂起し、外国人排斥を名目にして郡県を横行し、役人を殺害し、民衆の財物を略奪した」と書いている（市川正明『安重根と日韓関係史』に収録されている。市川［1979］pp. 507-509）。

(14) 一進会の会長李容九はもと東学党幹部だった。安重根は東学党を一進会の前身と考えていたし(「獄中記」)、金東仁は『民族反逆者』(一九四六年)で、東学党は日本人の支援を受け、国を日本に与えようと猛烈に活動していたと書いている(金東仁［2011］p. 401)。東学党と一進会のイメージが、かなりの程度かさなっていたことを示す。
(15) ヘンダーソン［1973］p. 69, p. 71。「長蛇の列」は菊池［1908］pp. 158–160。
(16) 鄭晋錫［1983］pp. 361–363。韓国語文献。
(17) 「惜乎、禹龍澤氏　国民・大韓両魔報の鷹犬となる」(中采浩『下』pp. 121–123。原載は一九〇九年月刊誌)。『東京朝日新聞』一九一〇年八月三〇日付の記事「気抜けの京城」をも参照。なお英紙『タイムズ』は、併合一〇日後の漢城のたたずまいについて、これほど平和的なものを想像するのは難しかろうと書いている(一九一〇年一〇月一一日付。「朝鮮　併合とその後」。『事典』〈第4巻〉本編・上、p. 320)。
(18) 「鼠一匹」云々は『朝鮮』一九一〇年九月二〇日号、p. 27(『朝鮮』は当時朝鮮で発行されていた日本語
(19) 田保橋［1943］p. 118。一八九五年から翌年にかけて朝鮮を旅行したロシア軍人の論稿にこのくだりがある(チャガイ［1992］p. 226)。
(20) 論稿のタイトルは「暴徒史論」(『朝鮮』一九一〇年七月一〇日号所載)。『梅泉野録』には、武器も規律もなく、百千が群れをなしても、日本人十数人に遭うとたちまち敗走したと書かれている(黄玹［1990］p. 263, p. 471)。田保橋は次のように述べている。
「彼等は概ね小集団をなし、旧式粗造の兵器を携へまして、日本軍用電信線を切断する、鉄道建設工事に妨害を加へる、日本人の工夫や行商人が単独で旅行するのを見れば、襲撃して惨殺する、駐屯部隊や憲兵が討伐のため出動すれば、直に逃走してしまひます」(田保橋前掲書 p. 116)
(21) 一九〇七年春、在鮮二個師団のうちの一つが内地に引きあげたとき、現地の日本人から、朝鮮全土でたった一個師とは心細いという声があがった(「師団の交替」『朝鮮』一九〇八年一一月一日号、p. 8)。「雀」云々は、「韓国暴徒問題に就て」中の匿名の将官の言(同誌、一九〇八年三月一日号、pp. 7–17)。
(22) 当時治安維持にあたったさる日本軍将校は、「多年ノ弊政ニ疲弊シ忠君愛国ノ観念ニ乏シキ彼等ハ一死以テ国難ニ殉スルノ気概ナク又実力ナク遂ニ併合者ノ前ニ頭ヲ下ルノ已ムナキニ至レルナリ」と書いている(韓

国駐箚憲兵司令部〔2005〕p. 43。原編纂年は一九一一年)。
(23)「殺勇の欠乏」は「二十世紀新国民」『別集』pp. 210–220(原載は一九一〇年)、「請願書の乱投」「諷諫」は「利害」『下』p. 149(一九二三年)、「外交」は「浪客の新年漫筆」『下』p. 29(同一九二五年)より引く。
(24)崔益鉉は『梅泉野録』からの重引(p. 414)。朴殷植〔1907〕p. 52。
マッケンジー(来韓したイギリスの新聞記者)は、ソウルの民衆は、国が奪われるのを見ながら、抗議さえしなかったと書いている(マッケンジー〔1972〕p. 166)。
(25)警官の数は朝鮮総督府〔1934〕p. 35。一九三〇年代ともなると、多くの企業が朝鮮に進出するが、これは当地が安全と思われていたからである(鎌田〔1933〕pp. 140–141)。
(26)欧米植民地の白人とは違い、在鮮の日本人は現地人と同じ店で物を買い、同じ電車に乗り、同じ行列に並んだ。崔曙海の小説『二重』には、語り手の「僕」の家によく水道の水をもらいにくる、隣家の日本人の老婆が登場する。併合当初は日本人と朝鮮人は「町」と「洞」に住み分けていたが、時とともに混住が進んでいった(並木〔1997〕pp. 534–535)。
(27)座談会での褒成東の発言(尹炳奭ほか〔1976〕p. 163)。三一独立宣言は、「金石盟約を踏みにじりたることをもって、日本の不信を罪しようとするものではない」「わが久遠の社会基礎と卓越な民族真理を無視したといって、日本の不義なるを責めようとするものではない」といった書き方が目立つ(『アジア公論』一九七六年三月号、p. 305)。日本の悪行を列挙しつつ、「しかしそれをとがめない」という筆法には、対決を避けようとする及び腰の姿勢が透けて見える。宋建鎬は、対立表現を自制しており、あまりに無抵抗的な内容と言う(宋建鎬〔1984〕p. 78)。オリバーは、三一運動を「受動的抵抗」(passive resistance)」と表現している(Oliver〔1954〕p. 135)。
(28)『東亜日報』は、一九三六年、孫基禎選手の写真に手を加え、胸の日の丸を抹消して掲載し、停刊処分を受けた。
(29)「教科書(一九九〇年)」pp. 406–407。なお「教科書(一九九六年)」には、日本軍の死者一二五四人、二〇〇〇人、三三〇〇人といった根拠不明の数字が並んでいる(p. 449)。戦史家佐々木春隆によれば、韓国軍幹部も「青山里大捷」を作り話としている由(佐々木〔1985〕pp. 502–508)。

(30) 金九［2001］p. 278（成書は一九四八年）。韓国語文献。

(31) 一九三二年、上海の虹口公園で開かれた天長節の式典で、尹奉吉が爆弾を投じ、日本の要人を死傷させた。直後に、金九は現地の新聞に投稿し、すべては自分の計画で爆弾も自身で作ったと言い、自己紹介を試みている（いわゆる犯行声明だが、実際に金九がどの程度かかわっていたのかはよくわからない。「虹口公園事件に関する愛国団領袖金九の声明」『時報』一九三二年五月一〇日付。『資料　韓国独立運動』。中国語文献。以下『資料』という。第一巻に収録されている。pp. 55–57）。この事件がおきるまで、金九も臨時政府も、足元の上海でもほとんど知られていなかった。

(32) 「幹部性」は羅青［1938］p. 628（中国語文献）。政府経常費、僑民生活補助費、機密活動費、光復軍経常費、被服費、糧穀など各種の名目で支給されたという（洪淳鈺［1975］p. 199）。本国はもちろん、中国在住の朝鮮人からも寄付が集まらなかったから、臨時政府の財政はいきおい中国丸抱えとなった。

(33) 韓国独立党、朝鮮民族解放同盟、朝鮮無政府主義者連盟、朝鮮民族革命党、朝鮮民族解放同盟、韓国独立党統一同志会、朝鮮民族革命党脱党派、朝鮮青年前衛同盟などをあげている。「韓国党派之調査与分析」（一九四四年四月二二日。『資料』第二巻に収録されている。pp. 63–80。なお『資料』では本文献の発信者は未詳となっているが、受信者は上海市長、党中央海外部長などを歴任した国民党の要人呉鉄城だから、作成者が中国の公的機関であることは疑いないだろう）。

(34) 張俊河の手記は、臨時政府の実態をリアルに描出している。

「私たちのように血気盛んだった時代が、この老人達の生涯にもあったはずだが、祖国を喪い海外へ亡命した身とはいえ、なぜこれほど老け込んでしまったのだろうか」「なぜこのようにして中国各地を流浪したあげく重慶の片隅にまで追い詰められ、いつ終わるとも知れぬ亡命の日々を、かくも老いと衰えのうちに過ごしてしまったのか」「金九先生はじめ多くの老閣僚たちが目の前で声を殺して泣いている……。なぜに、何が理由であの人たちは泣いているのか」「一切の財政援助を中国政府より受けていたから、歓迎の集いも、その肩身の狭さをそっくりそのまま反映していた。ありあわせの酒肴と白乾酒が素焼きの器になみなみと注がれ、一口ずつ回し飲みするといった簡単な歓迎会だった」（張俊河［1971］pp. 263–269）。

臨時政府はその「名称の大きさに比して、その機構や人員においてあまりにも弱体」だった。多数派工作も、

彼らがあの境遇でなし得たことのすべてだったのだろうと続けている（pp. 280-287）。

（35）張俊河前掲書 pp. 280-287。

（36）「教科書」の該当部分は、pp. 399-401, pp. 405-411。参戦したというのは、一九四一年一二月九日に行なった（と称する）臨時政府の対日宣戦布告を指しているのだろうが、日本に伝達されておらず、またそれを試みた様子もない。「イギリスとの連合作戦」は、一九四三年五月、在印イギリス軍の要請で九人の工作員を送ったことを言っているのだと思われる。彼らはイギリスから給与を受けとり、イギリスの軍服を着て、宣伝ビラの作成や捕虜の尋問などにあたった（馬彦［1997］pp. 683-685。中国語文献）。これを「連合作戦」とするのは、もはや法螺の類だろう。

（37）アメリカ軍と連合し、挺進部隊を訓練し、飛行隊まで編成したが、日本の降伏で実行に至らなかったという（「教科書」pp. 410-411）。「参戦」の記述に一ページを割いているが、そこにあるのは、この白日夢のような「進入作戦」だけである。歴史として生起しなかったことまで歴史教科書に書き入れているのは、それほどに何もなかったからである。

（38）金九は、終戦直後に蔣介石宛ての覚え書で、異分子の破壊工作のため臨時政府は業績をあげられなかったと述べている（呉景平［1997］p. 192。中国語文献）。

（39）順に、呉景平前掲書 p. 184、山本武利編訳『延安リポート』（山本［2006］p. 636）、朝鮮総督府警務局『最近に於ける朝鮮治安状況』昭和一三年版、pp. 265-266, p. 274、鹿地［1962］p. 79、李光済［1944］p. 441, p. 443（中国語文献）による。なお『延安リポート』は、アメリカ軍・戦時情報局などが派遣した情報将校グループ（一九四四年七月から終戦まで延安に滞在した）の報告を指す。

（40）李承晩は一時臨時政府の大統領に推戴されているが、朝鮮を委任統治下に置くよう独断でアメリカ政府に請願したため解任され（一九一九年）、その後これといった活動はしていない。アメリカ国務省は、朝鮮では「まったく知られていない（wholly unknown inside Korea）」としている（Oliver［1954］p. 182）。

（41）座談会での発言。尹炳奭ほか［1976］p. 165。

（42）「狂ったように」云々は黄玹［1994］p. 90。「朝鮮親日派」は中国人研究者李平子による形容（李平子［1996］pp. 546-549。中国語文献）。

(43) 二・八学生宣言とも言われる。一九一九年二月八日、東京で学んでいた朝鮮人学生が神田で大会を開催し、独立を要求する宣言を採択した。宣言文は李光洙が起草した。
(44) 宋建鎬［1984］p. 408, p. 418。
(45) 一九〇〇—一九三二。桜田門近くで昭和天皇の馬車に手榴弾を投擲し、死刑となった。
(46) 「七五〇九人」は朴殷植『韓国独立運動の血史』にあるが、数字の根拠はさだかではない（第三章参照）。李承晩政権下のテロについては、ヘンダーソン［1973］p. 174、済州島四・三事件四〇周年追悼記念講演集刊行委員会［1988］p. 83, p. 109、韓洪九［2003］pp. 137-138などを参照。
(47) 安重根は、伊藤博文の罪の一つとして孝明天皇弑逆をあげている（在ハルビン総領事館において行なわれた訊問の記録。市川『安重根と日韓関係史』〔原書房、一九七九年〕に収録されている。p. 213）。誤解という以前に、民族主義の大義からは伊藤を侵略者とするだけで十分なはずで、伊藤が天皇に何をしようと関係ないのではないか。彼は日露戦争における日本の勝利を、「偉大な功績を満州の地の上に建てさせた」と形容している（「東洋平和論」。『安重根と東洋平和論』に収録されている。李泰鎮ほか［2016］p. 426）。抗日の英雄とされているが、その思想は必ずしも反日に透徹していたとは言えない。
(48) 李漢基［1973］p. 123。ヘンダーソン［1973］p. 91, p. 94。ほかに姜万吉［1979］p. 207（五人の座談会記録）、宋建鎬［1984］p. 380、カミングス［2003］p. 237を参照。
(49) 尹致昊は当時日本を、幸せに満ちた国、東洋のパラダイスとして描いた（梁賢恵［1996］p. 51）。李光洙は小説『無情』（一九一七年）で、「朝鮮人が生きのびる唯一の道は、朝鮮人を、世界でもっとも文明化したすべての民族、すなわち日本民族程度の文明レベルに引き上げることである」と主人公に語らせている（波田野節子訳。李光洙［2005］p. 88）。今の人々には日本美化と見えるかもしれないが、当時の朝鮮人の目には、日本は実際このように映じていたのである。
(50) 愼根締［1995］p. 287, p. 317。韓国語文献。エッカートは「文明の中心を中国から日本におきかえ、日本を朝鮮の『兄』とみなした」と形容している（エッカート［2004］p. 296）。
(51) 「日本語熱」「日本通」は市井散人「京城の韓人書店」『朝鮮』一九〇八年一二月一日号、家庭教師は「朝鮮問答」『朝鮮』一九一〇年一〇月一〇日号。当時、伊藤、長谷川などの日本名を称し、それを門札や名刺に表示する者があちこちに現れたという（朝鮮総督府中枢院［1934］p. 35）。「和服」以下は申采浩の観察（「同化の悲観」『別集』pp. 150–152。韓国語文献。原載は一九〇九年）。
（52）都市住居研究会［1996］p. 72。
（53）孫貞圭ほか［1939］pp. 11–46。
（54）任文桓［1975］pp. 2–3、洪承勉［1983］p. 199、李徳奉［1995］pp. 32–33を参照。後二者は韓国語文献。
（55）李光洙の観察。朝鮮人の容貌が変わったとして、次のように述べている。
「変わつたのは顔ばかりではあるまい。着こなしも、歩きぶりも、そして考えも変わつてきたことだらう。それらのものが一つになつて顔が変わつたという結果を生じたのであらう。年の若い者になればなるほど、区別がつかなくなつてきた」（李光洙［1940］p. 115）
（56）年号は志賀［1936］pp. 204–205。神前結婚式は並木［1997］pp. 553–555。
（57）この世代の人々は、一九七〇年代になっても、無意識のうちに文章を日本式に発想し、それを韓国語におきかえていたという（秋聖七との対談での金允植の発言。金允植・秋聖七［1976］p. 93）。ほかに金炳翼［2001］pp. 210–211を参照。重慶にやってきた学徒兵も実は韓国語がよくできなかった（金九［2001］p. 338。韓国語文献。原著は一九四八年）。
（58）一九四六年に出版された小説『キム・ドクス』（김덕수。『金東仁全集4』）の一節。金東仁［1988］p. 336。韓国語文献。
（59）司馬遼太郎との対談での発言。司馬［1997］pp. 81–82。
（60）維新の志士については、朴正熙［1970］pp. 153–158（『選集』2）。朴正熙は、クーデター直後に会談した岸信介に、吉田松陰先生や高杉晋作、久坂玄瑞のつもりで決起したと語ったという（岸信介ほか［1981］p. 225）。「宴席」は趙甲済［1991］pp. 237–238、「川中島」は李祥雨［1988］p. 135による。
（61）李祥雨［1988］p. 43。
（62）趙甲済［1991］p. 68。なお満洲の新京軍官学校で朴正熙の同期生だった李再起によれば、当時完全に日本人になりきろうとする将校が多かったという（同、p. 79）。朴正熙の生涯の転機となったのは新京軍官学校への入学だが、彼は血書をしたため、「日本人として恥ぢざるだけの精神と気魄を以て一死御奉公の堅い決心でございます」と記した入学嘆願書を送り、覚悟のほどを示している（「血書　軍官志願と　半島の若き訓導から」『満洲新聞』一九三九年三月三一日付）。

(63) 崔禎鎬［1973］pp. 154-155（「浴衣コンプレックス」）。なお李光洙は、菊池寛ら日本の文人との座談会で、自分は中学以来東京なので、民族意識を除けば日本人と変わらないと述べている（菊地等［1940］p. 390）。咸錫憲は、知識人、有力者、有産階級は、生活、精神、言葉、思考方式まで日本になってしまったと述べている（咸錫憲［1980］p. 305）。このほか姜昌基［1939］p. 1、崔慶禄［1940］pp. 28-29を参照。

(64) 前掲小説『キム・ドクス』中にある。金東仁［1988］p. 340。

(65) サハリン外務人民委員部に寄せられた報告（クージン［1998］p. 18, p. 34）。

(66) 金賛汀［1990］p. 114。

(67) 一九三一年七月二三日付『申報』は、日本人が朝鮮に、朝鮮人が満洲に移民する「間接移民」計画があるとしている（「韓民移植東北之研究」『有関韓国独立運動　中韓関係史料選編　1910—1949』に収録されている。p. 270）。蔣堅忍（中華民国の将軍）は、日本に「韓民移満、日民殖韓」政策があるという（蔣堅忍『日本帝国主義侵略中国史』漢口・奮闘報社、一九三一年一〇月。『資料韓国独立運動』第三巻、一九七三年。p. 615）。いずれも中国語文献。

(68) 金暁星［1934］p. 2、金洪澳［1935］pp. 57-58。

(69) なお高等官の上に、朝鮮出身の（日本の勅任官に相当する）簡任官が四名いた。記事のタイトルは「機密室」。『三千里』［1940］p. 2。韓国語文献。

(70) 李瑄根［1941］p. 150。韓国語文献。

(71) 定住者数は前掲『延安リポート』による（p. 259）。当時の内地人も辟易する奥地に、朝鮮人はどしどし入り込んでいった。総督府警務局の佐々木実義は、満洲・支那の未開地に日本が進出する場合、常にその先陣を切り、皇軍の工作を助けまたは独自の業を営む日本人は必ず半島人で、多少の非難はこの一事をもって償ってあまりあると述べている（佐々木［1938］pp. 22-23）。「誇りにしていた」云々は近藤［1962］p. 7, pp. 12-13。宮本正明は次のように述べている。

「日本軍の進攻と占領地の拡大に随伴して軍の需要に応じる形で雑貨・運搬・旅館・飲食業・料理店・慰安所

などの職種に携わる者が多く、統計数値から戦線に近いほど『日本人』中の朝鮮人の比重が高くなっているとの指摘もある。官憲側はこうした朝鮮人の進出に『強靭ナル生命力』『特有ノ冒険性、敏捷性』を見ており、日本軍の占領地における軍票インフレや取引の独占といった条件に支えられ、小資本で以て巨利を得る者を輩出した」（『未公開資料　朝鮮総督府関係者録音記録〈2〉朝鮮統治における「在満朝鮮人」問題』中の注釈中にある。要約紹介。宮田［2001］p. 224）

（72）朝鮮総督府警務局『最近に於ける朝鮮治安状況』一九三三年、p. 169。なお西田勝・張継武・鄭敏『中国農民が証す満洲開拓の実相』は戦後中国人が採集した日本人の悪行の例を集めているが、登場する朝鮮人開拓民は常に日本側で、しばしば日本人より悪かったなどと書かれている。なお『未公開資料　朝鮮総督府関係者録音記録〈2〉』の注釈で、次のように説明されている（宮本正明。宮田［2001］p. 224）。「朝鮮人に対する『不評』の高まりもまた、官憲側から指摘されており、その要因として『日本人トシテノ優越感ニ依ル態度』『軍ノ威力ヲ楯』にした『不正行為』などとならび禁制品密売の従事が挙げられている。なかには満洲国の治外法権撤廃により満洲国から華北・華中に移ってモルヒネ・ヘロインなど麻薬の密輸・密売に手を染める者も少なくなかった」という。

（73）「朝鮮暴民」は「告朝鮮民族」『中央日報』一九三一年七月一四日付、「爪牙」は「日本海外移民與中国」『外交月報』一九三五年二月号（『資料　韓国独立運動』〈第一巻〉に収録されている。秋憲樹［1971］p. 527, p. 776）。そのほか「密輸や麻薬商売をする」（管雪齋［1938］p. 635）、「麻酔に侵されている」（章之鴻［1932］pp. 600–601）、「認賊作父」（敵を味方とみなす）などともいう（『資料　韓国独立運動』〈第一巻〉p. 487, p. 528, p. 601）。いずれも中国語文献。一九三九年に北支を旅行した林学洙は、民衆は半島人を憎んでおり、それとわかれば人力にも乗せない、なぜならモヒ密売とかが多く又勢力を頼んで民衆を騙したり恐喝する者が多いからだという（「北支を使して」『京城日報』一九三九年五月二四日付）。

（74）韓景旭［2001］pp. 205–214。

（75）ゲイン［1951］p. 166。

（76）崔相龍［1975］pp. 208–209。

（77）Oliver［1954］p. 182。

(78) 帰国者の一人金星淑によれば、到着した金浦空港から装甲車に乗せられ、囚人のような扱いで京城に運ばれたという(金星淑〔1973〕p. 179)。張俊河〔1971〕p. 381も参照。ホッジと呂運亨(朝鮮人民共和国の代表)の会見は一カ月後(一〇月五日)に実現したが、そのときホッジは「あなたは日本人とどういう関係にあるのか」「いくら金をもらったのか」と聞いたという(カミングス〔1989〕p. 205)。その五日後、軍政庁は声明を発し、勝手に「国」「政府」を称する輩がいると非難し、「興業価値も疑わしい人形芝居」と形容した(同、p. 400)。

(79) 森田芳夫は、状況を次のように要約している。

「(朝鮮人側に)性急な接収を要望する行動や戦時下の労務供出の怨恨からくる暴行はあったが、日本人・朝鮮人間の大規模な衝突事件はみられなかった。これには呂運亨と安在鴻の両民族の摩擦をさけよとの主張が浸透した面もあったとみられる」(森田〔1973〕p. 126)

呂運亨と安在鴻の演説については後述。なお一九四六年にアメリカ軍政庁が行なった世論調査によれば、日本人のほうがアメリカ人よりましだという意識があることを示したという(ゲイン〔1951〕p. 97)。

(80) 金九の記者会見の様子は、ゲインが訪韓中に聴取し書き留めたもの(ゲイン〔1951〕pp. 171–172)。学徒兵への金九の発言は張俊河〔1971〕p. 266。

(81) 申相楚によれば、学徒兵仲間の大半は、中国大陸に大韓民国臨時政府なるものがあることを知らなかった(金俊燁〔1991〕p. 39)。一九四五年九月一四日、韓国民主党は臨時政府の帰国を要請する書状を送っているが、宛名がまちがっていた(首班が誰であるかも知らなかった。カミングス〔1991〕pp. 689–690)。

(82) 咸錫憲〔1980〕pp. 302–303。林和の発言は金允植〔1975〕p. 162による。

(83) 「教科書」的筆法によれば、こうなる。民族を主語にしたこうした表現は単純にすぎるだろうが、少なくとも「激烈な抗日を闘った」というより真実に近いだろう(李漢基〔1973〕p. 123、ヘンダーソン〔1973〕p. 91、p. 94、李景珉〔1996〕p. 22を参照)。

(84) 国旗の図案は、一八八二年に渡日した朴泳孝が創案した。使節が乗った船の英国人船長から、マストに掲げる国旗がほしいと言われ、その場で作った(李瑄根〔1967〕p. 60。このとき日本の宿所に掲揚したのが、太極旗使用の嚆矢だという)。愛国歌の作詞者は公式には未詳とされるが、尹致昊以外には考えられない(『愛国歌作詞者研究』金錬甲［1998］p. 210。韓国語文献）。一九五五年、政府の調査委員会が大差で尹致昊と評決したが、作詞者が親日派となれば改作不可避と一部で報じられたため、結論が保留されたという（p. 207, p. 5）。『韓国民族文化大百科事典（3）』も尹致昊肉筆の歌詞の写真を紹介し、同様の認識を示している（韓国民族文化大百科事典編纂部［1991］p. 597）。

（85）一九一〇年に設立された、朝鮮総督の諮問機関。議長は政務総監、副議長には名望ある朝鮮人があてられた。

（86）尹致昊［1939］p. 23。

（87）私の家に来たらどうか、学校にも行かせるし、両親も探してあげるという井上軍医少佐の申し出に、ヒロインは、両親が見つかったとき家に帰してくださるなら行きますと答える。少佐はこう述べた。「今日直ぐにでも仁川に送り、御用船に乗せて、日本に行くよう計らおう。わしの家は日本の大阪という処に在る。わしの家に行けば、わしの奥さんがおる。わしには息子も娘もおらぬ。お前の顔を見れば、うんと可愛がってくれるぞ」（都立中央図書館所蔵の宇野秀弥訳『朝鮮文学試訳　新小説』から引用。この本には奥付がないので、出版年等は不明）

（88）前掲宇野訳本、pp. 39–40。

（89）愼根縡［1995］pp. 293–294, p. 299。韓国語文献。李在銑は、日本人を「（韓国人の）保護者、ヒューマニスト」として描いている（李在銑［1972］p. 308。韓国語文献）。ほかに金成俸［2000］pp. 95–112を参照。

（90）前掲宇野訳本の p. 9, p. 17を参照。これが、当時の朝鮮での一般的認識だった。『梅泉野録』には、清国兵は淫行、略奪に走り、人々から仇敵視されたとある（黄玹［1990］p. 216。成書は一九一〇年代）。中国人学者范文瀾も、中国軍の規律は劣悪で、乱暴さは尋常でなかったと記す（范文瀾［1999］p. 360。関連して徐万民［1996］pp. 108–110も参照。後者は中国語文献）。日本軍に対しては、黄玹は、軍律きびしく、水を飲むにも金を支払った、住民は日本軍を歓迎し、喜んで道案内をしたと書いている（黄玹［1990］p. 216）。安重根も、同様の認識を示している（李泰鎮・安重根ハルビン学会編［2016］p. 415）。

（91）宋敏鎬［1977］p. 278。愼根縡［1995］p. 317（韓国語文献）。

（92）安重根は、次のように述べている（「東洋平和論」一九一〇年に擱筆）。

「日本とロシアの戦いは黄色人種と白色人種の闘争といえたから、日本はかつての仇であったという心情が一日にして消えてしまい、かえって一つの大きな愛種党ができたのも、これもまた人情の然らしめるところで……韓国と清の志ある者が期せずしてともに喜ばずにはいられなかったのは、日本の政略や振る舞いが有史以来もっとも痛快な大事業であり、胸のすくような出来事だったためと思われる」（李泰鎮・安重根ハルビン学会編［2016］p. 415）

「李承晩伝」には、ロシアに対する日本の勝利に、李承晩の友人がすっかり感心していたという一節がある（オリバー［1958］p. 76）。ほかに金九［2001］p. 179（韓国語文献。成書は一九四〇年代後半）を参照。抗日人士のこうした認識は、併合の前の決定的な一時期、この地が総じて「崇日」の感情におおわれていたことを示す。

(93) 李青原［1982］p. 473。韓国語文献。日本統治時代に書かれた作品は、ほとんどが純文学である。三枝壽勝の概説書『「韓国文学を味わう」報告書』には、親日文学の項が立てられているが、抗日文学の項はない。三枝は、プロレタリア文学のなかに抗日や独立運動を探そうとしても、たぶん失望するだろう、としている（三枝［1996］p. 93）。金禹昌は、日本の植民地支配下で書かれた小説に、権力の問題を扱う作品がないと言う（金禹昌［2001］p. 73）。

(94) 辛英尚［1988］p. 13。

(95) 辛英尚前掲書 p. 21。

(96) 崔曙海の小説『紅焔』は、満洲に移住した朝鮮人農民の物語で、小作料が払えず中国人地主に一人娘を奪われ、最後に地主の家に放火するという筋立てになっている。張赫宙の『開墾』には、次のような一節がある。「契約も一方的に破棄され、小作料は年々上るばかりで、偶々農費を借りた金利は全く人情を持たぬ法外なもので、……今年借りた金や穀物は半分も返し切れない」「返済しきれない借財の質に、妻女を強奪してゆくという手を彼らはつかふので、男女の倫理観念の強い移住者たちは遂にその四年間に亘る開墾地を捨てて、彼らの手の及ばないと思はれる奥地へ移っていった」（白川『日本植民地文学精選集〈朝鮮編〉3』に収録されている。p. 14）

(97) 李青原［1982］p. 473。

(98) 林鐘国［1963］pp. 471–494。韓国語文献。
(99) 宋敏鎬は、次のように述べている。
「ナチスに抵抗するドイツの作家たちが海外で力作を発表してドイツ文学を豊かにしたが、朝鮮の場合は大部分が政治亡命者であったので、文学史上注目すべき業績を残すことはできなかった」（宋敏鎬［1977］p. 237）
しかし、なぜ作家は亡命しなかったのだろう。そうまでして書こうという気持がなかったと、解するしかないのではないか。金允植は、（国内では）「だれも納戸の中で作品行為をしていなかった」という（金允植［1975］p. 165）。
(100) 金恵信［2005］pp. 177–201。
(101) 「植民地体制下にあって民族意識をよびおこす、民衆生活を形象しようとする作品の存在を立証する資料が見当たらない」（「韓国人物画の特性と限界」元東石［1987］p. 101）。資料がないのは事実がないからだと思うのが自然だが、そうはならないのがこの国である。
(102) 「私の履歴書1」。朱耀翰［1976］p. 226。
(103) 任文桓［1975］p. 21, p. 136。引き続く本文中の「友達ができなかった」はp. 20、「昇進差別」はpp. 129–135。尹致昊は、日本にわが家にいるような安楽さを感じていたという（梁賢恵［1996］p. 18）。朝鮮の知識層にとって、日本は言いようもなく心置きない所だったという（金允植の説明。白川［1998］p. 154からの重引）。
(104) 山本［1997］p. 38。
(105) 朱耀翰［1976］p. 225, p. 229。
(106) 読売新聞社［2000］pp. 133–138。
(107) 李東華［1987］pp. 161–162。
(108) 任文桓［1975］p. 134。
(109) 朝鮮憲兵隊司令部『朝鮮同胞に対する内地人反省資録』（一九三三年）には、内地人の差別的言動の六八事例が収集されている。どれも小さな事件だが、当局が気に病んでいたことはたしかである（「吹けば飛ぶような優越感」に駆られた、と非難している。p. 8）。

(110) 徐椿「朝鮮における愛国運動」[1939] pp. 37-39。

(111) 『朝鮮軍概要史』は終戦後書かれた手書きの資料で、宮田編『十五年戦争極秘資料集〈第十四集〉』一九八九年に収録されている。pp. 19-20。なお原文には句読点がなく、筆者が補った。

(112) 吉林省の朝鮮系住民は、日本人は我々を身内と考え、民事訴訟でも肩をもってくれたと回想している(韓景旭[2001] p. 209, p. 211, p. 213)。

(113) 文一平「史眼で見た朝鮮」一九三三年(『湖岸史論史話選集』現代実学社、一九九六年に収録されている。pp. 20-23)。崔南善「歴史を通じて見た朝鮮人」一九二八年(『六堂崔南善全集1』玄岩社、一九七三年に収録されている。p. 88)。ともに韓国語文献。

(114) 「崔都統傳」申采浩『中』p. 419。原載は一九〇九年。

(115) 「われわれは何をいかにすべきか」からの引用(『選集2』。朴正煕[1970] p. 235)。また次のようにも述べている。

「わが五千年の歴史は一言でいって、退嬰と粗雑と沈滞の連鎖史であったといえる。いつの時代に辺境を越えて他を支配したことがあり、どこに海外の文物を広く求めて民族社会の改革を試みたことがあり、統一天下の威勢で以て民族国家の威勢を他に示したことがあり、特有の産業と文化で独自の自主性を発揚したことがあっただろうか」(同 p. 234)。

今の世代は先祖の足跡を怨めしい眼で振り返り、軽蔑と憤怒を感じるという(『選集1』朴正煕[1970] p. 92)。ほかに咸錫憲[1980] p. 359を参照(原著は一九五〇年)。

(116) 申采浩の論稿は「淵蓋蘇文の死年」『中』p. 149、「乙支文徳」『中』p. 31(ともに原載年不明)、「韓国の第一豪傑大王」『別集』pp. 188-191(原載は一九〇九年)。

(117) 「強い民族」は『韓国史批判』から引いた(朴成壽[1992] p. 15)。日本や中国への侵攻は「丹齋の古代史観」(朴成壽[1985] pp. 160-161)による。ともに韓国語文献。

(118) 「教科書」pp. 30-31, p. 49。ほかに二〇〇二年に発行された高等学校用歴史教科書(国史編纂委員会・国定図書編纂委員会編)p. 37, pp. 53-54(ページは二〇〇六年に出版された日本語訳本のもの)などを参照。

(119) 申采浩は、韓民族は満洲を得れば強盛となり、失えば劣退すると説いている。たとえ生活に迫られて余儀なくした移住としても、学校・新聞を維持し、国粋を保全し、政治能力を養うことを忘れるなと勧告している（「韓国と満洲」「満洲問題について再論する」、『別集』p. 234, pp. 238–243）。彼にかぎらず、知識人が民族発展の方向と考えてきたのは満洲だった。雑誌『三千里』は、識者一一人にこの問いを提出しているが、うち八人が「満洲」と答えている（「民族発展に対する人民投票」『三千里』［1935］pp. 54–58。韓国語文献）。

(120)　李鶴城［1941］p. 306。韓国語文献。

(121)　近藤［1962］pp. 12–13。他の日本人の観察として、岩佐［1934］pp. 165–169、豊嶋［1934］pp. 310–313、三矢［1936］pp. 132–133、松山［1936］p. 164、中島［1937］pp. 7–10、森田［1939］p. 20がある。当時、経済学者印貞植は「今日の朝鮮に於ける一般民衆の斯やうな動向は、大正八年頃のそれと比較する時、実に雲泥の相異を示すものであつて、民族全体の完全なる転向と云はなければならない」と述べている（「内鮮一体の必然性について」印貞植［1992］p. 74）。

(122)　この政務総監談話は、『朝鮮行政』一九三八年一月号に掲載されている（「朝鮮同胞の赤誠」朝鮮総督官房文書課［1938］pp. 108–109）。

(123)　「天にある太陽」は麗羅［1986］p. 276。徐廷柱は、当時人々は日本の支配が何百年も続くと考え、あきらめていたと回想している（徐廷柱［1992］p. 492）。崔南善［1949］p. 531、徐椿［1939］pp. 37–39も参照。徐廷柱および崔南善の論稿は韓国語文献。

(124)　最後の総督秘書官山名酒喜男の回想（一九五九年。宮田［2000］p. 208）。

(125)　中興雨［1942］pp. 88–89。

(126)　朝鮮人がこれまで日本の国防に参加してこなかったこと、国語力が足りないことが今さらのように意識されていた（安興晟煥［1942］pp. 23–25）。

(127)　玄永燮［1938］p. 144。

(128)　『内鮮一体随想録』李光洙［1941］pp. 1–3。

(129)　「臨戦愛国者群像〈二〉愛国運動の立役者　情熱家崔麟氏の横顔」『三千里』一九四一年一一月号、p. 88。

(130)　崔元植［1995］p. 22。

(131)　岩佐［1934］pp. 165–168。

(132) 緑旗連盟〔1939〕pp. 30–31(森田芳夫が執筆した)。
(133) 中島〔1937〕p. 12, p. 14。
(134) 創氏名青木洪の名による。青木〔1943〕pp. 105–106。韓国語文献。なお女流作家崔貞熙は、真珠湾攻撃の日における同胞意識の高揚について語っている(『京城日報』一九四二年一二月一二日付)。
(135) 創氏名平沼文甫の名による。平沼〔1942〕p. 83。
(136) 創氏名松村紘一の名による。松村〔1942〕p. 26。
(137) 李孝石〔1942〕p. 132。
(138) 東郷茂徳元外相も、その手記で当時「前線の将兵のみならず、朝野を挙げて戦勝を謳歌し、天下無敵の思いをなすものが尠くなかった」と述べている(東郷〔1950〕p. 292)。
(139) McKinlay〔1985〕pp. 101–102。
(140) 「決戦朝鮮の急転換——徴兵制の施行と文学活動」『文学報国』一九四三年九月一〇日号。
(141) 朴英熙(芳村香道)、柳致真、張赫宙の論稿は、それぞれ『京城日報』一九四二年五月一四日付、同五月三〇日付、『朝日新聞』一九四三年八月五日付所載。
(142) 『民族反逆者』は、雑誌『白民』一九四六年一〇月号所載(金東仁〔2011〕p. 401)。この小説を解釈するとき、「感激と緊張」(『毎日新報』一九四二年一月二三日付)、「学兵を送る世紀の感激」(同一九四四年一月二〇日付)など、金東仁自身の聖戦翼賛の言動を念頭におく必要があるだろう。
(143) 「協力」「戦時政策」は近藤〔1962〕p. 5, pp. 12–13。「時代迎合」は近藤〔1966〕p. 1。
(144) 近藤〔1962〕p. 13。
(145) 李青原〔1982〕p. 384。
(146) 金達寿は次のように述べている。
「一九四〇年から日本の支配者は朝鮮人にこれを施行し、その姓名を日本式にするように強制した。従来朝鮮人はその姓氏を非常に大切なものとしていたので、このためあちこちに悲喜劇が生まれ、当時、この強制に抵抗することはそれだけでも大変なことであった」(金達寿〔1965〕p. 444。原載は一九六一年)
半世紀後に出版された『朝鮮韓国近現代史事典』(日本評論社)も、「創氏を拒否する者は『不逞鮮人』として追及・監視した」「日本のすさまじい強制ぶりが窺える」などと書いている（[2002] p. 230）。事実なら、「強制」に屈しなかった人は解放後大いに幅をきかせてよいはずだが、そんな事実はない。反民族行為の嫌疑をかけられた崔南善も、弁明書（「自列書」）で、自分が朝鮮名で通したことに触れていない。当然のことで、真実を知る人々にそんな風に言ったところで、逆効果にしかならなかっただろう。

(147)　昭和十四年制令第二十号（朝鮮人ノ氏名ニ関スル件）第一条中に、「自己ノ姓以外ノ姓ハ氏トシテ之ヲ用フルコトヲ得ズ」というくだりがあるが、これはたとえば金姓の人なら金を氏にできるということである（しかし自分の姓ではない李や朴にはできないということに、注意を喚起しているのである。雑誌『総動員』昭和十五年三月号、p. 53）。

「教科書（一九九〇年）」は「名前までも日本式に変えるよう強制された」（p. 390）としているが、根拠を示していない。ただし検定版『高等学校韓国史』（二〇一一年。日本語版は二〇一三年）には、この部分に「資料を読む」として、次のような一文が記されている（p. 274）。

1、創氏をしない者の子どもに対しては学校の入学と進学を拒否する。
2、創氏をしない子どもは日本人教師が殴打・叱責するなど彼を憎悪することによって子どもが両親に頼み込んで創氏させるようにする。
3、創氏をしない者は公私の機関に一切採用しない。また、現職者も順次解任措置をとる。
4、創氏をしない者には行政機関で扱うすべての事務を取り扱わない。

――宋建鎬『韓国現代史』「創氏改名強要のための方針」――

宋建鎬の著作にはたしかにこの「方針」なるものが掲載されているが（宋建鎬［1979］pp. 317-318）、根拠や出典はもとより、そもそもこれが何なのか、何も書かれていない。生徒は原資料と思って読むのだろうが、これは一九七〇年代に韓国人評論家（宋建鎬）が綴った、得体の知れない作文なのである。

(148)　岩島［1939］pp. 71-82。総督府法務局発行のパンフレット『氏制度の解説』をも参照。大野緑一郎元政務総監は、強制などしていないのに提灯をもつ人間がいたため、任意であることを確認する政務総監名の文書を二回出したと回想している（一九五九年。「南総督時代の行政――大野緑一郎政務総監に聞く」学習院大学東洋文化研究所［2000］p. 59）。

(149) 岩島［1940］p. 162, p. 164。

(150) 全羅南道内務部長当時の金大羽は、雑誌『三千里』の一九四〇年七月号に、この名前と肩書きで寄稿している。また『愛国演説集』（三千里出版社、一九四一年）に登場する中枢院参与以下の朝鮮の名士二二人は、すべて朝鮮名である。つまり「愛国演説」を、何気なく朝鮮名で行なっていたのである。

(151) 金昌国（のち高校教師）は、小学校入学時、朝鮮名の子供は自分を含めクラスに四人いたが、終戦まで先生から何も言われなかったという（金昌国［2000］p. 17）。そもそも民族抹殺などという大それた話なら、役場で意地悪されるくらいのことで、あれほど多くの人が日本名を名乗るはずがない。それを慫慂する窓口係員がいたとしても、本府の指示どおりに説明した官吏のほうがはるかに多かっただろう（膨大な数の民衆を相手に、いったん公布した法律の規定を役所が裏で否定して回るなど、実際上不可能だからである）。

自殺者が出たという話は一種の伝説と化しており、全羅南道谷城の人柳健永は、総督に抗議文を送って命を絶った、全羅北道高敞の人薛鎮永は、子女を退学させると言われやむなく改名し、その後井戸に飛びこんで死んだという（金一勉［1978］pp. 63-65、林鍾国［1992］p. 315、鄭雲鉉［1999］p. 27）。しかし当時の全羅南道の内務部長は「金大羽」で、当該谷城の郡守は「南振祐」、全羅北道の知事は「孫永穆」だった。彼らは自身朝鮮名でありながら、いったいどんなセリフで改名を「強制」していたのだろう。それに姓の「柳」は、林、南、桂などと同様、内地の氏として通用するから、かりに創氏の趣旨を誤解していたとしても、自殺する理由がないように思う（ふしぎな話だが、ろくに検証もされていない）。

(152) 林鍾国［1992］p. 315。ほかに釋弘元［1983］p. 29、咸錫憲［1980］p. 303を参照。

(153) 金允植は、当時韓国人は、日本人と日本文化が優れているものと思い、見上げていたとしている（東京・韓国研究院／国際関係共同研究所編［1977］p. 69）。日本名志向が以前から根強く存在したことについては、朝鮮総督府中枢院『朝鮮の姓名氏姓に関する研究調査』一九三四年を参照（p. 35）。

(154) 創氏の副産物説は鄭雲鉉［1999］p. 30。女性の名は、各年の『韓国人名辞典』連合通信社、『韓国人物年鑑』韓国人物年鑑社（以上韓国語文献）、『現代韓国人名録』日外アソシエーツによる。なお漢字「子」の本来の意味は、人、学識ある人、といったものだが、日本では概ね平安朝半ば以降、貴族女性の名に用いられるようになった（近代になって大衆化した）。韓国（朝鮮）の伝統とは無縁のものである。

(155)「国力に畏服」「日本に信倚し」は昭和八（一九三三）年版（p. 170, p. 84）、他は昭和一三（一九三八）年版より引いた（p. 1）。

(156) たとえば三一運動についての記述を参照。「決河の勢いを以て全鮮に波及」し、「民族的反抗心は容易に鎮静」せず、「益々熾烈」となった、などと記している（朝鮮総督府警務局『最近に於ける朝鮮治安状況』昭和八年版、pp. 64–65）。

(157)『朝鮮軍概要史』p. 2。警務局資料は『最近に於ける朝鮮治安状況』昭和十三年版、p. 104。当時総督府警務局保安課にいた坪井幸生は、次のように回想している。
「戦時下の朝鮮は、一部の者の想像に反してきわめて平穏であり、共産主義者その他不穏分子の表だった策動はほとんど皆無の状態であった。特高係も高等係も事件らしい事件はなかった。一部反戦的言動を弄する者はいたが、社会一般の銃後奉公の大勢に圧倒されて、問題にはならなかった」（坪井［2004］p. 101）
多くの日本人が当時、昔はこうではなかったが、それが変わったと述べているのは、認識の真実性を裏づける（豊嶋［1934］pp. 310–313、岩佐［1934］pp. 165–168、松山［1936］pp. 163–168、三矢［1936］pp. 132–136などを参照）。

(158)「半島青年よ　奮起せよ」の要約紹介。徐椿［1939］p. 34。

(159) 一九四三年一一月七日付『毎日新報』（朝鮮語新聞）の一面に、金性洙の顔写真入りでこの論稿が掲載されている。タイトルは拙訳だが、本文の訳文はエッカート『日本帝国の申し子』（小谷まさ代訳）の巻末（pp. 338–341）にあるものを採った。

(160) 総督府警察についてはKohli［1994］p. 1274。カミングスは、太平洋戦争序盤の日本の華々しい戦果によって、軍人という職業が非常に魅力的なものに映ったと述べている（カミングス［1989］p. 243）。

(161) 防衛庁防衛研修所戦史室［1969］p. 608。李基東［1985］p. 121を参照。なお藤田亮策は、戦後に著わした朝鮮史の概説書で、「第二次大戦では多数の朝鮮人志願兵が活躍し、民間人もともに勝つために身命を捨てて戦った事実を忘れることはできません」と述べている（藤田［1958］p. 119）。

(162) 最後の総督秘書官山名酒喜男の回想（一九五九年時点のもの）。穂積真六郎（元総督府殖産局長）も「非常に安心していた」、遠藤柳作（最後の政務総監）も「本当に疑いをもたなかった」と言う（以上、『未公開資

料 朝鮮総督府関係者録音記録〈1〉十五年戦争下の朝鮮統治』宮田［2000］pp. 206–207）。

(163) 申相楚の回想と金俊燁の見解は、ともに金俊燁［1991］p. 39による。徴兵は、朝鮮人がどれほど深く広く日本に同化したかを示す（ヘンダーソン［1973］p. 113）。台湾の研究も、日本が台湾で徴兵を実施したのは、台湾人のアイデンティティの掌握に自信を得たからという（徐宗懋［1997］pp. 39–40。中国語文献）。朝鮮の事情も同様だったはずである。

(164) 林鍾国［1992］p. 15。

(165) 鈴木武雄（京城帝大教授）は、当時、施政二九年の歴史が朝鮮を「政治的、経済的、社会的乃至精神的に日本に接近、いな日本の一部たらしめている」と述べている（鈴木［1939］p. 27）。坪井幸生は「朝鮮人による朝鮮が日本の一部として完全に一体化して世界戦争を戦った」と回想している（坪井［2004］pp. 102–103）。

(166) 内地への移住も「強制連行」されたことにしているが、同様の曲解である。今のメキシコ移民や東欧移民に対するアメリカ・西欧各国の政府のように、当時の日本政府は、雇用への影響を心配して移住の抑制に腐心していたというのが基本的な構図で、連行する必要など全然なかった。労働力の徴用は戦争末期、大規模な徴兵で生じた人手不足を補うため、内地の婦人や中高齢者なども対象に行なわれたことで、移住の極小部分が説明できるだけである（鄭大均『在日・強制連行の神話』文藝春秋、二〇〇四年を参照）。ある在日三世は「この時代に日本に来たというひとで、むりやり連れてこられたというひとをわたしは知らない」と述べている（李青若［1997］p. 36）。

(167) 終戦前後の事情については、ゲイン［1951］pp. 93–98、張俊河［1971］pp. 380–470、ヘンダーソン［1973］pp. 118–142、森田芳夫［1973］pp. 120–134、崔夏永［1973］pp. 135–145、朴炳禝［1973］pp. 162–173、金星淑［1973］pp. 174–182、任文桓［1975］pp. 188–193、趙庸中［1985］pp. 113–128、カミングス［1989］pp. 197–246などによる。

(168) 崔夏永［1973］p. 139。崔夏永は一九〇七年生まれ、東京帝国大学法学部卒、内務省に入省した。なお資金の額については、七〇万円という説もある（趙庸中［1985］p. 116）。

(169) 呂運亨は、日本人の心境を思い雅量を見せよ、安在鴻は、両民族は互いに譲り合うべしと説いた（趙庸中［1985］pp. 116–117）。

(170) 坪井［2004］pp. 102–103。

(171) カミングス［1991］p. 635。李承晩は、帰国声明で、米軍機に乗って帰国したことを誇らしげに語り、国民に売り込んだ（朴己出［1975］p. 47）。金九にも同じ発想があったのかもしれない。

(172) 任文桓［1975］p. 190。

(173) 要約紹介。生の記録が残っているわけではなく、金石範が諸般の資料から再構成した（金石範［1993］pp. 19–20）。激しくやり合ったという説もあり、藪の中というべきかもしれないが、宋鎮禹、呂運亨、安在鴻らに、臨時政府関係者への恭順の姿勢が欠けていたことはたしかである（張俊河［1971］pp. 418–440）。

(174) 崔夏永［1973］pp. 143–144。

(175) 要約紹介。崔徳新［1984］pp. 36–37。

(176) 大韓民国国防部戦史編纂委員会［1967］p. 370。韓国語文献。

(177) 崔徳新［1984］p. 24。

第三章

日本の統治の特質

「教科書（一九九六年）」は、「わが民族は人的・物的資源を収奪され民族の生存権まで脅威にさらされた」と表現している（p. 392）。これが事実なら、「わが民族」の側に、激烈な抗日闘争、解放後の親日派の粛清の歴史があってしかるべきだが、おきたことは逆である。韓民族は内鮮一体の道をあゆみ、戦後親日派は何事もなくそのまま各分野の指導者におさまった。歴史が首尾一貫していたとすれば、日本の統治の実像も、教科書の描くところとは反対のものだったと考えざるをえない。

イギリス外務省の文書に、解放直後、匿名の韓国人歴史家がイギリスの外交官に語ったことが記録されている。その人は、収束したばかりの日本時代を、それまでの朝鮮史で唯一の安定の時だったと回顧し、日本の施政下で朝鮮人は平穏と豊かな生活を享受し、日本人は賢明、親切で、住民の福祉に骨折ったと述べた由である。(1) 外国人の残した記録や、韓国人が「こんなけしからん奴がいる」と非難する文脈で、こういう人物がよく出てくる。

一九六〇年代のはじめ、韓国人は総じて戦前を「古き良き時代」と感じ（既述）、その頃を「日政期」と表現していた。『文藝春秋』や『主婦の友』を、はるばる日本から取り寄せていた人も少なくなかった。(2) 日本語ができることを自慢したり、帝大を出たこと、はては総督府官吏、日本軍将校だったことを、得意がる風潮もあったという。(3)

北朝鮮については語るまでもない。朝鮮戦争のとき、一時国連軍とともに三八度線の北に足を踏み入れた作家麗羅は、住民が口々に、昔のほうが暮らしよかったと言っていたと書いている。[4] そうした空気が広がっていたのだろう、日本時代より食糧事情が悪くなったとこぼした母親や、昔は金さえ出せば寝ながら旅行ができたと言った牧師が重刑を科されたという、つい口に出たつぶやきで身を誤った人の話が、数多く伝えられている。[5] 日本の統治を自身で体験した人の意識は、公的認識とはかけはなれたものだったのである。

1　法と言論の環境

世界史的に見て、異民族支配が抑圧を伴わなかった例はまずないだろうし、戦前の朝鮮が例外だったはずもない。しかし日本の支配は、二〇世紀に出現した全体主義のような、過激なものではなかった。深夜私宅にやってきて拉致していく秘密警察や、強制収容所のようなものがあったわけではない。銃撃戦で死んだ義兵、裁判で死刑を宣告された殺人犯はいるが、独立運動をしたというだけで「消された」人の話は耳にしない。国家の政策としての殺人は、日本帝国が知らないものだった。

行刑は法に基づいて行なわれた。その法的環境については、戦前からの長い活動歴をもつ弁護士鄭求瑛の端的な証言がある。日本時代を通じ、彼が司法の作用が歪められたと感じた唯一の例は、朝鮮貴族の相続についての判決だったという。襲爵ののち相続がもめて訴訟に至ったのだが、あきらかに原告に理があるものを敗訴にした。天皇の裁可を得た襲爵を、さかのぼって無効にできないと判事が慮《おもんぱか》ったためではないかと推測している(6)。それ以外に、法の公正が侵された形跡を知らないという。

日本の官憲に逮捕された経験のある人も、同じことを言っている。キム・サン（既述）は日本で学び、中国に渡って抗日戦線に参加した共産主義者で、日本の警察に二度逮捕されているが、二度とも証拠不十分として釈放されたという。彼は中国の警察にも捕まったことがあり、双方を比較することができた。

「日本にはまだしも法がある。放免されるか刑務所行きか、だったらどれくらいの期間かはいつでもわかる。ところが中国では死刑と釈放の間にほとんど差がない。どう裁いたのか、どんなにいいかげんな証拠によるものか誰にもわかりはしない。もし有力なコネがあれば簡単に助かるし、ただの人間なら何でもないのに死刑だ」（ウェールズ、ニム／キム・サン［1987］pp. 271–272。原著は一九四一年）

語り手も、聞き取る側（ウェールズ）も、話をでっちあげる必要が全然なかった人物だという点で、証言として少なからぬ価値がある。

安重根は報復のテロで殺されたのではなく、刑法上の殺人犯として死刑になった。事情を知って自分の拳銃を提供した禹徳淳の刑は、懲役三年だった。三一事件の指導者に対する量刑中最も重いものは、これも懲役三年だった（既述。独立宣言書を起草した崔南善の場合二年六カ月だったが、彼は一年あまりで仮出所している）。治安維持法違反の容疑で多くの知識人が逮捕された同友会事件（一九三七年）も、三審まで争われた結果、一九四一年、被告四二名全員が無罪となった。裕仁皇太子の暗殺を企てた朴烈でさえ死刑にはならず、服役中に終戦を迎え、戦後民団（在日本大韓民国居留民団）の初代団長になっている。日本統治下では、法によらない政治裁判など、ありえないことだったのである。

全体主義国と比べてみるがよい。拳銃で要人を殺したことと、事情を知ってその拳銃を渡したことは、法治国家では大きな違いだが、スターリンのソ連や毛沢東の中国では意味をもたない。反逆者は、ひとしなみに踏みつぶされたはずである。「人民の領袖」「敬愛する指導者」の殺害を企てた人物が処刑もされず、大規模な騒乱の中心人物が三年の刑ですむとも思われない。

独立運動家が家族を半島に残していたことにも、注意が払われるべきである。金九の母親は孫と一緒に黄海道安岳で暮らしていたが、中国にいる息子に会うため出国を申請し、一度許可が下りたがのち取り消された。担当官は、日本の当局にも居所がわからないのに、老人にどうして探し出せるのかと言ったそうである。しかし彼女は何とか出国し、金九にも会っている。(7) 日本の官憲の妨害といっても、この程度のものだった。

申采浩の妻は、京城の仁寺洞で産婆をして子供を育てていた。独立軍の指揮官李青天や金光瑞の家族も半島で暮らしていたが、二人ともかつて日本の陸士で学んだ人で、洪思翊、金錫源ら日本軍将校が金を出しあって、かつての同窓、今は日本帝国の反逆者の、二つの家族を助けていた。(8) それはおおっぴらではないが、かといって秘密というほどのものでもなかった。二〇世紀には反対派の家族を収容所に送ったり、本人の活動を封じるための人質にする国が現れたが、日本帝国がそうした国でなかったことはたしかである。

「教科書」は、民族紙があらゆる迫害を受けたと書いている (p. 425)。当時の差し押さえ記事を収録した本『消された言論』は、日帝は無期停刊四回、発売頒布禁止六三〇回、押収四八九回、削除二四二三回という言論弾圧を行なったとし、その「蛮行」を糾弾している。(9) この数に驚くべきなのだろうか。

新聞は民族運動の牙城で、『朝鮮日報』は当時、「徹頭徹尾の排日紙」（一九二〇年九月五日付）を自称していた。その「排日紙」を総督府は幾度となく処分はしたが、潰すことはなかった。何回も禁煙したというのは、要するに煙草を吸いつづけたということである。当時のある朝鮮人の話が紹介されている。あれは当局の反応を読んだうえの手管で、あらかじめその日の印刷部数を減らしておき、順当に発売禁止処分を受ける、すると翌日大いに売れる、新聞の人気が上がると算段していたという。内地人のなかからは、諺文紙《おんもんし》は面白がって当局を嘲弄している、だいたい週に何回も発禁するなどというのは法の威信にかかわるという批判の声があがっていた。(10)

どんなことを書いていたのだろう。差し押さえになった「齋藤實君に与える」と題する白岳山人（李光洙。当時『東亜日報』編集長）署名の記事は、たしかに嘲弄に聞こえる。


「朝鮮総督、男爵、齋藤實君！　独立を絶叫する万歳の声が八道の山河をゆり動かした後をうけ、……君は予備軍人から現役に復帰し、短剣を携え総督の印綬を佩《はい》し、二万の警吏の武装に予算の大半を注ぎつつ口先では文化政治を標榜し、礼砲と爆弾が轟くなか、総督府の新幹部を率い京城入りしてすでに千日になる」「就任以来今日まで君がなしえたものはいったい何か。無論、君や君の部下は手前味噌の数字をならべて巧みに宣伝するだろうが、吾人の見るところによれば、朝鮮人の福祉のための特筆すべき事業も、その利益のため設けた施設もなく、はたしてその将来の幸福を図る誠意がかけらもあるのかと、過去に徴し一大疑問に思うのである。

ここに吾人は、朝鮮人のため、日本の将来のため、また私的には君個人の将来のために、君の一日も早い離職を必要と考え、この書を与える」（『東亜日報』一九二二年四月一日付。朝鮮語文献）

こう文章をおこし、以下齋藤が施政の理念とした内地延長主義や文化政治をはじめ、言論、教育、産業、警察、地方自治の各項目について、非難の文字を延々とつらねている。

差し押さえられたから言論弾圧だといえば、それはそのとおりだが、李光洙は逮捕もされず、解雇もされていない。記事が差し押さえられただけである。それは語る価値がないことだろうか。

均衡のとれた認識をもつには、反対の立場からの評価も承知しておく必要がある。在鮮の言論人釋尾《ときお》東邦は、朝鮮語新聞の「言語道断」と、放任する総督府の「奇怪千万」を、憤懣やるかたない思いで書いている。

「内地人と書く場合に日本人と書き、日本政府を東京政府と書き……、我々朝鮮人は日本の主権に伏するもので無く、何処迄も旧韓国たる精神を以て日本と対立すべきであると云ふことを此文字の間に暗示して居る」（釋尾［1925］p. 85）

「日本を外国と書くこともある……東亜日報紙上には日本の資本を外資と書いて居る。全く言語道断の態度である」「朝鮮を以て日本の領土であると云ふことを肯定しない意志を闇《あん》に表示するもので、不逞思想是れより甚しきは無い……当局が之を黙過して不問に付して居る態度は

寛大と云ふよりは寧ろ奇怪千万と言はねばならぬ」（釋尾［1929］p. 126）

新聞には対日貿易という言葉がよく出てくるし、「険毒なる強隣の陰謀」、「外来人による不合理な政治」といった言いまわしもざらである。日本人の土地所有の記事には「全朝鮮で八十万町歩を占領」という大見出しをつけ、京城帝国大学の創立については、朝鮮人の吸収融解を狙う卑劣な集団的利己心に出るものだと論評する。警官とのもみ合いで死んだ活動家のことは、「大韓独立団第二連隊第三隊長」という肩書き付きで「戦死」したと報じ、「呉東振の後任は李青天。各方面で活動開始」という見出しの記事は、よくある新聞辞令のようだが、これは独立運動組織の指導者の交替のニュースで、「活動」とは抗日のことである(11)。

一九二五年一月一日付『東亜日報』は、その海外同胞消息欄に「在上海　朴殷植氏」の年頭の挨拶を掲げている。朴殷植氏とは誰かといえば、当時の大韓民国臨時政府の国務総理である。さすがにその肩書きは見えないし、内容はあたりさわりのないものだが、ともかくもそんな人物の文章が堂々と掲載されていた。隣のページは在監同胞欄となっており、獄中の運動家の近況が紹介されている。当時のどの新聞も、こんな記事であふれかえっていたのである(12)。

全体主義国はもとより、なみの専制国家でも、あるはずのないことである。ラビア・カーディル氏は東トルキスタンの独立運動の指導者で、目下アメリカに居住している。新疆《しんきょう》ウイグル自治区で発行されているウイグル語の新聞は、「在アメリカ　カーディル氏」の年頭の挨拶を掲載するだろうか。「在ダラムサラ　ダライラマ氏」が、たとえ政治色のない法話であっても、それをチベットの新聞に載せることを、中国の検閲当局は許可するだろうか。多分しないだろう。

総督府の警察畑を歩き、のち政務総監にもなった田中武雄は、当時警務局の局長次席だった丸山鶴吉が、批判をあびながら体を張って朝鮮の言論を守ってきたと回想している。(13)釋尾のいう黙過は、行政上の手抜きではなく、明確に意識して実行されていた政策だったのである。

この頃は齋藤総督による文化統治が行なわれていた。時代の特色ともいえよう。しかし一九三〇年代になってもなお、言論が圧殺されていたとまでは言えない。朝鮮語総合雑誌『三千里』は、創刊三周年号（一九三一年一〇月）に、「在中国　金九」の祝辞を載せている。わずか一〇〇字あまりの、囲み記事のような短文だが、「袋小路に入った今の朝鮮で、万難を排し三年にわたり発行を続けている貴誌の努力に感歎する」とある（p. 92）。同誌はこの年、朴烈の愛人で獄中で自殺した金子文子の遺書（四月）、「偉業を遺した先駆者」李舜臣の墓の参拝記（六月）、安重根の公判速記録（七月）、李堈《りこう》殿下（李王の異母兄）の朝鮮脱出未遂事件の顚末（一〇月）を掲載している。

『朝鮮日報』は一九三一年六月から、獄中にあった申采浩の『朝鮮上古史』の連載を始めているが、それにはこんなくだりがある。(14)

「近世になって彼ら（日本人。筆者注）は朝鮮史や支那史に書かれている『倭』が、余りに文化のない凶暴な野蛮民族であることを知って恥ずかしく思い、ついに『和』という名詞を作り出したのである。だが、『倭』と同一のものだから、百済建国以後までも蠢蠢《しゆんしゆん》として蒙昧であり、日本三島の中での漁撈・狩猟による生活のみで、なんの文化もなかったのであった。そこで百済の古爾王が彼らを教え導いて裁縫・農耕やその他もろもろの技芸を教え、博士王仁を派遣して『論語』と『千字文』を教えてやり、また、『百済仮名』すなわち百済の吏読字に倣って『日本仮名』というものを作ってやった。これが現在のいわゆる日本文字というものである」（矢部敦子訳。p. 229）

その他各処で日本人が文化のない蛮族だったことを強調し、今に伝わる聖徳太子の事績は百済の近仇首王のそれを盗んで作った（p. 224）、百済の東城大王は海を渡って日本に攻め入り属国にした（p. 245）などと述べているが、こんな文章が、当時朝鮮語新聞に堂々と掲載されていたのである。

『朝鮮日報』は、この年の末に獄窓の申采浩へのインタビュー記事を載せている。彼は一九三六年に死去し、その五カ月後に南次郎が総督に任じられる。時代は内鮮一体、皇国臣民化に向かって動きつつあった。その時に至ってなお、新聞や雑誌は、彼の追悼の記事を掲げることができた(15)。

言論は制限されていたが、自由の要素があったことも事実である。それをどう評価するかは、結局比較の対象に何をもってくるかによる。総督府も、朴殷植の挨拶文の掲載は黙認しても、上海で発行されていた『独立新聞』に彼が書いていたような、強暴無道な倭賊の駆逐に立ちあがれ（一九二三年三月七日付）などといったくだりがあれば、認めるわけにはいかなかっただろう。現在の先進国なみの自由はもとよりなかった。しかしこれらひと握りの国を除き、今の世界の平均値より言論の自由が小さかったことを証明するのは、その逆をするより、はるかに難しいように思われる。

一九四〇年、戦時体制下で『東亜日報』と『朝鮮日報』は廃刊されるが、それまで長きにわたり、総督府は民族紙と何とか折り合いをつけようと努めてきた。それがささいなことだったとは思われない。

2　温和な統治

併合は流血をほとんど見ることなく、平穏裏に終了した。李王家は日本の準皇族となり、重臣・功労者七六人が叙爵され、地方官も概ね横すべりしたが、こうしたおだやかな遷移はそれまでの朝鮮史にはほとんど例を見ない(16)。合邦後独立運動は過激なものにはならなかったし、当局も力ずくで臨むのを避けていたから、犠牲者は少なかった。双方が対決的でなく、公正な裁判があり、罪刑法定主義が基本的に貫徹された。朝鮮人の弁護士もかなりの勢力をもち、民族主義者のため熱心に弁護活動を行なった(17)。人がそんなに死ぬはずがないのである。

臨時政府に参加した人は大半帰国したが、不起訴処分となった。一九一九年の暮れには、当時臨時政府の若手幹部だった呂運亨を身の安全を保証して東京に招き、意見を述べる機会を与えている。彼は国賓なみの待遇を受け、帝国ホテルに逗留して、原敬首相、床次《とこなみ》竹二郎内相、田中義一陸相らと個別に懇談した。記者一〇〇人を集めて行なわれた講演会では、日本の朝鮮政策を非難し、朝鮮の独立と東亜三国の提携を主張したが、その様子は日本の新聞に大きく報じられている。

一九二〇年代には、総督府の課長や事務官が、数回にわたって朝鮮の民族主義者を招いて懇談会を開き、独立の是非を議論している。[18] 対立はあっても、完全な敵対ではなく、たがいに接点をもちながらの緊張関係に近いものだったように思われる。民族運動はやがて下火となり、即時の独立より自立する力を養おうとする実力養成論が主流になり、一九三〇年代に入ってからはむしろ日本帝国への統合が進んでいく。

最大の衝突は三一事件で、「教科書」は「多数の人々が投獄され、非人道的な刑罰を受け、多くの人が命を失った」としているが（p. 397）、いかにも誇張だろう。「教科書」には、死者は七五〇九人に達したとあるが、基礎となるのは総督府が確認した五五三人だと思われる。[19] この種の数字に正確を期するのは無理だろうが、総督府の資料が基本的に信頼できることは内外の学者が認めており、韓国の研究者自身、たとえば義兵の損害や戦果を語るとき概ねこれに依拠している。五五三人は現場に残された遺体を数えたと言い、資料には、逃亡者・行方不明者は捕捉外という律儀な注釈がついている。重傷を負って逃れ、別の場所で死んだ者や、現場から早々と運び出された遺体もあったはずだが、それで十数倍の数字に膨れあがるとは思えない。

「七五〇九人」は、朴殷植の『韓国独立運動の血史』にある数字だが、当時上海にいた朴が伝聞や新聞記事から見積ったとするもので、自身確実な調査ではないと断わっている。巻末に添付された地域別内訳には、一〇〇人・一〇人単位の概数と、三人、五人といった細かい数字が思い思いに記入されている。[20] 「七五〇九人」はこれらを単純に足し合わせたもので、こんな数字をもっともらしく提示するのは、正確を装う詐術と言わざるをえない。

韓昇助は死者は千人を大きくは超えなかっただろうとしているが、妥当なところだろう。[21] かりにこの七千人説が正しかったとしても、オスマン帝国によるアルメニア人一五〇万人の虐殺、ウクライナ人数百万人を餓死させたというスターリンの食糧テロ、ナチのホロコーストなどと比べれば、まるで少ない。本来こんな比較をすること自体どうかと思うが、なにぶん日帝は世界で「最も残忍非道、最も非人間的、かつ野獣的」（愼鏞廈）というのがこの国の常識なのだから、やむをえない。

韓国史の流れのなかでの比較は、日本時代の小春日和のようなおだやかさを浮かびあがらせる。前後の時代には、日本統治下での出来事などものの数にも入らないようなむごたらしい事件がおきていた。一九世紀に入ってからキリスト教の弾圧が三回あり、一八六六年の事件では（おそらく）数万人が殺されたと推定される。牛車で轢殺《れきさつ》しあらゆる残虐を恣《ほしいまま》にし、死体が積まれて山をなす惨状が伝えられている。[22]

「教科書（一九九六年）」は日本の残酷さと非人道性を強調し、思いのままに笞刑《ちけい》を行なったなどと書いているが（p. 395）、もともと当地では、非人道などという言葉が場違いに思える残虐な刑が日常的に行なわれていた。史家の筆が及ぶことはまれだが、クリスチャンの黄嗣永、東学の初代教主崔済愚、開国政策に反対した洪在鶴、壬午軍乱の首謀者金長孫、金春永は、骨肉を少しずつ削《そ》いで殺す凌遅刑《りようちけい》で殺されたのである。この種の処刑法が廃止されたのは、当地に日本の支配が及んでからのことである。

日本の施政の終焉は、暴力が荒れ狂う時代の開幕をも意味した。法の支配は北では消滅し、南では後退する。金日成はテロを統治の手段にし、李承晩は司法機関を政敵攻撃の道具にした。半島全域が苛烈な政治闘争の巷となり、民衆を標的にしたテロは南北を問わず巨大な規模のものとなった。

一九四八年の済州島事件では、少なくとも二万人が殺されている。村に屍《しかばね》の山が築かれ、多くの住民が日本に逃亡して、人口は三分の二になったという。(23) 朝鮮戦争での死者は二〇〇万人というが、これには戦時中政府が行なった虐殺行為が含まれている。共産主義者の甘言に乗せられた者は罪に問わないとして自首させ、戦争勃発とともに皆殺しにした。このいわゆる「国民保導連盟事件」の犠牲者は、（憶測の域を出ないが）二〇万ないし三〇万人ともいう。戦争終結ののちも、南だけで少なくとも一〇万人が、通敵の咎《とが》でろくな裁判もなしに殺された。(24) 北朝鮮の事情は闇のなかだが、クルトワ／ヴェルトは、大量殺人を統治システムに組み入れた体制のもとで、これまで二〇〇万人以上が殺されたと推計している。(25)

「教科書」はこれらのことに触れず、死者の数を書かず、事件の規模をほのめかすことさえしない。日本時代の七五〇九人をひたすら強調し、李朝時代の虐殺、戦後の国家テロルによる大量死には、口を閉ざす。

三つの時代を生きた、曺晩植、安在鴻、李光洙らの世代は、日本の支配を、本当のところどのように感じていたのだろう。日本は金九、呂運亨を逮捕しようとしたが、刺客を送って暗殺しようとはしなかった。公《おおやけ》の場で総督に「早くやめろ」と罵った輩《やから》も処罰せず、皇太子の暗殺を企てた人物も死刑にはしなかった。朝鮮プロレタリア芸術同盟の作家林和、韓雪野、朴英熙、マルクス主義経済学者白南雲や印貞植を、ソ連の手先にしたてて殺すこともなかった。(26)

名ある人の多くが非業の死を遂げたのは、戦後である。南では金九や呂運亨、宋鎮禹、張徳秀が暗殺され、金台俊は南朝鮮労働党の幹部八人とともに処刑された。曺奉岩は北のスパイとされ、国家保安法違反で死刑になった。北では朴憲永、林和、鄭寅晋《ていいんしん》、鄭芝溶、曺晩植が、アメリカのスパイとされて殺され、韓雪野、朴英熙は特殊農場や収容所に送られそこで死んだという。李光洙、安在鴻、金圭植、金東煥、金起林、李石薫は朝鮮戦争のさい北に拉致され、不正常な死を遂げた。自らの意思で越北したとされる金若山、白南雲、印貞植、李泰俊、金史良、崔承喜の最後の消息は、今もって不明である。日本時代を平穏にやりすごした人々が、解放後の数年の間に、ばたばたと死に、あるいは視界から消えていった。

彼らが処刑台にのぼり、あるいは家族ともども収容所で緩慢な死を迎えたとき、かつての日帝下の朝鮮と、今体験しつつある体制との比較は、全的なリアリティをもってその胸にあったはずである。その日本時代の形象は、どのようなものだったのか。「類例のない徹底した抑圧」、「残忍非道・野獣的な支配」だったのか。それとも、多少ニュアンスの違うものだったのか。

安重根が主著『東洋平和論』を執筆したのは、監獄のなかである。三一運動にかかわった崔南善は服役中に『自助論』の訳業を完成させ、同友会事件で逮捕された李光洙は、獄中から家族に送った手紙を新聞で公開した。今なお世界の多くの国ではけしてありえないようなことが、日本の体制のなかで何気なく行なわれていた。

抗日運動家の刑期は概して短かったし、監獄で病気になり、回復の見込みがないとされた場合、保証人をつけて出獄することも許された。重罪犯も相応に権利を認められたから、安重根をはじめ人々の最後の言葉が今に伝わっている。しかし光復後の知識人の大量死は、闇から闇に葬られた。

これらの人々の胸中の思いの片鱗すら、われわれは知ることができないのである。

3　土地略奪論の虚構

日帝の収奪のなかでとくに強調されているのは土地の略奪で、「教科書」はこれを植民地経済体制の核心としている（p. 412）。総督府は土地所有関係を明確にするため、一九一〇年から一八年にかけていわゆる土地調査事業を推進したが、これは農民から土地を取り上げるたくらみだったという。近代的土地所有を創出すると宣伝し、手続きを故意に複雑にして農民が所有の証明に失敗するように仕向け、農地の四割を奪いとって日本人に安く払い下げた。土地を失った農民は小作農や火田民に転落し、外国に流亡していったという話になっている（「教科書」pp. 412-413）。

韓国における通念は今なおこうしたものだが、まったくのでたらめだとする見解が、九〇年代以降あちこちで提起されるようになった。そのうちの一つ、雑誌『創作と批評』に掲載された趙《ちょう》錫坤《しゃくこん》の論文は、土地収奪論の論拠を①無申告地が略奪された、②農民は争ったがほとんどはねつけられた、③地価調査を通じ税負担が加重された、の三点に整理し、どれも事実誤認としている。論旨は次のようなものである。[27]

土地略奪論は、農民が申告しない土地は国有地に編入され、あるいは虚偽申告をした親日地主に盗みとられたとしてきたが、実際には申告期限を過ぎても内容が妥当なら受理しており、保有の事実があれば申告を勧誘し、その意思がない場合だけ無申告地として処理したとする。土地調査は保有の実態を尊重して慎重丁寧に行なわれ、手続きを分析すれば申告書の偽造は無理だとわかるという。

申告がなかった土地は実際に所有者がいなかったと思われる墓地などが大半で、合計九三三三筆、全体の〇・〇五パーセントという「あまりにも微々たるもの」だった。農民が大挙して不服を申し立てたというのも統計の確認を怠ったために陥った誤りで、実際にはそうした案件は少なく、それが不公正に処理された形跡もない。土地調査後税負担が重くなったとも言えず、地価や穀価も農民に有利に算定されたため、地税は日本（内地）の六分の一程度にしかならなかったという。(28)

以上のような認識に立って、土地調査の本質は、近代的土地所有を確立し資本関係が農村に浸透する条件を整えたこと以外にないと結論し、略奪の通念は幻想にすぎないとしている。

李栄薫も、全国の土地台帳などを収集し分析したところ、通念とのあまりの違いに一驚したと言う。農民の無知につけ込んで土地を奪ったという認識とはうらはらに、総督府は申告漏れが生じないよう丁寧に指導し、盗奪を防ぐための啓蒙を繰り返し行なった。真相を知ったとき、これまでの植民地朝鮮像は架空の創作と悟ったと述べている。(29)

略奪説を唱えた愼鏞廈は、申告規定に罠がしかけられていたと言い、日帝は一方の手にピストルを、他方の手に測量計を持って土地調査を進めたなどと書いている。(30) 総督府はこの事業に八年余の歳月を費やし、年間総予算を超える巨費を投じている。朝鮮人測量技術者の養成のため量地学校を設立するところから始め、全国の地形図と地積図を作成し、個々の土地について所有者と地価を確定している。強奪するのに、こんな手間をかける必要がどこにあるのだろう。

どの国でも、農民から土地を奪うのは、大ごとである。イデオロギー的理由から農業集団化を進めたソ連も、着手したのは体制の基盤が固まった一九三〇年代のことである。それでも農民の抵抗は激しく、一五〇〇万人のクラーク（いわゆる「富農」）を撲滅してようやく目的を達した。半島の支配を安定させようと腐心していた日本が、併合のその年、農民から土地を取り上げようとした動機は何か。

農民の反応も理解できない。総督府が四割を強奪し、それに親日地主による盗み取りが加わったとすれば、農民の手にはわずかな土地しか残らなかったはずである。しかし抵抗らしい抵抗もなく、事業はたんたんと進捗した[31]。

三一独立宣言に書いていないのも解せない。人口の九割を占める農民から、最大の財産であり拠り所でもある土地が奪われたとすれば、民族的規模の災厄というべきだが、独立宣言はこの「事件」にひと言も言及していない。東京留学生（二・八）独立宣言は、参政権、言論出版の自由を認めず、信教や企業の自由を制限したなどと非難しているが、土地の問題にはふれていない。（事実とすれば）究極の暴政ともいえるこの事件に口をつぐみ、企業の自由を制限したなどと寝言のようなことを言っているのは、どうみても取捨を誤ったものと言わざるをえない。同じ年に発表された「大韓独立宣言書」（二月一七日）、大韓国民議会の「宣言書」（三月二〇日）、朴殷植らによる「宣言書」（一〇月三一日）も同様で、土地略奪に言及したものはない。事実がなかったからとしか、考えようがないのである。

台湾の学校では、土地調査事業を土地所有権を確立した改革として平明に教えている。[32] 日本は、一八七三年に着手した地租改正に続き、台湾（一八九八年）、沖縄（一八九九年）、満洲（一九三五年）でも同様の改革を実施しているが、土地を奪ったなどという話はどこからも聞こえてこない。元総督府局長だった萩原彦三は、土地制度の紊乱《ぶんらん》と恣意的徴税に喘いでいた農民は、自分の土地が測量され地籍に上がるのを見て安堵したと述べているが[33]、これが真相だったのだろう。

「教科書」は土地のほかには略奪を語らないし、実際語りようもないはずである。総督府はきびしい予算制約を自らに課した「小さな政府」で、役人の数は少なく、税は内地より軽かった。インド植民地では財政収入の三分の一が本国取り分（home charge）になったが、ここでは逆に、（一九二〇年代初頭を除き）毎年一〇〇〇万円から一五〇〇万円が一般会計から朝鮮総督府特別会計に繰り入れられている。併合以来の累計は二一億円に達し、戦時中朝鮮が負担した戦費を差し引いても大きなプラスが出る[34]。

資源を略奪したともいえない。一部の鉱物を除けばもともと天然資源はあまりないし、一九三〇年代以降は内地との移出入は工業国間の貿易に近いものとなっていた。労働力の徴用は、徴兵で労働力が不足するようになった戦争末期に行なわれたもので、それまで日本政府は、内地の高賃金を当て込む朝鮮人の移住に歯止めをかけようとやっきになっていた。当然のことながら、同じ国なのになぜ自由に内地に行けないのかという不満が生じ、総督府もそれには一定の理解を示していた。これが基本的な構図である。徴用は総力戦体制下で内地人をも対象として行なわれたことで、植民地的略奪の文脈でとりあげるのは適当とはいえない。

4 併合は革命だった――経済と社会

一八九〇年代に朝鮮を旅行したイザベラ・バードなど、李朝時代晩期にこの地を訪れた多くの外国人が、住民の窮乏、貧寒とした風景を記録に残している。(35) 江戸期に訪日した李朝士人の著述からも、状況はある程度推察できる。一七六三年の朝鮮通信使の一行に加わった金仁謙は、大坂の賑いは鍾路《しょうろ》の万倍も上と書いている。宿舎の館は宏壮雄大、わが国の宮殿よりも大きく豪奢で、朝鮮では宰相の邸も百間以下なのに、ここでは千間の邸が櫛比《しっぴ》していると言う。名古屋を見ては、朝鮮の三京もこの地に比べればさびしいかぎりと嘆声を洩らす。(36) こうした形容を裏返せば、そのまま朝鮮の描写となる。

外国人の目を射た風景は、緑の枯渇である。一八八五年に漢城からロシア領ポシェトまでを踏破したロシア人将校は、土地の荒廃に一驚している。植生はほとんど皆無、草木は根こそぎ引きぬかれ、どこまで行っても禿山と赭土《あかつち》ばかりといった描写が続く。その三年半後にほぼ逆のコースをたどった別のロシア人は、「荒涼たる月面の景観」と書いている。(37)

土地の荒廃は農業生産力の低さに直結している。灌漑がほとんど行なわれず、貯水池も少なく、雨量しだいで水害や旱魃に見舞われる。土地保有が不安定なため勢い略奪農業に走り、地力の維持はもちろん、施肥や除草もおろそかにされた。条件のよい南部でも、米の反当《たん》たり収量は日本の半分程度にしかならなかったという(38)。

金銀の貨幣、紙幣はなく、旅行するときは、三〇〇〇枚集めてやっと一ドルになる穴あき銅銭（葉銭）の束を、馬の背に乗せて運ぶ。内航海運はないも同然で、道路は義州―漢城の一路線を除けば自然道に近く、荷車は使えず背負子《しょいこ》に頼る。行商と市場《いちば》が中心の商業で、農村では物々交換が行なわれていた。常設店舗はほとんどなく、バードは、首都の最大の商業施設も商店の域に達していないと書いている(39)。

日本の施政はこの状態から出発したが、それは結果として巨大な規模の変革をもたらすこととなった。変貌の大きさをあとづける(40)。

人口は長い間停滞を続け、二〇世紀初頭には一〇〇〇万人程度だったと推定されているが、併合後年率二パーセントの増加に転じ、解放直前には二五〇〇万人に達した(41)。これは人口爆発とも言えるもので、おもに食糧生産の増大と、衛生の改善による死亡率の低下が、一時に生じた結果である。人口は激増したが、経済規模はそれを上回る速度で拡大した。一九一〇年から一九四〇年まで、一人当たり実質所得は年平均二・四パーセントの割合で増加したが(42)、これは当時の世界では突出した実績と言える。生活水準の持続的向上は、栄養摂取、識字率、死亡率の変化の分析によっても裏づけられている(43)。

農業生産は、水利の整備、品種改良と大量の施肥などによって、年率三パーセント弱で増加した。米の生産は倍増したが、大豆、野菜、綿花、食肉などの増産がさらに顕著だったため、米作の比重自体は低くなった(44)。水産業も、漁港の整備、漁具の改良、漁業権の確立などにより、五万の漁船を擁する大産業に成長した。赤茶けた山肌も、大規模な植林や保安林の制定によって、漸次青い山容に変わっていった。

工業の発展はめざましく、一九一〇年から四〇年までの年平均生産増加率は一〇パーセントに達した。日本時代晩期には工業生産は農業生産を上回り、しかもその半分を重化学工業が占めるという、モノカルチュア経済の対極ともいえる経済構造が形成されていた。一九二〇年代後半からは、鴨緑江水域で大規模な水力発電所が次々と建設され、豊富な電力を基盤に化学工業を中心とする一大工場群が出現した。同時代の経済学者印貞植は、北鮮は全日本に誇る工業地帯に転化したとし、これを歴史的壮観と形容している(45)。

工業化のおもな担い手となったのは日本人だが(46)、彼らは、熟練と勤労精神をたずさえてフランスから欧州各地に散らばったユグノーのような役割を果たした(47)。日本人から刺激を受けて工場経営に乗りだす朝鮮人が増え、一九三〇年代ともなると京城紡織や和信など地ばえの大企業も誕生した。

社会資本の整備も急速に進む。鉄道は一九一一年から三〇年代半ばにかけて五倍、整備された道路はほぼ百倍に延伸し、植民地に作られた交通網としては最良のものと今日評価されている(48)。一九二七年には、のち朝鮮放送協会となる京城放送局が開局し、朝鮮語放送も始まった。二つしかなかった病院は一九三八年には一三六に増え、医師・医生は六千数百人に達した。上水道の整備、街路の清掃、屠場の取り締まりや検疫の徹底により、公衆衛生は画期的に改善した。

「教科書」は言及していないが、身分制の廃止は、永続的な意義をもつ社会改革となった。李朝時代、両班（旧朝鮮における官僚ないし官僚を出し得る特権階級）は租税、賦役、兵役を免除され、民衆に恣《ほしいまま》に私税を課し、官もそれを阻止できなかった[49]。併合後彼らの特権は一掃され、科挙も廃止されて任官の機会も減り、たとえ官途に就いても昔のように民の膏血を絞るわけにはいかなくなった。日本の秩禄処分に相当する既得権への配慮もなかったため、その没落は急で、「賤職」に身を投じ、飲み屋や旅館を営み、はては人夫になる者さえ現れたという[50]。

上が沈む一方で下が浮上した。バードは、農工商の常民の存在理由は、ただ両班階級に自分の血を提供することだったと書いている[51]。旧朝鮮の支配階級は土地と結びついていないため、搾取に歯止めがかからなかった。封建領主が領民を虐げ領地を荒廃させれば、自分と子孫に悪果がめぐってくる。荒蕪地を開拓し、森林を保護し、地場の産業を育てようとしたのは封建制の功とも言えるもので、役人が各地を転々とする体制には望めないことだった。売官が蔓延し、政府は納付金を得るため早め早めに地方官を更迭しようとし、官吏は官吏で元をとるため、あと先を考えず搾り取る。かつての東学党幹部呉知泳が、常民の苦境を活写している。

「『牧民の官』であるはずのものが、着任するやさまざまな方法で百姓の財産をかすめとった。『存問便紙』なるものを常民中のいくらか裕福な者に送りつけて罪におとすとおどし、賄賂をとる。……無実の良民をひっとらえ、不孝罪だの不睦罪だの相避罪、両班に対して言葉づかいが悪かった罪などでおどして金を奪った」「杖で打ち、足でけり、死なんばかりにさせ、鶏犬はほとんど種が絶え、銭貨も生活の資もありったけかっさらっていった。百姓の泣き声がみち、すべての人々が怨みの声をあげ心は極度にすさんでいった[52]」（呉知泳［1970］pp. 154-156。原

著は一九四二年）

裕福に見えると目をつけられて、財産を奪われる。私有財産の不確かさは働く意欲を奪っていた。無気力の淵に沈んでいた常民にとって、併合後の改革は塗炭の苦を救う以上のものがあったという。(53)

家畜の屠殺、獣肉販売、靴工などを業としていた白丁（最下層の被差別民）は、冠婚葬祭、住居、衣服まで制限されていたが、すべて撤廃され、就職も自由となった。その上昇志向はいやが上にも高まり、就学率は普通民の一〇倍近くに達したという。官吏にも登用され、「賤民の息子連が堂々知事となり郡守となり、奏任官、勅任官に昇進して照代の喜びを感じて居る」時勢となった。身分社会は短期間のうちに解体し、階級制・階級的生活様式の徹底的な消滅ぶりは、他にほとんど例を見ないという。(54)

奴隷制の比較研究を行なったパターソンは、旧朝鮮の奴隷制は、前近代社会では世界で最も発達していたと結論している。(55) 奴婢は世襲財産とされ、売り買いの対象となり、殺すのも勝手だった。(56)『梅泉野録』は今日抗日の書として読まれているが、実際に目を通した人は、両班の紳士が古道具を処分するように下僕を始末しているさまに強い印象を受けるだろう。「殴り殺す」という文字が、特段の感情の表白なしに何気なく文中に現れる。人命の価値はごく安いものだった。奴隷制を廃止したのは日本だが、その歴史的意義は公的記憶から消されている。

併合は仏教の蘇生をもたらした。儒教国朝鮮は仏教を邪教とみなし、僧侶を賤民におとし、寺院を破却した。一八世紀初頭、済州島に赴任したさる地方官（李衡詳）は、一年の任期中に一三〇余の仏宇を焼き払う「超人的な破壊作業」を行なったという[57]。小さな島の出来事で、たまたま記録が残っているだけだが、国全体で破壊がどれほどの規模に達したのか、見当もつかない（李朝末期に来鮮したフランス人宣教師は、ほとんどの寺は廃墟になっていると書いている）[58]。慶州はしばしば奈良に比べられるが、そこにある塔頭は概ね近代の造営で、創建一〇〇〇年を超える法隆寺金堂、東大寺転害門、薬師寺東塔に類するものは皆無である。仏像も多くは破壊され、あるいは避難所を求めて日本に送られ、伝世のものはいたって少ない。慶州の博物館に展示されている首のない仏像は、古井戸に投げ込まれていたものを引き上げたのである。

オスマン帝国はイスラム国家と認識されているが、キリスト教信仰を公認し、信徒をたばねる総主教座を首都におくことを認めていた。朝鮮王国では仏教は何の地位も与えられず、布教も禁じられ、わずかに残った山中の寺で、たまさか訪れる女性に説法する以外弘法の道とてなかった。オスマン帝国がキリスト教国でないのなら、朝鮮王国はもとより仏教国ではありえない[59]。仏教はかたくなな儒教国家の抑圧のもとで、地衣類のようにほそぼそと生きながらえていただけである。

すべてを変えたのは、併合である。仏教を妖教視する感覚は日本人にはなく、初代総督寺内正毅はじめ朝鮮で顕職に就いた人のなかにも、篤信の仏教徒は少なくなかった。迫害は止み、日本における仏教の地位が均霑《きんてん》され、寺刹令が公布されて、伝法と布教の権利、寺院の財産権が公認された。仏教は以後、社会的宗教として再生の途につく。

「教科書」は併合を民族の観点からしか見ようとしないが、虐げられていた人々にとって、それは解放を意味するものでもあった。公の名を借りた財産の強奪、残虐な刑罰、奴隷制、間歇的におきる飢饉が、一斉に姿を消していく。

大雨が降ると山骨から落下して田畑をおおった鉄砲水も、植林が進むにつれ徐々に減っていった。汚物にまみれた街路は清掃され、燎原の火のように蔓延する疫病もまれになった。馬の背を借りてたどった道は広々とした道路となり、鉄道が敷かれ、水道が整備され、各処で新興の都市が勃興する。新しい産業が生まれ、技術者、新聞記者、弁護士などの職業が誕生し、人々は上昇を求めて激しく動いた。単色の、変化のとぼしい「静かなる朝の国」は、活動的な社会へと変わっていった。

作家金史良は、直近の時代を、「凡《あら》ゆる醜く古きものを疾風怒濤をもつて滅し去つた」と形容する[60]。当時を生きた人々にとって、変化はまさに「滝」に見えた。

「三十年前の朝鮮！　そのときこそ、朝鮮有史以来最大の変革が進行していた時期である。急流といふより滝のやうな変化が、その間におきた。幾百年といふ長久な時日の変化よりも、この短い時間におきた変化のほうが大きかつた」（劉鳳栄［1939］p. 114）

民族の視点だけでは歴史は記述できない。併合は、最大級の変革をもたらした革命でもあったのである。

5　併合は革命だった――教育と文化

現地の民衆の教育に無関心だった欧州諸国とは対照的に、日本は総督府に学務局を置き公教育の普及に力を入れた。一九〇五年時点では数校しかなかった初等教育施設はのちに六〇〇〇に増加し、就学率は六割に達している。旧来の書堂がおもに地域の名望家、有力者の子弟を対象にしていたのに対し、新式の学校はすべての階級に門戸を開き、女子も受け入れた。教育の裾野は画期的に広がり、就学者は急速に増えていった。理科や社会、音楽、体育、図工を含むカリキュラムが導入され、遠足、運動会、学芸会など、この頃始まった日本の学校行事は、そのまま今に受け継がれている。

「教科書」は、就学率が内地より低かったことをあげて、日帝は愚民化をめざし教育の機会を奪ったなどと書いているが（p. 423, p. 424, p. 428）、曲論というべきである。[61] 就学率は学校数の増加と父兄の意識変化に相応して上がっていくもので、日本で五割を超えたのは学制発布から二〇年経った一八九〇年代のことである。同一時点で比較すれば、四〇年遅く公教育が始まった朝鮮で数字が低く出るのは当たり前で、愚民化云々はこじつけだろう。初等教育への投資の懐妊期間は長く、戦後に誕生した南北二つの国が収穫の大半を刈りとった。[62]

朝鮮語の教育も、日本時代に始まっている。「教科書」は、（日帝は）韓国人の皇国臣民化をもくろみ、朝鮮語の「代わりに」日本語を学ぶよう強制したと書く（p. 424）。ドーデの『最後の授業』のようなことがおきたと言わんばかりだが、これは誤解をまねく記述である。李朝時代、書堂で教えていたのは朝鮮語ではなく漢文素読で、新しい教育が取って代わったのはこの中国文章語の教育だった[63]。「代わりに」は「代替して」ではなく、「ではなく」という程度の意味合いに解さなければならない。朝鮮語はもとから影の薄い存在で、言語間の競争の舞台にはじめから上がっていなかった。「教科書」は、「代わりに」の両義性によって事態をぼかしている。

教育用語は日本語だったが、同時に朝鮮語教育も国の制度として導入された。総督府（学務局）は煩雑で学習に不便だった諺文《おんもん》（ハングル）の綴り方を統一するため、日韓の学者を集めて「普通学校用諺文綴字法」を定め、それで教科書を作り、授業に週三、四時間をあてた。当時朝鮮語で書かれた書籍はほとんどなく[64]、諺文教育への父兄の関心は低調だったから、これは将来を見越した教育行政の英断と言うべきである。学校唱歌『成三問』の歌詞からは、学務局の真摯な取り組みの姿勢を感じとることができよう（成三問は一五世紀の李朝の名官。世宗を助けて諺文創製に貢献した[65]）。

「学の道の杖となり　知識の庫の鍵となる　我が諺文は誰が作ぞ　王命帯びて遼東に　学者訪ぬる十三度　苦心重ねし成三問　婦女子の文字と捨てられし　星霜過ぎて五百年　勲は文の花と咲く」

こんな歌を、朝鮮の学童に歌わせていた。「我が諺文」を学の杖、知識の鍵と言い、先人の苦心を偲びその再興を寿ぐ――文といえば漢文を意味した旧朝鮮ではありえなかった発想である。総督府は、諺文への伝来の偏見[66]を意識し、それを打破しようと努めていたのである。公教育の普及とともに識字者は急増し、解放直後の南朝鮮の識字率五七パーセントは、当時の第三世界では突出した水準である[67]。

朝鮮語の教科書には、朝鮮の地理や物づくし、金剛山の美、秋夕・寒食など節日の話、ハングルを制定した世宗の功績、絵師率居の故事、沈清伝などの昔物語、童話やことわざなどが盛り込まれ、自ずと朝鮮の知識を得ることができるようになっていた。『普通学校朝鮮語読本　巻五』（一九二四年）には、こんなことが書かれている[68]（第二十五課「新羅の古都」）。

「雞林の北方に高く聳える瞻星台は新羅時代の築造物で、高さは約二十九尺、世界的価値のある東洋最古の天文台といわれています」「（慶州の陳列館には）この地方で発見された各種の遺物が保存されており、昔日のことどもを見せてくれるので、新羅文明の卓越したところをはっきり知ることができます。その中でも特に吾人の眼を驚かしてくれるのは、庭内に吊り下がっている奉徳寺の鐘です。その重量が十二万斤にもなり、実に朝鮮第一の巨鐘であるばかりでなく、形状が優美で、彫刻も極めて精巧で奇麗です」「邑の東南西里にある仏国寺も新羅時代に建設されたもので、建築・塔碑等の見るべきものが少なくありません」「石窟庵に入ると、穹隆型の石窟の中に二十九体の仏像が周囲の壁に彫刻され、中央には一丈余の釈迦尊像が安置されていて、その彫刻の優美たること、東洋芸術の誇りといえます」（権在淑訳）

世界のなかの朝鮮を意識し、その文化の優点に自然に目を開かせようとする、屈託のない文章である。国語（日本語）や修身の教科書、あるいは音楽教材や図画帖の類を見ても、内地よりまずは朝鮮の知識を授けることが重視されていたことがわかる。(69) こんな風に教えていたのかと意外に思う人がいるとすれば、それは日本の統治について、実際とはかけはなれたイメージを持っている（持たされている）からである。

もともと旧朝鮮の士人は、中国尊崇が嵩じて自国を蔑《ないがし》ろにし、総じて研究の価値あるものと考えていなかった（後述）。朝鮮の文化に真摯な関心をいだき、その特性を把握して世に伝えようと骨を折ったのは日本人で、その成果の一端が教科書に盛り込まれているのである。(70)

戦後この国を指導した人々は、自国のことをろくに知らない昔の儒生のようではなく、民族についての基本的な観念をもっていた。ハングルが国民の普遍的な教養として定着し、漢字を知ってハングルを知らない旧套の知識人はやがていなくなる。綴字法の基本も受けつがれ、今の韓国標準語はこのときの教育言語がもとになって形成された。

日本が朝鮮語を禁止したなどと言いふらす人がおり、(71) 真に受けている日本人も少なくないが、まったくの虚説である。併合時に存在した朝鮮語の文字文化は、しるしばかりのものでしかなかった。伝来の朝鮮語文献は、いくばくかの小説のほか、仏典や漢籍の諺解、(72) 薬や鍼灸の解説書、救荒や畜産病の対策本、蒙古語や倭語の教本のような特殊なものばかりである。どれも国語文化の証とするにはあまりに微小なもので、有り体に言えば、旧朝鮮では諺文はほとんど使われていなかったのである。(73)

あるかなきかだった朝鮮語文化が全面的に開花したのは、日本時代である。朝鮮語の使用範囲が全方位で拡大し、文芸はもちろん、思想書や実務書が書かれ、多種多様な雑誌が創刊された。朝鮮語の学校唱歌が作られ、[74] ラジオ放送が始まり、演劇が上演された。とりわけ一九三〇年代に制作された『春香伝』『薔花紅蓮伝』『沈清伝』などの朝鮮語映画は、それまであまりなじみがなかったハングル古典を民衆に近づけるうえで、大きな役割を果たした。

朝鮮語が禁止されたことは一度もなく、日本の支配が終わる最後の瞬間まで、何事もなく用いられつづけた。朝鮮語新聞『毎日新報』の終戦翌日（八月一六日付）の紙面は、「平和再建에《へ》大詔渙発」「共同宣言受諾　米英支蘇四国에《へ》通告」「軽挙를《を》厳戒하야《せよ》冷静沈着하라《であれ》　阿部総督　諭告発表」といった見出しの記事で埋めつくされている。[75]

一九四〇年には、日本語月刊誌『総動員』の姉妹誌として、「国語を解しない総力連盟員の指導教養に資する」ことを謳い文句に、公称三五万部の朝鮮語リーフレット『새벽』（セビョク。「暁」の意）が創刊された。[76]『朝光』『春秋』『野談』『新世紀』『半島之光』『農業朝鮮』などの朝鮮語雑誌は戦時中も引き続き発行されており、[77] たとえば『朝光』一九四四年一二月号の目次には、「必勝과《と》死生을《を》超越한《する》精神」「独逸의《の》工場分散과《と》地下施設」「B二九의《の》性能」「몸뻬《もんぺ》와《と》치마《チマ》의《の》問題」などの朝鮮語の見出しが躍っている。

朝鮮語文芸の発表も続けられていた。日本時代の最後の五年間（一九四〇年代前半）に出版された作品は、李光洙『元暁大師』、徐廷柱『花蛇集』、朴鍾和『多情仏心』、李孝石『日曜日』など、一六九点に及ぶ。[78]

NHKにあたる朝鮮放送協会は、設立以来、朝鮮語によるラジオ放送（第二放送。第一放送は日本語放送）を行なっていた。第二放送部長（当初は課長）は一貫して朝鮮人のポストで、朝鮮人スタッフが、ニュース、天気予報、識者の講話、料理の講習、放送劇、伽耶琴演奏や朝鮮民謡、パンソリ[79]、歌談（朝鮮語に訳された浪花節）などの番組を収録、放送していた。戦時体制になってからも聴取域を拡げる努力が払われ、一九四一年に大邱、清津、釜山、四二年に光州、裡里、四三年に元山、海州と続いて、最後に大田で朝鮮語放送が始まったのは、一九四四年一一月のことである[80]。

一九四〇年からは、『水仙花』『志願兵』『半島의《の》봄《春》』などの朝鮮語映画が次々と公開され、「息子의《の》血書」などの朝鮮語歌謡がレコード化された。作家蔡万植は、「米英撃滅国民総決起大会」（一九四三年）の講師を務めたときの体験をのちに書いているが、主催者（総督府・総力連盟）からの要請で朝鮮語で喋ったという[81]。安浩相や白樂濬など、外国生活が長く日本語があまり得手でない人の名もけっこう出ているのは、朝鮮語での寄稿や講話が求められたからである。

当時総督府はさまざまな朝鮮語媒体を駆使し、帝国への統合、戦意の高揚に腐心していた。朝鮮語が禁止されたなどという作り話が、なぜかくも執拗に語りつづけられてきたのか、今さらのように不思議の感に打たれざるをえない[82]。

朝鮮の言語や文化が抑圧されたなどというが、日本統治下でおきたことは、ほぼその反対だった。朝鮮語は文化語として新たな命が吹き込まれ、朝鮮の歴史や地理、神話や伝説、文化遺産その他朝鮮の事物についての知識が、広く国民に共有されるようになった。民族文化の観点から大きな前進があったのは、まさにこの時代だったのである。

6　韓国（朝鮮）学の開拓

「教科書」には、「日帝の植民地統治下でわが国の学界がうけた損失は非常に大きかった」と一行書いてある（p. 463）。しかし、何を根拠にしているのだろう。分野を問わず、近代的学問をこの地に持ち込み、韓国学の基礎を作ったのは日本人である。

もともと李朝士人は中国の学習には熱心だったが、自国のものは諸事冷漠視していたから、足もとの土地の民俗や伝承、風物、民間信仰については研究書はおろか記録もろくに残っていない[83]。日本の学者は朝鮮を未踏の学問分野とみなし、多大の興味をもって研究に取り組んだ。研究体制の整備、遺跡の発掘調査、金石文の拓取、学術文献の刊行に枢要な役割を果たしたのは、総督府である[84]。とりわけ『朝鮮史』、『朝鮮古蹟図譜』、『朝鮮人名辞書』の編纂は、今なお記念碑的事業としての意義を失わない。

一五年の歳月を費やして完成した、二万四〇〇〇ページ、三七巻の大著『朝鮮史』は、朝鮮・日本・中国の古書、五〇〇〇点近い採訪資料、金石文その他の史籍を渉猟し、私見や政治的意図の混入を極力排除するという方針のもとに編纂されている。論賛はなく、正閏是非にかかわることなく、個々の具体の史実を記し、一つの段落、時には文の一行ごとに、採録した典拠を配するという体裁で叙述されている[85]。

『朝鮮古蹟図譜』一五冊は、全国津々浦々の古建築、遺構、石碑や石像の類を写真に撮り、精密な実測図を描き、位置と寸法を記録している（ただそれだけで、文章はほとんどない）。『朝鮮人名辞書』は、朝鮮、日本、中国の群書に散在する大小零細の記事を集め、一万三〇〇〇人もの人物の事蹟を収録している。政治的意図がなかったことは、たとえば壬辰乱の英雄李舜臣に特大のスペースを割き、「倭酋」「倭賊」といった表記も、こだわりなく載せていることからもあきらかである。

いずれも評価を避け、客観を専一に心がけたもので、特定の歴史認識を押し出すいわゆる正史の対極にあるものである。反日の歴史家を含む後のすべての研究者に、分けへだてなく多くの恵沢を及ぼしてきたこれらの文献が、なぜ学界に「非常に大きな損失」を与えたことになるのだろう。

前間恭作の『古鮮冊譜』『龍歌故語箋』、小倉進平の『朝鮮語学史』『郷歌及び吏読の研究』、高橋亨『朝鮮仏教史』、今西龍『朝鮮史の栞』『朝鮮古史の研究』、関野貞『朝鮮美術史』、村山智順『朝鮮の鬼神』『朝鮮の風水』、赤松智城・秋葉隆『朝鮮巫俗の研究』、四方博の『朝鮮社会経済史研究』は純乎たる学術書で、今も各分野の研究の基本文献となっている。

韓国人は、日帝支配の正当化のための研究だとかたづけ、調子を合わせている日本人も少なくないが、政治的レッテル貼りにすぎない。京城帝大教授、総督府の嘱託だったことが大層らしくとりあげられるが、当時朝鮮に今風の民間研究所のようなものはなく、俸給を得て研究に専念できる職がほかになかった。一介の研究者として、ならばどうすればよかったというのだろう。それに韓国人は、一時期総督府に籍をおいていた金元龍（考古学者）、方定煥（児童文学者）、李箱（詩人）、李孝石（作家）について、この種のことを言っていない。これは二重基準ではなかろうか。

日本時代に刊行された研究書や調査報告は、戦後韓国で書かれた民族主義色の濃い論稿に比べ、総じて冷静で控えめなトーンで貫かれている。事実を事実として伝えようとした精神は、遺物や資料の取り扱い、論文や報告書の内容にあまねく示されている。皇国史観、優越史観云々の議論はひとまずおいて、実際に手にとってみれば、学界が損失を受けたなどという言説の荒唐無稽は、誰の目にもあきらかなはずである。

日本人の業績を認めている韓国人も、いないわけではない。安春根は、『朝鮮史』全三七巻について、いまだにこれを超えるものはないと述べている。『朝鮮古蹟図譜』も巨創の出版物として我々を圧倒する、『朝鮮人名辞書』も前人未到の画期的な事業で、われわれが今使っている人名辞典はすべてこれを土台にしている。不法統治者日本の手になるものとしても、どれもこの上なく貴重な文献で、われわれはいまだにこの達成に手が届かないと言う[86]。

心からの称賛を惜しまない人もいる。

「朝鮮史編纂事業は、日本が『韓国』に残した画期的業績として特記すべきものである。……旧家に保存され、散佚していた資料を着実に蒐集して整理し、また対馬藩の資料を集積して、これらの難解な諸資料を丹念に整理していったその努力と根気強さには、驚嘆するばかりである」「散佚しつつあった古文書・古図書・金石文および古蹟を整理保存し、あるいは世界に紹介し学術研究上の参考に寄与し、そして朝鮮史実の糾明を試み、正確なる史実を後世に伝うることに専念した人たちの『韓国』に残した足跡は大なるものである」「この文化的業績だけはどうしようもないのである。嫌いだといって見捨てることもできず、そして、しかたなしに利

用するほかない」（崔敬洛［1968］p. 184, pp. 187–188）

鬱然たる業績を前にして、前人未到の事業、この上なく貴重な文献、驚嘆するばかりの努力——こうした言葉が、口をついて出る。民族意識とは一線を画す、研究者としての良心の声と言えよう。彼らは日本の支配を肯定する特別の人ではない。その点では一般の韓国人同様だが、それでもなお日本の学者の仕事を偉業と感じ、それが「総督府の汚点」を償っていると考えるのである。[87]

この頃の朝鮮人の貢献は少なく、安春根があげる研究書は四点のみである。[88] 前時代からの惰性で、政治志向の論客が多い割に、地道に研究に取り組む人は少なかった。歴史学の李丙燾《りへいとう》、全海宗、高炳翊、国語学の李熙昇、李崇寧、国文学の趙潤済、金思燁、経済学の全錫淡、政治学の李漢基、考古学の金元龍らの名があげられるが、多くは日本の学者のもとで研鑽を積んでいる最中で、彼らが本格的な研究業績を築くのは戦後のことである。こうした研究人材の育成は欧米植民地ではあまりみられなかったところで、このこと自体が日本の遺産と言えよう。

欧州各国が大学を植民地に設置する場合、宗主国の言語や法律など実用科目を中心にカリキュラムを組むのが通常だが、一九二四年に創設された京城帝国大学は、大学院を擁し学術研究を重視する本格的な総合大学だった。[89] その法文学部は、朝鮮半島に史上初めて誕生した朝鮮研究の拠点で、朝鮮古代史、任那・渤海の歴史、李朝史、経済史、朝鮮語・朝鮮文学、仏教、儒教、巫俗、朝鮮考古学などの研究に取り組んでいた。戦後韓国（朝鮮）の国学をリードした研究者の多くが巣立っていった、人材の淵叢である。卒業生の一人金思燁（九期生）は、晩年次のように述べている。[90]

「小倉進平教授は『朝鮮語系統論』を担当されたが、その講義を聴いてアルタイ語と国語との関係が整然たる法則のうちに対応していることを理解するとともに、いち早く『ハングルの優秀性』を悟らせて下さった過ぎし日の先生の言葉を、のち学の次元であらためて嚙みしめるようになった」

総じて日本の学者は、使命感をもって学ぶ朝鮮の英才を大切にし、後進として熱心に指導した。幾多の重要な著作を執筆しただけでなく、朝鮮学の伝統を築き、それを遺産として残していった。大かたの韓国の学者は素知らぬ顔をしているが、黙殺したからといって事実がなくなるわけではない。

崔敬洛は「その国のもつ文化遺産を学者的良心をもって、政治家たちとは別に、それに愛着を感じ、親しみをもったこのことが、どれほど総督府の独走を制したか」と述べている[91]。

韓昇助の指摘は、端的な真実と言えよう。

「韓国の民族文化が日帝植民統治の期間を通じてより成長、発展、強化された。韓国の歴史や語学、文学等韓国学研究の基礎を打ち立ててくれたのは、むしろ日本人学者と彼らの弟子である韓国人学者だったのではないか」（韓昇助［2005］p. 298）

学界が損失を受けたというが、逆ではないか。この国の学界そのものが、日本の学統の延長線上に形成されているのである。

7 日本の遺産の継承

「教科書(一九九六年)」は「(日帝の)あらゆる政策が植民地統治のための手段として計画され執行され、わが民族には何の役にも立たなかった」と書いている(p. 390, p. 397)。これが本当なら、解放後、日本が残したものは、ナチの遺物のように一掃されてしかるべきだが、おきたことはその反対である。

言行が一致しないとき、真実は「行」にあるとみなされる("Actions speak louder than words")。この国は現実の行動で、日本の統治に高い評価を与えているのである。

まず、法秩序が連続した。憲法の前文には大韓民国は「臨時政府の法統を継承する」とあるが、これは一九八七年になって書き加えられたもので、原憲法(第一共和国憲法。一九四八年)に元からあったわけではない[92]。

一九一九年に上海で制定された「大韓民国臨時憲法」は、本国では一度も施行されずに終わった。臨時政府の政策要綱(一九四五年九月三日)には「敵の一切の法令の無効を宣布する」とあるが、原憲法はこれに一顧もせず、「現行法令はこの憲法に抵触しない限り効力を有する」(第百条)と規定している。日本時代の法律は基本的に有効とされ、無効になったのは政策要綱のほうだった。朝鮮の統治は、大韓帝国から日本帝国、さらに（南半分について）アメリカ合衆国、大韓民国へと引き継がれていったのであり、臨時政府は本流からはずれた末梢の事実でしかなかった。「臨時政府の法統継承」は、光復四〇年後、有志の運動によってさかのぼってあったことにされた理念的認識で、史実に属するものではない。

戦後かなりの期間、おもな日本の法律が移用されている。一九六〇年の韓国六法全書を見ると、たとえば民法の部分については、冒頭に「檀紀四二二九年四月二七日法律第八十九号」とある。檀紀とは神話上の人物檀君の即位年を紀元とするもので、その四二二九年とは西暦一八九六年、明治二九年のことである。この年日本民法が帝国議会で可決成立し、法律第八十九号として公布された。この頃は独立国としての朝鮮王国が存在していたのに、大韓民国はそれをわきにおいて、当時まだ外国だった日本の立法過程をそのまま自国のそれとみなした。

刑法の移用は一九五三年まで、刑事訴訟法は一九五四年、民法と民事訴訟法は一九六〇年、商法、手形法、小切手法、有限会社法に至っては一九六二年まで、移用が続けられた。新たに制定された法律も日本法を継受したもので、今なお実質的に同文の条文も少なくない。韓国の政府機関で仕事をしたある在日韓国人が書いている。

「私はどこかの法科大学の学生ぐらいには、韓国の法律を読んだ。その体験から考えたが、韓国の法律は日本の法律の翻訳にすぎない。読みだしてみると、漢文混用体（ママ）の韓国語であることはすぐわかった。そして、ときどき何を言っているのかさっぱりわからなくなることもあった。思うところがあって、あるとき、それを全部日本語になおして読んでみた。すると、意味がわかるのだ」（金丙鎭［1997］p. 267）

つまりそれは日本語だったのだ、と続けている。法律家は条文の背後にいつも日本法をすかし見ていたから、韓国語でどう書かれていようと、日本語にして意味が通っていればそれでよかった。こんなことをしていながら、「何の役にも立たなかった」。

政府は、朝鮮総督府の後身である。終戦時の総督府本府の機構は、官房のほか、財務、鉱工、農商、法務、学務、警務、逓信、交通の各局からなっていた。アメリカは終戦の年の九月に軍政庁を発足させたが、鉱工局と農商局を商務局・農務局に再編し、総督官房情報課と警務局衛生課をそれぞれ母体にして公報局と保健厚生局を設置するなど若干の手直しを行ない、一九四八年に成立する大韓民国に引き継いだ。この間「局」を「部」にあらため、学務部を文教部、商務部・農務部を商工部・農林部とし、警務部に地方行政と土木行政を統合して内務部を、保健厚生部に労働行政を吸収して社会部を創設したが、要するに総督府の各局が韓国政府の各部（省）になり変わっていったのである。地方行政も同じで、戦前の（南朝鮮）八道に、ソウル特別市・済州道を新設して一市九道とし、いくつかの邑を府に格上げしたほかは、位置と区域、名称は日本時代のものがそのまま踏襲された[93]。

人的な面からも、連続には疑問の余地がない。日本時代晩期、総督府官吏一六万人の半数はすでに朝鮮出身者になっていたが、彼らは大韓民国の行政官になり変わり、日本から受け継いだ伝統を大事にし、日本人のやり方をまねた(94)。今日的視点に立てば「まねた」ことになるが、実情をいえば、総督府の官吏だった人々が、今までどおりのやり方で仕事をしていたというだけである。

元総督府高等官で戦後商工部次官となった任文桓は、総督府鉱工局が米軍政庁鉱工部となり、三転して新政府の商工部になったが、名前が変わっただけで、仕事の中身は隅々まで同じだったと書いている(95)。人と機構の観点からは、朝鮮総督府と韓国政府は連続する一つの実体で、端的に言えば、一九一〇年から四五年までを朝鮮総督府、その後一九四八年までをアメリカ軍政庁、以後を韓国政府と称しているだけである。

司法も同様で、韓国の裁判所は、帝国的法秩序の維持にあたっていた総督府司法機関の後身である。大法官ら基幹要員はかつての総督府の判事や検察官で固められ、以前の判例も有効で、法学教育の内容もほとんど同じだった。日本時代の行政処分は原則そのまま有効とされ、税制も大半の税目を引き継いでいる。土地所有も同様で、土地が略奪されたとする学校教育と平仄が合わないのだが、判例は今日まで一貫して、土地調査のさいの認定をもって土地の原始取得とみなしてきた(96)。

ソウル大学は一九四六年に設立された新しい大学ということになっているが、要は京城帝国大学の衣替えである。所蔵する書籍に資料、校舎、（去っていった日本人以外の）教員、何よりも学の伝統が引き継がれた。戦後長らくその法学部の同窓会の会長は、京城帝大法文学部の卒業生が務めていた。大学には半世紀余の歴史しかないはずなのに、法学部は、一九九〇年代に創設百周年の記念式典を挙行している(97)。こうした表裏の不同は言わば体制化しており、誰も問題にしない。

事情はどの分野でも同じである。日本の法律が受け継がれたのは、日本が司法の伝統を残していったからである。略奪と暴行の体制のもと、法が紙きれで裁判が茶番だったのなら、継承すべき何ものもなかったはずだが、そうではなかった。生きた法律があり、それが現に社会を秩序づけているのに、日本が制定したという理由だけで廃棄することはできなかった。それ以外に法が継受された理由はない。

裁判所が土地調査事業における認定をもって土地の原始取得としてきたのは、裁判官が親日派だったからではなく、それが実際に土地所有権を確定した事業だったからである。後に築かれた財産の多くは、このとき認定された土地資産に発している。それを根源にさかのぼって否定するなど、今さらできるわけがない。

総督府の機構がそのまま韓国の行政府に転化していったのは、それが実のある行政をしていたからである。日本帝国の立場は立場として、法を執行し、税を徴収し、学校を作り、鉄道を運営し、植林し治水する――こうした仕事を、少数の役人が手際よくこなしていた。瀆職がほとんどなかったことは内外の研究者がひとしく認めるところで、反日意識が昂進した今の韓国においても、総督府の腐敗を非難する声は聞かれない。大韓民国の行政官に転じた元総督府官吏が、これらをよき伝統として意識したのは当然だろう。

京城帝国大学が戦後新生国家の最高学府として出発することができたのも、現に総合大学としての実態があったからである。戦前日本人教授が著わした朝鮮研究書の多くは当地で復刻され、今も韓国の研究者は、（日帝御用学者などと言いながら）何食わぬ顔で適当に使っている。[98]

朝鮮放送協会が大韓放送協会となり、朝鮮殖産銀行が韓国産業銀行に、朝鮮美術展覧会が韓国美術展覧会、李王職雅楽部が国立国楽院に、朝鮮史編修会が国史編纂委員会に、何事もなくなり変わっていったのも、同じ事情による。

光復後、日本の軍隊は姿を消し、朝鮮神宮は毀《こぼ》たれ、鎮海の桜の木も切り倒された。紀元節も、昭和の年号も、小学校の御真影もなくなり、日本語による教育も廃止された。しかし、多くのものは手つかずで残った。というより、自覚的に受け継がれていった。

継承は自然現象ではなく、人の意思の所産である。日本法を移用した法律家も、伝統を守ろうとした行政官も、日本の学統を継いだ学者、日本軍の教育を評価した軍人も、日本否定の総論には表だって異を唱えなかったが、それぞれの分野で黙々と継承の努力を続けていた(99)。公的認識はどうあれ、そのことが、日本がこの地に残したものの真価を問わず語りに語っている。何の役にも立たなかったというが、事実は正しくその反対だったのである。

8　第三者の視線

「教科書（一九九六年）」は「日帝は世界史で類例を見出せないほど徹底した悪辣《あくらつ》な方法で、我が民族を抑圧、収奪した」と書いているが（p. 392）、こうした認識が学問世界の公論になっているわけではない。

一九六〇年代後半に始まる韓国経済の躍進によって、各国の研究者がＮＩＥＳ（新興工業経済地域）の有力国としての韓国に注意を払うようになった。彼らは現代の研究から出発したが、やがて近年の刮目すべき発展には相応の基礎があるはずだという考えから、戦前に目が向けられていったのは、いわば自然な流れである。多くの研究は、結局一つのことを浮きぼりにした。日本統治期に、経済社会の本格的な近代化が進行していた。「世界史で類例を見出せない」にはちがいないが、教科書的見解とは別の意味でそうだったのであり、それが共通の認識になるのにさほど時間はかからなかった。

韓国開発研究院とハーバード大学国際開発研究所の共同研究『韓国経済社会の近代化』（一九八〇年）は、日本の統治は近代的経済発展の礎石を置いたもので、戦後の南北分断のような災厄と同列にはおけないとしている[100]。これはアメリカの学者（Ｄ・Ｈ・パーキンス）の見解だが、序文には、収録論文はすべて両国の研究者が十分意見交換をしたうえで書かれたもので、共同の作品と考えられてよいとあるから、韓国の執筆者もこの認識を共有していたと受けとってよいだろう[101]。

英文の浩瀚な韓国通史を著わした在米の韓国人歴史家ナム（Andrew Nahm、南昌裕）は、日本人の業績（achievement of Japanese）を次のように要約している。

「日本の資本主義と資本の到来、新しい貨幣制度、金融・商業の諸制度、製造業などの産業の創出、政府の政策と計画、鉄道と地上交通の拡張、近代的な道路の建設、港湾施設の改善、新技術の導入は、直接間接に経済の近代的発展をうながした。一九三九年頃ともなれば、外国人旅行者は、増えつづける近代都市、近代的輸送体系、拡大する産業、百貨店、金融制度、鉄鋼・化学のプラント、機械工場、大水力発電所、近代的灌漑網など多くの近代の成果物を目撃しただろう。釜山から京城、京城から最北の新義州まで、さらに東北端の会寧まで、急行列車で旅行すれば、経済を近代に移行させたと見える日本人の業績に印象づけられ、一驚しただろう」（Nahm［1981］pp. 47–48）

バランスのとれた工業化が進行し、道路、鉄道、電信、港湾のインフラが整備され、植民地型経済とは異質の経済が形成されていた。農業も同様で、戦後多くの発展途上国が取り組んだ「緑の革命」は、すでにこの時代に達成されていたという。コーリ（Kohli。プリンストン大学教授）は、かつて欧米の植民地だった国で、当時の朝鮮なみの水準に達した国は今なお存在しないのではないかと述べている。(102)

もともと植民地とは、支配国が経済的利益を獲得するために構築した体制を指し、鉱山を開発しプランテーション農園を開き、自国の工業製品の市場に仕立てる、「政治的支配というよりすぐれて経済的現象」である。ほとんどの場合原住民は異なる人種に属し、ラテンアメリカにおける銀採掘やジャワの強制栽培制度に見られるように、過酷に扱われることが多かった。政庁や軍施設、白人の生活施設、産品の搬送のための鉄道や港湾は整備しても、植民地自体の経済的・社会的発展への関心は希薄で、現地の工業化はほぼ例外なく阻止する方針をとった。(103)

日本は朝鮮を内地の延長とみなし、名実ともに自国に統合することを目標にして統治した。(104) 半島を収奪して低い水準にとどめおく政策は、九州を搾取して本州を富ませるのと同様、意味のないことである。身分制の撤廃、殖産興業、教育の普及、土地調査など経済社会の改革に熱心に取り組んだのは、日本自身の観点からも必要なことだった。ジョモ（Jomo, K. S.。マラヤ大学教授）が述べている[105]（一九九七年）。

「明治以降の日本と、その植民地韓国と台湾の経験は、今世紀前半、産業と教育と管理の一定の発展につながった。これは他の旧植民地の事態とは明らかに異なっており、おそらく両国の戦後の急速な工業化に役立ったものと思われる。他の植民地に比べ、日本の植民地では産業は著しく成長したようだ。アメリカ統治下のフィリピンをおそらく例外として、西洋の植民地に比べ高等教育も充実した」「韓国・台湾は今世紀の前半、シンガポールなどと比べても、工業化の豊富な経験を蓄積したように思われる。製造業の発展に関するかぎり、イギリスの植民地主義は日本のそれに比べ著しく抑圧的だった」

明治政府同様、総督府にとって殖産興業は至上命題で、民族的背景にこだわらず企業を支援した。「教科書」は日帝支配下で民族資本は衰退したと書いているが（p. 414, p. 419）、実際にあったことではない[106]。朝鮮系の企業も総督府と密接な関係を保ち、京城紡織や和信のような大企業ともなると、産業政策の決定過程にもかかわった。こうした官民の関係は、そのまま戦後にもちこされ、今日の韓国経済の特徴ともなっている[107]。

総督府の行政も注目されている。予算や人員の規模は小さかったが、一枚岩の官僚群による行政は強力な浸透力をもった。[108] 税は軽く、住民の負担を最小限にとどめ、短期間のうちにめざましい成果をあげた。その手腕へのランデスの評価は、オマージュに近い。

「時代を通じて最高の植民地支配者は日本で」「元植民地に成功がもたらされたのは、日本政府が植民地に残した合理的経済のおかげであり、植民地で行われたのは『日本自身も行っていた近代化努力の最高傑作』であった」（ランデス［2000］pp. 377-378）

こうした言説は、今の韓国の知的風土のなかにおけば目新しく見えるかもしれないが、とくにラディカルというほどでもない。香港やシンガポールの法治がイギリスの統治と関係ないとは言えそうにないし、台湾でも中華主義の人は別として、日本統治下での近代化は、事実あったこととして広く認められている。[109] 韓国だけは全然別だというのは、いかにも無理に思われる。

今では公的記憶から消されているが、韓国でも昔は異なる認識があった。一九四七年に出版された、全錫淡らによる『日帝下の朝鮮社会経済史』は、日本の支配下にあったことにも目配りしているが、経済社会の近代化という大きな事実の前では、従たるものと位置づけている。過去四〇年、顕著だったのは日本の力による資本主義化で、旧体制が一掃され、新しい生産関係が急速に発展したと要約している。[110] 当時、「外からの近代化」（千寛宇）は、自明のことと認識されていたのである。[111]

日本人にとって終戦は廃墟や瓦礫のイメージと結びついているが、半島で大規模な破壊があったのは朝鮮戦争のときで、一九四五年の時点では、日本の遺産はほぼ手つかずの状態で残されていた。併合後二世代も経たないうちに生じた変化は、膨大な広がりに及んでいた。

京城の人口は一〇〇万を超え、京釜線、京元線、京仁線が発する鉄道網の結節点となり、食品・印刷・紡績・機械など各種工業の集積する一大都市になっていた。大学と大学予科、専門学校[112]をはじめとする一八〇余の学校が蝟集《いしゅう》し、焼け野原となった東京とは対照的に、林立する近代建築、赤煉瓦の駅舎、エスカレーターや電光ニュース付きの地上六階地下一階のデパート、八階建てのホテル、カフェ、広々としたアスファルトの道とプラタナスの並木、早朝から深夜まで駆けまわる電車、証券取引所、ゴルフ場、劇場、映画館、動物園、植物園、博物館、科学館などの都市文明の象徴が、ひとそろいで存在していた。

人々は、これらがみな僅々三五年の間に誕生したことをよく知っていた。書物を通してしか日本時代のイメージをもてない今の人とは異なり、当時の人々に、目の前の現実とまるで遊離した説を語るのは無理なことだった。

しかし、世代の交替が進むにつれて、実体験に基づく認識は徐々に崩されていく。認識の主軸がずれ、日帝支配への抵抗が歴史叙述の主題となり、身分制の解体、資本主義化、農業の革命、国語文化の確立という、はかりしれない重要性を持った一連の事実は故意に曖昧にされ、やがて覆いかくされていく。日本の戦後史を記述するにあたり、経済の飛躍的発展を語らず、技術文明の発展も無視し、安保や反基地の闘争、公害や自然破壊、過疎の農村だけを延々と語るのに似た、特殊な歴史が綴られるようになったのである。

9 「歴史信仰」

教科書的歴史記述の背後にある考えを知るために、韓国精神文化研究院(113)の朴成壽教授（当時）の見解を引く。この人は歴史教科書の編纂にあたる国史編纂委員会編史室長を務め、一九八〇年代前半の第一次教科書事件にさいしては日本の歴史教科書に対する是正要求のとりまとめにもあたった。日韓歴史教科書シンポジウムや日韓合同歴史教科書研究会にも韓国側を代表して参加しており、いわば韓国の国としての立場を代弁してきた学者である。彼は、歴史記述の方法論について次のように述べている。

「日帝は文献考証主義とともにランケの歴史政治学を受容、帝国主義的解釈の武器として利用した。ランケ史学は……国家の政策を神聖視することによって、民主主義と封建的反動を同時に拒否するプロシア立憲君主主義国家を世界史の中心、歴史の頂点に置いた。……日帝侵略の野蛮性と犯罪的性格を隠蔽するうえで、価値の中立性と歴史的客観性を前面に押し立てるランケ史学以上に便利な道具はなかった」「日帝植民主義歴史家たちは、考証主義の宝刀で韓国の歴史をズタズタに切りさいなんだ。それは、民族の古代史を矮小化させ、日帝侵略史を美化することであった」（「民族抵抗史学の再評価」朴成壽［1982］pp. 59-60）

ランケを引きながら、自身の基本姿勢を語っている。価値の中立性と歴史的客観性によって、日帝の野蛮と犯罪を浮きぼりにするのではない。その逆である。中立と客観ではそれらは隠蔽される、考証で美化される、と言っている。口がすべったわけでも、文脈の論旨をはなれ筆者の恣意で抜き出したわけでもない。この人は、同じことを繰り返し述べている。

「歴史は元来科学というよりは歴史を通じて反省し、理解する学問であると思います。私は、今までそのように信じてきました。歴史を科学化するのは難しいことです」(『韓国史批判』朴成壽［1992］p. 9。韓国語文献)

科学でないとすれば、何なのか。「信仰」である。[114]

「どの民族にも、その民族が長い間信じてきた歴史信仰というものがあります。おそらくこの信仰は非科学的かも知れませんが、科学の次元で見るとちょうど縮地法（章末の注を参照。筆者注）が非科学的であるように、信仰も非科学的なのです」(同 p. 12)

歴史に信仰上の真理の具現を読みとるという考えは、諸国民のなかにしばしば見出される。現にクリスチャンの咸錫憲は新羅以来の歴史を衰退の歴史としながら、そこに厳粛な神の意思を見ている[115]。事実は事実として受け入れ、ただそれに宗教的な意味づけを与えようとするものだが、「歴史信仰」はそれとは違う。

歴史は学問的に解明するものではなく、信仰の対象なのだという。科学でないのだから、客観性を意識させる韓国史という言い方も不都合で、国史でなければならないとする[116]（現に「教科書」のタイトルは『国史』になっている。日本語訳は『韓国の歴史』だが）。

しかし価値の中立性、歴史的客観性から離れ、考証によらずに、どのようにして歴史を書くのか。彼は申采浩を引用しつつ、こう述べている[117]。

「真実な愛国心をもって歴史を叙述しなければならないのであり、愛国心を呼び起こすことのできる歴史だけが本当の意味での歴史なのである」

「歴史教育というものは、あくまで国民の士気を養うためにあるのです。歴史教育は、若者の気を生かしてやらなければなりません。勇気と士気の源泉になるようにしなければならない」

彼は、どの民族にも固有の歴史信仰があり、それで愛国心を培っているという。そういう認識に立つのなら、国ごとの、多種多様な歴史が平和裏に共存するという想定につながってよいはずだが、そうはならない。各国の歴史は激しく対立し、相互間にたえず「歴史戦争」が展開されていると考える。それは、国と国が領土を争うように、どちらの信仰が勝つかという闘争である。好太王碑の碑文の解釈のようなものも、韓中日三国間で展開されている、現在進行形の歴史戦争だという[118]

（『韓国史批判』）。

かつて韓国は、日本との歴史戦争に敗北した。日韓併合によって、領土や主権だけでなく、歴史解釈の独占権が日帝の手に渡ったからである。歴史解釈権を奪われた民族は徹底的に踏みにじられる。「そうなるほど奪う側の勝利は大きくなるから、文化的敗滅は、経済的、政治的、社会的敗滅よりも悲惨なものとなる」[119]。何としても勝つ。朴成壽は、プロレタリア的真実を頑強に主張するマルクス主義者のように、自国の歴史信仰の勝利を一途に願っている。

この人は教科書問題での対日スポークスマンの役割も務め、日本で講演したり、日本のマスメディアで発言もしている。一九九六年には雑誌『ＳＡＰＩＯ』に登場し、次のように述べている。

「日本人のなかには、韓国では反日感情を形成するために国定教科書を使っている、と思っている方がいらっしゃるようです。しかし、それは全くの誤解です」「今の教科書を読めば、侵略行為に関する記述が少なくてむしろ親日教育をしているという印象を与えるくらいです。過去、日本が誤った行為をしたという事実をそのまま教えることが、反日教育だというのでしょうか」「日本人がなぜこのような態度をとるのかといえば、それは日本人がわれわれ韓国人とはおよそかけはなれた歴史認識を持っているからです。日本は韓国の近代化を助け、寄与したのであって侵略したのではない、というのがそれです。このような認識が蔓延する根本原因が、まさに日本の歴史教育にあるのです。日本では歴史から何かを学び、教訓を読みとらせようと

する本来の歴史教育が行われていません」（朴成壽［1996］p. 23）

韓国での講演や韓国語の本では「日本野郎（倭奴、왜놈）」などと言っているのに[120]、これはずいぶんと丁寧なものの言い方である。各国にそれぞれの歴史信仰があると思っている人が、日本人が韓国人と違う歴史認識を持っていることを、さも問題であるかのように語る。侵略が悪いのは自明のような口ぶりだが、これも本心から出たものではない。この人は、他の多くの韓国の知識人同様、外国への侵略自体はもともと少しも悪いことだと思っていないのである[121]。韓国の一般市民を対象にした講演では、こう述べている。

「我々が不快に思うのは、我々がただの一度も外国を侵略できなかった、侵略されるだけの国難克服史だったという話です。国難克服史とは何か。受難史よりは少しはましだが、我々も、よその国を侵略した武強の民族だったとする視角で、なぜ国史を書けないのでしょうか。それが我々の歴史信仰です。文弱は朝鮮五百年についてだけのことで、その前の歴史はけして文弱ではありませんでした」（『韓国史批判』p. 15。韓国語文献）

韓国は「隠者の国」「静かな朝の国」などでは全然なく、はるか古代には中国北部を蹂躙し、日本に遠征した、殺伐で好戦的な戦士の国だったと言う[122]。

しかし侵略が武強の民族の勲《いさお》なら、日本の侵略は羨望の対象でこそあれ、非難するのは筋違いということにならないのだろうか。

そうはならない。歴史「戦争」だからである。許せないのは、「日本の」侵略だからである。韓国の侵略なら、愉快なことである。自分は侵略は悪くないと思っていても、日本人に悪いと思わせるのはよいことだ。日本の侵略への非難は、普遍的な倫理規範から導き出されるものではなく、韓民族に精神的勝利をもたらすための戦いと観念されているのである。

韓国では「事実をそのまま教えている」、日本では「本来の歴史教育が行われていない」、なども言う。自らのイデオロギー的正体を隠蔽しつつ、何も知らない日本人に、正しい歴史が必要だと説く。[123] 自分の主観を投影してわかった気になっている日本人が、勝手に誤解するままにまかせる。

しかし彼自身の観点からは、べつに嘘をついているわけではない。いわゆる「平和と民主主義」のように、言葉に特殊な意味が添加されているだけである。事実をそのままというときの事実とは、彼の論稿の文理によって解すれば、それは「価値の偏向」と「歴史的主観性」によって把握される「事実」である。教育されるべき本来の歴史とは、日本人が漠然と考えるであろう、実証的で客観性の高い歴史という意味合いのものではなく、韓国人の愛国心を高め、士気を養う歴史のことである。そのような歴史が、日本の若者に与えられるべきだという。

おかしいと思う人は多いだろうが、ことは戦争と意識されているのである。彼は、歴史を「我と非我の闘争」とした申采浩の史学を、それ自体が一つの歴史戦争だったとし、その精神を今によみがえらせなければならないとする。[124] 我と非我の闘争なのだから、勝つか負けるかという事実がある だけで、学問の手続きを尊重する気持などさらさらなく、国と国の対立を超えるルールの存在も認めない。どちらの信仰が勝利し、どちらの信仰が敗滅するかというだけで、彼は現にそう考えて教科書戦争を戦ってきた。こういう人、こういう国に、学問的客観性や公正さを期待すること自体が、そもそも間違っているのである。

旧ソ連の平均的な市民は、崩壊に向かう資本主義についての公式宣伝を基本的に信じていたという。しかしＫＧＢ（国家保安委員会）は幻想とは無縁で、たとえばひと時その頂点にいたアンドロポフは、ソ連体制の欠陥についてリアルな認識を持っていたという。思想を管理する側は事態を正確に認識する必要がある（自分をだますわけにはいかない）という事情はどこも同じで、韓国の一般市民は厚顔な日本人が真実を受け入れようとしないと思い込んでいるが、歴史観を設計する人は全然違うことを考えているのである。

この人は国家のイデオロギー部門（韓国精神文化研究院。当時）にいて、韓国史の直面する問題につきつめた認識を持ったのだと思う。日本の大方の識者よりはるかに深く、日本統治下で本当にあったことも知っている。しかし一方で、自国が対日関係史の解釈に課している膨大な要求もよくわかっている。

のちに述べるが、他の国では宗教や思想、文化伝統の受け持っている役割を、この国ではことごとく歴史解釈が担わなければならない。実在の伝統から遊離し、生きた革命神話も、民族的宗教もおぼろげなこの国の、正統性の全重量がそれにかかっている。日帝侵略の野蛮性と犯罪的性格を暴露しなければ、国がもたない。多少の資料操作では、この要求はとうてい満たせない。政治や道徳の僕《しもべ》の地位から、歴史を解放しようとしたランケの対極にある方法を、全面的に採用するしかない。

それなりに考えたうえ、このようなところまで突き進まざるをえなかったのだろう。

もとよりこれは朴成壽個人の見解で、韓国の研究者のなかでも、歴史は信仰で、本来非科学的なものだという主張には、たじろぐ人も多いだろう。歴史叙述の国粋主義を批判し、今の行く末に学問の崩壊、歴史学の神話時代への退行を予感する学者もいることはいる[125]。しかし、大勢に歯止めをかける力はないようだ。

朴成壽は、国家的事業として推進された『民族文化大百科事典』の編纂責任者でもあり、文教部の国史教育審議会の委員（近現代史担当）などを歴任している。正真正銘の主流の学者であり、この国の知的風土から孤立した人物では全然ない。このような人々が、これまで政治と提携して、信仰的歴史の確立に取り組み、日本の歴史教科書批判の前面に立ってきたのである[126]。

韓国で開かれた「日韓歴史教育セミナー」（一九九一年）で、尹世哲（ソウル大学教授）は、教科書問題を解決するには歴史の科学性に傾斜しすぎてはならず、事実にこだわる頑なな態度を捨てなければならないと述べている[127]。感情移入や道徳的判断を考慮すべきだというのだが、念頭に置いているのはどちらの国民だろうか。俎上にあがっているのは日本の歴史教科書なのに、日本人の感情や判断が考慮されるべきだとは、おそらくは夢にも思っていないはずである。

被害国の教科書を参考にして、日本の教科書の内容を根本的に変える[128]。日本が事実にこだわる頑なな態度を変え、韓民族の感情と判断を尊重して歴史を書き直せば、問題は解決できる――。それが本音である。

戦争というかどうかはともかく、こうした認識に内在するロジックはかぎりなくそれに近い。朴成壽はただ自分の立脚している立場を直視し、（韓国人に対してだけだが）それを率直に語っているだけである。

10　歴史の正統とは何か

世界史のうえで類例を見ないほど悪辣で、最もあくどく、最も残忍、野蛮性と犯罪的性格を本質とする日帝支配に対して、韓民族は熾烈・激烈に戦ったという。驚くようなレトリックだが、こうした教育が世代から世代へと続けられてきた結果、今や牢固たる国民意識が形成されている。異議申し立てをしている数少ない研究者崔吉城は言う。

「日帝植民地時代の研究には近代化による開発論的なことに関しては一切ふれられていない。イデオロギーによって反日感情のみ存在するようである。しかしそれはまったく事実であるかは問われていない。民族主義と反日は植民地に対する形骸化された固定観念になってしまったものであり、その実証的な裏づけはないように思われる」（崔吉城［1994］p. 4）

実態を知る第三国の研究者には、いかにも異様に見える。この国の事情を理解しようとは努めてみても、なにぶん韓国人が信じ、他に信じさせようとしていることが、あまりにも極端なのである。

「優しい韓国人と悪い日本人の戦いの完全に白と黒の歴史」（バビッチ）、民族主義の衝動につき動かされ（Kohli）、「日本の行為を弾劾することで得られる感情的満足のほうが重要視されている」（エッカート）などと言う（端的に「日本人に対する偏見（prejudices against the Japanese）」と表現する人もいる。[129] Kranewitter）。しかし韓国的歴史は、一時の感情に駆られたものでも、誤解を指摘することで正される認識といったものでもない。

「歴史」には、ドイツ語でいう「Historie（書かれた歴史）」のほかに「Geschichte（過去に生起した事実そのもの）」という意味がある。徹底的に背馳しているのは Historie 記述の方法論であって、Geschichte、つまり何が実際にあったのかという点については、認識にたいして差があるわけではないのである。

「教科書」を見れば一目でわかる。近代史の叙述に関しては、どの国でも経済問題が大きな比重を占めるのが通常で、現に「教科書」もこれにかなりのページを割いている。しかし奇妙なことに、戦前の数字がほとんど現れない。[130] 一人当たりの所得、工業生産額とその業種別内訳、主要作物の生産量、耕地面積、鉄道営業キロ、発電能力、電話加入数、預貯金の額、学校や病院の数、平均寿命など、経済社会の基本データを、何一つ示さない。戦後の経済発展については数字も図表も掲げているのに、各国の研究者から疑問の余地がないとされている指標を、まったく出さない。なぜだろう。

出さないのではなく、出せないのである。日本の支配が他に類のない過酷なものだったと断定する以上、一人当たり所得の伸びが世界で最も速かった事実には言及できない。工業の発展、食糧の増産、交通通信網の整備、病院の建設や衛生の改善は、「民族の生存まで脅かした」極悪の日帝像と調和しない。人口も書けない。なにぶん、農民の大多数が飢餓線上にあったと書いているのである（p. 415）。そうであれば一九世紀アイルランドのように激減して当然だが、実際におきていたのは人口爆発である。辻褄の合わせようがない。

どうするか。実際の歴史を当為の歴史に置き換える。国文学者金允植は、「事実としての文学史」とは別に「価値としての文学史」があるという。端的に事実を語るなら、近代以降日本文学を移入し、現代文学はそれを継承していると言うしかないのだが、名分上それは認められない。そこで、「韓民族の正統性の名において」、実在の歴史を括弧に入れ「史的に飛び越える」と言う。

「文学史を事実のままに見てゆくと……史的な跛行性に失望せざるをえないのです。ですからわれわれは、それを事実のままでなく、すなわちザイン（Sein）としてではなく、一つのゾレン（Sollen）として、価値指向性を考えざるをえません」「日本時代に行われた文学運動は、実証的に把握され克服されるべき対象ではあっても、それらのことを事実のままに堂々と認めてゆくという名分は立たないと思います。最近若い世代の文学人たちが、あの三十六年間を括弧の中に入れておいて、そこを飛び越えてしまうと言っているには理由があります。そうでない限り、田中首相の妄言などをそのまま承認することになるからです[131]」

妄言とは、一九七四年、当時の田中角栄首相が、日本時代に整えられた義務教育制度は、韓国でいまだに維持されているくらい立派なものだったとか、韓国人が日本から海苔栽培の技術を学んだことはその心のなかに残っている、などと発言したことを指す。事実をありのままに認めると、日本は良いこともしたという妄言を裏書きしてしまうというのである。

価値としての歴史が、現実には実現しなかったが実現すべきだった仮想の歴史を指すのであれば、事実認識にはかかわらない。しかし、「括弧に入れて飛び越える」。支配的な一系列の事実があることを横目で見ながら、あえて史実として取り扱わないというのである。つまり価値としての歴史は、理念の世界に存在するのではなく、本流の事実を袋にしまい、それに取って代わって、事実あったことであるかのような顔をする歴史なのである。

「歴史の正統性」や「正統の歴史」が、これほどに語られている国がほかにあるだろうか（崔昌圭、金昌式、金允植、李青原、『季刊美術』、李炫熙、尹凡牟など）[132]。王朝や政府、教会や教派の正統が問題になった例は世界史には珍しくないが、歴史それ自体の正統は寡聞にして耳にしない。人々の論稿に明確な定義は見あたらないが、それが語られる理由はあきらかである。

神皇「正統」記は、現実の世界での南朝の劣勢を意識して書かれた。中華民国政府が現実に大陸を支配していた頃、自らが正統政府だと言い募ることはなかった。大陸を追われ小さな島に拠るしかなくなってから、正統を叫ぶようになった。大陸の政府は何も言わない。自分を正統と思っていないからではない。中国のほとんどの境域も、国連安保理の議席も手に入れた。いまさら言う必要がないのである。正統の歴史を語る人々は、圧倒的に強力な、事実としての歴史があることを意識している。その歴史が受け入れられないから、正統を持ちだすのである。

「誤った歴史に憤怒せよ」と叫ぶ人がいる[133]（朴鍾国）。歴史そのものが間違っているのである。「事実のままに認めれば、妄言をそのまま承認することになる」（金充植）と言うのは、実のところ事実そのものが妄言的だからである。妄言は正統に反するから妄言になる。事実に反するからではない、事実だから妄言になるのである。

「近代化運動の先駆」金玉均は、日本と切っても切れない縁のあった人だった。韓国の福沢諭吉にあたる人（兪吉濬）も、新小説を最初に書いた作家（李人稙）、近代詩を最初に書いた人（崔南善）も、国旗や国歌を作った人（朴泳孝、尹致昊）、代表的な作曲家（洪蘭坡、安益泰）、画家（李象範、金殷鎬）、成功した企業家（金季洙、朴興植）、韓国中興の祖となった大統領（朴正熙）も、濃密な親日歴の所有者である。日本時代、国民の知性と感性の担い手だった選良のほとんどが内鮮一体の道を突き進んだこと、彼らが建国後指導層におさまり、国づくりを指導したこと、これはいったいどのように考えたらよいのか。最初の近代文学の旗手（李人稙）が、作品で日本をほめたたえただけでなく、日韓併合のため暗躍した人物だということ、朝鮮の魯迅ともいうべき作家（李光洙）が、朝鮮民族の皇民化的改造を説いた人間だということを、まともに認められるか[134]。

これらを無視できればよい。朴正熙がいようといまいと経済は発展した、いや、彼に足を引っ張られなければさらに発展した、などと言えるだろうか。

とうてい無理である。研究が進むほどに、朴正熙政権の登場こそ、戦後経済史の分水嶺とみなさざるをえない[135]。果断な決定、実用主義、日本モデルの追求などに特徴づけられるこの時期の韓国国家の行動は、朴正熙の個性を外部に投影したようにさえ見える。彼は現代史の大人物であり、無視することは不可能である。しかし、その出自が真っ黒な親日派なのである。

李光洙のごとき輩の文学は、くだらぬものだといってすませられればよい。しかしそれができない。「教科書」も彼には言及せざるをえない。ヨーロッパ的な意味での小説を最初に書き、朝鮮語によって、平易に美しく思想と感情を表現できるという事実を証明したのは、李光洙である[136]（金台俊）。文芸という武器で、すべての制度に反逆の旗幟を挙げ[137]、その英雄的猪突によって、朝鮮人の精神世界を永遠に変えた（金東仁）。「朝鮮民族に彼ほどの感化を及ぼした文学人はいない。夏目漱石といい志賀直哉というも、一民族に及ぼした一人の作家の感化という点では、李光洙の足もとにも及ぶものではない[138]」（金素雲）。彼の文章は、近代史のなかに本質的なものとして組み込まれている。それをなおざりにすれば、後続の文学が宙に浮く。

政治・経済・社会・文化の重要人物を、点検してみるがよい。そのほとんどが、実は親日の側に立っているのである。反日に透徹した人はただその反日の一挙が知られているだけで、その行為がなければ、歴史に名を残すこともなかったであろう小物である。

大半の韓国人は意識しないですませているし、知らなければよいことかもしれない。しかし各分野で真剣に研究に取り組んでいる人は、みなこの問題につきあたる。あるがままの歴史は、あるべき歴史とかけはなれている。つきつめて考えるほど、事実と距離をおいた「正統の歴史」の必要性を痛感させられる。

抗日の微弱、日帝の業績は、絶対に認めない。しかしそれだけでは足りない。不都合な事実があまりにも多く、その場かぎりの対応はできない。目に入ってくるものを系統的に見ないようにするには、堅固な方法論的確信が必要である。

信仰や価値に依拠して正統の史観を立て、史実を選別する。明白な事実なのに、「民族史的正統性を与えない」「韓国史の認識体系から除外する」というのは、つまるところ、実際にあったことも、なかったことにしてしまうということである[139]。

抵抗を書き、協力は書かない。収奪を語り、開発は無視する。逮捕されたことを言い、無罪となったその結末には触れない。半島から出ていく人を見て、戻ってくる人には知らん顔をする。三一運動の七五〇九人の死、青山里における日本軍一二五四人の撃滅が、一種のはったりだということを、教科書執筆者が意識していないはずがない。

ソ連や中国で、公の写真がしばしば改竄《かいざん》されたことは広く知られている。原版では演説するレーニンの脇に写っていたトロツキーが、あるいは毛沢東の葬儀の場にいた四人組が、いつのまにか写真から消えてしまう。党と人民の敵がそこにいることはありえず、ありえないことを写した写真はあってはならない。――政治的に否定するだけでは足りず、さかのぼって物理的に抹消する。「偉大な指導者」を群像のなかから切り出して大写しにし、さえない表情、服装のしわに手を加え、ふさわしい形に整える。どの写真を見ても、「顔はつややかで姿は決然としており」「皮膚には全然粒々がなく、いつも一様にすべすべしている[140]」。

韓国の歴史管理の専門家にとって、この種のことはお手のものである。「近代化運動の先駆」甲申政変の実行者として「教科書」があげるのは韓国人だけで、先頭に立って戦った日本人には言及しない。一方「国母弑逆」閔妃の暗殺については、李周会や禹範善らには触れず、日本人だけの仕業にしてしまう。「善行」の現場からは日本人を消し、「犯行」の現場からは韓国人を消す。

近代化運動の指南役を務めた福沢諭吉の貢献、朝鮮研究に生涯をささげた日本の学者の業績はトリミングし、その顔を悪人面に仕立てる。豆粒のような臨時政府の映像を何百倍にも拡大し、数万の朝鮮人総督府官吏のリストは墨で塗りつぶす。ほとんど無抵抗のまま進捗した保護国化と併合、日本統治下で進行した経済社会の大改革など、反日の意識を混濁させるものは、すべて消す。それでこの世界はいっそう首尾一貫したものとなり、のっぺりした抗日史ができあがる。

公的に真実とされていることのほかに、専門家が内輪で語りあう職業的な秘密のようなものが、この国の至る所にある。彼らはすべてを知りながら、妄言的事実を袋に入れ、あらかじめ用意した信仰的真実にすりかえ、それが正しい歴史だと言い張る。批判に耳を貸さないのは、自らを事実というより、正義と意識しているからである。批判は正義に対する攻撃とみなされ、反論でなく反撃の対象になる。

『国史』は、学問が国境を越えた知の共同体に属すると信じる人ではなく、歴史の解釈を領土や主権と同質のものと考える人によって記述されている。歴史というより、歴史を素材にした国民的信仰の教理問答書のようなものである。

日本時代の実相についての筆者の見解に多少の異論はありえても、基本的な認識は変えようがないと思う。あれほど多くの人が、信仰・正統・価値としての歴史を語っていること自体が、ことの真相を示している。それは、同化と協力の膨大な事実を前にすれば、抑圧と抵抗の史実は、九六〇万平方キロの大陸に対する三万平方キロの台湾島のようなものでしかないことを、おのずからあきらかにしている。正統な歴史に定義を与えることにやぶさかなのは、専門家ならそれを耳にしただけで容易に了解しあえるからである。この言葉は、韓国史の基本構造に直結している。自明なものに定義はいらない。

正統の歴史は立派な「Historie」かもしれないが、「Geschichte」とはあまりかかわりがない。それがどのようにして書かれているかを真に理解すれば、多くの人は、論拠の追加を筆者の側に求めるのは、見当違いと感じると思う。

【注】

（1）「匿名の歴史家」の発言は、朴成壽の論稿からの重引（朴成壽［1986］p. 119）。このほか金石範（［1993］p. 66）などを参照。
（2）金素雲は、「解放三十年の今日なお『文藝春秋』や『主婦の友』ならでは雑誌と思わぬ人が数十万」いると書いている（金素雲［1979］p. 135）。
（3）李相禹（西江大学教授）の認識。彼は戦後世代の学者で、こうした風潮を批判的にとりあげている。田中［2003］p. 108からの重引。
（4）麗羅［1992］p. 322。
（5）朝日新聞社『アエラ』編集部［1995］p. 144、萩原［1993］p. 118による。
（6）鄭求暎［1976］pp. 240–241。
（7）金九［2001］p. 318。韓国語文献。八〇歳近い老女だった母親は、半年後列車で大連を経由して上海に到着した。
（8）山本［1997］pp. 41–47。

（9）　玄光洙［1990］p. 2。
（10）　師尾［1930］p. 304。
（11）　「強隣の陰謀」は『朝鮮日報』一九二五年七月一四日付、「外来人」は同紙一九二六年六月一一日付、「占領」は同紙一九二八年一一月三日付、「集団的利己心」は『東亜日報』一九二六年七月四日付、「戦死」は同紙一九二五年一月八日付、「活動」は同紙一九二五年一月一七日付。
（12）　一九二〇年代の『東亜日報』の記事索引（一九二八年一一月・一二月）を見ると、大分類の「政治経済」の項のなかに「抗日闘争」「反動親日分子」「日人蛮行」などの小分類がある。日本のニュースは「国際」記事とされ、それも「中国」の次に配列されている。『毎日新報』主筆徐椿によれば、日支事変まで、通信社が「我国」と書いてよこしても「日本」に直していたという（徐椿［1939］p. 37）。
（13）　田中武雄元政務総監の戦後の回想（『未公開資料　朝鮮総督府関係者録音記録〈1〉十五年戦争下の朝鮮統治』p. 106）。
（14）　連載は一〇月一四日まで続いたが、これが代表作『朝鮮上古史』の底本である。このほか『三千里』（一九三五年新年号。韓国語文献）が、「朝鮮民族の全盛時代」（古代東北アジアを支配した祖先を称揚した申采浩の論文）を掲載している。
（15）　一九三六年二月二七日付『朝鮮日報』は「ああ丹齋を哭す」と題する記事を載せている。ほかに三月一二日・一三日付『東亜日報』、『朝光』『三千里』の四月号、『中央』六月号を参照。
（16）　三品影英は、歴代の王朝交替の先例に比べ韓国終焉のさまは異例のものだったとしている。「朝鮮史古今を通じて、国家興廃の後を回顧すれば、唐軍に討伐された百済・高句麗の最後は最も悲惨事であり、高麗に併合された新羅王族は、暫時慶州地方の一地方官として存続を許されたに過ぎず、また李朝太祖が革命を成就するの際は、高麗の末王恭譲王及びその二子を殺し、その他王氏一族を悉く海中に投ずるの惨虐も敢てした」（『朝鮮史概説』三品［1953］p. 156）
（17）　一九三六年に日朝の弁護士会が統合されたさい、会長は日朝の隔年交替制とされた（鄭求瑛［1976］pp. 243–245）。
（18）　田中武雄元政務総監の戦後の回想（前掲書 p. 168）。

（19）朝鮮駐劄憲兵司令部が作成した「三・一事件騒擾調査表」によれば、「暴民」の死者は平安南道一二四、平安北道一〇八、京畿道七二など地域別内訳が示され、計五五三人となっている（傷者は一四〇九人とある。朝鮮駐劄憲兵司令部編『朝鮮三・一独立騒擾事件――概況・思想及運動』〈復刻〉［1969］に収録されている。p. 4–6）。

（20）『朝鮮独立運動の血史1』朴殷植［1972］pp. 169–183（成書は一九二〇年代初頭）。

（21）韓昇助［2005］p. 293。

（22）数万人は咸錫憲［1980］pp. 301–311（原著は一九五〇年）。二〇〇〇人（バード［1998］p. 335。原著は一八九七年）、一二万人（恒屋盛服［1901］p. 504）、三万人（菊池［1910］p. 347）、八〇〇〇人（ブラウン［2016］p. 613。原著は一九一九年。ブラウンはアメリカ人宣教師）、一万人程度（徐万民［1996］p. 3。中国語文献）、約八〇〇〇人（沈渭濱［1998］p. 191。中国語文献）などともいう。

（23）共産ゲリラと島民が治安部隊に虐殺された（済州島四・三事件四〇周年追悼記念講演集刊行委員会［1988］p. 83, p. 109）。当時、死者は二万七〇〇〇人と報じられ、三品影英もこの数字を採っている（三品［1953］p. 176）。メリルは三万人以上（メリル［1988］p. 113）、鄭賀恩は五万人以上とする（上記講演集、p. 61）。多数が日本に逃れ、島の人口は三〇万人から二〇万人に減少したという（高野［1996］pp. 42–48）。

（24）尹学準は朝鮮戦争後、対北協力者狩りに遭って日本に逃げた人だが、次のように書いている（尹学準［1997］pp. 195–196）。

「李承晩政権の徹底した弾圧で、四八年の半ばには左翼は壊滅した。生き残った連中は当局の懐柔策でほとんどが転向し、転向者の団体である保導連盟に加入した。ところが警察は、自分たちが逃げる前日になってこの連盟員に召集をかけ、集まってきた転向者を数珠つなぎにして道路わきの林のなかへ連れていくと、機関銃を乱射してことごとく殺してしまったのである。叔父を含む村の若者数人もこのときに殺された」

べらぼうな仕打ちに対する怒りが、今も込みあげてくると書いている。

こうしたことが各地であったようだが、全貌はいまだにわからず、被害者は「二〇万人近い」（李栄薫［2009］p. 284）、「三〇万人」（韓洪九［2003］pp. 137–138）ともいうが、十分な検証がされているわけではない。朝鮮戦争後の刑死者一〇万人は、当時ソウルに駐在していた元アメリカ外交官ヘンダーソンによる（ヘンダーソン［1973］p. 174)。

(25) クルトワ／ヴェルト［2001］p. 10, p. 12。一九五三年には朴憲永ら南朝鮮労働党一派を、一九五六年には中国から帰国した金科奉ら延安派を、一九七三年には党員証切り替えにさいし南遷者の家族などを、数百から数千、ないしは万の単位で処刑した。近年の張成沢グループや軍幹部の粛清に至るまで、大量殺戮を国家的祭礼のように繰り返し、恐怖の雰囲気をたえず更新することで体制を維持してきた。クルトワ／ヴェルトは、殺人を統治システムにしたと形容している。

(26) 白南雲は、主著『朝鮮社会経済史』の序文で、レーニンを「最近世界最大の偉人」と称している（白南雲［1933］p. 3)。しかしこの本が発禁になったという話は、耳にしない。

(27) 趙錫坤［1996］p. 361。韓国語文献。

(28) 前掲書 pp. 363-367。

(29)「日帝、永久併合を目的　朝鮮近代化に注力」と題する、李栄薫へのインタビュー記事。『韓国日報』二〇〇四年四月二二日付。韓国語文献。

(30) 愼鏞廈［1982］p. 109。韓国語文献。

(31) 萩原［1966］pp. 18-19を参照。一九三〇年代の小作争議も、収租権者への人格的隷属が、すでに近代的地主小作関係に転化していたことが背景にあるという。

(32) 台湾の歴史教材『認識台湾』は、日本が行なった経済改革の筆頭に土地制度の改革をあげ、「耕地面積を調査し、土地所有権を確定し、田租収入を大幅に増やした」と説明する。「土地略奪」に類する記述はない（国立編訳館［1997］pp. 66-69)。

(33) 萩原［1966］pp. 18-19。

(34) 外務省調査局［1946］pp. 92-95。

(35) C・C・ダレ『朝鮮事情』、W・E・グリフィス『隠者の国　朝鮮』、F・A・マッケンジー『朝鮮の悲劇』を参照。バードは、何もかも低く貧しい、漢城のお粗末さは形容しがたいと書く（バード［1998］p. 556, p. 59)。のちアメリカ大統領になったフーバー（当時鉱山技師）は、一九〇九年に朝鮮を訪れたときの見聞を次のように記している。

「人々は栄養不足だった。身に着けるものも少なく、家財も家具も粗末だった。衛生状態も悪く、汚穢が国全体を覆っていた。悪路ばかりで、通信手段もほとんどなく、教育施設もなかった。山にはほとんど木がなかった」(『裏切られた自由』〈下巻〉[2017] p. 363)

(36) 使行は一七六三年から六四年にかけて行なわれた。金仁謙 [1999] p. 235, pp. 241-242。ほかに申維翰「海游録」pp. 121-122を参照。

(37) チャガイ編『朝鮮旅行記』[1992] pp. 30-37, pp. 148-149。

(38) 農業経済学者印貞植は、無法な土地収奪、民田の宮庄土への不断の併合、法外に高率な現物地代が、農民の経営放棄、土地の枯痩、農業技術の退縮をまねいたとする(『朝鮮の農業機構分析』一九三七年。印貞植 [1992] pp. 268-269)。農学者本田幸介の所論も参照(本田 [1908] pp. 242-243)。

(39) バード [1998] pp. 93-94。ダレ [1979] pp. 314-315。ともに成書は一九世紀。ほかに宮尾 [1936] p. 37を参照。一九〇七年、まだ学生だった今西龍は、慶州を旅したときの見聞を次のように書いている。「各地に日を追うて市あり、商人は甲の市場より乙の市場へ市日を追うて営業す。尤も一種の専売制度ありて、或る商品を限りて常設の店舗を許せりと雖、他はみな市によりしを以て、田舎町の発達せるものなし。此国に貨幣が一般に行はれしは十七世紀の半頃よりなることの一事を以て既に証しうべきが如く、一体に朝鮮人の衣食住は原始的なり。多数平民の生活は簡単なり、これ以上の簡単はありうべからざるもの多く、今も尚ほ太古を目前に見る心地するものあり」(「新羅旧都慶州の地勢及び其遺蹟遺物」今西龍 [1934] p. 91。原論稿の発表は一九一〇年)

(40) 本文中の記述は、メイソン、パーキンス、エッカート、コーリ、ナム(南昌裕)、鄭在貞、木村光彦、司空壹などの論稿によるところが大きい(エッカート、鄭在貞は日本語、司空壹は韓国語、他は英語の文献。引用・参考文献リスト参照)。

(41) 人口は一七世紀前半から停滞期に入り、一九世紀初頭までの五〇年で若干増加したものの世紀後半から減少し、二〇世紀初めには二〇〇年前の水準に戻ったという(南 [1972] p. 25)。四方博は一七世紀末から一八世紀半ばまでの人口推計を行なっているが、ほぼ七〇〇万人で推移していたという結果が示されている(四方 [1937] p. 15)。善生永助は併合時(一九一〇年)の人口一三三一万人が、一九二三年には一七八八万人になったと推計しているが（善生［1925］pp. 39-40）、これは急激な増加と言えよう。

(42) 落星垈研究所の分析による（李栄薫［2009］p. 97）。

(43) Kimura［1993］p. 649。

(44) Keidel［1979］p. 37。

(45)『朝鮮の農業地帯』序文。印貞植［1992］p. 18。原載は一九四〇年。

(46) 朝鮮人経営の工場数は、一九一一年から二〇年にかけて六六から九四三に急増した（日本人経営の工場は一八五から一一二五に増えた。朴慶植［1973］p. 109）。ほかに司空壹・ジョーンズ［1981］pp. 54-55（韓国語文献）も参照。

(47) コーリは、日本人が産業的成功の実例を目の前で見せることで、朝鮮におけるシュンペーター的革新者になったと評している（Kohli［1994］pp. 1279-1280）。

(48) Kohli 前掲書 p. 1277。

(49) ダレ［1979］p. 192。本書はフランス人宣教師の記録をまとめたもの。

(50) 洪承勉［1983］p. 199。韓国語文献。

(51) バード［1998］p. 558。

(52) 呉知泳の引用は要約紹介。原著は一九四〇年。以下は黄玹（一八五五年生）と朴栄喆（一八七九年生）の認識である。

「嶺南・慶尚のある村では、一年に四回も新官を迎えた。彼らは何個月でかえられるか判らないので、まるで俄雨が降って来るやうに、人民の財産を奪い取るのに忙しかつた。百金の財産が掠め取られてなくなつた」（黄玹『梅泉野録』p. 142。成書は一九一〇年代）

「金銭で官爵を得たのだから、資本として出した金よりうんと儲からねば、折角の商売も何にもならぬといふ考へからでもあつたらう、一たび相当の官吏となつて地方に赴任してくると、苛斂誅求至らざるなく、国家の疲弊も人民の苦痛も頓と馬の耳に念仏と云ふ容子でシコタマ自家の私服を肥やす」（「五十年の回顧」朴栄喆［1929］p. 92）。

(53) 今村［1914］pp. 34-35。なお李朝時代、平安道、黄海道、咸鏡道出身者が官途に就くことは難しかったが、こうした地域差別も一掃された。
(54) 引用は師尾［1930］p. 139。就学熱については朝鮮総督府［1926］pp. 169-171。併合間もない頃、ある白丁の家で、親の位牌に宕巾、笠、周衣を供えていた。わけを聞くと一度もこれをまとうことなく死んだ遺憾を慰めていると答え、今は一視同仁の世となり、千年の屈辱から脱し、嬉し涙をこぼしていたという（今村［1914］p. 49)。階級制の消滅は、ヘンダーソン［1973］pp. 42-43。
(55) パターソン［2001］p. 323。
(56) 『農村生活二題』印貞植［1992］p. 628（原載は一九四二年)。慶北の農村での調査によれば、李朝末、六戸の両班が一一所帯の奴隷を所有していたという。ほかに今村［1914］pp. 295-302。
(57) 張籌根［1982］pp. 73-75。
(58) ダレ［1979］p. 254。
(59) 高橋亨は、旧朝鮮における国家と仏教の関係について、次のように述べている。
「王法と仏法は全く縁のないものであった。単に無縁なるのみならず仇敵同士であった。仏法を抑へなければ王法は揚らぬ、仏法が滅びた時始めて王法が完全に輝くと考えられた」(高橋［1940］p. 11)
(60) 金史良［1940］p. 23。
(61) 事実は反対といってよいだろう。宮崎市定は、日本が内地なみに教育の普及をめざしたことは、欧州植民帝国には見られない「不思議とも言える現象」と書いている（宮崎［1987］p. 5)。
(62) Kohli［1994］p. 1277。
(63) 張赫宙はその自伝的小説（『孤独なる魂』）で普通学校に入学したときの体験を書いているが、それは書堂の漢文から近代教育への直行だった。
(64) とりわけ学術書は寥寥たるものだった。児童書にいたってはないも同然で、方定煥が最初の児童文学雑誌『オリニ（子供)』を創刊したのは、一九二三年のことである。学んでも読ませるものがないのだから、父兄がハングル教育に冷淡だったのは当然だろう。
(65) 総督府が編纂した『普通学校補充唱歌集』に収録されている（朝鮮総督府［1926］p. 131)。
(66) 小倉は、「諺文は士大夫の間に歯せられず、専ら無学者又は婦女子の弄ぶ文字として軽蔑せられるに至つた」と述べている（小倉［1944］p. 7。第四章参照）。
(67) Choo, Hak-Chung［1987］p. 172。
(68) 朝鮮総督府編纂『普通学校朝鮮語読本』巻一から巻六までの全文が、旗田巍『日本は朝鮮で何を教えたか』に収録されている（第三章「第二次朝鮮教育令下の朝鮮語教科書の日本語訳」。旗田巍［1987］pp. 111-201。本文の引用部分はpp. 181-182）。
(69) 国語教科書には、京城、石窟庵、農産品評会、朝鮮人参、市、開城、日の神と月の神（新羅の神話）、三寒四温、大森林、明太魚漁、寒食日など朝鮮の事物を扱ったものが多く取り上げられている（『普通学校国語読本　巻八』一九二四年。最終学年用）。石窟庵については、その美しさを称え、「これだけの大作を残した人の名が伝はってゐないことは惜しいことである。新羅の時代にこれほどの美術をもってゐた朝鮮の文明はたしかに進歩したものであったらう」としている（pp. 31-32）。内地の事物から採ったものは比較的少なく、たとえば修身教科書（最終学年用。『普通学校修身書　巻六』。一九二三年）が各徳目ごとに紹介する人物は、金周容（慈善）、林子平（良心）、李尚毅（反省）、趙克善（同）、フランクリン（同）、井上でん（工夫）、金貞夫人（勤倹）、朴雲庵（学問）、伊能忠敬（師弟）の九人で、朝鮮人五人、内地人三人、西洋人一人という内訳になっている。『普通学校補充唱歌集』には、『成三問』のほか、『白頭山』（朝鮮語唱歌）、『雞林』『京城』『百済の旧都』『高麗の旧都』、『昔脱解』（新羅の王）などを収め、各年の『普通学校図画帖』には、両班風の人物、朝鮮の服、靴や輿などが画題として載せられている。
(70) たとえば朝鮮美術の通史（『朝鮮美術史』）を著わした関野貞は、一九〇二年の建築調査を皮切りに、遺蹟や遺物、絵画工芸などを実地に調べ、その価値を審らかにしている。たとえば石窟庵の仏像を無比の傑作とする一方（関野［1932］p. 126）、恩津石仏はバランスが悪く美しくないと判定しているが（同p. 176）、こうした端的明快な評価は、広い視野から東洋美術を研究してきた日本人学者にして、初めて可能なことだった。ハングル、陶磁器、郷歌や民画、仏教や巫俗についても同じで、旧朝鮮ではまともに論じられたことさえなかったから、日本の学者や美術家の判断がそのまま定論となって韓国の各種教科書に書き込まれ、人々の意識のなかに組み込まれていった。
(71)「戦争は太平洋へとひろがるにしたがっていっさいの朝鮮語による言論・出版活動は禁止され」（金達寿

［1958］p. 192）、「（日本は）韓民族固有の伝統や風俗を廃し、固有の言語までもその使用を禁止するに至った」（白鉄［1966］p. 230）、「韓国語で話したり書いたりすることさえにも弾圧を加え、かつ禁止した」（全光鏞［1977］p. 196）、「『国語』（日本語）の常用を押しつけて朝鮮語の使用を禁止した」（李丞玉［1983］p. 279）などと言う。うち白鉄は朝鮮語新聞『毎日新報』の文化部長を務め、日政時代末期「理想의《の》必要」（同紙、一九三八年一二月一八日付)「戦線紀行」(一九三九年一〇月一五日付)「独逸的의意志」一九四〇年三月二九日付) などの朝鮮語記事を書きまくっていた、当の本人である。日本人は覚えていないだろうとたかをくくっているのか、世の中にはまかり通るべき「正義の偽り」があるとでも考えているのか。平然と嘘をつく人が多い。以下は、もと総督府官吏（坪井幸生）の認識である。

「当時の朝鮮人の日常生活では、当然のこととして朝鮮語が常用されていた。……汽車、電車の切符も煙草も朝鮮語で買えた。朝鮮内ではどこの郵便局でも片仮名以外にハングルを使って電報を打つことができた。『朝鮮語の使用禁止』があったというのは、当時の実情を知らない者の虚報か、タメにする作り話である」（坪井［2004］p. 86）。

(72)　漢文のテキストに送り仮名をつけ、朝鮮語の訳文を配したもの。

(73)　小倉［1944］p. 7。金思燁［1971］p. 460。江戸期の日本では、文芸や思想書のほかに、名所案内や図会、種々の往来物、黄表紙、武道書、囲碁将棋や料理の指南書、謡本や俳諧集、瓦版、さらには引き札（ちらし）、絵びら（ポスター）のようなものまで、種々の刷物が出版、頒布されていたが、これに対応する文字文化の発展が見出せない。

(74)　一九二六年、総督府は音楽教材『普通学校補充唱歌集』を編纂した。全六〇曲が収録されているが、うち朝鮮語唱歌は二二曲である。

(75)　戦後、『毎日新報』はしばしば総督府機関紙と書かれるが、実際は朝鮮人向けの一般紙である。総督府の使用言語はもとより国語（日本語）で、ほとんどの内地人の役人が読めない朝鮮語の機関紙など、あるはずがない。朝鮮語の新聞雑誌が禁止されたという作り話を取り繕うために、こんなレッテルを貼っているのか（強いて機関紙的役割をはたしていた媒体をあげるなら、月刊『朝鮮行政』が適当と思われるが、これは言うまでもなく国語の雑誌である）。

独逸的인《な》意志

（76）『セビョク』発行の趣旨は次のようなものである。
「本連盟では国語を解しない一般連盟員の指導教養の為に諺文のリーフレットを発行することになつた。創刊号は皇紀二六〇〇年を奉祝して新年から発行される。右誌は本誌読者の家庭や諺文を解する農民労働者、一般婦女子の為に読まれるであらう。……発行部数三十五万、各愛国班に一部は配布される予定である」（『総動員』一九四〇年一月号、p. 63）。
（77）『総動員』一九四〇年三月号所載の評論記事「連盟時評」から、日本時代晩期の朝鮮語雑誌の概況が知れる。
「『朝光』、『女性』、『新世紀』、『文章』、『人文評論』、『批判』、『学生倶楽部』、『月刊野談』、『野談』其他多数の諺文雑誌がある。此等は国策に反する雑誌ではないけれども、『局友』や『文教の朝鮮』や『専売の朝鮮』の如く積極的に精勤運動を援助する態度がない。社会的地位を有する多くの人達が余り諺文雑誌を読まないから検閲官以外の問題にならないけれども、諺文雑誌は精勤への協力問題、国語普及の問題に関して今少し真剣に考へて呉れたらと思ふ」（p. 93）
（78）朝鮮語による文芸作品の数は、一九四〇年から四四年までの各年、六七、四二、二五、二二、一三と推移しており、減少傾向にあるものの最後まで出版活動が行なわれていた（『韓国文学史』巻末の表による。金允植・キムヒョン［1973］pp. 308–313。韓国語文献）。
（79）一八世紀に成立した謡物語。歌い手と太鼓奏者各一名で奏楽される。今日伝存しているものは、興夫歌、春香歌、沈清歌、赤壁歌、水宮歌の五曲。金東旭［1974］p. 208などを参照。
（80）『韓国放送史　別冊』。韓国放送公社［1977］pp. 29–32。韓国語文献。
（81）小説『民族の罪人』。一九四八年から四九年にかけて雑誌に発表された。蔡万植［2009］p. 356。
（82）朝鮮語が禁止されたと印象づけるためか、『東亜日報』と『朝鮮日報』の廃刊（一九四〇年）がよく引かれるが、これは戦時統制の一環として朝鮮語紙を『毎日新報』に絞ろうとしたもので、通信社を「共同通信社」、映画の配給を「映画配給社」に集約したのと同様の措置である。朝鮮語の媒体だけが標的にされたわけではなく、歴史ある日本語雑誌『朝鮮』（のち『朝鮮及満洲』に改称）もこの頃廃刊となった。朝鮮語は、新聞や雑誌、ポスターやビラ、あるいは映画やラジオなど、また日常生活で、何事もなく使われていた。

（83）　李朝士人は、「支那ノ研究ヲ以テ学問ト考へ、自国ノ如何ナル事物ニ対シテモ研究的趣味ヲ有セズ」という状態だった（高橋［1929］p. 24）。崔南善は「支那至上主義は一面自己没却思想となったため、自己の本質、真相、当為に対して何らの感省がなくなり」「支那以外の世界と文化に対し正当な価値を認識できない色盲となった」と述べている（崔南善［1928］p. 89。朝鮮語文献）。

（84）　総督府が刊行した学術書は総計約二〇〇〇冊に達し、朝鮮の森羅万象に及んでいる。内訳は歴史・地理一五七、教育・宗教五五、文学・語学四一、政治外交・法規九九、財政経済・金融四八、社会風俗一〇七、医学一七九、工学一二一、統計七三などとなっている（「一九一〇年以後の言論・出版」。国史編纂委員会編『韓国史論5　近代』に収録されている。安春根［1978］pp. 202–206。韓国語文献）。

（85）　編修方針は、若手研究者として参加した中村栄孝による。中村は当時の限界線を越えた良心的なものだったと述べている（中村［1971］pp. 215–216, p. 276）。文禄の役のさいの日明両軍の戦闘についての小記事（第四編第十巻）を例にとると、「島山城留屯ノ日本将加藤清正、城塞ヲ焚焼シ、城外ニ掛榜シ、明将ニ諭シテ去ル。明提督麻貴、軍ヲ率ヰテ入城シ、別ニ一隊ヲ派シテ追撃セシム」という短い本文の後に、朝鮮史料三件（「宣祖実録」「宣廟中興誌」「閔氏壬辰録」）、日本史料一件（「清正記」）、中国史料三件（「皇明実録」「明朝紀事」「明史」）の書誌情報が細字で示されており、史料をして史実を語らせるという方針に徹していることが自ずと感得される（ただし三国時代を扱う第一編は、各国の古文献の年次が符合せずこうした編纂ができないので、原文のまま類聚収載している）。

（86）　安春根前掲論文 pp. 203–206。

（87）　崔敬洛［1968］p. 188。言うまでもなく、これは半世紀前の、韓国の例外的人物による認識である。『韓国の高校歴史教科書　高等学校国定国史』（日本語版は二〇〇六年。三橋広夫訳）は次のように述べているが、これが標準的認識だろう。

「（日帝は）植民地主義史観を前面に出し、韓国史の自律性と独創性を否定した。特に、総督府が設置した朝鮮史編集会（ママ）は植民地史観を土台に朝鮮史を編纂し、韓国史歪曲を率先して行った」（p. 344）。

（88）　安春根前掲論文 p. 202。

（89）　馬越［1995］p. 126。

(90) 千時権［2002］p. 50（清渓金思燁博士追慕記念事業会『清渓金思燁博士追慕文集』に収録されている。韓国語文献）。
(91) 崔敬洛［1968］p. 184。朝鮮を専門のフィールドとした最初の歴史学者今西龍は百済を愛惜し、古の周留城の地に臨んで「前世の故郷のような心地がする」と述べている（『全羅北道西部地方旅行雑記』。今西［1934］p. 483）。「わが朝鮮」という言葉は、日本の学者の本にしばしば登場する（たとえば赤松・秋葉『朝鮮巫俗の研究〈下巻〉』p. 319）。
(92) 金哲洙［1998］p. 34。
(93) 丁時采［1985］p. 456。韓国語文献。
(94) 官吏の数は雇用員を含む（一九四三年。田中［1997］p. 38）。「まねた」云々は同 p. 53。
(95) 任文桓［1975］p. 197。
(96) 税制は松本［2001］p. 58。判例は趙錫坤［1996］p. 359（韓国語文献）を参照。
(97) 一九二九年京城帝大法文学部を卒業し、商工部長官などの要職を歴任した姜声部は、ソウル大学法学部の同窓会長に就任している（韓国人物史編纂会『歴代国会議員総覧』。韓国語文献）。記念式典については洪思重［1999］pp. 140-141。
(98) 金允植は、西欧が宣教師を手先にしたとすれば、日本は学者をおもに手先に使ったという（金允植［1975］p. 27）。
(99) 『韓国現代文学史』（趙演鉉、一九八〇年）、『韓国近代美術60年小史』（李慶成、一九八〇年）、『韓国劇場史』（柳敏栄、一九八二年）、『韓国近代綿業史研究』（権泰檍、一九八九年）、『韓国初期労働運動研究』（尹汝徳、一九九一年）、『韓国放送70年史』（韓国放送協会等、一九九七年）は、戦前戦後の歴史を一体として扱っている。日本時代を無視して戦後のことは語れないから、実際的な研究になればなるほど、必然的にこうした内容になってしまう。
(100) Perkins［1980］p. 75。
(101) 韓国人執筆者は、金満堤韓国開発研究院院長と金光錫同副院長。なお司空壹、南昌裕、李栄薫、安秉直、崔吉城、韓昇助、朴枝香も、独自に韓国的通念への批判をあきらかにしている。

(102) Kohli［1994］p. 1279, p. 1282。
(103) プルヴィーア［1977］p. 4, p. 58。
(104) 内地延長主義は一九一九年の官制改革詔書に現れる（『朝鮮行政』編集総局［1937］p. 151）。アイルランド、アルザスやボヘミアに対する支配国の政策も同様で、近隣の地域を統治する大国は似たような発想を持つのだろう。
(105) Jomo［1997］p. 4, p. 9。
(106) エッカートは、韓国初の大企業京城紡織の分析から、いわゆる民族資本も総督府の庇護のもとに成長したと結論している（エッカート［2004］pp. 326–334。ほかにpp. 116–140を参照）。和信産業については和信産業株式会社［1977］p. 98, p. 123, pp. 140–141を参照。
(107) エッカート［2004］pp. 326–333。ヘンダーソンは、官僚主義的、経済重視の軍隊的高能率、非政治化、反共支配を、戦後になって朴正煕が再編したという（ヘンダーソン［1973］p. 196）。ケイデル（Keidel）は、私的経済活動と連携した政府の計画と政策の所産として、戦前戦後の経済発展を一体的に捉えている（Keidel［1979］p. 15）。
(108) 中国の研究者尹保雲は、廉潔で能率的な官僚機構によって強制的近代化が推進されたと形容している（尹保雲［1993］pp. 29–30。中国語文献）。カミングスは、「強大で高度に中央集権化された植民地政府」が市場を創出し、新産業を興し、反対意見を弾圧し、古き朝鮮の面貌を一変させたという（カミングス［2003］pp. 238–239）。
(109) ひと頃教科書として用いられていた『認識台湾』（一九九七年）は、農工業の発展、交通・通信施設の整備、法の支配、教育の普及、衛生の向上などを、今につながる遺産として詳しく説明している（訳文は台湾研究所による）。
「総督府は台湾で工業化政策を推進、軍需関連の基本的工業を発展させて、……化学、金属、機械工業などの重化学工業が顕著な成長を見せ、台湾は半農半工の社会へと転じた」

「伝染病を予防・治療し、公共衛生を強化し、交通、産業、教育などの改善を行った。台湾の人口は、長期にわたって高出生率を維持し、死亡率は大幅に低下したため、人口は増加しつづけた」

「学校と社会教育を通じて近代的法治観念と知識を注ぎ込み、秩序と法律を尊重することを学ばせた。加えて、司法は公平と正義を維持できたので、社会大衆の信頼を獲得した。この影響により、民衆の中に分に安んじて己を守り、秩序を尊重し、規律を守るという習慣が養われ、法律を守るという観念が植え付けられた」(国立編訳舘［1997］p. 69, p. 76, p. 79)

(110) 全錫淡・李基洙・金漢周［1947］p. 126。韓国語文献。

(111) 千寛宇は、韓国社会には近代化要因がほぼ欠如していたため、「外からの近代化」によるしかなかったという(千寛宇［1976］pp. 254-255)。權泰燮は、本源的蓄積は朝鮮の自力では不可能で、日本資本主義が遂行したと書いている(權泰燮［1947］p. 241。韓国語文献)。

(112) 専門学校は三六を数え(一九三四年)、とりわけ延禧・普成の両専門学校、京城法学専門学校、京城・平壌・セブランスの各医学専門学校は実質は大学で、教員は教授と呼ばれ、最高学府の役割を果たしていた。

(113) 一九七八年に政府の出捐により設立された思想研究機関。主体的な歴史と健全な価値観を定立し、国家百年の大計を考える純理論的探究と国家的現実問題に関する研究を行なうという(『韓国民族文化大百科事典〈24〉』。pp. 111-112。韓国語文献)。今日の韓国学中央研究院の前身。

(114) 歴史信仰については、引用の文のほか、朴成壽「民族の歴史信仰」『民族史の脈を探して』［1985］pp. 64-67を参照。朴成壽は、韓国の歴史信仰はどの国よりも強かったと言い、それはある時は細く、ある時は太く流れ来った、その代表が檀君信仰だとする。文献上の根拠に欠けるというありうべき批判に対しては、文献にない歴史を抹殺できる時代ははるか昔に終わったという(同 p. 64)。なお引用文中の縮地法とは、空間を短縮して瞬時に移動すると称する呪術だが、彼はこれを実在のものとし、その使い手が一九八四年までソウルに生存していたと主張している(『韓国史批判』朴成壽［1992］p. 12)。いずれも韓国語文献。

(115) 咸錫憲［1980］pp. 346-376。

(116) 朴成壽『韓国史批判』p. 16。

(117) 「民族抵抗史学の再評価」(朴成壽［1982］p. 61)および『韓国史批判』(p. 33)。後者は韓国語文献。

(118) 朴成壽は、もともと石碑には、広開土王が中国と日本を征服したと書いてあったが、両国が当該箇所を消した、と述べている。

「（広開土王碑を）建てた時碑文を吏読文（漢字を借りて朝鮮語を記した文章。おもに下級官吏によって、一九世紀まで用いられた。筆者注）で書いたのですが、それは誰にもたやすく読めるようにしようとしたからです。しかし後の人が昔の高句麗の言葉を知らなかったため、一字も解せなくなりました。さらに中国人が彼らに不利な部分、つまり前の部分を消去し、日本人が後の部分を消去してしまいました。その訳は、高句麗軍が天兵を導いて中国と日本の地を征服したという内容だったので、これではだめだとして字をつぶしました。このため学者ごとに解釈が違い、今では碑をめぐり韓中日三国が歴史戦争を始めています」（前掲『韓国史批判』pp. 26–27）。

(119)「日帝植民史学の理論的基礎」（『民族史の脈を探して』に収録されている。[1985] p. 186, p. 190。韓国語文献）。

(120)『日本教科書と韓国史の歪曲』（朴成壽 [1982] p. 3。韓国語文献）。前掲『韓国史批判』p. 33, p. 62も参照。

(121) 歴史家文一平の感慨を参照（第二章。文一平 [1996] pp. 20–23。原著は一九三三年。韓国語文献）。韓民族が高句麗の侵略的気性を失ったことを慨嘆した申采浩、力がつけば満洲や対馬を取るといった徐載弼、対馬を取れなかった先祖の不甲斐なさを歎いた咸錫憲など、これに類することを語った人は多い。

(122)「丹齋史学の再発見」（朴成壽 [1985] p. 150）、「丹齋の古代史観」（朴成壽 [1985] pp. 160–161）。いずれも韓国語文献。

(123) 日本語雑誌『アジア公論』で、こんなことを言っている。
「われわれは今、日本を仇敵とは思わない。過去の過ちを悔いないまでも、それを自慢にしてはいけないと思っているだけである。日本を仇敵とは思わない。過去が二度と繰り返されないようにと願う心から、若い世代に正しい歴史を教えてもらいたいと願うだけである」（「鋏と糊の歴史」。朴成壽 [1984] pp. 156–157）

(124)「丹齋史学の再発見」、「日帝植民史学の理論的基礎」より引いた（朴成壽 [1985] p. 150, pp. 190–192。ともに『民族史の脈を探して』に収録されている）。歴史を「我と非我の闘争の記録」とする申采浩の思想は『朝鮮上古史』の冒頭で展開されている（申采浩 [1983] pp. 3–7。原載は一九三一年）。

(125)「国粋主義」は趙仁成、引き続く部分は李基白の見解（一九九六年。坂井 [2003] p. 213, p. 250による）。

李丙燾（ソウル大学教授）は、国粋主義史学について次のように述べている。

「科学的方法論の存在価値を認めずに、いたずらに是非を論じ、教科書内容の改訂を主張するなどということは、常識はずれの問題というほかはない。歴史の問題を研究するには、まず、史料を厳密に分析し、批判したうえで、正しい解釈をしなければならない。史料には正確なものもあれば正確でないものもあるからである」「非専門家たちが取り挙げる史料というものは、そのほとんどが第三次、または第四次以下の史料であり、信憑性のないものである」「近代歴史学の『父』と称えられているドイツの歴史学者ランケが、歴史は実在した事実を記録したものであると言明したのは、専門の歴史家でなくても深く吟味すべきことだと思う」（李丙燾［1982］pp. 35–36）

(126) 坂井［2003］第七章～第九章。一九八〇年代以降、国粋主義の歴史学者が、一部の国会議員と提携しつつ影響力を強めてきたという。日本の支配や慰安婦問題などについて公的認識と異なる発言をした学者は、土下座させられたり、大学を追われたりする。

(127) 尹世哲は次のように述べている。

「歴史の科学性に傾斜しすぎて、懸案の問題（いわゆる「教科書問題」のこと。筆者注）を事実としてだけ提示しようとする頑なな態度も捨てなければならないと考える。どんなに科学的だといっても、歴史は陳述であり、解釈という相対性の範囲にとどまる」「歴史の科学性に対する主張もよいが、一歩進めて感情移入や道徳的判断までも考慮する必要がある。歴史教育は、歴史そのものよりは歴史を通して何を教えるのかという教育的側面が強調されなければならないのではなかろうか」（尹世哲［1992］pp. 70–71。要旨）

一つの見識にはちがいないが、彼はここで、（韓国ではなく）日本の歴史教科書を、韓国の立場から問題にしているのである。

(128) 崔性圭［1995］p. 80。

(129) それぞれバビッチ［1995］p. 31、Kohli［1994］p. 1270、エッカート［2004］p. 82、Kranewitter［1992］pp. 72–76。

(130) 米の対日輸出や小作争議の増加、日本の朝鮮貿易の独占ぶりを示すデータ、日本人の占拠した土地の面積が掲げられているだけである（p. 362）。

(131) 対談集『韓国にとって日本とは何か〈第3巻〉文学・芸術篇』。東京・韓国研究院／国際関係共同研究所編［1977］pp. 110–111。

(132) 崔昌圭『韓民族の主体性と韓国史の正統性』金鳥出版社、一九七六年（韓国語文献）。金昌式「韓国の統一と民族史的正統性」『アジア公論』一九七六年二月号、pp. 59–69。金允植（座談会での発言）東京・韓国研究院／国際関係共同研究所編『韓国にとって日本とは何か〈第3巻〉文学・芸術篇』一九七七年、p. 109。李青原『韓国民族文学史論』圓光大学出版局、一九八二年、pp. 381–474（韓国語文献）。『季刊美術』「わが美術の正統性」「韓国美術の日帝植民残滓を清算する道」一九八三年春季号、pp. 112–114（韓国語文献）。李炫熙「鼎談　民族・民主・統一への遠い道」『政経文化』一九八五年八月号、p. 83（金雲泰、金仁会との鼎談 pp. 76–89中の発言。韓国語文献）。尹凡牟「植民地と文壇の時代における正統性を求めて」鄭于澤・並木誠士『韓国の美術・日本の美術』昭和堂、二〇〇二年、pp. 184–185。

(133) 林鍾国［1992］p. 538。

(134) 「内鮮青年に寄す」では、朝鮮人は自己の皇民化的改造にいそしみ、日本精神をわが物とするよう努め、国語を真の母語にして生粋の日本人になるべきだと述べている（李光洙［1940］pp. 59–60）。

(135) 野副［1990］pp. 46–47。

(136) 金台俊［1975］pp. 304–305（原著は一九三九年）。

(137) 金東仁［1932］p. 85。

(138) 金素雲［1956］p. 99。なお白鉄は李光洙を、「韓国の現代文学史上に、巨人的なあしあとをしるした大作家」としている（白鉄［1966］p. 219）。

(139) 「民族史的正統性」云々は李青原［1982］p. 473（韓国語文献）。彼は、歴史の真実は「正義を実現しようとする意志」が選びだすという（p. 386）。「韓国史の認識体系」云々は『国史教科書改編試案』（国史教育審議会、一九八七年）にある表現。実証史学の限界を指摘しつつ、こうした考えをあきらかにした（『ソウル新聞』一九八七年三月二七日付による）。

(140) ジョベール［1989］p. 8。

第四章

文明の断絶

日本の統治は寛容で、韓国人の抵抗は微弱だった、と言ってしまえばそれまでだが、それは表層の事実であるにすぎない。対立がけわしいものにならなかった背後には、これまで見落とされてきた、大きなことが横たわっている。

日本は朝鮮を植民地としてではなく、本国の延長とみなして統治した。それはその通りとしても、だから善政で、だから抵抗が少なかったと片づけるわけにはいかない。イギリスはアイルランド人を、ロシアはポーランド人を、トルコはクルド人、中国はチベットやウイグルの民を自国民として統治しようとしたが、あとには反乱と弾圧の暗鬱な歴史が残されている。

同じ国民として扱うことは、多くの場合被支配民族の信仰や文化の抑圧を伴うからである。最も深刻な結果が生じたのはアイルランドで、一九世紀半ばゲール語が英語に取って代わられ、それまで細々と維持されていた民族文化は崩壊の途をたどることになる。

しかし、朝鮮ではそういう事態はおきていない。公的記憶を標準にすれば何とも奇妙な話だが、日本が支配した期間を通観すると、民族的なものは衰退するどころか、急速に充実していったように見えるのである。

会社の業績を知るには、社長の演説を聞くより、財務諸表を見るほうがよいだろう。日本が民族的なものを抑圧したと言うが、日本が到来する前と、立ち去った後の民族文化の貸借対照表をつき

合わせると、資産が圧倒的に増加していることが一目でわかる。(1)

中国から渡来した聖人箕子《きし》に代わり、民族神檀君が開国始祖の座に就いた。卑しめられていた諺文《おんもん》に「ハングル」(大いなる文字、한글)の尊称が与えられ、民族文化の核心として位置づけられるようになる。書記言語は漢文から国文に代わり、朝鮮語の使用範囲が全方位で拡大し、小説や詩、文書、思想書、各種の実務書がそれで書かれるようになった。今韓国が所有している国文ストックのほとんどはこの時代以降に積み上げられたものである。

古代の言語や歌謡、巫俗《ふぞく》や風水の研究が始まった。古楽の旋律が採譜され、文学や美術の通史が書かれた。古蹟や遺物の調査が行なわれ、博物館が建てられ出土品が展示された。空手や柔道、剣道などが日本から移入されたが、これらは戦後、韓国固有の武道に衣替えして発展していく。失われていた高麗青磁の製法が復元されたのは一九一〇年代で、陶磁が韓国美術の重要な一部をなすという認識が定着していったのも、これ以降のことである。

ハングル創製を記念する「ハングルの日」(当初は「カギャの日」といった)、民族の古典「春香伝」を宣揚する「南原春香祭」も、発足したのは戦前である。民族文学の出発点としての郷歌の位置づけ、開天節(建国の日)、花郎道や民画の概念など、この国の文化意識の基盤になっているもののほとんどが日本時代に形をなし、その知識が国民に共有されるようになった。

何がおきたのだろう。抗日神話にとらわれているから、眼前にあるものが見えなくなる。併合や独立の歴史が重要でないとは言えないが、それよりもはるかに大きなことがおきていた。

国の自我が入れ代わり、中華世界に埋没していたこの地に、一つの民族の枠組みが形成された。

転換の触媒となったのはほかならぬ日本で、日本の朝鮮進出と韓民族の成立は一体不可分の過程だったのである。

1　大伝統の断絶

「教科書」は、韓民族が古代から一貫する歴史を展開してきたことにしているが、これ自体が歴史信仰にほかならない。実際には近代と前近代のさかい目で歴史が方向を変えており、前後の時代は自然な形ではつながらない。高炳翊は、韓国文化の基層には古代から伝わる諸要素が敷かれ、いわゆる「小伝統」をなして持続しているが、「大伝統」には大きな断層が生じているという(2)。

伝統の大小の区分けは文化人類学の理論によるもので、前者は文字を媒介にして継承される思想や文学など、おもに都市を基盤とする選良の文化を、後者は衣食住の生活様式、農業や漁業・狩猟の技術、歌謡や踊り、民俗芸能などおもに口承で伝わるローカルな文化を指す(3)。

半島の地では小伝統はつながっているが、大伝統は実質的に断絶した。ハングルは一五世紀半ばに発明されたが、近代に至るまでほとんど用いられることがなく、歴史書や思想書、法典、紀行、記録、各種の公文書から私信に至るまで、表記の手段となっていたのは漢文である。

ハングルで書かれた文芸があることはあるが、あまりにも数が少ない。漢文の文集は数千種、数十万巻を超えると見積もられるのに対し、残されている国文小説は八四篇にすぎず(4)、韻文も漢詩がほとんどを占める。時調は和歌にあたるというが、今に伝わるものは五千数百首で、多産の漢詩人の一人か二人分の数でしかない。厳密な推計があるわけでもないが、国語文芸すべてを合わせても、量的には漢文学の数百分の一にしかならないという(5)(金東旭)。

ハングル発明前の国語文学は、二五首の郷歌といくつかの高麗歌謡があるだけで、国文学史の本はそれを特筆するが、実際にはその記述スペースとはおよそ不均衡な、微量なものしか残されていない。先験的な価値判断をぬきにすれば、近代以前に存在したあるがままの文学伝統は、漢文だというほかはない。

しかし今日、書記言語は韓国語になっている。国語の文芸が伝統の中心に置かれ、漢文は一括して国文学の範疇からはずされるか、せいぜい「広義の国文学」などとされ、ろくに整理もされずに放置されている。翻訳も試みられてはいるが数は微々たるもので、国民の関心もいたって低い(6)。

ハングル専用論者はそれでよしとする。金錫得（延世大学教授）は、伝統文化を包蔵している漢文は知るべきだとしながら、一般人が学ぶ必要はないという。

「漢文によらなくても、日常の民衆の民主的文字を知るだけで、伝統文化の理解は可能である」「専門家が漢文の能力を用いて、これをわが国固有の文字でわかりやすく翻訳すれば、民衆は読んで理解ができる……米国、英国、フランスなどの文化を韓国の文字に翻訳することによって、大衆がこれを読んで容易に理解できるのと同じである」（金錫得［1976］p. 151）

翻訳で理解できるという認識は、正しいのだろうか。言語は単なる伝達の手段ではなく、人間精神の器《うつわ》というべきものである。翻訳で伝えられることは限られている。ある日本の作家は、古い母国語はたとえ意味はぼやけていても、「伝習の深い記憶と音韻の美しさと、この二つのものの神秘な複合体」として、われわれの心に異様な力を及ぼす、それが伝統の本質だと説く(7)。翻訳ではその本質が伝わらない。

漢文は借り着の表現手段でしかなく、さぞ不便だったろう、などと言う人は多い。それは人間の精神が、文とは独立に存在し得たと考えるからである。それなりの家門に生まれた朝鮮の男子は、幼時から漢文の素読を学んだ。訓読はせず、字訓のない（民族語との結びつきのない）漢字を棒読みする。「過猶不及」は、日本では「すぎたるは、なおおよばざるがごとし」と読むが、朝鮮風の読み方では、「かは、ゆうふきゅうなり」という態のものになる。

こんな教育を受け、それが教育のすべてだった人にとって、漢文は思惟の様式にぴったり合った書記言語だったはずである。現に日本式の訓読を知った李朝士人（申維翰）は、日本人は上下に行きつもどりつ、われわれの百倍も苦労して読んでいると書いている(8)。訓読の語順は朝鮮語の語順でもあるのに、不便で異様な読み方と思った。幼時から漢文を棒読みしその型を身につけてきたため、精神自体がすでにして漢文的になっていたのである(9)。

その漢文が、今では読めなくなっている。漢文の簡潔性と含蓄性を翻訳で再現するのは困難で、ハングルの言語文化で育った人には発想自体が遠いものに感じられるという(10)。日本人にとっても古文は楽に読めるとはいえないが、問題の性質が違う。古文は日本語だからである。ある日本の学者は、日本語である以上感覚としてわかるはずとして、近代の作品を読むときと同じ態度で原文に接することをすすめている(11)。しかし韓国の古文の実体は棒読み漢文で、こんな勧奨が行なわれることはありえない。

伝統の器となる書記言語が変わったため、この国は過去と包括的に切り離されてしまった。文芸評論家白楽晴は、「父母の血と肉を受けたように継承する文学伝統はほとんどない」という。[12] 反伝統主義者の口吻のようだが、そうではなく、目の前にある現実を語っている。歴史教科書は『朱子書節要』『聖学十図』『東湖問答』『聖学輯要』など性理学の著作、『桂苑筆耕』『東文選』『稗官雑記』などの漢詩文を古典として列挙するが、これらは古人の精神の記録ではあっても、今の韓国人には「伝習の深い記憶」も「音韻の美しさ」も感じられない、血のかよわない文字の集積でしかない。高炳翊は、過去の著作のほとんど全部が古典漢文であるため、韓国人は、外国文でかつ文章語であるという、二重の断層にさえぎられているという。中国や日本にも断層はあるが、その広さと深さははるかに大きい、ともいう。[13]

古典漢文は国文学なのか。これは過去何度となく議論されてきた古くて新しい問題である。日本人の書いた漢文学を日本文学、フランス人の書いたラテン語文学をフランス文学とみなすかというのと同じようだが、両国の場合にはそれで文学史の中身が大きく変わることはないから、これは書く人の好きにまかせればよい。しかしこの国では、文学史家は筆をとる前に自分の立場をあきらかにする必要がある。どちらにするかで、本の内容がまるで違ってしまうからである。

漢文は国文学ではないとする側には、最初に国文学史を書いた金台俊以下、具滋均、金思燁、文一平などがいる。作家李光洙もその一人で、強硬な主張を行なっている。立場は明快で、国語は国民の思想と感情を表現する唯一の手段だから、国語によらない文学は国文学ではありえないとする。[14] ほとんどの国で首肯される考えと思われるが、韓国ではこの入口でひっかかってしまう。これが正論としても、それは即、千年にわたって朝鮮人が営んできた文学を自らの歴史から放棄することを意味するからである[15]（林和）。書かれたもののほとんどを除外するのだから、文学史は貧寒としたものになるしかない。それでよいのか。

原則を重んじる人々はそれを承知のうえで、国語の使用という条件に例外はありえないとする。しかし、ためらう人も多い。京城帝大朝鮮文学専攻の一期生趙潤済をはじめ、鄭炳昱《ていへいいく》、張徳順ら有力な学者は、漢文学も何らかの形で国文学に含めるべきだと述べている。作者も当時の社会も、漢文が自国の文学であることに一点の疑念も持たず、朝鮮語で表記された文学よりもはるかによく自分たちの思想と感情を表現していた[16]（趙潤済）。当時の人々にとってまぎれもない自らの文学だったものを、今になって捨てることはできないという。

ただ、無条件に国文学に含めると言っている人は、ほとんどいない。「広義の国文学」として取り扱うとか（趙潤済）、ハングル発明後に書かれた漢文学で国文学的価値のないものは除外する（張徳順）、朝鮮の生活相を描いた漢文学だけを選択的に国文学と認める（鄭炳昱）、などと言う。実態を念頭に置いて苦慮したあとが窺える、いわば現実的な立場と言えよう。

今なお論議の決着はついていない。すべては、国語作品が漢文学に比べ極端に少ないところからきている。漢文が外国語であること、しかし古人にとってそれが自らの文学だったという認識には、みな同意している。できるなら、国語作品だけを国文学とみなしたいという気持も変わらない。事実認識が違うのなら研究の進展しだいで状況が変わることもありうるが、もともと認識は同じで、最後のところでどちらをとるかという立場の違いのようなものだから、いくら議論しても決着のしようがないわけである。

それにどれを採っても、すっきり片づくわけではない。目いっぱい広くとり、漢文学を丸ごと自国の文学と「考える」ことにしたところで、それを真実自らのものと「感じる」ことはできない。今の韓国人にとって棒読み漢文はお経にひとしく、専門家でさえ意味がわかる程度という現実はどうにもならない。

漢文学を切り捨てればこうした問題はなくなるが、捨てられた作品はどこに行くのか。中国文学になるのだろうか。実際、中国を舞台に中国人が登場する李朝の漢文小説を目にして、未発見の自国の作品と誤解する中国の学者が今なお後を絶たないという[17]。内容形式ともに中国の作品と見分けがつかず、中国文学とみなされても不思議はないのだが、作者が中国人でないから中国のほうで引き取ってくれない。

どう考えるべきか。漢文は韓民族にとって外国の語文である。しかし、昔の朝鮮人にとっては自分のものだった。この二つの命題に異を唱える人はいないのだから、そこから言えることだけを言えばよい。

漢文学は韓民族に帰属せず、昔の朝鮮人に帰属した。二つの民がそれぞれ別の文学をもっている、というだけのことである。解決不能に見えたのは、別の国を無理に一つの国と見ようとしたためで、人為の枠組みが作りだした見かけ上の問題にすぎない。韓国人が固定観念にとらわれるのはやむをえないが、距離をおいてみれば、それが自然な認識であることが理解されよう。

多くの中国の本は、古代新羅から李朝までを「朝鮮」とし、「韓国」とは別だてに整理している。

たとえば『外国名詩三百首』というアンソロジーは、欧州各国や日本については、一つの国名のもとに各時代の詩をまとめているが、朝鮮半島の場合、近代以前の詩は「朝鮮」の項に、以後の詩は別掲した「韓国」の項に収めている(18)。

中国人の編者に、朝鮮と韓国は別の国だと言おうとすることさらな意図があったとは思えない。詩の性質が違うため自然に分かれたのだろう。朝鮮の詩の選者は漢文学の専門家でよいが、近代韓国詩となると別の学問的背景を持った人が必要となる。先験的割り切りをせず、現実に存在する作品群に即して判断すれば、二つの違う国の存在を意識せざるをえない。中国人には断層がとりわけ強く感じられると思う。

旧朝鮮における「文」は、今でいう文芸のほかに、哲学や思想、史学、論説など、精神活動のすべてを包含していた。文の断層は精神の断層にひとしく、古人の精神の全体が、根源的なところで理解のかなたに去った。かつてこの地に存在した、世界観、文化、道徳などを一貫していた伝統は消滅し、人々はそれをもはや自分のものと感じることができなくなった。連続の要素が皆無でないとしても、それは、この国が欧米の精神世界と翻訳を通じてつながっているのと同程度、あるいはそれ以下でしかない。

「教科書」が延々と列挙する典籍は、ほとんど誰もが手に取ることもなく、読めもせず読む気もなく、国家も国民のもとに近づけようとする意思を持たない。「四千年の伝統」は口で言うだけで、現にそのように扱われていない。

ものの言い方にこだわることはないのかもしれない。漢文であろうと何であろうと、先祖が書いた以上、純正の韓国文学だと言うことも可能だろう。しかし、それで問題が消えてなくなるわけではない。千年を超える文字文化の歴史を持ちながら、血肉として継承する伝統がほとんどないという。漢文は伝統文化を包蔵すると言いながら、国民は学ぶ必要はないと言う。どう考えても尋常でない認識である。どのように表現するかはともかく、断絶の現実はいずれにせよそこに存在するのである。

2　この国の国文学とは何か

「教科書」は漢文の典籍を古典として列挙し、一五世紀になってハングル（訓民正音。諺文）が創製され、以後国語による文学が花開いたとしている。民族文化がたんたんと発展して今に至ったかのように書いているが、こうした何気ない記述自体が、語文の断絶を覆いかくす煙幕といってよい。実在した文字文化の伝統は漢文で、国文学は実質的に近代になって誕生したのである。

ハングル誕生以前の国語文芸は、なきにひとしい。郷歌二五首は純粋の民族文学として重視されており、韓国のどの文学史の本も、ほぼ例外なく冒頭の章をその解説にあてている。漢字で表記された古代歌謡という点では、記紀歌謡、万葉集歌に相当するが、似ているのはそれだけである。和歌には古代から現代に至る創作と享受、研究の長い歴史があるが、郷歌は「忘却の片隅に放置されたまま、朝鮮人の生活とは没交渉の位置におかれていた[19]」（金思燁）。読み方も伝承されておらず、鑑賞以前に、そもそも何と書いてあるのかよくわからない。

日本語訳などとしてそれらしく紹介もされているが、いくつかの歌についている漢文の短い解説、歌中に散見する漢字語などを手がかりに全体の意味を推定し、詩人ならぬ言語学者が思い思いに詩の形にしているだけである。たとえて言えば「うららかな春の日、桜の花が散っている」という程度の大まかな釈読から復元を試みたもので、「ひさかたの光のどけき春の日に　しず心なく花の散るらむ」という歌の形で把握されているわけではない。研究は今も続いているが、二五首は文字使用の規則性を抽出するには少なすぎ、かといって古代の言語資料は他にほとんどないので、本格的な解読は望み薄である。(20)

ハングルの創製も、文化の全景を大きく変えることにはならなかった。「教科書」はこの事件を特筆し、旺盛な民族的自覚、汎国民的欲求の所産などと書いているが（p. 215）、国語学の泰斗李崇寧は、この手の解釈を熱狂的愛国主義の暴走として斥けている。(21) 訓民正音製作の意図は、正しい音を民に訓《おし》えることで、言語学に造詣の深かった国王世宗が、訛伝で逸脱した（と考えた）朝鮮式漢字音を正統的発音に矯正する手段として構想したものである。王は中国に特段の距離感を持たない篤信の儒者、確信的な事大主義者で、巷間言われるように、中国文化の排除をもくろんだなどということは、「とうてい考えられない」(22)（李崇寧）。

当時は慕華思想が極度に発達し、万事中国の学問や思考法から離れられない状況にあった。訓民正音は民族的自覚の対極とも言える「事大主義の理想的実践」の産物で(23)（張徳順）、漢字に取って代わるなどという発想ははじめから毛頭なかった。創製後、仏典の解釈書、諺解、韻書、蒙古語や倭語の教本のような特殊な分野をおいてあまり広まらなかったのは、そのためである[24]。
ハングル文芸として小説と時調がよくとりあげられるが、数が少ないうえ、民族色が鮮明に表れているとも言えない。八四篇のハングル小説中五八篇は中国の故事として書かれており[25]、文字以外には国文学らしいところはない。いくつかのものは中国の名家の生活相を描き、非常に長く、時に登場人物が数百人に達することから、家門小説ないし大河小説と称される。最長と目される『玩月会盟宴』に至っては、漢訳すれば『紅楼夢』をはるかに上回る分量になるという[26]。韓国の文学史は『春香伝』『洪吉童伝』など朝鮮を舞台にする作品に光をあてるが、これらをみな合わせても、量的には『玩月会盟宴』や『明珠宝月聘』『尹河鄭三門聚録』各一篇に、遠く及ばない。民族史的正統性という観点をはなれ、あるがままに見れば、国文小説を代表するものは、擬似中国文学とも言えるこうした作品群なのである。

韓国の学者はこれらをあえて国文学の範疇から外してはいないが、その研究にはさほど熱心でないようだ。内容があまりに中国的だというにとどまらず、実際に中国の作品である可能性があるからである。李朝末期に中国小説が大量に諺訳されており、そのなかの一つかもしれないという疑念が捨てられない。長大な小説の研究に生涯をささげても、ある日大陸で「原本」が発見されれば、せっかくの仕事が国文学的意義を失ってしまう。家門小説の研究が今ひとつ進まないのは、長さもあるが、その「国籍問題」が心配されているのである[27]。

ハングルの発明で民族文学が発展したなどとも言うが、これは日帝期に抗日の文学が多く書かれたというのと同じで、価値で事実を取捨した結果にほかならない。史実を端的に要約するなら、中国を舞台に中国人が登場する中国小説のような作品が数多く書かれた、と言うしかない。

朝鮮の物語として書かれた二六篇も、さほど民族色が濃いとは言えない。朝鮮の故事なのに漢土の文物、人名や地名がこれでもかと書き込まれ、中国の史経と典籍に通じていなければただの一ページも読み解けない。(28) 国文学者張徳順は「李朝時代の小説の絶対多数が、その舞台・人物・風俗またば漢臭の千篇一律的描写に至るまで中国的で、またそれを誇りにしていた」「武陵桃源の理想視と堯舜の大平盛世、唐詩人の自然観、道教的神仙世界を除去すると、何も残らない」と言う。(29) 以下は一八世紀に成立した国語文芸の代表作『春香伝』中のよく知られた一節を、漢字をおこして日本語風に仕立てたものである。

「この時、漢陽城道令は昼夜詩書百家語を熟読せしゆえ、文は李白、筆法は王羲之なり。国家に慶事あり、太平科を催せば、書冊を懐に場中に入り、左右を見廻すに、億兆蒼生、ソンビが一時に粛拝す。御楽風流清雅声に鸚鵡《おうむ》が舞う。大提学擇出し御題をさし出せば、都承旨捧げ持ち、紅帳の上に張出せば、春塘春色古今同とあり。李道令、伏し拝めば、日頃慣れたる詩題なり。解題を生覚し、龍池硯に墨を磨り、唐黄毛無心筆を半ばまで浸し、王羲之筆法と趙孟頫書体で一筆揮之し、先場せり。上試官これを見て、字字に此點、句句に貫珠を附す。龍蛇飛騰、平沙落雁にして、今世の大才なり。金榜に名を掲げ、御酒三杯を賜りたる後、壮元及第揮場なり」(完本版『烈女春香守節歌』による)

原文はハングルで書かれ、たとえば右の「解題」以下は「かいだいをせいかくし、りゅうちけんにすみをすり、とうこうもうむしんひつを……」といった表記になっている。音こそわかるが、漢学のよほどの素養がなければ、取りつくしまもないような文章である。

「いまは昔、竹取の翁といふ者有けり」「おごれる人も久しからず、ただ春の世の夢の如し」「古池や　蛙飛び込む水の音」が、皆目わからないという日本人は、まずいないだろう。意味が通じるという程度ではなく、母語が宿す言霊《ことだま》の力で、容易に核心の理解に到達できる。自国の言葉で書かれているからこそ国文なのであり、国字だから国文だというのは、仮名と国文学の発展が並行して生じた日本にひきあてたもので、当地の現実ではない。漢字語と漢語成句の音を並べた呪文のような文字列には、国文の実はないように思う。

ハングル小説は、国文学なのだろうか。『春香伝』は作者が不明で、中国作品の翻案の可能性が指摘されてはいるが、ともかくも朝鮮の物語として書かれている。[30]『謝氏南征記』の人物と背景は中国だが、作者は朝鮮人金万重である。それで国文学としているのだが、朝鮮との接点が明確でないものについては、扱いはとたんに難しくなる。

多くの作品に実は漢文版があり、ハングル版との先後関係がわからない場合も少なくない。漢文で書き下ろされ、それが諺訳されたのなら、もはや純粋の国文学とは言えなくなる。反証があれば問題はないのだが、どちらが先か判然としないものも少なくなく、今後の研究しだいでそれらが漢文学に分類替えされ、国語文芸のリストから外される可能性もないとは言えない。[31]

時調は国語詩の代表とされ、時に和歌に比定されるが、「和歌のようにあった」わけではない。

日本の『国歌大観』に収録されている四五万首は、勅撰和歌集や有名歌人の私家集などに載せられた由緒ある歌だが、時調五千数百首は、民族文学を掘りおこすという意識のもとに、国中から一切合財をかき集めてきたものである。

佳作はせいぜい五〇首内外と言い(32)、歴史的に古典とみなされてきたものはなく、伝存している時調集も、社会の底辺にいた倡優（芸人）の練習用教本にすぎない。大半が士大夫の筆すさびで、忠孝修徳を説く警句・格言様のもの、都々逸風のもの、戯れ歌、落首のようなものまであり(33)、これらを詩とみなすかどうかは一つの問題である。

和歌は平安時代以降文学の最高位に据えられ、多くの歌論書が書かれ、勅撰和歌集、宮中歌合わせの記録が今に伝わっている。歴史時代を通じその詩形式は強固な一貫性を保ち、それから連歌、俳句、狂歌、川柳が生まれ、五七、七五の音数律は近代詩に取り入れられた。これに対応する史実がない。近代以前に国文学がなかったとは言えないが、少なくとも古典的伝統としてあったとは言えない(34)。ここでは古文とは、漢文のことなのである。

ハングルは生まれたが、国風文化は興《おこ》らなかった。興ったのは漢風文化であり、ハングル文芸は終始、漢文学の派生の域を出ることはなかった(35)（趙潤済）。文字そのものも無学者のものとして賤視され、時とともに使用範囲も委縮して、下積みに沈んでいった。当初官庁の名称にも用いられた「諺文」がまったき卑称になりおおせたのも、その凋落を反映している（その諺文庁も一六世紀初頭に廃止された(36)）。諺文が民族精神の要《かなめ》と意識され、「大いなる文字」への歩みを始めたのは、ようやく一九世紀も末葉のことである。

仮名の発明が国風文化を発展させたというが、朝鮮でおきたことを念頭に置くと、文字は二義的なもののように思える。日本では、神々への信仰や歌謡の伝統は一度も切れなかった。自前の文字がなかった頃、苦心して『古事記』や『万葉集』を編んだのは、表現すべき民族の霊魂が保全されていたからである。その根本の条件がここにはなかった。便利な文字を手にした人々は、自らの内なる慕華の思いを表白することに、情熱を傾けていったのである[37]。

一九六二年、英文学者柳宗鎬は、雑誌『思想界』に「『韓国的なもの』とは何か」という表題の論文を寄稿し、波紋を呼んだ。彼は年来の持論として、フランスでは自国的なものは伝統的なものという通則は成立するが、韓国ではこれは虚構にすぎないとした。目下韓国的と一般にみなされている作品は、土着語を用い民族的情緒を表現しようとしているが、どれも二〇世紀初頭の新文学誕生後に世に現れたものである。伝統文学は漢文の典據《てんきよ》と漢土故事で埋め尽くされ、国語は漢字の圧力で窒息させられている、それが伝統とすれば、そんな伝統は韓国的とはとうてい言えないという[38]。

他の文化領域でも、似たようなことが言われている。美術史家李慶成は、長らく東洋画と呼称されてきた絵画を韓国画と言い換える風潮に反対し、「はたして韓国画とは何かが問題なので」、伝統画あるいは水墨画と呼びたいとした[39]。中国伝来の画法を用い、牛の背に乗る仙人や桂林風の山容を描いた水墨画、朝鮮ではまれな蘭や竹を描く四君子の絵が、いったいどのような理屈で韓国画になるのか。具体的次元に降り、個々の作品に向きあうほどに、「伝統」と「韓国」の乖離《かいり》を痛感させられる。この人も、高炳翊や柳宗鎬と、結局は同じことを言っているのである。

どの国にも、古き良き伝統に愛着を持つ人、その反対の、伝統の継承を意識して拒絶する人がいる。しかし、自国的なものがそもそも伝統でないという認識が成り立つ国は、他に容易に見出すことはできない。日本や中国との差は程度問題ではない。ここでは、前近代と近代は、つながっていないのである。

3　小中華としての朝鮮

語文の入れ代わりは、国の入れ代わりでもある。祖国とは国語なり（シオラン）という言説が正しければ、旧朝鮮は漢文の国だったというほかはない。つまり、漢土の人と同じ国に住んでいた。今の韓国の文学史家にとって、作品が朝鮮・中国のいずれを舞台にしているかは重要な問題だが、当時は田舎と都のどちらの物語として書くかという程度のことで、たいした差とは意識されなかったはずである。

　李氏朝鮮の精神の基幹を作ったという初学者用の教本『童蒙先習』は、「大明太祖高皇帝」から朝鮮の国号を賜ったことを特筆し、自国を「礼楽法度、衣冠文物はことごとく華制にしたがう……風俗の美は中華に侔擬《ぼうぎ》す、華人これを称して小中華という」と記している。[40] 当時この地にあったのは、何事も中華に倣《なら》うと自負する、「小さな中国」だったのである。[41]

　古代にあったとおぼしき信仰は、痕跡のようなものを残してすべて消滅した。人名や地名は中国風に変わり、思想は朱子学一辺倒となり、日本の国学にあたるものは興らなかった。文学は要するに漢文だった。美術も同じで、フランスの美術史家ルーセ（H. Rousset）は、朝鮮の絵画や書は、時とともにますます中国に似るようになったと述べている。[42]

しかし、「似る」という言い方は適当ではないだろう。李朝士人は、自国を独自の文化的実体と考えていたわけではないからである。今日モロッコやアルジェリアの国民が、東方のイスラム文明の中心地で発展した文化を自身の伝統とみなしているのと同様、中華の礼楽法度、衣冠文物は自らの文化そのものだった。朝鮮は中国に似たのではなく文明化したのであり、民族的なものの消去は自ら求めたことである。この文明の評価に、独自性、民族的個性などの今風の基準を持ち込むのは、見当違いとみなさざるをえない。

中国との政治的関係にも、同様の認識が必要だろう。「教科書」は対中関係を親善関係と表現し（p. 176）、冊封は儀礼的なもので実質は独立しており、朝貢は貿易の一形態だったなどとしているが、これは牽強付会の解釈と言わざるをえない。韓末の儒生崔益鉉は、「東土の一木一草も皇恩を蒙らざる所なし」と書いている。[43] 東土とは朝鮮、皇恩とは中国皇帝の恩を指す。李朝士人にとって、中国は今で言うところの外国ではなく、皇帝は自分たちの君主でもあった。天命を受けた天子が支配する、国境をもたない世界国家を伝統中国とすれば、朝鮮はそのような意味での中国の一部だった。[44] 以下はおもに李朝についての記述だが、ほとんど元《げん》の領土のようだった高麗の一時期を除けば、どの時代をとっても大差ない。[45]

嗣位（王位の継承）、立后、立太子には皇帝の承認を必要とした。国王の死後、王世子はまずは権署国事（国王代行）を称し、封冊を受けたのち王となった。承認は概ね支障なく行なわれたが、滞る時もあり、奏請使は多額の聘物を中国の高官に渡すことを慣例にしていた(46)。

もともと半島の国には神国思想にあたるものがなく、とりわけ前王朝の簒奪者が建てた李朝にとって、正統の天子による冊封は立国の基礎というべきものだった。勅使を迎恩門に迎え冊書の宣読を受けることは、正統の王であることを内外に示す、戴冠の儀式に相当するものだった。

公文書には清の年号を用い、清から受領した印信を押し、暦は「大清暦書」を用いた(つまり正朔を奉じた)。国王の位階は中国の宰相の下で、概ね尚書(大臣)に準ずる礼遇を受けた。皇帝の自称は「朕」であり、その命は「詔旨」だが、朝鮮の王には「寡人」「教」の字をあてる。

朝鮮の使節は年四回の定期のもののほか、謝恩や陳奏、告訃などのため随時派遣され、清代を通算すると計六九七回に達する。勅使の来行は都合一六七回で、王は毎度百官をひきつれて漢城郊外の迎恩門に赴き、三度ひざまずき、九度頭を地につける、いわゆる三跪《き》九叩頭《こうとう》の礼を行なった。どれも儀礼と言えば儀礼だが、実際にあったのは支配と服従の端的な上下関係で、儀礼はその実態を表現し確認するものだった(47)。

公文の違制、報告の虚偽、貢物の劣等などがあれば、皇帝は王に罰金を科し、時には査察使を派遣し、名指しで官吏の処罰を命じることもあった。兵の提供は一七世紀に五回あり、たとえば一六三〇年代には、清廷の求めに応じて兵六〇〇〇、船一九〇艘、軍糧二万石を送っている。負担は人民に転嫁され、折からの凶作と相まって飢饉が発生し、元の日本遠征にかかわった高麗の窮状の再現となった(48)。

中国への進貢は経済的利益があったので望んで行なったなどというが(49)、実際は属邦の義務として課せられたもので、朝鮮側に品目や数量を決める自由はなかった。貢納の費用は各年平均九・一万両で、これに皇帝、皇太后、皇后、皇太子への方物、沿路の司直への贈給、さらに使節三〇〇余人の旅費を加えると、負担は年平均一五・一万両にのぼる（全海宗推計。以下同じ）。三年に二回の頻度で来行した勅使の接遇費も莫大で、そのたびに中央官衙の年経費の六分の一にあたる二三万両を費消した。これを年ベースにならして足し合わせると、清代の対中関係費の総額は各年三〇万両に達する。これに対する皇帝の回賜は平均二・三万両で、貢納の数分の一、経費の十数分の一の見返りでしかない。朝鮮は過酷に収奪され、莫大な経済的損失を甘受した[50]（全海宗）。

数字に表れない負担もある。中国の海禁政策がそのまま朝鮮に適用されたため、海上交易からの収入が得られず、財政の制約となった。金銀は自国に産しないと申し立て、ある時から貢納は免除されたが、この説明と辻褄を合わせるため鉱山を閉じ、一切の採掘を放棄した。あらゆる不都合を忍び、五〇〇年この不自然な政策を固守したのは、徴求を免れる手段が他になかったからである[51]。

処女と宦官《かんがん》の貢献は一三世紀から一五世紀半ばまで行なわれたが、社会に大きな爪痕を残しただけでなく、さらなる禍根を生んだ。中国王朝の后妃や官吏となった半島出身者は朝鮮の政治に容喙《ようかい》し、とりわけ使者として来行した宦官は暴慢にふるまうことが多かった。彼らは朝鮮語を話そうとせず、一般の中国人使節よりもさらに高飛車で、金のかかる接待を要求する傾向があった[52]。彼らには王も丁重に接せざるをえず、その意を迎えるため縁者六〇〇余人を叙官したこともあったという。

朝貢体制（tributary system）の要諦は、藩国に自らの立場を常に自覚させ、国ごと卑屈な唯々諾々の態度をとらせることである。中国の使節はことさらに傲慢と軽侮の態度[53]（Clark）をあらわにして、属国の君臣に上国の威勢を思い知らせようとした。物的収奪に加え、一辺倒の従属がもたらした精神的負担は甚大で、朝貢がもうかる取引だったと言わんばかりの説が韓国で流布したのは、屈辱を直視したくないという心理が働いたためだという(54)（全海宗）。

一国をかまえていれば当然に行なわれるはずの外交も、ここには存在しなかった。第三国との交渉は私交とされたから、アメリカや琉球、呂宋《ルソン》の船員や漁民が漂着したときも、北京に護送したうえで送り返すのを常とした。日本への遣使は交隣の名のもとに黙認されていたが、どの場合も派遣の事情、使節の姓名官職、旅程の大要を清廷に提出し、事後に見聞を報告しなければならなかった(55)。内政は自主的に処理できたともいうが、実際には程度の差こそあれ干渉を免れていた時期はなかった(56)。国ぐるみで主従関係のなかに収まっているからこそ属国なのであり、いくばくかの自主はあったとしても、それは宗主国の意向しだいでどうにでもなるものだった(57)。

藩属は統一新羅以降千数百年続き、世界でもこれほど長く一つの国に服属した例はまずないだろう。中原の地に統一王朝が存在しないときも建元はせず、干支を用いて紀年し、新たな宗主国の出現を辛抱強く待った(58)。独立の形を作ることを避けたのは、藩属が言わば国体の一部になっていたからである。

歴代の史書を見れば、一目でわかる。『三国史記』は三国の自立の努力を冷評し、新羅は中国に仕えながら勝手に年号を称し、唐の叱責にあってなおためらった（『新羅本紀』）、高句麗はかたくなに詔命に従わなかった（『高句麗本紀』）、百済は詔勅に面従腹背した、亡ぶのもやむをえないなどと書く（『百済本紀』）。周辺小国を睥睨《へいげい》する中国人の口吻そのもので、高炳翊は、いったいどちらの国民として処していたのかわからないと慨嘆している。[59] 史書の事大性は時とともに強まり、『三国史記』では「本紀」とされていた国の歴史は、高麗史では、諸侯国「世家」の歴史に格下げされている。東方礼儀の国は、自らの手で、律儀に名分を正していたのである。申相楚（『中央日報』論説委員）は言う。

「民族の生存と安全を保全するための政策上の手段としてではなく、事大主義それ自体が目的であるかのような観を呈した……。手段と目的が顚倒したのであり、自己の安全のために他に頭を下げたのではなく、他にへつらうために自己を犠牲にする結果となった[60]」

中国を劫掠《ごうりゃく》した北方民族はもとより、独自の宗教的権威を戴くチベット、中国に進貢しつつ内々帝を自称したベトナムには、このような傾向は見られない。一九世紀後半、『申報』（上海で発行されていた、近代中国の最も歴史のある新聞）は、朝鮮は今日まで一貫して忠勤に励み、他の属国に比べて最も恭順だったと書いている。[61] 内面化された事大、服属の裏表のなさ、その持続性において、中国にとっても朝鮮は特別の国だった。

「教科書」は、わが民族は「長い歴史のなかで……強靭な民族意識と確固たる自我意識を確認してきた」と書いている（p. 469）。そうとすれば、自国を小さな中国とみなし、事大を道義的義務として追求した旧朝鮮の士人は、「わが民族」には該当しないことになる。「教科書」は、旧朝鮮が今とは別の国だったことを、実質的に認めているのである。

4　従属の深化

「教科書」には、歴史の断層をほのめかすような記述はない。開化思想は実学を継承し、韓国人が甲午更張（甲午の改革）を断行し、大韓帝国の誕生も国民の自覚によると言う。まるで西欧の歴史のように、内的条件の成熟によって着々と近代に歩を進めたかのように書いている。

しかし、新旧の世界の接合部に顕れているのは、斧で断ち切ったような鋭角的な切断面である。比喩的に言えば、古い地層に埋まっているのは漢文の化石的遺物ばかりで、一五世紀以降の層からはハングル文も少しは出土するが、それも減り気味である。その状態が日清戦争まで続き、その後の地層からは国文がどっと出てくる。漢文はみるみる数を減らし、やがてなくなってしまう。文献資料は、文明の突発的転変の跡を示している。

近代のとば口に至るまで、転換を予見させるようなものは見出せない。幕末の動乱期を通過していた日本のとなりで、「隠者の王国」は森閑と静まり返っていた。四方博が述べている。

「李朝五百年間、いつの時代をとりあげて見ても、同様の生活様式があり、同様の思考形式が支配し、生産方法の躍進もなく、消費生活の変化もなく、常に同一の主張・同一の批難が繰返さるゝに拘わらず反省も改革も行われなかった。常に両班は支配して常民は屈服し、常に朱子学は金科玉条であり、常に原始的農耕が行われ、常に国民は最低限の生活に満足させられた[62]」

独立国家の意識が胚胎するきざしはなく、朝貢の停止や称帝建元が試みられることはなかった。ひたすら事大色が強まる史書、下積みに沈む諺文、時とともに中国に似ていく美術など、どの分野を視野に入れても、韓国成立の準備過程を見出すことは困難である。

一八六八年に日本との間でおきたいわゆる書契問題は、藩国意識の根深さを浮き彫りにした。朝鮮は、王政復古を通知する日本の国書、対馬藩副書にあった「皇」「勅」の文字を問題にし、これらの使用は中国皇帝以外には許されないとして受け取りを拒否、以後七年この状態が続く[63]。

もとより自国の文書ではなく、二国間の協定でもなく、これは日本の国書である。気に入らないからといって突き返すというのは、かの煬帝《ようだい》や秀吉もあえてしなかったところで、梁啓超は、繰り返し訪れた使節に門前払いを続け、強隣に敵意を植えつけたのは真に情理の外《ほか》と評している[64]。

一八七五年には江華島付近で、日本の測量艇「雲揚号」が砲撃される事件がおきている[65]。日本は中朝の宗藩関係についてそれなりの認識を持ち、当初いずれの国に抗議するか迷うところがあった。以下は伊藤博文の回想である。

「(抗議の相手を)支那とするか朝鮮とするか惑う所なきを得ざりき。何となれば当時の朝鮮は清国の正朔を奉じて自ら清国の附庸国と称し居たればなり」「清国は元来其附庸国につき外国に接するや、自国に都合の良き時は属国と主張し、都合の悪しき時は責任を免るるを常とする国なり」[66]

案の定こと面倒と見た中国は、「政教禁令は朝鮮の自主に任せている」と伝えてきたので、日本は朝鮮を独立の国とみなして談判の相手にすることにした。

朝鮮は謝罪し、翌年日朝修好条規（江華島条約）が締結される。そのさい争点となったのは朝鮮の地位の確認で、日本は朝鮮が独立国であることを条約に明記しようとしたが、属邦を自認する朝鮮は応ぜず、結局「朝鮮国ハ自主ノ邦ニシテ日本国ト平等ノ権ヲ保有セリ」（第一条）という文言に落ちついた。独立でなく自主なら、自主的に藩属の状態を選びとったという解釈が可能になるからである。条約には、明治の年号とともに、「朝鮮開国紀元」という風変わりな紀年が書きこまれた。

しかし、朝鮮の思惑は思惑として、この条約は中朝の宗藩関係に楔《くさび》を打ち込む結果となった。日中間にはすでに対等条約（日清修好条規）が締結されており、朝鮮が日本と対等なら、朝鮮の宗主国としての中国の地位は自動的に切り崩されるからである（それが日本の狙いでもあった）。それを防ぐ意思があったのなら、属国の不始末を陳謝するか、日本が悪いとして突っぱねるか、いずれかをとるべきだったが、清はその場しのぎの逃げを打って、属邦喪失に至る以後の歴史を自ら招きよせる結果となった[67]。

北洋大臣として外交の衝にあった李鴻章は失策に気づき、失った地歩を挽回するため、次に浮上した朝米の条約交渉を自ら行ない、属邦朝鮮の概念を明文で盛り込むよう努めた。(68) 折衝は李鴻章とアメリカ全権（シューフェルト提督）によって行なわれ、清米間で合意された草案が朝鮮に送られ、仁川で調印式が行なわれた（一八八二年）。

属邦規定はアメリカの反対で入らなかったが、調印に先立ち朝鮮国王がアメリカ大統領に書簡を送り、自国が中国の属邦である旨を通告するという手順がふまれた（朝鮮側が一方的に意思表示し、アメリカはそれを聞きおくという形がとられた。これが以後の欧州諸国との条約締結にさいしての先例となる）。条約には自主の邦云々の文言は見えず、「朝鮮開国紀元」に代えて清の年号「光緒」がしっかり記入されている。中国は江華島条約の悪果を、かなりの程度希釈することに成功したのである。

同じ年（一八八二年）、給料未配に怒った兵士の暴動（壬午軍乱）がおきている。清は水陸五〇〇〇の兵を送って参加者を逮捕処刑し、黒幕と見た大院君（国王の父）を天津に連行して幽閉した。その後も大兵を漢城に駐屯させ、内政、税関、軍隊改革などを担当する数人の大官を送り込み、国政を監督させた。新式軍隊の訓練は日本に代わって中国が行なうこととなり、李鴻章の腹心袁世凱がその指揮にあたった。朝鮮税関は中国海関総税務司の管轄に入って、職員の大半は中国人となり、その活動実績は中国の海関報告に掲載されるに至った。(69)

その年の一〇月、「中朝商民水陸貿易章程」が締結される。そこには「朝鮮は久しく中国の属邦」で「本章程は中国が属邦を優待する特典」と書かれ、朝鮮国王は明文で北洋大臣と並ぶ位置に置かれている。翌年の「奉天與朝鮮辺民交易章程」には、朝鮮は中国を天朝、上国と称さねばならないとあり、貿易協定の名を借りて、国の上下関係を世界に周知させようとした中国の底意が示されている[70]。

江華島条約を契機に、朝鮮は中国の対等国と次々と対等の関係に入り、国際関係の力学はたえず朝鮮の地位を浮上させるように働く。宗藩関係を維持するには、朝鮮に藩属の地位をたえず確認させ、相対で頭を押さえつけておくしかない。自分であけた大穴につぎはぎするようなやり方だが、ほかに方法はなかった。

一八八四年には、中国の専横に反発した金玉均、朴泳孝ら独立党人士が日本の支援をとりつけて蜂起し一時権力を奪取したが、国王が中途で清の軍営に投じたため一挙は失敗に終わった。鎮圧を指揮した袁世凱は翌年、「駐紮朝鮮総理交渉通商事宜」に任じられ、以後事実上の朝鮮の統治者として君臨する。ことごとに上国の威を張り、王国を貶めるそのやり口に、朝鮮の外交顧問デニー(Owen N. Denny)は憤慨を隠さない[71]。

「袁世凱は朝鮮を中国のくびきにつなぐため百方手を尽し、……公私の事業を自分の私兵に妨害させ、失敗と世の嘲弄を招くようしむけ、朝鮮人は愚昧・幼稚の民で、中国の後見なしには何もできないことを思い知らせようとした」「中国軍の威勢、李鴻章の報復をちらつかせ、国王をおどして要求に従わせた。王威の薄弱ぶりを朝鮮官民に見せつけるため、古い礼法や神聖な規則を凌辱し、従僕や騎乗の従者を伴ない轎に乗ったまま王の居室の咫尺《しせき》に押しいった」(Denny［1989］pp. 32-33。原著は一八八八年)

彼は自分の肩書を「朝鮮総理」と都合よく略称し、住居、車馬、装身具に至るまで国王同然によそおい、王との会見のさいも着席のままで押し通した。壁一つへだてた隣室に陣取って王の挙動を監視し、重臣には毎日報告に来るよう命じ、上国から派遣された監国大臣としてふるまった[72]。

一八八五年には、奉天（現瀋陽）と漢城を結ぶ電線架設にかかわる中朝条約が締結されたが、袁はこれに、朝鮮の電信全般への中国の管理権を規定する条項を押し込んでいる[73]。収入不足に悩む朝鮮政府はフランスの銀行から借り入れを試みたが、中国からの電信権益の回収を目的にしていたため袁が反対し、以後第三国に大規模借款を要請するときは、事前に中国の許可を得るよう求めている[74]。開港にも干渉した。朝鮮政府は平安道での密輸を減らすため平壌を開港しようとしたが、日本の浸透を警戒する袁の横やりで沙汰やみとなった。

朝鮮の外交は中国が行なっていたが、これは「属国無外交」の観念に基づくもので、異常な事態が起きたわけではない。一八八五年には日本は朝鮮への駐兵権を獲得しているが、交渉の相手は中国で、中国からこの権利を得たのである。同じ年、ロシアの南下を牽制しようとしたイギリスが巨文島を占領する事件がおきているが、交渉でイギリスを退去させたのは中国で、朝鮮は事後に結果を知らされただけである。中国は、朝鮮が第三国と直接接触することを嫌い、高宗が内々ロシアへの接近をはかったときは、国王の廃位まで持ちだして翻意させている[75]（一八八六年）。

一八八七年には、欧米への遣使を妨害している。この年の五月に公使を日本に派遣し、中国には事後に報告して何事もなかったので、同様に事を進めようとしたところ、袁は欧米への遣使は属邦体制にもとるとして、中止させている。朝鮮政府はあらためて北京の了解をとりつけようとしたが、アメリカが中国に抗議する事態となり、結局使節を格下の弁理公使とし、任地で中国公使の指揮下に入るという条件で落着した。(76) しかし渡米した弁理公使は、中国公使を素通りして大統領に信任状を奉呈したため召還させられ、これを見た駐欧公使も赴任を断念し、結局欧米への遣使は日清戦争に至るまで行なわれずじまいとなった。

一八八九年には、貨幣改鋳事件がおきている。袁世凱は、朝鮮が作った金銀銅の貨幣に「大朝鮮」という文字が刻印されているのを問題にし、「大」の字は上国に対し不遜と難癖をつけ、改鋳させている。(77) 貨幣の鋳造は日本の支援を受けて行なわれたため、この事件は中国の横車として日本の新聞にも大きく報じられた。

どう見てもこれでは、実質の独立国だったとは言えない。梁啓超は、この頃の中国の勢力は、統監府を設けたときの日本以上だったと書いている。(78) 一八八三年に一二名で発足した中国の出先機関漢城公署は、一〇年後総勢九三名からなる大組織となり、朝鮮総理の手足となって朝鮮の国政に参画した。

藩属を事実上の独立と認識すれば、この時期その独立を失ったことになるが、中国と戦争して負けたわけでもないのに、無抵抗でこの状態に移行している。義兵も蜂起しないし、儒生も黙っている。今日愛国の人とされている黄玹も、こんなことしか書いていない。

「(袁世凱の) 年はまだ三十歳になっていなかった。挙人・地方長官により朝廷に推挙された人物で、仮軍職で来た者である。聡明で、夙成《しゅくせい》していて、京城に居ること一年にして、大いに京城の人心を得た」「朝鮮のことを任されて十余年、威厳と慈恵を著しく備えていた」（黄玹『梅泉野録』p. 91, p. 194）

朝鮮のことを任され、威厳と慈恵を備えていたというが、愛国者なら、ほかに書くことがあったのではないか。アメリカ人デニーは通常の国家間の関係を標準に考えて憤ったのだが、その実、朝鮮総理は「人心を得」ていた(79)。袁世凱は日清戦争直前に帰国するが、人々は終始、総督然とした中国人が首都に腰を据えていることを、異常とは思わなかった。この国は、日清戦争が始まるその日まで、まったき属邦であり続けたのである(80)。

5　過去との訣別

こうした状態が、スイッチを切り替えたように突然変わる。一九世紀末におきた日中の衝突は短期間で終わったが、世界史のうえでも数少ない決定的な意義を持つ戦争となった。日清講和条約は「清国ハ朝鮮国ノ完全無欠ナル独立自主ノ国タルコトヲ確認ス。因テ右独立自主ヲ損害スヘキ朝鮮国ヨリ清国ニ対スル貢献典礼等ハ将来全ク之ヲ廃止スヘシ」（第一条）と定め、中国は最後の、かつ最も重要な藩属国を失った。千数百年の伝統を持つ「天朝礼治体系(81)」は消滅し、東アジアに新しい天地が作り出された。

国境を持たない世界帝国は、以後国民国家に転換する長く困難な道程に入る。中国の知識人は、王朝を超えて続く漢民族の国の概念を模索しはじめ、やがて「支那」を称するようになる。(82) 中華帝国は万国のなかの一国となり、唯一の文明は支那の文化となった。

それが、朝鮮王国の存続を困難にした。文明と同義だった中華がただの支那になったとあれば、『童蒙先習』の一節は「礼楽法度、衣冠文物はことごとく支那制にしたがう。風俗の美は支那に侔擬す、支那人これを称して小支那という」と読み替えられる。世界に冠たる中華あってこその小華であり、万乗の国が消えれば千乗の国も消えるしかない。支那の文化を基礎に民族の国を建てるわけにもいかず、そんな国ができれば支那に合流するほかはない。

華化以前の伝統に立ち返ろうにも、千年の間民族的なものを消去することに全力をあげてきた。ボールを一方に蹴り込んで得点していたつもりだったのに、終了間際、あれは自殺点《オウンゴール》というのだと言われたようなものである。それまで歩んできた道が袋小路であることを悟った人々は、革命以上に過激な、国の自我の入れ替えに走っていった。

日韓併合の直前、日本留学生と思われるある知識人（嘯印生《しょうごうせい》）は、『大韓興学報』の誌上で、「旧韓」を激しく攻撃している。そこにあったのは慕古事大、樹党闘私、萎靡懶弱、因循腐敗で、大国勅使を迎恩門に恭迎し、恥辱を光栄とみなし、一身の利害をもって国民殺活の標準とし、人面獣心の悪行をはばからない、その消滅が一日遅れれば惨状は一日増すのみと叫ぶ。(83)

かつては誇りの源泉だった中国との特殊関係は、いまやただの隷属と解釈されるようになった。

清の賤待を甘受し、その虚文と衰風をひたすら尚《とうと》んだ(84)（安明善）。君臣上下から民衆に至るまで事大精神に捕らわれ、依附の行動が日に長じ、民族と国家の観念が知らず知らずのうちに滅絶に至った(85)（岳裔）。

中采浩は、三国時代、隋唐の雄師を退け赫々《かくかく》たる国光を輝かせたのに、のちには外勢にただ屈従するだけになったとする。国民精神の衰落をもたらしたものは、漢文である。支那の皇帝を犬豚視し、愛国の血誠をもって天地間に立っていた人々が、ひとたび漢文を知ってからというもの、国魂を献納し、口を開けば大宋・大明・大清と言い、堂々たる大朝鮮を他国の附庸とみなすに至った(86)。

とりわけ『童蒙先習』を、その卑劣な句語によって国民の士気を堕落させた、数百年来の悪教科書と断定する。事大慕華の教育を続けたため、国は宗教・学術・政治・風俗の各方面に奴隷性を産出する「一大奴隷地獄」と化した。朝鮮に忠臣義士、英雄がいるといっても、天賦純潔の独立心をもってみれば、「これも一奴隷、かれも一奴隷」にすぎない。今日フビライを伏し拝み、明日は朱元璋、次はヌルハチを伏し拝む。老妓が情人に接するように、此が去れば彼を迎える、その習いが性となり、ついには、朝鮮人は道をもって御し易しという漢人の軽侮を、称賛と思うまでになった(87)（中采浩）。李光洙は慨嘆する。

「どの民族も自らを世界の中心に置き、他民族に優るとする。ユダヤ人はその痩地で弱小の国を構え、たえず他族の蹂躙を受けつつなお上帝の嫡子、世界の中心を自認した。檀君は天から降ったのだから、朝鮮人も自身上帝の嫡子と信じていたことは明らかである。なのに初めて漢文を読んだ愚かな祖先はこの理を解さず、檀君を捨て堯舜をあがめ、上帝の嫡子という誇らかな栄光の地位を捨て、小中華という奴隷の異称に随喜感泣するようになってしまった」「先祖伝来の思想・感情と生活様式を捨て、孔孟を生んだ中国人を手本とした。その後は『何たる悲しみ』とではなく『嗚呼痛哉』と泣かねばならず、『わがおおきみ』ではなく『朝鮮国王殿下』と言ってはじめて満足した。その目には、白頭山は泰山より低く、金剛山より揚子江平原のほの暗い峯が美しく見えた。こうして、他を自己にではなく、自己を他に同化させた。まこと小中華の恥ずべき名は、中国人が愚かな朝鮮人に下賜したもので、それを受けた日が、永久に朝鮮を捨てた卒業の日、自己の終りの時だったのである」(「復活の曙光」李光洙［1981］pp. 325-326。原載は一九一八年。朝鮮語文献)

自分を失って、自分の文化が作れるわけがない。作っていたのは中国の文化だった。

「漢文士の汗牛充棟の著述はあっても、朝鮮人の思想と感情を表現し朝鮮民族の根本精神に接触したものがはたしてどれだけあるのか。漢字を用いただけでなく、発表する思想感情も漢人の模倣ではないのか。漢文で書いた文学すべてを集めても、そこに朝鮮人の思想、感情を見出せるのか」「李朝五百年の間に、我々は『我々のもの』と言えるだけの哲学、宗教、文学、芸術を持てなかった。能天気で無能な一階級が漢土の文学の糟粕をなめただけだ……それは朝鮮人の精神とまるで没交渉のものである。朝鮮人がつかの間中国人になりその思想感情を模造し、

中国の文字で表現したものにすぎなかった」（同 pp. 319–320）

固有の思想・感情と生活様式を失い、代償に得た文化は結局自らのものにはならなかった。それは民族にとっては無価値なものである。大提学・副提学は巫女と妓生《キーセン》にも及ばないという李光洙の判決は、この認識から生まれる。[88][89]

戦後も、表向きの民族文化礼賛のかげで、こうした全的否定の文章が書きつらねられてきた。実在の古典にほかならない漢文は「寄生的外来文化」（趙潤済）、漢字は「亡国の文字」（崔鉉培）、文芸に盛られた「絶対的事大思想は羞侮の極」（張徳順）などという。[90] 歴史は民族性喪失の痛恨の過去となり、祖先から受け継いだ遺産は意識から消え、かくして「伝統はほとんどない」（白楽晴）ことになった。[91]

儒教に対する認識も顚倒した。朝鮮は中国以上に儒教的な、儒教原理主義とでもいうべき国だったのに、[92] まさにそのことが、諸悪の根源とみなされるようになった。金九は、専制と結合した儒教が、あらゆる民族的なものを扼殺していったと言う。

「恐ろしいのは哲学を基礎とした階級独裁である。数百年李朝で行なわれたそれは、儒教それも朱子学派の哲学に基づくもので、政治の独裁だっただけでなく、思想、学問、社会・家庭・個人の生活まで規定する独裁だった。それで、民族文化は消滅し精気は磨滅した。朱子学以外の学問が発達せず、影響は芸術、経済、産業の分野にも及んだ。これが、国を亡ぼし民力を衰頽させた最大の原因である……。芽吹こうとして圧殺された新思想、芽も出ぬうちに踏みつぶされた抱負経綸が、どれほど多かったことか[93]」(金九［1989］p. 293。原著は一九四七年。韓国語文献)

民族文化は押しつぶされた。李光洙は、儒教が「朝鮮文学の発展を妨げた、いな禁止した罪は、永遠に消えない」と叫ぶ[94](「復活の曙光」)。申采浩は、儒教の害毒は魂の奥底に及んだという[95]。

「政治の圧迫を受ける社会に天才が現れても、風気の圧迫を受ける社会には天才が現れない。……慣習が聖経となり、服従が美徳となり、非常の勇士もその殻を打ち破れない。数百年来の朝鮮とは、そのような社会ではなかったのか」(「思想家の努力を要求する時」。朝鮮語文献)

「偏頗《へんぱ》な道徳論が跋扈《ばっこ》して害毒を社会に及ぼし、道徳と言えば剛毅でも勇敢でもなくただ仁柔温厚と心得、……その遺弊が人をみな郷愿《きょうげん》とし、社会は文弱と偷安に傾き『負けるが勝ち』が格言となった」(「道徳」。朝鮮語文献)

長年偏頗な教育を続け民気を摧折してきたため、国の武力が衰え、一朝内乱外寇があればただ外援を哀求するしかなくなった。「これが滅亡の道徳でなくて何なのか[96]」(申采浩)

日本語にはほとんど訳されていないが、近代初頭から戦後に至るまで、こうした文章が数限りなく現れる[97]。人ごとに、また時代による相異もあるが、内容の本質的共通性に比べればとるに足りない。

キリスト教国がキリスト教文明を放棄し、伝統の根幹を葬り去るような、極端な否定が行なわれた。その断絶の広さ、深さは想像を超える。日本で将来英語が公用語となり、日本語教育は行なわれず、古典は学校で題名を教わる程度、わずかな人が英訳で読んでいる、そんな状態を考えればよいのかもしれない。神道や仏教は消滅し、いくばくかの神社仏閣が遺跡として残っている。国民はキリスト教徒となり、昔の異教の世界を気味悪く感じている。そんな土地に日本風の名前を持った人々が住み続けていたとしても、今の日本人には自分の国とは感じられないのではなかろうか。半島でおきたのは普遍主義の文明から民族国家への移行で、この仮想の事態とは方向は逆だが、似たような根こそぎの変化が生じたのである。

「儒教社会はほとんど痕跡もなく」「すべての文化が断絶された」[98]（崔永禧）。公的認識は連続をとりつくろっているが、前後の時代をつきあわせれば、何がおきたのかは自ずからあきらかである。

小伝統がつながっていても、それで国は定義できない。上ナイルの農民が今なお太古以来の方法で耕していても、今のエジプト・アラブ共和国とファラオの国は別の国である。儒教を滅亡の道徳、漢字を亡国の文字とする国と、小中華の国は、キリスト教スペインとイベリアのイスラム国家のような、敵対の関係にあると考えたほうがよい。どちらの国民として処しているのかわからないという批判は、事態を正しく捉えている。同じ国民ではなかった。懐疑の形で語られていることが、現実だったのである。

歴史は流れを変えたというより、いわば逆転した。統一新羅以来千年余、ひたすらな華化の道を歩んでいた人々が、あるとき反対に向きを変えて疾走を始めた。スカンジナビアがキリスト教化したのは一二世紀のことだが、今はまったきキリスト教文明の地になっている。半島でおきたことは、スウェーデンが二〇世紀になって突然その文明に背を向け、異教に回帰するようなことに相当する。これはなだらかな進化の帰結ではなく歴史の飛躍であり、その飛躍によって、この国は過去と深淵によってへだてられることになったのである。

6　韓国は近代に誕生した

「教科書」は日帝による土地の略奪、産業の侵奪、食料の収奪を縷々《るる》書いているが、形而上のことについては何も語らない。民族抹殺統治という項目でとりあげているのは、皇国臣民の誓詞の暗誦、宮城遥拝、神社参拝など日本的なものの押しつけで、韓国文化の抑圧については「わが国の言葉と歴史を学ぶことができなかった」と一言書いているだけである。この認識がかりに正しかったとして、日本がしでかしたことは、この程度のものなのか。

スペイン人は古代メキシコの書物を火に投じ、神殿を破壊してその上に教会を建てた。これほど過激ではなくても、大航海時代以降、ヨーロッパ人はキリスト教と銃砲をたずさえ、地球上の至る所でこの種のことをしている。日本を占領したアメリカは、日本の国体、神道、文字、国民教育を独自の視点から改造し、祝日の置き換えまで行なったが、これは自らの文明の優越についてのよほどの確信なしにはできないことである(99)。

日帝支配下の朝鮮で、この種のことが山のようにあってもよいはずなのに、「教科書」はほとんど何も書かない。日本をかばい立てしているとは思えないから、書いていないのは事実がなかったためと考えるしかない。

不思議なことである。「教科書」は、天神の子の降天は「建国過程の歴史的事実と弘益人間《こうえきじんかん》（홍익인간）の建国理念をあきらかにしており、高麗、朝鮮、近代を通して民族の伝統と文化の精神的支柱になってきた」と書いている（p. 33）。そんな支柱があったのなら皇民化など不可能だったはずなのに、民族抹殺を企てたという日帝にして、なぜその支柱を切り倒そうとしなかったのか。ハングルの使用を禁止し、跆拳道（テコンドー）の道場の閉鎖を命じ、花郎の芝居の上演を差し止めたといった話も、伝えられていない。

理由は問うまでもない。韓国的なものは、どれも当時はほとんど存在していなかった。文化語としての朝鮮語はようやく形をとりはじめたところで、跆拳道など名前すらなかった。どこをどう見渡しても、「民族の伝統と文化の精神的支柱」檀君なるものは日本の目に入ってこなかったから、切り倒しようがなかった。

「教科書」には檀君が長い歳月を経て伝承されてきたとあるが、それを証拠だてるものはない。文献上の記録は一三世紀の『三国遺事』にしかさかのぼれず、それも自前の伝承としてではなく、中国史書中の記事を紹介するという体裁で書かれている（「魏書に云う」とある。しかし、魏書に該当する記述はない）。「これは中国の本に載っていることだ」として説いているのだから、当時の人には初耳の話だったと考えるしかない。

記事も五〇〇字程度のごく短いもので、王権の由来、国生みの物語の類は見えず、のちの三国時代につながる話の展開もない。結末では箕子が朝鮮に封ぜられ、檀君は山中に隠棲したとあり、箕子の治世は檀君と無関係に始まったかのように書かれている。李朝時代を通じ開国始祖として崇拝されてきたのは箕子で、檀君はその前座役を割りふられていただけである(100)。

朝鮮史を日本史の枠組みにひきつけて理解しようとする人が少なくないが、国の形がもとから違う。神道は実在する信仰で、神国思想を生み、歴史の展開にも深くかかわった。日本の神は神木を伐った天皇を罰し、神託を下して皇位の簒奪をはばみ、神風を送って国を守った。そのように歴史が綴られてきたのは、神が身近な存在で、人々が実際に神意を信じていたからである(101)。

李朝は儒教的合理主義に貫かれた、およそ神話的な雰囲気に欠ける国である(102)。李朝と言わず歴史をどこまでさかのぼっても、檀君の系譜につながる国は見出せないし、檀君の観念が歴史を動かした形跡もない。神殿や神官、磐座《いわくら》や神籬《ひもろぎ》、祝詞、神事芸能、神棚やお守りのような、信仰の形が何もない。

一六世紀に来日したポルトガルの宣教師は、日本人が跪拝するカミス（神）の存在にただちに気づき、これを悪魔と断定した。しかし一九世紀に朝鮮で布教したフランス人神父の記録には、檀君の記事は見えない(103)。この種の問題に敏感な宣教師の目に入らないほど、その存在感は皆無に近い状態だったのである。

檀君信仰が興ったのは、大韓帝国発足後のことである。箕子を開国始祖とする風が衰え、それと

ともに檀君が民族の「精神的支柱」の地位に向かってにわかに上昇を始める。ほぼ同時代人だった今西龍が述べている。(104)

「明治二十七年、朝鮮は日本の援助の下に清国より独立し、同三十年には国号を大韓とし王を皇帝に改め光武と建元せり。此未曾有の変革に当り、朝鮮人間には支那人たる箕子を開国始祖としての尊崇は急劇に衰へ、之に反して檀君を朝鮮国民の祖として崇拝するの風、俄に熾《さか》んとなれり。日本人が天照皇太神を仰ぎ奉るものに比擬して、朝鮮人は檀君を仰がんとせり」

全羅道の人羅喆《らてつ》が檀君教を開教したのは、一九〇四年のことである。教義上の認識は古い信仰をあらためて確認したということだが、実際の起源はこの時におくしかない。(105)「三一檀誥」「神檀実記」「檀典」「檀経」など古伝の経典と称するものが世に現れたのは、一九一〇年代のことである。「花郎道（화랑도）」も古代にあったとされるが、文献上の根拠があるわけではない。教科書は花郎を青少年集団とし、軍事訓練、協同と団結の精神、高い気概といった言葉で装飾しているが、『三国史記（新羅本紀）』には、美貌の男子に化粧をさせて花郎と称したとあり、武人とはほど遠い形象が伝えられている。花郎道はともかく、古代には戦士的気風もあったと思われるが、それもその後の賤武思想の浸透で衰退の一途をたどる。花郎という言葉も、男巫、倡優、遊女の謂となり、民族精神とはつながりようのないものとなった。(106)近代を迎えた時点で実在したのは儒教倫理だったというほかはなく、今日語られている花郎道は、その名称ともども二〇世紀の産物である。

跆拳道（태권도）は国技とされ、剣道（コムド、검도、「剣道」の韓国語読み。以下同様）や柔道（ユド、유도）も伝統武道だというのだが、兵事をいやしみ、何事も口舌と獄事で決着をつけてきた国に、いったいどのような脈絡で武道なるものが生まれたのだろう。李朝時代の武芸者や道場の名、決闘の伝説などは耳にしないし、刀剣などの武具もろくに遺存していない。韓国の武道は、どれも近代、端的に言えば戦後になって造作されたのである（後述）。

茶道（タド、다도）も同じで、日本の茶道（さどう）は多くの門流によって伝承され、万を超える茶書が著わされ、そこから特有の美意識、茶室建築、茶陶、懐石料理などが発展したが、これに相当する現象がない。宗匠の名、茶会の記録もないし、茶書といわず、そもそも茶に関する文献をかき集めても一〇余しかないという[107]。ある時期茶が飲まれていたことは確かだが、寺院の没落とともに茶は栽培されなくなり、一般には果実や生姜、穀物を煮出したものを飲んでいた。茶を飲む習慣のなかった国に茶道が生まれるはずもなく、戦前、作家李石薫は、朝鮮人は茶を飲まないから茶道（さどう）には関心がないと書いている[108]。

韓国的なものは悠久の昔から伝わったと喧伝されているが、どれも史実としてのリアリティにとぼしく、二〇世紀になってからの祭りあげの印象は否めない。『童蒙先習』にあるとおり、真の伝統は華制だった。当時半島にあったのは、文化的にはかぎりなく中国に近く、どことなく植物的な雰囲気を漂わせた、今とは似ても似つかぬ国だった[109]。

べつに特別のことを言っているわけではない。古代において今のフランスの地にあったのはローマの属州ガリアで、古代フランスという概念自体が存在しない。欧州各国、アジアの多くの国々は、みな似たようなものである。南北アメリカ大陸、アフリカのほとんどの国は、近代以降に誕生した。その地で展開した歴史は長くても、今ある国としての歴史はそれほどでもないという例は多く、韓国もその一つだった。

民族主義全盛の時代に生を享けたこの国は、独立後、民族の足固めに全力を傾けてきた。檀君神話に由来する弘益人間を国の理念に据え、檀君即位の日を祝日（「開天節」）とし、一時は皇紀のような「檀紀」が独自の紀年法として行なわれた。国民教化の努力は今も続き、精神的支柱としての檀君、悠久の歴史をもつ文化民族の観念を定着させるため、国はあらゆる努力を払っている。

一九三四年、『朝鮮歌謡集成』を世に問うた金台俊は、自分の仕事は『万葉集』『古今集』の編纂に相当すると考えていた。崔南善は晩年、自分の檀君研究の目的は、国祖信仰を国の支柱として確立することだったと述べている。今ある信仰を研究するのではなく、これから作る。近代の学者でありながら、古代の預言者のような役割を自らに課していたのである。(110)

かつて広大な中華世界に帰属していた人々の意識は、半島の内部で完結することになった。国祖信仰、四千年の民族史、文化語としての韓国語、民族的情緒をたたえた真正の国文学は、近代以降に形をとった。朝鮮美の代表としての青磁、跆拳道やコムドなどの武道、シルム（씨름。韓国式相撲）、茶道や華芸など、国技・国粋の大々的な宣揚は、大韓民国の成立を待たなければならない。

日本史の全体に散らばっている、民族的要素の充実の過程に相当するものが、この百年余の短い歴史のなかにぎっしりと詰め込まれている。一八九四年を境に歴史が二分されており、韓国の伝統はその前にはさかのぼれない。四千年の歴史をもつという言説とはかけはなれているが、韓国史の実質はごく近いところにしか存在しないのである。

【注】

（1）韓昇助は韓国の民族文化は「日帝植民地統治の期間を通じてより成長、発展、強化された」と述べている（韓昇助［2005］p. 298）。

（2）高炳翊［1989］p. 57。伊藤［1985］pp. 16–24を参照。

（3）伝統の二分法は、アメリカの人類学者レドフィールドによる。石川栄吉ほか編『縮刷版　世界文化人類学事典』弘文堂、［1994］p. 16の解説を参照。

（4）朴晟義［1978］pp. 59–65。韓国語文献。あるテキストを異本か別作品と見るかなどの問題があり、研究者により数字は異なるが、大差はない。

（5）時調の五千数百首は最近あげられる数字である。たとえば一九八六年時点では、二千五百首あまりという認識があった（裴成煥［1986］p. 11）。数が増えたのは調査・捜索が進んだこと、どこまでを詩とみなすかという基準をゆるめたためだろう。なお高麗の代表的漢詩人李奎報は、二千首の漢詩を遺している。ハングル文献全体の量については、金東旭［1974］p. 16を参照。

（6）金東旭前掲書 p. 328。学生は「漢文恐怖症に陥り、数十万冊と積まれた古文献から目をそむけている」という。漢文離れはこの時からさらに進んだ。

（7）三島由紀夫『小説家の休暇』より引く。

なお山部赤人の歌「田児の浦ゆ　うち出でて……」は「路出田児浦、仰観富士山……」と中国語訳されているが（李芒訳）、つまるところこれは漢詩である。翻訳で漢文を理解するといっても、それは中国人がこれを読んで『万葉集』がわかったと思う態のものだろう。

（8）申維翰は、一七一九年の来聘使《らいへいし》に参加した製述官（書記官）。日本式の訓読について次のように述べている。

「読書をなすにも、倒結先後の法を解しないため、字を逐うて辛苦し、下を指し、上を指しながら、僅かにその義に通じるようになる。例えば、『馬上逢寒食』の如き、『逢』の字を『寒食』の下に読む」「学習しがたきことかくの如きために、高才達識の人といえども力を用いて勤苦すること、我が国に比べてまさに百倍にもなるだろう」（『日本聞見雑録』成書は一八世紀。申維翰［1974］p. 304）

（9）洪相圭［1971］p. 512、金東旭［1974］p. 291。

（10）高炳翊［1989］pp. 53–54。

（11）青木［1974］p. 10。

（12）白楽晴［1979］p. 30（原載は一九六六年）。過去の文学伝統は命脈を絶たれ、今につながらないという（pp. 78–79）。

（13）高炳翊［1989］p. 53, p. 57。

（14）李光洙は、漢文は端的に支那文学だという。文学の国籍は、属地でも属人でもなく、属文だからである（「朝鮮文学の概念」李光洙［1978］p. 353。原載は一九三二年。韓国語文献）。

（15）「新文学史の方法」林和［1940］p. 285。

（16）趙潤済［1987］p. 17。韓国語文献。

（17）韋旭章［1999］p. 318。著者は北京大学教授。

（18）辜正坤『外国名詩三百首』（一九九八年）は、崔致遠、李斉賢の漢詩をそれぞれ「朝鮮新羅」「朝鮮高麗」に、金良植の現代詩を「韓国」の項に載せている。中国語文献。

（19）金思燁［1971］p. 121。小倉進平は、過去「内外の学者によってむなしく放棄され、一顧も与えられなかった」と述べている（『郷歌及び吏読の研究』小倉［1974］p. 1。原著は一九二四年）。

（20）李基文は、二五首の郷歌それ自体が古代語の無二の資料だという堂々めぐりで、結局完全な解読はできないだろうという（李基文［1975］p. 95）。

（21）李崇寧［1961］p. 462。韓国語文献。

（22）李崇寧［1982］p. 151。中国と中国文化に対する世宗の態度は pp. 149–150。なお李崇寧は以前、次のように述べている（『国語造語論攷』［1961］p. 398。韓国語文献）。

「世宗と世宗時代の諸儒が抱いた言語思想は全的に中国に依拠したもので、けして韓国で自然発生的に形づくられたものではなく、したがって中国の学風から遊離したものではない。思想的に独立したという過大評価は皮相的で……中国に背反し思想的な離脱を夢想するなどということは、今日の西欧式の思考や感情で当時をおしはかる誤りである」

（23）張徳順［1983］pp. 145–146。韓国語文献。

（24）文学と言わず、そもそも社会でハングルがほとんど用いられなかった（金思燁［1971］p. 460）。小倉は次のように述べている（小倉［1944］p. 7）。
「諺文発布当時、実際上此の文字の利用せられたのは、二三の文学書・語学書を除き、多くは仏典の解釈書類であり、広く各種の方面に及んで居ない。しかのみならず、世漸く降つては、諺文は士大夫の間に歯せられず、専ら無学者又は婦女子の弄ぶ文字として軽蔑せられるに至つたので、此の文字の活動力は著しく委縮し、之による崇高な文学など出現する余裕が無かつたばかりでなく、日常生活に使用せられて居たはずの豊富なる語彙の幾部分も文字の上に書き留めることができなかつた。今日坊間に行はれている各種の朝鮮語辞典を見て、語彙数の貧弱なるを喞《かこ》たざるをえないのは、主として此の理由に基づくものである」

（25）朴晟義［1978］pp. 59–65。韓国語文献。

（26）韋旭昇［1999］p. 333。

（27）金鎮世［1990］p. 956。韓国語文献。嚴基珠は韓国古典小説の特徴は背景と人物がほとんど中国のものになっている点で、ある作品が中国作品でないことを確証する方法がないと述べている（ほとんどが作者未詳なうえ、莫大な量の中国の典籍といちいちつき合わせることは実行不可能という。座談会での発言。染谷智幸・鄭炳説［2008］p. 73）。

（28）張徳順［1983］p. 421。韓国語文献。

（29）張徳順前掲書 p. 252, p. 420。

（30）『玉堂春落難逢夫』は明末の話本小説集『警世通言』中の一篇。澤田瑞穂は『春香伝』の筋立てと登場人物の造形がこれとほぼ同じで、他にも『玉丹春伝』という題名までそっくりのハングル小説もあることから、

『春香伝』は玉堂春物語の翻案とする（『宋明清小説叢考』）。両者の成立年代も近く、当時中国で人気のあった作品を文字または口頭で輸入したのだろうと言う（澤田［1982］p. 179）。『沈清伝』の場合、舞台が朝鮮のもの、中国のものの二つがあるが、内容から『西湘記』の翻案の可能性が指摘されている。

（31）座談会「韓国の古典小説、その魅力と源泉」で、染谷は、韓国古典小説を研究するうえでの究極の問題は、（肯定的な答えを与えているものの）そもそも研究が成り立つのかということだと言う（染谷等［2008］pp. 72–73）。

（32）白鉄［1962］p. 196。韓国語文献。

（33）詩の範疇に入りにくい、次のようなものが少なくない。

「子供らよ　我の教えを学べ　父母に孝道なれ　長上に恭順なれ」「人と争うなかれ　争いは害多し　大にして官訟　小にして恥辱なり　何事にて身を誤り父母に恥辱を負わすや」（『時調四四三選』瀬尾［1997］p. 163, p. 165）

梁柱東は、時調はまったく漢学思想から出たもので、根本的に改造しなければ復興は無理だろうと述べている（梁柱東［1927］p. 4）。

（34）白鉄前掲書 p. 196。張徳順は「伝統性と古典性の欠乏はわれわれの文学の病弊」という（張徳順前掲書 p. 414）。

（35）趙潤済［1987］p. 1。韓国語文献。ハングル書道が生まれなかったことも、一つの傍証だろう。文章が価値高いと思われれば、それを美しく書こうとする欲求が生まれるはずだが、そうした方向への発展がなかった。

（36）河野六郎は、「保守的な考えがこの新しい文字・文語の発展を阻止してしまった。……せっかく培養しかけた新しい文語も『諺文』の範囲を出ず、だんだん下積みに沈んでいった」と述べている（河野［1980］pp. 417–418）。趙潤済［1987］p. 1をも参照。

（37）中国の朝鮮文学研究者韋旭昇は、人心が「漢民族を向いていた」としている（韋旭昇［1999］p. 328）。

（38）柳宗鎬［1976］pp. 178–184。韓国語文献。

ハングル古小説は韓国の古典文学とされているが、旧朝鮮に生きた人々の真面目をどこまで伝えているのかわからない。たとえば『沈清伝』には舞台を中国に設定したテキストもあるが、それが違和感なく読めるのは、作品の民族的性格がもともと鮮明でないからである。「朝鮮的思潮を朝鮮的表現で描いた」真正の朝鮮文学は、李人稙以下新小説の作家によって初めて世に送り出された。金東仁は、李人稙について次のように述べている。「氏には師表がなかった。氏の文芸的功労は神から授けられた処の氏の偉大なる天才のなせる事であつて、誰からも感化されたとか影響を受けたとか云ふ点を見出す事が出来ない。氏の著作に現はれた思潮は朝鮮的思潮である。朝鮮的思潮を朝鮮的表現で以て描いたのである。氏の小説に描かれた社会は朝鮮の――そして朝鮮人のみが呼吸する社会である。そこに出て来る人物は朝鮮の――朝鮮人独特の性格である」(金東仁[1932]p. 84)

(39) 李慶成[1980]p. 232。その後、「韓国画」の呼称が広まるが、批判はくすぶりつづけた。呉光洙は次のように述べている。

「韓国画という名称に変わったとすれば、変わったことの名分が示されなければならない。ところが、そのような名分に相当するだけの様式的な要件――即ち韓国画になりうる諸般の特殊な条件がそろっているとは言えない」(「韓国画の韓国性とその作家たち」呉光洙[1996]p. 62)

(40) 一六世紀に朴世茂が編んだ『三綱五倫』の講釈から始まり、中国と東方(朝鮮)の歴史を記述する。「李氏朝鮮国家の国民精神の基幹を準備した」と評される(渡辺[1963]p. 64)。

(41) 文章は漢文、思想は儒教で、中国の年号を用い、中国の貨幣が流通し、刑獄には大明律がそのまま適用された。一九〇四年半島を旅した山路愛山は、当地の祭神は支那伝来の玉皇大帝、観音、天合などで、国民的なものは皆無と書いている(山路[1964]p. 70。原載は一九〇四年)。バード[1998]p. 335も参照。

(42) ルーセ[1989]p. 235。「長い李朝時代のほとんどの分野で、芸術的創造性が欠如していた」という。絵画については、関野貞『朝鮮美術史』(関野[1932]pp. 246-247)、エッカルト[1995]p. 189, p. 198(原著は一九二九年)、申采浩『別集』p. 291(「古物陳列所感　高麗磁器有感」。原載は一九一〇年。pp. 230-231。韓国語文献)、金台俊[1975]p. 44、咸錫憲[1980]p. 135を参照。

(43) 一八七三年の上疏中にある(『勉庵先生文集〈一〉』景仁文化社、一九九四年に収録されている。p. 246。漢文文献)。

(44) 今西龍は、新羅は真興王の頃から、支那に対立する独立国たろうとする考えがなくなっていたという

（「朝鮮史概説」『朝鮮史の栞』に収録されている。今西［1934］p. 128）。小倉進平は、『三国史記』、『三国遺事』から文例を引き、「朝鮮人は古くから自国を以て支那の一地方と考へることに於て満足して居た」としている（小倉［1974］pp. 26-27。原載は一九二四年）。ほかに木村［2000］p. 46を参照。

（45）本文の清韓関係についての記述は、おもに以下の論稿による。
①全海宗『韓中関係史研究』一潮閣、一九七七年（同書には「韓中朝貢関係概観」pp. 26-58、「清代韓中朝貢関係考」pp. 59-112が収録されている）。韓国語文献。
② Clark, Donald N. "Faith and Betrayal: Notes on Korea's Experience in the Chinese Tributary System"（国際協力室編『第3回国際学術会議　論文集』に収録されている。韓国精神文化研究院［1985］pp. 199-215。韓国語文献）。
③「清韓関係一六三六―一六四四」および「清韓封貢関係之制度性分析」（ともに張存武『清代中韓関係論文集』台湾商務印書舘、一九八七年に収録されている。それぞれ pp. 1-71, pp. 72-85）。中国語文献。
④林明徳「李鴻章対朝鮮的宗藩政策　1882―1894年」『韓国研究論叢〈第一輯〉』上海人民出版社、一九九五年、pp. 100-122。中国語文献。
⑤陳潮「伝統的華夷国際秩序与中韓宗藩関係」復旦大学韓国研究中心編『韓国研究論叢〈第二輯〉』上海人民出版社、一九九六年、pp. 209-246。中国語文献。
⑥徐万民『中韓関係史　近代巻』社会科学文献出版社、一九九六年。中国語文献。
⑦蔣非非・王小甫等『中韓関係史　古代巻』社会科学文献出版社、一九九八年。中国語文献。

（46）陳潮は、謝礼（略）の額を「七万両、あるいは一万両、三万両」と表現している（陳潮［1996］p. 231。中国語文献）。

（47）張存武［1987］p. 2。中国語文献。

（48）張存武前掲書 pp. 44-54。政府に民生を顧みる余裕はなく、社稷のため民の脂膏を剝いで外人に侍奉したという（p. 51）。

（49）以下はその典型的語り口である。
「毎年定期的に使節（冬至使・正朝使・明帝誕生目の聖節使）を送っていたが、これは形式的なもので、一面では国家貿易の性格をもっていたから、それが自主的な発展を積極的に阻害するということはなかった」（金達寿［1958］p. 79）

「回賜は、常に朝貢をはるかに上回るもので、小国にとっては有利な官貿易であるが、中国にとっては大きな負担であった。だから中国は朝鮮に『三年一貢』を要求したのに対し、押しかけ的に『一年三貢』ついには『一年四貢』までも認めさせている」（姜在彦［1998］p. 44）

「（朝貢体制は）近代的な意味での支配―従属関係とはまるで異なるものであった。朝貢国は中国の年号を使用し、朝貢の義務を果たせば、基本的に政治と教化の自主独立が保証された」（趙景達［1999］p. 65）

（50）価額の推計は全海宗［1977］pp. 79–80, pp. 98–99による（韓国語文献）。一八〇〇年頃の物価を標準とし、各種貢納品の価額を推定し集計した。「莫大な損失」は同 p. 56。勅使がいったん入国すると何カ月も滞留し、なかには牛車二〇〇に財貨を満載して帰国した例もあったという（李崇寧［1982］p. 171）。中村［1977］p. 127を参照。

（51）「麗末鮮初に於ける対明関係」末松［1996］p. 271。原載は一九四一年。

四方博は次のように述べている。

「清朝は様々の貢物の負担を李氏朝鮮に要求した……加之に年数度往来するその使節団の貪婪討索も亦並々ならぬものがあった。李朝は之を免れんが為に、屡々その軽減を乞うたが、その際の口実の最も有効な方法は、某々物種は国産に非ずと云うことであった。例えば黄金の如き夫れである」（「旧来の朝鮮社会の歴史的性格について」四方［1952］p. 172）。

（52）Clark［1985］pp. 208–209。黄儼、尹鳳の二人が悪名を残している。当時「貪求無厭、恣行己欲」などと評されたが、朝鮮王朝は忍辱するしかなかった（蔣非非・王小甫等［1998］p. 280, p. 310）。

（53）Clark 前掲書 p. 208。“arrogance and disdain”と表現している。

（54）全海宗は次のように述べている。

「中国との朝貢関係は、韓国にとって何よりも屈辱的なものであることは自明である。……韓国の学者が朝貢制度の意義を経済的または文化的な面からのみ考察しようとした理由もここにある」（「韓中朝貢関係概観」全海宗［1977］p. 56。韓国語文献）

「国史のなかから事大性を取り除くため、中国との朝貢関係を無視したり、故意に誤った解釈を行なおうとする。国史における韓中関係の比重は政治的・経済的・文化的・社会的に大きいことは明白で、韓中関係で朝貢関係を無視することはできない。この事実を無視しようとしたり、我々が朝貢で経済的に利得を得たという見解は、国史の再度の歪曲を行なうことになる」(「韓国史をどう見るか」全海宗［1990］p. 15。韓国語文献)。

(55)　蔣非非・王小甫等［1998］pp. 335-336。

(56)　全海宗［1977］p. 53。秋月［1990］pp. 12-20も参照。ただし統一新羅の時代は、従属は後代ほどではなかった。

(57)　『申報』は次のように書く。

「国家の慶祝行事のさいも、(国王が) 中国の都まで赴く義務は負わせない。大国の小国への思いやりの精神の表れであり、遠路を行く労苦を免じてやる」「遠国の物産の献上を強要せず、その脆弱な経済力を考慮してやるわけだ。中国との関係は表面上希薄に見えても、名分は定まって変わることなく、正朔を奉じ王制を尊び、謀反の意図など持ち得ない」(「属国の国力強化について」一八八四年二月九日付。『事典』〈第2巻〉本編、p. 302)。

日清戦争の前、清廷では朝鮮の「廃国」さえ論議されていた（苑書義［1994］p. 287。中国語文献)。王国の存続は中国が決めるという感覚が、共有されていた。

(58)　今西［1934］pp. 158-159（「朝鮮史概説」『朝鮮史の栞』に収録されている)。新羅による統一以降日清戦争に至るまで、統一国家として建元することは基本的になかった。高麗は当初独自年号「天授」を建てていたが、前王朝新羅の滅亡が確実になると、後唐の冊封を受け、これを廃した。当時中国は分裂状態にあり、後唐からの保護は期待できなかったが、名分を得ることを重んじたのだろう（三品［1953］p. 80)。

(59)　高炳翊［1997］p. 74。韓国語文献。今西は、事大が純然たる道義的性質のものになったのは李朝からだという（「朝鮮史概説」今西［1934］p. 157)。

(60)　申相楚［1973］p. 67。中采浩は、朝鮮のために主義があるのではなく、尊華主義のために朝鮮が存在していたと言い（「浪客の新年漫筆」『下』p. 33。原載は一九二五年)、朝鮮の旧史は主客が入れ代わったような歴史だとする（「歴史と愛国心の関係」『下』p. 79。原載は一九〇七年)。四方博は、「凡そ多少とも独立的な一国にして他国に服属すること斯くの如く誠心なるもの、史上に類稀れなりとも評することができる」と述べている（「旧来の朝鮮社会の歴史的性格について」四方［1952］p. 144）。

(61)『申報』の文は「属国の国力強化について」一八八四年二月九日付、「戦争が始まることを論ず」一八九四年七月一〇日付から引いた（『事典』〈第2巻〉本編、p. 302, p. 502）。朝鮮は代々臣下の礼をもって正朔を奉じ、東方の藩属国として恭順を尽くし、ベトナム、ビルマとは比較にならないともいう（「朝鮮の戦役を論ず」『申報』一八八二年一〇月八日付。同、p. 283）。朝鮮側の認識は朴趾源『熱河日記1』を参照。「わが朝鮮は、皇明に服事すること二百余年、忠誠で切実であった。属国と称していたけれども、じつは服事と異ならなかった」と記している（朴趾源［1978］p. 168。成書は一八世紀末）。ほかに英字紙『ノース・チャイナ・ヘラルド』（「朝鮮と日本」一八八六年九月一〇日付。『事典』〈第2巻〉本編、p. 81）、陳潮［1996］p. 238（中国語文献）を参照。

(62) 四方［1952］pp. 150-151（「旧来の朝鮮社会の歴史的性格について」）。「教科書」は、実学の台頭が民族の覚醒を促したとするが（p. 298）、実学がとくに民族主義的だったとは言えない。丁若鏞など代表的な実学者は国文作品を残していないし、ハングル小説には敵意さえ抱いていた（金東旭［1975］pp. 153-154。韓国語文献）。

(63) 黒龍会編［1975］pp. 152-182。

(64)「日の出ずる処の天子」の「無礼」の書も、受領はされている。秀吉は、日本国王に封ずるとした明帝の書を地に叩きつけたが、つき返してはいない。「情理の外」は梁啓超［1989］pp. 3-4（中国語文献。原載は一九一〇年）。

(65) 日本が砲艦外交を行なったという解釈が行なわれているが、「雲揚号」は、排水量二七〇トン、二本マスト、備砲二門の木造汽帆船である。ペリー艦隊の旗艦「サスケハナ号」（二四五〇トン）、幕府軍艦「開陽丸」（二五九〇トン）とは比べるべくもない小船で、明治政府がそんな大それた任務を与えたとは、とうてい考えられない。

(66) 一九〇七年に、京城日本人倶楽部で行なった演説。『伊藤博文演説集』に収録されている（瀧井翼［2007］p. 384）。

(67) 沖縄の漁民五四人が台湾の原住民に殺害されたとき、清は日本に「台湾はわが属地だが、生蕃は化外の民だ（よって責任は取れない）」と言って逃げた（徐万民［1996］pp. 18–21。中国語文献）。清はこうした事なかれ外交を繰り返し、墓穴を掘った。

(68) イギリスの新聞『タイムズ』は中国の朝鮮政策について、次のように論評している（一八九四年七月三日付。記事のタイトルはない。『事典』〈第2巻〉本編、pp. 499-500）。

「中国は愚かにもこの領国（朝鮮。筆者注）を擁護することを拒み、自力で交渉に当たるよう気弱な励ましをするにとどまった。日本は早速このライバルの失態をかぎつけると、独立国の君主としての朝鮮国王と速やかに協定を結び、以後、ことあるごとに、朝鮮国王を独立国の君主として扱うことを公言するようになった」

(68) 徐万民前掲書 p. 21。

(69) 四方［1951］p. 239。林明徳［1970］pp. 178–181（中国語文献）。この頃、朝鮮の対外貿易港（仁川、釜山、元山）の現況資料が、中国の貿易総冊に加えられた。

(70) 「李鴻章対朝鮮的宗藩政策」。林明徳［1995］pp. 107–108（中国語文献）。ほかに信夫［1900］p. 483、侯宜傑［1994］p. 18（中国語文献）を参照。

(71) デニー（Owen Nickerson Denny）は、もともと李鴻章が送り込んだアメリカ人だが、赴任した後は朝鮮側に立って建策した。引用の論文“China and Korea”は、柳永博『清韓論』東方図書出版社、一九八九年（韓国語文献）に全文が収録されている。

(72) 袁世凱は「事実上の朝鮮国王」となり、「外交、内政、電信、貸款、税関にほしいままに干渉し、朝鮮政府を脅して意に従わせ、重要案件については彼の許可なしには朝鮮は何もできなかった」（侯宜傑［1994］p. 25。中国語文献）。『ノース・チャイナ・ヘラルド』（一八八六年九月一〇日付）も参照（「朝鮮の中国代表」『事典』〈第2巻〉本編、p. 353）。

同時代人の菊池謙譲が述べている。

「袁世凱は独歩独占虎威を取りて、群羊を駆逐したるべきのみ、彼れの平生驕奢壮麗を極め、外に出つるや従者五十騎、威容厳然として大国の誇栄を添ふると雖も、其の人に接するや、温容好辞、寛々として人に待つものあり、殊に列国使臣の間に至りてや力めて礼容を為し、恭謙人に下ると雖も、宮中に在りては国王の眼前に於て其大臣を唾面し、手打して平然憚ることなく、一言の下に廷臣を慴伏しむるか如き、蓋し只た清国が朝鮮の一方面に対する外交者として好箇の才物たりしなり」(菊池［1895］p. 408)。

(73) 林明徳［1970］pp. 227–234。中国語文献。条約には「朝鮮政府は以後二五年、第三国による電線架設を認めない」「電信業務は中国が代行する」「義州線の拡充・増設は中国電局の承認を要する」とある。

(74) 林明徳前掲書 pp. 206–216。

(75) 巨文島事件については戴鞍鋼［1997］pp. 221–223。朝鮮は一八八六年に密書を送ってロシアに保護を求めたところ、これを知った袁は電信を封鎖してロシア公使の本国との連絡を遮断し、「問罪の大兵が京城に向かう」という偽電報を示して国王を脅迫した。王は結局、大臣に罪を着せて事態を収拾した(林明徳前掲書 pp. 256–268)。ともに中国語文献。

(76) 派遣定章と称するこの条件は、(一) 朝鮮公使は赴任後まず中国公館を訪れ、中国公使の紹介を得て任国外務省を訪問する、(二) 会合の席次は必ず中国公使の下とする、(三) 重要案件については事前に中国公使の指示を受ける、という三カ条からなっていた(林明徳前掲書 p. 163)。

(77) 林明徳前掲書 pp. 222–225。

(78)「日本併呑朝鮮記」梁啓超［1989］p. 5。中国語文献。

(79) 壬午軍乱の鎮圧後中国の威信は絶大となり、袁世凱は朝鮮の人々から「袁総理」と呼ばれていたという(林明徳前掲書 p. 114, p. 139)。

(80)「朝鮮人民はその事大原則から出発し、中国の専横政策を盲目的に受け入れた」という(林明徳［1995］p. 115)。

(81) 黄枝連［1994］p. 560。中国語文献。

(82)「支那」は、「秦」がインドで転訛したと言われ、漢訳仏典に見出される。二〇世紀になって、「外来王朝清の民であることを潔しとしない中国人が用いはじめた。二〇世紀初頭の東京で、章炳麟は「支那亡国二百四十二年記念会」を設立し、宋教仁は雑誌『二十世紀之支那』を創刊した。梁啓超は筆名にしばしば「支那少年」を使っている。

(83) 嘯印生［1909］pp. 1–4。韓国語文献。

(84) 安明善［1897］p. 83。韓国語文献。
(85) 岳裔［1910］p. 425。韓国語文献。
(86) 「国漢文の軽重」申采浩『別集』p. 75。原載は一九〇八年。
(87) 「悪教科書」は「東洋伊太利」『別集』p. 186（原載は一九〇九年）、「道をもって」云々は「利害」『下』pp. 147-148（原載年は不明）から引いた。以下は中巻からで、「奴隷性を産出」は「朝鮮歴史上一千年来第一大事件」『中』p. 103（原載は一九二五年）、「奴隷地獄」「これも一奴隷、かれも一奴隷」は「崔都統伝」『中』p. 419, p. 420（原載は一九〇九―一九一〇年）。「フビライ」以下は『乙支文徳』p. 24（原著は一九〇八年。本書は『中』に収録されているが、通しページはない。このページはもとの論稿のもの）。
(88) ともに李氏朝鮮の高官。王の諮問に応じ、経書の解釈などを行なう。
(89) 「朝鮮文学の概念」李光洙［1978］p. 353（原載は一九三二年。韓国語文献）。
(90) 趙潤済［1987］p. 418、崔鉉培［1930］p. 58、張徳順［1983］pp. 419-420。いずれも韓国語文献。
(91) 白楽晴［1979］p. 30。李青原は、先人が残したものはほとんど「零星」だという（李青原［1982］p. 22。韓国語文献）。白鉄［1962］p. 196をも参照（韓国語文献）。
(92) 一九世紀末『朝鮮書誌』を著わしたクーラン（Maurice Courant）は、朝鮮人の社会組織と行政機構、哲学、歴史、文学の概念、さらには観察と批判、感興、常識、好奇心さえも、儒教に帰着するとしている（金思燁［1971］pp. 8-9からの重引）。クーランは一九世紀フランスの東洋学者。ほかに高橋［1929］p. 15を参照。
(93) 三枝壽勝は、この文章を含め金九の自伝（『白凡逸志』）は李光洙が執筆したとしている（三枝［1997］p. 63）。とすれば、この引用部分も李光洙の見解ということになる。
(94) 李光洙［1981］p. 325。原載は一九一八年。韓国語文献。
(95) 申采浩『下』p. 154, p. 137。いずれも原載年は不明。
(96) 「道徳」。申采浩『下』p. 137。
(97) 崔南善「歴史を通じて見た朝鮮人」（『六堂崔南善全集1』pp. 88-89。原載は一九二八年）、申鉉培『朝鮮民族更生の道』pp. 17-101（原著は一九三〇年）、安在鴻「民世筆談――民衆深化過程」（『民世安在鴻選集1』pp. 487-501。原著は一九三五年）、咸錫憲『苦難の韓国民衆史』（pp. 346-357。原著は一九五〇年）、張徳順

「国文学に現れた我が民族性」（『国文学通論』に収録されている。pp. 487-501。原載は一九五八年）、朴正熙「わが民族の過去を反省する」『朴正熙選集1』p. 92、同「われわれは何をいかにすべきか」『朴正熙選集2』pp. 234-238（出版年はともに一九七〇年）などを参照。咸錫憲と朴正熙の著作は日本語文献、他は韓国語文献。

(98) 崔永禧の認識は、対談集『韓国にとって日本とは何か〈第2巻〉文化・伝統篇』より引いた（東京・韓国研究院／国際関係共同研究所編［1977］p. 106, p. 108）。

(99) 天皇の聖性を剝奪し、皇室へのキリスト教の浸透をもくろむ一方、国家と神社の結びつきを断ち、剣道、柔道、薙刀などの武道を学校教育のカリキュラムから外し、忠臣蔵や勧進帳などの歌舞伎演目の上演や時代劇映画の製作を禁止した。祝日から伝統の要素を一掃し、たとえば働くことを有難く思う日（勤労感謝の日）、昼夜の時間が同じになる日（春分・秋分の日）などを設けた。

(100) 今西龍および三品彰英の見解は次のとおり。

「天下唯一たるべき明皇帝より冊封せられ、道義を知り礼に厚き王国として得々たりしを以て、箕子の尊崇は頗る熾んなりしも檀君あるの誇りは箕子あるの誇りに及ばざること遠く、檀君はただ檀君として安置せられたるにすぎず」（「檀君考」『朝鮮古史の研究』に収録されている。今西［1934］p. 96）。

「李朝官撰の通史たる『東国通鑑』には、檀君伝説を記載しては居るけれども、箕子伝説の方がより価値高く扱はれて居り、朝鮮の政治理想たる文治精神のよつて来たるところをここに求め、『詩書礼楽乃邦、仁義之国也、而箕子始之、豈不信哉』と按じて居る。『東史綱目』の著者安鼎福に至つては、箕子に朝鮮史上の正統的地位を与へ、一方『壇君事皆荒謬不経』とてその合理主義的解釈のもとに、壇君の存在を甚だ軽く評し去つて居る」（『朝鮮史概説』初版は一九四〇年。三品［1970］p. 31）

事大主義思想への檀君神話の取り込みについては、中村［1971］pp. 37-38。

(101) 仲哀天皇と斉明天皇は、神の怒りを買って崩御したとされる。神籤は足利義教の件が有名だが、名前、家督、畑の割り替えなどを決めるさいにも用いられた。武将が戦勝を祈り、また結果に感謝して寄進・奉納した、社殿、刀剣甲冑、絵画工芸の類は、数も知れない。

(102) 三品彰英は、「合理と実用の尊重、ファンタジーと詩趣の欠乏」と形容している（三品［1953］p. 32）。

今西龍は次のように述べている。

「李朝の学者は神話なるものを解せず。檀君の伝説を以て史実と認むるか然らざれば荒唐無稽と認むるか、両者の一の外に出づる能はず」（「檀君考」『朝鮮古史の研究』に収録されている。今西［1934］pp. 96–97）

(103) 一九世紀に朝鮮を訪れたフランス人宣教師は、「朝鮮における宗教は、ほとんど祖先崇拝のみである」としている（ダレ［1979］p. 55, pp. 244–262。原著の成書は一八七四年）。二〇世紀初頭朝鮮を訪れたアメリカ人宣教師ブラウンも、仏教や儒教、祖先崇拝、アニミズムについて語っているが、檀君への言及はない（ブラウン［2006］pp. 123–134）。ハメル［1969］pp. 43–46も参照（成書は一七世紀後半）。

(104) 「檀君考」『朝鮮古史の研究』に収録されている。今西［1934］p. 118。

(105) 一九一〇年、分派が生じたさい「大倧教」と改称し、もとの教名はその分派が引き継いだ。教義上の認識については権悳奎［1936］pp. 126–131を参照。韓国語文献。

(106) 李鍾学［1997］p. 245（韓国語文献）。花郎の語義の変化については三品［1974］pp. 300–301（原著は一九四三年）。

(107) 金明培［1983］pp. 352–353。

(108) 李勝羽［1975］p. 274、李盛雨［1979］p. 184を参照。一九〇九年に来鮮したエッカルトは、「朝鮮全土で、茶がまったく知られていない」と述べている（エッカルト［1995］p. 230。原著は一九二九年）。李石薫の論考は創氏名「牧洋」名による（牧［1941］p. 37）。

(109) 二〇世紀初頭来韓した山路愛山の印象は、次のようなものだった。

「崇文の風習は久しく韓人の頭脳を圧し、ついに弱虫をのみ跋扈せしめ今日にいたつては臥榻の下に他人の鼾声を容れて、しかも靦《てん》として恥ずるなきに至れり。韓人が孔子の廟につかえ、崔致遠を理想の人物とし、抵抗、努力、活動、進取の動物的元気を鼓舞するを知らざる間は国力はとても恢復し難からんか」（『韓山紀行』山路［1975］p. 69）

(110) 金台俊の見解は『朝鮮歌謡集成』（一九三四年）の序文より採った（金台俊『朝鮮小説史』巻末の安宇植解説からの重引。p. 335）。

崔南善の見解は『自列書』［1974］pp. 531–532（原載は一九四九年。韓国語文献）による。彼は戦前（一九三四年）に、次のように述べていた。

「朝鮮の神の国たる面目と朝鮮人の神の裔たる事実を明かにし、依る所を失ひたる朝鮮の国つ神、国魂の神をマツリゴトによつて拾ひ上げ、斎き奉つて以つて朝鮮人の荒みたる心に潤ひを与へ、奔放止まることを知らざる彼等の心ばせに正しい軌道を与へ、彼等に久遠の伝統に生きる刺激と機会を与へ、彼等に新しい生命価値の発揮に必要なる精神的基礎をもたしめたる後始めて朝鮮人に精神的のこと、心の働の善し悪しを責め得べきでありますす」

　こうした観点から、「朝鮮を神国化すること一つがその根本義であると同時に朝鮮に経綸を行ふ上の最大急務であるを信じる」と述べている（『朝鮮と神道』崔南善［1934］pp. 18–19）。

第五章

日本をかたどった国

韓国の種子になるものがこの地の歴史の内側になかったとすれば、いったいそれをどこに求めたらよいのか。正確に同じ認識でなくともよい。どう表現するかはともかく、断絶の構造は人さまざまに受け止められている。それぞれの認識に相応して、引き続く必然の問いに直面せざるをえない。柳宗鎬は、「韓国的なもの」は「伝統的なもの」とは異なるという。こう言った以上、これだけではおさまらないはずである。どう考えてもこれは、ありふれた認識ではないからである。「韓国」が伝統でないなら、では何なのか。

白楽晴は、二〇世紀の韓国文学は「十九世紀までの漢文学の後裔でも、国文学の子孫でもない」とする。では、何ものの後裔・子孫なのか。彼は「庶民文化、実学の類が伝統だ」というありうべき主張を想定し、それを一蹴する。そんなものは、実際に今ペンをとって文章を書かねばならない人の道しるべにはならない、生きた伝統の欠乏こそ決定的な事実なのだという(1)。

それはよい。しかしこれで終わるなら、これも言いっぱなしというものだろう。李光洙、崔南善、金東仁、朱耀翰など、近代の傑出した知識人は現にペンをとり、多くの文章を残してきた。彼らは、そのさい何を道しるべにしたのだろうか。

断絶を指摘しただけではすまないのである。無から有が生まれない以上、必ず元になったものがある。ヨーロッパ世界の一部だった北アフリカは、八世紀にイスラム化された。それだけ見れば断絶だが、新しくこの地に出現したイスラム世界は、はるか東方のアラビア半島でおきた宗教運動に根をおいている。

戦後日本の、「軍隊をもたず戦争を放棄する」平和主義も同様である。日本史をどこまでさかのぼっても、こんな国のありようを見出すことはできない。軍事的精神の横溢した国から、ほとんど一瞬にして正反対の国柄に変わった。新旧の体制が競合する過渡期もなく、一九四五年を境に折り返したように歴史の流れが逆転している。断絶という以外になく、日本の歴史の内側に根拠は見出せないが、もとより無から生じたことではない。これは外国による占領の帰結であり、大転換は当該外国の利害関心と政策によって有効適切に説明される。

韓国の場合も、「韓国的なもの」の源泉が内になければ、外に求めるしかない。行き着くところ西欧なのだろうか。長年、近代化イコール西欧化と考えられていたことは事実であり、それには多くの真実が含まれている。民主主義の理念、資本主義の制度、自然科学は、たとえ日本経由でもたらされたとしても、西欧起源に疑う余地はない。ナショナリズムも西欧近代の思想であり、国民国家の概念ももとはといえば西欧的なものである。半島の地に国民国家が誕生したのは、基本的には西欧文明の影響といってよいだろう。

しかし今問題にしているのは文明の転換であり、これをも西欧の影響に帰するわけにはいかない。西欧モデルは国民が国家を組織することを要件とするが、固有の宗教的・文化的伝統の廃棄までは要求しないからである。

西欧諸国自身、キリスト教と古典古代の文明を基盤に独自の民族文化をはぐくみ、国民国家を形成してきた。西欧がモデルだったのなら、その韓国版、つまり華の文明を土台にしてそれを近代的に発展させた国が生まれたはずである。しかし韓国は直近の歴史を継承せず、実在の伝統から離脱した。西欧はもとより、ロシアや東欧、イスラム諸国、中国、東南アジアの仏教国を見渡しても、このような国をほかには見出すことはできない。異常ともいえるこの方向転換は、どのような経路で生じたのか。

一九世紀後半から二〇世紀半ばにかけて半島で顕著になったのは、日本の一貫した浸透である。半島の地に日本が進出したとき、そこにあったのは小華の国である。半世紀後日本が立ち去った後、そこに韓民族の国が時をおかず出現した。文明の転換が生じたとおぼしき時は、日本の力が半島に及んだ時期と全面的に重なっている。中国が華からの離脱のモデルになったはずはないし、一八九四年には半島から駆逐されている。ロシアは、その力が及んだ期間が短かったうえ、一九〇五年以降は同じく半島の勢力とは言えなくなっている。それ以外の国については、その国のあり方が影響を及ぼした経路が想定できず、語るまでもない。状況は日本の関与を暗示している。実際はどうだったのか。

1　日本に酷似する国

韓国が自国の個性と称しているものは、日本のそれによく似ている。まず、歴史の長さである。文献資料であとづけられる日本の歴史は、四大文明が興った地域に比べれば短いものだが、一貫する伝統を受け継ぐ一つの国の歴史としては、十分に長い。韓国は戦後誕生した新興国ともいえるが、国の出発を革命や独立の時にはおいていない。自国を非常に古い国のように形象しており、バビロニア、アッシリアの時代のさらに前、紀元前二三三三年に建国されたことにしている。半島の地に居を定めたただ一つの民族「韓民族」が、四〇〇〇年あまりの歴史を経て今に至っていると言う(2)。

現在世界に存在する百数十カ国の歴史は、総じてそれほど長くない。中東の歴史は地域総体としては長いが、古代にあったほとんどの国は、その信仰・言語ともども、はるか昔に消滅している。今ある国の大半は、その歴史を一九世紀以前にはさかのぼれず、個々の国としては新興国というしかない。西欧諸国の歴史は比較的長いが、それでも中世までは、たとえば今のドイツとフランス東部、北イタリアは一つの国をなしていたし、イングランドとスコットランドは別の国だった。今の国の枠組みはそれほど古いものではない。アメリカ大陸やオセアニアについては言うまでもない。アフリカの国境線のほとんどは、第二次大戦後に引かれている。中国やインドのような国もあるが、一つの国としての連続の確実さについては、多少の論議は免れないだろう。

アメリカのある韓国専門家は、自らの出自の古さを韓国ほどに主張する民族は、日本人とイスラエル人を除けばほとんどいないと述べている。(3) ただイスラエル人は二〇〇〇年のあいだ国を失っていたから、この認識を前提とすれば、似ているのは結局日本くらいなものということになる。

神話と歴史が連続しているのも、日本との類似点の一つである。日本の最古の歴史書（『古事記』）は神と人の時代をひと続きの物語として描いており、天皇とその君臨の正当性、皇位の象徴「三種の神器」に、神話的根拠を与えている。国の始まりは神武天皇即位の時とされ、今もその日が祝日になっている。戦前は、（即位年とされる）紀元前六六〇年を起点とする皇紀がもちいられた。

韓国も同じで、檀君《だんくん》は、天から降臨した桓雄《かんゆう》と、人間に変身した熊との結婚から生まれ、国を一五〇〇年統治したという、どこからみても神話世界の人物である。建国記念日「開天節」（一〇月三日）は檀君即位の日とされ、戦後しばらくは紀元前二三三三年を元年とする檀紀が独自の紀年法として行なわれた。

世界の各国の建国は概ね革命や独立、統一の時とされており、なかには盟約の締結や移民団の上陸など異色のものもあるが、どれも具体的な史実に依拠している。国の始まりを縹渺《ひょうびょう》とした神話的事件においている国は、韓国以外には日本くらいしかない。民族神話の位置づけについても、日韓は似たもの同士なのである。

大伝統の器《うつわ》である書記言語は、ほとんど瓜二つといってよい。今でこそ韓国語はほぼハングルだけの表記となり、日本人の目にはとりつくしまもないように見えるが、その下には日本語とみまがう言語が隠れている。類似は異常なほどで、近代韓国語は伝統的朝鮮語より日本語に近く、ある韓国の学者は、日本語はそもそも外国語と言えるのかと述べている。[4] 正規に日本語を学んだことのない経済専門家が、仮名、助詞・助動詞、接続詞の類を即席で勉強し、日本の報告書や白書の類をぶっつけで訳す。仮名にハングルのルビを振るだけだが、多少の瑕疵《かし》はあってもそれで九割かた訳になる。日本語をほとんど知らない人が訳せるのだから、「ほとんど外国語ではない」。

国粋とみなしているものも、総じて日本のそれとよく似ている。郷歌は日本の和歌に相当し、古代の大歌集『三代目（サムデモク、삼대목）』があったといい、文学史はそこから説きおこされる。武士道に対して民族固有の倫理としての花郎道があり、外敵と対決してきた尚武的国風が強調される。日本にあるものとよく似た武道がセットで存在する。空手に対して跆拳道が、剣道に対してコムドがあり、近年ではハプキド（합기도、合気道）、ユド（유도、柔道）なども韓国固有の武道だと主張される。茶道や華道（「華芸」といっている）も、独自の伝統があるという。国の公式見解になっているものばかりではないが、国内に表立って異論を唱える人はほとんどおらず、事実上国民共通の認識になっている。

こうした類似は、どの国との間にもあるものではない。戦士の行動規範から昇華した倫理は、武士道のほかには西欧の騎士道が知られているくらいである。『三代目』は『万葉集』にあたるというが、『万葉集』のような古代の詞華集は世界的には珍しい。茶道に相当するものも他にはないし、似たような武道が一式そろっている国もない。

隣国だから似ているのだろうか。しかしそれにしても、これは似すぎているように思われる。偶然に似た社会が生まれた例として、日欧の封建制がしばしば引かれる。ユーラシアの両端にあって影響関係は考えられないのに、重層的土地所有、分権的政治秩序、封土の授受を伴う主従関係、不輸不入権、戦士貴族の発生などにおいて、両地域は顕著な類似を示す。多岐にわたる類似は印象的だが、どれもフューダリズム（feudalism）という共通の原理から引き出されたもので、実質的には一つのことが似ているだけである。

しかし日韓の類似はこうしたものではない。長い歴史があること、一民族が同じ国土に居住しつづけていること、神話が今に生きていること、瓜二つの書記言語があること、古代の大詞華集、規範化された戦士道徳があったこと、そっくりの武道がいくつもあること、茶道や華道があることなどを結びつけるロジックは、誰も思いつかない。日本にあるものはほとんど何でもあり、両国の国風はひとそろい対応している。刃物をもって争闘する術と茶の飲み方が、どういうわけで同じカテゴリー（「道」）でくくられているのか。こうしたまとまりのない類似が、独立の歴史的発展の結果として生まれる可能性は、かぎりなく低いといってよいだろう。

日本には風変わりなものが多いが、茶道などはその代表だろう。茶葉に湯を入れてそのまま飲めばよいものを、何やら奇妙な儀式を行ない、もっともらしく演じている、というのが、並の外国人の受け止め方と思われる。そんなものまであるという。酷似は異常なほどで、朝鮮半島に竹も竹細工もあまり見かけないのに、竹製の茶さじ、茶筅を用い、女性も韓国式の立てひざ座りでなくなぜか正座する。一九八〇年代半ばまで、韓国茶道が茶の心として掲げていた「和敬清寂」は、日本では千利休の言葉として伝えられてきたものである。(5)韓国茶道の開祖も、偶然、同じ言葉を思いついたのだろうか。

古代新羅から伝わると称するコムドも、日本の剣道とほとんど同じ形の剣道着、同じ寸法の竹刀を用いる。[6] 世界中どこでも兵士は盾を持って戦うのが普通で、中世以降の日本のように盾を用いず両手で刀を持つ国は真の例外である。朝鮮でも実戦では片手剣だったのに、韓国固有という剣道は両手で竹刀を握る。[7] こんなことが考えられるだろうか。

これほど広範かつ細部に及ぶ一致が、偶然に生じるはずがなく、いずれかが他をかたどったと考えるしかない。どちらがどちらをかたどったのか。

答えはあきらかである。「韓国的なものは伝統でない」。今韓国的とされているものは、どれも近代になって突然出現した。しかもそのどれもが日本に酷似し、また日本以外にそのような酷似の見られる国はない。状況を総体として見たとき、ただ一つの可能性しか考えようがない。韓国的なものは、日本をかたどって造作されたのである。

2 古代の復活ではない

近代直前の時点で、今日韓国的とされているものが存在しなかったことと、それが韓国本来のものでないということは、厳密にはイコールではない。はるかな昔に途絶えた伝統が復活した可能性も、一応は考えられるからである。

フランス革命、明治維新にさいして、古代への回帰が理念として掲げられたし、実際そうした面がなかったわけではない。最もめざましい例はイスラエルで、二〇〇〇年の時を経て国がよみがえった。ヘブライ語の知識や古代の文学、とりわけ信仰が伝わってきたから、復活が可能になった。ユダヤ人は人種的概念ではなく、ユダヤ教を信じる人のことだから、彼らが集まって国を建てれば、それがすなわちイスラエルということになる。

しかしここ半島の地では、近代を迎えた時点で民族的なものはほとんど消えていた。神道にあたるものはなく、神話も漢文で書かれたごく簡略なものが伝わっているだけで、歌謡も痕跡のようなものを残してすべて消滅していた。古代の建築は烏有に帰し、現存する堂塔伽藍で、四〇〇年以上の歴史を持つものはほとんどない。三国や統一新羅の面影を伝えるものは、石塔、石灯、石壇や石階、仏像の台座くらいなものである。慶州の仏国寺はしばしば奈良の古寺と比較されるが、依拠すべき図像資料もないまま、一九七〇年代に凡そ李朝後期の様式で建てられたもので、（石造物は別として）伽藍は博覧会のパビリオンと大差ない(8)。

文献もほとんどが隠滅に帰している。日本では、西暦七二〇年に成立した『日本書紀』から三代実録に至る史書が一年の切れ目もない記録を残しているが、半島で最初の歴史書『三国史記』が現れたのは一一四五年のことである。記事もごく簡略なもので、たとえば八世紀一〇〇年間の記録は、対応する日本の史書のおおよそ数十分の一程度の量でしかない(9)。内容も小中華の歴史としてこぎれいに剪定されており、日本の史書に現れる、神託や怨霊、踏歌や歌垣のような、国ぶりを写した記事がほとんどなく、民族の面貌がいっこうに浮かんでこない。高炳翊が述べている(10)。

「韓国の古代史書が東アジア三国のうち最も遅れて現れながら最も貧弱な資料に依拠して編まれたことは、『三国史記』を少し読めば誰もが気づく。二、三〇年に及ぶ王の治世を通じこれという事件もなく、遣使朝貢する記事だけ毎年出てくるかと思えば、せいぜい日食や天変地異の略載で埋められている例は一、二に止まらず、人間と社会の記述は皆無に近い」

史料のとぼしさは、我ながらいぶかしく思うほどだという。(11) 歴史書に限らず、そもそも文字資料がほとんど残っていない。日本では正倉院文書、東大寺要録などの古文書、風土記、延喜式、古語拾遺、新撰姓氏録、有職故実書、天皇や貴族の日記など一次史料が数多く伝存し、平安朝の百科全書ともいうべき『源氏物語』その他の物語、随筆や歌集も史料として使えるが、これらに相当するものがない。国文学者金思燁は、上代と古代を探求するさいの最大の支障は、文献資料が貧困というより、ほとんど無いことだという。(12)

こうした状況で、一二世紀半ばに簡略な史書が忽然と現れたとして、いったいどんな歴史が書けるのか。咸錫憲は、史料の欠乏それ自体が韓国史の特徴だと言う。

「誰もが嘆くのは、史料が足りないということだ。本当に不足している。五千年の歴史とはいうものの、残っている記録といえば高麗時代になって書かれた『三国史記』『三国遺事』くらいのものである。その他の史料といえば中国の文献に現れる片々たるものと、時折現れる遺物の類である」「途中ですべてなくなってしまった。……史料をあらためて集める前に韓国史はすでに説明がついたわけである。記録のない五千年の文化、これがまさに韓国の歴史である」

（咸錫憲［1980］p. 103）

なぜ、記録がないのだろう。度重なる戦乱によって失われたというが、異民族との戦いがとくに多かったとは言えない。新羅による統一以来、契丹（遼）、蒙古、日本、女真（清）の侵略を受けてはいるが、一二〇〇年で四回というのは、ユーラシアの他地域に比べむしろ少ないほうだろう。武力によらず、中原の大国の威勢を借りて国を維持してきたから、外侵や内乱に苦しむことは比較的少なかった。王朝の交替も、中国皇帝の冊封を受けることで決着したから、泥沼の争いに陥ることはなかった。

高炳翊は戦乱焼亡説に懐疑的である。[13] 戦いがあったにしても、ある典籍を国中から残らず消滅させるような兵火など、そうあるものではない。大事なものなら日頃の備えもあるだろうし、（天下の孤本ならともかく）一つがなくなれば必ず書き写され、伝わっていくはずだからである。

日本の二〇〇〇年紀は戦乱続きで、奈良も京都もひとたびは灰燼に帰した。創建以来東大寺大仏殿は二回、興福寺金堂は七回、善光寺本堂は一一回、焼亡と再建を繰り返しており、古い社寺で罹災を免れたものはほとんどない。鎌倉以降全国に群雄が割拠し、内戦が常態で、焼かれた建築、それと運命をともにした書物は数も知れないが、残るべきものは残っている。

一〇〇〇年も経てば、木と紙でできているものは消滅するのが自然なのであり、人の強い意志が加わって初めて伝存する。日本では、昔価値高いとされたものは、その後も一貫してそうみなされてきた。滅ぼすまいとするいわば文明の意志が楯になって、古いものを消滅から守ってきた。典籍が残っているのは、皇室が存続し神社の遷宮・造替が続けられてきたのと理由は同じで、文明の基軸が動かなかったからである。

半島の国はそうではなかった。王号を名乗り中国の年号を採用し、祭祀や官制、人名、地名も中国式に変わった。せっかく芽生えた自国語表記（郷札）もいつしか失われ、漢文一色となっていく。新羅による統一後、華化はほぼ一直線に進行し、太古の事物は拭いさったようになくなった。『三国史記』が民族的なものを採録しなかったとして、編者金富軾は近代になって非難の集中砲火をあびてきたが、王命で修史官となった高麗の重臣が、一身の了見で歴史を編んだとは考えがたい。『三国史記』は国の精神を体現していたから、伝存した。『古事記』や『万葉集』にあたるものがかりにあったとしても、そうでなかったから、なくなった。

人々は昔の伝承や典籍を逐次捨てながら歴史の航海を続け、太古の記憶の失われたあとの世界を生きて、自らを形成してきた。大伝統から民族的なものが失われたのは、意識して滅ぼしてきたからである。バーミアンの石仏を破壊したムスリムのように、人々はなくなったものを無価値と考えたから、記録もろくに残さなかった。

こうして、[14]民族文化は消滅し（金九）、固有文学は淘汰され（金台俊）、永久に朝鮮を捨てた（李光洙）。花咲こうとした文化は干からび（咸錫憲）、民族固有思想は完全に忘れ去られた（李鍾学）。極論に見えるが、あるがままの事実を語っている。史料がなくて歴史がわからないというのは、表層の真実にすぎない。民族の国が中途で小華に取って代わられたから、史料がなくなった。そのこと自体が歴史の一部なのである。

3　モデルとしての日本

西欧の場合、キリスト教文明の内部に、数世紀をかけて言語と文化を同じくする集団が形成され、それが徐々に一国をなしていった。しかしここでは、民族誕生の準備過程は何もなく、大転換が天変のようにやってきた。つい昨日まで何事も華制に従っていた人々は、その華制の消えた跡地で、にわかに民族の自己証明を獲得しなければならなかった。

われわれが小華でないとして、ではいったい何なのか。華の世界から訣別したばかりの人々が、この問いに答えるのは容易ではなかった。華化される前の国の記憶は、とうの昔に失われている。学問なら資料から言えることだけを言う、でよいが、民族の国が、自分が何ものかわからないではすまされない。何としても、自己本然の姿を把握しなければならない。無から有を作るといっても、人間の想像力には限りがある。結局実在の国に想を求めるしかなく、それが日本だったのである。

日本は隣国で、古代には半島からいくばくかの移住もあった。もとは似たような地点から出発したとすれば、失われた自国のものをそこで見出せるのではないか。トルコの歴史をギリシャから推測するような話だが、資料の欠乏はどうにもならない壁で、実際ほかにこれといって拠り所もなかった。

余儀なく行なったことだが、日本はそのためにはおあつらえ向きの国だった。世界の各地で古い信仰が滅びたなか、太古の世界観を伝える民族宗教が生きている稀有の国だからである[15]。いったんローマ化・キリスト教化され、そこから諸民族が巣立っていった欧州は、華化以前の世界に回帰しようとする国の参考にはならない。イスラム圏や東南アジアの仏教国も同じで、人々がそこまでつきつめて考えたかどうかはともかく、世界中探してもモデルにできた国は結局日本しかなかっただろう。

時代の環境もあずかっている。この国にとり東アジアには事実上日中両国しかなく、近代は中国の没落と日本の勃興によって始まった。その交替劇は日清戦争という形をとってほかならぬ朝鮮の地で演じられ、人々の視線は鴨緑江のかなたから東方の島国に転じることとなった。

一〇年後、日露戦争がおきる。日本は戦場の一対一の対決で欧州の大国を徹底的に打ち負かし、アジアの諸民族にとっての希望の星となった。半島の人々にとっても同じで、公的記憶からは消されているが、反日の言動で知られる李承晩さえ、当時韓国人が深い感銘を受けていたことを認めている[16]。

天地をひっくり返すような驚異的な事件が連続し、しかもそれはすべて人々の眼前でおきた。その衝撃はいかばかりだっただろうか。日本崇拝の感情はまたたくまに国を覆い、日本の国土と文化はひたすらな憧憬の対象となった。かつて日本の文明に心を閉ざしていた人々は宗教的回心に近い魂の変貌を経験し、日本の受容・順応一辺倒に転じていく[17]（愼根縡）。

多くの留学生が、日本をめざしたのは、自然な成り行きだった。日本で学んだのは西洋文明で、日本そのものではないとする見方もあるが、あたらない。総じて彼らは裕福な家の出で、費用をさほど気にする必要はなかった。欧米に行こうと思えば行けるのに、日本に出かけて日本語を習い、そのうえで西洋文明を学ぶなどということを、本気で考えたとも思われない。彼らは、日本でしか学べないものを学ぼうとしたのである。

留学生が東京で発行していた、『太極学報』『大韓学会月報』『大韓留学生会学報』などの雑誌を見るがよい。そこに掲げられている論説には、民族、愛国、朝鮮魂、檀君、支那と事大、武備、尚文と尚武、漢文と国文、といった文字が躍っている。その声に虚心に耳を傾ければ、彼らが日本を標準にして国のあり方を模索していたことがよくわかる。

明治日本は強固な民族意識を基盤に富国強兵に邁進したが、韓国はその基盤の創出からとりくまなければならない。属国意識がしみつき、義兵でさえ尊中華を叫ぶ、そんな状態から出発して、民族の観念をどのようにして生み出すか。イギリスの制度、ドイツの学問、フランスの芸術に学ぶのもよいが、その前にまず国の形を作る必要がある。船もないのに、搭載する装備を論じてもしかたがない。その作り方を学ぶ先は、日本以外には考えられなかった。

岳裔は、日本が小さな島国でありながら、東洋の覇権を握り強国と称せられているのは、ひとえにその民族観念の強大によると説く[18]。今日使い倒されている観のある「民族」も、当時は目新しい概念で、日本はその民族の理想を体現しているように思われた。友洋生（崔錫夏）は、『大韓学会月報』の誌上で、日本人の愛国を熱っぽく語る。

「日本人の愛国性は世界の人士の尊敬するところであり、日本が有史以来自力で国家を維持し国体を汚損しなかったのはこれによる。この愛国性は、近古武士道の発達によってさらなる輝きを放った。武士道は元来名誉を重んじ俠義を崇び、一命を草芥のように見ることを信条とする。武士は日本人の愛国性を代表し、幾百年、武力で日本の独立の名誉を守ってきた」（友洋生［1907］p. 138。韓国語文献）

——日章旗の光輝は、日本民族が真に国を愛することを知り、国家危急のさい国民一人ひとりが甘んじて国に命をささげた賜物である。日本人の愛国は生命の尊きを知らない没個性の愛国で、個人を国家に閉じ込め自由を許さない古代ローマ風のものとする欧州人の批判を引き、引いたうえでそれを斥ける。今日の競争世界にあっては、欧米の理論的愛国性より武士的愛国思想が、個性的愛国性より没個性的愛国性がはるかにすぐれている、それは世界に冠たる倫理性で、われら韓人の模範である——[19]。

親日・反日は関係ない。多くの論考が韓国が日本の保護国になったあとに書かれていることからも、このことはあきらかである。のちに臨時政府の第二代大統領にもなった朴殷植は、崇文賤武の弊が国を喪わせたとして、日本を引く。

「日本人の歴史を見るに、今を去る七〇〇年前の鎌倉時代から日本武士道と称する尚武的国風があり、国民の勇敢な性格が際立っていたが、この三〇年の教育によってさらに発達し、愛国精神と団体力が他国に勝り、その結果清を破りロシアを逐《お》い、大いに国威を奮い、欧米列強と対等の地位に立った。壮なるかな尚武の勲よ」（朴殷植［1906］p. 4。朝鮮語文献）

自国の保護国化を横目で見ながら、抗日の人がこんなことを書いていたのである。『大韓毎日申報』の主筆として健筆をふるった申采浩も、日本人の血誠と勇敢を称えることでは人後に落ちない。教育は文明の法門をあける扉だが、韓国に今必要なのは西洋文明の教育ではなく、全国人民あげて兵を学ぶ日本式の尚武教育だという。武力の衰頽した国にとって、それなしには回天の道はありえない。日本は祖国数千年の悪敵だが、同時に良師、恩人でもある、「日本に善く学び、その教育制度と政治方針と外交法術を肺肝に徹して見、後日日本に対する政策を施すことで、恩によって恩に報いる」、それが天理だという[20]。

日本は、欧米のどの国よりも、自国の問題を鮮明に、かつ強く、浮かびあがらせる力を持っていた。民族観念の強大、毅勇に富んだ国民、国家の気力の源泉としての尚武の精神、韓国に欠乏するこれらの資質が、豺狼《さいろう》相食む世界で日本に偉大な成功をもたらした。切実に求めていたものをすべて備えていたのが、目の前の日本だったのである。

小華の歴史の表層の下に、日本史のような本然の歴史がひそんでいるはずだという思いが生まれたのは、自然な流れだろう。唯物史観を信じるアジアの歴史家が、西欧とは似ても似つかぬ自国の歴史のなかに階級闘争の形跡を探しまわり、奴隷制や封建制、はては絶対王政やブルジョア革命の史実を何とか引き出そうとしてきたように、この地の人々は、民族の国の典型と見た日本の歴史に、自らの過去を引き当てようとしてきた。日本をかたどった国は、生まれるべくして生まれたのである。

4 かたどりの意味

かたどりは模倣とは異なる。唯物史観を奉ずるアジアの歴史家は、自分の書いた歴史を西洋史の翻案とは思わず、これこそ真実と信じていたはずである。同様に韓国の知識人は、日本に似せて描いた自画像を、小華の歴史に覆い隠されてきた真正の民族史と考えてきた。日本にあるものは自国にもあったという観念をいわば歴史の公理とし、かけらのような事象に日本史からとりだした史実を適宜読み込んで、失われた過去を「復元」していく。李光洙は述べている。

「朝鮮文化の本流が如何に日本文化の本流と酷似して居るかが解るであらう。否酷似と云ふよりも同一と云へるだらうと思ふ。その何れが先で何れが後であるかについては史家の研究に俟つべきであるが、その内容が同一であることだけは事実と断言し得ると思ふ。今日の朝鮮と今日の日本との差異相は主として、朝鮮の支那化から来たものであつて、その本質は同一のものなのである」(「朝鮮文化の将来」李光洙［1940］pp. 43–44)

日本文化のなかに一〇〇〇年前の自身の姿を見る、と続ける。少年の頃から日本で教育を受け、日本文化を自らの血肉としていた彼にとって、日本即「真実の朝鮮」という観念は、いちいち闡明《せんめい》を要しない、自然なものだったのだろう。しかし「朝鮮の支那化」は事実としても、原朝鮮の本質が日本と同じだなどとはたして言えるのか。

日本はかなり特異な国で、日本語と祖語を同じくする（と判明している）言語は存在しないし、女神を最高神に据える神話も他に例がないという。(21)三国が居を定めた北アジアの厳しい風土、周囲の国との激しい角逐の歴史は、日本にはないものである。長年韓民族の長兄とされてきた高句麗はもともと満洲に興った国で、「たたなづく青垣」の大和の国と本質が同じというには、よほどの証拠が必要だろう。

今の時点では牽強付会とも思えるが、併合後日本では、古代の両民族がいかに似ており、一国をなしている今の状態がいかに自然であるかが、強調されていた。長年日本の教育を受けた朝鮮の知識人がそれに影響されたのは、むしろ当然だろう。崔南善は言う。

「清潔を尚《とうと》び、感激性に富み、……『ことあげ』を忌みてみづみづしくたちはたらくといつた様な日本神道の誇らしい倫理観念は、そのまま古代朝鮮人の気風を伝へる、内外の文献に半島人の美徳として稱揚された事供で……日本と朝鮮の古神道は、全く同じ機構の上に立つてゐるのを見るのであります。つまり同じ心をもち、同じ光を仰ぎ、同じ感情にはぐくまれて居たわけであります」（「神ながらの昔を憶ふ」崔南善［1934］p. 41）

同じ心をもち、同じ感情にはぐくまれていたというが、論拠と言えるほどのものは示されていない。彼は、中古の日本も朝鮮に似ていたという。

「平安朝時代においては、さかのぼるほど時代色と社会相が少しずつ意趣を変え、そのまま朝鮮に接近してくることに気づく。日本の国風とシナ文化との交錯、神道と仏教との錯綜、太平にひたる民心と遊楽にふける特権階級の爛熟した生活……どれも同一の事情下にある新羅、高麗の各時代を眼前に彷彿させる。時代を代表する源氏物語に描かれている時代空気と生活様式は、当時の日本だけではなく、そのまま同時代の半島の世相をみせてくれる感がする」(「日本文学における朝鮮の姿」崔南善〔1974〕pp. 424-425。原載は一九三一年。朝鮮語文献)

新羅、高麗は日本と同じ、日本が朝鮮に接近してくるなどというが、半島の事情を平安朝のような精度であきらかにする資料はなく、実際は頭のなかで朝鮮を日本に接近させているにすぎない。洪相圭は「牛車が都大路をねり、被衣の見目麗しい姫君が鴨川のほとりを楚々と歩く、平安朝の長閑さと雅やかさが、スォラブォルのものでもあった」などと見てきたようなことを言っているが、(22)何を根拠にしているのだろう。高麗は契丹や蒙古の度重なる劫掠《ごうりゃく》を受け、王室は江華島に落ちのびたりしている。そんな国で、「太平にひたり遊楽にふける」『源氏物語』的時代色があったとは、とても信じられない。

中古になっても事情は変わらず、日本が朝鮮に似ていてくれないと、すべては霧につつまれてしまう。資料の欠如という絶壁の前に立ちつくしてきた人々は、いつしか日本そのものを資料とみなすようになっていった。

金思燁は、韓国の失われた歴史や文化を、日本から復元できるという。彼は『万葉集』を自国の古代を知るうえでの最重要資料と位置づけ、自ら翻訳もしている。万葉の歌には「詩想、取題、動植物、民間信仰、習俗などの点で、韓国的なもの、韓国的色彩が濃厚なものがあまりにも多い」からである。(23)

「万葉集には多くの動植物が詩材として登場するだけでなく、信仰・習俗などが赤裸々に躍動しており、この中に忘れられた我々の昔の姿をたずね求めることができる。いわんや数百名をこえる歌人の中には出自が明白に韓人である人が多いことも、この歌集が我々の貴重な学問的対象であることを物語る」（金思燁［1983］p. 4。韓国語文献）

李鍾徹は、郷歌は古代語のほとんど唯一の資料だが、二五首しかないという制約が、研究の道を「封鎖」してきた。それを、「四千五百首にもなる膨大な資料」『万葉集』によって打開するという。(24)基礎語彙にほとんど共通性のない外国語の古文献を突破口にするというのは、いかにも無謀と思われるが、手持ちの資料ではもう一歩も前に進めないので、こんな発想も生まれるのである。

『古事記』と『日本書紀』によって、韓国古代史の空白を埋める（池明観）。三国文化を摂取して発展した日本の古代文化を研究し、そのなかに香りを残す韓国文化を探し出す（洪淳昶《こうじゅんちょう》）、本国で失われた神話が日本に多く残っており、それをもとに脱落の多い韓国神話を再構成する（金烈圭）、『古事記』からの類推で、逸失した三国の史書が巨大な叙事詩文学だったことが知れる（金東旭）、などという。(25)

崔南善、李光洙をはじめ、論者は相応に名の通った人物で、金思燁も碩学といってよい人である。国を代表する知識人が、過去数十年、この種のことを語りつづけてきた。なぜこんな無理をするのだろう。

仕方がなかったのである。資料がなく、ないからこそ、知りたいという思いは渇望に近くなる。なにぶん、古代の事物がそのまま残っている国が、すぐとなりにある。そこには、古代を梱包したような宗教儀礼、原始の建築様式を伝える神社がある。一〇〇〇年前の寺の建立時に安置された仏像が、今もそこにある。正倉院には、古代の調度品、装束や仏具、絵画や楽器、武具、古人の真蹟までが収められ、昨日の制作と見まがうばかりの形影をとどめている。古神宝、祭礼、祝詞、神楽、式年遷宮や式年造替、修正会や修二会、宮大工が伝承する技術は、時空を越えて今に生きる古代にほかならない。

資料がなくても、学者が研究対象とする時代に何のイメージも持たないということはありえない。日本の古代は、闇に閉ざされたような半島の古代とはあまりにも鮮明な対照で、何を考えるにしても結局それに引きずられてしまう。みな同じであるわけはないとは思っても、具体的にどこがどう違うとも言えないから、心中の古代像はとめどもなく日本に近づいていく。

すべては、堂々めぐりの思考のなかで言っているのである。金思燁が『万葉集』のなかに韓国的なものがあふれていると感じるのは、万葉の歌を訳しながら、知らず知らずそれによって古代韓国像を形成してきたからである。実在の伝統を消去した国は、古事記・万葉のイメージを借り、空白の古代を日本をかたどったもので満たした。日本を横目で見て古代像を思い描いてきた人には、日本のものが韓国のものと見えてしかたがないのである。

知りようがないものを知らなければならない状況は今も変わらず、誰もが結局同じ思考の軌道をたどる。はたから見れば堂々めぐりでも、この一〇〇年、反芻されてきた思考は民族の血肉となり、個々人にはもはやそれと意識されることもなくなった。日本をかたどって描いた国の自画像は、今や第二の真実として国民の心に根を下ろすことになったのである。

5　何を写しとったのか
——国の形、国祖信仰、郷歌、花郎道、跆拳道その他の武道、国技と国粋

今、韓国的とされているもののほとんどは、半島の過去にではなく、日本に根をおいている。単一民族としての長い歴史があるという観念が、まずそうしたものである。古代の三国は三国だというしかなく、どの国の神話にも檀君は現れないし、共通の言語があったわけでもない[26]。高句麗と百済は東明聖王朱蒙《しゆもう》を始祖とし、七世紀に亡びた。新羅は赫居世《かくきよせい》を始祖とする国で、七世紀に半島を

統一し、のち華化して小華史の担い手となった。小中華の国は箕子を始祖とし、書記言語は漢文で、三つの王朝を経て近代のとば口まで続いた。韓国は近代に誕生した国で、始祖は檀君、書記言語は韓国語である。

古代の三国を打って一丸とする国が出現したことはないし、「やまと」や「ヘラス」のような、時代を越えて用いられてきた国名もない（今なお「韓国」なのか「朝鮮」なのか、合意はない）。あるがままに認識すれば、古代には国は三つあった（伽耶《かや》、渤海も加えれば五つになる）。統一後の歴史は華化と（近代の）脱中華の過程によって区切られ、その前後で形も精神も入れ代わり「今日のアメリカ人が明日はロシヤ人になるほどの懸隔」[27]（中采浩）が生じている。

アナトリアやイベリアの半島をあげるまでもなく、ユーラシアの各地では民族の交替、急激な方向転換と断絶がむしろ常態で、連続する一つの国の実態らしきものが日本にあるのは、孤立した島国の特例といってよい。極東の半島も国々の興亡の舞台となったとみるのが自然と思われるが、韓国は国の違いを歴史解釈のミキサーですりつぶし、三国を超えた一民族の国があったことにし、その国を小中華の国に、さらにそれを大韓民国にとじつけて、一貫した歴史があったことにしている。こうした連続のビジョンは日本史の構造を持ち込んだもので、実態からかけはなれている。[28]

民族の精神的支柱としての檀君が登場した事情は、同時代人だった今西龍が記録にとどめている。一八九七年、国号を大韓と改め王を皇帝とした未曾有の変革をうけて、それまで国史の劈頭にただ「安置」されていただけの檀君を、開国始祖として崇拝する風潮がにわかにおこった。一九〇七年、首都に神社を建立する計画が推進されたが、それによれば、中央に天照大神、左右に「檀君天皇」

と李朝太祖を配する構想だったといい、その建築誌では、檀君が天照大神にひきあてられていた由である[29]（今西「現代の檀君」）。

興隆する日本には民族の神がある。韓国にもそうしたものがあるべきだ、あるはずである、いや、現にある。こう考えて、その位置に檀君を据えた。赫居世は新羅、朱蒙は高句麗の祖ではあるが、民族全体の始祖にはできない。新羅、高句麗、百済、伽耶、渤海、高麗、李氏朝鮮、大韓帝国、大韓民国をとじつける蝶番にできるのは、結局、融通無碍の檀君しかない。

檀君を民族の核におく「檀君主義[30]」は、多くの国がひしめく半島の歴史を、単一国家の歴史に組み替える必要から作りだされたのである。古代には国は三つあり、統一新羅以降は中国のような国になったのかもしれないが、韓民族は終始、檀君を信じつづけてきた。いや信じつづけてきたからこそ、一民族の実態がある、そう考えようとしたのである。

資料的根拠はない。激しい弾圧を受けた日本近世のキリスト教でさえ、教理書（どちりな・きりしたん）や祈禱文（おらしょ）、南蛮寺の絵、蒔絵の祭具やマリア観音、聖歌の楽譜、天草四郎の陣中旗など、多くの遺物を今に伝えている。昔から伝わる信仰なら、（たとえ形あるものが消滅しても）禊《みそぎ》や祓《はらい》に相当する宗教儀礼、神籬《ひもろぎ》や磐座《いわくら》、神木や神鹿のような観念、祭礼や年中行事、神話に由来する俗信など、何かがあってよいはずだが、何もない。「わが国民は昔から檀君を信じてきた」という、そっけない託宣があるだけである。民族の精神的支柱だったとすればとうていありえない話で、檀君主義が全的に近代の産物であることを示している。

開天節も紀元節に倣った。諸外国の例に照らせば、日本の場合、明治新政府の発足を建国の時としてもよかったはずだが、維新運動が諸事神武創業の昔に帰ることを旗印にした以上、それはできない相談だった。李朝は、もともと太祖李成桂の即位（一三九二年）を開国の年とみなしていたし、神国思想にあたるものもなかったのに、国の始まりを縹渺たる神話的事件に求めたのは、日本に牽かれたためと考えるしかない。

今の国名のもとになった「大韓帝国」も、日本を意識したのだと思われる。国名に「大」がつく例はほとんどなく、グレート・ブリテンとはいうものの、これはグラン・ブルターニュが英語化したもので、たんに「大きいほうのブリテン」という意味でしかない。明治初期の大日本帝国は、欧州の植民地帝国、ロシアやアメリカ、中国に比べればまるで小さく、国名は自大の感をまぬかれない。「帝国」という言葉も明治日本の造語で、日本よりさらに小粒の、終始王国でありつづけた国が、にわかに「大」「帝国」を称したのは、日本に倣ったとしか考えられない(31)。

郷歌の位置づけも『万葉集』を写した。韓国文学史の本は大概冒頭の章で郷歌を特筆し、古代文学の代表にしたてており、教科書は、多くの作品が作られ、多彩で高い精神世界が窺えると書いている。国文学者金東旭が述べている。

「郷歌は二十五首しか残っていない。にもかかわらず、これが朝鮮文学史の問題となるのは、これこそまさしく朝鮮上代文学の精華そのものだからである。八八八年に『万葉集』にあたる勅撰『三代目』という郷歌集が編纂された。……いま残っている二十五首は、数千数百首もあったろうと思われる『三代目』の片鱗をつたえる氷山の一角であるからこそ、貴重な遺産とい

うべきなのである」（金東旭［1974］p. 37）

訳出は戦前から試みられてはいるが、古代語の実態がつかめないから、意味も推測の域を出ず、詩想に至っては見当もつかない。たとえば献花歌は「紫の岩辺に、牝牛の手綱放ち、障りを厭い給わずば、花を手折りて献げまつらむ」と訳されているが、紫の岩、障りとは何なのか。そもそもこれはどのような詩的感興を伝えようとした歌なのか、皆目わからない。郷歌の訳はみなこの調子で、簡朴なはずの古詩なのにどれも「モダニズムの詩」のように難解なのは、読めていない証拠という[32]（李鐸）。

詩として読めていないものが、なぜ文学の精華になるのか。二五首中一八首は御詠歌のような仏讃歌で[33]、残り七首も、安民の歌や亡国の嘆きを詠んだ歌などである。純粋の叙景歌や恋の歌は全然なく、国見歌、子を思う歌、酒を讃《ほ》むる歌、貧窮問答歌のような題材の広がりもない。二五首ではやむをえないが、これで多彩と言えるのか。『三代目』の歌の数など知りようもないのに、なぜ「数千数百首」なのか。

四五〇〇首の多種多様な歌を収めた『万葉集』を、肩ごしに見ているからとしか考えられない。教科書や文学史家が語っているのは、現実にある二五首ではなく、万葉のイメージを投影した、想像上の郷歌なのである。

ハングル小説が古典だというのも、自然な認識とは思われない。『源氏物語』は過去一〇〇〇年、後続の文芸はもとより、演劇や絵画、工芸、建築や作庭にも影響を与えてきたが、これに対応する史実がない。『春香伝』から霊感を得て何かを創作したという話も聞かないし、そもそもこれがどの程度一般に読まれていたかもさだかでない。[34] 旧朝鮮で古典として扱われたことはなく、国語の文芸としてそれなりに敬意を払われたという形跡もない。そもそも漢字語と漢士故事で埋めつくされ、専門家も読み取りに難渋するような文章の国文性は、いたって低いと言わざるをえない。ハングル小説が古典とされているのは、仮名に相当するものはハングルだという理屈を先に立て、日本の文学史の型を写しとって、仮名文学の位置にはめこんだのである。

花郎道も武士道に比擬した。二〇世紀初頭、武士道は諸外国から日本勃興の原動力とみなされ、尚武と武強が時代の理想になっていた。[35]『中国之武士道』を書いた梁啓超と同じように、崔南善にも、戦士的倫理を自国の過去に見出したいというやみがたい思いがあった。古文献に現れる花郎は化粧する美少年として描かれ、花郎道なる武人の掟が存在したという証拠は何もない。韓国にも武士道のようなものがあるべきだ、あったはずだという思いから、付会できそうなものを引っ張ってきただけである。[36]

跆拳道《テコンドー》は新羅にさかのぼる固有の武道だと称しているが、朝鮮の森羅万象に克明な記録を残した戦前の日本の研究者も、跆拳道については何も伝えていない。試合の報道、師範や道場の紹介の類も見あたらず、記録はすべて戦後のものである。[37]

事実関係はごく平板なものである。跆拳道形成期の「五大基幹道場」の創設者はすべて日本で修業した空手家で、最長老の李元国は一九二六年に渡日、東京雑司が谷の道場「松濤館」に入門し、沖縄の人富名腰（船越）義《ぎ》鎮《ちん》について空手を学んだ。帰国後彼が京城に開いた道場「青濤館」の名は、「松濤館」から一字をとったのである。[38]

戦後「大韓空手道協会」が設立されたが、傘下の各道場は、空手、唐手、拳法など思い思いの看板を掲げていた。跆拳道を称するようになったのは、空手の演武を見て感心した李承晩大統領が、日本の武道と聞いて不快感を示したことがきっかけになっている。韓国武道への衣替えにあたり中心的な役割を果たしたのは自身空手家でもあった崔泓熙《さいこうき》陸軍少将で、「跆拳」の名も彼が考案した。この呼称が正式に決まったのは、道場主や軍幹部、言論人などが出席した名称制定委員会の場で、一九五五年四月一一日のことという。[39]「韓国固有の武道」跆拳道は、実質このときに誕生したのである。

国技院（跆拳道の本部団体）自体が造作を認めている。イ・チョンウ（이종우）副院長は、われわれはもう頂点に立ったのだからこの辺で真実を明かしてもよいだろうと前置きして、創生期の跆拳道は空手の変名で、固有の武道を装ったのは外国受けをねらったからだと語っている。韓国化の形づくりをしたさい、自分が実務作業を担当したとも言い、造作の楽屋裏を明かしている（「跆拳道の過去　衝撃的告白」『新東亜』二〇〇二年四月号）。韓国の国技の実態は、要するに空手なのである。[40]

剣道も、一九世紀末日本から伝わった。[41]大日本武徳会の朝鮮支部は一九二八年に設立され、学校教育にも取り入れられ、この頃育った剣道家が戦後の韓国剣道の指導者となった。跆拳道の成功に刺激されたためか、近年、韓国固有の武道「コムド」だと言いだし、用語を韓国語化し、腰板つきの袴や蹲踞《そんきょ》の姿勢を廃するなど、差別化に努めているが、[42]武道の本質とは関係ないこうした小細工に、造作の正体が現れている。

柔道も韓国武道ユドだなどと主張しているが、これも日本から入ったというしかないものである。柔道場は一九一〇年時点で漢城に一二あったといい、一九一七年には講道館の朝鮮支部が設立されている。その後学校の正課となり普及が進んだ点は、剣道と同じである。[43]

朝鮮での茶道教育は、一九三〇年代から梨花女子専門学校で始められた。当然、茶道といえば日本の茶道しかなかったのだが、一九七〇年代にいたって韓国茶道を喧伝する人々が現れた。そのうちの一人（姜洙吉《きょうしゅきつ》）によれば、韓国の茶道（タド）を体系化するため昔の形式を探したが、資料がなく壁につきあたっていた。たまたまその頃、ソウルで裏千家の大茶会があり、それが飲み方、茶室の作り方を考えるきっかけになったという。[44] 日本茶道のなかに韓国文化が入っており、それを取り出しているというのだが、資料も伝承もなく、すべて茶道（さどう）をもとにしているのだから、造作というしかないだろう。

どれも同じで、事実の根底があるわけではなく、由緒の説明も端的に言えば広報用の装飾にすぎない。検証に堪えるものではない、というより、はじめから検証する気など毛頭ないから、実に驚くようなものが根拠として持ち出されることになる。

茶道研究家金明培は、日本には茶道という地名はないが、韓国には茶道面という面（村）があり、この唯一無二の地名が韓国茶道の悠久の歴史を代弁していると書いている。[45] しかし、この村は一九一四年に茶庄面と道川面が合併して生まれたもので、茶道とは何の関係もない。[46] 引用される朝鮮の茶文献も中国茶書の引き写しで、こんなものしか挙げられないのは、要するにほかに何もないからである。高句麗の壁画が根拠だという跆拳道も同じで、一連の「史実」の確信に満ちた取り扱いと、根拠の貧弱さとのあまりの落差に、驚かない外国人はいないだろう。

どれも創始者が不明で、それでいていつのまにか完成していたことになっているのは、昔からあったとする以上、造作した本人が名乗り出るわけにもいかないからである。国際競技となった跆拳道以外に、どれも北朝鮮に存在しない(47)のは、造作が戦後の韓国で行なわれたことを示す。

古代の壁画にある闘技らしきものが発展して跆拳道になったわけでも、昔の茶を飲む所作から茶道が生まれたわけでもない。檀君信仰、郷歌、花郎道が長い歴史のなかで生々発展し、今の国柄ができたわけでもない。

因果は逆で、日本に依拠してあるべき国の形を作り、それにこと寄せられるものをかき集めてきた。痕跡のようなもの、影の薄いもの、あったといえばそうも考えられるといった態のものばかりだが、それらを日本の文明の位置づけにしたがって配列し、全体を自国の伝統と観念する。国が日本そっくりになり、日本文化に対応するものがひと通り備わっているのは、まさにそのようにして国を造形したからである。

安置されていただけの檀君が、太古の昔から民族の精神的支柱だったことになり、茶を飲む習慣がなかったところに茶道があったことになり、筆より重いものを持たなかった儒生の国が、いつのまにか武道の王国になっていった。「古代にさかのぼる伝統」は、近代に作られたのである。

6 何を写しとったのか——言語と文学

近代韓国語も、日本語を写しとる過程から作り出された。ヨーロッパでは民族語が成立するまでに長い歴史があり、日本でも国文学や国学の発展、明治初期の国語改良論争など多くの里程を経てきたが、ここでは前史らしい前史もないまま、漢文化全盛の時代に、突然新しい書き言葉が出現する。言語の自然な進化によるものでないことはあきらかで、外部からの影響を想定するしかない。

決定的な役割を果たしたのは、福沢諭吉である(48)。彼の朝鮮との縁は、壬午軍乱の謝罪使として来日した金玉均、朴泳孝から、開化について助言を求められた時に始まる。福沢は新知識を普及させるには新聞の発行にまさるものはないと考え、一八八二年、福沢家の書生井上角五郎を朝鮮に派遣する。井上の回想によれば、当時の福沢の考えは次のようなものだった。

「福沢先生は豫《かね》て支那に我が仮名交り文の如き普通の文体がないので、下層社会の教育が出来ず、これを文明に導くことが容易でないと云つて居られました。しかるに朝鮮には諺文がある。丁度日本の『いろは』の如くに用ゐられると知られて、先生はこれさへあれば朝鮮も開化の仲間に入れることが出来ると喜んで居られました」（井上［1934］p. 6）

当時開化の導師とみなされていた福沢の威信は絶大で、井上は渡航後まもなく政府顧問に任じられ、三年後に諺漢混用の国語新聞『漢城周報』の発行にこぎつける。文体は日本語を手本に、慶應義塾の元留学生姜瑋《きょうい》の協力を得て制作した。教科書には、朝鮮政府の博文局から新聞が発行されたとあるが、博文局なるものの実体は漢城の井上の居宅で、彼はそこに印刷機を据えて新聞を作っていたのである。(49)

仮名は長い文字文化の歴史に支えられ、文芸はもちろん、歴史書、思想書、法典、祝詞や和讃、各種の指南書や手引書、図会、絵びらや引き札など、あらゆるジャンルに用いられ、それを用いた新聞（瓦版）も発行されていた。諺文にはそんな実態はないし、そうなりつつあったわけでも、そうなるべきだと考えられていたわけでもない。「いろは」の如く用いられるというのは誤解に近いが、福沢がそう考えたことで、諺文は仮名の地位を朝鮮の地で言わば相続し、ハングルへの歩みを始めることができた。

土語にすぎなかった言語が文明の言葉に変貌していく過程は、「感動的な一大文化的前進」（金思燁）にはちがいないが(50)、朝鮮史の内側から説明できることではない。卑俗のきわみとされていた文字を用いた新聞を、それも政府が発行するなど、当時の時代的条件をはるかに超越するもので、福沢の役割ぬきには説明のしようがない。(51)

新しい朝鮮語が日本語によく似た言葉になったのは、新聞発行という当座の目的に間にあわせるため、一気呵成に作られたからである。性質の違う文字を混用する文、構文や語法、近代語の語彙、立場、出口、組立など漢字で表記された和語、かぎ括弧や句読点がセットで持ち込まれ、文化語としての朝鮮語の土台となった。

当地にはもともと洋学の伝統がなく、当時洋書を訳せる人は皆無に近かったから、いきおい直訳ができる日本語が、近代文明への事実上唯一の通路となった。開化期に翻訳された外国作品六一種中二八種については日本の原本が特定されており、残りもほとんどが日本語からの訳出と推定されている。設定や構成が酷似する翻案とおぼしきものは、枚挙にいとまがない[52]。近代文明の移入が日本書の訳出や翻案を通じて行なわれたため、それは同時に、新しい朝鮮語を作り出す過程ともなった。

その後のことは、おもに日本留学生の仕事となった。金東仁は、日本で文学修業をしていたときのことを、のちに書いている。ある日朝鮮語で創作することを思い立ち、机に向かったものの言葉が出ず、頭が真っ白になったという[53]。当時、出来合いの文学用語は存在しなかったから、作家は頭のなかでまず日本語の文章を組み立て、それを朝鮮語に仕立て直して文を綴った。日本語の構文、漢字語はそのままに、接続詞、助詞、助動詞の類を朝鮮語に置き換えて、全体を国文と観念する。それは、書いた当人にも何とも奇妙に思える表現に満ちてはいたが、ともかくも一つの文章にはなっていた。

当時、朝鮮語による創作の実質部分は、日本語で行なわれていたのである。過去形による叙述、種々の代名詞の類、「のみならず」「言うならば」「〜について」「〜による」「〜の場合」「感じた」「違いなかった」などの章句、案内、正直、調子、親切、立場、手続、取消、割引、広場、見本、地主など日本由来の言葉をちりばめた文章は、当初は不自然とも異様とも見えるものだったが、いつしか何気ない書き言葉として定着していった。南富鎮が述べている[54]。

「近代朝鮮語は日本語を『合わせ鏡』にして形成されてきた。言文一致の構造をはじめ、表現と文章レベル、語彙と表現の形態などの多くは日本語から借りてきたものである。やや語弊はあるが、現在の韓国人が使用している朝鮮語は、朝鮮王朝時代の朝鮮語とは大きく違う。どちらかと言えばより日本語に近いかもしれない。近代日本語をモデルにして、翻案と翻訳、日本文をモデルにした言文一致などによって新しく作り直されたものである」

近代の幕開けの決定的な一時期、伝統として機能したのは日本の語文だった。李人稙、李光洙、朱耀翰、金東仁は処女作を日本語で書いているし、西洋文学も日本語訳で読み、韓訳といってもほとんどがその重訳だから、文体や形式への感覚、語法や修辞の規範は、結局日本文学に求めるしかなかった。明治の文学が丸ごと移植されたのであり[55]（林和）、また移植されたからこそ、語文の転換の直後から創作が可能になったのである。

李朝時代の漢文を、目の前においてみればよい。どう首をひねっても、ここから近代の語文に至る筋道を考えつくことはできない。ハングル小説があったではないかとはいっても、民族主義のレンズで何百倍にも拡大した像を見せられているだけで、伝統というにはあまりに微小なものである。[56]国文性も希薄で、漢語成句と漢土故事をつないだパッチワークのような文章が、近代語の母体になるはずもなかった。

金東仁は、「民族の歴史は四千年だが、我々は文学遺産を継承できなかった。相続した文学は漢文学だった。先人の遺産がないのだから、我々が文学を持とうとすれば、まったく新しく作りだすほかはなかった」と書いている[57]。

作家は日本の語文を拠り所にして創作し、それが今に続く伝統の起点になった。韓国文学は日本文学の影響を受けたのではない。日本文学から分岐したのである。

7 日本の伝統への帰属

自国の伝統が日本につながっていることは、韓国人自身が逆説的な形で認めている。古代韓国の文化は本家では失われたが、日本で発展したという主張は、つきつめて言えば、韓国が日本の伝統に帰属していることの自認にほかならないのである。

古代韓国が送り込んだ文化は日本の地で生き、送り出した側には求めにくい（金東旭）、神社の源流は朝鮮だが、朝鮮では否定され日本で発展した（金達寿）、日本の神宮とその儀式、鳥居は韓国のものの略体・変形で、本国では衰退し日本で残った（張龍鶴）、本国ではあらかた失われた神話が日本に伝存している（金烈圭）、郷歌は本国から姿を消したのに日本に伝わって『万葉集』となった、日本は伝授された文化を見事に守りつづけている（文永南）などという[58]。

こうした認識から、日本は韓国の延長だという観念が生まれる。ある政府系研究所の報告書は、日本を「汎韓世界」に属する国としており、「日本人は要するに朝鮮人」、日本を「もうひとつの韓国」などと言いなす人は、昔からあとを絶たない[59]。

しかし「古代韓国の文化は半島では消えたが、日本で生きている」という命題は、それ自体撞着を含んでいるように思われる。昔あった文化が半島から消えたのなら、たとえ同じ場所にあっても、昔の国は今とは異なる国である。ヒッタイト、ビザンチンを、古代トルコ、中世トルコとは言えないように、古代韓国と表現することはできないはずである。

ロシアとウクライナのあいだに、歴史認識の対立がある[60]。ロシア史の理解では、今のウクライナの地にあった古国「キエフ・ルーシ」は原ロシアとされる。ルーシは他民族の劫掠にあって荒廃し、住民は北方に逃れ、先住民を吸収してロシア民族の基となった。ルーシの地はリトアニアに征服されて古来の伝統は消失し、その後にウクライナが生まれたという。キエフ・ルーシにつながるのはロシアであり、ウクライナはルーシが撤収した後にできた別の国というのが、一九世紀以来のロシア歴史学の通説である。

ウクライナの歴史家は、文化伝統の北方への遷移を否定する。ウクライナの地がリトアニアの支配下に入ったのち、昔の伝統は西ウクライナの地に保存されて今のウクライナ民族のもとになった。ロシア人はフィン人やモンゴルと混血したスラブの雑種で、ルーシとは関係ないという。ルーシの取り合いをしている格好だが、伝統の継承が焦点になっている。昔の国が今のどの民族に「帰属」するかを決める基準は、どちらがその伝統を受け継いでいるかということなのである。

もともとあった文化要素が半島から消え、日本列島に残ったという認識は、ロシア的歴史観におけるウクライナの位置に、韓国を置くものにほかならない。かりに『万葉集』や神社のルーツが古代の半島にあったとすれば、『三代目（サムデモク）』の歌も、神社も、現に残っていないのだから、どう考えても伝統は丸ごと日本に移ったと認識するしかない。

韓国も日本も歴史の被造物で、日本とは今列島にある国、韓国とは今半島にある国のことである。神道や皇統を包摂し、平安文化、鎌倉仏教や武家政治を生み、明治維新を経て現代につながる伝統は、日本の伝統だというしかない。文化伝統の日本への遷移を語る人は、その主観的意識はともかく、事実において、古代の半島を（原韓国でなく）原日本とみなしているのである。

しかし一方において、多くの韓国人が、日本に「古代韓国」の面影を見てとっているという事実がある。金達寿は書いている。

「『感じ』というものは恐ろしい……奈良をあちこちとめぐりながら、この地にたいして自然に湧き起こるある親しみと共に、一方ではまた、ある当惑に似たものも感じないではいられなかった」「日本文化のふるさとだと言う。それに違いはなかったが、私の見たところでは、そこは朝鮮だった。何だ、ここは朝鮮じゃないか、という感じからくる思いがずっとつきまとって離れなかった」（金達寿［1976］p. 55）

感じというものは恐ろしいというとき、心にもない偽りを語っているとも思えない。万葉の歌に韓国的なものが多いという金思燁も、心底そう感じていたのだろう。日本の神話を韓国神話の「残留地」とする金烈圭も、それを「（そういう）気がする」、「思い」という言葉で表現する。(61)金東旭は、韓国の上古の家は正倉院のような窓のない高床建築だったと想像できると言い、崔南善は中古日本の世相は朝鮮を眼前に彷彿させると書く。[62] 彼らの目には、日本のなかにある韓国的なものが、ありありと見えていたようなのである。

不思議なことである。この国の人々の説明によれば、韓国的なものはとうの昔に消滅したのではなかったのか。李朝士人の魂の故郷は、古《いにしえ》の箕聖の国、千字文、あるいは幼時に通った書堂だったはずである。古事記的・万葉的世界には夷俗の猥雑を見出しこそすれ、それに郷愁を感じる感受性などてんからなかったはずなのに、人々はどうして今、それが古き韓国だという思いに駆られているのだろう。

「支那化の前は日本と同じ」「同じ心を持ち、同じ光を仰ぎ、同じ感情にはぐくまれて居た」「忘れられた我々のものが、日本に豊かに残る」などという認識が、いかに李朝士人の意識とかけはなれた、途方もないものか。

李朝末期の儒生李恒老[63]や崔益鉉[64]が、奈良のあちこちをめぐる機会を得たとしよう。そこには、郷校も、祠堂、孔子廟も、長丞《ちょうじょう》、城隍堂《じょうこうどう》も見かけない。前方後円の陵、神社とその鳥居、神官と巫女、神鹿、大伽藍と盧《る》遮那《しゃな》仏《ぶつ》、参拝の鈴音、石灯籠の並ぶ参道、道ばたの地蔵に稲荷、いやおうなく耳目に入るこれらのものから、ここは朝鮮だという思いにつきまとわれるなど、いかにありそうにないことか、思いみるべきである。

この国は長いあいだ異質の歴史を歩みながら、近代になって日本のクローンになった。韓国文化の日本列島遷移論の唐突の出現は、自意識の革命的転換の所産である。日本をかたどって作られた国なればこそ、日本文化に根をおく感性が生まれ、古代の日本が自国に見え、かつて夷俗と見たものに郷愁を覚える。その時以来、本末主客の説き方はともかく、この国の伝統は事実において日本につながったのである。「何だ、ここは朝鮮じゃないか」「伝統は韓国的でない」「われわれのものは半島でなく、日本で求められる」――韓国人自身が各自の流儀で、日本の伝統への帰属を語っているのである。

8　なぜ記録がないのか

「記録のない五千年の文化、これがまさに韓国の歴史である」（咸錫憲）という指摘は、本質をついている。「教科書」は、わが民族は「長い歴史の中で……強靭な民族意識と確固たる自我意識を確認してきた」と書いている。そんな意識があったのなら、それを記した思想書の一つくらいはあってもよさそうなものだが、何もない。檀君信仰も、花郎道、跆拳道も、昔からあったと言いながら、裏づけとなる資料がない。まるで無いと言い切るのもどうかと思うが、根拠として持ち出されるものは、どれも得体の知れない不得要領のものばかりである。

歴史に記録がないというのは、考えてみればおかしな話である。記録があるからどんな歴史だったのかがわかるのであり、歴史はこうだが、その記録がないなどということが、あるのだろうか。

ドルイド時代のブリテン島の記録はほとんどないが、今のイギリス人にとってはどうということもない。イギリス史の実質は、ローマ化とキリスト教化のあとに存在するからであり、それ以前の古拙の文化で今に生きているものは、のちの時代に積みあげられた莫大な遺産に比べれば、言うに足りない。イスラム国家は、（ペルシャ語のイラン、ベルベル語のアルジェリアのように、民族語を国語にしている国でさえ）今もアラビア文語を聖なる言語とし、その典籍を自身の古典とみなしている。本来なら、その儒教版のような国が、形成されるべきだったのである。

半島の近代国家が、実在の伝統に立脚する「朝鮮儒教共和国」とでもいうべき国だったとすれば、今ある資料に満足していたはずである。――箕子による建国があり、三綱五倫の道徳がある。先祖が残してくれた万巻の書がある。太古の昔に何があったにせよ、今の国はそれとは別に形成されてきた。現在につながらない過去などどうでもよい。いや、ないほうがよい。この国は儒教文明に純化した高尚な国で、猥《みだ》りがわしいものに満ちた夷狄日本とはどだい国柄が違う――。

しかし実際の歴史は、そのようには展開しなかった。小華の歴史を延伸した先に、その歴史からは説明できない国が生まれた。その国が過去を振り返っても、今の自分につながる歴史が見えない。それが受け入れられない。実在の歴史にそっぽを向き、痕跡のようなものを伝統と考え、国民意識の拠り所にする。あるべき歴史、あったはずの歴史を仮構し、記録のない五〇〇〇年の文化をかこつ。しかしその足もとには、打ち捨てられた典籍が山積みになっている。[65]

記録はないのではなく、捨てたのである。実在の伝統を継承しない国が生まれ、過去と現在が接続しないから、記録がなくなった。事件がおきたのは古代ではない。近代なのである。

9 韓国は日本で誕生した

一九世紀末から日本時代にかけて、半島の文化の中心は東京に移った。金玉均、朴泳孝らが独立の大望を培い、兪吉濬《ゆきつしゅん》が『西遊見聞』の想を得たのも、東京である。志をもつ若者が集まり、種々の団体が結成され、『太極学報』『大韓学会月報』『大韓留学生会学報』『大韓興学報』『学之光』『現代』『大衆時報』『商学界』『農界』など、本国のそれを質量ともに凌駕する朝鮮語雑誌が発行されていた。うち『学之光』は、初創期の政治、学術、言論など各分野の主役を育てた母誌と評されている。(66) 留学生は故国のしがらみから解放され、文明、国家、言語、軍事、さらには自然科学や工学技術までも論じ、自強の途をさぐった。

最初の文芸誌『創造』、最初の西洋文学翻訳誌『泰西文芸新報』、最初のプロレタリア文学の機関誌『芸術運動』など、文学運動のおもな場となった雑誌は東京で創刊された。言文一致体による小説『血の涙』(李人稙)、近代詩の嚆矢『海から少年へ』(崔南善)、一時代の思潮を形作った啓蒙小説『無情』(李光洙)、漢字語を一切用いない画期的散文詩『火祭り』(朱耀翰)、近代短編小説の嚆矢『弱き者の悲しみ』『馬鈴薯』(金東仁)など、近代文学史上の里程標となる作品が書かれたのは、東京である。

最初の新劇の劇団は「東京学友会劇団」で、彼らが帰郷して行なった巡回公演をきっかけに朝鮮の新劇運動が興った。方定煥らが児童問題研究団体を作り、児童文化雑誌『어린이』(オリニ。「子

供」の意）を創刊し、戦後祝日になった「子供の日」を定めたのも東京である。新しい美術の本拠地となった朝鮮書画協会は、帰国留学生によって創設された。新体詩の概念、詩の七五調や五七調、新劇や新派劇、童話、日本画様式、歌謡曲や唱歌などが、日本から移入され、定着した。

東京で構想が生まれ、あるいは実験的な試みが行なわれ、それが半島に持ち込まれた。福沢の想に発した、一八八〇年代に始まる書き言葉の革新は、その先駆と言えるだろう。文明の観点からは、当時の韓国の首都は東京だった。そこは国の原型がかたどられる現場で、いまだ華の文明から抜けきれない半島より、はるかに尖鋭に韓国的な場所だった[67]。

新しい文化を先導したのは、少年の頃日本に渡り、日本人のような感性を身につけた人々である。朱耀翰は一二歳、李光洙、金東仁は一三歳、崔南善、柳致真は一四歳のときに日本に赴いた。廉想渉、金基鎮、玄鎮健、金素雲の渡日の時も、おおよそ一二歳から一七歳の間である。李人稙は年齢的には若いとは言えないが、それまで何の文名もなかった点では同じである。文化史上の画期となる作品のほとんどは、伝統を深く所有していたとは言えそうにない若者の手によって、創作された。

彼らの教養の土台がどのようなものだったか、想像に難くない。李光洙は後に、自分は中学以来東京だから、民族意識を除けば日本人と変わらないと述べているが[68]、他の作家も似たりよったりだっただろう。

朱耀翰は、日本の文学少年のようだった往時を回想している。最初に出会ったのは島崎藤村と竹久夢二の詩で、中学一年のときだったという。萩原朔太郎、室生犀星に親炙し、『海潮音』を愛読し、バイロン、テニスンなどに親しみ、やがて『万葉集』に至った。中学生の頃から川路柳虹の主宰する『伴奏』の実質の同人となり、自作の詩は毎号のように掲載されたという。[69]その彼が一八歳のとき朝鮮語詩『火祭り』を書き、近代文学史における不動の地位を確立する。

崔南善の『海から少年へ』、金東仁の『弱き者の悲しみ』、李光洙の『無情』は、それぞれ作者が一七歳、一九歳、二五歳のときに書かれた。おもな作家が、なぜか東京にいたというのではない。文化語としての朝鮮語がこの頃東京で成立し、それが今につながる韓国の文字文化の土台となった。創作に必要だったのは日本の語文の素養だったから、たまたまそこに居合わせた若者が運命的に国文学の建設者となり、白紙に書いたような彼らの文章が、そのまま近代の古典となった。

本国に人がいなかったわけではない。漢詩文の創作はそこそこ続けられていたし、一九一八年には、古今の文人二〇〇〇人の作品を集めた大詩集『大東詩選』が刊行されている。申緯、黄玹、尹喜求、鄭万朝など、当代の碩儒、曠世《こうせい》の奇才と言われた文士がいた。華の文明が健在なら時代を代表し得た人々だが、結局彼らは東京でおきた文学運動と交渉を持つことはなかった。漢文構造に自閉した思惟は時代に取り残され、袋小路に入り込んだ文芸は朝鮮の地でただ衰滅し、新しい文章は、遠い日本帝国の首都で、それとかかわりなく興った。[70]

回り舞台が一旋するようにして、新規巻き直しの時代が始まった。堂々たる漢文士が、見たところ少年のような若者に席を譲ったように、社会の各処で突然の人的交替が生じた。

東洋画の世界では、日本の美術学校卒業生らがもたらした、色彩ゆたかな日本画が主流になった。伝統の近代的適応が試みられることはなく、論争や葛藤がおきることもないまま、旧套の絵はまたたく間に周辺に追いやられていった。金熙大は伝統が抹殺されたと形容しているが、べつに伝統画家が迫害され、排斥されたというわけではない。新しい様式の到来で、昔風の絵が魅力を失い、すたれていったというだけである。[71]

実務社会でも同じことがおきた。明治の日本ではかつての武士が各界の指導者となり、武士道は伝統として重んじられたが、儒生《そし》は因循固陋の事大主義者として謗られ、その地位は、日本語学校の卒業生や日本留学生に急速に取って代わられていった。[72]

軍事の伝統も日本から入った。もともと軍の劣弱は半島の国の痼疾で、[73]三国時代以降軍事は衰退の一途をたどり、千年の間自ら外戦に打って出たことはない。併合前、軍隊はあってないようなものだったし、光復軍や義兵も後につながらなかったから、建軍の基盤になったのは、おもだった軍人がつい昨日まで所属していた、日本軍の伝統だったとしか、考えようがない。

各分野の指導者にとって、日本の伝統ははじめから自らの内側にあるもので、受容の意識はなかったと思われる。作家が最初に日本語で創作したということは、もともと日本の文人だったということである。行政官は日本の行政に学んだのではなく日本の行政官そのもので、軍人も日本の軍人だった。跆拳道家は、要するに空手家だった。この国は日本を受け入れたのではない。日本から出発したのである。

10 「韓国起源説」について

戦後七〇年余が経過したのに、韓国からはまともな日本文化論が現れない。そうと銘打った本もなくはないが、「オンドルとたたみ」「唐辛子とわさび」の比較論のような、あるいは日本が島国や火山国であることから論じたてるような、アマチュア文化人類学のようなものばかりである。

ドイツ文化ならゲーテやカントを論ずるべきで、ビールとライ麦パンから入る本があってもよいが、百冊に一冊もあればよい。韓国の日本文化論は、百冊が百冊ともこの手の本である。神道、平安文学、鎌倉仏教や武士道、運慶、世阿弥、歌舞伎、光琳や北斎などを視野に入れた、本格的な日本論が、なぜ現れないのだろう。

十分な知識がないというなら話は別だが、そうとは言えない。なにぶん目と鼻の先にある国で、絵画や彫刻、建築や工芸などに接する機会はいくらもあるのに、何も出てこない。日本語理解者の数は人口比で世界一、二を争い、おもな大学にはだいたい日語日文学科があり、専門家も多い。研究誌には、日本の国文学研究とみまがうような論文も掲載されている。しかし、そうしたものを基礎に本格的な日本論が書かれ、国民の日本観が築かれるという状況には、けしてならない。七〇年経ってなおこうなのだから、今後とも今の状態が続くと考えざるをえない。

韓国人は、日本文化を対象化してとらえるのが苦手なのである。小伝統に関しては、オンドルとたたみの比較論のように、自国を標準にして論じることができるが、大伝統は日本と直接つながっており、客観化するのに必要な距離がとれない。跆拳道なるものが本当にあったのなら、空手の存在を知った跆拳道家が興味津々でやってきて、印象記くらいは残したはずだが、何もない。写像はオリジナルを論評できないからである。

空手に言及した文献はなくはないが、もっぱらその韓国起源を言い立てるものである。アン・ヨンギュ（안용규。韓国体育大学跆拳道学科教授）はその著書『跆拳道』で、「空手流入説の克服は跆拳道史の最大の争点」とし、独自の理論を展開している。[74] 跆拳道の空手起源は端的な事実に属することで、それを「克服」しようというのだから、「最大の争点」になるのはやむをえない。

彼はまず、跆拳道は、空手だけでなく中国・韓国の武術を総合したとする説では、「弱い」と言う。それで内なる空手を希釈はできるが、流入説の克服にはならないからである。そこで方向を転じ、独自の論法を展開する。古来、すべての武道の起源はベールにつつまれてきた。資料や証言は事実の断片を明らかにするだけだから、「文化記述」によるべきだという。沖縄文化が全面的に韓国の影響を受けており、空手もその一つだったことにすればよいというのである。

「空手の源流である沖縄手の源流をさがし、その沖縄手がわが国から伝来したことさえ明らかにできれば、日帝時代や解放直後に空手の影響を受けたとしても、跆拳道の根源的な根はゆらぐことはなく、わが国固有の武術として受け継がれてきたことを立証できる[75]」

空手の基本姿勢は北方民族的なもので南の島で生まれたとは思えないとか、琉球の瓦や鐘を見れば韓国の影響を受けたことはあきらかだとか、風俗が済州島に似ているなどという指摘を積みかさねる。「文化記述」とはこういうことを言うものらしい。「からて」の「から」は韓国を指しており、空手が高麗武術を見習った可能性が非常に高いとして、韓国伝来は無理なく主張できるという。(76)

この人は研究者というより、敗訴を免れようとする弁護士の姿勢で書いている。事実の究明にははじめから関心がなく、この論法なら戦えると言っているだけである。跆拳道界の元老が日本で空手を学んだことは端的な事実で、いくら高句麗の壁画をもちだしたところで、固有武道論などすぐ底が割れてしまう。跆拳道の創始者が空手家だったことを認識しつつ、なお韓国武道だと言い張るための理屈が、韓国起源説なのである。

根拠はない。本気でこんなことを主張するなら、沖縄で現地調査でもするべきだが、その気はない。何も出てこないことはわかっているから。真偽の問題ではなく、そう考えるしかないからそう考える。オリンピック種目にもなった跆拳道の、国際スポーツ界における優位は既成事実だから、水かけ論に持ち込めばそれでよい――。

武道界は同様の認識で足並みをそろえている。キム・ドクス（大韓柔道会昇段審議委員）は、柔道の日本起源を否定している。「柔術がはじまったのは、壬申倭乱後多くの大陸文化が日本に渡ったのちのことで……柔道の起源がけして日本でないことがわかる」、わが国が昔教えてやったものを、近年一時的に逆輸入しただけだなどと言う。(77) 柔道は日本から入ったという以外ないのだが、それを認識しつつなお国技だと主張するには、こうとでも言うしかないのである。この人自身講道館で修業した柔道家で、どこまで本気で信じているのかはわからない。しかし「信じる」という言葉は、この国ではかなり複雑なニュアンスをおびているのである。
韓国剣道界は今や剣道（コムド）の宗主国を自称し、国際剣道（けんどう）連盟とは別に、自ら主導して世界剣道（コムド）連盟を立ち上げた。理論武装も進めており、東洋剣術のルーツはコムドで、その理念と精神は古代韓国から綿々と今に伝えられてきた、などと称している。[78]剣道（けんどう）は日本が近代になってスポーツ化させたものだとして、日本武道だとする日本の「主張」を一蹴している。
韓国茶道も、同様の国粋制作過程を踏襲している。その試みは一九七〇年代に始まり、今なお体系化のための努力を続けている。茶人姜洙吉は言う。

「日本の茶道のなかには、韓国茶道がこれから体系化しなくてはならない点で学ぶところがたくさんあります。また、昔の韓国の茶道の原点も日本のお茶の中に見出すことができます。日本の茶道を通じて、昔の韓国の茶道を追求できるように思う」「日本茶道の組み立ては確かに日本の茶人が作ったけれども、内容は中国と韓国と日本の文化がミックスしたとても魅力的な文化ジャンルだと思っています」「韓国の人がよくわからない韓国的なことが、日本の茶道を勉強していく中でより鮮明に、自分のものとしてみつけられる[79]」

資料は全然ないのだが[80]、それは事実がないからだとは考えない。すべてを日本の茶道から取り出しながら、出てきたものは韓国固有の茶道（タド）だという。こんな手品が可能になるのは、茶道

（さどう）を各国文化の「ミックス」と認識するからである。「融合」していたのでは取り出せないから、混合していると考える。事実どうあるかは関係なく、そう考える必要があるからそう考える。日本画も同じである。日本時代に多くの画家は日本画様式を学び、それが東洋画の主流となった。戦後も彩色画という名のもとに描きつづけられていたが、一九八〇年代に入ってこれを植民地の残滓《ざんし》とする声が高まり、[81]一転して水墨画や彩墨画に力が入れられるようになった。

植民地云々というが、これは文化の問題で、画家は岩絵具の清澄な色彩、新しい表現を可能にする様式に魅せられたのである。[82]よいと思って描いていたのに、外部の圧力で方向転換を余儀なくされた。芸術的正当性への確信を欠いた転進が好結果を生むはずもなく、やがて反動がおき、色の忌避は韓国画の発展を妨げるとする声があがる。

「彩色画への認識に甚だしい誤りがある。韓国画の主流は水墨画で、彩色画は日本画の亜流とするのがそれである。しかしじっさいには彩色画が韓国画の伝統の主流といえ、日本画の方が韓国画の影響を受けたと見られる。……高句麗の曇徴《どんちょう》が日本で絵を教え法隆寺の金堂壁画を描き、百済の阿佐太子が聖徳太子像を描いた。日本古代の飛鳥文化や白鳳文化が三国と統一新羅の文化を受け入れて興ったことも事実である。このようにわが国の文化が伝播して、日本の古代美術と日本画に影響を与え日本画の始祖となった」[83]（李淑子）

彩色画が日本画の亜流という認識があったのは、対日意識の全景のなかでは珍しいことだが、それは新様式確立の可能性を視野に入れていたからである。それができないとなれば事情は変わる。独自の様式がない状況で色彩に回帰すれば、結局日本画に帰ることになる。「亜流」から脱する努力を放棄したとき、韓国は、その絵が日本の伝統を継承していることを認めるだろうか。

認めない。跆拳道と同じ状況となり、日本画韓国起源説が国ぐるみで主張されるはずである。「文化記述」的方法により、似ているのは、古代の日本が韓国画の本質を取り入れたからだなどという説が公の認識になるだろう。日本画から学んだことを前提にし、なお彩色画を韓国絵画とするためには、結局跆拳道と同じ「攻勢防御」のロジックに頼るしかないのである。

どの分野にも、似たような問題がある。二〇世紀の前半、朝鮮半島は日本のまったき一部となり、すみずみにまで日本文化が浸潤し、それが今の国の土台となった。どの分野であろうと、化粧を落とせば下から日本の生地が現れる。全方位で唱えられる韓国起源説は、日本をかたどった人工の民族国家の、宿命とも言えるものである。

郷歌は日本の和歌の源で、『三代目』に倣って『万葉集』が作られた、神社の鳥居は韓国のものの変形で、合気道は新羅の僧が日本に伝え、武士に武士道、日本刀、忍者、歌舞伎に能、折り紙に錦鯉、華道に盆栽、寿司に海苔巻きの源流は、韓国にあるという。

公的認識になっているものばかりではないが、語る人は多く、一方でたしなめる人がほとんどいないから、時が経てばどれもなしくずしに通念化してしまう。韓国の「源流」の資料は皆無にひとしく、日本への伝播のあとづけなどできるわけがないのに、こうした説が際限もなく現れるのは、細部まで日本を写しとって自画像を描いたからである。

攻撃的な文化愛国主義なのか、それとも日本の完全なクローンになろうとする究極の親日行為なのか。跆拳道を韓国武道にしたてたのは、自国のものを日本から取り返したのか、それとも国技を騙《かた》って、日本文化浸透の先棒をかついだのか。

いったいどちらなのかといっても、実は答えようがない。本来ならあれかこれかの問題が、ここではそうはならない。日本に由来することと、民族固有のものであることは、ただしく両立するのである。(84)

矛盾というなら、いわば国そのものが矛盾である。日本をかたどって誕生し、紀元前二三三三年の建国を史実として語る国が、跆拳道の根拠薄弱を、どうして批判できよう。もとは空手だったと公言した跆拳道界も、それまでの欺騙を指弾もされず、雑誌（『新東亜』）も深追いはしていない。似たようなことは各処で行なわれており、いちいち追及していけば収拾がつかなくなるからである。

民族主義者の言動がどこか日本風になり、反日人士が得てして日本そっくりの自国像を語るのも、そのためである。日本の教科書批判の中心人物だった朴成壽は、「日本の歴史歪曲は自らのお粗末な過去を隠蔽しようとする悪あがき」などと言う。二言目には「日本野郎」と罵る口吻からも、反日の人とみなすしかないのだろうが、その描きだす韓国像はどう見ても神国日本である。彼は独自の檀君神学を展開しつつ、韓民族は古来、自らを「天民」で、その軍隊を天下無敵の「天軍」と信じてきたという。たえまなく中国や日本を侵略した、好戦的で殺伐な、喧しい戦士の国だったともいう。(85)

何を根拠にしているのかは、わからない。この人は和歌山の生まれで、終戦の半年後、一〇代半ばのときにまだ見ぬ祖国に帰った[86]。戦中の朝鮮の少年は総じて皇民の意識を持っていたから、内地で生まれ育った彼は、当時端的に日本人だったのだろう。教師が教壇から説き、皇国少年の胸にきざまれた、天孫民族、無敵皇軍のイメージを、半世紀後、そのまま韓民族の過去に投影したのではなかろうか。筆者の憶測にすぎないとも言えるが、史実を超越したような韓国像の出どころと言ってほかに見あたらず、こうとでも考えるしかないように思われる。

この人は愛国者なのだろうが、愛しているのは戦士民族の国、神国韓国であり、尚文賤武の小華ではないようだ。「日本野郎」と言いながら、実は日本の国柄を理想視しているような人が、そもそも反日と言えるのか。理想は日本の国柄で、日本の国自体ではないというのかもしれないが、太古の民族信仰を今に伝える戦士民族の国など、（彼の頭のなかの韓国を除けば）日本帝国の自画像以外には見出しがたいから、実際上区別できないように思われる。反日の仮面をかぶった親日派だと言っているのではない。民族の内核に日本が埋め込まれているために、反日と親日が自ずから連合するのである。

親日派が煽る反日、親日と表裏一体の反日、嫌いだと言いながら「日本の手をぎゅっと握って離さない[87]」、この国の不思議な反日は、この根底の事実に根ざしているのである。

【注】

（1）白楽晴［1979］pp. 28–36。
（2）「教科書（一九九〇年）」。
（3）カミングス［2003］p. 32。
（4）南富鎮［2006］p. 110、金允植［1975］p. 171。
（5）筒井［1983］pp. 200–201。韓国茶道もこれを茶の心としていたが、一九八四年頃日本の模倣との批判が出て、変えることになった由（『朝鮮日報』一九八四年二月二八日付）。
（6）コムドで用いられる竹刀の長さは三尺九寸で、剣道（けんどう）のそれと同じである。これは朝鮮の古刀より長く、日本刀の真剣の寸法にひとしい（朝鮮の古刀はかなり短い。内山［1992］p. 39）。剣道着は日本の服飾に属するもので、防具は江戸期（一七〇〇年代）に考案された。
（7）二〇世紀初頭、朝鮮事情について多くの記事を書いたエッソン・サードは、日本を「両手で持つ刀の国」と表現している（「朝鮮における日本の任務」『ノース・チャイナ・ヘラルド』一九〇五年五月五日付。『事典』〈第3巻〉本編・下、p. 365）。日本の特異な両手剣は、外国人に強い印象を与えてきたもので、今も欧米の歴史家によってしばしば言及される。
（8）旗田巍が述べている。

「残念でならないのは、政府が廃墟の上に建て上げた木造建築がいくら新羅時代の建築様式がわからないといっても、現存していた大雄殿や紫霞門のような李朝後期の建築様式に統一した上に、はでに色飾・彫飾を加えたため、ただ花やかな近世寺院と少しも違わぬものにしたことである。これでは品位に富んだ石壇・石橋も、石塔、石燈も泣いているだろう」（旗田［1997］p. 68）

（9）『続日本紀』のすべてと『日本後紀』の一部が、この一世紀の叙述にあてられている。『三国史記』は、後世に編まれたため正確さに欠け、記事の分量も格段に少ない。今西龍は、「日本文献に頼らねば朝鮮古代の研究はできない」と述べている（『百済史研究』今西［1934］p. 182）。次のような認識を示している。

「日本書紀の記事は三国史記、三国遺事の記事と参照して研究してゆけば、如何に其の正確なものがあるかゞ知られる。三国史記は記事が極めて簡略であり、多くの支那史籍を転載してゐるので、本国所伝の記事は少な

い」(p. 88)

(10) 高炳翊［1997］p. 73。原載は一九八七年。韓国語文献。

(11) 高炳翊前掲書 p. 65。

(12) 金思燁［1983］p. 4。韓国語文献。

今西龍は次のように述べている。

「高句麗・百済・新羅の三国、各国史修撰の事あり。其他記録野乗の類も多少作成せられしも、現今遺存するものは皆無にして、新羅王朝時代の書籍の如きも其末期の文士崔致遠の桂苑筆耕が、李朝に至りて支那刊本より翻刻されしものあるのみ。文献の湮滅驚くべし」(「朝鮮史の栞」)。今西［1934］pp. 3-4)

『桂苑筆耕』は遺存する唯一の新羅人の著述で、高句麗、百済を含め、古代人の声はこの一篇の詩文集からしか聞くことができない。

(13) 高炳翊前掲書 pp. 66-67。

(14)「こうして」以下の引用は、金台俊［1975］p. 15、咸錫憲［1980］p. 137、李鍾学［1997］p. 246。咸錫憲は日本語文献、他は韓国語文献。金九および李光洙は既述。

(15) アイゼンシュタットは、古代のエジプトやメソポタミアなどの「非軸文明」が次々と消滅するなか、日本文明は辺境的存在に貶められることなく、太古の特質を維持してきた特異な例としている。「日本の歴史的経験のもっとも重要な特徴は、この国が、現在にいたるまで持続的で自律的な、しかも波瀾にみちた歴史をもつ、唯一の非軸文明だという点にある」という（アイゼンシュタット［2004］pp. 21-22)。

(16) ロバート・オリバー（Oliver。ペンシルバニア大学教授）の李承晩伝に、次の一節がある。

「李承晩は出獄後、始めて旧友達と語り合った時、ロシアに対する日本の勝利に、彼らがすっかり感心しているのを発見した」「東洋の一小国が初めて西洋の強国を打ち負かした……もう一つの理由は、明治維新以後、日本の産業化計画の顕著な成功であって、これによって日本は全アジア人達にきらめく暁の明星のように見えたのだった」(オリバー［1958］p. 76)

(17) 愼根縡［1995］p. 287, p. 317。韓国語文献。尹致昊は当時日本を、幸せに満ちた国、東洋のパラダイスとして描いた（梁賢恵［1996］p. 51)。李光洙は、当時熱狂的に迎えられた小説『無情』（一九一七年）で、朝鮮人の生き延びる唯一の道は、文明を日本なみに引き上げることだと主人公に語らせている。金台俊［1975］pp. 287–288も参照（原著は一九三九年）。
（18） 岳裔［1978］p. 429（原載は一九一〇年）。韓国語文献。
（19） 友洋生［1978］pp. 138–141（原載は一九〇七年）。韓国語文献。
（20） 「回天の道」は「二十世紀新国民」『別集』pp. 226–227、他は「西湖問答」同、pp. 131–145（原載年は一九一〇年、一九〇八年。韓国語文献）。
（21） 基礎語彙に共通性がとぼしいため、日韓両国語を近縁とする説は今ではほとんど支持されていない。土偶や埴輪は半島からは基本的に出土しないし、縄文土器、勾玉、前方後円墳は日本から持ち込まれたもので、当地で自生したわけではない。神話は吉田［1997］pp. 7–8による。
（22） 洪相圭［1971］p. 488。「スォラブォル」は新羅の古称「徐羅伐」の韓国語読み「서라벌」で、通常「ソラボル」と表記される。
（23） 金思燁は「日本を調べることで、朝鮮の失われた歴史や文化が復元できる」と考えていた（三男金武完の回想。金思燁『記紀万葉の朝鮮語』一九九八年の末尾に掲載されている）。『万葉集』についての言説は金思燁［1983］p. 268（韓国語文献）。
（24） 李鍾徹［1991］p. 27。
（25） 池明観［1998］p. 46、洪淳昶［1984］p. 64（韓国語文献）、金烈圭［1985］p. 85、金東旭［1974］p. 27。
（26） わずかに残っている言語資料からは、高句麗の言語は新羅語よりも日本語に親近性を示すとされる。古代ギリシャは連合して共通の外敵にあたったが、三国にはそうしたことがなく、むしろ外勢を引き入れて内争を有利にしようとした（渤海も日本と親しくし、新羅と対立した）。
（27） 申采浩は次のように述べている。
「李朝の人士たちは高麗時代の生活の情趣を知らず、高麗や三国時代の人士たちはまた三韓以前の生活の情趣を知らない。これほど一般社会の食・住・信仰・教育などの形式も精神も激変して、まるで今日のアメリカ人が明日はロシヤ人になるほどの大きな懸隔があったのである。これは歴史思想の連絡が断ち切れていることを意味する」（『朝鮮上古史』申采浩［1983］p. 21。原載は一九三一年。矢部敦子訳）

高炳翊は韓国の文化史的断層はきわめて大きく、それも複数あると述べている（高炳翊［1989］pp. 57–58。既述）。

（28）朝鮮半島の歴史を、太古の昔から今の地に居住している一民族の歴史とし、古代、中世、近世、近代という日本史の時代区分まで援用しているが、これは半島の現実とはかけはなれている。日本史の連続性については坂本［1986］pp. 32–33、韓国史の不連続については池明観［2002］pp. 20–21を参照。

（29）今西［1934］pp. 118–119。高橋亨も「天照皇大神ニ倣ヒ朝鮮民族ノ始祖ト稱スル檀君ヲ立テ、神トナシ」と書いている（高橋［1929］p. 22）。

（30）朴成壽は檀君神学の建設に努めた人で、次のように述べている。

「このような信仰世界は、仏教と儒教が移入される前に元来我々が持っていた民族文化です。国文学者趙潤済はかつて『民族文化の処女時代』と言いましたが、私は檀君文化と言いたい。そのために私は外国記者に、檀君主義者（Tangunist）という別名をもらいました。これは多分、今後英語辞典に載るでしょう。那盤と阿慢の子孫中、最も我々の記憶に残る立派な人物は三人です。この桓因、桓勇、檀君を三神として祀ったため、民族の固有信仰を三神信仰と言うのです。わが国民は天民で、神から選ばれた民と信じてきました」「わが軍隊は天軍で、つまり天下無敵と信じたのであり、天に祭祀を行なう理由もここにあったと言えます」（『韓国史批判』朴成壽［1992］p. 18。韓国語文献）

檀君を韓民族の始祖、伝統と文化の精神的支柱とする思想を、以下「檀君主義」と言い表すこととする。

（31）「帝国」は日本の造語で、一九一五年に袁世凱の「中華帝国」が出現するが、この頃は Empire や Kaiserreich はあっても、「帝国」は大日本帝国しか存在しなかった。

（32）李崇寧［1976］pp. 403–406。韓国語文献。李鐸『郷歌新解説』序言を引用している。なお献花歌の訳は金思燁による。

（33）仏讃歌は伝存する郷歌の大半を占めるが、『万葉集』にはこの種のものは見出されない（花岡［1987］pp. 69–70）。

（34）朝鮮語の総合雑誌『三千里』（一九四〇年六月号）は文学者三三人の愛読作品を掲げているが、ほとんどが欧州と日本、同時代の朝鮮人作家の作品である。朝鮮の古典については、蔡万植が少年時代に『春香伝』

『沈清伝』などを読んだ、としているだけで、漢籍に言及した人はいない（pp. 169–173）。近代の作家は、旧朝鮮の文学伝統をほとんど所有していなかったのである。
（35）申采浩は、二〇世紀の世界は軍国世界だという。列国は、義俠・忠勇・強毅・堅忍の美徳を国民の脳中に刻し、百折不屈の精神気力を養っているのに、韓国は武を抑え、兵役を奴役視し、民気を摧折してきたという（「二十世紀新国民」『別集』p. 220）。崇文賤武が自国の病弊だという認識は、当時の知識人の多くに共有されていた。
（36）金東旭は、「（崔南善は）皇国史観が天照大神に起点を求めれば、朝鮮民族の祖神檀君を宣揚する。日本が武士道をおしだせば、新羅の花郎道に朝鮮精神のより所を求め」ようとしたと述べている（金東旭［1974］p. 262）。朝鮮の過去に取材し、それをもとに日本をかたどって自画像を描いたのである。
（37）最初の空手教本『空手組手編』（花城長茂）が世に出たのは一九〇五年とされているが、跆拳道の本はどれも戦後に書かれた。昔跆拳道家なるものがいたという事実は知られていないし、韓国の古武道だったことを裏づける資料はないが、韓国の小学校教科書には次のように書かれている（重引。市吉［2006］p. 139）。「私たちの先祖ははるか以前からテコンドーを楽しんできたと言われています。テコンドーがいつから始まったのか、正確に知ることはできません。しかし、昔の墓から発見された絵を見ると、三国時代にもテコンドーをしていたことがわかります。テコンドーはその後、高麗時代、朝鮮時代を経て発達しながら、光復を迎えてから一般の人たちに広く普及しました」
（38）姜元植・李京明［1999］pp. 2–18。韓国語文献。富名腰は一九二二年に沖縄から上京、内地に空手を広めた。松濤流は空手三大流派の一つ。
（39）金容沃［1990］p. 63。韓国語文献。崔泓熙がこの委員会を招集し、孫徳成青濤館館長、李亨根陸軍大将、高光来『東亜日報』主幹、洪淳浩共益通商副社長、丁天民議員などが出席した由。金容沃（高麗大学教授）は、崔泓熙が跆拳道捏造のために行なった多くの作為――テッキョンやスバクなどの遊戯を武道に仕立て跆拳道の源流と称したこと、武道にそぐわぬ「跆」字の使用、跆拳の発音の不自然さなどを指摘している（pp. 61–100）。ケイプナー（Dr. Steven. D. Capener。一九八七年世界跆拳道選手権三位）も、英文雑誌『*KOREA JOURNAL*』に同趣旨の内容の論文を寄稿している（Capener［1995］pp. 80–94）。

(40) ユク・ソンチョル（육성철）［2002］p. 307。韓国語文献。「三国時代にさかのぼる武術というのは、歴史的想像力を動員しても無理に感じる」というユク・ソンチョル記者に対し、イ・チョンウ（이종우）は「率直に答えましょう」と前置きして造作の内幕を明かし、自身も「跆拳道は韓国古代の武道」式の本を書いたと述べている。跆拳道家でもある金容沃は、七〇年代半ば東京で空手の演武を見たとき、真実を悟ったと言う。「それまで純粋の韓国古武術と信じてきた（なかでも青濤館はとりわけ長い固有の伝統を持つと信じ、そうも教わった）跆拳道の型と、日本の学生森の演ずる空手の型、一挙一動、進行方向と形が同じではないか。おまけに型の名まで、平安、鉄騎、公相君（観空）など、同じではないか」「道場名の青濤館・松武館というのは、日本の松濤館から漢字一字を取ってきたのではないのか？　我々のものを彼らが学んだのか？　偶然同時に生まれて、ここまでぴったり一致するなんてことがあるのか？　その瞬間、背信感と失望、先輩たちにみごとにだまされてきたというゆがんだ怒りに、我を忘れた」「はっきり悟った。『大韓民国に跆拳道などない。我々が跆拳道と呼ぶすべての武術の造型は、完璧に日本製なのだ』」（金容沃前掲書 p. 70）

(41) 日本剣道の朝鮮流入に関しては、西尾［2003］pp. 149–150、全日本剣道連盟［2003］p. 198を参照。旧朝鮮では刀剣への関心はいたって低く、伝存する古刀剣は国立晋州博物館所蔵の三本だけで、考証する文献もないという（内山［1992］p. 36, p. 38）。韓国ではしばしば李朝時代の『武芸図譜通志』が引かれるが、その両手剣を扱った箇所は明の武術書『紀効新書』にある倭寇剣術を原型にしている（入江［2003］p. 233）。唯一の典拠にあるのは、日本の剣法なのである。李朝実録には、日本人の剣術師範が朝鮮に住んでいたという記録があり、朝鮮人が剣術を学びに日本に渡ったことが書かれている由（大石［1995］p. 314, pp. 320–321）。

(42) 二〇〇三年から、韓国の公式試合では腰板のある袴を着用すると即失格とされるようになった（イ・キョンヨプ［2003］pp. 150–151）。国際試合では、韓国選手は白い剣道着を着用して出場する（白は韓国の民族色という）。

(43) 西尾［2003］pp. 151–153, pp. 559–573。

(44) 座談会（関淑基・姜洙吉・村松香奈子）での姜洙吉の発言（ポール・ヴァレー編『茶道学大系別巻　海外の茶道』淡交社、二〇〇〇年に収録されている。p. 529）。

(45) 金明培［1983］p. 11。

(46) 張建立［2004］pp. 26–27。

(47) 崔泓熙陸軍少将は、松濤館で空手を学び、戦後跆拳道界の指導者となった人だが、のちカナダに亡命、北朝鮮とも浅からぬ関係を持った。北朝鮮で今跆拳道が普及しているのは、このためである。金容沃前掲書 p. 65参照。

(48) フランス人宣教師の観察をまとめた『朝鮮教会史』（一八七四年）には、朝鮮の学者は自国語の本など見るのも恥だと思っているとある（ダレ［1979］p. 30）。諺文を公的文書に使うなどという発想は、福沢以前には存在しなかった。

(49) 井上［1995］p. 98。原載は一九三六年。

(50) 金思燁［1971］p. 460。

(51) 諺文新聞の発行は破天荒の事業で、福沢がそれを言い出したとき、周辺の日本人も非現実的とみなした（井上［1934］p. 6）。

(52) 以下、出版年と、日本のオリジナルを示す（愼根縡［1995］pp. 276–277）。
具然学『雪中梅』（一九〇七年。末広鉄腸『雪中梅』）、趙重桓『双玉涙』（一九一〇年代。菊池幽芳『己が罪』）、同『不如帰』（一九一二年。徳富蘆花『不如帰』）、同『長恨夢』（一九一三年。尾崎紅葉『金色夜叉』）、崔瓚植『秋月色』（一九一二年。尾崎紅葉『金色夜叉』）、李相協『再逢春』（一九一二年。渡辺霞亭『想夫憐』）、李相協『貞婦怨』（一九一四年。黒岩涙香『捨小舟』）、李光洙『少年の悲哀』（一九一七年。国木田独歩『少年の悲哀』『馬上の友』）、田栄澤『天痴？天才？』（一九一九年。国木田独歩『春の鳥』）、玄鎮健『火』（一九二〇年。田山花袋『重右衛門の最後』）、同『酒を勧める社会』（一九二一年。岩野泡鳴『人か熊か』）、同『蹂躙』（一九二二年。岩野泡鳴『耽溺』）、金東仁『ペタラギ』（一九二一年。国木田独歩『女難』）。

(53) 金東仁「文壇30年の足跡」（［1988］pp. 316–317。原載は一九四八—四九年。韓国語文献）。南富鎮［2006］pp. 79–80, p. 110を参照。

(54) 南富鎮前掲書 p. 110。ほかに李康洙［1990］p. 32を参照。

(55) 林和は「新文学の生成期において最も重要な問題であった言文一致の文章創造において、朝鮮文学はもっぱら明治文学の文章を移植してきた」と述べている（「新文学史の方法」林和［1940］p. 29）。

（56）郷歌は小倉進平『郷歌及び吏読の研究』（一九二四年）、時調は前間恭作『校註歌曲集』（一九一〇年代）、崔南善『朝鮮国民文学としての時調』（一九二六年）が世に出るまで、朝鮮の知識人から忘れられていた。家門小説にいたっては、第二次大戦後、奎章閣の一隅で発見されるまで、存在自体が知られていなかった。
（57）金東仁「文壇30年の足跡」（[1988] p. 316）。
（58）金東旭［1985］p. 59、金達寿［1979］pp. 85–86、張龍鶴［1987］p. 170、金烈圭［1985］p. 86、文永南［1994］pp. 221–222。
（59）「汎韓世界」は、韓国開発研究院の『日本経済社会の進化と韓日貿易』（[1988] p. 198。韓国語文献）にある。「日本人はようするに朝鮮人ではないか」は金達寿の寄稿文の表題（『週刊読売』一九七五年七月五日号。pp. 62–65）。『日本　もうひとつの韓国』（一九九七年）は、『朝鮮日報』の元東京特派員夫址栄の著作の表題（韓国語文献）。
（60）栗生沢［1995］pp. 175–178（田中・倉持・和田『ロシア史〈1〉9—17世紀〔世界歴史大系〕』山川出版社、一九九五年に収録されている）。
（61）金烈圭［1985］p. 86。
（62）金東旭［1985］p. 59。崔南善は既述。
（63）一七九二—一八六八。朝鮮末期の朱子学者で、攘夷論（「衛正斥邪論」）を唱えた。
（64）一八三三—一九〇六。朝鮮末期の朱子学者で、開国に反対する上疏を行ない、義兵を率いて蜂起した。
（65）漢詩文は別にしても、二五代一七〇六巻に達する史書『李朝実録』、二三三二巻の『日省録』、二七三冊の『備辺司謄録』などの文献がある。事大紀行録は、一九三九年時点で伝存が確認されたものだけで一三〇を超えていた（田川［1939］p. 55）。
（66）李青原［1982］p. 354。韓国語文献。
（67）林和は「朝鮮のように移植文化、模倣文化の道を歩む歴史の地方においては、遺産は否定される客体と化し、むしろ外来文化が主体的な意味を帯びるのではないか」と述べている（「新文学史の方法」林和［1940］p. 291）。文化の観点からは、朝鮮半島と日本列島の内外の関係は、実は逆転していたのである。
（68）一九四〇年八月に京城で開かれた座談会での李光洙の発言。「私は中学からずっと東京ですから、民族の感情をとってしまえば何もないわけです」と述べている（菊池寛・小林秀雄・李光洙ほか［1940］p. 390）。
（69）松村［1944］pp. 60-61（創氏名松村紘一の名による）。
（70）「衰滅」は趙潤済［1987］pp. 416-418による。
（71）金熙大［1997］p. 20。
呉光洙は次のように述べている。

「（伝統様式の画家は）ひたすら過去の古くさい形式主義にしがみついていた」「日本画の影響が植民地への文化浸透の形で殺到してくるに及んで、伝統絵画の様式はなおさら衰退の道をたどらざるをえなかった。一九四五年解放を迎えるまで韓国の美術は、ジャンルの如何を問わず日本の感性と方法が深く染み込み、なかでも伝統画の領域はとりわけはなはだしく汚染されていた」（呉光洙［1995］p. 16）
（72）両班はその「実践的な知識の欠落、怠惰、貪欲、派閥主義」が批判され、中国追従の文化と政治の歴史に責任があるとみなされた（シュミット［2007］p. 104）。ヘンダーソンは、朝鮮における階級的人柄、行動様式の特徴はすみやかに一掃され、日本の価値の影響力がより強くなったという（ヘンダーソン［1973］pp. 42-43）。
（73）李東熙は、古の神話的英雄を除けば、もともと軍事の伝統がなかったという（李東熙［1982］p. 170。韓国語文献）。
（74）アン・ヨンギュ（안용규）［2000］p. 29。韓国語文献。
（75）アン・ヨンギュ前掲書 p. 30。
（76）アン・ヨンギュ前掲書 p. 33。
（77）キム・ドクス（김덕수）［1997］p. 19。韓国語文献。
（78）李在植（大韓本国剣道協会会長）は次のように述べている。
「本国剣法はわが国の国宝のような文化遺産である。先祖が残してくれた無形の遺産のなかでこれほど完璧に技芸が残り後世に伝わっているものは他にほとんど例がない」「世界のどの国にもないというだけでなく、わが韓民族が誇りとするだけの価値がある。本国剣法は文献上最古の剣法で、東洋三国（韓、日、中）の剣法のルーツなのである」（李在植ほか［1999］p. 19。韓国語文献）。

ほかにパク・チョンリュル（박종률）『わが剣道の源流——海東剣道の実際』キム・ハクミン（김학민）、一九九七年などを参照。韓国語文献。

(79) 座談会での発言。姜洙吉［2000］pp. 529–530。

(80) 姜洙吉前掲書 p. 529。

(81) 『季刊美術』一九八三年春季号、pp. 99–114。韓国語文献。

(82) 同じ時期、高剣父、陳樹仁ら中国の画家も日本画を学び、嶺南画派をおこし、それが近代中国絵画の源泉の一つとなった。長らく水墨画・彩墨画の世界に閉じこもっていた東洋画家にとって、日本画様式は大きな魅力があった。

(83) 李淑子［1989］p. 237。韓国語文献。

(84) 孫相翼（韓国漫画文化研究院院長）は、韓国の漫画はすべて日本の漫画のまねだと言いながら、同じ論文で、そのルーツは古代高句麗にさかのぼると述べている。橋渡しの説明もないまま、二つの命題を無造作に並べているのは、こうした二重思考が国のいわば体制の一部になっているからだろう（孫相翼［2001］p. 45, p. 48）。

(85) 『韓国史批判』朴成壽［1992］p. 18。韓国語文献。

(86) 『ソウル新聞』「名士の故郷25　精文研教授朴成壽の茂朱」一九九二年三月三日付。

(87) 伊東順子は、「一方で拳を振り上げながらも、片方の手はこちらの手をぎゅっと握って離さな」いと形容している（伊東［2001］p. 27）。

第六章

「侵略」と「建国」の交錯

日韓間には言われているような対立の実態はなく（第二章）、韓国の抗日は微弱で、日本の支配は寛容だった（第三章）。朝鮮半島の文明は近代の入口で断絶し、国が入れ代わった（第四章）。新しい国は、日本をかたどって形成された（第五章）。

これらの命題は相互に密接に関連している。近代日本がこの地に到来したとき、そこにあったのは小中華の国である。日本はこの地を中国の支配から解放し、反民族的な性格をもつ王権と統治階級を排除し、韓民族の国の枠組みを作った。日韓を何かと対立的に捉えようとする傾向があるが、実情を言えば、日本は韓民族の生みの親のような存在だった。抗日の微弱、支配の寛容という言い方自体対立の通念に捉われたもので、実際には、この国は日本とともに近代の歴史を歩んできた。日本統治下で皇民化が顕著となり、親日派が戦後の国づくりの担い手になったのは、その自然な帰結である。

べつに特別なことを言っているわけではない。ある国が外国に侵略されたと言うためには、その前後を通して国の同一性が保たれていなければならない。伝統がとぎれ別の国に生まれ変われば、新しい国にとって侵略は言わば国生みの行為となり、事実において侵略ではなくなるからである。

フランスがローマ帝国に侵略されたという人は、いないだろう。ローマが征服したのは多神教を信じケルト語を話すガリアの地で、フランスは、征服者がもたらした文明を基盤にして、その後、時をかけて形成された国だからである。

イランの学校では、八世紀のアラブ人の侵入を、異教徒に対する聖戦として教えている。(1)当時のイラン（サササン朝）から見れば侵略でも、今のイラン・イスラム共和国にとっては国家開闢《かいびゃく》の大事件で、侵略として片づけるわけにはいかない。征服者の民族的出自はもはや問題にされず、聖なる教えを伝えにやってきた「イスラム教徒」と認識される。この国は、子供たちの心を、血脈のうえの先祖ではなく、侵攻してきた「イスラム教徒」に帰属させようと努めているのである。

大方の日本人の持っている世界像にはかなり偏頗なところがあり、日本のほかには、近世以降の欧州の主要国、中国、アメリカやロシアくらいしか視野に入っていないことが多い。これらの国々は概ね自らの運命の主人公となり、ほぼ一貫した歴史を織りなしてきたが、世界ではこうした国はむしろ例外に属する。

どう取りつくろっても、ウクライナやウズベキスタン、チュニジアやレバノンの過去を、古代から続く一国民の歴史として記述することはできない。異民族の到来をかりに侵略というなら、一連の被侵略の歴史が最後に紡ぎだした国が、これらの国だからである。(2)多くの民族、宗教、文明がひしめくユーラシア大陸ではこうした例が少なくなく、韓国もその一つだった。一九世紀以来の日本の半島進出の最後の段階で、地上に送りだされた国なのである。

1　中国からの解放

中華帝国に埋没していた朝鮮半島に、民族の国が形成される歴史は、日本なしにはありえないものだった。朝鮮王国は自らを華の国と考え、中華帝国への内属を栄誉とし、その地位をそこなう可能性のあるものには本能的に反発してきた。この国の独立を追求したのは終始日本で、朝鮮はそれに抵抗し、あるいは傍観し、結果をしぶしぶ受け入れたと言えるのみである(3)。

自他が逆になっていると思う人も多いだろうが、それは旧朝鮮が韓民族の国だという思い込みがあるからである。「教科書」は、昔から「韓国」があったかのように書いているが、これは後世に生まれた観念をはるかな昔に持ち込む、言葉本来の意味のアナクロニズム（anachronism）にほかならない。当時の半島にあったのは、礼楽法度、衣冠文物をことごとく華制に遵《したが》い、中原《ちゅうげん》の大国に事大する小中華の国だった。まだ歴史の舞台に上がっていなかった韓国の役割を代行したのは日本で、当時の日本は「原韓国」とでもいうべき存在だったのである。

江華島条約は、本来なら朝鮮側のイニシアチブで締結されてしかるべきである。中国を自力で追い出すのは難しいが、中国と対等の国と対等の関係に入ることで、独立国に浮上する足がかりが得られる。しかしこうした目算を立てて交渉に臨んだのは日本であって、朝鮮ではなかった。日本は中国と対等の条約（日清修好条規）を結んでおり、その中国の属国と対等の関係を持つのはおかしいようにも見えるが、拠所《よんどころ》ない事情があった。当時の日本は自身を強国とも大国とも思っていなかったし、中国が朝鮮を自国の外堀とみなしていることも、ロシアがその領有を狙っていることも、承知していた。朝鮮が名実ともに独立し、中露の勢力を鴨緑江のかなたに押し下げられれば、望外の成功となる。朝鮮の独立を明文化しようとする日本と、これに抵抗する朝鮮との奇妙な綱引きの結果、「独立」の二字を避け、条約に「日本と平等の権を有する自主の国」と書くことで決着した。

これが先例となって、朝鮮は以後、アメリカ、イギリス、ロシアなどと次々と国交を持つようになる。欧米諸国との条約には（中国の反対で）平等の権、自主の国云々の規定は入らなかったが、その締結自体が各国との基本的な対等を確認することになった（既述）。朝鮮は日本に背中を押されて、自立の最初の一歩を踏み出したのである。

甲申政変は中国からの独立を企てた破天荒の事件で、「教科書」は金玉均、朴泳孝ら独立党人士の事績を特筆し、近代国家の樹立をめざした近代化運動の先駆と位置づけている。しかし一挙にかかわった日本人は朝鮮人よりむしろ多いくらいで[4]、清仏戦争の機に乗じるという判断も日本側が行なっているし、これは朝鮮というより、なかば以上日本の事件である。金玉均らは福沢諭吉の薫陶を受けた言わばその直弟子で、決起に参加した朝鮮の若者も多くは慶應義塾などに留学中の学生だった。合言葉が「天」「よろし」だったのは、日本の壮士・剣客が実力部隊として加わっていたからである。朝鮮の独立運動は、日本の兵士が周囲をとりかこみ、日本人が天、よろしと呼ばわるなかで推進された。

政変発起後まもなく、日本の公使館守備兵が王宮に進入して独立党政権が誕生し、竹添進一郎公使が撤収を決めたとき政権が崩壊した。敗れた独立党人士をかくまってくれる勢力は、国内には存在しなかった。投石する群衆の重囲のなか、彼らが日本の兵士に護衛され日本に落ちのびていく光景は、事件の性格を象徴している。アメリカやギリシャの独立戦争のように、外国から助っ人が馳せ参じた例は少なくないが、これほどに主客が顚倒したケースはそうはないだろう。

「教科書」は、日清戦争について、日本は韓国の利権を奪い、侵略の基盤を固めようとしたなどと書いているが（p. 339）、この戦争によって一〇〇〇年の藩属に終止符が打たれたことには口を閉ざしている。自国の独立が争点になっているのだから、朝鮮としては戦後の発言権を確保するためにもいくばくか兵を出してもよかったはずだが、そうした発想はかけらもなく、最後まで傍観者であり続けた。日本の称帝建元の勧告に対しても、値切って「大君主陛下」と称し、李朝太祖の即位年から起算する「開国紀元」なるものを持ち出してお茶をにごした。

開戦後まもなく日本軍が王宮に入り、親日政客が内閣を組織し、科挙の廃止、王室事務と国政の分離、税の金納化、身分制や奴隷制の撤廃、太陽暦の採用など驚天動地の改革が実施に移された。「教科書」は、朴泳孝らが日本と「真っ向から対立」しつつ改革を主導したなどと書いているが、実際にあったことではない。当時、日本の公使が通訳をつれて閣議に出席し、重要な政務を処理していた。発布された政令の文章は、日本文から仮名を除去し、名詞と動詞の順を入れ替えて作ったとおぼしき「漢文」で、国王は日本人が書きまくった案文にひたすら署名していたのである(5)。

戦争は予想外の展開となり、負けた中国が宗主国の地位を放棄したため、不本意ながら朝鮮は独立するしかなくなった。一八九七年、国は大韓帝国となり、高宗は皇帝に即位する。公布されたばかりの開国紀元は廃され、朝鮮建国以来最初の独自年号「建陽」が制定された。「教科書」は「大韓帝国は、内には外勢の干渉を排し、自主独立の近代国家を建てようとする国民の自覚と、外には朝鮮からロシア独占勢力を牽制しようとする国際的な世論に支えられ成立した」と説明しているが（p. 347）、なぜ「大韓帝国」なのか、どの国から自主独立したのかについては、何も書いていない。

帝国、皇帝と称し、年号を定めたのは、宗藩関係消滅の帰結である。ヨーロッパの王国はロシア帝国と対等で、イギリス国王はロシア皇帝より格下というわけではないし、日本も朝鮮国王は天皇と対等という前提で国交を始めている。欧米や日本からの自主独立を確保することと、称帝との論理的なつながりは何もない。まして独自の年号など、欧米諸国にとっては何の意味もない。これらは中国との関係においてのみ意味をもつ。称帝は宗藩関係からの離脱の結果で、その証しでもあった。[6]「教科書」は以前の従属の実態をぼかしているので、問題の本質を記述できないのである。

朝鮮の独立は日本が望んだことだったが、王権にとってはありがた迷惑でしかなかった。武力はもとより、一身の安全を確保する警察力もなく、臣下の忠誠にも確信がもてない高宗は、新たな保護者を求めて右往左往する。日清戦争終結の翌年、ロシア公使館に逃げ込んで一年を過ごし、その後もアメリカやフランスの公使館への潜入を試みている。絶対の主権者であるはずの君主が、その主権をたずさえて外国公館にもぐり込む。宗主国なしには機能しない国は、宗主国を失って、国の態をなさなくなった。

他力による棚ぼたのような独立が民族国家の自覚を育むことはなく、民族色は希薄なままだった。大韓帝国の「大」と「帝国」の実のなさは誰の目にもあきらかだが、この国が全然「韓」のようでなかったことは、案外見落とされている。この期に及んで君臣が意識していたのは中華の範例で、皇帝即位の儀礼は明《みん》の制に倣い、高宗は日月星辰をぬいとりした黄龍袍をまとって圜丘《かんきゅう》に親臨し、登極の儀式を行なった。国政の歴史を五〇〇年としたことは（「大韓国国制」）、王朝を越えた国の観念が欠けていたことを示す。没後の高宗に贈られた諡号《しごう》は、中国の聖帝の名「堯・舜・禹・湯」を一字おきに並べた、純中国風のものである。

なぜ、檀君の祭壇を設け、四〇〇〇年の歴史を鼓吹し、民族の首長として即位しなかったのかといぶかる向きもあるかもしれないが、ないものねだりにすぎない。中国皇帝のミニチュアとして自らを装ったのは、この国が事実において「小さな中国」だったからである。

日本の浸透に反発して、各地で儒生が蜂起する。「教科書」はこれを「最も積極的な民族抵抗」と言いなしているが、彼らはもともと民族に帰属する人々ではなかった。代表格の崔益鉉は、自国を「大明の東屏《とうへい》」とみなし、「陛下」の尊称を倭奴の僭称の模倣といい、大韓帝国の誕生を見て、小中華が小日本になったと嘆くような人である。(7) 黄玹にいたっては、皇帝即位後の高宗を、しばしば「王」と表記している。(8) 大韓「帝国」、韓国「皇帝」など、儒生には嘘臭く思えた。中国皇帝から封冊を受けた朝鮮王でなければ、敬重する気になれなかったのだろう。

いくら日本に抵抗したといっても、掲げていた旗印は「尊中華、攘夷狄」である。彼らが帰属していたのは中華世界で、自国も尊んだかもしれないが、それ以上に中華を尊んだ。その守ろうとした華夷秩序には、中国への従属が内包されている。事大は、「衛正斥邪」の正邪いずれかと問われれば、「正」に属すると答えるのが儒生である。中国はすでに半島から逐《お》われ、国は独立していたのに、その独立の何たるかがまったくわかっていなかった。自国の従属を欲する民族抵抗などというものが、あるのだろうか。抗日したから民族主義だとは言えない。これは似て非なるものである。

一九一〇年、韓国皇帝は天皇に、統治権を「完全且つ永久に」譲渡する。「教科書」は激烈な抗日闘争があったことにしているが、実際には事件らしい事件はなく、平穏のうちにすべてが終わった(9)。金九は、「昔から属国だったので、大部分の人は、併合後も唐、元、明、清などの時代同様の属国になるだけと思ってしまった」と書いている(10)。千年余宗藩関係のなかで生きてきた人々にとって、大国への服属は言わば国の自然状態だった。抵抗がほとんどなかったのは、人々が独立にさほど執心していなかったからである。

2 「邦土」朝鮮

「教科書」は、大韓帝国が国民の自覚と国際世論に支えられて成立したと書いているが（p. 347）、これは日本の役割を隠蔽する作文にすぎない。朝鮮王国は武力によらない立国の道を選び、中原の王朝との主従関係のなかに生存の空間を見出してきた。朝鮮の独立をめぐって戦われた日清の戦争にも、下関の講和会議にも、われ関せずをきめこんできた人々が、その二年後、突然自主独立に目覚めたなどという話が、信じられるだろうか。

国際世論とは何のことだろう。中国人は属国の喪失を心外に思っていたし、当時ロシアの新聞は、朝鮮の領有はロシアの権利であり義務でもあると書きたてていた(11)。世界は切り取り御免の潜在植民地だというのが一九世紀の欧州大国の感覚で、白人種の優位が臆面もなく語られていた時代に、僻遠のアジアの国の独立を支持する「国際世論」など、あるわけがない。
自覚、世論などと能天気なことを言っているのは、中国の支配から離脱する困難から目をそむけているからである。朝鮮を属国として保持しようとする中国の意志は固く、日本と戦ったのも要はそのためである。(12) 敗戦の結果は一応受け入れはしたものの、これを国恥とみなし、そのような認識を国民に植えつけようとしていた。一九二〇年代末の中華民国の学校教科書『国恥読本』にある、「ずるい隣の子」(狡悪的隣児)という小話は、次のようなものである。(13)

「私の弟はきれいな花柄のゴム毬《まり》を持って、いつも空き地で楽しく遊んでいた。ある日東隣りの子が来て遊ぼうというので一緒に遊んでいると、その子は毬を二人一緒のものにしようと言い出し、弟が家に持って帰るのを承知しない。弟が言い返すと、足で蹴っておどかした。その子は毬を横どりするつもりで『お前の家に持って帰るなよ。俺もいらないけどね』と言って、毬を自分の家の屋根に放り上げたので、弟はくやしさをこらえて家に帰った。何日かして弟がその子に会ったら、手に毬を持っていた。屋根に投げた、あの毬だった」

もとは中国のものだったのに、共有にしようと言いだし(天津条約)、「朝鮮は自主の国」と念仏を唱えながらひったくり(日清戦争)、最後には自分のものにしてしまった(日韓併合)。中国は弟、日本は隣の子、朝鮮は毬にたとえられている。

同じく中華民国の教科書にある「不完全なわが国土」と題する地図には、中央アジアの一部、黒龍江以北の地、沿海州、樺太、台湾、香港、インドシナ、ビルマとともに、朝鮮半島が本来の自国の領土として描かれ、次のように説明されている(14)。

「わが国の領土は不完全である。租借地がある。たとえば英国は威海衛《いかいえい》を、日本は旅順口と大連湾を、フランスは広州湾等を租借している。租界がある、上海、天津、漢口、煙台、岳州等がその例である。割譲地がある、たとえば英国がわが香港を、日本がわが台湾を奪取した如きである。侵略地がある。たとえば日本はわが朝鮮を併呑し、英国とフランスはわが西南辺境を、ロシアはわが東北・西北辺境を侵略した」「これらはみな、帝国主義諸国に、種々の威嚇的、欺騙的手段で掠奪されたのである。適当な方法を講じてこれらを回収しなければ、領土の完全をとりもどせず、国民の苦痛も癒せない」

「わが朝鮮」が奪われた中国の地であることが、各種の教科書でしきりに強調されている(15)(括弧内は教科)。

「九州の西北方にある朝鮮半島も、〔日本が〕わが国から奪い去ったものである」(地理)
「朝鮮はもともと中国の属国で、……彼ら〔日本〕の掠奪にまかせたのは国辱の最たるものである」(歴史)

「朝鮮は元来中国の属国だった。中日戦争後独立したが、日本は日露戦争に勝利した後ついにこれを併呑し」（国語）

「〔日本は〕明治維新以来国勢日に振うにおよんで外に向かって侵略をはかり、清朝光緒の初めまずわが琉球を奪い、次いでわが朝鮮を奪おうと謀った」（常識）

学校唱歌「国恥記念歌」の冒頭には、「高麗国・琉球島・台湾、多くの地、皆奪われぬ彼のため」とある。[16]性格が違うものをごたまぜにしているように見えるが、これは中国的な発想というべきである。一八七一年に締結された日清修好条規は、互いの所属邦土は侵さないと定めているが（第一条）、この「邦土」を日本が淡白に国土としていたのに対し、中国は「邦」（国）と「土」（土地）と解していたことが後にあきらかになった。高麗国のような「邦」も、台湾のような「土」も、ともに中国に属する――そう考えていたのである。[17]「両語で国権を失い国辱を蒙った話」は、易きについて大切なものを失った、痛恨の思いを伝えようとする[18]（『国恥読本』）。

「『朝鮮の内政外交には、中国は従来から干渉していない（朝鮮的内政外交、中国向不干渉）』とは、朝鮮人がフランスの宣教師を殺した時、中国政府がフランス公使に告げた言葉である」「朝鮮人が米艦を砲撃した時、アメリカにもそう言った。『朝鮮の内政外交に干渉せずと言われたそうですが、本当ですか』『本当です』。これは日本政府とのやりとりである。民国前三七年、日本が自国の軍艦を砲撃され、朝鮮に問罪の師を発した時、この両句のため、わが国に通知してこなかった。その後日本は条約で朝鮮を自主国と認め、欧米もこれに倣って朝鮮と直に条約を締結した。ああ、語はただの両句だが、国権を失い国恥を蒙ったこと、何と甚しいではないか」

中国は、「宗主国として責任をとれ」「賠償せよ」と迫る各国から、あれは自主の国、と言って逃げた。一九二一年に出版された沈亮棨《しんりようけい》著『国恥演説』は、アヘン戦争に始まる六つの国恥を棚卸ししているが、朝鮮の件をその三番目（「国恥三」）に置いている。[19]

「朝鮮国は一名高麗国と言い、中国に服従して久しく、毎年進貢し恭謹を尽した。中国は満清同治年間と光緒初年に大官と領事官を派遣し、朝鮮に駐紮《ちゆうさつ》させた。しかし中国政府は自国の利益を守ることを知らず、属国の土地人民を保護することを知らず、上国としての主権を重んじることを知らず、属国の政務に関わることを知らず、朝鮮が日本と条約を締結するのを放任し、ついには属国に関わること自体ができなくなってしまった。少しの面倒を避けようとして、かえって多くの問題を引きおこすことを知らなかった」

外国に奪われて、初めて国恥になるのではない。属国が自主国になるのを許した段階で、すでにして国恥が生じるのである。魯迅は、中国人は談ひとたび日韓併合に及ぶや、二言目には、朝鮮は元はわれわれの属国だったと言うと書いている。[20]現状は許せないというのだが、朝鮮の主権が奪われていることではなく、朝鮮を支配する中国の権利が奪われていることが、許せないのである。それが国ぐるみの意識だった。

肥大した中華思想による荒唐無稽の認識だろうか。そうではないだろう。多くの日本人は明治以降、朝鮮半島を韓国（朝鮮）史のフィルターを通してながめているが、北京の大官が見ていた光景は違っていた。清の初代駐日公使（出使日本国欽差大臣）何如璋は、朝鮮は清廷の勅諭には絶対に服従する、事あるたびに上達してくるさまは、内地の郡県といくらも違わない、と述べている。[21]朝鮮は一国をなしてはいるものの、内地同様まったき中国の地である——そういう感覚だったのである。

一九三二年、中国政府は国際連盟に対し、朝鮮に対する宗主権を「歴史に淵源する中国固有の権利」と説明している。[22]当時中国の抗日戦に参加していた鹿地亘は、国民党が金九らの「いわゆる韓国臨時政府を飼っていた」のは、傀儡政府を朝鮮に送り込み、宗主国を任じるつもりだったと書いている。[23]根拠は示していないが、日頃接していた中国人の言動からそう思ったのだろう。当時重慶にいた朝鮮人も、戦勝の暁に朝鮮を回収するとうそぶく中国高官への、怒りを隠していない。[24]中国は朝鮮の独立運動を、たとえて言えば、戦後の沖縄の祖国復帰運動のようなものと思っていたのである。

今日中国は、内モンゴルやチベット、ウイグルの民を中華民族と呼び、その地を不可分の国土と称している。儒教や漢文、科挙とは無縁の、チベット仏教やイスラムの地が中国なら、制度文物をことごとく華制に従ってきた「小さな中国」は、なおいっそう中国だろう。[25]孫文はその主著『三民主義』で、朝鮮を「失われた中国の地」とさりげなく書いている。辛亥革命のもう一人の立役者章炳麟は、チベット、回部、蒙古は住民の意にまかせてよいが、朝鮮とベトナムは必ず回収しなければならないと説く[26]。この線引きが今日逆になっているのは、後二者が帝国主義国に一度支配され、中国から切り離されたこと以外に、理由らしい理由はない。

中華の大国と個々の属邦の力の差は大きく、これまでのところ自力で独立できた国はない。四分五裂になって崩壊したオスマン帝国と異なり、漢民族が人口の大半を占める中国は決定的な分裂に至ることはなく、外侵や内戦で窮地にあったときでさえ、属国の離反を効果的に阻止してきた。インドシナ三国にせよ、ビルマ、モンゴル、台湾にせよ、今独立の実態のある国は、いったん第三国の支配下に入った地域ばかりである。帝国主義国の力で中国の鉄の抱擁をふりほどき、しかるのち独立する。朝鮮もそうした国の一つだったのであり、そのような歴史をもたなかったチベットやウイグルは、今なお中国の圏域にとどまっている。

「教科書」は国民がある日自覚して、にわかに独立の国ができたかのように書いているが、ありえない話である。朝鮮王国の財政規模は江戸幕府の一割にもならず、維持できた軍隊は結局万の単位になることはなかった。小国でも、武勇に秀で凝集力に富む国民なら、あるいは大国に対抗できたかもしれないが、そういう国柄でもない[27]。この国が独立するには、実際の歴史がそうであったように、日本の力を借りるしかなかったのである。ロシアやイギリスでもよかったかもしれないが、両国は世界的視野に立って動いており、朝鮮政策などどう転ぶかもわからない。現にイギリスは、ロシアの進出を防ぐには中国が朝鮮を押さえていたほうがよいと考え、国交を持ったあとも公使を送ってこなかった。日本は中国に対抗する意思を持つ永遠の土着勢力で、あてにできる唯一の国だった[28]。独立党が日本と組んだのは、ほかに選択の余地がなかったからである。

中国に隣接する小国が独立するのは特別なことで、そのためには外部から何か特別の力が働く必要がある。朝鮮半島の場合、その力はおもに日本列島から到来した。李漢雲が述べている。

「李氏朝鮮は、明清二代の朝廷の命を奉じひたすらかしこまり、もっとも恭順な属国だった。そのときいわゆる『朝鮮問題』は存在しなかった。明治維新を経た日本が大陸への拡張を決意し、朝鮮への侵略を開始し中国の宗主権を否定するに及んで、朝鮮は中日の衝突の焦点となった。そこではじめて、『朝鮮問題』なるものが生まれたのである」（李漢雲［1986］p. 80。中国語文献）

すべて丸くおさまっていたのに、そこに日本が現れた。「東方から突如闖入した暴徒」日本が、この自然の秩序のような関係をひっくり返すことがなければ、中華世界はそのままおだやかな時をきざんでいたはずである[29]。

中国は、独立を欲する朝鮮など、ついぞ見たことがなかった。小華の国は終始諸侯国の分を越えまいとし、日清戦争のさい心ならずも日本に与したときも、刃向かう意思がないことを内々伝えてきた。敗れた中国が半島を逐われてからもなお、人々は尊中華を唱えて立ちあがった。朝鮮は独立したのではない。させられたのだ――。中国人がそう考えたとしても、無理はないのである[30]。

3　韓民族の誕生と日本の役割

いま韓国という国があるからといって、それが自明の枠組みだとは言えない。一九世紀半ばの初期条件から、二〇世紀後半の韓民族の国をみちびくのは、不可能といってよい。日清戦争直前の朝鮮を知る人は、半世紀後にこんな国ができようとは、おそらくみじんも想像できなかっただろう。

韓国は、過去の延長というより、言わば日本の延長として形をなした国である。朝鮮王国は自らを、制度文物を華制に遵う「小さな中国」とみなしていた(31)。中国への内属は文明国の証しと考えていたから、夷狄への転落を意味する独立など、望むはずもなかった。民族の苗床となるにはおよそ不向きな国だったのである。

開国始祖が箕子から檀君に自然に移行する道筋は、誰も思いつかない。小華の国にとって、中国の聖人箕子による建国は絶対にゆずれない認識で、禽獣（熊）の血を引く檀君を国祖に戴くなど、ありえないことだった。宗教改革のような事件も、変化の予兆らしきものもないのに、突然、牌を裏返すようにして国祖が入れ代わった。

諸侯国の過去はないことになり、歴史は四〇〇〇年前から半島に住みついた一民族「韓民族」の歴史となった。過去千年、文化の器だった漢文が、ある時を境に外国の語文となった。諺文は、士太夫から無学者の文字として賤視されていたのに、その諺文を用いる国文なるものが唐突に出現し、漢文に取って代わった。「諺文」は「ハングル（大いなる文字）」となり、ハングル小説が古典に祭りあげられ、漢籍はまとめて埃をかぶった資料保管庫に押し込められた。古代に起源を持つと称する諸々の武道が鳴り物入りで登場し、以前の基準では奇怪としか言えない事物が次々と出現し、それが皆、悠久の昔から今に続く民族の伝統だということになった。

歴史家千寛宇は、旧朝鮮には近代化の要因がほぼ欠如していたため、「外からの近代化」しか選択肢がなかったと書いている。[32] この国にかぎらず、いわゆる植民地的近代化の文脈でこうした視角が持ち出されることがままあるが、彼は近代化論の域を越え、国の根本問題に踏み込んでいる。ここ朝鮮では、「近代社会ないし近代文化の主流が、伝統的なそれとはまったく異なった土壌の上で培養されてきた」。新旧の社会は接合はしていても、いわば接ぎ木のようなつながり方だという。[33]

穂木《ほぎ》（接ぎ木）は日本から到来した。韓国が国技・国粋とするものにはどれにも「倭臭」があり、旧朝鮮の伝統を標準にすれば不自然なものばかりである。実在の伝統と今の国との間に必然的な関連がないから、かりに穂木がロシアから持ち込まれれば、ロシア風の国が生まれただろう。福沢や井上に相当するロシア人がおりよく現れたとも思われないから、古典の支えのない文字は消滅にまかされ、結局は（今のモンゴルや中央アジアの諸国のように）キリル文字が使われるようになったのではなかろうか。つまり、今とはまったく面目を異にする国が、誕生したはずである。韓国は、「外から」説明されなければならないのである。

併合後、総督府は『童蒙先習』の使用を禁じ、漢文教育の比重を大幅に引き下げ、旧套の教育に終止符を打った。一方で児童の学習の障害になっていた煩雑な諺文綴字法を整理・統一し、それで教科書を作り、朝鮮語の公教育を開始した。フランス、ロシア支配下のベトナムやモンゴルで民族の文字は結局消滅し、あるいはその寸前にまでたち至ったのに、ここでは諺文のハングルへの躍進、その社会的使用の全面的拡大が実現した。遠い将来を見据えた抜本的な改革を実施し、あるかなきかの状態だった朝鮮語文化を発展の軌道に乗せたのは、日本だったのである。

一九二〇年代に始まった朝鮮語ラジオ放送は、非識字者を含む国民各層に標準語を浸透させ、朝鮮語文化の裾野を広げていった。一九三〇年代半ばから次々と公開された『春香伝』『沈清伝』『無情』などの朝鮮語有声映画は、ハングル古小説や近代の文芸を民衆に近づけるうえで寄与するところが大きかった(34)。放送と映画事業は総督府の監督下にあり、こうした企てがその理解と協力のもとに実現したことは、言うまでもない。

日本の統治の開始とほぼ同時に、打ち棄てられていた事物の記録が作られ、各分野の研究がいっせいに始まった。総督府は学者を糾合して遺蹟の調査を行ない、遺物や出土品を整理し、博物館を建てて公衆に展示した。文化財の出現の時期が戦前に集中しているのは、この時代になってようやく、物理的な発見が文化史上の発見につながるようになったからである。当地ではもともと古物尊重の観念は希薄で、仏教色や民族色が濃いものほど邪慳に扱われ、記録も残さず遺棄されるのが常だった。状況を根本的に変え、長く続いた湮滅の歴史に終止符を打ったのは、日本だったのである。

文化財保護の基本法規「朝鮮宝物古蹟名勝天然記念物保存令」は戦後一九六二年まで移用が続けられ、日本時代の宝物類は一括韓国の国宝に指定し直された。日本の制度、個々の文化財への評価が受け継がれたのは、それらが韓国の観点からも基本的に妥当なものだったからである。

歴史上初めて、朝鮮的なるものに真摯な関心を寄せたのは、日本人だった。自国を独自の文化的実体とみなす考えは旧朝鮮にはなく、中国の範型に一歩でも近づくことが理想だったから、朝鮮固有のものへの探究にはやぶさかだった。日本の研究者はこうした意識とは無縁で、朝鮮文化の特色や個性に目を向け、自らの感性をたよりにイメージを固めていった。

大著『朝鮮巫俗《ふぞく》の研究』の編著者の一人赤松智城は、巫俗は民衆の宗教的欲求に応え、仏教的要素や天神（ハナニム）の観念、祖先の崇拝や追善の行事を包含するもので、これを徒に迷信視し排斥すべきでないと説いている。(35) 神道祭祀を身近に感じている日本人なら当然の認識と思うだろうが、こうした発想は、巫俗を淫祀として忌み嫌ってきた儒教国家では、ありえないものだった。

朝鮮書誌学の開拓者前間恭作は、その『処容歌解読』で、「つくづく思ふと此処容歌は新羅人ならでは歌へない内容を有つてゐます。そこにトルストイの無抵抗主義とも婆羅門の宿命観とも多少共通した固い根底が横たはつてゐます」と述べている。(36) 浅川伯教《のりたか》は、朝鮮の陶芸の、人なつこさ、無意識から生まれた美しさ、虚飾と軽薄を捨てた素朴な温かさを称えている。(37) 高麗青磁を愛した日本人は多い。久志卓真は、中国文明の踏襲を事とした朝鮮に、これほど輝かしい工芸が創造されていたとは誰が想像しえただろう、実に朝鮮文明の誇り、世界陶磁の精華であると、惜しみない賛辞をおくっている。(38) 深読みとみえる部分もあるが、そこにも、朝鮮のことを終生考えつづけた人の真摯な思いが込められているように感じられる。美術史家関野貞は、彼が朝鮮美術の頂点と考えた、新羅の築造物の特徴について述べている。

「(仏国寺の)伽藍の配置を見るに蓋唐制《けだし》より来れる者にして、頗る《すこぶ》我寧楽《なら》時代の伽藍に似てゐる。唯前面の奇巧を極めたる石塔・石階段は支那にも我国にも之に比すべき者は無い。恐らくは新羅の建築家の創意に出た者であらう」「(多宝塔は)花崗石を以て恰も《あたか》木造建築を見るが如き精巧なる手法を弄し、形態秀麗権衡亦美、支那の形式以外別に新羅独特の新生面を開いた者である」「(朝鮮には雲崗、龍門の如き)好都合の岩山が無いから特に石材を以て石窟を構造したのである。此種の石窟は支那に於て発見することができぬから全く新羅の工匠の創意に成つた者で、当時建築術の発達真に驚くべき者がある」「其の意匠の奇、構造の妙日本は勿論支那に於ても之に比較すべき者を発見することができぬ(39)」(『朝鮮美術史』一九三二年)

朝鮮独自の美と風格を宣揚する文章で、李朝士人が思い及ばなかったものである。日本人が朝鮮学の開拓者となったのは、当地の人々に欠けていた、名教や華夷の理屈をはなれた、事物への純粋な興味と開かれた心を持っていたからである。

朝鮮的な美を把握するうえで、日本の美術家が果たした役割も大きかった。二〇世紀に入ってから、前田青邨《せいそん》、今村紫紅、山口蓬春、土田麦僊《ばくせん》、藤島武二らが朝鮮に渡り、その目に映じた朝鮮的なるものを画布に定着させた。旧朝鮮の絵画で遺存するものはいたって少なく、それも大半は実景でなく心象の山水や四君子などを描いていたから、日本人の画業が、旧朝鮮の残影を今に伝える貴重な絵画資料となっている(40)。

陶磁の美も、日本人の意識を投影したようなところがある。旧朝鮮には古陶磁を名宝として貴重視する風はなく、大切に伝世されてきた例も見あたらない。日本で珍重されてきた井戸茶碗は、もとはと言えば日常雑器で、茶的美意識が介在して初めて名物になった。青磁の製作ははるか昔にだえ、優品のほとんどは出土品で、その価値が認識されるようになったのも、日本で朝鮮陶磁熱が高まった後のことである。技術も失なわれていたが、陶磁に見識のあった実業家富田儀作が私財を投じ、一〇年の歳月をかけて再興した[41]。今日の韓国の青磁は、伝承の技によってではなく、彼が復元した（と一般に認められている）技法に基づいて作られている。青磁は朝鮮の地からいったん姿を消し、二〇世紀になって日本人が「土中より出現復活」させた、古くて新しい芸術なのである[42]。

石窟庵は一九〇九年、雨やどりのため洞窟に入った日本人の郵便配達人によって発見された。石窟の天井は崩れ、仏像は雨ざらしの状態だったが、総督府は大がかりな工事を行なって保全に力を尽くした。当たり前だと思う人もいるかもしれないが、直近の時代まで、当地では多くの仏像が毀《こぼ》たれ、うち棄てられてきたことを想起すべきである。木像や乾漆像で今に伝わるものは（日本人の感覚では）皆無に近く、多くの石仏は首を落とされた状態で出土している。石窟庵本尊仏像が今も当初の姿を保っているのは、併合の直前に発見され、日本の懐で大事にされてきたからである。仏像が邪教の妖像とされていた時代に世に現れ、かの李衡詳[43]のような人の手に落ちたとすれば、どのような運命をたどったか、想いみるべきである。

一五世紀に書かれた訓民正音解例本が発見されたのは、一九四〇年のことである。これも見つかったのが李朝時代なら、諺文制作のいわくを記した紙片など、反故《ほご》同然に扱われただろう[44]。ハングルの研究が進み、民族の遺産として重んじられるようになっていたからこそ、日の目を見ることになったのである。

郷歌は、小倉進平が古書の片隅から拾いあげ、命を吹き込んだ。郷歌という言葉自体、『三国遺事』にある「郷」「歌」の文字列（「いなか」の「うた」）を、失われた古代歌謡全体を指す用語に見立てたもので、実際上小倉の造語と言ってよい。(45)「安民歌」「讃耆婆郎歌《さんきばろうか》」など個々の歌の名も、概ね彼の案によっている。民画も同じで、李朝士人が見向きもしなかった実用画にこの名を与え、民衆芸術として称揚したのは、柳宗悦《やなぎむねよし》である。朝鮮の古楽を採譜したのは総督府官吏で作曲家でもあった石川義一、音楽教育家五十嵐悌三郎で、これによって曲の散逸に歯止めがかけられ、以後の研究の足がかりにもなった。(46)金冠塚や舞踊塚、石窟庵、騎馬武人陶像、環頭太刀などの遺蹟や遺物の名称、櫛目文土器などの考古学用語が今も用いられているのは、当時の調査や研究が原創的な意義を持ったからである。

韓国人の自意識の一部になっている「日本のなかの朝鮮文化」も、元はと言えば日本人が言い出した。長らく虚空蔵菩薩とされていた仏像が、さしたる根拠もなく百済観音と称されるようになったのは、一九一〇年代のことである。李参平を陶祖に見立てて顕彰する有田の碑は、一九一七年に建てられた。(47)漠然と唐渡りとされてきた仏画に高麗のものが多く含まれていることを突きとめたのも、戦前の日本の学者である。

大阪枚方に古来「おにつか」と呼ばれていた自然石があったが、江戸中期にこれは王仁の墓だと言いだす人が現れ、その説を拠り所に一九二〇年代末、神社の創建をめざす運動が始まった。計画の説明を聞いた斎藤實朝鮮総督はたちまち喜色満面となり、内鮮融和をはかるうえでこれにまさる美事はないとして、全面的な協力を申し出たと伝えられる。[48] 当初の目的は達成できなかったが、玉垣は一九四〇年に完成し、それらしい墓所のたたずまいとなった。垣の石柱には、皇紀弐千六百年記念の文字とともに、小笠原長幹《ながよし》（元内務大臣）、内田良平（黒龍会会長、元一進会顧問）、有賀光豊（朝鮮殖産銀行頭取）らの名がきざまれ、造営の意図を問わず語りに語っている。

朝廷から武蔵の地を賜ったとされる高句麗若光王の伝説を根拠に、埼玉県高麗《こま》村で神社（高麗神社）の造営が始まったのは、一九三〇年代のことである。小さな祠しかなかった所に、一九三六年、堂々たる構えの社殿が姿を現し、南次郎朝鮮総督が手ずから松を植え、[49] 朝鮮総督府高等官一同の名で寄進された灯籠が境内に据えられた。宮司の高麗《こま》氏は元来は修験道行者の一族で、代々法名を名乗ってきたのだが、昔から若光を奉祀してきたという教理的認識がこのとき確立した。古い縁起を謳ってはいるが、実際は、内鮮一体の時代思潮のなかで形をなした神社というべきである。

桓武帝の生母（高野新笠）が百済の血を引くことが強調されるようになったのも動機は同じで、当時、政府も、良識派知識人も、新付の民が日本といかに深い因縁を持ち、一つの国になることがいかに自然であるかを示そうと、躍起になっていたのである。[50]

今日韓国的とされているもののほとんどは、日本人によってその位置に据えられた。どれもどことなく日本的で、日本文化の雰囲気をただよわせているのは、そのためである。

4 「侵略」は「国生み」だった

日本は朝鮮を自主国として国際社会に紹介し、中国の勢力を半島から排除し、民族形成の土台を作った。日本の啓蒙思想家は、事大思想が染みついた人々に独立の何たるかを教え、遠大な展望のもとに朝鮮語の社会的使用の実現に取り組んだ。

国文学の基盤になったのは、漢文でもハングル小説でもなく、日本の語文だった。半島の内部で完結する国の意識、一民族が太古の昔から今の国土に居住してきたとする観念、ハングル創成を文化史上の偉業とする認識は日本から想を得たもので、当地で自生したものではない。神道そっくりの国祖信仰、日本語から直訳可能な韓国語、武士道のような花郎道、各種の武道を、朝鮮の過去から引き出すことは困難である。たとえば跆拳道なら、空手が伝播し、その後国技と主張されるに至った経緯のあとづけが必要で、高句麗の壁画をいくら凝視してもどうにもならない。

文学史家金東旭は、郷歌研究の栄誉を小倉に譲ったことは、併合に劣らぬ恥辱だと述べているが、これは anachronism から生まれた曲論だろう。(51) 『万葉集』の釈読の試みが一〇〇〇年前に始まり、今日まで研究が続けられてきたのは、和歌が終始日本の文芸の首座に置かれていたからである。郷歌ははるか昔に忘れ去られた化石的遺物で、のちの文芸に何のかかわりもなく、研究する動機がなかった。恥辱というが、李朝士人にとっては、夷臭のただよう「いなかのうた」に手を出すほうが、よほど恥辱だっただろう。読めもせず、伝承もされていないものは、伝統とは言えない。郷歌が文学伝統の起点だという認識は日本の文学史を転写したもので、当地の現実ではない。

石窟庵の仏像は韓国屈指の文化遺産とされ、「教科書」の冒頭に口絵写真まで掲げられている。それほどのものが、なぜ二〇世紀になって忽然と姿を顕したのか。密林に分け入った探検隊が地中から掘り出したというならともかく、人が雨やどりに入るような場所に、古代の仏像が何気なく鎮座していた。これが日本なら、とうの昔に世に現れ、縁起の物語が生まれ、護持する寺が建立されていただろう。当地では、たまたま見つかった仏像の多くは破壊され、遺棄されてきた。石窟庵の仏像が、発見の顚末ともども今に伝わっているのは、日本人がそこにいたからである。

高麗・李朝の古陶磁を保存してきたのは日本で、朝鮮ではない。玩物喪志を戒める儒教の影響からか、当地では古物を尊ぶ意識が薄く、命銘や箱書きの慣わしもなく、お宝として伝世されてきたものは皆無に近い[52]。青磁の製法も絶えるにまかせてきたから、復興は自ずと日本人の仕事となった。陶磁が朝鮮の美を代表するという観念自体日本から入ったもので[53]、韓国人が出土品を集めて美術館を作りはじめたのは、戦後もかなり経ってからのことである。

中国からの独立にせよ、文化語としての韓国語の成立、近代的方法論による朝鮮研究にせよ、韓民族誕生につながる核心的な課題は、あらかた日本人によって達成された。網を広げれば朝鮮人の名も多少はかかってくるが、そのほとんどが日本の教育を受け、日本的な文化意識を持った人々である。彼らは日本の歴史や文化を手がかりに自身の想像力に頼って、資料不足で捉えどころのない韓民族の姿形を造型していった。

人間の血液の組成が海水に似ているのは不思議なことだが、これは動物が太古の海で発生したという事実を反映している。韓国創建の事情もこれと同じで、韓国という国がもとからあって、何かの事情で日本に似るようになったのではない。古い文明が解体し、ばらばらになった要素が日本式に組み直され、組み直されたものを韓国と言っている。全体が日本の相似形になり、至る所に類似が現れるのは、そのようにして国が作りだされたからである。

韓国は過去と決別して誕生した新しい国だが、革命の国という自意識は持たない。革命国家は、当該革命の過程から正統性を引き出すが、この国は民族の国で、その自己証明は過去にしか求められない。民族がたった今誕生したと認識するわけにはいかないから、太古の昔から民族の歴史を織り成してきたことにする。小中華の過去は意識から消え、anachronism が体制の一部となり、歴史は国の連続を取り繕う一片の理屈のようなものと化していった。

「教科書」は、「天神の息子が降天したという檀君建国の記録は、わが国の建国過程の歴史的事実と弘益人間の建国理念を明らかにしており、高麗、朝鮮、近代を通して民族の伝統と文化の精神的支柱となってきた」と書いているが（p. 33）、これは史実というより、歴史信仰の教義の陳述というべきだろう。李恒寧（弘益大学総長）が述べている。

「わが国民精神の根本（原型）になるものは……檀君の開国精神、すなわち『弘益人間』であると見たい。この精神が継承されて新羅の『風流道』や『花郎道』に昇華され、輝かしい国民精神が発現されて新羅の三国統一が実現したのである。李朝末になって不幸にも国権を奪われたが、国権を取りもどすための粘り強い運動が起こり、それが三・一運動の精神として現われ

た。この精神は光復後の憲法制定にも反映されて、建国精神に引き継がれた」（李恒寧［1976］p. 57）

個人の見解と言ってしまえばそれまでだが、切れぎれの歴史を何とか一つにとじつけようとすれば、こんな言い方になるしかないのだろう。内容空疎な言葉の羅列は、民族史の実のなさを浮き彫りにしている。

近代日本の到来は、中華の周回軌道から国を一撃ではじき出す、天体衝突のような事件だった。旧朝鮮の構造物はその場で押しつぶされ、平たくなった地に日本の祖型が刻印され、小中国（mini-China）は小日本（mini-Japan）へと姿を変えた(54)。前ぶれもなく、移行過程と言えるほどのものもなく、歴史的尺度ではほとんど一瞬とも言える短時間のうちに、すべてが変わった。半島の地理的位置、気候風土は昔のままだが、この時以降、国は別の実体となった。

革命以上の変革だが、これは進歩、発展だと言えるのか。過去をご破算にし、先祖が営々と積み上げてきた典籍を自らの歴史から放棄するような転進が、はたして「良い」ことだったのかどうかは、永遠の疑問として残らざるをえない。

日本は、中華との聖なる紐帯を切断し、漢文に代えて倭語と諺文を広め、『童蒙先習』の使用を禁じて世界観の継承を不可能にした。惑世誣民の仏教を盛りたて、倭の鬼神を祀る施設「神社」を造り、人々を鬼道へと誘なった。国祖信仰、花郎道、各種の武道など急ごしらえの国技・国粋は、「倭毒(55)」にかぶれた腫れ物のようなものである。――もし以前の伝統を受け継ぐ国が今に命脈をつないでいたなら、東方礼儀の国を夷風に変えた日本の悪業を、山のように列挙したはずである。

しかし、「教科書」は何も書かない。非難しているのは土地の略奪、産業の侵奪、労働力の徴用など形而下のことばかりで、文明の問題についてはなにも書いていないにひとしい。日本の浸透と踵《きびす》を接して、当の日本に由来する新しい伝統が、古い伝統に取って代わった。国の魂が変わり、自我が入れ代わり、人々は問題をもはや問題と感じることができなくなった(56)。

金允植は、戦前の作家は日本を他国として意識することがあまりなく、対西欧の関係でも日韓を同一視する錯覚をおこしていたという(57)。民族造形の拠り所にした日本は、支那化された旧朝鮮より、よほど自国に見えた。抗日が終始低調で、やがて皇民化へと流されていった根本の理由は、ここにある。

かつてのアジア・アフリカの植民地から今のチベット、ウイグルに至るまで、最も深刻な紛争は宗教や文化の抑圧が引き金になって生じている。たとえ形而下の世界でどのような発展があったとしても、聖なる信仰、かけがえのない文化が穢《けが》されたとして憤る人々が、抵抗の核になってきた。しかしここ朝鮮では、依拠すべき伝統が崩壊し、抵抗は支柱を失って自然消滅の形となった。

歴史研究に倫理的判断を混入させる人は、いつの時代にも多い。日本は朝鮮を併合した、だから侵略だと言えばそれはその通りだが、歴史倫理学で解明できることはわずかである。この国の近代には、いわゆる近代化の前に、民族の実体を作るという課題があった。侵略だったのかどうかは、この過程を促進したのか、妨げたのかという問いとして、再提起されなければならない。

答えはあきらかである。促進した。端的に言えば、日本は主役としてかかわった。「侵略」と

「建国」は、表裏一体の過程だったのである。

5　日本語教育について

ヨーロッパの大国は、植民地住民に対する現地語教育など端《はな》から考えもしなかったし、本国域内の少数民族には同化政策を適用し国家語を押しつけた。現地語の教育に熱心に取り組んだ日本は、どの基準からも異色の統治者だったと言える。なぜ、こんなことになったのだろう。

朝鮮語は、日本にとって剣呑な言語ではなかった。アラビア語はコーランの言葉だったから、中東の地を支配下においた欧州のキリスト教国がその教育に熱意がなかったのは当然だろう。多くのドイツ系住民を抱え込んだソ連がドイツ語教育を疎んじたのも、帝政期の貴族の多くがドイツ系だったし、ドイツ文化が国の統合をそこないかねないと考えたからである。

旧朝鮮の語文は漢文だった。日本が漢文初等教育を廃し、『童蒙先習』の使用を禁じたのは、それがアンシャン・レジームの苗床だったからである。しかし朝鮮語は、宗教の言葉でも文化の言葉でもなかった。朝鮮語で書かれた民族宗教の教典、思想書、歴史書は実際上存在しないし、ハングル文芸が民族主義の核になるとも思えなかったから、忌避する理由がなかった。

もともと当地の父兄が望んでいたのは漢文の教育で、生活用語にすぎない朝鮮語を学ばせるために子供を学校に通わせる気はなかった。「教科書」が言うように民族抹殺の意図が日本にあったのなら、望まれもしない朝鮮語教育など始めるはずがないのである。ハングル綴字法の制定、辞書の作成、京城帝大への朝鮮語・朝鮮文学科の設置、朝鮮語ラジオ放送の開始、すべてよけいなことである。

歴史上の多くの帝国と同様、日本がもくろんでいたのは国家語（日本標準語）の普及で、民衆の話し言葉が津軽弁、鹿児島弁、琉球方言であろうと、はたまた朝鮮語、台湾語、パラオ語であろうと、どうでもよいと考えていた。朝鮮の知識人は日本語を熱心に学んでいたし、学校教育の普及とともに日本語話者は着実に増えていく。朝鮮語そのものが日本語化しつつあり、それが定着すれば、朝鮮人は日本の語文の世界に自然に引き寄せられる。少なくとも、漢文からの離脱は確実に達成される。その流れにまかせておけばよいことで、民衆の会話に目を光らせ、莫大な行政コストをかけて朝鮮語を排除することに、どんな意味があろう。

朝鮮人も、日本語を敵視していたようには見えない。一九二〇年代から、民族教育の必要を唱える人々の手で高等教育機関が次々と設立されたが、そこでも講義は概ね日本語で行なわれていた。朝鮮語の使用が例外的だったことは、一九三〇年代の京城の二七校中、朝鮮語を入試科目にしていたのは三校にすぎないことからもあきらかである。[58]

『朝鮮社会経済史』（白南雲）、『朝鮮の農業機構分析』（印貞植）、『不咸文化論』（崔南善）、『朝鮮社会史読本』（李清源）、『朝鮮の神話と伝説』（中来鉉）、『郷歌の解読特に願往生歌について』（梁柱東）、『朝鮮の青瓷』（高裕燮）など、朝鮮人の朝鮮研究も多くは日本語で発表されていた（李能和の『朝鮮巫俗研究』『朝鮮仏教通史』は漢文で書かれている）。朝鮮語の学術書はほとんどなかったから、講義が日本語で行なわれたのはやむをえないとも言えようが、釈然としない人もいるかもしれない。民族語へのこだわりはなかったのだろうか。開国後すでに半世紀にもなるのだから、西洋の古典的著作くらい、使命感を持って訳出に取り組む人がいてもよかったのではないか。

実のところ、朝鮮語の訳本を作ることは、そう難しいことではなかった。日本語版からいつでも稿をおこせるからである。一般に外国語を翻訳するさい、内容を咀嚼したうえで自国語の構文に移しかえる必要があるが、日本文なら、漢字語はそのままに、接続詞や助詞、助動詞の類を機械的にハングルに置き換えていけばよい。『国富論』であろうと『純粋理性批判』であろうと、それでひと通りの訳になる。戦後多くの韓国の学者は、現にそのようにして本を作ってきた。なぜ同じことをしなかったのだろう。

意味がなかったのである。かんたんに翻訳できるのは、直訳ができるからである。日本語のうまい朝鮮人は、日本の新聞を、日本人が読むのと同じ速さで「朝鮮語で」読むことができた[59]。高等教育を受けるほどの学生なら、教科書の日本語を目で追いながら、頭のなかで朝鮮文に変換するのは、何でもないことだったはずである。ならば、わざわざ朝鮮語の本を作るまでもない。日本語の本を朝鮮語で読めばよいではないか。さらに言えば、日本語の本を読むのは、朝鮮語の本を読むのと、大差ないではないか――。

金允植は、いったい日本語も外国語と言えるのかと述べている[60]。大方の日本人には変に聞こえるかもしれないが、もとより、国文学研究の大家が常識的次元で懐疑を語っているわけではない。日本語を合わせ鏡にして形成された近代朝鮮語の創成の歴史、両言語の世界を行ったり来たりして創作していた文人の仕事を掘り下げていくほどに、この一見奇矯な問題提起にリアリティを感じざるをえなくなる。

かつて日本の子供と机を並べて学び、いま日本語を範として文体を工夫している作家にとって、日本語は実態上外国語ではなかった。金東仁はまず日本語で想を練り、それから朝鮮語の文をおこすと述べているが、(61) 他の書き手も同様だっただろう。

大空はあからみて
湧き上がる新日の光に
大いなるアジヤの陸《くが》は
常闇《とこやみ》を脱ぎにけるかな
この光いづこよりぞ
わが大君にこそましませ

これは一九四〇年一月一日付『京城日報』に掲載された、『迎年新世』と題する李光洙の詩である。はじめに朝鮮語の原詩が掲げられており、これはその訳だという。しかし、逆ではないかという気がしないでもない。「あからみて」「陸」「常闇」「大君」にあたる朝鮮語には、古語、詩語の響きがあまりないし、日本語詩のほうがなめらかで自然に聞こえる。どちらが先にあったのか、あるいは日本語と朝鮮語の想念が頭のなかで重なっていたのか、論証できるようなことでもないし、作者本人にも答えようがなかったかもしれない。両言語の関係は元からそうしたもので、発表のときにどちらの衣を着せるかは、さしたる問題ではなかった。

欧州を引き合いに出せば、こうした関係は、英語とゲール語、ロシア語とポーランド語、あるいは（アルザスにおける）フランス語とドイツ語の関係とは全然違う。強いて類似の例を求めれば、セルビアとクロアチアの関係に近いのかもしれない。いずれかの国が他を支配し自国語を押しつけたとしても、他方の言語を消滅させることはもちろん、抑圧することもできなかったはずである。セルビア語は主にキリル文字、クロアチア語はアルファベット（ラテン文字）で書かれ、見かけはまるで違うが、内実は関東語と大阪弁ほどの差もない、要するに同じ言語だからである。

同一性の程度、そのよってきたるゆえんも異なるが、日韓の書記言語の関係も似たようなものだった。一九世紀の欧州で頻発したような言語戦争がおきなかったのは、日本語が「外国語とは言えないかもしれない」「韓国語と言えるかもしれない」言語だったからである。当時、日本語はかなりの程度、母国語の機能を担っていたのであり、その教育は実態上、原韓国語の教育ともいうべきものだった。

それを否定するなら、なぜ韓国語の飛躍的発展が日本語の浸透と時を同じくして生じたのか、なぜ、日本語で教育を受けた人のなかからしかめぼしい作家が生まれていないのか、説明が与えられるべきだろう。両言語が対立していたと前提する以上答えようがないから、問題を見ないようにしているが、事実は事実である。葛藤がほとんどなかったのは、互いに折り合いをつけたというより、両者がかなりの程度重なりあっていたからである。訓義のない漢字を棒読みする朝鮮式漢文と、近代語の間に横たわる莫大な距離を実感できる人なら、これはごく自然な認識と受けとめられるはずである。

誕生したばかりの韓国語は、文芸はもとより、思想書、歴史書、評論や新聞・雑誌、各種の実用書などあらゆるジャンルに進出し、爆発的に発展を始めた。日本が韓国語を奪ったなどとまことしやかに語られているが、倒錯した認識と言わざるをえない。日本語の浸透は、土語の域を出なかった言語が文明の言葉に昇華していく過程での、不可欠の階梯だった。語文の転換の過程で生じたことを、ありふれた言語闘争の枠に押し込めること自体、まとはずれなのである。

6　一号作戦のもたらしたもの

日清戦争の半世紀後、さらなる戦争によって、歴史は今ひとつの分水嶺を越えることになった。一九四五年に日本が敗北し、朝鮮半島に米ソの軍隊が進駐して南北二つの国が誕生した。今でこそ自然な成り行きのように感じられるが、当時は誰も予見できなかった、天変地異のような出来事だった。

おきたことはすべて必然だというなら話は別だが、歴史は予定された到達点に向けて済々と進むのではなく、突発的事件や偶然がかさなって、しばしば意外な方向に展開していく。第二次大戦の最後の局面で、ある意外なことが東アジアにおき、不思議ともいえる現実が作りだされた。

一九四四年春まで、中国軍は日本軍と対峙し、七年来の抗戦を続けていた。米英は中国の軍事能力には懐疑的だったが、自身が日本との戦いを経験してからは、この国が長年日本の矢面に立って孤独な戦いを続けてきたことを、あらためて想いおこした。イギリス首相チャーチルは、連合国軍が日本軍に押しまくられていた一九四二年一月、「中国軍隊はおよそ今まで日本軍に対抗した中で、最も成功したもの」と評価し、日本軍によって自分たちが散々な目にあわされていることを引き合いに出して、「中国軍が単独で、しかも劣等な武装で、どれほど長く日本に抵抗したか」という事実に注意を喚起している。[62] 蔣介石がカイロ会談（一九四三年一一月）に招かれたのは、日本の侵略に果敢に立ち向かってきた中国が、戦後、米英ソと肩を並べる大国の地位につくのは当然と考えられたからである。

しかしそのほぼ一年後のヤルタ会談（一九四五年二月）では、中国は出席を求められることもなく、いたって粗略に扱われた。ソ連はこのとき、対日戦参加の見返りとして、旅順の租借、大連港の優先使用、南満洲鉄道への経営参加など、要は帝政ロシアの権益の回復と、（中国が回収をもくろんでいた）モンゴル人民共和国の承認を要求し、米英の了承を得た。中国は、自国不在の会議で、身を削ってソ連参戦の対価を支払わされる羽目になった。カイロからヤルタまでの一年余に、いったい何がおきたのだろう。

一九四四年三月、日本陸軍史上最大の作戦とされる「一号作戦」（中国側呼称は豫湘桂《よしようけい》戦役）が発起され、中国奥地への大規模な侵攻が始まった。防衛庁公刊戦史が述べている。[63]

「太平洋の戦勢いよいよ我に非となった昭和十九年春、にわかに起って中国大陸を南北に縦貫し、仏印に連綴する一大野戦を敢行した」「作戦は華北（河南）に始まって華中（湖南）、華南（広西）を経て貴州省に及び、また仏印、広東に至るものである。大陸を縦貫打通することまさに一五〇〇粁、総兵力約五一万が重慶軍約百万を撃破して怒濤のように大挙南下するさまは、まさしく世紀の大遠征と称しても過言でなかった」

前年の秋、中国の基地から飛来した米軍機に台湾北部が爆撃され、日本全国が空襲圏内に入るのは時間の問題と思われたが、積年の攻勢主義思想のつけで、迎撃機はおろか高射砲の配備もろくに進んでいなかった。防空は実際上困難な情勢で、本土の焦土化を防ぐには、敵飛行場の覆滅以外に有効な対策はないと考えられた。戦勢非に傾くなか、在華陸軍兵力六〇万の八割を投入した無謀とも見える作戦だが、国土防衛のための最後の手段として、万難を排して強行されたのである[64]。

この時点で中国は日本の敗局すでに定まると見て、兵力の損耗を避けつつ日本の崩壊を待つ、事実上の観戦政策に転じていた[65]。日本が土壇場で本格的な攻撃をしかけてくるとは夢にも思っていなかったから、侵攻は戦略的奇襲となり、弛緩していた中国軍は各処で総崩れの状態に陥った。日本軍は敵制空権下で行動しながら、八カ月で、総人口一億に達する七つの省（河南、湖北、湖南、江西、広東、広西、貴州）、一五〇近い都市、数カ所の空軍基地と三〇を超える飛行場を占領し、インドシナと満洲を陸路で連結する大陸の縦貫打通に成功した（アメリカ軍は直前に自ら滑走路と関連施設を破壊し、B29はあらかた中国を去った[66]）。

それまでアメリカは中国に有力な航空部隊を送り込む一方、莫大な物資と資金の援助を行なってきた。中国兵にアメリカ式の装備と訓練をほどこす計画を実施に移し、やがては日本軍を圧倒できる陸上兵力が生まれると期待もしていた。(67) 中国軍による国土の奪回が進めば、空軍基地をさらに日本寄りに推進し、空爆で日本を追いつめることも可能になる。さらにその先には中国の陸兵を日本帝国の要地に送り込み、独ソ戦におけるソ連の役割を担わせる展望も開けてくる。多大の犠牲を払って太平洋を島伝いに攻め上がるより、これははるかに利点の多い戦略のように思われた。(68)

日本の侵攻を食いとめ、連合軍の反攻の拠点となった中国は、戦後の国際秩序のなかでその貢献にふさわしい地位を獲得する――。中国はそう考え、勝利の暁には、過去の失地はもちろん、僻遠の小笠原諸島に至るまで、取れるものは何でも取るつもりでいた。(69) 一九四四年初頭まで、事態は実際にそのように動いていたのであり、(米英中ソの)「四人の警察官」で戦後の世界を運営するというルーズベルトの構想も、こうした現実に基礎をおいていた。

しかし突如生じた、中国軍の「全く仰天するような崩壊」(70) で、すべては画餅に帰した。渡米した孔祥熙(中国副行政院長)にルーズベルトがぶつけた、焦りとも怒りともつかぬ言葉が、事態を的確に表現している。(71)

「わたしが知りたいのは、中国軍がどこにいるのか、なぜ戦っていないのか、ということだ。日本軍は中国軍を好き勝手にどの方向にも押しまくっているように見えるではないか」

ルーズベルトは七月、蔣介石に宛てた書状で、全アジアの将来が危殆に瀕しているとして、中国軍の指揮権をアメリカ人（スチルウェル大将）[72]に委譲するよう求めた。いかにも非礼、異常な要求で、蔣は憤激してはねつけたが、まもなくアメリカは中国での戦争を負けと判定し、今後は戦域として維持できればよしと割り切るようになる。[73]中国への期待は、当面戦線から離脱しないという最低レベルにまで落ち込み、アメリカは以後、ソ連を対日戦に引き込むことに全力をあげる。

中国がヤルタで敗者のように扱われたのは、実際に敗者だったからである。他の連合国が勝利の進軍を続けているさなか、ひとり中国は大敗を喫し、国土の主要部分を敵手にゆだねて終戦を迎えた。[74]ナポレオン戦争、第一次大戦など多くの国が参加した大戦争の結末としては、ほとんど例を見ない奇妙なもので、中国は衆人環視のなか、何とも面目ない立場に置かれることになった。戦勝国の座に就きはしたものの、名に実がともなわず、連合国内部での発言権は皆無にひとしい状態となった。

イギリスは終戦の五日後、追い出されていた香港にあたふたと舞いもどり、中国の抗議を受け流し、主権国の体裁をとりつくろって日本軍の降伏を接受した。[75]ソ連は中国にヤルタの密約の追認を強要したうえ、満洲にあった重工業施設を解体し戦利品として持ち去った。日本と狎《な》れあってインドシナに居座っていたフランスは、何食わぬ顔で植民地支配を再開し、[76]朝鮮では米ソの軍隊が三八度線をはさんで対峙する形勢となった。中国は終始蚊帳《かや》の外で、中国的秩序を東アジアに打ち建てる積年の夢は、霧散した。

抗日戦争の言い甲斐もない失敗で、中華民国とその政府への国民の信認は地に落ちた。戦時中、共産党は日本軍との衝突を避けて（あるいは日本軍との何らかの了解のもとで）、勢力の培養に努めていたが[77]、その兵力は長らく数個師団の域を出ず、国軍と対決するにはあまりに弱体だった[78]。戦後権力の座に就いた共産党は、自身が抗日の主力だったかのように言いなしてきたが、当時の中国は中華民国だったというほかはなく、共産党は国軍に追いまわされる反体制の武装勢力にすぎなかった[79]。中国総体の抗日の妨げになることを懸念したソ連の支援も得られず、共産党指導者は大戦終結後に来たるべきものを予感して、暗澹たる思いでいたと思われる。

しかし、国軍は日本軍の攻撃を受けて深手を負い、一方で共産党は前進する日本軍の背後の空隙で勢力を拡大し、短期間のうちに大軍を編成することに成功した。とりわけ豫湘桂戦役は国共の力関係を劇的に変え、まもなく始まった内戦は一方的な展開となった。士気阻喪した国軍からは寝返りが続出し、中華民国は天命を失った王朝のように倒壊していった。ことの大きさには不似合いなあっけなさで革命が成就し、中華人民共和国が誕生する。

マルクス主義の歴史家ドイッチャーは、毛沢東の成功の背後には、予想もしなかった情況の驚くべき結びつき、ないし偶然の一致がなければならなかったと述べている。共産党のパルチザンが生き延び、国民党を一押しで転覆できるほどの状態に陥れるには、日本軍の侵略と占領の一時期が必要だったという。共産党の軍隊が南京、天津、上海、広東、北京に入城したとき、そこに中華民国は事実上存在しなかった。国民党支配を崩壊させ、権力の真空状態を作りだしたのは、ほかならぬ日本の侵攻だった[80]。

政府軍の打倒という、革命の最も困難な課題は、あらかた日本軍によって達成された。苦境にあった共産党指導部にとっては天佑神助にひとしいもので、その歓喜と安堵は想像にあまりある。[81] 毛沢東が戦後、ことあるごとに日本軍への感謝を表明したのは、当然と言えよう。

彼は一九六四年に訪中した日本社会党の（まもなく委員長となる）佐々木更三に、「皇軍なしには、我々が権力を奪取することは不可能だった」と述べている（ほかにエドガー・スノーとの対談、侍医李志綏《りしすい》の回想を参照[82]）。「日寇」はもちろん「日軍」とも言わず、日本軍の自称「皇軍」を用い、敢然とアメリカと戦い、イギリスと戦い、東南アジアを占領し、インドの東にまで攻め入ったと語るその口ぶりには、畏敬のニュアンスさえ漂っている。[83]

終戦後（中華民国を含む）連合国は日本の軍関係者約千人を処刑したが、中国共産党は、投降した日本の将兵を殺すことはなかった。「一個不殺（一人も殺さない）」という大方針が党の最高レベルで決定されていたというが、[84] 表向き何が語られようと、ここから毛沢東ないし共産党指導部の胸中の秘奥を窺うことは、難しくないだろう。

戦史における一号作戦の評価は高くない。決戦思想にとりつかれた海軍の過早の崩壊によって、西太平洋の島が次々と失陥し、一九四四年一一月、サイパンから発進するB29の本土爆撃が始まった。[85] 空襲阻止の目的が空振りに終わった以上、戦略的観点からは作戦が成功したとは言えないが、それは戦史の領域をはるかに超える巨大なスケールのドミノ倒しをひきおこし、戦後の世界を造形する大事件となった。

中国軍に陸戦の主役をゆだねる選択肢は消滅し、甚大な人的損失の予感にたじろいだアメリカは日本の征服をあきらめ、我から条件を提示して対日戦争を終結させる方向へと転じていく。[86] ソ連はアメリカに促される形で日本に宣戦し、最後の最後に、棚ぼたで、東アジアの秩序形成にかかわる位置につけた。中国は手中にしかけていた地域の覇権を寸前で取り逃がし、引きつづく革命で体制があらたまり、国ぐるみ東の陣営に移っていった。

東シナ海沿岸から中部ヨーロッパに至る、当時は一枚岩に見えた赤い帝国が出現した。中国を世界の大国として引き立てるというアメリカのもくろみは潰え、[87] 不本意ながら、旧敵日本を東アジアの要石に据えるしかなくなった。

アメリカが敗残の日本に寛大だったという説があるが、あたらない。アメリカ人が、おそらくは建国以来、最も強い憎しみを抱いた国がこの頃の日本だった。GHQ（連合国軍最高司令官総司令部）の諮問機関に勤務し、占領行政を内側から見ていた日本研究者ヘレン・ミアーズが、終戦直後のアメリカを覆っていた空気を活写している[88]（一九四八年）。

「すべての文書が、断固として日本を『懲罰し、拘束する』といっていた。懲罰によって『野蛮な』人間どもの戦争好きの性根を叩き直し、金輪際戦争できないようにする。そのために、生きていくのがやっとの物だけを与え、あとはいっさいを剝ぎ取ってしまおうというのだった。占領の目的は、ディーン・アチソン国務長官代行が語った言葉に要約される。『戦争願望をつくり出している現在の経済・社会システムは、戦争願望をもちつづけることができないように組み替えられるだろう』」

戦後史の記述のなかで日独はよく並列されるが、これは結果としてそうなったというだけで、終戦直後のアメリカの感覚は違っていた。ドイツはひととき邪路に迷い込んだとはいえ、欧州大陸の二大文化の一つで、アメリカも一目置かざるをえない西洋文明の重要な担い手だった。[89]日本は民族それ自体に異常性が内在する得体の知れない東洋の国で、早急にロボトミー手術を施して危険を除去する必要があった。アメリカが提携相手として考えていた国は中国で、ＪＡＰはただ無害でいてくれればよい存在だった。

占領開始直後、天皇に振り付けて、合意による終戦を日本の無条件降伏にすり替える儀式を行なった。[90]天皇に自らの聖性を否定させたのは、ダライラマに迫って「輪廻転生は架空の観念」と言わせるようなものである。

一九四六年三月、ＧＨＱの要請を受けて、大学の学長、教育学者や心理学者、文化人類学者、高位行政官など二七名からなる「教育使節団（Education Mission to Japan）」が大挙来日し、日本の文字を廃してアルファベットに切り替える旨の勧告を行なった。習得が難しい漢字が「学習の恐るべき障害になっている」というのだが、廃棄の対象にはなぜか仮名も含まれていた。[91]こんな大それた提案をする使節団に日本語や日本文化の専門家が一人もいないのは不審だし、（同じくアメリカの占領下にあった）似たような書記言語を持つ南朝鮮からは、この種の話は全然聞こえてこないから、本当の理由は別にあったのだろう。[92]

文字が変われば古典はおろか直近の文献も読めなくなり、文化の継承が途切れ、日本人はその不適切な過去から解放される。国民のアイデンティティは、「日本」から「平和と民主主義」に、自然に置き換わる。それが狙いだったのだろう。結果が未遂に終わったため、この件は今では占領期の一挿話くらいにしか扱われていないが、その後の展開しだいでは、大事に至った可能性もなしとしない。ミアーズが述べている。

「日本文明の中で『戦争願望』の基になっていると判断したものはすべて打ち壊すつもりなのだ」「占領政策は日本国民と日本文明の抑圧であることがよくわかる。この計画は戦争の合法的行為、すなわち賠償行為の常識をはるかに超えた、圧倒的スケールの『懲罰』と『拘束』である。これが、もし計画どおりに実行されれば、私たちの意図とは関係なく、日本の伝統文明は破壊され、国民はアメリカの下僕となり、人口は減少するだろう(93)」

根本の目的が懲罰と拘束であるような、異形の統治が始まった。軍人・政治家一四九人が犯罪者の烙印を押されて絞首・銃殺され(94)、経済人や言論人、教育関係者を含む二一万人が公職から追放された。伊勢神宮祭主が逮捕され(95)、神道が一宗教教派に引きずり下ろされた。神嘗祭や新嘗祭など由緒ある祭日は一括廃棄され(96)、大人《せいじん》の日に子供の日、昼夜の時間が同じになる《しゅんぶん・しゅうぶんの》日、文化の日、働くことを有難く思う《きんろうかんしゃの》日など、奇妙な祝日がこれに代わった。

文化の日を旧明治節に貼りつけたのは、一一月三日が来るたびに、明治天皇の失墜を日本国民に反芻させるためだろう。判じ物のような祝日の意味などどうでもよく、要は今あるものを潰すことだった。祝日改革は、伝統を消去し、無内容の国に組み替えようとしたアメリカの底意を浮き彫りにしている。

学校教材から、日本の神話と伝説、英雄や偉人、自然美の記述が悉皆《しっかい》削除され、教育勅語、修身、武道教育が棚上げないし廃止された。歴史教科書は間もなく、教育使節団が言うところの「いままでとはまるで違う歴史観[97]」によって書き直される。特定歌舞伎演目や神楽の上演禁止、日本刀の没収と竹刀の焼却、はては今次戦争と何の関係もない記念艦「三笠」の破壊[98]にまで及んだ措置は、一民族の精神的崩壊をもくろんだ点で、中国のチベット統治と似たところがある。小泉信三が述べている。

「まことに已むを得ぬことではありますが、日本国民の自重の精神は、敗戦によって崩れました。他国の武力に屈するのやむなきに至った日本人は、その国民としての誇りを失い、心の支えを失って、頽廃に陥りました。すべての道徳的の努力を無意義としてあざけって、ひたすら官能の満足を追い求めるようになり、何者かに媚びるような気持ちから、しきりに自ら日本及び日本人を侮り嘲る風潮が起りました」(「国民自重の精神[99]」)

自重(self respect)の精神はひとりでに崩れたのではなく、アメリカが細心画策した結果でもあった。天皇を人質にとった占領行政はさしたる抵抗に遭うことなく、このまま何もおきなければどの地点にまで行きついたか、見当もつかない。

終戦の年の一一月に来日した、トルーマン大統領の腹心E・W・ポーレーを長とする調査団は、

「最小限度の日本経済を維持するために必要でないものは日本から除去する」「最小限度とは、日本が侵略した国より高くない水準を意味する」と宣言し、焼け残った火力発電所、製鉄所、アルミニウム精錬所、造船所、工作機械工場、航空機製造工場、化学工業プラントなどの、全部もしくは大半を撤去する計画をあきらかにした（翌月、大統領の承認を得た）[100]。日本の復興は周辺諸国に劣後させるというのがアメリカの方針で、占領終了後は、連合国の監視機構が工業の過度の復活を抑止することになっていた[101]。連合国軍最高司令官マッカーサーは、「日本が犯した罪に対する懲罰は、始まったばかりであり、長く厳しいものになるであろう」と予告している[102]。早々と上昇過程に入った西ドイツ経済とは対照的に、戦後三年もの間復興が遅々として進まなかったのは、アメリカにその気がなかったからである（「倒れたままにしておけ」と考えていた）[103]。

すべてを変えたのは、東アジアの戦略的環境の激変だった。ひと時小康を得ていた国共の対立は、一九四六年半ば再び内戦状態に移行し、やがて中国大陸がそっくり共産圏に没入するという信じがたい結末を迎える。日本国家の精神的解体、国防権の剝奪、農業国化に没頭していた政策はにわかに制動がかかり、アメリカは以後、日本の復興支援にまわることになる[104]。中国が失われた今、東半球の拠点にできそうな国は、日本以外には見当たらなかったからである。

事態の急変に対応して認識に必要な調整が施され、日本の識字率が高いことを実は知らなかった、「三笠」の破壊はソ連のせいだという類の言説が、いずこともなく現れる[105]。日本のいわゆる「民主化」は、民主主義とは全然関係ない理由で中途で放棄され、工場の撤去、文字の廃棄はなし崩しに中止となり、いつ果てるともなく続いていた占領に終止符が打たれる[106]。

アメリカの軛《くびき》が外れることはなかったが、占領下で一方的な打撃対象になっていた日本は一定の地歩を獲得し、対米関係はかつての東ドイツとソ連の関係に近いものに移行していく。国民精神は重瘡を負ったものの潰滅は免れ、遅れに遅れていた復興はようやくその緒につき、無力無害な存在になるはずだった国が息をふき返した。

「皇軍なしには、我々が権力を奪取することは不可能だった」。一号作戦は中国革命を成功に導き、中国革命は日本を救出した。舵を切ってからひと息おいて舳先をめぐらす巨船のように、歴史はゆっくりと進路を変え、施回を終えた時われわれがなじんでいる第二の戦後が始まった。朝鮮半島の運命は、この大状況のなかで決定されたのである。

7　なぜ韓国が存在するのか

一九四四年春に何もおきなければ、中国戦線は早晩中国軍の優勢に転じたはずである。支那派遣軍はそれまで多くの部隊を太平洋戦域に送りだし、兵力はひと頃の三分の二に減少していた。占領地が本国より重視されることはありえないから、戦局の悪化とともに部隊の抽出には拍車がかかったはずである。この状態のまま推移したなら、(北ビルマで実際におきたように) 弱体化した日本軍が占領地から撤収し、そこに中国の大軍が進出し、やがて華北、満洲へと続く追撃戦に移行する流れになったと思われる。(107) 中国は、戦場の対決で日本を打ち負かした真正の戦勝国となり、国民党政府は祖国の防衛を全うした栄誉を手中にし、その基盤は盤石なものになったはずである。

中国が順調に国土の奪回を進めている局面ではソ連の出番はなく、ソ連が出なければアメリカの出る幕もない。東西対立の前線は中ソの国境となり、中国の裏庭と化した朝鮮は、インドの保護国ネパールのような位置に置かれることになる。北上する中国の大軍が鴨緑江に到達し、独ソ戦末期のソ連軍のように、奔流の勢いで半島になだれ込み、朝鮮を「解放」していたら何がおきたか、考えてみる価値はあるだろう。二〇世紀になって中国軍が足を踏み入れ、実効支配を確立した土地は、すべて中国領になって今に至っている。朝鮮は半世紀に及ぶ逸脱の歴史に終止符を打ち、チベットやウイグル同様、中国の大家庭に復帰することになったのではなかろうか。

戦後七〇年を経て、今でこそ韓国・朝鮮の存在感は確たるものになっているが、この感覚を一九四五年に及ぼすのは適当でない。当時朝鮮半島にあった国は日本で、この状態がすでに四〇年近く続いていた。独立の国としての朝鮮の形象は曖昧で、中国人はこの地を、かつて自国から引き離され、いま帰還を待っている邦土の一つとみなしていた。

中国政府が、臨時政府庁舎に韓国国旗（太極旗）を掲揚することを禁じていたのは、それなりの思惑あってのことだろう[108]。臨時政府との応接を担当していた国民党の「辺疆党務処」は、チベットや内モンゴルなど辺境地帯での党勢拡大を管掌する部局で、このことは韓国人活動家の不満と不安の種になっていた[109]。

一九四〇年に創設された韓国光復軍は、「韓国光復軍九項行動準縄《じゅんじょう》」[110]に基づき、蔣介石を長とする中国軍事委員会（軍の最高統帥機関）が指揮にあたることとなった。司令部将校五六人中四三人が中国人となり、韓国人にはお飾りの総司令官のポストが与えられただけで、参謀処、総務処、政訓処などの要所はすべて中国人によって固められた。[111]

そもそも「光復」軍は、独立を闘いとろうとする武装組織の呼称としては、自然なものとは思われない。日清戦争後に結成された団体は「独立協会」、発行された新聞は『独立新聞』、建てられたモニュメントは「独立門」だったはずである。三一運動の前後に世に現れた、民族主義者による宣言書・檄文が掲げていたのは一致して「独立」で、「光復」ではなかった。[112]なぜ、「独立」軍にならなかったのだろう。

今でこそ光復（カンボク、광복）は、日本からの解放とほぼ同義のものとされているが、元来は「勝って失地を奪回する」「旧業を恢復する」ことを意味する中国の古語である。[113]「台湾光復」は実際そのような意味の言葉として用いられたが、「韓国光復」はどうなのか。端的に言えば、韓国光復軍は、韓国が独立をとりもどすための軍隊なのか、中国が韓国をとりもどすための軍隊なのか。なりふりかまわぬ中国軍化は、後者だった可能性を強く示唆する。[114]

一九四四年、中国は臨時政府に、三民主義を自身の理念として採用するよう求めている。[115]財政は中国丸抱えで、軍隊は中国軍の一部となり、国是まで中国と共有する、そんな国の形が作られようとしていた。中国は戦後にそなえ、着々と布石を置いていたのである。

その後のことは、光復後の台湾の事態からある程度推測がつく。台湾に上陸した中国軍は民衆の歓呼の声に迎えられたが、蜜月の時は長くは続かず、中国はまもなく征服者の姿態をあらわにする。官による収奪が横行し、法はあるのかないのか不透明な状態となり、治安は極度に悪化した。人々の不満が鬱積して暴動がおき、鎮圧の過程で三万とも言われる犠牲を出した。事後に作成された当局の報告書は、事件の遠因として、潜伏していた奸党のたくらみ、御用紳士らの策動、日本の奴化教育の遺毒をあげ、次のように述べている[116]（台湾省行政長官公署『台湾省二二八暴動事件報告』。中国語文献）

「日本統治時代の『御用紳士』と日本丸抱えの手先たちは、皇民化運動の薫陶を受け、名も姓も変え、日本の一切のものを尊び、中華民族の観念は全くなかった。光復後一時なりをひそめていたが、政府の寛大を見てとると死灰を再燃させ、かつての特権的地位を取りもどすべく各処で活動をはじめた」「奴化教育によってひどい中国蔑視の宣伝が行なわれたため、若い台湾同胞（中学校の生徒と小学校の教員が多い）は、祖国の歴史、地理、一般情勢に、漠とした認識しか持っていない。長きにわたる悪宣伝の中毒は、重篤の域に達している。彼らのほとんどは、中国の文物制度、人才学術にはろくなものがないと考え、平素から日本語を話し（青年は総じて台湾語より日本語を流暢に話す）、日常生活も日本を模倣し、永久に日本の臣民になることを一途に願っている」

この事件のあと、台湾を真正の中国の地にもどすため、中華主義に基づく高圧的統治が始まった。朝鮮でも、似たようなことがおきたはずである。ここには、朝鮮総督府や満洲国政府の元官吏、大陸の前線にいた軍人軍属、征華をたきつけた知識人、中国で甘い汁を吸っていた元高麗棒子が、星の数ほどもいた。多くは日本の御用を務めたというより、日本帝国の一部だったとみるべき人々で、暴動のあるなしにかかわらず、中国はまずその排除から始めたのではなかろうか。どう転んでも、北支の軍功で金鵄勲章を受け、支那人数千人を二人を残して皆この手で殺してやったと豪語した[117]（という）金錫源が名士として処遇され、国会議員になるなどという事態を、容認したとは思えない。

この局面における中国は、大戦争の勝利者として周囲を睥睨《へいげい》する中国である。東欧を占領したソ連は自国が必要とする改革を実施に移したが、中国もそれ相応のことをしたはずである。手駒の金九を主席に据えて保護国にするか、名実ともに中国の一部として吸収するかはともかく、かつての属国をそのまま放置することはなかっただろう[118]。

伝統の再興と小華への復帰が叫ばれ、日本の制度文物の一掃が試みられる。慕華館や迎恩門が念入りに復元され、学校では『童蒙先習』が必須の教材となり、旧套の漢文教育が盛大に復活する。檀君教、天道教は疑似神道として排撃され、箕子が再び開国始祖の座に就き、聖なる施設箕子廟で崇敬の儀礼が執り行なわれる。親日の李光洙、反日の申采浩はともに反華分子として断罪され、崔益鉉、中箕善など、最後まで事大慕華を通した中華の陪臣が、偉人として顕彰される。半世紀前の国がよそおいもあらたに復活し、朽ちかけていた中華との絆は修復され、国民は見失っていた「真実の自己」を取り戻す——。

一九四四年初頭の情勢のまま推移すれば、細部はともかく、遅かれ早かれこうした事態になったはずである。韓民族の概念はもともと歴史に根があるわけではなく、人々には日本の戦争に参加したという負い目もあった。「伝統に立ち帰り、華の国として生きよ」。勝利者として君臨する歴史的宗主国の勧奨に抗うことは難しく、民族意識は徐々に淡化していったのではなかろうか。

むろんこれは、実際の歴史ではない。豫湘桂戦役に完敗した中国は国として言わば去勢された状態となり、韓国を光復するどころか、かかわる気力も失った。歴史が巻き戻されることはなく、日本をかたどった民族の枠組みはほぼ無傷で生き残った。大陸に展開した日本の軍事力は、全局の敗勢のなかにあってなお、朝鮮半島への中国の拡張をはばむ楯として、最後まで機能したのである。

代わってやってきたアメリカは、朝鮮への関心はもとより、基本的な知識も持っていなかった。不首尾に終わったとはいえ中国は連合国の一員として対日戦を戦いぬいたが、朝鮮はアメリカの助けになることは何もしなかった。朝鮮の占領を担当した第二四軍団司令官ホッジがそっけなく言ったように、「日本帝国の一部として朝鮮はわれわれの敵国だった」[119]。抗日の史実は、戦後民族的アリバイ作りのためにかき集められた取るに足らないもので、当時のアメリカが知る由もなかった。

朝鮮政策と言ってとくに定見もなく、アメリカ人の頭に浮かぶのはフィリピンの先例くらいのものだった。アメリカは、かの地をスペインの中世紀的支配から解放し、「友愛的同化」(Benevolent Assimilation) の善政を施したと自負していたから[120]、何事もこれを標準に考えたのは当然だろう。ルーズベルトはヤルタで、フィリピンの教育に五〇年を要したから、朝鮮には二〇年ないし三〇年の信託統治が必要だと述べている[121]。友愛の同化がこんなに長く続けば、にわか造りの韓民族が持ちこたえることは難しかっただろう。

アメリカは、併合後フィリピンに多数の英語教師を送り込み、公用語をスペイン語から英語に替えるよう全力を尽くした。[122] 朝鮮でも同じことをしたはずである。韓国語は日本語の後について発展を続けていたものの、それで書かれた学術書は少なく、知識人の精神生活は基本的に日本語で営まれていた。日本語から英語への移行にさいし民族的反発は少なかっただろうが、英語は韓国語を先導する機能を持たない、まったくの外国語である。いったん英語が公用語となれば、韓国語は手にしつつあった文化語の地位を奪われ、もとの土語に退行していったのではなかろうか。

今日においてもアメリカは朝鮮研究に熱心とは言えず、七〇年前とあればなおさらである。[123] 歴史的な因縁や思い入れもあって、日本人には（福沢のように）日本のあれこれに相当する朝鮮のものは何かと考え、それを尊重しようとする意識があった。それがすべてではないにせよ、そういう一面があったことはたしかで、植民地に対する欧米各国の姿勢とは一線を画するものである。タガログ語の整備に目もくれなかったアメリカは、ここでもアメリカ文明の伝道に専心したはずで、ハングルの普及、巫俗や風水の研究、青磁の復元の類のことに手を出したとは考えにくい。

檀君信仰はキリスト教とは水と油で、今日韓国で檀君主義に最も強く反発しているのはキリスト教徒である。神道を敵視したアメリカが、その縮小レプリカのような信仰に敬意を払うはずもなく、檀君は早晩、古文献にあるおぼろげな古伝説という本来の場所に、立ち帰っていったのではなかろうか。朝鮮は英語化、キリスト教化され、その特性の多くを失って、おそらくはフィリピンに似た国になったと思われる。

しかしこの筋書きも、実現には至らなかった。ここでは一足早く、一号作戦の帰結が容赦ない現実となってのしかかってきたからである。アメリカは日本で多くの軍人・政治家を殺し、膨大な数の民間人を追放したが、ここではこれに類することは実行できなかった。元日本軍将校が、恩賜の軍刀をぶらさげて闊歩するさまは心外千万なものだったが、ユーラシアの赤い帝国と咫尺《しせき》で対峙している状況では、目をつぶるしかなかった。日帝系人士は土着の反共勢力で、処刑や追放など、問題外の選択だったからである。

終戦後まもなく、朝鮮北部に独立国の体裁を作るソ連の工作があらわになり、アメリカは、長くあたためていた信託統治案を放棄するしかなくなった。北方のフィリピンは幻と化し、かつての天皇の官吏、陛下の股肱が指導層におさまり、日本から受け継いだものを新しい国につないでいった。親日派と内なる日本の一掃をはばんだのは、日本の作り直し（「組み替え」）を中途で終わらせたのと同じ力だった。東アジアにおける日本の秩序が消滅するなか、中国的でもアメリカ的でもない、日本領朝鮮の延長のような場違いな国は、こうして成立した。

いま韓国が存在するのは、そのためである。日本をかたどった民族の形成、中国軍の到来を阻止しながらの日本の敗北、朝鮮国家の定義に特段の関心を持たないアメリカに占領され、そのまま東西対立の前線に押し出されたこと、こうしためったにないような出来事が幾重にもかさなって、今日かくあるような国が姿を顕した。

韓国は自然な現象ではない。不可思議とも見える因果の連鎖によって、針の穴のようなせまい歴史の間隙をくぐりぬけて、出現した国なのである。

【注】

（1）Keiko Sakurai, "Creating an Image of Community through Textbooks in Iran"（『日本中東学会年報』1994 No. 9に収録されている。pp. 143–164）。

（2）ベラルーシにいたっては、周囲の国（ロシア、ウクライナ、ポーランド）のいずれでもないとされた地が、いわば消去法で一国をなしたという見方がある（服部［2004］p. 26）。

（3）伊藤博文は、次のように述べている。
「（日本は）朝鮮を呼ぶに大韓国を以てし、是までは朝鮮国王殿下たりしものを大韓国国王陛下と呼び、而して韓国は支那の附庸国として紀元の年号なかりしにより、仕方なく李朝の建国五百幾年と呼び以て初めて韓国の独立国たるを承認せり。即ち日本が此時初めて韓国の独立を認めたるものにして、韓人自身は未だ自国の独立を承認し得ざりしなり。数千年来事大主義の下に蠢動し来りたる韓人の天性は終に度す可からざるか」（一九〇七年、京城日本人倶楽部で行なった演説「新聞記者及通信員招待会に於て」を参照。瀧井一博編『伊藤博文演説集』講談社、二〇一一年に収録されている。pp. 384）。

（4）李瑄根［1967］p. 75。韓永渉［1984］p. 144。申景浩は朝鮮人の参加者は一〇〇人程度だったとしている（申景浩［1991］p. 78）。日本人は公使館員や民間人に加え、兵士（公使館守備兵）二〇〇人がかかわった。数が多く、武事になれた日本人が主役になったことは、間違いないだろう。

（5）たとえば学部衙門編輯局の所掌は「掌国文綴字各国文繙訳及教科書編輯等事」とされているが、これは日本人にしか書けそうにない「漢文」である。おそらく「国文ノ綴字、各国文ノ繙訳及教科書ノ編輯等ノ事ヲ掌ル」を漢文もどきの文にしたのだろう（「各衙門官制」一八九四年六月二八日。『大韓帝国期政策資料集』に収録されている。先人文化社［1999］pp. 3–4。韓国語文献）。ほかにバード［1998］p. 342を参照（原著は一八九七年）。

（6）三日天下に終わった甲申政変のとき、一時国王を掌中にした独立党は、まっさきに「殿下」を「陛下」に、君主の自称を「朕」、その命令を「勅」とする案を上奏している。瑣末な形式に拘泥しているとも見えるが、これは藩属に終止符を打つ独立宣言というべきものだった（なお改革綱領の筆頭に挙げられていたのは、「朝貢の廃止」である）。

（7）「大明の東屏」は一八七三年、「倭奴の僭称の模倣」は一八九六年、「小日本」は一八九八年の上疏のなかにある（『勉菴先生文集〈二〉』に収録されている。韓国文集編纂委員会［1994］pp. 264–265, p. 290, p. 360。漢文文献）。「教科書」は「近代社会の発展　近代意識の成長と民族運動の展開」という節で、抗日した儒生の事績を縷々書いているが、彼らは近代や民族の意識とはもともと無縁の人々だった。一八九四年に日本の主導で、それまでの中国風の処刑が一律絞首刑にあらためられたが、崔益鉉は殺し方にも軽重があるべきだとして、孥戮（どりく。妻子も一緒に刑戮すること）、車裂き、腰斬など昔ながらの処刑法の正当性を力説してやまない（一八九八年。同、pp. 322–323）。時代は二〇世紀になろうとしているのに、私人間の殺人と大逆事件に、なぜ同じ絞首が適用されるのか、理解できなかったのである。もとより独立運動には何の理解もなく、独立党人士を「五賊」と言い捨てている（一八九五年。同、p. 279）。まさに腐儒というべき人物で、伊藤博文は次のように評している。

「韓国儒生の頑冥にして時勢に迂遠なるは殆んど予想外に在り。彼の対馬流竄中に病死したる崔益鉉は韓国第一流の儒生なりしにも拘わらず、彼が流竄中の日誌を見れば実に抱腹絶倒に堪えざるものあり」（伊藤博文「新聞記者及通信員招待会に於て」明治四十年七月二九日。瀧井一博編『伊藤博文演説集』に収録されている。pp. 382–386）

（8）黄玹［1990］p. 385, p. 416, p. 470（朴尚得による日本語訳。表題は『黄玹・梅泉野録――近代朝鮮誌・韓末人間群像』となっている。原著の成書は一九一〇年代）。

（9）『梅泉野録』p. 41（崔益鉉の認識が引用されている。既述）。ほかに朴殷植［1907］p. 2、マッケンジー［1972］p. 166（原著は一九〇八年）、梁啓超［1989］p. 6（「朝鮮滅亡之原因」。原載は一九一〇年。中国語文献）を参照。

（10）金九［2001］p. 262（『白凡金九自叙伝　原本白凡逸史』。原著は一九四七年。韓国語文献）。なお東洋文庫（平凡社）所収の日本語訳本（梶村秀樹訳注『白凡逸史　金九自叙伝』一九七三年）には、なぜかこの箇所は見出せない。

（11）当時のロシアの有力紙『ノーヴォエ・ヴレーミヤ』（一八九五年四月二一日付）は、次のように論評している（「現在の政治的瞬間」『事典』〈第2巻〉本編、p. 651）。

「われわれは声を大にして朝鮮保護統治に対する自分の権利を主張しなければならない。そして、この権利と義務がロシアのものであるのはごく当然だ、ということを否定するような声は、ヨーロッパにおいてさえもおそらく見つからないだろう」「どんなに開化された異教であっても、意識の高いキリスト教徒にとってそれはキリスト教文明の高みよりはるかに低いものであり、キリスト教文明と対等な地位を主張するなどもってのほかだ、ということだ」

なお同紙は、今の露鮮国境は、シベリア鉄道完工までの仮の境界にすぎないなどとも書いている（「極東における我が国の利害」一八九五年一月二九日。『事典』〈第2巻〉本編、p. 613）。

（12）黄仁宇［1994］p. 277。

（13）中華民国の各種教科書の原文は、保々隆矣監修『打倒日本　支那の排日教育』一九三一年に収録されている（一連の教科書は、一九三一年の時点で使用されているもの、と説明されている。なお保々の訳文には、筆者が手を加えている）。うち『国恥読本』は一九二〇年代末に出版されたもので、本文中の小話はその第一冊第九課にある（pp. 22-23。ページは保々の著作のもの。以下同じ）。

（14）保々前掲書 pp. 102-104。なお平松茂雄が紹介している『中国近代簡史』（一九五四年。中華人民共和国の歴史教科書）中の地図は、この「不完全なわが国土」の図とほぼ同じである（平松［2011］p. 53）。

（15）引用部分は順に、『新中華高級地理課本第四冊第一課』（以下「新中華」は略す）、『歴史課本高級用第四冊第四課』、『国語読本初級用第七冊第三十課』、『常識課本初級用第七冊第九課』（掲載ページは、保々前掲書のそれぞれ p. 5, p. 8, p. 38, p. 21）。

（16）保々前掲書 p. 110。

（17）「邦土」の概念については、佐々木［2000］pp. 29-30を参照。修好条規の第一条には、「両国に属したる邦土も各礼を以て相待ち、聊侵越する事なく、永久安全を得せしむべし」とある。

（18）『国恥読本』第一冊第四課。保々前掲書 pp. 41-42。

（19）沈亮棨［1921］pp. 8-9。中国語文献。本書の冒頭にある地図は、朝鮮半島を、日本に奪われた中国の国土として表示している。

（20）『新青年』一九二〇年一月号に掲載された論稿。魯迅［1920］p. 67。中国語文献。

(21)　清朝政府に対する意見具申のなかにある。何如璋は一八三八年生まれの清朝の大官。一八七七年に出使日本国欽差大臣に任じられ、公使として日本に赴任した（張偉雄［1999］pp. 15–16, pp. 145–146）。

(22)　一九三二年四月、中華民国の外交部長顧維鈞がリットン調査団に提出した備忘録。琉球事件にまでさかのぼり、過去六〇年間の日本の行動の不当性を訴えている（『中日紛糾問題之総説帖』として『資料　韓国独立運動〈第三巻〉』一九七三年に収録されている。pp. 401–428。中国語文献）。

(23)　鹿地［1962］p. 28。鹿地亘はマルクス主義者で、上海に渡った後、日華事変勃発を契機に重慶に移り、連合国の対日工作に参加した。

(24)　『資料　韓国独立運動〈第三巻〉』に収録されている（p. 62, p. 340）。該当部分は次のとおり。「朝鮮義勇隊は祖国中国の抗戦に参加しているのだ、と心得る中国人がいる。……朝鮮民衆は中国民族の一部で、朝鮮はもともと中国の版図で日本に奪われた、勝利の暁には東北ともども朝鮮も回収しなければならない、という。こんな認識は根底からまちがっている」（如松「論朝鮮義勇隊在革命運動中的地位——糺正両種錯誤的認識」『朝鮮義勇隊通訊』一九四〇年九月一三日。中国語文献）

「韓国の光復運動の目的も中国の抗戦と同じく、内には民族の自存、外には国の独立を求めることである……不幸にも、心ない中国人が韓人に『韓国はもともと属国だから必ず回収する』『独立を許すかどうかはその時考えればよい』などと言えば、影響する所いかばかりか」（厳大衛「国際情勢之転変與弱小民族応有之覺悟」『韓民』一九四五年四月二〇日。中国語文献）

(25)　小倉進平は「元来朝鮮人は古くから自国を以て支那の一地方と考へることに於て満足して居た」と言い、自国を「郷」（いなか）と表記した文例をいくつか挙げている（小倉［1974］pp. 26–27。原載は一九二四年）。今日モロッコやアルジェリアがアラブ世界の国であるように、旧朝鮮は中華世界に帰属し、それを誇りにしていた（一八世紀末、朴趾源は「明の帝室はいまなお、鴨緑江以東に存続している」と記している。『熱河日記1』。朴趾源［1978］p. 5）。光復が中国によって実現したとすれば、かつての小中華が何事もなく大中国の懐に入っていったとしても、何の不思議もない。

(26)　孫文［1957］pp. 36–38（『三民主義』の成書は一九二〇年代）。孫文は根拠を示していないが、自明の事実と考えていたのだろう。章炳麟の見解は「中華民国解」による（『章太炎全集　四』に収録されている。pp.

256–257。原載は『民報』一九〇七年第七号。太炎は章炳麟の号。中国語文献）。

（27）三国時代の後、尚文賤武が国風となり、外戦は失敗続きだった。一九世紀に朝鮮で布教にあたっていたフランス人宣教師は、朝鮮軍は弱く、兵士は危険が迫ると逃げることしか考えない、と書いている（ダレ［1979］p. 270。原著は一八七四年）。半世紀後の朝鮮戦争のときも、韓国兵は中国に潜在的恐怖心をもっているらしいと米軍に評されている（陸戦史研究普及会編［1971］p. 28）。ほかにハメル［1969］p. 165（成書は一七世紀）、李東熙［1982］pp. 170を参照。

（28）当時列国は、（中国の宗主権を公認はしなかったが）中国を通じて朝鮮に働きかけるという便宜手段をとっていた（「朝鮮開国の前」四方［1951］p. 240）。朝鮮は独立国であり、またそうあるべきだという立場を明確にしていたのは、日本だけだった。

（29）重慶で発行されていた『新蜀報』の社説「抗日のための中韓民族連合の必要性」（一九三八年四月一八日付。中国語文献）は、中韓両民族の間には親善と文化交流の歴史があったが、「両民族が内政の革新と民族の独自文化の創造を準備していたまさにその時、不幸にも、突如東方から闖入してきた暴徒日本帝国主義がその侵略手段を用いて生存を脅しはじめた」としている。

（30）英紙『タイムズ』は、「（日本は）彼らを独立した国民に育て上げる仕事に着手した。最初の一歩は、中国の軛から無理やり解放することだった」と述べている（一八九五年八月二〇日付。本記事のタイトルはない。『事典』〈第2巻〉本編、p. 701）。

（31）『童蒙先習』を参照。古来朝鮮の人々は、自国が中国に次ぐ「世界第二」の地位にあると考えていた（王明星［1996］p. 381。中国語文献）。

（32）千寛宇［1976］pp. 254–255。原著は一九七四年。

（33）千寛宇前掲書 p. 280。

（34）韓国電映振興委員会［2010］pp. 81–83。中国語文献。

（35）赤松・秋葉［1997］p. 1（上巻。原著は一九三七年）、赤松・秋葉［1997］pp. 319–320（下巻。原著は一九三八年）。李朝時代、「巫堂」（ムーダン、巫道に仕える人）は賤民とされたが、今日においてもこれは依然差別語でありつづけている。ほかに村山［2003］pp. 2–3を参照（原著は一九三一年）。

（36）前間［1974］p. 421。
（37）浅川［1934］pp. 141-142。
（38）久志［1974］p. 44。原著は一九四四年。
（39）関野［1932］pp. 98-99, p. 103, pp. 107-108。
（40）金炫淑［2015］pp. 18-24, pp. 38-40。
（41）金炫淑前掲書 p. 331。富田は鉱山業などで成功した実業家で、一九〇四年頃に高麗青磁の製法の復元に着手した。
（42）出川［2005］p. 29。「出現復活」は久志［1974］p. 521（原著は一九四四年）。
（43）一八世紀の初頭、済州島に赴任した地方官。わずか一年の在任期間中に、一三〇余の仏宇を焼き払ったという（張籌根［1982］pp. 73-75。第三章参照）。
（44）慶尚北道の民家で発見された解例本は実際に反故として使われ、別の書の用紙にされていた。
（45）小倉［1924］pp. 27-28。郷言・郷語、郷楽、郷伝は、それぞれ、朝鮮の言葉、朝鮮の音楽、朝鮮の伝説を指す。郷歌も同じ範疇に属する文字列（「郷の歌」）で、和歌や倭歌、「やまとうた」のような熟した語になっていたわけではない。なお梁柱東は「郷歌」に卑下のニュアンスがあることを嫌って「詞脳歌」の呼称を提案したが（張徳順［1983］pp. 89-90）、結局「郷歌」が定着したようだ。
（46）古楽の採譜については、藤井［2017］pp. 111-114, pp. 149-151, pp. 163-165を参照。ただし石川が採譜した曲の多くは、朝鮮戦争で失われたという（石田［2005］p. 365）。
（47）高田良信「百済観音の伝来と名称起源の考察」（高田良信総監修『百済観音』法隆寺一九九三年に収録されている。pp. 86-97。高田は法隆寺管長）。朝鮮の陶磁器については出川［2005］p. 49を参照。青磁・白磁は磁石成分の少ない半陶半磁のもので、柿右衛門、伊万里のような、いわゆる磁器（porcelain）ではない。磁器を作っていなかった国から製法が伝わったとは、考えがたい。
（48）王仁神社奉賛会［1933］pp. 6-15。一九二九年九月、神社建設事業の代表者が斎藤総督に説明したところ、次のような反応だったという。
「総督は、喜色満面として直ちに賛意を表され、日鮮融和、思想善導の上に於て、是れに越ゆる美挙なく、是非其の達成に奮闘努力すべき旨激励され、爾近神社建設に就ては全力を挙げ援助を吝まざる旨宣言さる。尚ほ王仁博士の功績は唯に内地人のみにより讃ゆべきものにあらず、寧ろ朝鮮を主体とし大に彼の地に於て、宣伝称揚すべきものなる事を力説さる」(p. 14)

(49) 川島［1940］pp. 2–3。朝鮮神宮の境内にあった朝鮮五葉松が移植された。

(50) 小磯国昭朝鮮総督は「韓国合併といふことは、全く不自然に離れてゐた二つのものが元の以前の姿に還つて一体となつたものであつて、これ取りも直さず、神意に出で、天意により、歴史が宿命的な帰結に達したものに過ぎないといふことが申せるでありませう」と述べている（鈴木［1943］p. 17）。『京城日報』の社長を務めた徳富蘇峰は、朝鮮人志願兵訓練生に対する講演で、神功皇后も実は朝鮮系の皇后で三韓征伐は故郷に帰られたのであり、併合は二つに分かれていたものが一つになったのだと力説している（『緑旗』一九三九年一二月号、p. 16）。この種の言説は、知識層に属する日本人が好んで口にしていた。

(51) 高麗大学で開催された学会で、次のように発言している（金東旭［1975］p. 158）。

「数千年の文学を持ちながら、その科学的な研究である『郷歌及び吏読の研究』を、一九二九年、小倉進平にその栄誉を譲らなければならなかったことは、韓国民族の人文科学研究史上、韓日合併に劣らぬ一大恥辱的事件でもあった」

しかし小倉が研究に着手したとき、朝鮮語学は日本の学界からかえりみられず、彼の論文に対する反響も皆無に近かった（前間恭作『処容歌解読』に寄せた小倉の序文。『前間恭作著作集〈下〉』p. 410）。韓国の歴史教科書は、小倉にはまったく言及していない。

(52) 出川［2005］pp. 28–29, pp. 248–252。朝鮮にある古陶磁（朝鮮朝中葉以前のもの）のほとんどが出土品で、保存状態は良くないという。奥平［1936］p. 1をも参照。

(53) 尹学準は、韓国では通常食器は真鍮で、陶器は貧民が使うものだったという。

「茶の湯で使われるあの井戸茶碗や三島茶碗を、日本人たちがまるで宝物のように珍重し、ありがたがっているのを見て不思議でならなかった。……あんな不細工な物のどこがよくて、あれほど大事にしているのだろうと心底思ったものだ。後に『井戸』も『三島』も朝鮮の舶載品だと知り、日本人のこころがますます分からなくなった」（尹学準［1996］pp. 147–148）

（54）Kohli［1994］p. 1285。
（55）全海宗は、歴史研究に及ぼした中国と日本の悪影響を「中毒と倭毒の創痍」と表現している（全海宗［1990］pp. 8–9。韓国語文献）。本文の「倭毒」はこれを借用した。
（56）愼根縡［1995］pp. 286–318（韓国語文献）。ほかに李在銑［1972］p. 308（韓国語文献）、金台俊［1975］pp. 287–288（原著は一九三九年）、梁賢恵［1996］p. 51を参照。
（57）座談会における金允植の発言（東京・韓国研究院／国際関係共同研究所［1979］p. 112）。
（58）「京城各学校入学案内」『三千里』一九三六年二月号、pp. 204–208。朝鮮語を入試科目にしていたのは、延禧専門学校、槿花女子実業学校、協成実業学校だけである。なお普成専門学校で教鞭をとった安浩相（初代の文教部長官）は、戦後に行なわれた座談会で、自分は韓国語で講義したため日本人に憎まれたと述べている（『アジア公論』一九七三年八月号、p. 150。この人は外国生活が長く、日本語が得手でなかったためと思われるが、これからも普成専門学校での主たる授業言語が日本語だったことがわかる）。
（59）金達寿［1958］p. 36。ほかに全海宗［1973］p. 5を参照。
（60）金允植［1975］p. 171。
（61）金東仁［1988］p. 326（原載は一九四八―四九年。韓国語文献）。南富鎮［2006］p. 79を参照。
（62）『第二次大戦回顧録13』チャーチル［1952］p. 97, p.218。
　アメリカにいたっては、これに輪をかけ、当時「中国に殆ど英帝国に比すべき戦闘力があると思い、中国の陸軍をロシアの陸軍と同程度と見ていた」（同 p. 217。チャーチルも、さすがにこれには辟易した様子を隠していない）。日米開戦直前の時点での、ハル国務長官の認識は次のようなものだった。

「一〇〇万の兵を抱える日本軍は、中国全土を征服することができなかったばかりか、一部地域の保持にも多大の努力を払わざるをえなかった」「一九四一年までのアメリカは、中国がアメリカを必要としていたと同じくらい、中国を必要としていたのである。あるいは、それ以上であったかもしれない。中国が一〇〇万の日本軍との戦いを続行した場合のみ、南太平洋の米英軍は大日本帝国の陸海軍を封じ込める希望が持てた」（アトリー［1989］p. 115, p. 272）
（63）『戦史叢書　一号作戦〈3〉廣西の会戦』防衛庁防衛研修所戦史室［1969］まえがき。

(64) 作戦目的として、南方との陸路による連絡（打通）も中途で検討はされたが、二兎を追うものとされ、最終的に飛行場の制圧に集約された（『戦史叢書　一号作戦〈1〉河南の会戦』防衛庁防衛研修所戦史室［1967］pp. 26-29）。岡村寧次（支那派遣軍総司令官）は戦後、「素手で飛行場を取りに行った」と形容している（伊藤［1973］p. 298）。対日爆撃の拠点としての中国の位置づけについては、チャーチル［1952］p. 256を参照。

(65) タックマン［1996］p. 541。蒋介石の目的は、中国の「外で」日本が敗北するまで、権力を握って生き残ることだったという。真珠湾以降対日戦の主役はアメリカとなり、中国にとって戦争は乗り切ればよいものとなった。無理をせずに戦い、援助を貯め込んで、彼が「中国のなかのソ連（蘇俄在中国）」とみなした中国共産党との戦いに備えるのが得策、ということになる。アメリカは心外だっただろうが、国民党政府としてはそれなりに合理的な戦略というべきである。王秀鑫・郭徳宏［2012］p. 433も参照。

(66) タックマン前掲書 p. 572、王秀鑫・郭徳宏前掲書 p. 629、武月星［1995］p. 271（中国語文献）を参照。以下はイギリスの史家の論評。

「中国の三十四個師団が知らぬ間に霧散した」「中国の空軍基地があまりに危険になったため、米国軍が耐え切れなくなった。米国軍は中国南東部全域の空軍基地を次々に放棄せざるを得なくなった。日本軍の攻勢の道筋で、貴重な装備や補給物資が破壊されていった」（『トータル・ウォー　大東亜・太平洋戦争編』カルヴォコレッシー／ウィント／プリチャード［1991］p. 484）

(67) 日本陸軍は、アメリカが一九四五年五月を目途に、中国軍二〇〇個師団の米式装備化を推進していると分析していた（『戦史叢書　一号作戦〈3〉廣西の会戦』［1969］p. 685）。

(68) 「大陸の日本軍を守勢に——といっても中国軍に装備し、活を入れて戦わせることができたとしての話だが——追い込む可能性も出てくる。これはアメリカからみれば、南西太平洋の湿気の多い島々のジャングルを米軍を使って小刻みに取ってゆく、緩慢で、困難で、犠牲の多い戦いを進めるより、はるかに望ましいことであった」（一九四三年初頭の、アメリカ陸海軍の認識。タックマン前掲書 p. 403）

(69) タックマン前掲書 p. 454。

(70) ピーター・ヤング（イギリス陸軍士官学校戦史部長）による形容（『第二次世界大戦全作戦図と戦況』ヤング［1975］p. 187）。

(71) タックマン前掲書p. 528。この戦績からは弱兵とされてもしかたがないが、総統参謀長スチルウェルは、中国兵の本来的な資質を高く評価していた(このときの国軍兵士の多くはのち人民解放軍に編入され、朝鮮でアメリカ軍と互角に戦ったことを想起すべきである)。兵力は大きく、アメリカ陸軍航空軍の支援も受けられたのに、夜間の行軍に頼る日本軍に完敗したのは、長く続いた観戦政策が弛緩をもたらしたためと考えるべきだろう。日本にとって中国戦線は対米戦争の最前線と化し、アメリカ空軍基地の攻略は超重要の課題となっていた。中国は状況の変化を見落とし、乾坤一擲の攻勢に出た日本軍に虚をつかれる結果となった。

(72) スチルウェルは蒋介石総統の参謀長となり、中国・ビルマ・インド戦域アメリカ陸軍司令官を務めた。最終階級は大将。

(73) タックマン前掲書p. 529, p. 553。

(74) 日本軍は点と線を確保していただけとする向きもあるが、人口一億を超える広闊な土地に、六〇万の兵が面的に展開できるはずがないし、その意味もない。これが「点と線」なら、二個師団しか配備されていなかった朝鮮では、「点」だけ確保していたことになるだろう。

(75) イギリス軍のハーコート提督が香港に到着したのは八月三〇日で、正式降伏を容れたのは九月一六日となった(『第二次大戦回顧録24』チャーチル[1955]p. 193)。

(76) ルーズベルトは、戦争から早々と脱落したフランスには報いが必要だと考え、蔣介石にベトナム接収の準備をするよう求めていた(フィッシュ[2017]p. 110、タックマン前掲書p. 485)。一号作戦による事態の急変がなければ、中国がアメリカの了解を得て、インドシナ全域を支配下に置いた可能性は十分あっただろう。

(77) 毛沢東は状況を中国対日本ではなく、「蔣」「日」「我」三勢力鼎立の局面として捉えていた(李雲漢[1986]p. 330、歴史教学研討会[1988]pp. 383-384、陳木杉[1994]p. 223を参照。中国語文献)。

一九三七年九月の軍幹部に対する講話で毛は、中日戦争はわれわれに絶好の機会を与えており、今後は努力の七分を党の発展、二分を「応付」(国民党を適当にあしらうこと)、一分を抗日にあてると述べている。現実の戦績もそうしたもので、日本軍を撃破したという「百団会戦」「平型関大捷」は治安戦の域を出ない小戦闘にすぎず、一九四〇年以降はこの種のものも影をひそめる。日本軍も延安の至近に展開していたのに、なぜか真剣に攻めこもうとした形跡がない。

蒋介石は、毛沢東と岡村寧次（当時、北支那方面軍司令官）の間に、①共同して政府軍に打撃を与える、②日本軍は共産側に小型兵器工場一〇を提供する、③共産側は政府軍の作戦を日本軍に通報する、という密約があったとしている（『蔣介石秘録〈下〉』p. 355）。この真偽のほどはともかく、両者に何らかの意思の連絡があったことは今日ほぼ確実視されている（謝幼田は、一九四〇年末には、互いに攻撃しないという黙契が成立していたという。謝幼田［2006］p. 223）。イギリスの軍事史家ビーヴァーは端的に、毛沢東は日本軍と裏取引をしていたとしている（ビーヴァー［2015］p. 197）。

（78）鄧小平の発言を参照（三岡［1977］p. 72）。

（79）共産党は一九八〇年代以降、国民党が抗日戦に寄与したことを認めるようになり、最近では、国民党が正面作戦、共産党が敵後方での遊撃作戦を担当し、連携して戦ったことにしている（王秀鑫・郭徳宏、前掲書序文 p. xv）。これでも不徹底な認識だが、今の中国がこの先に踏み込むことは難しいのだろう。

（80）ドイッチャー［1967］pp. 134-135。なお鄧小平は、一九七七年に訪中した元陸将三岡健次郎に、次のように述べている。

「われわれは八路軍として三ヶ師だけであったが、日本が蒋介石を重慶まで押し下げてくれたので、日本軍の占領地域の後方に広がり、八年の間に一二〇万に増え、さらに数百万の民兵までつくった。抗日戦争の後、米国は蒋介石軍四〇〇万を装備し、蒋介石はこれでわれわれを攻撃したが、われわれは一二〇万をもって三年でこれを打ち破った。それ故、皆さんだけを責めるのは不公平と思う」（三岡［1977］p. 72。林彪［1965］p. 86も参照）

日本軍と共産党は言わば持ちつ持たれつの関係にあり、相互間に自然に了解ないし黙契が成立していたとしても、不思議はない。蔣介石は次のように認識していた。

「国民政府は日本軍と中共軍との両面作戦を行なっていた。日本軍が侵略を重ねるたびに、中共軍は国軍の包囲を突破してさらに発展する機会を得た。国軍は日本軍と中共軍からはさみ撃ちされていよいよ受身の地位に立った」（蒋介石［1962］p. 72。原著は一九五七年）

（81）ビーヴァーは、一号作戦は国民党軍に「圧倒的打撃」を与え、共産党軍にとっての「干天の慈雨」になったと形容している（ビーヴァー［2015］p. 193）。

(82)　毛沢東は佐々木らに次のように述べているが、これは以前に会った日本人（一九五六年遠藤三郎元陸軍中将、一九五八年南郷三郎日中輸出入組合理事長、一九六一年黒田寿男社会党国会議員）に語ったこととほぼ同じである。

「（日本の友人は）日本の皇軍が中国を侵略したのは申し訳ないことだ、と言いました。わたしは、そうではない！　もしみなさんの皇軍が中国の大半を侵略しなかったら、中国人民は、団結して、みなさんに立ち向かうことができなかったし、中国共産党は権力を奪取しきれなかったでしょう、といいました」「日本軍国主義は中国に大きな利益をもたらし、中国人民に権力を奪取させてくれました。みなさんの皇軍なしには、われわれが権力を奪取することは不可能だったのです」（『毛沢東思想万歳』東京大学近代中国史研究会［1975］pp. 186–187）

最後の章句は、含みも、誤解の余地もない、端的な言明である。日本では、東洋豪傑風の大談、あるいは大人毛沢東の日本人への気くばりなどとする人がいるが、そうではないのだろう。これが本心だったことは、一九五六年に彼と会食したエドガー・スノーの回想からもあきらかである。

「毛沢東は日本軍のおかげでおおいに助かったという。日本軍が条件を整えてくれたので、共産党の指導するゲリラが兵力を増強し、支配地域を拡大することができたというのだ。今日、日本人がやってきて過去を謝罪しても、彼は反対に感謝するという」（スノー［1986］p. 155）

毛沢東の侍医だった李志綏の暴露本『毛沢東の私生活』にも、毛はかねがね、共産党が内戦に勝ったのは日本のおかげだと語っていたとある（李志綏［1994］p. 553）。前掲鄧小平発言も同趣旨のもので、共産党指導部が同じ認識を共有していたことを示す。

(83)　毛沢東は佐々木らに対してこう述べている。

「日本は確かに、偉大な民族だからです。日本は、敢然とアメリカと戦い、イギリスと戦い、フランスと戦いました。かつて真珠湾を爆撃したことがあり、フィリピンを占領したことがあり、ベトナム、タイ、ビルマ、マラヤ、インドネシアを占領したことがあります。インドの東部まで攻めていったことがあります」（『毛沢東思想万歳』p. 189）

その三カ月前、当時中国と友好関係を深めていたザンジバルの客人にも同趣旨のことを語り、日本が今の半独立の状態に甘んじるはずがないと述べている(もとより、日本人のいない席である。同 p. 161)。
(84) 大澤 [2016] p. 112。
(85) アメリカは日本打倒の時期を、開戦前は一九四八年頃、四三年八月時点では対独戦終結一年後と想定し、四五年初頭になってもなお年内は無理と考えていた。島の少ない北太平洋の反対側にある日本の攻略は容易ではなく、日本が「現存艦隊主義(fleet in being)」(決戦を避けて戦力を温存し、敵艦隊の行動に一定の制約を加えることで満足する戦い方)に徹していれば、アメリカの進攻を遅らせ、一号作戦の成果を一定期間享受しえたと思われる。かりに東西対立が先鋭化する時まで持ちこたえれば、(日本帝国の消滅は共産圏の拡大を助けるだけだから)アメリカが継戦意思を失った可能性もある。しかし過去の成功体験に捉われたためか、日本海軍は「戦うべき軍艦が一隻もなくなってしまうまで」ひたすら決戦を求め、自滅していった(ウッド [2009] p. 176)。
(86) アメリカの指導層や兵士の心情については、ファイファー [1995] pp. 413-417を参照(「沖縄戦の経験から、指導者たちは、進攻の対価は高すぎて払えないことを確信していた」p. 413)。本土に近づくにつれ日本の抵抗は激甚の度を加え、その戦いぶりはアメリカの戦争指導部に巨大な心理的圧力を与えていた。硫黄島の難戦に引き続き、沖縄戦の死傷が(ノルマンディ作戦の一〇倍を超える)四万に達したことは衝撃的な事実で、人口面積ともに百数十倍の本土の攻略に、途方もない犠牲が生じることは確実と思われた。アメリカ陸軍は死傷を一〇〇万人と見込んでいたが、対独戦を比較的わずかな犠牲で乗り切った国としてはこれは受け入れられる数字ではなかった。弱体を暴露した中国軍をあてにはできず、かといって際限のない殺し合いを独力でやりぬく覚悟はなく、交渉で終戦に持ち込む以外方法はなかった。
ポツダム宣言で、米英中三国は「以下はわれわれの条件である」(五項)として、日本の中核的領土の保全(八項)、日本兵のつつがない帰国(九項)、一定の産業の維持(一一項)などを保証し、日本はこれに国体護持の条件をつけて合意が成立した。
(87) フィッシュは「ルーズベルトのプラン」を次のように説明している。
「中国は、極東を取り、合衆国は太平洋を得る。そして英国とロシアは、ヨーロッパとアフリカを得ることになる。しかし英国は、植民地に主な権益を有するがために、ヨーロッパでは、ロシアが、優越的立場を占める

であろうとも推定される」（フィッシュ［1985］p. 181）

ルーズベルトは、アジア諸国はいずれ米中枢軸の周りをまわるようになると確信していたという（カルヴォコレッシーほか前掲書 p. 475）。ほかにタックマン［1996］p. 16を参照。一号作戦はこうしたビジョンを、大陸における中華民国の存在もろともに葬り去ったのである。

(88) ミアーズ［1995］p. 79。古代も中世も持たないアメリカは、文明の成り立ちからして日本とあまり共通点がなく、もともと話が合わない国だった。アメリカは、戦前大規模な排日運動がおきた稀な国で、加えて開戦の経緯を知らされていなかった国民は一方的なだまし討ちにあったと信じこみ、ドイツ以上に日本を憎んでいた（ミアーズ［1995］p. 31、岡本［2002］p. 42、フィッシュ［2017］p. 264を参照。国務省の認識はアトリー［1989］pp. 126–127を参照）。

以下は終戦後焦土の日本に入ったスチルウェル大将の所感。

「『反っ歯の畜生めら』がいまは木材とブリキの切れっぱしの掘っ建て小屋に住み、地面をひっ掻きまわして葱を植えているのを睨みつけて、残酷な喜びを感じた。……『われわれは破壊のさまに満足し、良い気分で帰ってきた』」（タックマン［1996］p. 541。二重カギ括弧はスチルウェルの日記からの引用）

(89)『対独アメリカ教育使節団報告書』（一九四六年）には、次のような一節がある（藤本ほか［1995］p. 219）。

「ナチズム（Nazism）という悪性の病いは、あらゆる文化領域に浸透し、それらをむしばんだ。しかしながら古代ギリシャやローマを別とすれば、ドイツという国ほど、われわれの文明の共通の財宝づくりに豊かに貢献した国はなかったのである。ドイツの教育制度を考えようとするばあい、ドイツ文化の功績にたいしてあえて目をつむったり、感謝の念を欠いたままでいることはできない」

こうした姿勢は、日本に対してはかけらも見出せない。ドイツの問題はナチズムという「悪性の病」だが、日本の問題は「日本」だった。アメリカはドイツからはナチズムを、日本からは日本を除去しようとしたのである。

(90) 九月二七日、天皇はマッカーサーを訪問し、「私は、国民が戦争遂行するにあたって、政治、軍事両面で行なったすべての決定の全責任を負うものとして、私自身を、あなたの代表する諸国の採決に委ねるため、お訪ねした」という発言があったとされる。日本の責任を丸ごと認め、自分の処分を貴方にゆだねるという態度にマッカーサーは感銘を受け、天皇の訴追をやめたというのだが、出先の軍司令官の感性でこんな大事を決定できるわけがない。子供騙しの説明だが、これで連合国側から申し出た終戦が、日本の無条件降伏に事実上すり替わったことはたしかである（記録は公開されておらず、真相は藪の中だが、おそらく大きな取引があったのだろう）。

（91）『アメリカ教育使節団報告書』村井［1979］pp. 56–58。文字の変更が文化の継承に及ぼす影響も意識はされていたが、異常に軽く扱われている。ＧＨＱは一九四六年三月に報告書を受け取り、これを「民主主義的伝統における高い理想の書」と称賛するマッカーサーの声明が発表された（同 p. 150）。

（92）二七名の教育使節団の中に、日本の言語、文化、歴史などの専門家らしき人は見あたらないが、真実日本語を改革するつもりだったとすれば、これはありえない話である。根本の目的が今あるものを潰すことだったから、日本についての知識や見識は必要なかったのだろう。ミアーズは、当時のアメリカ人は、過去の日本がどうであったかなどどうでもよい、思いどおりに日本を変えればよいと考えていたという（ミアーズ［1995］p. 60）。

（93）ミアーズ前掲書 pp. 80–81。

（94）「一四九人」には、ＧＨＱ管轄のいわゆる東京裁判による刑死者七人を含む。他にイギリス、オーストラリア、オランダ、フランス、フィリピン、中国が管轄する戦犯裁判で死刑になった八四八人を加えると、処刑された日本人は約一〇〇〇人になる（新人物往来社［1993］p. 281）。

（95）神宮祭主は梨本宮守正王。半年の拘禁後釈放されたが、これは神道指令（一九四五年一二月）を念頭においた揺さぶり、皇室への脅迫の意味合いがあったのだろう。

（96）ほかに元始祭（皇位の元始を寿ぐ祭祀）、新年宴会（新年の到来を寿ぐ宮中の宴）、紀元節、明治節などがあった。（アメリカの戦没者記念日、退役軍人の日のような）諸外国に多く見られる、戦争や軍事にかかわる記念日がないことが特徴である。

（97）村井［1979］p. 44。

（98）「三笠」は（ワシントン軍縮条約で）アメリカを含む各国の了解を得て保有を認められていたが、艦橋や砲塔など上部構造物を失って哀れな姿となり、日本国民に国の零落を思い知らせた。ソ連の要求を受け入れたという話もあるが、決定し実行したのはアメリカだという事実は動かない（取り壊し前の「三笠」の映像記録を残し、撤去した装備や構造物の一部を保管する程度の配慮もなされなかったが、これもソ連の要求だろうか）。世界史の一部となっているものへのこうした凌辱は、「コンスティチューション号」（アメリカ独立戦争の記念艦）を毀つのに相当する蛮行で、占領政策の真面目を自ら暴露したものと言えよう。

(99)　小泉［1958］pp. 248–249。

(100)　一一月に発表された案によれば、火力発電所の半分、鉄鋼生産能力六五〇万トン中の四〇〇万トン、アルミニウム精錬所の全部、工作機械製造能力の半分、航空機とベアリングの製造工場の全部、大規模造船所二九のうち二〇、（新式）苛性ソーダ製造プラント四一のうち二〇を撤去することになっていた（通商産業省通商産業政策史編纂委員会［1991］pp. 57–58。なお苛性ソーダ工業は、当時の化学工業の基幹部門である）。現物賠償にあてるというのだが、当時のアジア諸国にこんなものを搬入してもあまり意味がないことはわかっていたはずで、「剝ぎ取る」ことが重要だったのである。

(101)　通商産業省通商産業政策史編纂委員会、前掲書、p. 57, p. 55を参照。連合国軍最高司令官の任務は日本の非軍事化で、日本経済の復興、日本人の生活水準の維持には責任を負わないとされていた（Basic Directive for Military Government in Japan Proper November 3 1945。大蔵省財政史室［1982］p. 65）。一九四六年二月、GHQの高官は有り体に、農民と中小商工業を基礎におく経済が作られれば日本は戦争できなくなる、と述べている（安藤［1966］p. 100）。熱い戦争が終わった後、アメリカは爆弾を行政的手段に代えて、戦争を続けていたのである。

(102)　ミアーズ［1995］p. 152。

以下は当時を生きた日本人の感慨である。

「戦災を受けたものを立ちあがらせてやろうといったような空気は微塵もなかった。ことに戦後の二年間というものはまったくひどい」（中島慶次王子製紙社長。薬袋［1958］p. 62）

「日本経済の民主化などとテイのよいことですが、日本経済を叩きつぶして再起不能にすることにあったのは疑いない」（江戸英雄三井物産社長。安藤［1966］p. 150）

「（アメリカの方針は）農業国にしてしまって、再び軍国主義国家として牙をむくことがないように、要するに去勢してしまうということだった」（郷司浩平日本生産性本部会長。日本経営史研究所［1976］p. 62）

財閥解体は、巷間、合理的な産業組織政策のように思われているが、実際にはその呼称から想像される政策よりはるかに大きなことが行なわれていた。GHQが実質的に監督する「持株会社整理委員会」に財閥家族の保有株式を強制的に移転して企業の管理主体を消滅させ、大企業経済を破壊することをもくろんだものである（三井物産、三菱商事が「とりつぶされた」のも、真の動機が何であったかを示す）。アメリカの思惑どおりにならなかったのは、日本の大企業がすでに従業員の結合体として組織されており、財閥解体後、新しい原理による企業の再生に成功したからである（Matsumoto［1994］pp. 8–30、松本［1983］第一章および第七章を参照）。

(103) ミアーズ［1995］p. 79。

(104) なりふり構わぬ掌返しは、一九四八年一月のロイヤル陸軍長官の演説で明らかにされた。その要点は、アメリカはこれまで日本の非武装化と、侵略精神のない政府の樹立に努めてきたが、世界情勢が変わったため、今後は日本を東アジアの全体主義に対する防壁にするというものである（『資料戦後二十年史2　経済』有沢・稲葉［1966］p. 19）。

(105) 日本の識字率の高さは、幕末・明治初に来日した西洋人がすぐに気づいたことで、二〇世紀も半ばになって、アメリカがこんな誤認をしていたとは考えがたい。かりに識字状況を知りたいということなら、（調査団が来日した）一九四六年初頭に調査が行なわれてしかるべきである。一九四八年になって取ってつけたように行なわれたのは、政策転換の名分を得るためだろう。

(106) 韓国は一九四八年に独立し、ドイツ連邦共和国（西ドイツ）は一九四九年に発足したが、日本の占領が終わったのは一九五一年のことだった。占領が六年八ケ月という異例の長さになったのは、ナチズムの一掃で済んだドイツと異なり、日本では国を組み替えたうえ、事後の復元を困難にする仕掛けを各処に作る必要があったからである。

(107) 一九四五年春の時点で、最前線では戦力逆転の兆候があらわになっていた。

「ぞくぞくとして空輪到達した支那軍は、かつて支那大陸で見たこともない精鋭であった。完全に米式装備をした将兵が、ダグラス空輸機のとびらが開くとただちにジープに乗って降り立ち、急速に戦場に展開する光景は、日本の将兵にはまったくの初ものであり、驚心愕目という姿でそれをながめるほかはなかった」「わが第二十軍は、従来のように支那兵を軽視することの不可能を現実に知っただけでなく、実際の戦闘においても、局部的に圧倒されるような形状さえ見えることがあった」(『帝国陸軍の最後5 終末篇』伊藤［1973］p. 40)
一九四五年五月、日本軍は大陸奥地から東海岸に向けて撤退を開始するが、一号作戦が発起されなかったなら、こうした事態はより早く、それも華北から満洲へ向かう形で始まったと思われる。

(108) 戦後外相となった崔徳新が、重慶での、臨時政府関係者とのやりとりを書いている。「小さくてみすぼらしい二階建ての建物が目に入った。瞬間、私は『あれがわが国を代表する臨時政府の庁舎なのか』と思い、複雑な感情にとらわれてしまった。『建物がみすぼらしいとばかりいわずに、国旗でも掲揚したら名分が立つのではないですか』。私がそういうと、彼は暗い表情となり、国民政府が許可をくれないのだというのであった」(崔徳新［1984］p. 22)

(109) 内田［2002］p. 265。カミングスは、駐中国アメリカ大使の話としてこの事実を紹介している。臨時政府に対する国民党の傲岸な態度は、当地のアメリカ外交官に広く知られていた(カミングス［1989］p. 412)。

(110) 「準縄」は両者の協定ではなく、中国軍事委員会の規則である。韓国光復軍は同委員会に直属し、中国軍参謀総長が掌握運用するものとされた。「韓国域内に進入するまで」という限定がなかったことは、建国過程への中国の関与を予定したものと見ることもできる(朴成壽［1985］p. 362。韓国語文献)。一九四五年五月、光復軍は臨時政府の管轄に移されたが、このとき中国軍は内陸に押し込まれ、韓国光復は現実的な課題ではなくなっていた。人も集まらず、いっこうに大きくならない光復軍は、もはやどうでもよい存在になっていたと思われる(ただし中国が指揮権を手ばなすことは、最後までなかった。石源華［1995］p. 68、徐万民［1996］pp. 286–287を参照。中国語文献)。

(111) 崔徳新［1984］p. 23。ただし馬彦の『李青天伝』には、総務処長には韓国人があてられたとある(馬彦［1997］pp. 671–672。中国語文献)。司令部将校の数と内訳については内田［2002］p. 258による。

(112) 『アジア公論』(一九七六年三月号・四月号)は、以下のような宣言書・建白書・檄文を採録しているが、どれにも「光復」の文字はない(一九二三年に申采浩が執筆した「朝鮮革命宣言」はこのリストにないが、同じく「光復」の語は見出せない)。

東京留学生(二・八)独立宣言文、三一独立宣言書、間島における独立運動集会宣言書、ウラジオストク新韓村の独立運動集会宣言文(以上は三月号。pp. 303-317)、琿春の独立運動集会宣言書、大陸大韓独立団の独立宣言書、間島正義団長徐一の建白書、朝鮮独立の書(韓龍雲)、および国内外で書かれた一八の檄文(以上は四月号、pp. 293-316)。

(113)「光復」の語義は、「前の事業を再興する、旧業を恢復する、復興」(諸橋『大漢和辞典』)、「勝利して失地を奪回する、旧業を回復する」(『熊野中国語大辞典』。六世紀の南齊書の用例をあげている)である。李朝の旧業の恢復を唱えた民族主義者は見あたらないし、「光復」は独立運動の旗印にはふさわしくないように思われる。

(114)ルーズベルトの記憶によれば、カイロ会談で蔣介石が持ち出した当初の要求には、「満洲と朝鮮の再占領」が含まれていたという(カミングス[1989] p. 163)。ただし残された公式記録では、蔣介石は朝鮮の独立を希望すると発言したことになっている。なお戦争末期、支那派遣軍は政府の意を受け重慶工作に着手し、満洲国以外はすべて投げ出す腹で(華北と満洲の境の)山海関まで兵を引くと申し出たが、中国側の回答は「釜山まで」ということだった。当事の中国の胃口の大きさを示すもので、総司令官岡村寧次は、開きが大きすぎたと戦後回想している(稲葉正夫編『岡村寧次大将資料〈上〉』稲葉[1970] pp. 134-135)。

(115)カミングス[1991] p. 412。

(116)鄧孔昭[1992] pp. 394-396。中国語文献。

(117)金錫源の言葉は、一九四八年に出版された民族政経文化研究所編『親日派群像 予想登場人物』に載っている(キム・ハクミン〔김학민〕/チョン・ウンヒョン〔정운현〕『親日派罪状記』ハクミン〔학민〕社、一九九三年に収録されている。pp. 343-476。引用箇所はp. 382。韓国語文献)。「数千人」云々については、多くの親日派追及本・日本糾弾本と同じく、裏づけとなる資料の提示がなく、真偽が確認できない。法螺話のようにも聞こえるが、勇猛な前線指揮官だった金錫源が多くの敵兵を戦死させたことはたしかである(金錫源中佐は、朝鮮語雑誌『朝光』一九三九年九月号のインタビュー記事で、東原付近で五〇〇の兵を率い三〇〇〇の敵を破った体験を語っているが、これに尾鰭をつけたのだろうか。金錫源[1939] p. 120。韓国語文献)。

(118) カイロ宣言は朝鮮の独立を認めたというが、それには「そのうちに(in due course)」という修飾がついている(五項)。「(借りた金は)そのうち返すよ」という言い草と同じで、本心を忖度されてもしかたがないだろう。「独立」の中身も問題で、旧ソ連のウクライナ、ベラルーシはともに独立国の名義で国連に加盟していたことを想起すべきである。

(119) ゲイン[1951]p. 166。既述。

(120) コンスタンティーノ[1978]p. 327。「友愛的同化」は、フィリピン領有のさいマッキンレー大統領が行なった宣言のなかで謳われ、のちフィリピン統治の標語となった。ネビィンス/コマジャーの大著『アメリカ史』は、フィリピンの領有を次のように描写しているが、これが当時のアメリカ人の標準的な認識だったのだろう。

「改革、再編成、開発のための大事業がくわだてられた。イーゴロート人やモーロー人のごとき諸民族を相手に、アメリカ国民は、イギリスの著作家キプリングが『半分悪魔で、半分子供のように思える、あらたに捕えられた陰気な種族』と呼んだ人びとの教育訓練の仕事を開始した」(ネビィンス/コマジャー[1962]p. 455。原著は一九四二年。引用文中の注釈は略す)

虐殺行為には触れず、領有を教育の事業だったかのように書いている。

(121) カミングス[1989]p. 166。

(122) 鈴木[1997]p. 149。二〇年後に、次のような変化が現れたという。

「時代は急速にアメリカ文化の潮流に押し流されつつあった。米国は一八九八年のフィリピン占領以来、すべての教育を英語で行ってきた。それが二〇年ほどの間に、徐々に効いてきたのである」(鈴木[1997]pp. 162–163)。

議会や裁判所の用語が英語になり、官公庁の採用試験も英語で行なわれるようになった。ほかにコンスタンティーノ[1978]pp. 448–452を参照。二、三〇年も信託統治が続けば、朝鮮でも似たような状況になっただろう。

(123) 長らく朝鮮史の研究は、日本人にほぼ独占されていた。近年のアメリカにおける研究も、現代経済中心で、それもエコノミストや言論人によって行なわれている(木村[2004]p. 439)。

第七章

反日主義の成立

一九四五年一月一四日の朝、朝鮮総督府官房調査課長だった崔夏永[1]は、臨時の局長会議を開くので紙と鉛筆をもたずに参集せよとの連絡をうけた。午前一〇時二〇分から始まったその秘密会議で、朝鮮軍参謀長井原潤次郎中将が戦局を説明した。内容は、大勝と発表された台湾沖航空戦はじつは日本の惨敗で、海軍兵力はもはや底をつき、今後は進攻する敵を待ち受ける戦いになる、総督府は焦土作戦の準備にかかってほしいというものだった。衝撃で阿部信行総督の顔は蒼白となり、声をあげる者とてなく、会議は二、三分沈黙が支配したという。参謀長は場をひきとり、日本は遅くとも来年三月、早ければ今年一〇月までしかもちこたえられないと付け加えた[2]。

日本の敗北が確実なことが、この地に伝えられた瞬間である。総督府は以後敗戦を見越して動きはじめる。人々の生活は何ごともなくつづいていたが、朝鮮の運命はすでに決まっていた。日清戦争がつくりだした歴史の流れは、半世紀後、今ひとつの戦争によってふたたび、突然に進路を変えることになったのである。

1 突然の光復

光復の時この地でおきたことは、他に類を見ない異常で激烈なものだったように思われる。光復はあまりにも急に到来した。一九四五年八月の日本帝国の崩壊は、多くの韓国人にとって予想を越えた突然の終局だった。戦勢が傾いていることは一部には知られていたが、戦争が終末に向かっているという切迫感はとぼしかった。総督府さえ真相を知らされていなかったのだから、敗北の予感がなかったのは無理もない。勝利の連続だった日本の戦争の歴史、無敵皇軍のイメージは人々の脳裏に焼きついていた。日本が負けるかもしれないと思っていた人は、皆無に近かったのである[3]。

その思い込みを打ち消す材料はなかった。四周の戦線で後退していったドイツと異なり、日本は一九四三年から海洋の戦いは敗北つづきだったが、大陸の勢力圏は、一号作戦の進捗でむしろ急速に拡大していた。鉄道沿線の住民が後送される敗残の部隊を見ることも、失陥した占領地から半島人が命からがら逃げ帰ってくることもなかった。空襲も終戦の年の五月から鉄道に対し散発的に行なわれた程度で、一般民衆は概ね戦禍を免れ、疎開もごく局部的に行なわれたにすぎない。物資にも余裕があり、ソ連軍が北鮮に侵入した末期を除けば、あたかも戦火を免れた中立国が戦争景気を満喫するような状態が広まっていた[4]。終戦の切迫が実感できなかったのも、無理はない。

少し長い時間的視野からも、事態の唐突さがきわだつ。アジア・アフリカの各地では植民地帝国の衰退はかなり前から察知され、民族指導者は先のことと考えたかもしれないが、ともかくも独立の展望をもって行動することができた。とりわけ東南アジアでは、日本の侵攻によって欧米の支配は一掃され、現地人指導者の登場、武装組織の訓練、大衆の政治的動員、民族文化の高揚など、独立後の発展を準備する過程を持つことができた。

しかし日本帝国は、ごく直近の時点まで旺盛な活力を示していた。「『旭日昇天』のように東洋で威勢をふるい……民族の解放、朝鮮の独立は永遠に夢のような幻想と思えた」[5]（宋建鎬）。それは持続的な衰退の結果ほろんだのではなく、その絶頂期に、大戦争のただ一度の敗北によって、突然に崩壊したのである。

日本の敗北の可能性が多少とも意識されていれば、何らかの抵抗運動が生まれたかもしれないし、少なくともあれほどの熱意で皇民化を語る人は多くは出なかっただろう。日本から距離をおこうとする暗流が生まれ、それが解放後の事態に対する最小限の準備になりえたと思われる。

しかし現実に生じたことはその逆である。帝国への統合が進み、日本への傾斜がきわまったその極、光復がやってきた。新しい大地への着陸は大きな衝撃をともなった。皇民化は最高潮に達し、あの熱烈な戦争への協力（近藤釼一）の一瞬あとに、内鮮一体の道を黙々と歩んでいた（李漢基）その姿のまま、すべてがひっくり返ったのである[6]。

日本の敗北は民族史的観点からは解放を意味したにしても、大多数の個々人にとっては虚をつかれたような思いをともなった。終戦の五年後、咸錫憲が書いたことは、人々の内面世界の真実を語っているように思われる[7]。

「志士と言われた人たちもみな変節し、指導者と言われる人たちもみな妥協し、知識人もみな売られてしまった。……それが一九四五年八月十五日、突然解放になったのだ。きのうまで我々がしてきたことを互いに心に秘め見渡した時、きまりが悪くてすっきりしない状態であった」

人々の心の奥底にかりに反日がひそんでいたとしても、言動の実績として残らなかった。ほとんどの人が大東亜共栄圏の成立を確信し、皇民としての言動に終始していたから、まっさらな抗日歴を誇れる人は事実上いない。そこにあったのは、実もふたもない現実だった。きっと表が出ると思ってコインを投げたのに、出た目は裏だった。[8] 解放は突如天から降臨し、人々に賭けの負けを宣告していったのである。

2 隠された顚倒

一九四五年八月一五日、日帝の支配から解放され、暗黒の歴史に陽光が回復した。韓国の正史はこのように語り、またこのようにしか語らない。しかし本当にそうだったのだろうか。皇民化の徹底、聖戦遂行を熱っぽい口調で説いた民族指導者、志願兵の勧誘に全土を行脚した名士の言行は、青史にきざまれている。それがみな、強いられた、意に反するものだったとすれば、少なくともは、たからはその気配がみじんも見えない、完璧な演技と言うしかないものだった。[9]

「何故に我々は朝鮮語を、普通学校や高等普通学校で教へる必要があるのか。その必要は全然ないのである。朝鮮語への愛着は、保守主義のセンチメンタリズムである。私は進歩に味方する。絶えず一歩前進したい。過去のことより未来のことが大事だ。朝鮮語を廃止せよと私は絶叫する」（玄永燮《げんえいしょう》、評論家。自著『朝鮮人の進むべき道』、一九三八年）

「帝国が大東洋建設の聖業を遂行して行く過程に於て、国民は東洋に於ける他の凡《あら》ゆる民族を指導誘掖して行く立場に置かれてある」「内地の人々と共に、帝国々民として完全なる一体となつて、全東洋の他の民族を指導向上せしめて行くといふ共通の重大なる使命を課せられたことを深く覚悟すると同時に、それに対して無限なる矜持を感ずる。帝国の聖業遂行に参加し得ることは、何と喜ばしいことであり、矜《ほこ》りとすべきことであらう」（安龍伯、総督府学務局官吏。『朝鮮行政』誌所載。一九三八年）

「時局は益々進展して皇軍の向ふ所敵なく、漢口の陥落も今や目睫の間に迫った」「凡《おおよ》そ人類の歴史上最も重大且つ深刻な努力として戦争に比肩し得るものはない。戦争は歴史を創造する。この非常時には銃剣を執れる軍人は疆場《きょうじょう》に於て、銃後に立つ国民は其各々の職場に於て、僅かの期間中に平時の数十年又は数世紀に相当する飛躍をなし遂げ得るのである」（安東赫、中央試験所技師。『朝鮮行政』誌所載。一九三八年）

「志願兵制度の実施だけでは、我々はむろん満足できない。さらに義務兵制度にまで拡大強化されなければならない。我々の国民的誠意が天に達し、志願兵制の勅令が発せられた。この上さらに義務兵制の実施を獲得するために、我々は百パーセントの国民的情熱を表わさなければならない」（印貞植、経済学者。『三千里』誌所載。一九三九年。原文は朝鮮語）

「祖先の骨がうずみ、今もその霊魂が徘徊する地が満洲であることを、ここに銘記せよ。……日本帝国の力強い後援のもと満洲国が建設され、その一構成要素としてわが民族も参画が許され、帝国政府の国策として移住開拓が奨励されている以上、大陸への進出をためらう理由がどこにあろう」（李瑄根《りせんこん》、元『朝鮮日報』編輯局長、満蒙産業株式会社役員。『朝光』誌所載。一九三九年。原文は朝鮮語）

「御覧なさい、三十年前に比べれば今日の朝鮮はどんなに明るくて清潔でそしてすこやかで豊かになつたことか！　旧韓国時代の朝鮮と　陛下の朝鮮とは実際の所あの世とこの世の違ひがあることは余程の低能でない限り誰でも認める通りであります」（金文輯、評論家。『総動員』誌所載。一九四〇年）

「日本天皇は主権者であらせられるばかりでなく……キリスト、釈迦と同じ絶対者であらせられる」「我々は臣民として服従し　天皇を信仰することに依つて、そのまゝ宇宙の絶対者に仕へることが出来ると考へるのであります」（李恒寧、若手総督府官吏。『総動員』誌所載。一九四〇年）

「半島側の青年としては自己の皇民化的改造にいそしむべきである。よく日本精神を研究し、それを自分の精神とするやう日常努力することである。それにはまづ国語を完全に学習して真の母語になるやう努力し、神社参拝、その他の礼儀作法に慣れるやうにこれを習得し、身体も心も生粋の日本人になり切るやう毎日、時々刻々修行しなければならない。……半島青年よ、君に取つてこのことこそは、生命よりも大事なことなのだ」（李光洙、作家。『総動員』誌所載。一九四〇年）

「我々は有史以来の大きな国民的な課題に直面している。すなわち大東亜共栄圏の確立がそれである」「政治は芸術をその領域に引き入れ、芸術は政治のためその使命を果たす……政治の手足となり、政治のために不可欠のものにならなければならない。すなわち芸術と政治は二身同体とならなければならない」（柳致真、劇作家。『毎日新報』所載。一九四一年。原文は朝鮮語）

「この発興運動の先駆者は誰か？　言うまでもなく、日本帝国である。東洋の先駆者、守護者である。欧州勢力を三六年前に満洲から、二六年前に山東から清算後退させ、今は欧米の勢力を支那全域から清算する途上にある」「今後、東亜はもちろん大洋州に生きる諸民族の幸福のため全力を尽さねばならない。これは我ら黄人種の使命であり、日本帝国の聖業なのである」（申興雨、キリスト教会指導者。『三千里』誌所載。一九四一年。原文は朝鮮語）

「朝鮮人の運命は、帝国の運命とつながつてをり、分離することは出来ない。朝鮮の興廃は帝国の興廃にかゝつてゐる。新生朝鮮の進むべき道、それは帝国のためにつくす大道ぢや。南総督はわれら二千四百万同胞の父だ。半島の父この南さんが、われらに銃をとれといへば銃をとらう、鍬をとれといへば鍬をとらう。南さんが教へた内鮮一体の理念で世界を制覇するのだ」

(尹致昊、長い活動歴を持つ思想家、韓国国歌の作詞者。男爵。『三千里』誌所載。一九四一年)

「(天道教は)一つの傘下に大同団結し、皇道主義に立脚して新発足した。大東亜共栄圏の確立を目指す世紀の聖業が一日も早く凱歌をあげるやうわが天道教では、百万教徒が総起ちとなり、去る七日から廿一日間の予定で心をこめて特別祈願を行つて居る」(李鐘麟、天道教教領。『三千里』誌所載。一九四一年)

「内鮮一体も問題とはなり得ない。今はただ『日本臣民』があるのみである。上御一人　天皇陛下のもと生死をともにし栄枯をともにする、ただ一つの民があるのみである。……日本人と朝鮮人は今は合体した単一民族なのである」(金東仁、作家。『毎日新報』所載。一九四二年。原文は朝鮮語)

「『銃後は我らが守る』という言葉が、私たちの根本精神です。『海ゆかば』にある『大君のへにこそ死なめ　かへり見はせじ』というのは、前線、銃後のちがいこそあれ、皇国臣民なら誰もが持っている赤誠です」(金活蘭、女性最初の博士、梨花女子専門学校校長。『朝光』誌所載。一九四二年。原文は朝鮮語、一部日本語を混用)

「(半島人が)中核指導民族として活動するには是非国語を習得しなければならぬ一例として現に南方々面に半島青年の進出者があるが国語を知らぬ為め多大の不便を感じて居るのみならず、国語を解する元住《ママ》民から侮蔑される傾向さへあると云ふことである。我々は皇民化する上から云つても将来広々とした大東亜天地を舞台にして活躍する上から云つても、少なくとも三十歳以内の者は一人残らず国語を習得せねばならぬ」（李晟煥、農民運動家、元朝鮮農民社理事長。『大東亜』誌所載。一九四二年）

「軍人に賜はりたる勅諭の中には『朕は汝らを股肱と頼み』と仰せられてあります。この度の決定（徴兵制の導入。筆者注）は取りも直さず　陛下が我等二千四百万を股肱と頼み給ふたことを示すものであります。私はこの単純なる事実の中に汲み尽くし得ない感激を覚えるものであります」（崔載瑞、英文学者。『京城日報』所載。一九四二年）

「再び巡り来りたるこの幸ある日戦ひの中において、祖国の文化兪よ栄えつゝある姿を見て喜びに堪へぬ。今や大戦僅か一ヵ年にして、帝都『東京』はアジヤ最大の『藝術の都』となつた」「偉大なる戦果を別にしても、今わが東京へは満、華、蒙をはじめ東亜の各地より文化の使徒知識を求め、続々と集まりつゝあり、その盛観、長安の幾層倍にも達し、一李太白、一杜甫、一韓兪の詩文に比べるには、余りに大きく気高き新文化が発花せんとしてゐる」（金東煥、プロレタリア文学の代表的作家。『京城日報』所載。一九四二年）

「あの日（真珠湾攻撃の日。筆者注）の空はよく晴れて、青かつたことを覚えてゐます。『いよいよ始まりましたね』『霧が晴れたやうです』。顔を見合せると、お互いに口にする言葉で、みな緊張と興奮との渦巻きに活気を呈してゐました。街角に往来する人も、電車の中の人も、あの日は睨み合ひをすることなく、皆同じ同胞意識を呼び返してゐました」（崔貞熙、新人女流作家。『京城日報』所載。一九四二年）

「今や半島の子弟は銃剣を把つて、米英の横腹を突き刺すことが出来ることとなつた。現実に我々の血と生命を以て、建設の譜を描くべき時は来た。……戦場にともに起き、共にたふるる友と友の間に、玄海の隔たりを感ずることは絶対に不可能となるであらう」(朱耀翰、詩人。『新時代』誌所載。一九四三年)

「諸君（出陣学徒。筆者注）の犠牲は決して無駄にはならないと、ここに宣言しよう。それは諸君に生を与えた朝鮮半島のための犠牲であり、その犠牲によって朝鮮半島は皇国の一員となる資格が与えられるのだ。まさに朝鮮の未来は、諸君の今後の行動にかかっていると言っても過言ではない」(金性洙、東亜日報の創立者。『毎日新報』所載。一九四三年。原文は朝鮮語)

「皇国の興廃、大東亜の興隆をかけた今次聖戦に机を並べた内地学友とともに戎衣をまとひ銃をとる光栄に浴した半島学徒は今こそ股肱の臣として帝国の干城として七世滅賊の皇軍魂を遺憾なく顕現鴻大無辺の皇恩の万分の一でも報い奉る千載一遇の秋である」(安在鴻、元『朝鮮日報』社長。『京城日報』所載。一九四三年)

「歴史の負債、長らく朝鮮民族の背後につきまとってきたこの負債を、今こそ諸君の手で清算してほしい……隠され蔽われてきた武勇朝鮮の真姿を、思い切り発揮する千載の好機が今われらの眼前にある。無節操、機会主義という父祖の汚名を一気にそそぐ者は、諸君をおいていない」(金素雲、詩人、翻訳家。『毎日新報』所載。一九四三年。原文は朝鮮語)

「朝鮮に徴兵制を施行する法案が、今議会を以ていよ〳〵確定された。去る二十八日の朝刊を手にした時、私は全身にたゞ輝くばかりの歓びが溢れるのを覚えた。この感激をどういひ現はしてよいかわからない。この自分の気持ちを、飾ることなく、素直なまゝに、いつまでもそつと心に抱いてゐたい」「この感激の因つてくるところのものは、次の一語に尽きると思ふ。『これで完全な日本人になり得るのだ』と」（張赫宙、作家。自著『岩本志願兵』の序文。一九四四年）

特別な人の言動を拾っているわけではない。いずれも当時のオピニオン・リーダーで、安在鴻は、終戦後、建国準備委員会の副委員長としていち早く活動を開始した。金性洙は、一九四五年末から最大の保守政党韓国民主党の指導者となり、のち李承晩政権下で副大統領の座についた。申興雨は、（落選はしたが）一九五二年の大統領選挙に出馬している。

安東赫は商工部長官に起用された。朱耀翰は国会議員に選ばれ、復興部と商工部の長官に任じられている。李瑄根はソウル大学教授、文教部長官を経て、国のイデオロギー機関「韓国精神文化研究院」の初代院長におさまった。安龍伯は文教部編修局長として各種教科書の編纂に携わり、のち国会議員に当選、議会の文教委員会委員長になっている。李恒寧は文教部次官を経て弘益大学の総長に、金活蘭は梨花女子大学の総長・大韓赤十字社副総裁に、崔載瑞は延世大学教授に、柳致真は中央国立劇場長になった。崔貞熙は、戦後創設された女流文学賞の第一回受賞者に選ばれている。

すでに老境に達していた尹致昊は光復直後に没し、李光洙、金東仁、金東煥は朝鮮戦争の混乱のさなかに他界したが、今日なお啓蒙思想家として、あるいはすぐれた文人として、その名をとどめている。国外に出た人もいるが、べつに亡命したわけではない[10]。

民族史的真実などあずかり知らぬ、市井の一老爺が追懐しているように、「あの頃親日しなかった人など誰もいない」[11]。要するに、自他ともに許す民族指導者が終戦直前まで、こんなことを言っていたのである。

彼らにとって、「解放」は本当に「解放」だったのだろうか。五九人の朝鮮貴族、中枢院参議、各戦域で第一線指揮官として戦っていた日本軍将校、総督府本府の高級官僚、各道の知事や部長、帝国中央政府・満洲国政府の朝鮮系官僚、検事や警察官、皇民教育に情熱を傾けていた教師にも、同じ問いかけができるだろう。

そうではなかったのである。一九四五年八月一五日は、あるはずのないこと、けしてあってはならないことが現実となった、驚愕の日だったのである。終戦一年後に発表された金東仁の小説『民族反逆者』は、李光洙をモデルにしたとおぼしき主人公呉而陪《ごじばい》が、泣きながら玉音放送を聴く場面で終わっている[12]。実際そんなことがあったのか、作家的想像力の所産なのかはともかく、それはさもあろうと誰もが思うようなことだった。金東仁は、呉而陪という人物を造形することで、日本に賭け、そしてすってんてんになった（おそらくは自身も含めた）朝鮮の知識人の悲劇を、迫真の筆致で描き出したのである。

一般庶民も、若い世代になるほど日本人意識が強く、二重帰属としても、その帰属の実質は大きく日本に傾いていた。生活のあらゆる面で日本化し、自分を心底日本国民と思っていた人々が、内地人同様に終戦を受けとめたとしてもふしぎはない。当時一四歳だった河瑾燦には、民族の解放を迎えたという実感はなく、自分もいずれ敵に殺されるのだろうと思っていたという[13]。少年らしい思いつめ方だが、大人はどうだったのだろう。

文字にしたものはなぜかほとんどないが、李泰俊の短編『解放前後――ある作家の手記』（一九四六年）は、まれな例と言えるかもしれない。語り手の作家は終戦の知らせをバスのなかで聞くが、居あわせた乗客は一様に無表情でただ黙然としていた、ややあって一人の朝鮮服の老人が口を開き、どうなろうとなるようにしかなるまい、とつぶやいたとある。ソウルには太極旗はあまり見えず、街は静かで、建国大会の日取りや臨時政府要人の所在を知人に尋ねたが、知らない、ただ日本の降伏は事実だという答えが返ってきたという。(14)

行文に漂っているのは、はじけるような解放の歓喜というより、当惑とも達観ともつかぬ、どこか醒めたような雰囲気である。それがすべてだったとは言えないかもしれないが、作者の見聞をその場で書きとめたこのスケッチ風の文章は、公的記憶とはなじまない別の真実があったことを伝えている。

大陸在住の朝鮮人については、語るまでもない。光復は、運命の暗転以外の何ものでもなかった。日本帝国の庇護のもと「満支人」の上に据えられ、特権を享受して暮らしていた人々は、一夜にして虎の威を失った姿となり、荒れ狂う略奪と報復の犠牲となった。(15) やっとの思いで逃げ帰ってきた人々にとって、八月一五日は解放どころか、この世の終わりとさえ感じられたことだろう。

人々の眼前に、白けた世界が広がっていた。日本は、どうしようもない悪になっていた。欧米各国は植民地支配国ではあったが、枢軸国との戦争に関しては正義の側にあった。日本は植民地支配国でありながら、アメリカやイギリス、ソ連や中国などの善玉国に刃向かった、二重の悪ということになった。その指導者はやがて、善玉諸国の寄り合いで、戦争犯罪人として断罪されることになる。日本の支配は悪しき侵略の所産であることが、あらたに形をとる国際秩序のなかで確定した。日本の敗北は壊滅的なもので、領土の喪失だけでなく、国民的信念の解体まで引きおこすことになった。政体が変わり、朝鮮や台湾など外地領に対する政策も、軍国主義の所為として一括して否定された。天皇はみずからの聖性を「架空なる観念」と言いなし、日本の大義の破産はここに完結した。

それが日帝系人士、指導的知識人の立場を、この上なくみじめなものにした。日本帝国は、彼らの存在を多少とも正当化する理念的手がかりを残すことなく、ほろんでしまったからである。欧米の植民地政庁に協力した現地人指導層には、西欧文明の伝達者という意識もあっただろうし、ソ連の代官役をつとめた東欧衛星国の指導者にも、マルクス主義の思想的立場から自らを正当化する余地があったと思われる。

しかし皇民化の先棒をかついだ民族指導者には、いくら自問自答しても納得する材料はかけらもなかった。指導的知識人は、異民族の不当な支配に肩入れし、今はおちぶれてかつての敵の指導に従っているその民族への、同化を呼びかけていたことになる。一九四五年八月にこの地に降臨した新しい世界のなかで、対日協力の正当性は全否定され、直近の過去は受容しようのないものとなった。

日本で戦前の価値が否定されたというが、皇室も政府も維持され、国家の継続の感覚があった。帰還した兵士や戦死者の遺族も、「実は君たちは軍国主義者に騙されていたのだ」と言われても、自分は、夫や息子は、国のために戦ったと考えることができた。しかし朝鮮では、総督府・駐屯日本軍はもとより、皇族に準ずる扱いをうけていた李王家、朝鮮貴族、朝鮮神宮以下多くの神社も、知識層の精神生活を支えていた日本の雑誌、日章旗、教室の御真影も、要するに一つの国のあかしだったものが、煙のように消えてしまったのである。

出征した兵士にも、よく言って犠牲者という以上の位置づけは、与えられなかった。日本語で思考していた多くの国民は、自分の精神の内側に敵が入り込んでいることを、唐突に意識させられる。日本が敵であるゆえんを、日本語で考える羽目になったのである。

韓国で、顚倒が公に語られることはない。顚倒という観念自体が、一貫して抗日してきたという民族史的真実と両立しないからである。しかし、実際には日本でおきたことなどものの数に入らない、激甚な顚倒があった。人ごとに意識は異なり、日本の教育と縁のなかった漢文世代の老人にはさほどのことはなかったかもしれないが、自分を心底日本国民と思っていた青壮年層にとって、それは根こそぎのものだったはずである。

咸錫憲は「率直になろう」と前置きして、解放は盗人《ぬすつと》のようにやってきた、と書いている。(16) なぜこんな言い方をしたのだろう。よりによって解放を盗人とは。しかしそれは、公的認識がひた隠しにしてきた、そして今も隠している、真実に光をあてている。

解放は顚倒だった。一九四五年八月、それは何の前ぶれもなく到来し、意識をひっくり返した。ひたすらな皇民化の道を歩んでいた人々は、天変地異のような激震にみまわれたのである。

3 相克をかかえ込む国家

韓国は、理想を求める国民の努力の結果というより、日本、中国、アメリカ、ソ連の力が交錯するなかで、既成事実として作られた国である。デモクラシーの理想にしたがってアメリカ合衆国が、マルクス主義思想に基づいてソ連邦が誕生し、多くの新興国は民族主義に先導され独立をかちとった。自然な歴史の流れの中で生まれた国には、価値と現実のあいだに自然な対応があるが、韓国にはそれがない。

朝鮮の者は一人残らず対日協力者だ（金九）という決めつけは誇張にしても、真実が含まれていなかったとは言えない。日本時代晩期には日本国民の意識が定着し、朝鮮系日本人ともいうべき人々が、数多く生まれていた。官吏や軍人は別にしても、文学や芸術、言論や学問、実業などの各分野の重要人物で、親日と無縁だった人はほとんどいない。近代の基礎が培われたのは日本時代で、世捨て人でもないかぎり、そこそこの仕事をした人は自然に日本とかかわりを持った。成功した企業家は官民合同の会議の委員に、世に知られた作家や芸術家は文化団体の役員に推挙されたが、断わる人はまずいなかった。多少名のある人なら、調べればこの種の経歴が続々出てくる。抗日の闘士は理念上重視されているだけで、もともとそんな人はほとんどいなかったのである。

日本統治下で文明の転換が進行し、親日派が勢力を広げ社会に根を張る。一九三〇年代にはじまる皇民化の高潮がこれにかさなって、大きなうねりとなっていた。そのうねりが高い山のようになった時、突如戦争が終わり、新しい世界観が抗しがたい力で横合いから押し込まれてきた。ベクトルのちがう歴史がもたらした相容れない二つのものが、国の内部でせめぎ合っている。つい昨日まで日本の一部だった国が、日本人とみまがう人々を先に立てて、反日を叫んでいる。

歴史の余儀ない帰結だが、矛盾としか言えない。反日を選ぶなら、親日派を処断するか、少なくとも指導的地位から退去させるべきである。それができないなら、反日を修正すべきである。日本の統治にはとるべきところもあり、それを体現しているのが彼らだとでもしないかぎり、事態を正当化できないはずである。

しかし、どちらの方向の修正もできなかった。親日派の存在は、日本の写像として形成された国の、運命のようなものである。社会の土壌が親日だから、主だった連中を除去しても、二番手、三番手の人物があとを継ぐだけで、それを続けていけば、国民は「みな牢屋行き」（金九）になりかねない。時をかけて社会を浄化する選択もない。日本の「汚染土」を取り除けば、小中華の廃墟が下から現れるだけで、土と一緒に「韓国」も取り除かれてしまう。日本をかたどった国から日本を除去することは、不可能なのである。

反日の修正はどうか。これも難しい。韓国だけで決められることではない。「教科書」は大韓民国の誕生は、「独立運動を粘り強く展開した結果」（p. 435）としているが、これは神学的説明に類するもので、実際にはそれは、日米戦争におけるアメリカの勝利の結果として実現した。だからこそ、米軍輸送機に乗って帰国した、三十数年アメリカにいて、当時の朝鮮では「全然知られていなかった」（'wholly unknown inside Korea'。アメリカ国務省）李承晩[17]が、権力の座についた。

第一次大戦後のハンガリー、第二次大戦後のオーストリアのように、負けた大国（ハプスブルク帝国、第三帝国）に包摂されていた国民は、自分たちは侵略の犠牲者だとひたすら言いつのった[18]。韓国もおなじで、戦勝国側に「共犯」とみなされれば国をあやうくする。戦後の国際秩序のなかに居場所を見つけようとする国にとって、被害者の席にもぐり込み、日本非難にまわる以外に選択の余地はなかった。

むろん、それは容易なことではない。連合国に向かって、われわれは貴国とともに敵国日本と戦ったと、胸を張って言える立場にないことはわかっている。「教科書」は、臨時政府はイギリスとの連合作戦を遂行し、光復軍がビルマやインドの前線で捕虜の審問や暗号文の解読、宣伝ビラの作成にあたったなどと述べているが（p. 410）、これは九人の韓国人工作員が、日本語能力を買われ、イギリス軍に雇用されたことを念頭に置いているのだと思われる[19]。その点はどうあれ、こんなことしか書く材料がないのなら、書かない方がましだろう。

戦ったことはたしかだが、この国の人々は「日本と」ではなく、「日本とともに」戦ったのである。それでなお被害者だと言い張るには、「三五年の苛酷な支配」を前面に押し出すしかない。どうせ連合国は、朝鮮のことなど何も知らない。彼らの面前で、侵略者日本の悪業を断固たる口調で糾弾する。大東亜の聖戦を戦った国民が被害者切符を手に入れるには、ほかに方法がなかったのである。

足して二で割る式の妥協はされなかったし、できるものでもなかった。日本と骨がらみ癒着した国民が日本の極悪を叫ぶ、矛盾が矛盾のまま体制化していった。それを意識するからこそ、はりあげる声はいやがうえにも大きくなり、言うところは時とともに極端化して、ついには日本をナチの同類とする認識が国の通念になっていった。「徹底的に野蛮的で非人間的であるのは、日本もナチと変わることがない……日本の悪辣さと残忍さがなんでナチ・ドイツより劣るといえようか」などという[20]（南智尋）。そう言いながらそれで終わらず、日本はなお悪いというところにもっていくための、これは前置きにすぎない。

「西ドイツにおいて歴史的事実の地平に彼らを導いたのは、過去に対する国民的な悔悟の心だった。それは日本人の『忘却』とは如何に対照的であったことか」（李光周［1982］p. 81）

「ドイツは自分の手で戦争犯罪人を処罰し今日に至るまで繰り返し時効を延期して行きながら、その追及の手を緩めないでいる。これに対して日本はたったの一人も戦争犯罪者を自ら処罰したことがなく、戦争責任を追及したこともない」（車基壁［1991］p. 3）

「ドイツ民族は、第二次大戦後に全世界に民族的な懺悔の真摯な態度を見せてくれた。……人々が今なお日本を信じない重要な理由は、日本人は侵略戦争に対する過ちを口では謝っていても、心の底からにじみ出る道徳的な懺悔の姿は見せていないと考えるからである」（盧明植［1994］p. 124）

要するに、ドイツ人は悔いあらためた元悪人だが、日本人は現役の悪人だと言いたいのである。

しかし一方でこの国は、戦後多くの日帝系人士、皇民化知識人を、何食わぬ顔で大統領や閣僚、軍司令官、各界の指導者の地位につけてきた（既述）。彼らは親日派といわれるが、実態はそれ以上である。軍国日本がナチ同然なら、彼らは「ナチに親しくした」では済まず、端的に「ナチだった」というほかはない。

かりにこの国をオーストリアと見立てると、朴正煕は（突撃隊将校だったという）ヴァルトハイムのようなものである。あるいは、その上を行くかもしれない。彼は満洲国軍官学校を首席で卒業、皇帝溥儀《ふぎ》から金時計を受領し、同期生を代表して天皇と皇帝への忠誠の誓詞を述べた。選ばれて日本の陸軍士官学校に学び、その卒業成績は三位、朝鮮人としてただ一人陸軍大臣賞を受賞している。北支戦線で彼が戦った相手はおもに中国の軍隊だったが、その戦域ではわずかながら朝鮮人も抗日戦に加わっていた。この時代、韓国の正統政府が臨時政府であることは現憲法で確定しており、抗日部隊は理論上臨時政府の隷下にあったのだから、朴正煕は敵側について国軍を攻撃した民族反逆者ということになる[21]。

日本の徹底的に野蛮で非人間的な行為、悪辣と残忍は、まさにナチだというのは、民族をあげての確信である。しかし一方でその「ナチ」が、目の前で続々と大統領や閣僚、国会議員になっている。はたから見ればとうてい両立しそうにないことが、現に両立している。この両立ぶりはまったくあからさまなもので、教科書問題がおき、国をあげて日本の無反省を攻撃した直後の一九八三年に、かつて日本の内務官僚だった陳懿鍾《ちんいしょう》が、その四年後には日本陸軍の飛行将校だった金貞烈が、国務総理に任じられている。それで何の問題にもならなかった。おかしくないのだろうか[22]。

先に引いた三氏の筆法を借りる。中国、ベトナムは、フランスは、オランダ、ベルギーは、ポーランド、ソ連は、売国の行為を許さず、病根をみずからえぐりだして処断した。同じくかつて日本の支配下にあった台湾でも、二・二八事件を契機に、中華民族主義による浄化が行なわれた。

「それは韓国人の忘却とはいかに対照的だったことか」。「この国は売国者を一人も処罰したことがなく、売国の責任を追及したこともない」。「親日派は心の底からにじみ出る懺悔の姿を見せていないだけでなく、口で謝ることさえしていない」。

朴正熙が公式に過去を懺悔したことは一度もなく、国民も真剣にそれを要求したようには見えない。韓国人がそのすべてを棚にあげて彼を大統領に戴き、死後国立顕忠院に祀って遺徳を顕彰しつつ、過去を清算していないと日本に迫るのは、矛盾もはなはだしいものと言わなければならない。

虚偽、欺瞞と思う人がいるかもしれず、現にそう述べている人も少なからずいる。しかし今ここで問題にすべきことは、少数の批判でなく大局的事実の方である。日本はナチのように悪いという確信と、その「ナチ」がこの国の指導者になっていったという事実が、国民の内面に大した激動を惹起することなく共存してきた。なぜこんなことが可能になったのだろう。

4　「邪悪の日本」

親日派は包括的に容赦された。個々に罪状を審査し、罪を帳消しにする功績が見出された人、きびしい自己批判をして改悛の情著しいと認められた人が、特別に許されたのではない。皆、あるがままの姿で許された。

大韓民国のひな壇に並ぶお歴々は、かつての朝鮮総督府の役人、日本軍将校であり、内鮮一体、聖戦遂行を説いた知識人である。この国は、元満洲国軍将校朴正熙、元満洲国官吏崔圭夏を大統領にし、日本帝国中央政府の高等官だった申鉉碻、陳懿鍾を国務総理に、帝国的法秩序の維持にあたっていた総督府判事を歴代の大法院長に戴いた。親子二代にわたる日本陸軍将校金貞烈を国務総理に、同じく劉載興を国防部長官に、同じく申應均を国防部次官にし、総督府警察の警視李益興、検察官李澔を内務部長官に、東洋拓殖会社の社員李丙虎を商工部長官にし、総督府学務局視学官高光萬を文教部長官に任命した。

聖戦に出でよ、大義に死すべしと学徒を叱咤した、『東亜日報』の創立者金性洙を副大統領にし、朝鮮人五〇万人の「労務徴兵」を提唱した朱耀翰を復興部と商工部の長官にし、鮮満一如の国策にしたがい、朝鮮人よ満洲へ征けとあおった李瑄根を韓国精神文化研究院の初代院長に任じ、大東亜文学者会議の朝鮮代表兪鎮午に憲法草案の作成をゆだね、北支での軍功で金鵄勲章を受けた、元日本陸軍少将金錫源を安重根義士記念事業会の理事長にし、最大の民族系企業京城紡織の社長で、満洲国名誉総領事をつとめた金秊洙《きんねんしゅ》を財界総理（全経連会長）の座に据え、「交響的幻想曲満洲国」を作って満洲国を讃美した安益泰を国歌の作曲者とし、内鮮人は合体した単一民族だと叫んだ金東仁の名をとって最も権威ある文学賞（東仁文学賞）を設け――その他諸々の、この国が反日の国だとすれば想像もできないような奇怪な歴史を折りかさねて今にいたっている。(23)

これは実相の一端にすぎない。リストにはいくらでも追加できるし、その一人一人の背後にその小物の同類が何十、何百といる。親日派は正当化の余地のない、まったき民族反逆者だったはずなのに、そのすべての罪を不問に付した。新たに降臨した世界での、日本の統治の理屈の立たなさを考えれば、途方もないことが生じたと言える。

近代を日本とともに歩んできた韓民族は、皇民化の道をつき進み、大いなる野望に燃えて大東亜の聖戦に参加した。その戦争がよもやの結末となり、何の心の準備もないまま、いきなり扉の向こう側の世界に放りだされた。価値が顚倒し、白と黒が入れ替わり、人々は内鮮一体と皇民化のあられもない姿のまま、取るものもとりあえず、にわか仕立ての反日の衣をまとうこととなった。

親日と反日が合体したキメラのような国が、こうして生まれた。存在それ自体が撞着しているような、今にも分解しそうな国が何とか持ちこたえたのは、特異なイデオロギーが生まれたからである。この国が余儀なく抱え込んだ矛盾に折り合いをつけるため、現実に対する特殊な解釈が行なわれ、それがイデオロギーになった。客観的には矛盾は矛盾のままだが、イデオロギーによる解釈のおかげで、主観の世界ではそれを意識しなくてもよくなった。現実が絶対に受容できず、しかもその修正がきかないとあれば、どこでも同じことがおきるだろう。

イスラエルは場所をまちがえて建国したという説がある。それによれば、『旧約聖書』にあるカナーンの地とは、パレスチナでなくアラビア半島の紅海沿岸だという(24)。異端の説にはちがいないが、提唱者は中東史の権威のひとりとされており、案外、将来定説になる可能性もあるかもしれない。しかし、学術上の認識はどうあれ、イスラエルがこれを史実として認めることは絶対にないだろう。聖書の記述にみちびかれて国ができたが、いったん国ができたあとは別の原理が支配する。イスラエルがこの地に存在することから出発して、必要な認識が公理として設定される。国は現にパレスチナにある。ゆえにカナーンの地とは、パレスチナでなければならない。イスラエル国家にとって、それが永遠の真実である。

イスラエルの問題は仮想だが、韓国の場合は現実である。光復後あまねく存在する親日派を容赦し、指導者に戴いた。自然な認識にゆだねておけば、国家は親日派によって創られた、あるべきでない国となる。しかし大韓民国は存在している。そうである以上、この国はあるべきである。正しい歴史を踏んで今に至ったと考える以外にない。

もとより自明なことではないから、そのような結論が導出されるロジックを遡って組み立てることになる。過去の行跡とかかわりなくすべての韓国人が許され、地主や農民、商店主、職人、公務員、教師や医師など、あらゆる境涯の日本人が、ひとしなみに財産を奪われて国を追われた。生起したこの歴史の「判例」にひそむ法理は、韓国人は韓国人であるがゆえに罪がない、日本人は日本人であるがゆえに罪があるというものになるしかない。日本の何が、何をしたから悪いと考えていたのでは、国がもたないのである。

総督府が悪かったことにすれば、終戦時総督府官吏の半数が韓国人だったという事実にただちに突きあたる。日本の軍隊が悪虐だったといえば、朝鮮戦争を戦った李應俊、申泰英、金錫源ら少将・大佐格の元日本軍人、さらにのち維新政権の担い手となった朴正熙以下の若手将校のことを、想起せざるをえない。

悪いのは軍国主義だといえば、あの熱烈な戦争への協力（近藤釼一）は、聖戦の完遂を吹きまくった人たちの言論の責任は、どうなるのか。「戦争は歴史を創造し国民を飛躍させる」「今や我らは米英の横腹を銃剣で突き刺せる」と叫んだ人が、現に閣僚になっているではないか。当時の民族指導者、影響力ある知識人で、日本の戦争に加担しなかった人は皆無といってよい。

もっと大きくとらえて、日本帝国のレジームが悪かったことにする。しかし総督府本府の高官はもとより、朝鮮貴族、中枢院参議、各道の知事や部長、道議会議員など、帝国の支配機構に深く組み込まれた人々が皆おかまいなしになっているのだから、それも言えない。

公的認識とはうらはらに、韓民族は日帝の内側に入り込んでいた。癒着していた、といってもよい。総督府でも登用は時とともに進み、朝鮮銀行や朝鮮殖産銀行にいたっては、「朝鮮化」という言葉を使ってもおかしくないほどだった。韓国人は手下にすぎないと言ったところで、問題を乗り越えられない。日本のために働いた点では内地人とおなじでも、彼らの行為は背族の所業で、自身の民族主義の観点から次元がちがう悪と認識するしかないからである。

総督府、日本軍、さらには日帝、軍国主義など、何が悪いことにしても、身内の「共犯」に出くわし、罪責が自らに還流してしまう。それを避けるには、体制や制度、主義や運動などの中間項を飛びこえて、問題を民族それ自体にもっていくしかない。たとえば次のように。

「日本の特性と日本人の本性を知るため、われわれのように高価な代価を払った国はない。われわれは厖大な人命と国家資産を支払って、日本人がいかに残忍、狡猾で邪悪な民族であるかを歴史的教訓により教わった」[25]（李相回。原文は韓国語）

日本人は、併合後おもむろに悪事をはたらいたのではなく、もとから悪の民族として存在していた。植民地化は、ただその事実を確認する過程であったにすぎない[26]。邪悪民族、加害民族でも、残忍でも狡猾でも、何でもよい。要するに行為や属性ではなく、民族それ自体が悪くあることが必要なのである。罪を憎んで人を憎まずというが、この国は罪を憎まず、人を憎む。

反日の価値をかかげながら、日本と癒着したすべての韓国人を赦免し、指導層に横すべりさせたことと整合する認識はほかにない。これは建国の過程から引きだされる公理としての真実であり、即自的事実はどうあれ、国家はこれ以外の認識を持てない。

過激で異常な観念ではある。しかし、やむをえない。民族単位で正邪にふりわける枠組みを失えば、民族反逆者が作ったひたすらに不当な、あってはならない国という認識にいたるのを、防ぎようがない。韓民族は日本と野合したまま、一瞬の時もおかず価値の顚倒を経験した。あらわに癒着した現実を観念の世界で白黒に切り分ける課題、この国にそのような課題を課した運命自体が、過激で異常なものだったのである。

国次元の抽象論でなく、個々人にとってもこれは必要な認識だった。一九五一年に始まった日韓予備交渉の初日、韓国首席代表は冒頭の演説を次のように切りだしている[27]。

「韓日両国は善隣友好関係を結ぶべき時点に立っている。韓国は日本を侵略した歴史はないが、日本は韓国をのべつに苦しめ、侵略してきた。日本がわれわれにどういうことをしでかしたかは、皆さんが熟知しているはずだ」

代表の席には兪鎮午がすわっていた。法学者、作家として多彩な活動歴をもち、のち高麗大学総長にもなり、一九六〇年にはこの交渉の首席代表にも任命されている。光復前からの著名人で、国民総力朝鮮連盟の文化委員として聖戦遂行の翼賛にこれつとめていた。当時彼はこんなことを言っていたのである。(28)

「内鮮一体は、……誠に崇高なる理想であつて、朝鮮の民衆が翕然《きゆうぜん》としてこれに賛同している現状は、極めて当然のことといはねばならない」

「聖戦満三周年を迎へ……、遙か大陸の奥地に凡ゆる困苦欠乏に耐へつつ、赫々たる武動を樹てられたる皇軍将兵に謹んで感謝と敬意を捧げる」

「(徴兵制の施行に際し) 半島二千五百万同胞はこの重大なる責任と光栄とを自覚しまして、興奮と感激の嵐に包まれて居るのであります」

内鮮一体を崇高なる理想とし、大陸の奥地に攻め入った皇軍に感謝し、半島同胞は徴兵に感激していると説いたのは、つい昨日のことである。テーブルの向こうにいる相手と一緒に、聖戦遂行の呼びかけに声を嗄《か》らしていた。自分が口をつぐんでいても、皆が知っていることである。「何をしでかしたかは皆が熟知している」。居心地が悪くなかったろうか。というより、どのような認識を心中にもてば、その席に安んじて座っていられるだろうか。彼にかぎらず、これはほとんどの指導者に共通する事情だった。

一九四五年八月、混濁した霧が晴れあがり、忽然として姿をあらわした民族主義の大理想の前に突如立たされ、顔もあげられないと感じている人々にとって、民族単位で正邪にふりわける認識が確立することは、大きな救済を意味した。韓民族に無罪を宣告し、個人は韓民族に帰属することで無罪に帰属する。高位層だけでなく、教壇から皇国臣民の自覚を説いていた教師、非国民を摘発していた警察官、本当に志願した志願兵、大陸であやしげな商売に手をだしていた庶民にとっても、これは必要な認識だった。以前に何を語り何をしていたかは、口にださなくとも互いによく知っていた。言挙げしない黙契は自然に成立した。すべて日本が悪い。何をしたからではなく、ともかく悪い。身におぼえのある人ほど、それを言いつのったはずである。

偽善に見えるかもしれないが、全面的にそうだとも言えない。金東仁は小説『キム・ドクス』(김덕수。一九四六年)の中で、「受けた教育のため自分を日本人と考え、日本に忠誠であろうとした行為は咎めるべきでない」と語り手に言わせている。[29] 一三歳の時から日本で教育を受け、天皇陛下のもと、栄枯をともにする一つの民があるだけと説いていた彼の、これは衷心からの思いだったのだろう。自分は親日したのではない。日本人だったのだ――。

物心ついたとき、すでに国は日本だった。普通学校に通い、日本語で教育を受け、いつのまにか日本人になっていた。日本国民として相応にふるまっただけで、同胞を売って儲けようとしたのではない。祖国の入れ替わりなどあずかり知らぬことで、罪の意識など持ちようがないというのが、ほんとうのところだった。民族をあげての抗日が実在したのなら、恥知らずの言い草として袋叩きにされただろうが、これは実際、多くの人に共通する思いだった。

解放直後に多数のコラボを処刑したフランス人と比較し、親日派に大甘だった旧世代を非難する声が今も絶えないが、この国の人々は三五年間（保護時代も含めれば四〇年間）、日本の統治下で生きてきたのである。引き合いに出すなら、フランスはフランスでも、アルザス人のような人々だろう。普仏戦争のあと、一八七一年にアルザスはドイツの地となり、第一次大戦には住民はドイツ人として参戦した。フランス国家にとって彼らは終始一貫フランス人で、理論上は祖国に弓を引いたことになるが、フランスがこの地を回復したあと反逆の罪に問うことはなかった。ドイツ領になって四〇年が経ち、人々がドイツ人の意識を持っていたことはあきらかで、売国の実態はなかったからである。

韓国人も同様だった。世界が一変した戦後になって、あのとき親日したではないかと言われても、今さらどうしようもない。追及されるべき悪があるとすれば、日本人だった頃の自分の行為を含め、その責は日本が負うべきだ——。これは一世代の人々の心の声で、それをむげに退けることはできないように思われる。ありもしない全民族的抵抗を真実に仕立てたからわけがわからなくなっただけで、すべては自然ななりゆきだったのである。

5 国家イデオロギーへの発展

アーレント（Hannah Arendt）は、イデオロギーを「ただ一つの独断的主張を中心に据えて、そこからその他のすべての事を演繹によってあっさり導き出せるような体系」とし、「経験的事実への超然とした態度」「完全な首尾一貫性への固執」をその徴表としてあげている[30]。

日本を邪悪の民族とする観念は、親日派の国を理念的に防衛するために生み出されたもので、本質的に経験的事実とのむすびつきはない。実際に悪かったかどうかはどうでもよい。マルクス主義者は、現実の資本家の個々の行為を審査したうえで、その悪を総合的に判定しない。頭から、労働者と資本家を白黒に仕分けする。それと同じである。行為の評価に立ち入る前に、悪玉日本の負の位置はすでにして確定している。

この枠組みは経験から超然とし、何ごとにも首尾一貫した説明を与える、イデオロギーの要件を十分にそなえており、内容に即し「反日主義[31]」といってよいであろう。自覚的に体系化されたものではなく、創始者も教典も持たないが、社会心理の土壌から自生したという点で、反ユダヤ主義、人種主義、オリエンタリズムなどと同様の範疇に属するものである。

韓民族は民族総体として運命のはげしい転変を経験し、社会の各処で同じ問題に直面することになった。いたるところに親日派がおり、現実と価値の相克があった。矛盾を乗り越えようとするこころみは、結局どの分野でも同じ認識を持つことに帰着し、民族の共有する確信となった。それが国家イデオロギーになっていったのは、すべての伝統が崩壊し、国が精神的空白の状態に陥っていたからである[32]。

イスラム諸国、イスラエル、東南アジアの仏教国では、宗教が国民を統合する機能を持っている。長い歴史を持ついくつかの国では君主制がその役割をはたしてきたし、フランスやドイツでは厚みある文化が国民の自意識の核になっているという。

韓国は自らを四千年（ないし五千年）の歴史を持つ国と称しているが、古い国らしい伝統が欠けている。華の文明は事実上消滅し、今では漢文はもとより漢字さえ、国民から縁遠いものになっている。仏教は李朝の排仏政策によって滅亡の瀬戸際においやられ、併合後復興に向かったものの、葬式や墓地さえあらかた寺の手をはなれている現状では、仏教国の実態がどれだけあるのか疑わしい。キリスト教は今日最も有力な信仰になってはいるが、伝統宗教とは言えず、信者は依然国民の一部でしかない。国全体をまとめられる宗教は、結局見あたらない[33]。

檀君主義は近代になって制作されたもので、地ばえの信仰に支えられているわけではない。民族の精神的支柱だったというそっけない託宣があるだけで、檀君にかかわる伝統行事、祭礼もなく、神社も神棚もないからもとより拝礼の習慣もなく、檀君への情緒的帰依が存在しているようには見えない。光復後教育法（一九四九年）に国の理念として掲げられた「弘益人間」（홍익인간）は、檀君の父桓雄が教えた「広く人間世界を利する精神」とされているが、それがいったいどのようなものか、文教当局も十分説明できないという[34]。それが何であれ、国民の生きた情感を喚起する力を欠いた、うつろなものと言わざるを得ない。

新興国では、建国の歴史それ自体が国民的統合の機能を持つことがある。アメリカ史の泰斗コマジャー（Henry S. Commager）は、「利用できる過去（Usable Past）」という概念を提起している。独立当初のアメリカには、ヨーロッパの国のような宮廷、貴族、郷紳がなく、大伽藍、城、蔦の這う廃墟もなく、暗鬱な過去もない——要するに伝統というものがなかったから、圧制者イギリスとの英雄的闘争の物語がその代わりになったという。[35] 二〇世紀は多くの国に「利用できる過去」を与え、インドネシアはオランダ、アルジェリアはフランス、ベトナムはフランスとアメリカ、バングラデシュはパキスタンとの戦いのなかから、建国の神話をつむぎ出した。

韓国には戦後に生まれた新興国という一面があるが、独立戦争を戦って独立を獲得したわけではない。「教科書」は種々書いているが、現実の歴史は、自らの手で独立を戦いとったという国民的記憶を与えなかった。民衆が歓呼するなか独立軍が京城に突入し、レジスタンスの勇士が総督府の庁舎に乱入し日章旗をひきずりおろす、これに類する光景があるべきだったが、大東亜の聖戦を日本国民として戦った人々には無いものねだりにすぎない。ポツダム宣言の受諾は基本的に日本史上の事件で、そこにいたる過程に韓民族はいささかも関与していない。その後引き続いておきたのは日本からアメリカへの支配の移行で、独立はアメリカの占領が終わった一九四八年になってようやく実現した。終戦の日を国民の祝日（「光復節」）にしているのは、ほかにこれといった日がないからである。

華の文明は消滅して久しく、広く人心に浸潤した宗教や思想も、国民が真実感激をもって想起する革命伝説も、見あたらない。小中華の過去を清算し、事大意識を克服し、民族の核を作りだそうとした開化期の思想家の仕事も、正しく受け継がれていない。過去を奴隷地獄と表現した申采浩の言葉は、今や禁忌となった。国はもとから独立し、国民は昔から「強靭な民族意識と確固たる主体意識」(「教科書」p. 469)を培ってきたのに、何を勘ちがいしていたのか、ということになる。

独立党はいつのまにか開化党になり、独立協会・独立門・独立会館の「独立」がどの国からの独立を意味していたのか、故意にあいまいにされている。「教科書」は、事大とは「本来東アジアの普遍的な国際関係を表示するもので、強大国である中国の周辺諸国が名分上中国の年号を使い、中国皇帝の冊封を受けることを前提に中国との朝貢関係を結ぶことを意味する」と註解している(p. 161)。同義反復に近い、模糊とした説明だが、要するに従属は形だけのもので、たいした問題ではないと言いたいのである。他国の支配下にある屈辱に堪えられず、何としても国際社会の平等の一員になろうと考えた金玉均とその同志の心から、どれほど遠いところに来たことだろう。この国は先覚者が生涯かけて取り組んだ根本問題をはなから無いことにし、近代史の核心部分を切り捨てているのである。[36]

こうして、伝統はあらかた消滅した。残るのは近代化伝統くらいだが、親日派や日本人がかかわった、表に出せない闇の伝統として意識から消されていった。結局、自覚的に継承される生きた伝統がない。

それを端的に示しているのが、この国における右翼の不在である。日本で右翼といえば、誰もが天皇を想起するだろう。皇室への尊崇の念を欠いた右翼というものは、現実には考えがたい。君主国では王党派が右翼となる。イスラム国家やイスラエルのように宗教を基軸におく国では、その厳格な実践を求める党派が右になる。独立革命によって誕生したアメリカでは、右翼とは、建国の理想に忠実な、大きな政府に反対し、人民の自決と自己武装を支持する勢力を指す。マルクス主義はみずからを左翼思想とみなしているが、旧ソ連や中国の体制のなかでの役割に着目すれば、イデオロギー重視のいわゆる保守派が、右に位置づけられるだろう。

韓国には執権者や与党はいるが、国家的伝統に拠って立つ本来の意味の右翼が見出せない。見出せないという以前に、そもそもこの国の右翼とは何か、イメージできない。王室の藩屏《はんぺい》となるわけでも、儒教を擁護するわけでもない。ではいったい何を守るのか。檀君、弘益人間、四千年の歴史、革命伝統とならべたてても、要領を得ない。

日本の治安維持法を母体として、韓国の国家保安法が制定されたという。たしかに法の形は似ているが、大きなちがいがある。それぞれの冒頭の部分（第一章「罪」第一条）をみると、処罰の対象は前者にあっては「国体を変革することを目的として結社を組織したる者（等）」（昭和十六年改正法）とあるのに対し、後者は「政府を僭称し変乱を惹起する目的を持って結社または集団を組織した者（等）」（一九四九年改正法）となっている。つまり国家保安法は、国家を保安するといいながら、実際上は政府を守る法律になっている。

それを失えば韓国が韓国でなくなるような、国の理念的核心が示されていないのである。現実問題として、「弘益人間の理念の変革を目的として結社を組織した者」を処罰する、などとは書けないだろう。そんな党派があるとも思えないし、正体不明のものは守りようもなく、守る意味もない。本当のところを言えば、「示されていない」のではなく、「ない」のである。国の中心ががらんどうだから、書きようがない。生きた理念のない国が守るのは、結局政府しかない。

金聖佑（『韓国日報』論説顧問）は、建国後半世紀、国民精神をみちびいてきた思想がなかったとして、「基本的なものを欠いた状態で、よくもここまでもちこたえてきた」と書いている。(37)普通の国にあるようなものを想定すればたしかに欠けていると言えようが、見方によっては、それに代わるべきものがすでに形成されていると考えることもできる。

日本民族邪悪論は、反日する親日派の国の矛盾を乗り越えるための、もとはといえば一時しのぎの認識だったかもしれない。しかし、競合する理念がほかになかったため、それは空白の思想空間をすみやかに満たし、事実上唯一の国家イデオロギーになっていった。戦後四半世紀経った頃、当時有力な政治勢力でもあった全国学生連盟は、「反日精神」こそ、運命共同体としてのわが民族の魂の精髄だとしている。(38)反日を精神とし、民族の魂とまでいうのはおかしくも見えるが、実際これ以外に生きた国民精神らしいものは見あたらない。

国家の正統性は、国民が真実信じているものからしか引き出せない。いくら檀君を国祖にまつりあげ、大韓民国は弘益人間の理念の体現者だと宣言してみても、空念仏以上のものにはなりそうにない。華の国として生きた千年の歴史、日本とともに歩んだ近代は、泥土に沈めた。すべての伝統を大鎌で刈るようにして切り倒してきたこの国の人々に、今この時点で残されているものは、結局、日本民族の邪悪の観念だけなのである。

敬神の心、君主制への尊敬、文化や歴史への愛着と異なり、憎悪の感情をばねにするものだが、ともかくもそれは、檀君や弘益人間などとは比較にならない力を現に生みだしている。憎しみをかきたてて国を一つにする、国家的理想というにははばかりがあるが、事実において国民を有効に統合している。

日本の統治が近代化に本質的な寄与をしたことがあきらかになろうと、戦後の日本の経済的支援がいかに大きかろうと、日本政府が謝罪しようと補償しようと、過去と現在における日本の一切の作為・不作為とは関係なく、この内的事情によってこの国は反日でありつづける。悪の日本をたえず糾弾する以外に国がもちこたえるすべはなく、現にそのようにして国はもちこたえてきた。浮き袋をもたない鮫がたえず泳ぎつづけなければならないように、そのような形においてのみ、この国は存続を許されているのである。

6 「国体」としての反日

長く続いた日韓の不和に終止符を打ち、両国の関係を成熟したものに変えていきたいと願う人は多いと思うが、それが実現することはまずないだろう。韓国は反日なしには成り立たない国だからである。

日本人の多くは、隣国の自己主張に気長につきあっていけば、いずれ時が問題を解決すると考えてきたように思われる。しかし、日本統治期の二倍を超える時間が経過した今、反日が終息に向かう気配はない。この間、幾人かの大統領が訪日しては日本から新たな謝罪を取りつけ、これより日韓の新時代が始まると宣言して帰っていったが、何も変わらなかった。反日はこの国の言わば国体で、時の政府が採用したり、しなかったりする政策ではないからである。七〇年は十分に長い。もういい加減に、経験から学んでもよいのではなかろうか。

必要から作られる認識は、どの国にもある。アメリカは、戦前の日本は悪いが戦後は良いと考えているはずである。軍国主義を打倒し日本を民主化し、日本国民をも救済したと思いたい。開戦にいたる何やらあやしげな経緯[39]、ナパーム弾や核爆弾、航空機銃による巻狩り式の大量殺戮、日本の武装解除を確認してから無条件降伏にすり替えた手管も、それで基本的に正当化される――。これが本音の認識と思われる。

中国は、今の体制の基盤の一つを抗日戦の遂行においている以上、日本の侵略は当然悪虐なものでなければならない。共産党が勝ったのは日本のおかげという認識は、忘れることにする。日本が近代経済と法の支配、教育と衛生をもたらしたと台湾人が言ったところで、受け入れるわけにはいかない。

米中に限らず、学校が教える歴史がいわゆる「政治正確性」と無縁という国はないと思われるが、絶対に修正を受け付けないというケースはそうはないだろう。たとえばアメリカについては、先の認識が誤りだったことになっても、傷がつくのは対日政策の正当性で、それで国がどうなるというものでもない。アメリカ国家の基盤は、民主政治の思想と制度、独立革命以来の歴史におかれ、揺るぎないものである。

中国の場合、文明の伝統はそこそこ命脈を保っているし、革命国家としての歴史もある。共産党への批判はあっても、国内から外国勢力を一掃し、産業と経済を発展させ、大国の地位を獲得した業績は、頭から否定できないはずである。日本が悪くなってくれれば政略上好都合としても、そうでなければ国がもたないというわけではない。どのみち侵略者は日本だけではないし、現にひと頃は日本人民は軍国主義の犠牲者だなどと適当なことを言っていた。社会主義の空洞化が進むにつれ抗日の歴史は重みを増していくと思われるが、この国が対日認識だけに依存する状態には、たぶんならないだろう。

米中にとって歴史認識の修正はあながち不可能ではないと思われるが、韓国にはできないことである。大韓民国とはいうものの、「韓」の中身はいたって希薄で、見てくれ大事の、芝居の書き割りのような拵え物が並んでいるだけである。国教と言えるようなものはなく、これという革命の歴史もなく、民族のアイデンティティを底堅く保証してくれる厚みのある伝統が不足している。国民意識を打ち固め、国を実際に統合してきたのは反日で、韓国は大「反日」民国とでも称すべき国である。「ソビエト社会主義共和国連邦」は結局社会主義を放棄したが、それは国の終焉の時でもあった。韓国が韓国である限り、反日を放棄することは不可能なのである。

得心できない人もいるかもしれないが、具体的な次元に引きつけて吟味してみればよい。中国からの独立、事大教育の撤廃にせよ、文化語としての韓国語の形成、近代的方法論による朝鮮研究の開拓にせよ、韓民族の成立に直結する核心の事業は、大よそ日本によって遂行された。それをあるがままに認識すれば、国民が納得する歴史にならないから、日本に悪のレッテルを貼って「韓国史の認識体系」から外す。

朝鮮王国を独立国として世界に紹介した江華島条約、千年の藩属に終止符を打った日清戦争は、「日本の侵略」の一語で片づける。福沢諭吉が目の敵にされているのは、[40]彼が金玉均ら独立党の思想的指導者で、とりわけ諺文新聞の発行を通じて韓国語の発展の道を切り開いた韓国文化史上の大人物だからである。[41]韓国研究の土台を築いた「日帝官学者」もおなじで、韓国への貢献が大きいほど目ざわりな存在となり、無理無体に悪者にしてしまう。[42]この国では、「良い日本人は悪い日本人より一層悪い」。

日本時代後期、朝鮮の人々は皇民化の道を突き進み、大東亜の戦争に参加した。何もせず放っておけば朝鮮姓がそのまま氏になったのに、大半の人が内地人のように見える（和風の）氏を創り、役場に足を運んで届け出を行なった。神社参拝者は激増し、手紙に昭和の年号が記されるようになり、おびただしい数の皇民文学、皇民絵画が世に現れる。民族指導者は聖戦の大義を説き、軍国熱に燃える若者は軍務を志願し、出征する兵士は群衆の歓呼の声で送られた。

皇民が皇民として進退しただけだが、どれも民族の自意識を根底から覆しかねない危険な史実で、今となってはかけらも認められない。なにぶん教科書（一九九六年）は、光復は「全民族が日帝の支配に対して闘ってきた結実」だなどと書いているのである（p. 456）。つじつまを合わせるには、みな無理やりさせられたことにするしかない。抗日史が無事成り立つためには、反民族行為の責任を一括引き受けてくれる、「強制する日本」が存在しなければならない。加害国日本あってこそ、被害国韓国がある。そういう関係になっているのである。

韓国は日本の影響を受けたのではなく、日本から出発した。両者の関係は西欧各国間のそれというより、イギリスとオーストラリアの関係に近い[43]。イギリスの移住植民地だったオーストラリアと、二〇世紀になって日本に併合された韓国とでは、歴史の位相が違いすぎると思う人は多いだろうが、大伝統が廃棄され、文明の生態系が空白になったところに日本が入り込んだために、似たような状況が生まれたのである。

オーストラリア人は連続を自明のものとし、イギリス文化を伝統の一部とみなしているが、韓国は日本文化に対しこのような態度はとれない。「悠久の昔にさかのぼる民族の国は、二〇世紀に日本をかたどって創られた」。この根源的な矛盾をかかえる国は、その矛盾を無いことにするため、全方位で攻勢防御のスタンスをとり、歴史を反転させる。日本に固有の文化などなく[44]、今あるものは(空手がそうであるように)昔韓国から伝わった、韓国が日本に似ているのではなく、日本が韓国に似ているのだ——。

時々の政府の対日政策がどうあれ、国家としては、こうした日本観から一歩も出ることができない。日本を攻撃しているように見える——事実そうでもあるのだが、根本の動機は防衛的なものである。韓国は、自らの存立のために反日する。「反日しない自由」を、持たない国なのである。

7 反日教育について

光復直後、人々はあまり反日のようではなかった。反日政治家とされる李承晩は、長くアメリカにいて観念的な対日観をはぐくんでいた人で、つまりは例外的人物である。戦勝国アメリカを後ろ盾にして地位を得た彼は、当然のように反日の言動をたくましくしたが、つい昨日まで日本国民だった人々の意識は、これとはかけ離れていた。

混乱がつづいた一九六〇年代半ばまで、戦前は総じて古き良き時代と思われていた[45]（既述）。『文藝春秋』や『主婦の友』を取りよせて読んでいた人、酒席で日本の軍歌を歌う人も珍しくはなかった。女の子には相変わらず好んで「子」の名がつけられ、戦後四半世紀経った頃でも、それはごくありふれた女性の名前であり続けた[46]。

一九四八年には、尹致昊の詞に安益泰の曲がつけられ、国歌となった。尹致昊は日本の貴族院議員・男爵だった人で、朝鮮志願兵後援会会長をつとめた、かくれもない親日派である（既述）。安益泰はベルリンの日本人外交官（在ドイツ満洲国公使館参事官江原綱一）の邸に起居し[47]、ユダヤ人音楽家の救済に関わって失脚した近衛秀麿の後釜として、日本帝国の音楽プロパガンダの前線で働いた人物である[48]。作詞親日派、作曲親日派という国歌が誕生したことになるが、とくに物議を醸すことはなかったようだ[49]（曲は、安益泰が戦前に発表した満洲国賛歌「交響的幻想曲満洲国」の旋律を転用したようだが、これも何ごともなくまかりとおった[50]）。

日本の統治は日政と言われ、総督府や日本軍に、今のような悪のイメージはなかった。多くの日帝系人士が国会議員に選ばれていたし、内地人と肩をならべて仕事をしたかつての天皇の官吏が、各分野の要職についていた。一九六三年には、その過去を知らぬ者とてない朴正熙が、大統領に選出されている。

総督府や満洲国の官吏、朝鮮銀行や朝鮮殖産銀行の行員、さらには日本軍将校だったことが立派な経歴と思われていたことは、当時の人物月旦から容易に見てとれる。一九五一年に出版された『韓国の人物』[51]をみると、「軍の亀鑑」中泰英国防部長官は、日本の陸軍幼年学校、陸軍士官学校を卒業してから二七年の間、「武士道の練磨に余念がなかった」と評されている(p. 133)。朴興植は実業界の覇者として紹介されており、日政下の唯一の民族系大百貨店和信の創業者として、日本人と互角以上の商戦を展開し、その実力を日政に認めさせたなどと書かれている(p. 122)。「亜細亜経綸の第一人者」秦学文は、早稲田大学卒業後、朝日新聞社の記者となり、のち招かれて満洲国の高官となり、在満同胞のために尽くしてきたとされる。日本、満洲、中国にまたがる経綸の雄大さ、孫文や頭山満《とうやまみつる》にもつながるという「そのスケールの大きな思想」が称賛されている(p. 186–187)。「東洋のエジソン」孫昌植は東京工業大学を卒業、上海にわたり企業家として成功をおさめた。日本海軍の御用をつとめ、三〇代の若さで巨万の富を築き、名声東亜にあまねきわが民族の誇りとされる。彼は母校や日本赤十字などに多額の寄付を行なってきたが、東京大空襲の報に接するや五百万円の大金を都民に贈ったことが特筆されている。これは「現在の日本人からも大いに感謝されてもよい」と書かれている(p. 90–93)。

何気ない記述、言いまわしの節々から、時代の空気を感じとることができるだろう。韓国の農村で長年フィールドワークに従事してきた文化人類学者崔吉城によれば、当時の人々の対日意識は灰色あるいは親日で、反日にはさほど実感がなかったという。[52]それは言わば国としての約束ごとに近いもので、国民の心に根をおろしていたようには見えない。イデオロギーの種子はこのような地に蒔かれ、そこで枝葉を茂らせ、やがて対日意識の全領域を覆う巨大な観念装置へと成長していったのである。

実体験に基づく感情なら、体験の生々しさが残っている直後の時期にもっとも強く、時とともに弱まるはずだが、ここでおきたことは逆である[53]（Kranewitter）。戦後になって、日帝三五年を凌駕する特大の事件が発生したというなら話はべつだが、何があったというわけでもない。一九六五年の国交正常化以降日本は最大の援助国となり、大きな紛争と言えば竹島問題くらいだが、竹島を実力で占拠したのは韓国であって、日本ではない。どう見ても、標語のようだった反日を、真正の反日に変えるほどの大事件があったとは言えない。

では、何がおきたのか。半万年の歴史、精神的支柱としての檀君、弘益人間などの装飾をそぎおとしたこの国の赤裸々な本質は、日本を邪悪とする観念の上に築かれたイデオロギー国家である。親日はもとより灰色でさえ、国家は存在を許容できない。共産主義の国が共産主義思想によって国民を教化するように、韓国はそのイデオロギー的当為を実現するため、「全国民の反日化」の達成に全力を傾けていったのである[54]。

価値の偏向と歴史的主観性の方法論によって歴史教科書を編み、悪の日本の観念を生徒の心にそそぎ込む。日帝の野蛮と犯罪をあばくため、抑圧と収奪の事象をかきあつめ、最大級の修辞で装飾する。『童蒙先習』のような教導の書とも見えるが、真理や理想を説くのではなく、憎しみを植えつけることに主眼をおいている。

「教科書」（一九九〇年発行の韓国高等学校歴史教科書。第一章参照）の近代史部分に、日本の

「略奪」は一〇回、「弾圧」は九回現れる。収奪（八。出現頻度。以下同じ）、虐殺（五）、侵奪（五）、搾取（四）、強要（四）、干渉（四）をはじめ、抹殺、強制、欺瞞、言いがかり、奪い取る、苦しめる、さらには非道、狡猾、無慈悲などの修辞を、これでもかと並べたてる。「陰険な弾圧」（p. 366）、「残虐非道の武力弾圧」（p. 389）、「徹底的収奪」（p. 390）、「民族抹殺統治」（p. 390）、「無慈悲な弾圧」（p. 391）、「大量虐殺」（p. 407）などの表現に、何としても国民をして日本を憎悪させずにおかないとする、イデオロギー国家の執念が示されている。

日本が引き継いだ韓末の状態は語らず、数字を出さず、変化の実相を隠蔽する。人口の激増、産業化、農業革命も、法の支配も、身分制・奴隷制の廃止、衛生の画期的改善、公教育を通じ今日の言語文化の基礎を作ったことも、韓国近代史上の巨人ともいうべき福沢諭吉、韓国学の基礎を築いた日本人学者の業績も、すべて無視する。日本語のかたどり、文学の移植、法の継受、行政機構や制度の継承、生活文化の取り入れなど万般の借用も、いっさい語らない。日本の善行と映りかねないことについては、先回りして「誤解」を防ぐ。文化政治は支配の苛酷を隠蔽する狡猾な統治で（p. 389）、工場の建設は「搾取のための基礎的投資」（p. 390）、開発は「植民地経済体制により徹底的に隷属させるためのものだった」などと書く（p. 416）。

「日本は……朝鮮の穀物を大量に輸入することによって、朝鮮内の穀物価格を暴騰させ、都市の貧民層と貧農層に多大な打撃を与えた」とある（p. 390）。たんなる経済現象にすぎないものを、国家的次元の陰謀であるかのように記述する例は、二、三にとどまらない。植民統治を合理化するため歴史が捏造され、檀君朝鮮は否定されたとあるが（p. 425）、檀君が否定されたのは資料的根拠がないからで、植民統治とは関係ない。

近代史を記述する一二〇ページに、「日本」は三一一回出現する。[55] これは「中国」を含め他のどの国より突出して多く、「韓国（朝鮮）」自身の一七四回をもはるかに上まわる。反日国家は、自国よりまず日本を語らなければならないからである。

日本への言及がこれだけ多いのに、日本人の名はほとんど現れない。近代史に登場する韓国人は一二〇人だが、日本人は二人だけで、歴代総督の名は一人もあげられていない。さすがに伊藤博文の名は見えるが、初代の統監だったことも記されず、安重根に処断された「侵略の元凶」とだけ書かれている（p. 352）。マルクス主義者にとって資本家がメロンなのかロックフェラーなのかがどうでもよいのとおなじで、個々の日本人は悪の日本に目鼻をつけた存在でしかないから、名をあげる意味がないのである。

「日本」は人格を欠いているだけではなく、それ以外の内容もない。「教科書」は北京、上海、満洲、間島、沿海州、ウラジオストック、シベリア、さらにはハワイやパリにも言及するが、韓民族の文化運動の中心地だった東京にはふれない。そこでおきたことを語れば、抗日神話にはおさまらない多様な関係がいやおうなく目に入る。だから書かない。

日本の事情も説明されない。近代史の冒頭で「海外侵略を企てていた日本」という文がいきなりあらわれ（p. 319）、以下、日本の侵略意図、日本人の犯罪などの文字がつづく。日本がなぜそうしたかという説明はない。明治政府の政策、日本内部の論争や対立にも、のちの軍部の台頭にも、筆が及ぶことはない。帝国主義国がなぜ帝国主義的侵略を企てるかをマルクス主義者がいちいち解説しないのと同じで、悪の日本が悪をなすのは自明だからである。「日本」には人格もなければ、地理も歴史も、構造もない、のっぺらぼうの悪があるだけである。

第三国についての記述と比べてみるがよい。朝鮮戦争への中国軍の参戦については非難の言葉は全然なく、おどろくほど淡々と書いている。日本の治安部隊と義兵の小競り合いには延々四ページを費やすのに、南主体の統一を挫折させた、総兵力三百万ともいう外国軍隊の侵入には、二行あまり、捉え方によってはただの七文字（「中共軍は介入し」）しか割いていない。侵略はもちろん進攻とも表現されず、中国は「介入」したにすぎない。いや中国の軍隊とも言っていない。ほかでは中国と記しているのに、ここだけは「中共」軍、すなわち中国共産党の軍隊と表記している。

中国における軍の位置づけをことさらに詮索すれば、理由がないとはいえないが、それなら、日本帝国の軍隊は政府や議会が統帥に責任を持たない、天皇の軍隊である。さしずめ（韓国式に）「日王軍」とでも書かなければ均衡を失するはずだが、知らん顔をして日本軍と書き、こちらでは進攻してきたのは中国そのものではなく、共産党だとほのめかす。

日本軍は「侵略」し、「中共軍」は「介入」する。日本商人は「略奪」し、清国商人は「進出」する（p. 354）。伊藤韓国統監は「侵略の元凶」で、袁《えん》朝鮮総理は「軍隊を指揮」した（p. 328）。日本は「国権を強奪」し（p. 387）、中国は朝鮮の「内政と外交」に「深く関与」した（p. 328）。

これに類する対照をあげればきりがない。三〇年におよぶ蒙古の寇掠の説明にも、字面では虐殺も無慈悲も現れない。中原の王朝が課した莫大な貢納も、搾取とも収奪とも言われない。というより、そもそもその事実を見ない。元《げん》の属領のようだった高麗の状態を、「主権国家としての地位は固く守られ」ていたとする（「教科書〔一九九六年〕」p. 150）のは、潤色の域を越えていよう。[56] 半島の国に終始高圧的態度で臨み、貢納だけでなく貢女を要求した明とは、「親善関係を維持」したことになっている（「教科書」p. 176）。

清とは使臣の往来が盛んだったと書いているが（同 p. 254）、どのような性格の使臣だったのかには触れず、壬午軍乱にさいしての粗暴な干渉についても、非難の言葉は全然ない。漢城に侵入した中国軍は、朝鮮人を得手勝手に逮捕処刑し、黒幕と見た国王の父（大院君）を天津《てんしん》に連行していった。北朝鮮系の史書は民族の尊厳を踏みにじる行為としているのに、[57]「教科書」は、大院君を「連れ去ることによって、日本の武力介入の口実をなくそうとした」と書く（p. 327）。まるで中国の教科書のようで、日本の侵略を未然に防いだという評価のニュアンスさえ読みとれる。

日本を純然たる加害者に仕立てるためには、中国からの解放は見てはならない。解放を見ないためには、その抑圧を見てはならない。中国による支配や搾取はなかった。民族文化の淘汰もなかった。冊封と朝貢は親善の行為にほかならず、韓中は同じ華として、調和した世界の中で生きてきた。したがってそこからの解放もなかった。それはもともと必要ないことだから。

漢文化を民族文化に、尊中華の儒生を民族主義者に読み替え、小中華意識からの解放、中華帝国からの自立を願った先駆者の志は、忘れることにする。日本とあれば「赤い布に興奮する闘牛」のようにつっかかり、相手が大陸の国なら「どれほど虐待、受侮、被害を受けても言及も記録もせず」、「聖人のように心がひろくあっさり忘れ、……かぎりない謙遜と忍耐を通してきた」（韓昇助ほか）。[58] 日本の邪悪をきわだたせるためなら、自然な民族感情を抑圧することもいとわない。この国はひっきょう、民族主義というより、反日主義の国なのである。

旧ソ連市民のアメリカへの反感、資本主義社会への不信は、本源的なものとは言えず、教育と言論の国家管理を通じて培われた。同じことが、この国でもおきている。日本の支配が史上例を見ない悪辣なものだったことが、ナイル河畔にエジプト文明が興り、コロンブスが大西洋を横断したのと同じ性質の史実として数えられている。その影響は「絶対的」で、あくどく着色された絵物語の真実性を、生徒はつゆ疑わない(59)。李相禹(当時西江大学教授)が述べている(60)。

「歴史を初めて学びかけた幼いころ、われわれが日本に対して覚え始めた感情は憎しみだった。人間としてとうていなしえぬような蛮行を、善良な隣国の民に加えても、反省することを知らぬ倭人に対する憎しみは、幼年にとって心理的復讐心となったものだ」

原爆は東京に落とされるべきだった、いつか日本を占領し、倭人に同じことをしてやりたいと思ったという。日本の邪悪は、親から子へ口伝えで伝えられた民族の体験ではなく、反日国家が、子供の白紙の心に墨汁で書き込んだ、信仰の教義なのである。

イデオロギー的憎悪を植えつけられた世代の人が増えるにつれ、国民の意識が反日に傾斜していったのは、避けられないことだった。年を追って名士の略歴から日本時代の箇所が消え、かつて語られていた外からの近代化、日本による資本主義化は、受容困難な概念となっていった。日政期は日帝強占期と言わなければならず、女子の「子」の名は禁忌に近くなり、光復後親日派を指導者として戴いたことは、今や信じがたい不条理とみなされるようになった。

旧総督府の建物が解体されたのは、戦後半世紀が経ってからのことである。これが総督府庁舎として使われたのは竣工後の一八年にすぎず、韓国の官庁施設であった期間の方がはるかに長い。一九四八年の建国宣言もここで行なわれ、朝鮮戦争の際に損壊したが復旧し、その後は長らく外務部の庁舎として用いられた。内戦、軍事革命、経済復興など国歩多難な折の記憶と結びついたかけがえのない歴史の舞台が、一九九〇年代もなかばになって、突然、何かの衝動にとりつかれたような人々の手で、無造作に壊されていった。建物は一つだが、人の心が変わった。

蔡万植が戦後しばらくして発表した小説『民族の罪人』[61]は、光復後この国で起きたことへの洞察を与えてくれる。

「その日の朝までも総督府を、軍部を、総力連盟を駆け回って日本をご主人様のように、父母のように奉り、米国・英国を不倶戴天の敵として恨み、攻撃して、百姓たちにどうして皇国臣民にならないのか、どうして徴兵や徴用をいやがるのか、どうして供出を出したがらないのかと叱って怒鳴りつけていたその口で、その筆で、いくら面の皮が厚いからと言って何時間も経たずしてその口、その筆でそのままに、我々の敵である邪悪な倭奴は屈服した、我々の血を吸い取った強盗である倭奴は去った、我々の民族精神を抹殺しようと皇国臣民だの内鮮一体だのと言っていた欺瞞の統治と支配は終わった、強制募兵、強制徴用、強制徴発のあらゆる圧迫と搾取の鉄鎖は断ち切られた、さあ解放だ、四千年の悠久の歴史と燦爛たる文化と独自の伝統によって培われた三千万同胞の民族魂は、帝国主義日本と三十六年戦い続けてきた、そして今こそ三千里山河に解放が訪れた、さあ建国だ、君も私も我さきに建国に身をささげよう、そして親日派と民族反逆者を処断せよ、奴らは倭奴に民族を売り渡した奴らである、倭奴も同然である、いや倭奴よりももっと悪どく我々を苦しめた奴らである、おお、我々の解放の恩人がやって来る。偉大な正義の使徒、連合軍を迎えよう」(布袋敏博・熊木勉訳)

作家は、「こんなこと、自ら恥ずかしくもあり、自分の妻子にも恥ずかしくてだな、どうして喋ったり書いたりできるのかって話だ」と辟易したようすで書いている。終戦直後に個人単位で変身するから、厚顔無恥なカメレオンだと言われる。しかし半世紀をかけてゆっくりと、みんな一緒に変わっていけば、まかり通ってしまう。韓国人がしたことは、要するにそういうことである。

終戦時にはいくばくかあった自省の意識は、社会から消えた。反日はゆるぎない国是となり、内心それに疑念を持つ人がいても、あえて口に出せば世論のリンチにあう[62]。邪悪の日本を擁護する輩は、非国民とみなされるからである。日本にかんしては言論の自由はないも同然で、国民は実質的に一つの意見しか持てないようにされている。

反日は日帝の抑圧によって生まれたのではない。われわれが今目にしているのは、それとは全然別の径路をたどって立ちあがってきた反日なのである。

8　なぜ親日派の追及がはじまったのか

戦後半世紀も経ってから親日派の追及がはじまったのも、人心が変化したからである。光復を迎えた時の人々は、日本がさほど悪くなく、親日派が悪人でないことを、よく知っていた。

李光洙は一〇歳のとき孤児となり、一進会の派遣留学生として渡日し、日本で学ぶかたわら、新時代の幕開けを告げる小説『無情』を書いた。一九一九年には日本との血戦をよびかける東京留学生（二・八）独立宣言文を起草し、上海にわたり独立運動にかかわりもした。運動の退潮とともに帰国し、『東亜日報』の編集長となり、民族性の改良なしに未来はないと訴える論集（『民族改造論』）を世に問い、物議をかもした。一九三〇年代後半からは皇民化の旗手となり、戦後朝鮮戦争のさい北に拉致され、不正常な死を遂げたと伝えられる。波乱にみちたその生涯は、韓民族の魂の軌跡に正しく重なる。のちに親日派は一身の富貴のため民族に背反したなどと言われるようになるが[63]、時代をともに生きた人は、彼をいくらそう思おうとしても、思うことはできなかったはずである。

兪鎮午が親日派として目立ったのは、特別に悪かったのではなく、特別の才子だったためである。京城帝大は数ある帝国大学の一つだが、半島にある唯一の大学で、朝鮮人学生にとって入学は星をつかむほどに難しいとされていた。彼はその法文学部を全優で卒業したという伝説的秀才で、普成専門学校教授として法学を講ずるかたわら、気鋭の作家として世の注目を集めていた。日本の体制のなかで頭角をあらわした彼が、やがてその一翼を担っていったのは、なりゆきだったというほかはない。

朴正熙は当初小学校の先生になり、進路を変えて軍人になった。脈絡のない選択のようだが、貧家に生まれた少年が上級の教育を受けるには、官費が支給される師範学校か軍の学校に進むしかなかった。どちらの学校でもその性格上、生徒は日本の価値観に強く影響されることになり、その進路を選んだこと自体が、人格の深部で日本化される道につながっていた。当時、学校の教師はもとより、日本の軍人になることも、べつに悪いこととは考えられていなかった。戦後の名分はどうあれ、人々はいまさら日本時代の軍歴をあげつらう気にはなれなかったし、ましてそのときの少年の切実な選択を、憎むことはできなかったのである。

実際にあったことを知る世代が健在なうちは、親日派を指導者にした国のあり方が問題にされることはなかった。しかし世代の交替が進み、営々と続けられてきた「国史」の教育によって、韓民族は邪悪な日帝と徹底的に戦ったという人工の記憶が、ゆっくりと構築されていく。たんなる約束ごとにすぎなかったものがやがて唯一の真実となり、実体験にもとづく日本統治のイメージを、ローラーでひき潰すようにして抹消していった。抗日神話の作りあげる世界は、現実そのものと化していったのである。

日政下の朝鮮は、「戦場」ということになった。韓民族は対日戦争に従事していたことになり、「教科書」は、当時まず誰も耳にしなかったであろう抗日軍の「将軍」の名前をならべたてる。一方で総督府を抑圧と収奪の大本営のように描きだし、統治の実態があったという印象さえ与えないようにしている。

民族総ぐるみで悪の日本と戦ったとあれば、親日派が端的な裏切り者とされるようになったのは当然である。民族抹殺を企てた日本が邪悪なら、おなじ民族でありながらその手先になった者は、さらに悪質な、唾棄すべき存在になるしかない。彼らの実人生は語れなくなる。愚民化の教育だったとしか言わないのだから、そもそもなぜ、李光洙や兪鎮午のような人が頭角をあらわしてきたのか、貧農の家に生まれた朴正熙が教育を受けられたのか、説明できない。金九に「全員牢屋行き」ときめつけられた国民は、意識の世界で真白に漂白され、その純白を背にして、黒ペンキを塗られた親日派が浮かびあがるという構図になった。

かつては自然に納得されていた歴史が、大きな問題となった。建国の親日派的背景はもともと秘密でも何でもなく、皆が知っていたことである。しかし親日派を極悪にしたてた今、史実は受け入れがたいものとなった。日本が悪くなるほどそれに輪をかけて親日派は悪くなり、彼らを指導者に戴いた大韓民国は、刻一刻、疑わしい存在となっていく。

「教科書」に書かれていることが実際にあったのなら、この国の状態はどう考えてもおかしい。日本は極悪の支配を行ない、韓民族は激烈に抗日した。今も日本に謝罪をもとめたりしている。ところがその日本の先棒を担いだ連中が、まとまって新国家の指導層に横滑りしたというのである。当時の国民はなぜそれを容認し、歴代の政府はなぜそれに頰かむりしてきたのか。今の世代はそれが理解できず、祖父の世代が行なったことに何の共感も同情も持てなくなっている。

最初に一石を投じたのは林鍾国で、親日派が富貴を享受する現状に義憤を感じ、問題の剔抉を生涯の使命として自らに課したと書いている。その著作『親日派』は、反民族行為処罰法の廃棄を、民族の魂を売った桁はずれの罪悪、再度の売国とまでいう(64)。彼が列挙している事実にはとくに目新しいものはなく、旧世代の人なら先刻承知の、いわば公然の秘密のようなものだったが、公的認識を前提にすれば、その言うところはいちいち正論である。預言者のようなその言葉に唱和する声が、やがて社会の各処であがるようになった。

「我々の国民意識の中に釈然とせず残っている『おり』があります。我々の正統性問題とも明らかに関わることですが、我々は解放直後親日派にたいする粛清作業の機会を持つことができなかったという事実です。反民特委を通じる粛清作業が達成される前に霧散した事実は、どのように説明する道理もありません」(李炫熙[1985]p. 83。金雲泰らとの座談会での発言)

「如何なる国であっても、新国家を建設するには、過去において民族精神を汚した反民族の徒輩を粛清しなければならないのに、わが国はこの民族的課題を解消できずに新国家を建てたがため、われわれの社会は今日まで不正が勢力を振っている」(宋建鎬[1992]p. iv)

「建国の初期段階で日本植民統治の残滓《ざんし》を徹底して清算することによって民族的な意気を立て直せなかった。特に親日・民族叛逆者に対する歴史的審判をほとんど欠いていたことは、今日の道徳性不在の源になっていて、無念きわまりない思いがする」(金俊燁[1995]p. 61–62)

民族の自省のようだが、ずいぶんと能天気な自省にきこえる。朝鮮人は一人残らず対日協力者で

（金九）、勝ち馬日本に乗ろうとし（林和）、ばつの悪い思いで解放を迎えた（咸錫憲）のではなかったのか。そんな人々が、つい昨日まで自分たちの先頭に立っていた人物を、今さら審判などできるはずがなかった。親日した人々が、親日派を指導者に戴いた。けだし当然のことで、それが問題だというなら、国民総ぐるみで親日したその根本に立ち返って反省すべきだろう。

しかし当時の人々は時代をやりすごすのに精一杯で、真実を後孫に伝えようとしなかった。すべての責任を玄界灘のかなたに移送し、自らを被害民族にしたてて戦後を乗り切ってきた以上、それはできない相談だった。親日の過去は抗日の仮想現実にすりかわり、顚倒の体験が受け継がれることはなかったから、何のためらいもなく旧世代を糾弾する正義の士が、陸続と現われるようになった。

林鍾国は一九八九年に他界するが、その主張は死後かえって勢いを増していく。彼の遺志を継いで「反民族問題研究所」が設立され、ここから親日派の行状記、筆誅録の類が、次々と刊行されるようになった[65]。二〇〇〇年一一月には、研究所の関係者に国会議員までが加わって、朴正熙大統領の胸像をロープで引き倒す事件がおきている[66]。そこかしこで親日派の銅像や扁額《へんがく》が撤去され、親日派の名にちなんだ賞が廃止に追い込まれていった。二〇〇五年には「日帝強占下親日反民族行為真相糾明に関する特別法」が制定され、この法律を根拠に親日派とおぼしき人物の行跡調査が行なわれ、千余人を収録したリストが公表された[67]。

事情を知らない第三国の人は、いったい何ごとがおきたのかと思うだろう。光復から六〇年余が経ち、親日派はほとんどが故人となり、処罰や解職が現実的であるような時代は、とうの昔にすぎ去った。粛清、清算というが、今さら何を、どうしようというのか。

国旗や国歌は、親日派によって作られた。近代文化を築き、北の侵攻に立ち向かい、国づくりを進めてきたのは親日派である。彼らの存在は、その手になる政策、法律、制度、文化などとともに、この国が今かくあることと固く結びついている。国民はすべてを承知の上で指導者に戴いていたのに、今になって彼らを極悪人に仕立て、建国の過程を自らスキャンダルにしてしまった。政治家や軍人、文学者、言論人など、本来なら教科書に金文字で書き込まれてしかるべき人物に、これほど多く売国奴の嫌疑をかけている国が、ほかにあるだろうか。

金奉雨（民族問題研究所所長）は、親日派の反民族的犯罪行為を告発して、歴史に対する憤怒を呼び覚ますと言う(68)。この世にいない親日派を告発し、自国の歴史に憤る。できることはそれだけである。それはただ、国が総体として不当だという認識を広めるだけに終わるだろう。

「親日派」同様、「日帝残滓」という言葉も戦後に生まれた。それは戦前朝鮮に持ち込まれ、いま清算を待っている日本の制度文物を指すものとして用いられる。しかし日本のものは、社会の表層にこびりつく、すぐにも拭き取れる「かす」の類ではない。

コムドから剣道（けんどう）の要素をなくせば、白色の剣道着、腰板のない袴、蹲踞の廃止などの韓国的装飾が残るだけで、武道の本体が失われる。韓国語から日本語の写像部分を取り去れば近代語は作り直しとなり、ここ百年の文献は一般人の手がとどかない第二の漢文と化す。民族の自画像、法律や制度、文学や美術、もろもろの国技国粋も同様で、内なる日本を除去すれば、この国は浄化される前に消えてしまう。「日帝残滓」の清算は韓国の清算とほぼ同義なのに、実現可能な当為であるかのように認識されれば、問題を放置してきた（ように見える）国への不信がつのるだけである。

建国から半世紀あまりが経った頃、韓国はもともと生まれるべきではなかった国で、民族史的合法性は北朝鮮にあるとする「反韓史観」「自己破滅的な歴史観」が頭をもたげてきた[69]。全体主義国家と隣接し、その内実についてリアルな情報に接していながら、こうした想念に迷い込んでいった国民が、かつてあっただろうか。

反日主義は、形而下では親日の実態をもつ国の、存立の基盤を掘り崩す凶器と化していった。今のままで推移すれば、近代史上の重要人物のほとんどが親日派で、国の本体が日帝残滓でできているということ――反日と反韓が実は通底しているということを悟るときが、早晩到来するはずである。そのとき、韓国人はどうするのか。歴史との和解を迫られるのだろうが、それが首尾よく達成されるのか、それともひたすらな自己破滅の道をたどっていくのか、答えが出るのはそう先のことではないだろう[70]。

9　理性の反日と感情の親日

今は思いおこされることはまずないが、少年期に終戦を迎え、その後の反日化の過程を身をもって経験した谷間の世代の人々が、当時の内面の葛藤について貴重な証言を残している。戦後言論人として活躍した崔禎鎬は、「幼い頃は幸せだった」と説きおこし、こう書いている。

「ままごとや兵隊ごっこがあり、遠足に行って両の頬がはじけるほど歌うことができ、童話に感動して泣き笑いもでき、街のにぎやかなパレードを追っては手を振り、夜は姉の歌う子守唄に眠りに落ちることもできた。しかし後の日に、解放された独立国民の目で回顧すれば、あの兵隊ごっこ、パレードは、祖国を踏みにじった侵略軍のもの、歌った歌は我々の言葉と文字を奪った日本の歌、お話の本も日本の本だった」「理性はそれを意識していたのに、感情は、二度と帰らぬ幼い日の春に言いようのない郷愁を感じる。だから昼は、口では日帝の過去を青筋立てて熱烈に糾弾しても、夜疲れた体に酒の一杯でも入れれば、日本の懐かしのメロディーにやるせない感傷にのめりこんでいくのである」(71)

作家河瑾燦は、はじめて時代劇映画を見た国民学校一年の時のこと、四十七士や宮本武蔵などを読みふけった頃のこと、日本人の学校にそんな本が多くあることを知ってうらやましく思ったことなど、思い出を書いている。戦後は日本とかかわりをもつことはなかったが、四〇年経って、唐突に内なる日本を意識させられることになった。

「成田空港に降りた時、初めて足を踏み下ろした他国なのに、私は全くよそよそしく思えなく、むしろ昔いくども見たような懐かしい風景に、何となく親密感さえにじみ出ているように思えた」「日本に滞在していた間、私の内側の深いところに沈んでいた日本に対する郷愁のようなものがそっと頭をもたげてくる……。幼い頃に浸った日本文化とその頃の記憶がかすかな懐かしさを伴って、甦ってくるのだった。記憶というのは、いつも美しいものだからだろうか。植民地下の少年時代が懐かしさになって甦るなんて。その支配民族の文化が郷愁のように感じられるなんて」（河瑾燦［1988］pp. 314–315）

作家は自分の感情にとまどっている。一度も行ったことがない国なのに、なぜか郷愁の思いに駆られる。

南富鎮は、一九九〇年代にはじめて日本を訪れた老人のことを書いている。その人は日本見物に夢中で、「なつかしい」を連発し、故郷に帰った気分だとはしゃいでいたという。[72]尹健次は言う。

「日本的な生活への慣れが残ったまま、日本に対する一種の親しみや郷愁感といったものさえ持っている。とくに日本の高等教育をうけた知識人のなかには、酒に酔えばいまでも日本の旧制高校の寮歌や昭和初期の流行歌を一種の感慨を込めて歌う人も少なくないと言われている。そこには『日帝』への憎しみとは別に、『理性』では制御しえない『懐かしい青春時代』への思い出がある」（尹健次［1991］p. 112）

反日・親日の狭間を徘徊する、上下の意識層が矛盾した形で共存している、思考の二重構造、人格分裂症なども言うが、帰するところは同じである。[73]

韓国企業とかかわりのある日本の経済人は、思考の二重構造などという話を聞かされれば、「日本は不快な相手だが、取引先だから我慢しよう」、心は反日だが頭で損得を計算するといった態のものではないかと考えるだろう。しかしこれらの人々が語る二重性には、あきらかに逆の対照がある。反日は理性に属し、感情は親日に傾く。その対照は「理想と心情」「頭で考える日本と体で感じている日本」「意識の世界と意識下の世界」「襟を正している時とくつろいでいる時」「しらふの時と酔っている時」などと、さまざまに表現される。[74]

抗日神話では説明しようのないことである。反日は「民族の憤怒」の延長線上にある、もっとも熱い感情として心にあるべきなのに、なぜそれが襟を正しているときの態度で、頭で考える、理性に属するものなのか。わけても、感情が親日とはどういうことか。「無慈悲な弾圧」に「熾烈な武装闘争」が対峙する世界で、どうして心のうち深く、親日の感情がはぐくまれていったのだろう。若いときは美化されがちだという一般論には、解消できないように思われる。美化されるにはそれ相応の実態がなければならない。ナチの迫害のさなかで育ったユダヤ人は、生涯癒しえない心の傷を負った。しかし日政下で人となった韓国人は、なぜか日本に、ほとんど「生理的ともいえる親近感」をいだいている[75]（金允植）。

彼らは、酔ってよく日本の軍歌を歌った。一九六〇年代から七〇年代にかけて、若い戦後派知識人の書いた文章には、そのさまを慨嘆しているものが実に多い。市民の歌としてよみがえってきたと当時書かれたほど、それはありふれた光景だったのである。[76]まわりの顰蹙《ひんしゅく》を買うことがあったかもしれないが、とくに制止はされなかったようだ。あまりに多くの人が歌うから、しかたのないこととして受容されていたのだろう。日帝と韓民族の関係が真実ナチとユダヤ人のそれとすれば、これは収容所から生還したユダヤ人が、ナチの党歌を歌うようなものである。

日本＝ナチ説は謬論としても、それにしても腑におちない話である。若き日を憶うなら、「鳳仙花」「カゴパ」のような朝鮮の歌を歌えばよい。日本の歌でも、学校唱歌や、当地で流行《はや》った中山晋平、古賀政男の曲くらいなら、まだしもわからなくはない。なぜ、よりによって軍歌なのか。

それを歌ったのは、元日本人、いや心の奥底では依然、正真正銘の日本人であるような人々だったのである。「教科書」がいう、激烈に抗日した韓国人とあれば、どんなに酔ったところで、日本の軍歌など歌うはずがないではないか。

戦前の半島には、血筋は朝鮮ながら、実態上日本人になっていた人が多くいた[77]。武道は学校の正課で、少年は日本の武の心を学び、当時のこととてその教育は強く深く、若者の魂をつかんでいた。釋弘元は「朝の校庭で、明治天皇御製歌を唱和するとき、僕も日本人だという熱い思いが胸に突き上げてきた」と書いている[78]。日本の大義を信じ、日本の理想を追ったまぎれもない日本人が、今なお自分のなかにいる。反日の意識の檻にとじ込めているもうひとつの自分を、つかのま解き放つ。そのために、軍歌を歌うしかなかったのである。

日本が去って、あとに残された朝鮮系日本人は、祖国がじつは敵だったと知らされる。日本との別れは、何の余韻も残らない、とりつくしまもないものとなった。外国に住む日本人、いや外国の国籍をとった元日本人も、なお心に日本を抱いて生きることができる。しかし、一時点をさかいに反日国家の国民となった人々は、内面世界においてさえ、愛する日本と訣別しなければならなかったのである。その郷愁の思いはいかばかりだっただろうか。彼らは戦後、日本人から韓国人にいたる内面のけわしい道を歩み、その心はその後も長く、少しずつ消えてゆくかつての祖国と、新しくかたちをとる祖国のはざまを、さまよっていたのだろう。

金九や李承晩のような人に今日、光があてられているが、外地で抗日していた人などまったくの例外にすぎない。国民の大半は日本統治下の朝鮮で育ち、ひと時皇民の意識を持っていた人々だった。その実人生のイメージが欠落しているのは、彼らの内面の真実に迫ろうとした試みが、実際上なかったからである。反日国家にとって、こうした意識の存在自体が受け入れがたいものだったから、見て見ぬふりをしてきたのである。

戦後、朝鮮生まれの日本人にとって、玄界灘は乗り越えがたい障壁となった。「帰国」はできず、なりゆきのまま韓国人になり、隠れキリシタンのようにして生きおおせた人も多かっただろう。光復後三年経ってからも家で御真影を拝していた人、遠からぬ先の日本の再臨を確信すると語った人、昭和天皇崩御の際日本大使館を弔問に訪れ、哭書《こくしょ》と記し綿々と恋闕《れんけつ》の心をつづった元日本軍兵士がいたという。(79) 運命に身をゆだね、韓国人として生きようとした大多数の人々の心も、単純に割り切れるようなものではなかったと思われる。

韓国国歌の作曲者安益泰は、一九〇六年に平壌で生まれ、東京の正則中学、東京高等音楽学院を経て欧米に留学し、(80) リヒャルト・シュトラウスに師事した人である。一九四〇年、シュトラウスが「皇紀二千六百年記念祝典音楽」を日本天皇に奉献するかたわら、その東洋人唯一の弟子である安益泰は、満洲国建国十周年を寿ぐ「交響的幻想曲満洲国」を作曲し、自らベルリン放送交響楽団を指揮して演奏した（二〇〇六年に明るみに出た）[81]。

戦後はフランコ体制下のスペインに移って国籍を取得し、一九六五年に他界するまでそこで過ごした。韓国の文化勲章を受け、国の代表的音楽家として重んじられてきたが[82]、国籍は日本から直にスペインに変わったのであり、実質的な意味で大韓民国の国民だったことはない。

彼は自らの生涯を、どう考えていたのだろう。自身が日本語で書いた、恩師シュトラウスの評伝（一九六四年）の著者略歴には、なぜか「一九一一年　京城生」とある。生年を実際より五年繰り下げて併合の翌年におき、生地を日本帝国の表象「京城」にもってきたのは、自分は日本の領土に生まれた日本人だという宣言とも受け取れる[83]。序文では、戦後親ナチとされ失意のうちに死んだシュトラウスの、私は今の時代の作曲家ではない、何かのはずみでここにいるだけだという言が引かれ、時代に「追いこされた」音楽家の悲哀を縷々《るる》綴っている。「いったいどんな芸術家が現代という時代に、完全に身を処しえたであろうか」という言葉は、そのまま、自身の運命についての嗟嘆と読めなくもない[84]。

ドイツで活動していた頃の安益泰は、日本の音楽界を代表する輝ける星だった。日本は彼の才能を正しく評価し、表舞台に押し上げてくれた国で、彼の栄光は日本帝国とともにあった[85]。彼が帝国の遺民の意識を終生持ちつづけ、死の前年に書いた生涯ただ一冊の本の一隅に、遺言の意識をもってそれを書きつけたとしても、ふしぎはない。

深読みにすぎると思う人もいるだろうし、実際そうなのかもしれない。しかし、多くの朝鮮系日本人が戦後口を緘《かん》した事情は、頭に入れておく必要がある。

朝鮮は反日の国となり、過去を否定した日本は平和と民主主義の国になり、帰属する国をなくしたかつての同胞の心を、思いやる気持ちを失った。耳を貸す人がいなければ、何を言ってもしかたがない。というより、下手なことを口にすれば、日本人からも白眼視されかねない。彼らの思いは、日本の旧友とのひそやかな会話、思い出を語る言葉のきれはし、酔いにまかせて声のかぎりに歌う軍歌に、託すほかはなくなった。しょせん知りようのないことではあるが、安益泰もそのような人だったと思えてならない。

朴正熙大統領は長くつづいた政治的混乱を終息させ、経済発展を軌道に乗せた現実政治家だが、一面「韓国史観」の必要を説き、[86]民族精神の昂揚に力を尽くした人でもある。李舜臣の社や安重根記念館を建て、今もつづく日本文化規制の骨格を作り、しまりなくつづいていた日本法の移用に終止符を打った。李承晩は公海上に線を引いて日本漁船を拿捕し、対馬の「返還」を要求したりしたが、その反日は底が浅いものだったのに対し、彼の政策には実質があり、一枚岩の反日国民を後に残して死んだ。全国民の反日化に個人として最大の責を負うべき人物をあげるとすれば、この人をおいていない。

彼の政府は、日本の映画やレコードの輸入を禁じ、日本音階の歌を倭色歌謡として取り締まったりしていたが、その一方で彼はひそかに日本から取り寄せた時代劇映画を官邸で見ていた。郷愁に沈んでいたようすだったという。[87]確証されているわけではないが、日本の演歌歌手を官邸に招いていたともいう。その姿には、一世代の心の葛藤が集約されているようにさえ見える。

戦後の反日の担い手となったのは、日本の教育を受け、ひと時日本人の意識を持っていた人たちである。日本に傾斜する自我を抱え込み、それを理性によってはげしく押さえつけようとした人々によって、この国は築かれた。皇民化世代はほぼ消えたが、彼らの心はいわば社会化されたかたちでのちに伝えられた。対日文化政策は、一世代の内面の葛藤を、全国家レベルに拡大したものにほかならない(88)。

公的歴史は、韓国人は抑圧から解放され、光復を歓呼して迎えた、と語るのみである。イデオロギーの定規をあてて描いた政治幾何学の図形のなかに、激変する運命を生きた人々の心を押し込んできた。だから、なぜ反日なのか、自身まるでわかっていないのだ。

日本への同化と統合の実態のうえに、その日本を全否定する価値がおおいかぶさった。意識の二重構造を語る人々の言葉は、内面にきざみ込まれた存在と価値の分裂を、あるがままに今に伝えている。

【注】

（1）一九〇七年生まれ、内務省入省、終戦時、朝鮮総督府官房調査課長。戦後は米軍政庁農商局長を経て、審計院長となる（第一章参照）。

（2）崔夏永［1973］pp. 135-136。

（3）崔南善は真珠湾攻撃の直後、米英は日本との悪戦苦闘に耐えられない、死を恐れぬ日本軍は必ず勝つと知人に漏らしていたという（安浩相・柳光烈・李仁・林炳稷［1973］p. 157）。徐廷柱は、日本が近々降伏すると知っていたら隠れて生き延びたと思うが、当時は日本支配が何百年も続くと考えあきらめていたと述懐している（徐廷柱［1992］p. 492。韓国語文献）。ひたすらな帝国拡大の歴史を眼前に見てきた人々にとって、これはごく自然な認識だった。

（4）外務省調査局［1946］p. 83。当時『京城日報』主筆だった中保與作は、B29は朝鮮では一発の爆弾も落とさないし、日本機も飛び立とうとしない、朝鮮人の多くは米軍は爆撃しないと信じていたと述べている（中保［1978］pp. 481–482）。

（5）宋建鎬［1984］p. 380。

（6）近藤［1962］p. 13、李漢基［1973］p. 123を参照。鈴木武雄（京城帝大教授）は、当時「朝鮮の治安とか朝鮮同胞の思想状況とかが、内地に非常に近くなってきた」「政治的、経済的、社会的及至精神的に日本に接近、否日本の一部たらしめている」と書いている（鈴木［1939］p. 10, p. 27）。

（7）咸錫憲［1980］p. 302。原著は一九五〇年。

（8）カミングス［1989］p. 71。

（9）引用文献は以下の通り。

玄永燮『朝鮮人の進むべき道』一九三八年 p. 157。安龍伯「新しき半島人の動向」『朝鮮行政』一九三八年九月号 pp. 63-64。安東赫「長期戦と代用品」『朝鮮行政』一九三八年一〇月号 p. 23。印貞植「東亜の再編成と朝鮮人」『三千里』一九三九年一月号 p. 63。李瑄根「満洲と朝鮮」『朝光』一九三九年七月号 p. 61。金文輯「一氏設定を主題に一半島風習のその祖国への合理的発展的帰還を諭すの言」『総動員』一九四〇年三月号 p. 37。李恒寧「青年問題座談会」『総動員』一九四〇年九月号 p. 73。李光洙「内鮮青年に寄す」『総動員』一九四〇年九月号 p. 59。柳致真「国民演劇樹立に対する提言」『毎日新報』一九四一年一月三日付。申興雨「太平洋風雲の展望」『三千里』一九四一年一一月号 p. 27。「臨戦愛国者群像〈一〉臨戦報国団の最高指導者尹致昊翁の横顔」『三千里』一九四一年一一月号 p. 87。「臨戦愛国者群像〈五〉新しい朝鮮の希望　天道教教領李鐘麟翁」『三千里』一九四一年一一月号 p. 94。金東仁「感激と緊張」『毎日新報』一九四二年一月二三日付。金活蘭「女性の武装」『朝光』一九四二年二月号 p. 124。李晟煥「全鮮の組織網と其間の事業」『大東亜』一九四二年五月号 p. 21。崔載瑞「祖国観念の自覚」『京城日報』一九四二年五月二六日付。金東煥「大東亜戦争一周

年〈1〉戦ひの曲」『京城日報』一九四二年一二月九日付。崔貞熙「晴れた青空」『京城日報』一九四二年一二月一二日付。朱耀翰「出船の精神」『新時代』一九四三年七月号 pp. 17-18。金性洙「学徒よ聖戦に出でよ大義に死す時　皇民たることの責務は大」『毎日新報』一九四三年一一月七日付。安在鴻「殉国の雄魂と散れ学徒よ千載一遇の秋だ」『京城日報』一九四三年一一月一五日付。金素雲「父祖の汚名を一掃」『毎日新報』一九四三年一一月二一日付。張赫宙『岩本志願兵』一九四四年 p. 2（『毎日新聞』に連載された小説。引用は本書の序文から採った）。

なお以上のうち、金文輯（大江龍之助）、李恒寧（延原光太郎）、李光洙（香山光郎）、金活蘭（天城活蘭）、李晟煥（安興晟煥）、金東煥（白山青樹）、朱耀翰（松村紘一）、張赫宙（野口稔）の寄稿・論述は、括弧内の創氏名による。朝鮮語のものは八篇（印貞植、李瑄根、柳致真、申興雨、金東仁、金活蘭、金性洙、金素雲）だが、うち金性洙論稿の訳文は、エッカート『日本帝国の申し子』（小谷まさ代訳）の巻末にあるものを採った（エッカート［2004］pp. 338-341）。

（10）印貞植は戦後越北したが、もともとマルクス主義者だったから当然とも言える。玄永燮、金文輯、張赫宙は日本に移住したが、彼らは日本語の作家・評論家として登場した人で、もとから下地があった。その点はどうあれ、（親日言論の咎で処罰された人はいなかったのだから）韓国にとどまったとしても別条はなかっただろう。

（11）在日の歌手田月仙の聞き書きによる（田月仙［2008］p. 59）。

（12）金石範は、終戦の日の李光洙を、次のように描写している。

「驚愕、恐怖、絶望、あってはならぬ、そしてあり得ないことが現実となって、ひたすらに日本帝国の永世を願っていた李光洙の頭上に落下してきた」（金石範［1993］p. 79）

（13）河瑾燦［1988］p. 312。

（14）李泰俊自身と思われる語り手は、独立の感激より、同胞の「気の抜けたさま」への悲しみが大きかったと独白している（語り手は、心ならずも日本に協力したが、終戦を解放とうけとめた作家のように形象している）。

（15）朝鮮人は戦後中国人に皆殺しにされかかり、その後何十年も迫害されたという（韓景旭［2001］pp.

205–214)。
(16) 咸錫憲〔1980〕pp. 303–304。
(17) Oliver〔1954〕p. 182。李承晩は一九二〇年代はじめ臨時政府大統領になってまもなく解職され、朝鮮の人々の視界から消えていった。渡米後もこれといった活動実績はなかったから、知られていなかったのは当然である。
(18) ハンガリーについてはロスチャイルド〔1994〕p. 137、オーストリアについてはジェラヴィッチ〔1994〕pp. 283–284を参照。
(19) 馬彦〔1997〕pp. 683–685。中国語文献。第二章参照。
(20) 南智尋〔1986〕p. 148。
(21) 金石範は、朴正熙を解放直後反逆者として処断すべきだったと言い（金石範〔1993〕p. 17）、張俊河は（一九六七年の大統領選挙に際し）朴正熙をけして当選させてはならない旨発言しているが（李祥雨〔1988〕p. 84）、朴正熙は現に選挙に勝っている。建国五〇年を期して行なわれた国民意識調査の結果は、彼が韓国史上最大の人物とみなされていることを示した（『朝鮮日報』一九九八年七月一五日付）。
(22) 反民族行為特別調査委員会の特別裁判部長に任じられたのは金炳魯だが、彼は短期間ながら総督府判事（釜山地方法院判事）をつとめたことがある（金炳魯〔1929〕pp. 33–34）。基本的には弁護士、法律家と言ってよい人物ではあるが、新生国家の正義を行なう立場にある特別裁判官としては、経歴に瑕疵がなかったとは言えない。しかしこの人事は何ごともなくまかり通った。当時の国民の意識は、この程度のものだったのである。
(23) 人名辞典、名士大鑑などの一四の資料（第一章参照）、朱耀翰〔1942〕pp. 26–27、李瑄根〔1939〕p. 61を参照。京城紡織および金季洙と総督府の関係については、エッカート『日本帝国の申し子』を参照。在日の学者金石範は、こうした親日派跋扈のさまは、不思議を通り越して茫然とすると述べている（金石範〔1993〕p. 13）。
(24) カマール・サリービー（ベイルート・アメリカン大学教授）は、『旧約聖書』の地名の分析をもとに、聖書の舞台はアラビア半島の紅海沿岸（アシール地方）だと結論し、波紋を呼んだ（サリービー〔1988〕pp.

26–51)。
(25) 李相回［1985］p. 76。韓国語文献。李相回は当時延世大学教授。
(26) 申相楚（高麗大学総長）は「二千年の歴史を通じて日本民族はつねに加害者」だったと述べている（申相楚［1975］p. 54）。ほかに朴泰浩［1986］p. 13を参照。二〇一三年の三一節のさい、朴槿恵大統領は「加害者と被害者の立場は千年過ぎても変わらない」と演説しているが（二〇一三年三月二日付『朝日新聞』「日本への厳しさ鮮明」）、おなじ発想に出るものと言えよう。
(27) 金東祚［1993］p. 20。
(28)「時局と文化人の任務」『総動員』一九四〇年二月号 pp. 79–81。「所感」『三千里』一九四〇年七月号 p. 91。「大いなる融和――決戦文学の理念確立」『文学報国』一九四三年九月一〇日号。
(29) 金東仁［1988］p. 344。韓国語文献。
(30) アーレント［1972］p. 59、同［1974］pp. 286–287。
(31)「反日主義」は、鄭大均が『世界週報』（一九九四年四月五日号）に寄せた論文「韓国社会の『反日』構造日本文化に対する両面的な反応の背景」に現れる（鄭大均［1994］p. 44）。
(32) 戦前崔南善は、朝鮮の儒学と仏教は今や無力で、思想界の主潮は虚無思想だとした（『朝鮮と神道』。崔南善［1934］p. 16, p. 6）。朴正熙は、韓国社会は「精神的支柱のないニヒリズム」に陥っていると述べている（『朴正熙選集1』。朴正熙［1970］p. 56）。
(33) 儒教はもともと宗教的要素にとぼしい思想である。イギリスの旅行家バードは「朝鮮人は宗教をもたない」と言い（バード［1998］p. 298）、また次のように書いている。
「朝鮮の都市には寺院や聖職者の姿がない。家々には『神棚』がなく、村祭りには神輿もなければ、偶像を運ぶ行列もなく、婚礼や葬儀では聖職者が祝福をしたり冥福を祈ったりすることがない。畏れ敬われる宗教的儀式や経典が存在せず、人々の心に宗教が入り込んでいる形跡がなんら見られない」（同 p. 502）
二〇世紀初頭朝鮮を訪れたアメリカ人宣教師ブラウンも、「他のアジアの国々には多く見られる宗教的な風景がここにはない」として、同様の認識を示している（ブラウン［2016］pp. 123–134。原著は一九一九年）。
(34) 宋建鎬［1984］p. 4。『三国遺事』には、「弘益人間」（じんかんを弘益せよ）という命をうけて、桓雄

（檀君の父）が天から降ったとある。初代文教部長官安浩相の強い主張で、教育法に国民教育の理念として盛り込まれた。

(35) Commager［1967］pp. 3–27。ヨーロッパ諸国のような古い伝統を欠いたアメリカ国家のイメージは、アメリカ作家ホーソンやヘンリー・ジェームズなどの作品を引用しつつ展開されている。

(36) 韓永渉［1984］p. 78。

(37) 金聖佑［1998］p. 39。

(38) 全国学生連盟［1973］pp. 29–30（原載は一九七一年）。

(39) ビーアド『ルーズベルトの責任〈下〉』二〇一二年（原著は一九四八年。とくにその pp. 452–455, pp. 668–669, pp. 689–749を参照。チャールズ・A・ビーアドはコロンビア大学教授、アメリカ歴史協会会長を歴任したアメリカ史の碩学）。東郷茂徳『明治百年史叢書　東郷茂徳外交手記——時代の一面——』一九六七年（原著は一九五〇年。とくにその pp. 255–265を参照。東郷は日米開戦時における外務大臣）。フーバー『裏切られた自由　——フーバー大統領が語る第二次世界大戦の隠された歴史とその後遺症〈上〉』二〇一七年（成稿は一九六〇年代前半。とくにその p. 474, p. 485, p. 499, p. 502, pp. 511–513, pp. 526–530を参照。ハーバート・フーバーは第三一代アメリカ合衆国大統領）。防衛庁防衛研修所戦史室『戦史叢書　大東亜戦争開戦経緯〈5〉』一九七四年（とくにその pp. 472–499を参照）。フィッシュ『日米・開戦の悲劇——誰が第二次大戦を招いたのか』一九八五年（原著は一九八三年。とくにその pp. 18–19, p. 38, p. 40, pp. 206–207を参照。ハミルトン・フィッシュは、戦前から戦後にかけて一二期ニューヨーク州選出の下院議員をつとめた共和党の重鎮）。

(40) 福沢諭吉については次のようなことが言われている（ほかに任展慧［1994］p. 51、具仙姫［1990］p. 62、慎根縡［1995］pp. 268–269などを参照）。

「福沢の犯罪的所業はこれだけに止まらない。…朝鮮に対する彼の敵対的態度はその『富国強兵』論に代表されているわけであるが、そうした福沢の思想的限界が少しずつ終焉に近づくにつれ、彼の極悪そのものの正体が次第に露呈されてきた」（白基琓［1975］p. 97, p. 100）

(41) 一八八二年、福沢は築地活版所に諺文の活字を特注した。井上はこれを朝鮮に持ち込み、ハングル使用の最初の新聞『漢城周報』は、この活字を用いて印刷された。井上は後に回想している。

「先生は碌々他人に相談もなく諺文活字を註文せられました。一行の人々は後でこれを知つて新たに新聞を起こすことさへ朝鮮では世間に反対が多いと思つて心配して居るのに、諺文を使用しては上流社会が全く読んで呉れぬこと丶なるかも知れぬ。当分は是非見合せて戴きたいと頼んだので先生は『よろしい。鋳造費は自分で支払つて置いて、之を用いる時の来るまで待たう』と答へられたのであります」（井上［1934］p. 6）

漢文化全盛の当時におけるこの破天荒の事業は、福沢の理想主義と渡韓時二三歳の青年井上の献身的努力によって成就した。二人は、韓国の先覚者のようにふるまったのである。

（42）金允植は、西欧が「宣教師を手先にしたとすれば、日本は学者を主に手先に使った」などという（金允植［1975］p. 27）。

（43）金允植は、戦前の知識人は日本に対しはっきりした他国意識をもたず、対西欧との関係でも日韓を同一視する錯覚をおこしていたと述べているが（東京・韓国研究院／国際関係共同研究所［1979］p. 112。既述）、これは同時代の多くのオーストラリア人がイギリスの視点で世界を眺めていたのと似ている。

（44）学校では、日本から受け取ったものについては何も教えない。自国の先進性をひたすら強調し、文物が日本に渡っていった、日本人は韓国を文化の先進国とみなしたと教え、優越意識を鼓吹している（マスメディアも歩調を合わせ、日本には固有文化は存在しないことを、国民的信念にまで高めている）。韓国の日本研究者金鉉球は、韓国人の日本観について「（日本は）韓国が文化を伝えてやった小さな野蛮国家で、明治維新の後どういうわけか運よく経済発展をとげた、にわか成金の国という程度の認識しかもっていない」と要約している（金鉉球［1997］p. 29）。日本には文化はない、日本文化なるものはもともと実体がないとする作家朴景利の見解も参照（田中［2003］pp. 112-113）。

（45）Kyong-Dong Kim［1985］p. 136、金炳翼［1973］p. 104（第一章参照）。

（46）一九七〇年代半ばを時代背景にした韓国の小説（日本語訳タイトルは『ソウルの華麗な憂鬱』）には、道行く女性は大半、淑子、明子、英子だというくだりがある（崔仁浩［1977］p. 124）。

（47）江原は公使館の次席だったが、公使が満支人だったから、おそらくは彼が館を仕切っていたと思われる。安益泰は一九四一年から江原邸に寄居し、音楽愛好家の彼のために作曲し、チェロを演奏した（江原がドイツ語詩を訳し、それに安益泰が曲をつけ演奏会を催した。江原［1952］p. 57）。戦火の荒れ狂う欧州大陸の一隅で、二人は時に古のバッハとケーテン侯のような音楽三昧の生活を送っていたのである。

(48) 近衛はゲッベルス宣伝相や大島浩駐独大使の怒りを買って、ドイツでの音楽活動を禁止された(菅野〔すがの〕[2017] pp. 68–72)。なおベルリンフィルの演奏会担当者の書簡(一九四三年五月三日)に、「日本人指揮者は安益泰の演奏会は考えられるが、近衛の演奏会はなかなか難しい」という一節がある(同 p. 189)。近衛文麿の弟で、子爵位を持っていた近衛に比べ、安益泰はドイツ政府および日本大使館にとって御し易い人物だった。欧州における安益泰の活躍については、『くにたち音大広報』(一九七六年一一月二三日号。記事のタイトルは「安益泰指揮　国立音大第19回定期演奏会」)や宋秉郁[2006] pp. 86–89(『客席』二〇〇六年三月号所載。韓国語文献)を参照。

(49) 当時の名のある音楽家で、日本の国策に協力しなかった人はまずいない。満洲国は朝鮮人音楽家にとっての新天地となり、新京交響楽団などに籍をおいて、祝典音楽・軍歌の作曲や演奏に携わった人は多い(岩野[1999] pp. 264–289, p. 334)。そのうちの一人金東振は、満洲時代には満洲国建国を寿ぐ「建国十周年慶祝曲」「建国十周年賛歌」などを作曲していたが、戦後は愛国楽曲「祖国光復」を発表し(同 p. 266)、韓国楽壇の重鎮となった。当時の状況で、親日派が作詞作曲した国歌が生まれたとしても、何のふしぎもない。

(50) 現在の韓国国歌(エーグッカ。愛国歌)の旋律は、安益泰の「交響的幻想曲韓国」中の合唱曲から採ったことになっているが、実は彼には「交響的幻想曲満洲国」(以下「満洲幻想曲」という)なる作品があり、一九四二年にベルリンで開催された満洲国建国一〇周年を寿ぐ式典で演奏されたことが判明している(『客席』二〇〇六年三月号所載の音楽学者宋秉郁の論文を参照。[2006] pp. 88–89。韓国語文献)。この曲の楽譜はなぜか紛失したことになっているが、宋秉郁は、当時配布された演奏プログラムの解説、ドイツの映像記録保管所所蔵の式典の動画フィルムなどの分析から、二つの曲は、国名を入れ替えただけの控え目に言っても「同一線上にある曲」だとしている(ともに幻想曲形式の管弦楽曲で、冒頭付近にトロンボーンの吹奏、曲尾に混声四部合唱があり、プログラムから割り出される曲の構造も酷似している。前掲論文 pp. 88–89を参照)。安益泰が、戦前作曲した「幻想曲越天楽」を戦後、韓国古楽から採ったと称する「降天声楽」に仕立て直したことが確認されており(宋秉郁は近衛秀麿の「越天楽」の楽譜とつき合わせてそう結論しているが、日本人なら、出だしを聴いただけで「越天楽」の旋律であることがすぐわかる)、より問題がありそうな「満洲幻想曲」に同じことをしなかったとすれば、むしろその方が不思議である。

二つの曲が実質おなじなら、今の国歌には満洲国賛歌の旋律が使われていることになる。「満洲幻想曲」の楽譜がないので疑う余地がないとまでは言えないが、現状では、少なくともこれに「合理的な疑い」を差しはさむ余地はない。今日の感覚では不可解とも思える話だが、独立当初の韓国では、民族発展の新天地となったかつての満洲国に、悪のイメージはなかった。満洲国の元官吏・元軍人が韓国の指導層に横すべりしているのに、満洲国賛歌を国歌に横すべりさせて何が悪いか、という感覚だったと思われる。

安益泰の親日行跡を考慮すればなおのこと、今の時点で国歌の作り直しが行なわれて当然だが、政府もメディアも頬かむりを決め込んでいるのは、（至る所にある）内なる日本を今さらほじくり出しても仕方がないと考えているからだろう。満洲国賛歌を転用したエーグッカは、日本帝国の陰魂が背後霊のようにまとわりつく、この国を象徴するものと言えよう。

(51)　日本語訳タイトルは『韓国を動かす人達』（資料2）。第一章参照。
(52)　崔吉城［2002］p. 16, p. 64。
(53)　Kranewitter［1992］p. 74。崔吉城は「一般的には植民地を体験した人がそうでない人に比べて反日感情が強いと思われるが、実はその逆である。若い学生たちが、旧世代より反日感情が強い」と述べている（崔吉城前掲書 p. 125）。
(54)　崔吉城前掲書 p. 15。
(55)　回数には、「韓」「大韓」「韓国人」「朝鮮」や、「日」「日本人」という表記も含む。
(56)　元代には、帝国域内に「遼寧行省」「雲南行省」など一一の地方行政区「行省」が設けられたが、朝鮮半島はその一つ「征東行省」となった。帝国各地を結ぶ駅伝制が半島に及ぼされ、執政官「達魯花赤（ダルガチ）」が配置されたが、ダルガチは王を頤使し、政府を威嚇しつづけたという（稲葉・矢野［1939］pp. 117–118）。歴代の王は蒙古の公主を妃に迎えたため血統は蒙古化し、王室は元朝帝室の庶流同然となった。朝鮮半島が帝国の一地方となったことはあきらかで、ここに一国の存在を認めるかどうかは、国の定義による（申采浩は、国は「名存実亡」だったとしている。「論麗史謡筆」『別集』p. 30）。どうひいき目にみても、「主権が堅固に守られていた」とは言えない。

(57) 以下は朝鮮大学校が編んだ『朝鮮史』(一九七六年)の文章だが、こうした端的な記述は韓国の歴史教科書には見出せない。

「清国軍隊は八月二十四日、ソウルに不法侵入して大院君を捕え、清国に送って監禁した。これは朝鮮の自主権と民族的尊厳を公然とふみにじる、許しがたい侵略行為であった」「開化派は、その大部分が清国軍の銃剣によって無惨に殺害された」「清国は朝鮮の自主権を乱暴に侵害し、社会的進歩を妨げる主要な侵略勢力の一つであった」(朝鮮大学校歴史学研究室編著［1976］p. 249, p. 260, p. 263)

(58) 韓昇助・李享純・李教悳・金星龍［1995］pp. 30–33。韓国語文献。

(59) 李健は「国論をまとめ、国権を主張する」ため、「学校では徹底した反日教育が行なわれ、いたいけな小学生の頭脳に、残忍で獰猛な日本人像が焼きつけられた」と述べている(李健［1982］p. 47)。学生は、日本の知識を主に教科書と学校教師を通じて仕入れ、その影響は絶対的という(鄭在貞［1998］p. 113)。

(60) 田中［2003］p. 108より重引。

(61) 雑誌『白民』に、一九四八年一〇月と翌年一月の二回にわたって掲載された。この作品は、心ならずも親日したという作者の言わば弁明の書で、にわか反日家の描写には、彼を非難した者への作者の感情が反映していると思われる。

(62) 二〇〇二年には『親日派のための弁明』の著者金完燮が名誉棄損で起訴され、多額の賠償の支払いを命じられた。二〇〇四年には、慰安婦問題について自説を述べた李栄薫が土下座させられている。韓昇助は日本の雑誌『正論』に寄せた論文で、日本の統治に一定の評価を与えたため(韓昇助［2005］pp. 288–297)、高麗大学名誉教授の肩書きを剝奪された。二〇〇五年に『殴り殺される覚悟で書いた親日宣言』という本を出したテレビ司会者趙英男は番組から降ろされ、新聞紙上で謝罪させられている。

(63) 宋建鎬［1984］pp. 186–187。

(64) 林鍾国［1992］序文 p. vii。

(65) 『清算できなかった歴史』のほか、『実録親日派』『親日派99人』『親日派人名事典』などが出版された。とくに一九九四年に出版された『清算できなかった歴史』は、半年で一〇万部を売り切るベストセラーになったという。なお今の研究所の名称には、「反」の字はない(「民族問題研究所」になっている)。

(66)「韓国故朴大統領　胸像倒される」。『産経新聞』二〇〇〇年一一月七日付。
(67) 法律は翌年改正され、名称から「親日」が落とされた。親日派リストの公表は二〇〇九年に行なわれたが、二〇〇二年に民間の事業として、すでに四三八九人を収録する『親日人名辞典』全三巻が刊行されている（なお二〇〇六年には、親日派の子孫の財産没収を可能にする「親日反民族行為者財産の国家帰属に対する特別法」が制定された）。
(68) 金奉雨［1992］p. 518。
(69)「反韓史観」は李命英（成均館大学名誉教授）、「自己破滅的な歴史観」は趙甲済（言論人）の認識（西岡［2004］pp. 54-59, p. 166）。
(70) ソ連が崩壊した後、正教のロシアが浮上したが、当地では旧朝鮮の伝統は事実上消滅しており、受け皿になるものが見出しがたいから、反日主義からの転換はさらに難しい過程になる可能性がある。
(71) 崔禎鎬［1973］pp. 131-132。要約紹介。論文タイトルは「赦せ、しかし忘れるな」（原載は一九七〇年）。
(72) 南富鎮［2006］p. 110。
(73)「反日・親日の狭間」「思考の二重構造」は崔一男［1994］pp. 31-32、「人格分裂症」は金允植［1988］p. 300。「上下の意識層」は、以下の金允植の言説から引いた。
「二つの上下の意識層が質を異にした矛盾した形で共存しているのを、すぐ見出せると思います。すなわち、外的な現実意識では、反日一辺倒に見えますが、それが無意識の次元になると、実は日本時代に対する一種の郷愁のようなものを隠し持っているのです」（東京・韓国研究院／国際関係共同研究所編［1977］p. 70）
(74) 崔禎鎬［1984］pp. 38-39。韓国語文献。
(75) 金允植［1988］p. 301。
(76) 白基琓［1975］p. 249。ほかに金光植［1973］p. 16、秋聖七［1976］p. 93、金素雲［1979］p. 135、尹正錫［1984］p. 59を参照。日本人の観察としては岡井［1971］p. 122がある。
(77) 姜昌基［1939］p. 1、崔慶禄［1940］pp. 28-29（韓国語文献）。第二章参照。金東仁は、解放一年後に、いまだ祖国の観念に立てない若者が数百万いると書いている（金東仁［1988］p. 340。韓国語文献。既述）。
(78) 釋弘元［1983］p. 49。

（79）「御真影」「日本再臨」は金石範（[1993] p. 66）、「弔問者」は黒田 [1990] p. 200。

（80）『韓国精神文化大百科事典14』には安益泰の経歴が書かれているが、そこには、一九〇六年平壌生まれ、一九一八年に同市の崇実中学校に入学、一九二一年に東京の正則中学に転校、卒業後東京高等音楽学院（国立音楽大学の前身）に入学したとある。筆者の知るかぎり、韓国の人名録、人物事典の類はこの認識で統一されており、事実と考えるほかはないだろう。安益泰の親日行跡について報じた二〇〇六年三月八日付『朝鮮日報』の記事（「安益泰先生、満洲国記念音楽作曲」）も、二〇〇六年を彼の生誕百年としている。

（81）前掲『朝鮮日報』の報道がきっかけになったが、その記事の内容は雑誌『客席』二〇〇六年三月号に掲載された宋秉郁の論文「安益泰の知られざる二つの作品」にもとづいている（宋秉郁 [2006] pp. 88–89。韓国語文献）。宋はドイツの映像記録保管所で、ベルリンで開催された満洲国建国祝賀十周年記念音楽会の模様を撮影したフィルムを発見した。これは日本大使館員「エハラコウイチ」が製作したもので、安益泰が、ベルリン放送交響楽団を指揮して、自作の「交響的幻想曲満洲国」を演奏する様子が映っていたとしている。同誌四月号所載の続編「安益泰の民族アイデンティティ」によれば、安益泰がベルリンでエハラと居所をともにしていたこと、シュトラウスの「皇紀二千六百年記念祝典音楽」の演奏をウィーンで指揮したことも確認されたという（pp. 88–89。韓国語文献）。

（82）「教科書（一九九六年）」に安益泰の肖像写真がかかげられているが（p. 446）、安重根のそれとほぼおなじ大きさで、破格の扱いと言えよう。

（83）李朝の首都漢城は日本時代に京城となり、大韓民国になってからはソウルとなった（平壌の呼称は変わらない）。京城と書くことは、満洲国の首都に生まれた中国人が、戦後、生地を（今の長春でなく）「新京」と記すのとおなじである。

（84）安益泰 [1964] pp. 1–3。評伝のタイトルは、『R・シュトラウス　大音楽家・人と作品』（音楽之友社、一九六四年）。ドイツ文学者八木浩との共著だが、『音楽の友』誌一九六四年九月号所載の出版案内には、「シュトラウスの作品の全貌はもとよりその生活も熟知」しているとして、安益泰一人が著者として紹介されている（p. 184）。

（85）渡欧後の安益泰には目立った実績もなく、経済的にも苦しく先が見えない状態だった。転機となったのは一九四〇年一一月の江原綱一との出会いで、在ルーマニア日本公使館の式典で彼がピアノの演奏をしていた時、たまたま当地を訪れていた江原と話す機会を得た。仕送りが絶え困っていると打ち明けられた江原は、ならば自分の家に来たらどうかと申し出、安はこれを受けて翌年ベルリンの江原邸に移り住んだという（江原［1952］pp. 56–57）。

当時のドイツの日本への気遣いは尋常ではなく、江原は並の公使館参事官ではありえないような礼遇を受けていた（ウィーンの大管区指導者バルドゥール・フォン・シーラハが七〇〇人の貴賓を招いて催した、モーツァルト没後百五十年記念の大晩餐会で、江原に用意された席は中央の主卓、シーラハ夫人の隣だったという。江原［1951］pp. 20–21。江原とゲッベルス・諏訪根自子に関わる挿話も参照。大崎［2002］pp. 61–62）。

リヒャルト・シュトラウスも江原と懇意にしており、彼がベルリンを訪れるとき江原の邸に長逗留することもあった（江原［1950］p. 32）。安益泰が江原邸に起居しているというのはかなり重みのある事実で、周囲から日本の特別の音楽家とみなされるようになったのも無理はない。金に目がないシュトラウスが無償で安を教えていたのも（江原［1950］p. 35）、江原ないし日本との関係を意識したためと思われる（シュトラウスには嫁がユダヤ系だという弱みがあり、一家を守るため日本との絆を護符にしようとした形跡がある。日本リヒャルト・シュトラウス協会［2000］pp. 214–215）。江原はベルリン交響楽団などに安益泰の売り込みを図ったが（江原［1952］p. 57）、これは安にとっては何ものにも代えがたい支援だっただろう。

以後安益泰はベルリン響やウィーン響などを指揮して、シュトラウスが天皇に奉献した「皇紀二千六百年記念祝典音楽」や自作の「交響的幻想曲満洲国」「越天楽」などを演奏し、欧州各地に活動の場を広げていく（『くにたち音大広報』一九七六年一一月二三日号を参照）。一介の貧書生だった彼の目もくらむような上昇は、あげて江原の引き立てと日本帝国の威光あってのことだった。

(86)　「韓国の近代化のために　わが国民族革命の課題」のなかで、次のように述べている（『朴正熙選集1』。朴正熙［1970］pp. 121–122）。

「国史は民族の鏡であり、灯火である。過去われわれは、『歴史を見る目』をもてなかったし、したがって民族の進むべき道を展望することもできなかった。……今やわれわれには『韓国史観』を形成すべき時期がきたのである」

(87) 李祥雨［1988］p. 21。
(88) 国民が本当に日本文化を嫌っていたなら、規制は必要ないはずである。実際は日本文化への郷愁があり、国民がそれにのめり込むことが心配されていた。一九九四年に日本文化解禁の是非が論議された際、『東亜日報』が、表に出したくない「内的葛藤」があると書いているのは（『東亜日報』一九九四年二月二日付）、この間の事情を物語る。

引用・参考文献

1　日本語文献

（注1）本書において引用されている高等学校歴史教科書は、以下の四種である（単に『教科書』とあるときは①を指す）。

①国史編纂委員会編『国定韓国高等学校歴史教科書　韓国の歴史』宋連玉・曺昌淳訳、明石書店、一九九七年（原著は一九九二年）。

②国史編纂委員会・一種図書研究開発委員会編『国定韓国高等学校歴史教科書〈新版〉韓国の歴史』大槻健・君島和彦・申奎燮訳、明石書店、二〇〇〇年（原著は一九九六年）。

③国史編纂委員会・国定図書編纂委員会編『韓国の高校歴史教科書　高等学校国定国史』三橋広夫訳、明石書店、二〇〇六年（原著は二〇〇二年）。

④イ・インソク／チョン・ヘンニョル／パク・チュンヒョン／パク・ポミ／キム・サンギュ／イム・ヘンマン『検定版　韓国の歴史教科書――高等学校韓国史』三橋広夫・三橋尚子訳、明石書店、二〇一三年（原著は二〇一一年）。

（注2）東京朝日新聞、時事新報など明治・大正期の新聞記事の多くは、明治ニュース事典編纂委員会／毎日コミュニケーションズ出版部『明治ニュース事典』毎日コミュニケーションズ、一九八六年の各巻に拠っているが、本リストではとくにこのことを明示していない。

（注3）申報、タイムズ、ノース・チャイナ・ヘラルド、ノーヴォエ・ヴレーミヤなど二〇世紀初頭までの外国新聞記事の多くは、国際ニュース事典出版委員会・毎日コミュニケーションズ編『国際ニュース事典　外国新聞に見る日本』（以下『事典』という。出版年は一九九〇―一九九三年）の以下の各巻に拠っている。

第1巻　一八五二―一八七三　本編
第2巻　一八七四―一八九五　本編
第3巻　一八九六―一九〇二　本編上
第3巻　一九〇三―一九〇五　本編下
第4巻　一九〇六―一九一五　本編上
第4巻　一九一六―一九二二　本編下

（注4）戦前の朝鮮人の日本語作品のいくつかは、大村益夫・布袋敏博編『近代朝鮮文学日本語作品集』（緑蔭書房）の各巻に拠っている。

（注5）「友邦文庫所蔵」とあるのは、学習院大学東洋文化研究所所蔵「友邦文庫」に収められている文献で、同研究所および友邦協会のご厚意により利用させていただいたことを示す。

（注6）香山光郎（李光洙）『内鮮一体随想録』は、田中明氏よりご恵贈いただいた。

（注7）漢字は原則として新字体に統一している。

アイゼンシュタット、S・N『日本　比較文明論的考察』岩波書店、二〇〇四年。

＊青木洪（洪鍾羽の創氏名）　韓国語（朝鮮語）文献リストを見よ。

青木生子『日本の古典文学』清水弘文堂、一九七四年。

赤松智城・秋葉隆編『朝鮮巫俗の研究〈上巻〉』大空社、一九九七年（原著は一九三七年）。

赤松智城・秋葉隆編『朝鮮巫俗の研究〈下巻〉』大空社、一九九七年（原著は一九三八年）。

秋月望「魚允中における『自主』と『独立』」九州大学朝鮮学研究会編『年報朝鮮学創刊号』一九九〇年十二月、pp. 1–19。

アゴンシルリョ、テオドロ『フィリピン史物語』勁草書房、一九七七年。

浅井良純「日帝侵略初期における朝鮮人官吏の形成について　大韓帝国官吏出身者を中心に」『朝鮮学報　第百五十五輯』朝鮮学会、一九九五年四月、pp. 47–90。

浅川巧『朝鮮陶磁名考』工政会出版部、一九三一年。草風館より二〇〇四年に復刻された。

浅川伯教「工芸方面より観たる朝鮮」熊平源蔵編著『朝鮮同胞の光』熊平商店、一九三四年、pp. 134–148。

朝日新聞「半世紀　被告逃亡のまま時効」一九九八年一月三〇日付。

朝日新聞「日本への厳しさ鮮明　独立運動式典　朴氏、行動を要求」二〇一三年三月二日付。

朝日新聞アエラ編集部『北朝鮮・亡命者五十人の証言』朝日新聞社、一九九五年。

浅利慶太「韓国での一騒動、ミュージカル『ジーザス・クライスト＝スーパースター』」『文藝春秋』一九九四年十二月、pp. 272–281。

アジア公論「三一運動の主要資料集〈上〉」『アジア公論』一九七三年三月。

アジア公論「三一運動の主要資料集〈下〉」『アジア公論』一九七三年四月。

アトリー、ジョナサン・G『アメリカの対日戦略（Going to war with Japan）』朝日出版社、一九八九年。
＊天城活蘭（金活蘭の創氏名）韓国語（朝鮮語）文献リストを見よ。
有沢広巳・稲葉秀三編『資料戦後二十年史2　経済』日本評論社、一九六六年。

アーレント、ハンナ『全体主義の起原2』みすず書房、一九七二年。

アーレント、ハンナ『全体主義の起原3』みすず書房、一九七四年。

安益泰・八木浩『R・シュトラウス』音楽之友社、一九六四年。

＊安興は「やすおき」と読むと推測し、後掲した。
安浩相・柳光烈・李仁・林炳稷「ソウル・終戦前夜」『アジア公論』一九七三年、pp. 146–160。

安在鴻「殉国の雄魂と散れ　学徒よ千載一隅の秋だ」『京城日報』一九四三年一一月一五日付。
＊安重根の獄中記（自伝）の新訳「市川正明」を見よ。
＊安重根「東洋平和論」「李泰鎮・安重根ハルビン学会」を見よ。
安東赫「長期戦と代用品」『朝鮮行政』一九三八年一〇月、pp. 23–32。

安藤良雄編著『昭和政治経済史への証言〈下〉』毎日新聞社、一九六六年。

安秉珆『朝鮮近代経済史研究』日本評論社、一九七五年。

安龍伯「新しき半島人の動向」『朝鮮行政』一九三八年九月、pp. 48–70。

イ・インソク／チョン・ヘンニョル／パク・チュンヒョン／パク・ポミ／キム・サンギュ／イム・ヘンマン『検定版　韓国の歴史教科書——高等学校韓国史』（三橋広夫・三橋尚子訳）明石書店、二〇一三年（原著は二〇一一年）。

韋旭昇『中国古典文学と朝鮮』研文出版、一九九九年。

イ・キョンヨプ「腰板のない韓国の袴」『剣道日本』二〇〇三年六月、pp. 150–151。

池端雪浦編『東南アジア史Ⅱ』山川出版社、一九九九年。

石川栄吉ほか編『縮刷版　文化人類学事典』弘文堂、一九九四年。

石田一志『モダニズム変奏曲』朔北社、二〇〇五年。

石原慎太郎・佐々淳行「国家の条件」『諸君!』二〇〇二年六月、pp. 34–46。

市川正明『安重根と日韓関係史』原書房、一九七九年。本書に安重根の獄中記（自伝）の新訳、取り調べ記録、判決文などが収録されている。自伝はpp. 505–547。

一記者「統監伊藤公の昨今」『朝鮮』一九〇八年六月（『朝鮮〈第1巻〉』皓星社、一九九八年一〇月号に収録されている。pp. 121-122)。

一然『完訳三国遺事』(金思燁訳)明石書店、一九九七年(成書は一三世紀)。

市吉則浩『韓国の小学校教科書で学ぶハングルリーディング』ディーエイチシー、二〇〇六年。

出川直樹『古陶磁　真贋鑑定と鑑賞』講談社、二〇〇五年。

伊藤亜人「民族と国家」伊藤亜人編『もっと知りたい韓国』弘文堂、一九八五年、pp. 1-28。

伊藤亜人「文化人類学から見た朝鮮学の展望」『朝鮮学報　第百五十六輯』一九九五年七月、pp. 1-12。

伊東順子『病としての韓国ナショナリズム』洋泉社、二〇〇一年。

伊東致昊「半島青年に望む」『大東亜』一九四二年七月、pp. 20-22(伊東致昊は尹致昊の創氏名)。

伊藤博文「新聞記者及通信員招待会に於て」明治四十年七月二十九日(瀧井一博編『伊藤博文演説集』講談社、二〇一一年に収録されている。pp. 382-386)。

伊藤正徳『帝国陸軍の最後1　進攻篇』角川文庫、一九七三年。

伊藤正徳『帝国陸軍の最後5　終末篇』角川文庫、一九七三年。

稲葉岩吉・矢野仁一『朝鮮史　満州史』平凡社、一九三九年。

稲葉継雄『旧韓国の教育と日本人』九州大学出版会、一九九九年。

稲葉正夫編『岡村寧次大将資料〈上〉』原書房、一九七〇年。

井上角五郎『漢城廼残夢』一八九〇年発行(非売品)。友邦文庫所蔵。

井上角五郎『福澤先生の朝鮮御経営と現代朝鮮の文化とに就いて』一九三四年(非売品)。友邦文庫所蔵。

井上角五郎『金玉均君に就て』中央朝鮮協会、一九三七年。友邦文庫所蔵。

井上角五郎「協力融合、福祉の増進を図れ」朝鮮新聞社編、一九三六年(『韓国併合史研究資料1　朝鮮統治の回顧と批判』〈復刻版〉龍溪書舍、一九九五年に収録されている。pp. 97-101)。

今西龍『新羅史研究』一九三三年。国書刊行会より一九七〇年に復刻された。本書に「新羅旧都慶州の地勢及び其遺蹟遺物」（発表は一九一〇年）、「慈覚大師入唐求法巡礼行記」（発表は一九二七年）が収録されている（それぞれ、pp. 79–134, pp. 291–367）。

今西龍『朝鮮史の栞』一九三四年。国書刊行会より一九七〇年に復刻された。本書に「朝鮮史の栞」（原載は一九一五―一六年）、「朝鮮史概説」（発表は一九一九年）が収録されている（それぞれ、pp. 1–62, pp. 63–165）。

今西龍『朝鮮古史の研究』一九三四年。国書刊行会より一九七〇年に復刻された。本書に「檀君考」（発表は一九二九年）が収録されている（pp. 1–130）。

今西龍『百済史研究』一九三四年。国書刊行会より一九七〇年に復刻された。本書に「百済史講話」（発表は一九三〇―三二年）、「全羅北道西部地方旅行雑記」（一九三〇年）が収録されている（それぞれ pp. 63–267, pp. 415–593）。

今西龍『朝鮮史概説』一九一九年（『朝鮮史の栞』国書刊行会、一九七四年に収録されている。pp. 63–165。原載は一九一六―二一年）。

今村鞆『増補朝鮮風俗集』ウツボヤ書籍店、一九一四年。

今村鞆「朝鮮の人の美点長所」熊平源蔵編著『朝鮮同胞の光』京城熊平商店、一九三四年、pp. 61–67。

入江康平編著『武道文化の探求』不昧堂出版、二〇〇三年。

イレート、レイナルド・C「フィリピン革命史研究からオリエンタリズム批判へ」永野善子編・監訳『フィリピン歴史研究と植民地言説』めこん、二〇〇四年。

岩佐禄郎「満州事変と内鮮融和　朝鮮の人達の時局に対する美はしき愛国心の発露を観よ」熊平源蔵編著『朝鮮同胞の光』京城熊平商店、一九三四年、pp. 161–179。

岩島肇「『氏』制度の創設に就いて　一問一答」『総動員』一九三九年一二月、pp. 71–82。

岩島肇「氏制度の創設について」『緑旗』一九四〇年二月、pp. 156–166。

岩野裕一『王道楽土の交響楽　満洲――知られざる音楽史』音楽之友社、一九九九年。

尹学準『時調――朝鮮の詩心』創樹社、一九七八年。

尹学準『タヒャンサリの歌』丸善、一九九六年。

尹健次「日本認識における〈内なる日帝〉克服の課題」『窓10』一九九一年、Winter、pp. 111–124。

尹正錫「日本を見る交錯した視角」『アジア公論』一九八四年六月、pp. 57–65。

尹世哲「韓国の歴史教育」西川正雄編『自国史を越えた歴史教育』三省堂、一九九二年、pp. 60–73。

尹致昊「東亜の新建設と内鮮一体」『総動員』創刊号、一九三九年六月、pp. 21–23。

尹致昊「起つのは今だ　若者よ血の決戦場へ」『京城日報』一九四三年一一月四日付。

印貞植全集刊行委員会編『印貞植全集〈第1巻〉』図書出版、一九九二年（本書には「朝鮮の農業機構分析」pp. 247–497が収録されている。原著は一九三七年）。

印貞植全集刊行委員会編『印貞植全集〈第2巻〉』図書出版、一九九二年（本書には「内鮮一体の必然性について」pp. 70–75、「西鮮地方の農村を往く　農民座談会見聞記」pp. 441–446、「農村生活二題」〈一〉pp. 622–629が収録されている。原載はそれぞれ『東洋之光』一九三九年七月、『金融組合』一九四一年一〇月、『朝鮮農会報』一九四二年一二月）。

印貞植全集刊行委員会編『印貞植全集〈第3巻〉』図書出版、一九九二年（「朝鮮の農業地帯」pp. 17–20序文が収録されている。原著は一九三七年）。

尹炳奭・安秉直・愼鏞廈・裵成東・金容稷・金泳謨「開港百年の歴史的性格」『アジア公論』一九七六年四月、pp. 134–169。

尹凡牟「植民地と文壇の時代における正統性を求めて」鄭于澤・並木誠士編著『韓国の美術・日本の美術』昭和堂、二〇〇二年、pp. 184–185。

ウェデマイヤー、アルバート・C「ウェデマイヤー報告書（抜粋）および付属文書E」神谷不二編『朝鮮問題

戦後資料〈第一巻〉』日本国際問題研究所、一九七六年、pp. 214–233。

上野盛一「内鮮警察力の比較」朝鮮総督府『朝鮮』一九三一年、pp. 141–144。

上野善弘「韓国の花・いけばな事情」『小原流挿花』二〇〇二年一月、pp. 14–15。

ウェールズ、ニム／キム・サン『アリランの歌』岩波文庫、一九八七年（原著は一九四一年）。

内田知行『抗日戦争と民衆運動』創土社、二〇〇二年。

内山汎「韓半島の刀剣について」『韓国文化』一九九二年四月、pp. 36–41。

ウッド、ジェームズ・B『太平洋戦争は無謀な戦争だったのか』ワック、二〇一〇年。

宇野秀弥訳『朝鮮文学試訳　新小説1〜5』一九八〇年（李人稙「血の涙」「牡丹嶺」「鬼の声」「銀世界」「雉岳山」、崔瓚植「秋月色」の日本語訳が収録されている。本書は都立中央図書館に所蔵されていたが、非売品で、出版社の記載がない）。

エッカート、カーター・J『日本帝国の申し子』草思社、二〇〇四年。

エッカルト、アンドレ『朝鮮美術史』明石書店、一九九五年。

江原綱一「リヒアルト・シュトラウス翁の想い出」『レコード音楽』一九五〇年一一月、pp. 31–35。

江原綱一「楽聖モーツアルトを訪ねて」『レコード音楽』一九五一年五月、pp. 18–21。

江原綱一「安益泰君の片貌」『レコード芸術』一九五二年五月、pp. 56–57。

海老沢有道『キリシタン南蛮文学入門』教文館、一九九一年。

王秀鑫・郭徳宏『中華民族抗日戦争史（一九三一―一九四五）』八朔社、二〇一二年。
＊王仁神社奉賛会の「王仁」は「わに」と読む。
大石純子「日本から朝鮮半島への刀剣技伝播に関する諸様相」渡辺一郎先生古稀記念編集刊行会編『武道文化の研究』第一書房、一九九五年、pp. 309–328。

大江龍之助「―氏設定を主題に―半島風習のその祖国への合理的発展的帰還を諭すの言」『総動員』一九四〇

年三月、pp. 36–47（大江龍之助は金文輯の創氏名）。

大蔵省財政史室『昭和財政史　終戦から講和まで〈二〇巻〉英文資料』東洋経済新報社、一九八二年。

大阪毎日新聞「統監府が暴動鎮圧のため増兵」一九〇七年七月二四日付。

大崎正二『遥かなる人間風景』弘隆社、二〇〇二年。

大澤武司『毛沢東の対日戦犯裁判　中国共産党の思惑と1526名の日本人』中央公論新社、二〇一六年。

太田博太郎・鈴木嘉吉・藤井恵介「改版にあたって」（関野貞『新版　朝鮮の建築と芸術』岩波書店、二〇〇五年に収録されている。pp. 751–759）。

大槻健「日韓相互認識と教育交流を求めて」『韓国文化』一九九四年四月、pp. 48–56。

大村益夫・布袋敏博編『近代朝鮮文学日本語作品集（一九〇八―一九四五）セレクション4』緑蔭書房、二〇〇八年。

岡井輝雄『韓国・光と影』若樹書房、一九七一年。

岡内三真編『韓国の前方後円形墳――早稲田大学韓国考古学学術調査研修報告』雄山閣、一九九六年。
＊岡村寧次　「稲葉正夫」を見よ。
岡本幸治『骨抜きにされた日本人』ＰＨＰ研究所、二〇〇二年。

岡本敏明「Ｎ響の『第九』と国立の合唱」『くにたち音大広報』一九七六年一一月二三日、pp. 2–3。

荻生茂博「崔南善の日本体験と『少年』の出発」『季刊日本思想史』ぺりかん社、二〇〇二年、№60、pp. 120–140。

奥平武彦「李朝」『朝鮮陶器』雄山閣、一九三六年、pp. 1–100（これは通し頁ではない）。

奥山仙三・天野道夫・芳村香道・延原光太郎ほか「青年問題座談会」『総動員』一九四〇年九月、pp. 61–75。

小倉進平『朝鮮語学史』大阪屋号書店、一九二〇年。

小倉進平「郷歌及び吏読の研究」『京城帝国大学法文学部紀要　第一』（一九二四年、京都大学文学部国語国文

学研究室編『小倉進平博士著作集１』京都大学国文学会、一九七四年に収録されている）。

小倉進平「国語及朝鮮語のため――仙臺方言音韻考他」（京都大学文学部国語学国文学研究室編『小倉進平博士著作集４』京都大学国文学会、一九七五年に収録されている）。

小倉進平『朝鮮語方言の研究』岩波書店、一九四四年。

オリバー、ロバート・T『米大学教授がみた人間李承晩』日本観光出版部、一九五八年。

海田要『今日の朝鮮問題講座３　志願兵制度の現状と将来への展望』緑旗連盟、一九三九年、pp. 1–35。

外務省アジア局監修・霞関会編『現代朝鮮人名辞典』世界ジャーナル社、一九六二年。

外務省アジア局監修・霞関会編『現代朝鮮人名辞典』世界ジャーナル社、一九七一年。

外務省調査局『朝鮮統治の性格と実績――反省と反批判』一九四六年三月一〇日。外務省内部資料で、執筆者は鈴木武雄。友邦文庫所蔵。

河瑾燦「過去と現在のオーバーラップ」『文藝』〈第27巻第２号〉河出書房新社、一九八八年四月、pp. 311–316。

学習院大学東洋文化研究所『東洋文化研究　第二号』学習院大学東洋文化研究所、二〇〇〇年（「南総督時代の行政――大野緑一郎政務総監に聞く」が収録されている。pp. 41–94）。

梶村秀樹『第一期　朝鮮史とわれわれ〈上〉　排外主義克服のための朝鮮史』青年アジア研究会編集・発行、一九七一年。

梶村秀樹『梶村秀樹著作集〈第１巻〉朝鮮史と日本人』明石書店、一九九二年。

鹿地亘『中国の十年』時事通信社、一九四八年。

金村龍済「半島文壇と国語の問題――国語創作の足跡と今後の修行」『緑旗』一九四二年三月、pp. 124–130（金村龍済は金龍済の創氏名）。

カプラン、ロバート・D『バルカンの亡霊たち』ＮＴＴ出版、一九九六年。

鎌田澤一郎『朝鮮は起ち上る』千倉書房、一九三三年。

鎌田澤一郎『朝鮮新話』創元社、一九五〇年。

神谷不二編集代表『朝鮮問題戦後資料〈第1巻〉』日本国際問題研究所、一九七六年。

カミングス、ブルース『朝鮮戦争の起源〈第1巻〉』シアレヒム社、一九八九年。

カミングス、ブルース『朝鮮戦争の起源〈第2巻〉』シアレヒム社、一九九一年。

カミングス、ブルース『現代朝鮮の歴史――世界のなかの朝鮮』明石書店、二〇〇三年。

香山光郎「内鮮青年に寄す」『総動員』一九四〇年九月、pp. 58-60（香山光郎は李光洙の創氏名）。

香山光郎『内鮮一体随想録』中央協和会、一九四一年。

香山光郎「この秋こそ奉公の機会」『大東亜』一九四二年五月、pp. 18-19。

カルヴォコレッシー、ピーター／ウィント、ガイ／プリチャード、ジョン『トータル・ウォー　第二次世界大戦の原因と経過〈下巻〉大東亜・太平洋戦争編』河出書房新社、一九九一年。

川島総裁談「高麗神社に参拝して」『総動員』一九四〇年九月、pp. 2-3。

川村湊「『反日』と郷愁のはざま」『文藝』一九八八年四月、pp. 336-344。

韓景旭『韓国・朝鮮系中国人＝朝鮮族』中国書店、二〇〇一年。

韓桂玉『韓国軍・駐韓米軍』かや書房、一九八九年。

韓洪九『韓洪九の韓国現代史――韓国とはどういう国か』平凡社、二〇〇三年。

韓国史事典編纂会・金容権編著『朝鮮韓国近現代史事典　一八六〇―二〇〇一』日本評論社、二〇〇二年。

韓国駐劄憲兵司令部編『日韓併合始末〈正続篇〉』龍溪書舎、二〇〇五年。

韓国文化院展示館『表現の多様性展』二〇〇一年（展示会で配布されたパンフレット）。

韓国民族文化大百科事典編纂部『韓国民族文化大百科事典』〈3〉韓国精神文化研究院、一九八一年。

咸錫憲『苦難の韓国民衆史――意味から見た韓国歴史』新教出版社、一九八〇年（原著は一九五〇年）。

韓昇助「共産主義・左派思想に根差す親日派断罪の愚」『正論』二〇〇五年四月、pp. 288–297。

韓徹永『韓国を動かす人達　第一選・五十人集』鶏林出版社、一九五三年（原著は一九五一年に『韓国の人物第一選・五十人集』として文化春秋社から出版）。

韓徹永『韓国を動かす人達　第二選・五十人集』国際調査社、一九五六年（原著は一九五四年に『韓国の人物第二選・五十人集』として文化春秋社から出版）。

菅野（かんの）朋子『好きになってはいけない国』文藝春秋、二〇〇〇年。
＊菅野（冬樹）は「すがの」と読む。
韓龍雲『ニムの沈黙』講談社、一九九九年
菊池寛・小林秀雄・李光洙ほか「文人の立場から菊地寛氏等を中心に　半島の文藝を語る座談会」京城日報社、一九四〇年八月一三―二〇日（『近代朝鮮文学日本語作品集（一九三九年から一九四五年）評論・随筆篇3』緑蔭書房、二〇〇〇年に収録されている。pp. 389–396）。

菊池謙譲『朝鮮王国』民友社、一八九五年。

菊池謙譲『大院君伝』日韓書房、一九一〇年。

菊池長風「一進会の首領宋秉畯」『朝鮮』一九〇八年七月一日、pp. 158–160（金泰勲編『朝鮮〈第2巻第3号〉』皓星社、一九九八年に収録されている。長風は謙譲の号）。

岸信介・矢次一夫・伊藤隆『岸信介の回想』文藝春秋、一九八一年。

キム・ヒョン（김현）「戦後韓国文学の俯瞰」『現代韓国文学選集3　短編小説1』冬樹社、一九七四年、pp. 472–477。

木村幹『朝鮮／韓国ナショナリズムと「小国」意識』ミネルヴァ書房、一九九八年。

木村光彦「解説」エッカート『日本帝国の申し子』草思社、二〇〇四年、pp. 439–447。

教科書検定訴訟を支援する東京都連絡会『アジアから見た日本の教科書問題』かもがわ出版、一九九五年。

姜在彦「易姓革命　高麗から朝鮮へ」『韓国文化』一九九八年二月、pp. 38–45。

姜昌基『内鮮一体論』国民評論社、一九三九年。

姜徳相『朝鮮人学徒出陣——もう一つのわだつみのこえ』岩波書店、一九七七年。

姜万吉・金準洙・李泳禧・林栄沢・白楽晴「分断時代の民族文化」（座談会）和田春樹・高崎宗司編『分断時代の民族文化』社会思想社、一九七九年、pp. 203–271。

許錫『明治時代における韓国移住日本人と文学』一九九四年（非売品）。

金一勉『朝鮮人がなぜ「日本名」を名のるか』三一書房、一九七八年。

金允植『傷痕と克服——韓国の文学者と日本』朝日新聞社、一九七五年。

金允植・秋聖七「国語問題の実相とその背景　舟橋氏の放言がかもし出した問題をきっかけに」『アジア公論』一九七六年新年特大号、pp. 86–96。

金允植（座談会での発言）東京・韓国研究院／国際関係共同研究所編『韓国にとって日本とは何か〈第3巻〉文学・芸術篇』国書刊行会、一九七七年、pp. 69–70, pp. 120–122。

金允植「私にとって日本とは何か——ある友へ」『文藝』〈第27巻第2号〉河出書房新社、一九八八年四月、pp. 299–305。

金禹昌「感覚、理性、精神——現代文学の弁証法」李光鎬編『韓国の近現代文学』法政大学出版局、二〇〇一年、pp. 55–85。

金雲泰「韓国精神文化の断絶と継承」『アジア公論』一九八六年五月、pp. 47–67。

金熙大「近代美術の展開」『韓国文化』一九九七年一一月、pp. 20–23。

金九『白凡逸志——金九自叙伝』平凡社、一九七三年（梶村秀樹訳注。原著は一九四〇年代後半。東洋文庫２３４）。

金暁星『更生途上にある満蒙の朝鮮人』満州新民団、一九三四年。

金惠信『韓国近代美術研究――植民地期「朝鮮美術展覧会」に見る異文化支配と文化表象』ブリュッケ、二〇〇五年。

金鉉球『金教授の日本談義』桐書房、一九九七年。

金炫淑監修『日韓近代美術家のまなざし――朝鮮で描く』福岡アジア美術館等、二〇一五年。

金元龍『韓国考古学概説』六興出版、一九八四年。

金弘宇「文学作品と韓国現代政治思想」『アジア公論』一九八三年三月、pp. 79–92（原載はソウル大学社会科学研究所『社会科学政策研究』〈第四巻第三号〉pp. 157–174）。

金洪湊『朝鮮同胞は語る』協和互助会、一九三五年。

金公七『万葉集と古代韓国語』筑摩書房、一九九八年。

金光植「日本語選択の歴史的背景」『韓』東京・韓国研究院、第21号一九七三年、pp. 11–18。

金在洪『極秘　韓国軍――〈上巻〉知られざる真実　軍事政権の内幕』光人社、一九九五年。

金在鵬「私の日本古代史研究――好太王碑文と私」『朝日アジアレビュー23秋季号』一九七五年、pp. 56–61。

金賛汀『シルクロードの朝鮮人』情報センター出版局、一九九〇年。

金時福「社会」『アジア公論』一九八一年一〇月、pp. 64–65。

金錫得「ハングルに関する常識的誤解」『アジア公論』一九七六年新年特大号、pp. 149–159。

金潤根「あまりにも対照的な日本とドイツ」『*KOREA FOCUS*』一九九五年五月・六月号、pp. 89–97（原載は『民族正論』一九九五年五月）。

金潤根『朴正煕軍事政権の誕生――韓国現代史の原点』彩流社、一九九六年。

金俊燁『長征――朝鮮人学徒兵の記録』光文社、一九九一年。

金俊燁「昨日と今日を見つめて　明日に向けて飛ぼう」『*KOREA FOCUS*』一九九五年一月・二月号、pp. 59–65。

金思燁『記紀万葉の朝鮮語』明石書店、一九九八年。

金思燁・趙演鉉『朝鮮文学史』北望社、一九七一年。

金昌国『韓国人が知日家になるとき』平凡社、二〇〇〇年。

金昌式「韓国の統一と民族史的正統性」『アジア公論』一九七六年二月、pp. 59–69。

金鍾信『朴正煕大統領――その生い立ち・その素顔・その政治』サンケイ新聞社出版局、一九七五年。

金史良「朝鮮文化通信」金史良全集編集委員会『金史良全集Ⅳ』河出書房新社、一九七三年、pp. 21–30（原載は一九四〇年）。

金仁謙『日東壮遊歌――ハングルでつづる朝鮮通信使の記録』平凡社、一九九九年（高島淑郎訳注。成書は一八世紀。東洋文庫662）。

金政起「韓国のメディアの伝える日本イメージ」川竹和夫ほか『外国メディアの日本イメージ〈1〉』学文社、二〇〇〇年、pp. 84–89。

金星淑「韓国臨時政府の亡命と還国」『アジア公論』一九七三年八月、pp. 174–182。

金成俸「韓国新小説に描かれた日本観――李人稙の『血の涙』を中心に」（佛教大学総合研究所紀要別冊『近代日朝における《朝鮮観》と《日本観》』二〇〇三年に収録されている。pp. 95–112）。

金聖佑「思想五〇年の反省」『*KOREA FOCUS*』一九九八年九月・一〇月号、pp. 39–41。

金正濂『韓国経済の発展』サイマル出版会、一九九一年。

金石範「変わっていないこと」『世界』一九八四年四月、pp. 200–203。

金石範『転向と親日派』岩波書店、一九九三年。

金素雲「憶測と独断の迷路――藤間正大氏の『民族の詩』について」『文学』一九五六年六月、pp. 86–100。

金素雲『近く遥かな国から』新潮社、一九七九年。

金大羽「大和魂を把握せよ」『三千里』一九四〇年七月、pp. 66–67。

金台俊『朝鮮小説史』平凡社、一九七五年（安宇植訳注。原著は一九三九年。金台俊『朝鮮歌謡集成』の序文も収録されている。東洋文庫270）。

金達寿『朝鮮――民族・歴史・文化』岩波書店、一九五八年。

金達寿「太平洋戦争下の朝鮮文学――金鐘漢の思い出を中心に」『田中英光全集2』芳賀書店、一九六五年、pp. 432-444。

金達寿「日本人はようするに〝朝鮮人〟ではないのか」『週刊読売』一九七五年七月五日、pp. 62-65。

金達寿『日本古代史と朝鮮文化』筑摩書房、一九七六年。

金達寿『日本の中の古代朝鮮』学生社、一九七九年。

金智龍「『日王』か『天皇』か」『季刊 *Koreana*』一九九八年一〇月・一一月号、pp. 38-39（原載は『中央日報』一九九八年九月一四日付）。

金廷鶴・金貞培・李基東「古代韓日関係史の再照明」『アジア公論』一九八五年三月、pp. 103-131（原載は『思想と政策』一九八四年冬号）。

金哲洙『韓国憲法の50年――分断の現実と統一への展望』敬文堂、一九九八年。
＊金東煥「白山青樹」を見よ。
金東旭『朝鮮文学史』日本放送出版協会、一九七四年。

金東旭「韓国の人文科学――その変遷と課題」『アジア公論』一九七五年九月、pp. 151-166（高麗大学民族文化研究所主催学術発表会における主題論文）

金東旭「日本文化の源流としての韓国文化」『アジア公論』一九八五年四月、pp. 45-60。

金東仁「朝鮮近代文藝」『朝鮮及満州』一九三二年四月、pp. 84-88]。

金東仁「民族反逆者」『朝鮮近代文学選集5　金東仁作品集』波多野節子訳、平凡社、二〇一一年、pp. 389-402。原著は一九四六年。

金東祚『韓日の和解』サイマル出版会、一九九三年。

金文輯「朝鮮文壇人へ――現実と朝鮮民族の問題」『京城日報』一九三九年三月三一日付。
＊金文輯「大江龍之助」名の寄稿もある。
金丙鎭『同胞よ！――私と祖父の大地』晩聲社、一九九七年。

琴秉洞『金玉均と日本――その滞日の軌跡』緑蔭書房、一九九一年。

琴秉洞『日本の朝鮮侵略思想』朝鮮新報社、一九九九年。

金炳翼「浸透する日本文化」渋谷仙太郎編訳『南朝鮮の反日論』サイマル出版会、一九七三年、pp. 97–113（原載は『タリ』一九七一年一〇月）。

金炳翼「ハングル世代とハングル文化」李光鎬編『韓国の近現代文学』法政大学出版会、二〇〇一年、pp. 213–230。

金奉雨「あとがき――編纂を終えて」（林鍾国『親日派』に寄せたあとがき。御茶の水書房、一九九二年、pp. 533–540）。

金明培『韓国の茶道文化』ぺりかん社、一九八三年。

金容雲「韓日の理解と誤解」『知識』一九八六年三月、pp. 196–202。

金烈圭「韓日神話の比較」千寛宇・金東旭編『古代日本と韓国文化〈上〉』学生社、一九八〇年、pp. 73–106。

金烈圭「韓国神話と日本神話」『アジア公論』一九八五年九月、pp. 85–100（原載は『思想と政策』一九八四年冬号）。

久志卓真『朝鮮の陶磁』雄山閣出版、一九七四年（原著は一九四四年）。

クージン、T・アナトーリー『沿海州・サハリン　近い昔の話――翻弄された朝鮮人の歴史』凱風社、一九九八年。
＊「薬袋」は「みない」と読む。

具仙姫「福沢諭吉の対韓文化政略」『季刊 *Koreana*』一九九〇年夏季号、pp. 47–62（原載は国史編纂委員会『國史館論叢 第8集』pp. 215–240）。

熊野正平『熊野中国語大辞典』三省堂、一九八五年。

倉島至「金大羽、全礼鎔、崔夏永、金聖煥、尹塘の各氏と大いに語る」『友邦』一九六九年一月、pp. 4–5。

倉島至「金大羽知事をおもう」『友邦』一九七六年七月、pp. 1–2。

倉島至「朝鮮総督府における日本人と韓国人」『友邦』一九八〇年四月、p. 5。

倉島至「水田直昌氏と夫琓婡氏の死を悼む」『友邦』一九八五年二月、pp. 3–4。

倉知鉄吉述「韓国併合の経緯」外務大臣官房文書課（伊藤隆・滝沢誠監修『明治人による近代朝鮮論〈第16巻〉李王朝』ぺりかん社、一九九七年に収録されている。pp. 737–757）。

栗生沢猛夫「モスクワ大公国の成立と発展」田中陽児・倉持俊一・和田春樹編『世界歴史大系 ロシア史〈1〉9—17世紀』山川出版社、一九九五年、pp. 165–216。

クルトワ、ステファヌ／ヴェルト、ニコラ『共産主義黒書——犯罪・テロル・抑圧 ソ連篇』恵雅堂出版、二〇〇一年。

黒田勝弘『〝板門店の壁〟は崩れるか』講談社、一九九〇年。

黒田勝弘「日韓新考11」『産経新聞』二〇〇二年四月一三日付。

黒田勝弘『ソウルが平壌になる！』ビジネス社、二〇〇三年。

京城帝国大学『京城帝国大学一覧』一九四二年。

ゲイン、マーク『ニッポン日記〈下〉』筑摩書房、一九五一年。

玄永燮『朝鮮人の進むべき道』緑旗連盟、一九三八年。

玄永燮『新生朝鮮の出発』大阪屋号書店、一九三九年。

玄光洙「刊行にあたって」（コリア研究所編訳『消された言論』未来社、一九九〇年の序文。pp. 1–5）。

元東石「韓国人物画の特性と限界」『アジア公論』一九八七年二月、pp. 97–105（原載は季刊『美術』一九八六年夏号）。

小泉信三全集編集部『小泉信三全集〈第十八巻〉』文藝春秋、一九六八年（講演記録「国民自重の精神」——昭和三十三年十一月四日、旗艦三笠保存会における講演——が収録されている。pp. 248–254）。

黄玹『梅泉野録』（朴尚得による日本語訳本。黄玹『梅泉野録——近代朝鮮誌・韓末人間群像』国書刊行会、一九九〇年。原著の成書は一九一〇年代）。

洪思重『井戸の中の韓国人』千早書房、一九九九年。

洪淳鈺「蔣中正と韓国の独立運動」『アジア公論』一九七五年七月、pp. 191–202。

高翔龍『現代韓国法入門』信山社、一九九八年。

黄仁宇『中国　マクロヒストリー』東方書店、一九九四年。

高仁淑『近代朝鮮の唱歌教育』九州大学出版会、二〇〇四年。

洪相圭「韓国古典文学瞥見」（洪相圭訳・八東周吉編集『韓国古典文学全集〈第一巻〉』大陸書房、一九七一年、pp. 481–535）。

黄長燁「北朝鮮亡命高官黄長燁の証言〈第2部〉」『産経新聞』二〇〇七年四月五日付。

鴻農英二「日本殖民地下の記録文学」『アジア公論』一九八四年三月、pp. 132–141。

河野六郎「故小倉進平先生と朝鮮語学」（京都大学文学部国語学国文学研究室編『小倉進平博士著作集4　国語及朝鮮語のため・仙臺方言音韻考他』一九七五年、pp. 1–7）。

河野六郎「故小倉進平博士」『河野六郎著作集〈第3巻〉』平凡社、一九八〇年、pp. 331–336。原載は一九五〇年。

河野六郎「朝鮮の漢文」『河野六郎著作集〈第3巻〉』平凡社、一九八〇年、pp. 411–421。

黄淏江「韓国学研究の動向と課題——韓国学とは何か、その概念定立と体系化のための試論」『アジア公論』

一九八三年三月、pp. 151-161（原載は『精神文化』一九八二年秋季号、pp. 89-102）。

高炳翊「アジアの民族主義と韓国」『アジア公論』一九七三年一〇月、pp. 99-108。

高炳翊「韓国文化と世界文化」『季刊 *Koreana*』一九八九年夏季号、pp. 52-59（原載は「韓国史市民講座　第四集」一潮閣）。

（高麗大学民族文化研究所主催学術発表会における主題論文）

古筠記念会『金玉均伝〈上巻〉』慶應出版社、一九四四年。

古筠金玉均正伝編纂委員会・韓永渉『古筠　金玉均正伝』高麗書籍、一九八四年。

国史編纂委員会編『国定韓国高等学校歴史教科書　韓国の歴史』宋連玉・曺昌淳訳、明石書店、一九九七年（原著は一九九〇年に発行）。

国史編纂委員会・一種図書研究開発委員会編『国定韓国高等学校歴史教科書〈新版〉韓国の歴史』大槻健・君島和彦・申奎燮訳、明石書店、二〇〇〇年（原著は一九九六年および一九九九年に発行）。

国史編纂委員会・国定図書編纂委員会編『韓国の高校歴史教科書　高等学校国定国史』三橋広夫訳、明石書店、二〇〇六年（原著は二〇〇二年に発行）。

黒龍会編『西南記伝〈上〉』原書房、一九六九年（原著は一九〇八年）。

呉光洙「韓国画の伝統と現代的なアプローチ」『季刊 *Koreana*』一九九五年夏季号、pp. 16-23。

呉光洙「韓国画の韓国性とその作家たち」『季刊 *Koreana*』一九九六年秋季号、pp. 62-69。

呉善花『反日・親北　韓国の暴走』小学館、二〇〇五年。

呉宗植「屈折と試練の韓国精神」『アジア公論』一九七九年六月、pp. 185-193。

呉知泳『東学史』平凡社、一九七〇年（原著は一九四二年）。

コリア研究所編訳『消された言論』未来社、一九九〇年（方又栄の序文「日本で出版されることに大きな意義」が収録されている）。

コンスタンティーノ、レナト『フィリピン民衆の歴史Ⅱ』井村文化事業社発行・勁草書房発売、一九七八年。

近藤釼一「戦時下朝鮮統治の基礎概念」近藤釼一編『太平洋戦下の朝鮮〈1〉』友邦協会、一九六二年、pp. 1–14。友邦文庫所蔵。

近藤釼一 一九六六年に書いた短文は、萩原彦三『日本統治下の朝鮮における朝鮮語教育』の冒頭（p. 1）に掲載されている。

権藤四郎介『李王宮秘史』朝鮮新聞社、一九二六年。

近藤喜博『海外神社の史的研究』明世堂書店、一九四三年。

崔一男「アジアのアメリカ」『*KOREA FOCUS*』一九九四年三・四月号、pp. 31–34（原載は『東亜日報』一九九四年三月三日付）。

崔永禧（座談会での発言）東京・韓国研究院／国際関係共同研究所編『韓国にとって日本とは何か〈第2巻〉文化・伝統篇』国書刊行会、一九七七年、pp. 105–109。

崔夏永「朝鮮総督府最後の日」『アジア公論』一九七三年八月、pp. 135–145（もともと朝鮮語誌『中央』に掲載されたもの）。

崔吉城『日本植民地と文化変容』御茶の水書房、一九九四年。

崔吉城『韓国民俗への招待』風響社、一九九六年。

崔吉城『「親日」と「反日」の文化人類学』明石書店、二〇〇二年。

崔敬洛「韓国における日本の文化的業績」『中央公論』一九六八年四月、pp. 182–189。

崔慶禄「出征に当たつての所感」『三千里』一九四〇年五月、pp. 28–29。

崔慶禄「軍強化、アジアの防波堤に」『産経新聞』一九八九年一月一一日付。

崔元植『韓国の民族文学論』御茶の水書房、一九九五年。

崔在錫「今西龍の韓国古代史論批判」『アジア公論』一九八七年六月、pp. 66–93（原載は『韓国学報』第四六集、一九八七年春号)。

崔在錫「末松保和の『新羅上古史批判〈上〉』」『アジア公論』一九八七年九月、pp. 97–118(原載は『韓国学報』第四三集、一九八六年夏号)。

崔在錫「末松保和の『新羅上古史批判〈下〉』」『アジア公論』一九八七年一〇月、pp. 86–113(原載は『韓国学報』第四三集、一九八六年夏号)。

崔載瑞「内鮮文学の交流」朝鮮放送協会編『ラヂオ講演・講座』第一三集、一九三九年七月二五日、pp. 2–10。

崔載瑞「祖国観念の自覚」『京城日報』一九四二年五月二六日付。

崔載瑞「決戦朝鮮の急転換——徴兵制の施行と文学活動」『文学報国』一九四三年九月一〇日付。

崔在錫「今西龍の韓国古代史論批評」『アジア公論』一九八七年六月、pp. 66–93。
＊崔瓚植「宇野秀弥」を見よ。
済州島四・三事件四〇周年追悼記念講演集刊行委員会編『済州島「四・三事件」とは何か』新幹社、一九八八年。

崔埈(座談会での発言)東京・韓国研究院/国際関係共同研究所編『韓国にとって日本とは何か〈第3巻〉文学・芸術篇』国書刊行会、一九七七年、pp. 114–115, 120–122。

崔昌圭「朝鮮朝的儒教統治理念」『アジア公論』一九七四年一一月、pp. 211–215。

崔昌圭「韓国主体思想と正統性理論」『アジア公論』一九七八年七月、pp. 47–57。

崔仁浩『ソウルの華麗な憂鬱』国書刊行会、一九七七年。

崔性圭「韓国から見た日本の教科書問題」崔性圭・王智新ほか『アジアから見た日本の教科書問題』かもがわ出版、一九九五年、pp. 65–90。

崔相龍「米軍政の初期占領政策」『アジア公論』一九七五年二月、pp. 204–220。

崔貞熙「晴れた青空」『京城日報』一九四二年一二月一二日付。

崔禎鎬「赦せ、しかし忘れるな」渋谷仙太郎編訳『南朝鮮の反日論』サイマル出版会、一九七三年、pp. 114-134（論文の原題は「日本とドイツとわれわれ――国恥還暦を迎えて個人的な清算のノートとして」原載は一九七〇年）。

崔禎鎬「浴衣コンプレックス」『アジア公論』一九七三年九月、pp. 151-160。

崔徳新『民族と私』統一評論社、一九八四年。

崔南善「神ながらの古を憶ふ」東亜民族文化協会、パンフレット第三篇、一九三四年。

崔南善『朝鮮と神道』中央朝鮮協会、一九三四年。

崔南善「序文」姜昌基『内鮮一体論』国民評論社、一九三九年、pp. 7-9。

崔南善『物語　朝鮮の歴史』三一書房、一九八八年（巻末に六堂崔南善先生年譜が収録されている。原著は一九四七年）。

蔡敏三『帰らざる日本人』桜の花出版、二〇〇四年。

蔡萬植『民族の罪人』（『朝鮮近代文学選集4　太平天下』平凡社、二〇〇九年、に収録されている。原載は一九四八―四九年）。

佐伯啓思「戦後のはじまり　国民を『被害者』と正当化　自信喪失の現代の原点」『読売新聞』一九九九年八月六日付。

三枝壽勝『「韓国文学を味わう」報告書』国際交流基金アジアセンター、一九九七年。

坂井俊樹『現代韓国における歴史教育の成立と葛藤』御茶の水書房、二〇〇三年。

坂本太郎『日本歴史の特性』講談社、一九八六年。

桜井啓子「イラン・イスラーム共和国のイデオロギー」『アジア経済』一九八七年三月、pp. 56-74。

佐々木実義「北支在住朝鮮人の問題に就いて」『朝鮮行政』一九三八年八月、pp. 20-23。

佐々木春隆『朝鮮戦争前史としての韓国独立運動の研究』国書刊行会、一九八五年。

佐々木揚『清末中国における日本観と西洋観』東京大学出版会、二〇〇〇年。

笹間良彦『図説　日本武道辞典』柏書房、一九八二年。

サリービー、カマール『聖書アラビア起源説』草思社、一九八八年。

澤田瑞穂『宋明清小説叢考』研文出版、一九八二年。

サンケイ新聞「『琉球』　独立国並みに特別な配慮」一九八四年一月二九日付。

サンケイ新聞社『改訂特装版　蔣介石秘録〈下〉』サンケイ出版、一九八五年。

産経新聞「韓国故朴大統領　胸像倒される」二〇〇〇年一一月七日付。

産経新聞「北朝鮮亡命高官　黄長燁の証言」二〇〇七年四月五日付。

三千里「臨戦対策協議会」『三千里』一九四一年一一月、pp. 46–61。これは三千里社が主催した大会の議事録で、会合の案内状以外は朝鮮語で書かれている。そのあとに臨戦愛国者群像と銘打って、「臨戦報国団の最高指導者尹致昊翁の横顔」pp. 86–87、「愛国運動の立役者　情熱家崔麟氏の横顔」pp. 87–89、「新しい朝鮮の希望　天道教教領李鐘麟翁」pp. 94–95などの人物論が掲げられているが、これらは日本語で書かれている（なお、『三千里』誌は一九二九年に朝鮮語による総合雑誌として出発したが、日本時代晩期、日本語記事も掲げるようになった）。

三千里「臨戦愛国者群像〈十四〉半島同胞に望むもの　『実践』強調の靑秉相氏」『三千里』一九四一年一二月、pp. 56–58。

ジェラヴィッチ、バーバラ『近代オーストリアの歴史と文化』山川出版社、一九九四年。

師尾源蔵『新朝鮮風土記』萬里閣書房、一九三〇年。

シオラン、エミール『告白と呪詛』紀伊國屋書店、一九九四年。

志賀潔「正道に目醒めつつある朝鮮」朝鮮新聞社編、一九三六年（『韓国併合史研究資料①　朝鮮統治の回顧と批判』〈復刻版〉龍溪書舎、一九九五年、pp. 204–207）。

史学会編『日本歴史学界の回顧と展望16　朝鮮』山川出版社、一九八八年。

四方博「朝鮮に於ける近代資本主義の成立過程――その基礎的考察」一九三三年、『朝鮮社会経済史研究〈上〉』国書刊行会、一九七六年、pp. 3–197。

四方博「朝鮮開国の前後」一九五一年、『朝鮮社会経済史研究〈下〉』国書刊行会、一九七六年、pp. 187–246。

四方博「旧来の朝鮮社会の歴史的性格について」一九五一年および一九五二年、『朝鮮社会経済史研究〈下〉』国書刊行会、一九七六年、pp. 3–197（著作目録には本論文の一および二は一九五一年、三は一九五二年に発表されたとあるが、残りの四から八までについては書かれていない。ここでは便宜的に一九五二年に発表されたものとしておく）。

司空壹『韓国経済　新時代の構図』東洋経済新報社、一九九四年。

時事新報「全州の東学党首領にインタビュー」一八九四年一〇月五日付（本紙記事については、冒頭注1を参照。とくに断わりのない場合は以下同じ）。

時事新報「留学生東京着、慶應義塾に入る」一八九五年五月二日付。

時事新報「二十八日の京城事変」一八九五年一二月七日付。

時事新報「暴動の死者約八百、勢力次第に衰へる」一九〇七年一〇月二日付。

市井散人「京城の韓人書店」『朝鮮』一九〇八年一二月一日、pp. 63–65（金泰勳編『朝鮮〈第2巻4号〉』皓星社、一九九八年、に収録されている。p. 318）。

信夫淳平『韓半島』東京堂書店、一九〇一年（『韓国地理風俗誌叢書〈217〉』景仁文化社、一九九五年、に収録されている）。

司馬遼太郎『街道をゆく40　台湾紀行』朝日文芸文庫、一九九七年。

下村進「思想戦の実際」『三千里』一九三九年四月、pp. 9–12。

車基壁「韓・日関係の新たな座標――望ましい韓日関係樹立のための提言」『季刊*Koreana*』一九九一年秋季

号、pp. 2-9。

白山青樹「大東亜戦争一周年〈1〉　戦ひの曲」『京城日報』一九四二年一二月九日付（白山青樹は金東煥の創氏名）。
＊「釋尾」は「ときお」と読む。
釋弘元『裸足の青春の家を求めて』三一書房、一九八三年。

車凡錫「韓国演劇の現状」『韓国文化』一九九六年五月、pp. 17-21。

謝幼田『抗日戦争中、中国共産党は何をしていたか――覆い隠された歴史の真実』草思社、二〇〇六年。

シャンボン、アルベール『仏レジスタンスの真実』河出書房新社、一九九七年。

秋聖七「国語問題の実相とその背景　船橋氏の放言がかもし出した問題をきっかけに」（金允植との対談）『アジア公論』一九七六年新年特大号、pp. 86-96。

朱燉植「韓国の中の日本」『アジア公論』一九八一年一〇月、pp. 72-74。

シュタットミュラー、ゲオルク『ハプスブルク帝国史』刀水書房、一九八九年。

シュミット、アンドレ『帝国のはざまで――朝鮮近代とナショナリズム』名古屋大学出版会、二〇〇七年。

朱耀翰「私の履歴書1　20世紀元年生まれ」『アジア公論』一九七六年一〇月、pp. 220-234。

朱耀翰「私の履歴書3　言論界を辞して実業界へ」『アジア公論』一九七六年一二月、pp. 228-243。
＊朱耀翰「松村紘一」名の寄稿も多い。
蔣介石『中国のなかのソ連』時事通信社、一九六二年。原著は一九五七年。
＊『蔣介石秘録』は「サンケイ新聞社」を見よ。
徐載軾『恨の経済』日本経済評論社、一九八八年。

徐椿「朝鮮に於ける愛国運動」『緑旗』一九三九年三月、pp. 37-39。

徐椿「半島青年よ　奮起せよ」『総動員』一九三九年一〇月、pp. 36-40。

ジョベール、アラン『歴史写真のトリック——政治権力と情報操作』朝日新聞社、一九八九年。

白川静『字訓』平凡社、一九八七年。

白川豊「廉想渉の長編小説に見る日本——一九三〇年前後の作品を中心に」大村益男代表『近代朝鮮文学における日本との関連様相』緑蔭書房、一九九八年、pp. 151–189。

白山青樹「大東亜戦争一周年〈1〉 戦ひの曲」『京城日報』一九四二年一二月九日付（白山青樹は金東煥の創氏名）。

申維翰『海游録』平凡社、一九七四年（姜在彦訳注。成書は一八世紀。東洋文庫252）。

申一澈「主体か、事大か——民族主体性を中心に」『アジア公論』一九七四年三月、pp. 96–100。

辛英尚『分断克服と韓国文学——抵抗の物語を刻みつづける詩人たち』創樹社、一九八八年。

沈載完「序」（瀬尾文子『時調四四三首選』育英出版社、一九九七年、に寄せたもの。pp. 1–4）。

申采浩『朝鮮上古史』矢部敦子訳、緑蔭書房、一九八三年（原載は一九三一年）。

新人物往来社『未公開資料 戦争裁判処刑者一千——勝者は敗者をいかに裁いたか』別冊『歴史読本』第15号、一九九三年。

申相楚「韓日関係の反省」『アジア公論』一九七五年三月、pp. 53–59。

申報「朝鮮の戦役を論ず」一八八二年一〇月八日付（『申報』は上海で発行されていた有力紙。本記事は『事典』第2巻に収録されている。pp. 283–284。冒頭注1を参照）。

申報「属国の国力強化について」一八八四年二月九日付（『事典』第2巻に収録されている。pp. 302–303）。

申報「日本が中国と兵を構えるべきでないことを論ず」一八九四年七月四日付（『事典』第2巻に収録されている。pp. 500–501）。

申報「戦争が始まることを論ず」一八九四年七月一〇日付（『事典』第2巻に収録されている。pp. 502–503）。

申報「ああ、韓国が滅んだ」一九一〇年九月一日付（『事典』第4巻本編上に収録されている。pp. 317–318）。

末松保和「麗末鮮初に於ける対明関係」『高麗朝史と朝鮮朝史　末松保和朝鮮史著作集5』吉川弘文館、一九九六年、pp. 124-291（原載は一九四一年）。

＊菅野（朋子）は「かんの」と読む。

菅野冬樹『近衛秀麿　亡命オーケストラの真実』東京堂出版、二〇一七年。

杉浦武雄「朝鮮人の思想」碓井隆次『京城四十年』生活社、一九八〇年、pp. 226-275。

鈴木静夫『物語フィリピンの歴史』中央公論社、一九九七年。

鈴木武雄『大陸兵站基地論解説』緑旗連盟、一九三九年。

鈴木武雄『朝鮮の決戦態勢』朝日新聞社、一九四三年。

須永徳武監修『「満洲」進出企業年鑑9　満洲銀行会社年鑑昭和15年版〈下〉』ゆまに書房、二〇〇二年。

スノー、エドガー『抗日解放の中国――エドガー・スノーの革命アルバム』サイマル出版会、一九八六年。

須麻守人「朝鮮官僚論　二」『朝鮮行政』一九三九年五月、pp. 76-82。

瀬尾文子『時調四四三首選』育英出版社、一九九七年。

関野貞『朝鮮美術史』朝鮮史学会、一九三二年。

全海宗「日本語に対する我々の姿勢」『韓』一九七三年九月、pp. 3-10。

千寛宇『韓国史への新視点』学生社、一九七六年。

全光鏞「韓国の現代文学」『アジア公論』一九七七年二月、pp. 185-197。

全国学生連盟「反日精神は民族の魂」渋谷仙太郎編訳『南朝鮮の反日論』サイマル出版会、一九七三年、pp. 24-31（論文の原題は「日本の韓半島進出の新局面を迎えるわれわれの姿勢」一九七一年六月二四日）。

全国歴史教師の会編『〈民間版代案〉韓国歴史教科書　躍動する韓国の歴史』明石書店、二〇〇四年。
＊「善生」は「よしお」と読む。
全日本剣道連盟編集・発行『剣道の歴史』二〇〇三年。

宋建鎬「李承晩と金九の民族路線」和田春樹・高崎宗司編『分断時代の民族文化』社会思想社、一九七九年、pp. 143–201（原載は『創作と批評』一九七九年春号）。

宋建鎬『日帝支配下の韓国現代史』風濤社、一九八四年（原著は一九七九年）。

宋建鎬「解放の民族史的認識」『分断か統一か――韓国解放前後史の認識』影書房、一九八八年、pp. 9–38。

宋建鎬「日本語で出版されるのを喜ぶ」林鍾国『親日派』御茶の水書房、一九九二年、pp. i–v。

総動員「本誌姉妹誌『새벽』（暁）創刊さる」一九四〇年一月、p. 63。

総動員「連盟時評」一九四〇年三月、pp. 92–93。

総動員「六　氏設定に関する制令、届出及び氏名変更に関する総督府令」一九四〇年三月、pp. 52–60。

宋敏鎬『朝鮮の抵抗文学――冬の時代の証言』柘植書房、一九七七年。

染谷智幸・鄭炳説編『韓国の古典小説』ぺりかん社、二〇〇八年。

孫基禎『孫基禎自伝――ああ月桂冠に涙』講談社、一九八五年。

孫相翼「韓国の漫画事情」国際交流基金アジアセンター編・発行『アジアINコミック展』二〇〇一年。

孫貞圭ほか『現代朝鮮の生活とその改善――今日の朝鮮問題講座〈第五冊〉』緑旗連盟、一九三九年。

孫文『三民主義〈上〉』岩波書店、一九五七年（成書は一九二〇年代）。

『タイムズ』一八九四年七月三日付（タイトルなし。『事典』第2巻に収録されている。pp. 499–500）。

『タイムズ』「朝鮮侵略」一八九四年八月二八日付（『事典』第2巻に収録されている。pp. 548–552）。

『タイムズ』一八九五年八月二〇日付（タイトルなし。『事典』第2巻に収録されている。pp. 701–702）。

『タイムズ』「朝鮮、併合とその後」一九一〇年一〇月一一日付（『事典』第4巻本編上に収録されている。pp. 320–322）。

高嶋雄三郎・鄭昞浩編著『世紀の美人舞踊家崔承喜』エムティ出版、一九九四年。

高田良信「百済観音の伝来と名称起源の考察」高田良信総監修『百済観音』法隆寺一九九三年、pp. 86–97。

高野史男『韓国済州島』中央公論社、一九九六年。

高橋亨『朝鮮思想史大系〈第一冊〉李朝仏教』大阪宝文館、一九二九年。

高橋亨「時局下の朝鮮仏教徒」『総動員』一九四〇年六月、pp. 10–15。

ダガン、クリストファー『イタリアの歴史』創土社、二〇〇五年。

タックマン、バーバラ『失敗したアメリカの中国政策』朝日新聞社、一九九六年。

田川孝三「朝鮮の大陸使節とその紀行録」『朝鮮行政』一九三九年二月、pp. 49–59。

竹国友康『ある日韓歴史の旅——鎮海の桜』朝日選書、一九九九年。

武田幸男「朝鮮史学の一世紀」『東方学　第百集』二〇〇〇年九月、pp. 127–136。

田中明「語りえぬこころ」『日韓ソウルの友情　座談会』中公文庫、一九八八年、pp. 235–257。

田中明『韓国の民族意識と伝統』岩波書店、二〇〇三年。

田中誠一『韓国官僚制の研究』大阪経済法科大学出版部、一九九七年。

田中恒夫『朝鮮戦争・多冨洞の戦い——若き将兵の血戦』かや書房、一九九八年。

田中英光「朝鮮の作家」『田中英光全集2』芳賀書店、一九六五年、pp. 389–390。

田保橋潔『朝鮮統治史論稿』一九四三年。龍溪書舎より二〇〇一年に再版されている。

ダライ・ラマ法皇日本代表部事務所（東京）『ダラムサラと北京』チベット亡命政権情報・国際関係省、一九九四年。

ダレ、シャルル『朝鮮事情』平凡社、一九七九年（金容権訳。本書は、一八七四年にパリで出版された『朝鮮教会史』の序文部分の翻訳。東洋文庫367）。

池東旭「記憶を抹殺する韓国人の習性」『世界週報』一九九九年六月一五日、pp. 42–45。

池東旭「未完に終った親日派清算論のリバイバル」『世界週報』一九九九年一〇月一二日、pp. 44–46。

池明観『ものがたり朝鮮の歴史——現在と過去の対話』明石書店、一九九八年。

池明観「歴史文化ノート6　日本文化を考える」『韓国文化』二〇〇二年四月、pp. 18–21。

池明観『韓国と韓国人』アドニス書房、二〇〇四年。

チャーチル、ウィンストン・S『第二次大戦回顧録11』毎日新聞社、一九五一年。

チャーチル、ウィンストン・S『第二次大戦回顧録13』毎日新聞社、一九五二年。

チャーチル、ウィンストン・S『第二次大戦回顧録24』毎日新聞社、一九五五年。

チャガイ、ゲ・デ編『朝鮮旅行記』平凡社、一九九二年（井上紘一訳。一九世紀末、朝鮮半島を旅したロシア人の記録五編を収める。東洋文庫547）。

中央日報「日本大衆文化に積極的対応を」『韓国文化』一九九四年四月、p. 66（原載は一九九四年二月一日）。

張偉雄『文人外交官の明治日本』柏書房、一九九九年。

張赫宙・兪鎮午（対談）「朝鮮文学の将来」『文藝』一九四二年二月、pp. 72–79。

張赫宙「大御心への帰一――朝鮮の徴兵制の実施〈一〉」『朝日新聞』一九四三年八月五日付。

張赫宙『嗚呼朝鮮』新潮社、一九五二年。

張赫宙『開墾』ゆまに書房、二〇〇〇年（原著は一九四三年）。
＊張赫宙には「野口稔」名の論考もある。
趙景達「朝鮮ナショナリズムの系譜」『大航海』№30、一九九九年、pp. 64–73。

張建立『茶道と茶の湯――日本茶文化試論』淡交社、二〇〇四年。

趙甲済『軍部！　語られざる韓国の暗部』JICC出版局、一九九〇年。

趙甲済『朴正煕――韓国近代革命家の実像』亜紀書房、一九九一年。

張籌根『韓国の郷土信仰』第一書房、一九八二年。

張俊河『石枕〈下〉』サイマル出版会、一九七一年。

趙潤済・李明九「文学序説」『韓国――その民族と文化』学園社、一九九六年、pp. 202–216。

朝鮮「韓国暴徒問題に就て」『朝鮮』一九〇八年三月一日（いくつかのインタビュー記事の一つとして「某将官」談が掲載されている。金泰勲編『朝鮮〈第1巻〉』皓星社、一九九八年に収録されている。pp. 6-7）。

朝鮮「師団の交代」『朝鮮』一九〇八年一一月一日（金泰勲編『朝鮮〈第2巻〉』皓星社、一九九八年に収録されている。p. 275）。

朝鮮「暴徒史論」『朝鮮』一九一〇年七月一〇日（「雲水萍客」名による記事。金泰勲『朝鮮〈第3巻〉』皓星社、一九九八年に収録されている。pp. 231-232）。

朝鮮「朝鮮問答」『朝鮮』一九一〇年一〇月一〇日（金泰勲編『朝鮮〈第3巻〉』皓星社、一九九八年に収録されている。pp. 330-331）。

朝鮮共産党中央委員会「現情勢とわれらの任務」一九四五年九月（神谷不二編集『朝鮮問題戦後資料〈第一巻〉』日本国際問題研究所、一九七六年、に収録されている。pp. 14-15）。

「朝鮮行政」編輯総局編『朝鮮統治秘話』帝国地方行政学会、一九三七年。

朝鮮憲兵隊司令部編『朝鮮三・一独立騒擾事件――概況・思想及運動』〈復刻〉巌南堂、一九六九年。

朝鮮憲兵隊司令部編「朝鮮同胞に対する内地人反省資録」一九三三年。

朝鮮史編修会編『朝鮮史』朝鮮総督府、一九三二―三八年（第一編第一巻の冒頭に、刊行の趣旨、内容についての総括的な説明がある）。

朝鮮総督府編纂『普通学校修身書〈巻六〉』一九二三年（一九八五年にあゆみ出版から復刻されている）。

朝鮮総督府編纂『普通学校国語読本〈巻八〉』一九二四年（同前）。

朝鮮総督府編纂『普通学校補充唱歌集』一九二六年（同前）。

朝鮮総督府編『普通学校朝鮮語読本』（巻一から巻六まであり、一九二三年から二四年にかけて発行された。旗田巍編『日本は朝鮮で何を教えたか』あゆみ出版、一九八七年に、「第三章　第二次朝鮮教育令下の朝鮮語教科書の日本語訳」として全文が収録されている。権在淑訳）。

朝鮮総督府編著『朝鮮の風水〈上〉』龍渓書舎、二〇〇三年（原著は一九三一年。冒頭に、朝鮮総督府官房文書課嘱託・村山智順の手になる旨の断わりがある）。

朝鮮総督府『調査資料集〈第二十一輯〉朝鮮の言語と世相』一九二七年。

朝鮮総督府『最近の朝鮮』一九三四年（『韓国地理風俗誌叢書16』景仁文化社、一九九五年に収録されている）。

朝鮮総督府官房文書課「朝鮮同胞の赤誠」『朝鮮行政』一九三八年一月、pp. 108–114。

朝鮮総督府警務局『最近に於ける朝鮮治安状況』巌南堂書店、一九六六年（成書は昭和八年・一三年）。友邦文庫所蔵。

朝鮮総督府警務局『朝鮮警察概要』一九四〇年。友邦文庫所蔵。

朝鮮総督府中枢院『朝鮮の姓名氏族に関する研究調査』一九三四年。

朝鮮総督府中枢院『氏制度の解説』一九四〇年。

朝鮮総督府編・村山智順『朝鮮の類似宗教』国書刊行会、一九七二年（原著は一九三五年）。

朝鮮大学校歴史学研究室編著『朝鮮史』朝鮮青年社、一九七六年。

朝鮮日報『月刊朝鮮』編『北朝鮮　その衝撃の実像』講談社、一九九四年。

趙豊衍『韓国の風俗――いまは昔』南雲堂、一九九五年。

趙庸中「総督府最後の日」『アジア公論』一九八五年一月、pp. 113–128（原載は『月刊朝鮮』）。

張龍鶴『虚構の国日本』現代出版、一九八七年。

通商産業省通商産業政策史編纂委員会編著『通商産業政策史〈第2巻・第Ⅰ期〉戦後復興期〈1〉』通商産業調査会、一九九一年。

月脚達彦「大韓帝国成立前後の対外的態度」『東洋文化研究　1号』一九九九年、pp. 235–264。

月脚達彦「近代朝鮮の改革と自己認識・他者認識」『歴史評論』二〇〇一年六月、pp. 27–29。

筒井紘一『茶の湯名言集』淡交社、一九八四年。

恒屋盛服『朝鮮開化史』博文館、一九〇一年。

坪井幸生『ある朝鮮総督府警察官僚の回想』草思社、二〇〇四年。

鄭雲鉉『ソウルに刻まれた日本――69年の事績を歩く』桐書房、一九九九年。

鄭求瑛「歴史の証人〈5〉朝鮮弁護士会」『アジア公論』一九七六年六月、pp. 235–245。

鄭在貞「植民地時代をどうみるか？――韓国近現代史観の相剋」『世界』一九九五年三月、pp. 138–149。

鄭在貞『韓国と日本』すずさわ書房、一九九八年。

鄭重憲「文化交流」『アジア公論』一九八一年一〇月、pp. 83–85（原載は『朝鮮日報』）。

鄭大均「韓国社会の『反日』構造　日本文化に対する両面的な反応の背景」『世界週報』一九九四年四月五日、pp. 40–45。

鄭大均『在日・強制連行の神話』文藝春秋、二〇〇四年。

鄭炳昱「韓国の古典文学」『アジア公論』一九七七年四月、pp. 146–170。
＊「出川」は「いでかわ」と読む。
田月仙『海峡のアリア』小学館、二〇〇七年。

田月仙『禁じられた歌――朝鮮半島音楽百年史』中央公論新社、二〇〇八年。

ドイッチャー、アイザック『ロシア革命五十年』岩波書店、一九六七年。

東亜日報「日本文化受容は慎重に」一九九四年二月二日付、『韓国文化』一九九四年四月、pp. 66–67。

統一日報「韓国の国史教科書　自主性重視の大幅修正へ〈上〉　まとまった教育審議会試案内容」一九八七年四月七日付。

東京朝日新聞「気抜けの京城」一九一〇年八月三〇日付。

東京・韓国研究院／国際関係共同研究所編『韓国にとって日本とは何か〈第2巻〉文化・伝統篇』国書刊行会、一九七七年。

東京・韓国研究院／国際関係共同研究所編『韓国にとって日本とは何か〈第3巻〉文学・芸術篇』国書刊行会、一九七七年。

東京大学近代中国史研究会訳『毛沢東思想万歳』三一書房、一九七五年。

東郷茂徳『明治百年史叢書　東郷茂徳外交手記――時代の一面』原書房、一九六七年（原著は一九五〇年）。

堂本貞一「在満朝鮮同胞の重要性」金暁星『更生途上にある満蒙の朝鮮人』満洲新民団、一九三四年。

堂本敏雄「朝鮮行政の特質」『朝鮮行政』一九四〇年四月、pp. 2–11。

戸叶董雄『最近朝鮮史』蓬山堂、一九一二年。

釋尾旭邦「韓人は如何に日本を見るか」『朝鮮』一九〇八年四月（金泰勲編『朝鮮〈第1巻〉』皓星社、一九九八年、に収録されている。pp. 47–48）。

釋尾東邦「反日本思想を基調とする文学や言議の取締を論ず」『朝鮮及満洲』一九二五年一一月（『朝鮮之研究』朝鮮及満洲社、一九三〇年、に収録されている。pp. 85–86）。

釋尾東邦「鮮人の論調と思潮」『朝鮮及満洲』一九二九年六月（『朝鮮之研究』朝鮮及満洲社、一九三〇年、に収録されている。pp. 116–127）。

都市住居研究会『異文化の葛藤と同化――韓国における「日式住宅」』建築資料研究社、一九九六年。

豊嶋房太郎「時局を通して観たる朝鮮の人の赤誠・愛国奉公の精神の発露真に涙ぐましきものがある」熊平源蔵編著『朝鮮同胞の光』熊平商店、一九三四年、pp. 310–313。

鳥山成人『世界の歴史19　ビザンツと東欧世界』講談社、一九七八年。

中島司『非常時下の朝鮮』中央朝鮮協会、一九三七年。

中塚明「近代日本史学史における朝鮮問題――とくに「広開土王陵碑をめぐって」（李進熙『好太王碑と任那日本府』学生社、一九七七年、に収録されている。pp. 238–256）。

中野正剛『我が観たる満鮮』政教社、一九一五年。

中西豪「大韓民国軍」『歴史群像シリーズ　朝鮮戦争〈下〉』学習研究社、一九九九年、pp. 112–115。

中村完「朝鮮研究の基礎にあるもの」『朝鮮史研究会論文集8』極東書店、一九七一年三月、pp. 165–170。

中村栄孝『朝鮮――風土・民族・伝統』吉川弘文館、一九七一年。

中保與作「夜明けの舞台裏」森高繁男編『大東亜戦史8　朝鮮篇』冨士書苑、一九七八年、pp. 480–523。

並木真人「植民地後半期朝鮮における民衆統合の一断面――ソウルの事例を中心に」武田幸男編『朝鮮社会の史的展開と東アジア』山川出版社、一九九七年、pp. 527–562。

南智尋「ナチと日帝」『アジア公論』一九八六年一一月、pp. 147–148。

南富鎭『近代日本と朝鮮人像の形成』勉誠出版、二〇〇二年。

南富鎭『文学の植民地主義――近代朝鮮の風景と記憶』世界思想社、二〇〇六年。

西尾達雄『日本植民地下朝鮮における学校体育政策』明石書店、二〇〇三年。

西岡力『北朝鮮に取り込まれる韓国』ＰＨＰ研究所、二〇〇四年。

西川宏「日本帝国主義下における朝鮮考古学の形成」『朝鮮史研究会論文集7』極東書店、一九七〇年六月、pp. 94–116。

西田勝・張継武・鄭敏編『中国農民が証す「満洲開拓」の実相』小学館、二〇〇七年。

仁科健一・舘野晳編『新韓国読本⑦　韓国人から見た日本』社会評論社、一九九八年。

日外アソシエーツ『現代韓国人名録』日外アソシエーツ、一九九三年版。

日韓文化情報センター編『基本資料・現代韓国政治要覧』文化堂出版、一九五九年。

日本経営史研究所編『回顧録　三井物産株式会社』三井物産株式会社、一九七六年。

日本経済新聞「対日好感度1位」二〇〇七年三月一一日付。

日本図書センター編『旧植民地人事総覧　朝鮮篇8』一九九七年、友邦文庫所蔵。

日韓文化情報センター編集委員会編『基本資料　現代韓国政治要覧』文化堂出版、一九七六年。

日本リヒャルト・シュトラウス協会編『リヒャルト・シュトラウスの「実像」』音楽之友社、二〇〇〇年。

任展慧『日本における朝鮮人の文学の歴史』法政大学出版局、一九九四年。

任文桓『愛と民族――ある韓国人の提言』同成社、一九七五年。『日本帝国と大韓民国に任えた官僚の回想』と改題し、復刻。草思社、二〇一一年。

ネビィンス、アラン／コマジャー、ヘンリー・S『アメリカ史』原書房、一九六二年（原著は一九四二年）。

ノーヴォエ・ヴレーミヤ「極東における我が国の利害」一八九五年一月二九日付（『ノーヴォエ・ヴレーミヤ』は帝政ロシアの新聞。本記事は『事典』第2巻に収録されている。pp. 613-614。冒頭注3参照。以下同じ）。

ノーヴォエ・ヴレーミヤ「現在の政治的瞬間」一八九五年四月二一日付（『事典』第2巻に収録されている。pp. 650-651）。

ノース・チャイナ・ヘラルド「朝鮮と日本」一八七五年一二月三〇日付（『ノース・チャイナ・ヘラルド』はイギリス人が中国で発行していた新聞。本記事は『事典』第2巻に収録されている。pp. 81-82。冒頭注3参照。以下同じ）。

ノース・チャイナ・ヘラルド「朝鮮の中国代表」一八八六年九月一〇日付（『事典』第2巻に収録されている。pp. 353-354）。

ノース・チャイナ・ヘラルド「朝鮮」一八九四年八月一七日付（『事典』第2巻に収録されている。pp. 539-541）。

ノース・チャイナ・ヘラルド「朝鮮」一八九六年一二月一八日付（『事典』第3巻本編上に収録されている。pp. 72-73）。

ノース・チャイナ・ヘラルド「朝鮮における日本の任務」一九〇五年五月五日付（『事典』第3巻本編下に収録されている。pp. 363-365）。

野口稔『岩本志願兵』ゆまに書房、二〇〇一年（原著は一九四四年）。

野副伸一「成長の軌跡」渡辺利夫編『概説韓国経済』有斐閣、一九九〇年、pp. 45–72。

野平俊水「韓国メディアウォッチング（33）」『現代コリア』二〇〇四年五月、p. 59。

延原光太郎ほか「青年問題座談会」『総動員』一九四〇年九月、pp. 61–75。延原光太郎は李恒寧の創氏名。

バード、イザベラ『朝鮮紀行』講談社、一九九八年（原著は一九〇五年）。

裴成煥『韓国の古典短歌』国書刊行会、一九八六年。

萩原彦三『朝鮮の土地調査』友邦協会、一九六六年。友邦文庫所蔵。

萩原彦三『日本統治下の朝鮮における朝鮮語教育』友邦協会、一九六六年。本書の冒頭（一頁）に、日本領朝鮮における朝鮮語教育の実情を書いた近藤釼一の短文（一九六六年）が掲載されている。友邦文庫所蔵。

萩原彦三『朝鮮総督府官制とその行政機構』友邦協会、一九六九年。友邦文庫所蔵。

萩原遼『朝鮮戦争——金日成とマッカーサーの陰謀』文藝春秋、一九九三年。

白岳山人（李光洙）「斎藤実君に与える」『東亜日報』一九二二年四月一日付（コリア研究所編訳『消された言論〈政治篇〉』未来社、一九九〇年、に収録されている。pp. 107–120）。

白基琓『抗日民族論』柘植書房、一九七五年。

白善燁『若き将軍の朝鮮戦争』草思社、二〇〇〇年。

白鉄「文学の理想性（一）」『東洋之光』一九四二年七月、pp. 98–103。

白鉄「新文学」『韓国、その民族と文化』学園社、一九六六年、pp. 216–240。

白南雲『朝鮮社会経済史』改造社、一九三三年。

白楽晴「新たな創作と批評の姿勢」『分断時代の民族文化』社会思想社、一九七九年、pp. 7–72（原載は『創作と批評』一九六六年春号）。

橋谷弘「一九三〇・四〇年代の朝鮮社会の性格をめぐって」『朝鮮史研究会論文集〈第27集〉』一九九〇年三月、pp. 29–154。

パターソン、オルランド『世界の奴隷制の歴史』明石書店、二〇〇一年。

旗田巍「朝鮮史研究の課題」朝鮮史研究会・旗田巍編『朝鮮史入門』太平出版社、一九七〇年、pp. 7–48。

旗田巍『日本は朝鮮で何を教えたか』あゆみ出版、一九八七年（朝鮮総督府編纂『普通学校国語読本』が収録されている）。

旗田巍「朝鮮史研究と私」姜在彦・李進熙編『朝鮮学事始め』青丘文化社、一九九七年、pp. 7–35。

服部倫卓『歴史の狭間のベラルーシ』東洋書店、二〇〇四年。

花岡大学『仏教文学――心のふるさと』集英社、一九八七年。

バビッチ、リオネル「私の日韓は明治時代の日韓です」『国際交流』第六九号、一九九五年、pp. 30–31。

ハメル、ヘンドリック『朝鮮幽囚記』平凡社、一九六九年（生田滋訳。成書は一七世紀後半。東洋文庫132）。

林雄介「一進会の前半期に関する基礎的な研究――一九〇六年八月まで」武田幸男編『朝鮮社会の史的展開と東アジア』山川出版社、一九九七年、pp. 494–526。

范文瀾『中国近代史』中国書店、一九九九年。

ビーアド、チャールズ・オースティン『ルーズベルトの責任――日米戦争はなぜ始まったか』藤原書店、二〇一二年（原著は一九四六年）。

ビーヴァー、アントニー『第二次世界大戦　1939―45〈下〉』白水社、二〇一五年。

ピーティー、マーク『植民地――帝国50年の興亡』読売新聞社、一九九六年。

ヒマラヤ山人「罵倒録」『朝鮮』一九〇八年五月（『朝鮮〈第1巻〉』皓星社、一九九八年一〇月、に収録されている。p. 85）。

平沼文甫「戦勝の歳暮」『国民詩歌』一九四二年三月、p. 83（大村益夫・布袋敏博編『近代朝鮮文学日本語作品集　1939―1945　創作篇6』緑蔭書房、二〇〇一年、に収録されている。p. 40。平沼文甫は尹斗憲の創氏名)。

平松茂雄『中国はいかに国境を書き換えてきたか』草思社、二〇一一年。

閔淑基・姜洙吉・村松香奈子「韓国における裏千家茶道」ポール・ヴァレー編『茶道学大系〈別巻〉海外の茶道』淡交社、二〇〇〇年、pp. 521-535。

ファイファー、ジョージ『天王山〈下〉沖縄戦と原子爆弾』早川書房、一九九五年。

フィッシュ、ハミルトン『ルーズベルトの開戦責任――大統領が最も恐れた男の証言』草思社、二〇一七年(原著は一九七六年)。

フィッシュ、ハミルトン『日米・開戦の悲劇――誰が第二次大戦を招いたのか』PHP研究所、一九八五年(原著は一九八三年)。

フーバー、ハーバート『裏切られた自由〈上・下〉』草思社、二〇一七年。

福田徳三『経済学全集〈第四集〉経済学研究』同文舘、一九二五年(本書に「韓国の経済組織と経済単位」が収録されている。pp. 77-162)。

藤井浩基『日韓音楽教育関係史研究――日本人の韓国・朝鮮表象と音楽』勉誠出版、二〇一七年。

藤田亮策『朝鮮の歴史』福村書店、一九五八年。

藤本昌司・茅島篤・加賀屋俊二・三輪建二訳『戦後教育の原像　日本・ドイツに対するアメリカの教育使節団報告書』鳳書房、一九九五年。

ブラウン、アーサー・J『朝鮮はなぜ独立できなかったのか――1919年朝鮮人を愛した米宣教師の記録』桜の花出版、二〇一六年(原著は一九一九年)。

プルヴィーア、ヤン・M『東南アジア現代史〈上〉植民地・戦争・独立』東洋経済新報社、一九七七年。

古須清人「ソ連の重圧にあえぐ半島同胞二十萬」『朝鮮行政』一九三八年九月、pp. 17-22。

古田博司『朝鮮民族を読み解く――北と南に共通するもの』筑摩書房、一九九五年。

古田博司『醜いが、目をそらすな、隣国・韓国！』ワック、二〇一四年。

文永南『憤怒の王国』第三書館、一九九四年。

文玉杓「日帝の植民地文化政策――『同化主義』の虚構」『季刊 *Koreana*』一九九一年夏季号、pp. 33-34（原載は韓国精神文化研究院「韓国の社会と文化」第14集）。

ヘンダーソン、グレゴリー『朝鮮の政治社会』サイマル出版会、一九七三年。

方又栄「日本で出版されることに大きな意義（序文）」コリア研究所編訳『消された言論』未来社、一九九〇年、pp. iii-iv）。

防衛庁防衛研修所戦史室編『戦史叢書　一号作戦〈1〉河南の会戦』朝雲新聞社、一九六七年。

防衛庁防衛研修所戦史室編『戦史叢書　一号作戦〈3〉廣西の会戦』朝雲新聞社、一九六九年。

防衛庁防衛研修所戦史室編『戦史叢書　イラワジ会戦――ビルマ防衛の破綻』朝雲新聞社、一九六九年。

防衛庁防衛研修所戦史室編『戦史叢書　大東亜戦争開戦経緯〈5〉』朝雲新聞社、一九七四年。

朴殷植『朝鮮独立運動の血史1』平凡社、一九七二年（姜徳相訳注。一九二〇年代前半、漢文で書かれ、原題は『韓国独立運動之血史』。東洋文庫214）。

朴殷植『朝鮮独立運動の血史2』平凡社、一九七二年（姜徳相訳注。同右。東洋文庫216）。

朴栄喆『五十年の回顧』大阪屋号書店、一九二九年。

朴趾源『熱河日記1』平凡社、一九七八年（今村与志雄訳。成書は一八世紀末。東洋文庫325）。

朴趾源『熱河日記2』平凡社、一九七八年（今村与志雄訳。成書は一八世紀末。東洋文庫328）。

朴慶植『日本帝国主義の朝鮮支配〈上〉』青木書店、一九七三年。

朴己出『韓国政治史』民族統一問題研究院・朴己出先生著作刊行会、一九七五年。

朴正熙『朴正熙選集1――韓民族の進むべき道』鹿島研究所出版会、一九七〇年。

朴正熙『朴正熙選集2――国家・民族・私』鹿島研究所出版会、一九七〇年。

朴成壽「民族抵抗史学の再評価」『アジア公論』一九八二年五月、pp. 58–64（原載は『月刊朝鮮』一九八二年四月）。

朴成壽「われわれはだれなのか」『アジア公論』一九八二年五月、pp. 103–105（原載は一九八二年四月）。

朴成壽「鋏と糊の歴史」『アジア公論』一九八四年二月、pp. 154–157。

朴成壽「民族史叙述においての葛藤論と調和論」『アジア公論』一九八六年六月、pp. 107–119（原載は韓国精神文化研究院『報告論叢』一九八五年一月）。

朴成壽「日本教科書『目隠し造語』」『アジア公論』一九八九年一一月、pp. 156–157。

朴成壽「韓国の歴史教科書が『反日』ばかり教えているというのはとんでもない誤解だ」『SAPIO』一九九六年八月七日、p. 23。

朴泰浩編訳『韓国前衛の革命戦略』柘植書房、一九八六年。

朴万奎「そめいよしの桜の原産は韓国だ」『アジア公論』一九七三年四月、pp. 182–187。

星野喜代治「最近の韓国へ旅して」『友邦』一九七一年五月、pp. 2–3。

保々隆矣監修『打倒日本　支那の排日教育』邦文社、一九三一年。

堀和生『朝鮮工業化の史的分析』有斐閣、一九九五年。

堀貞次良『内鮮風習理解の書』朝陽社、一九四三年。

ポルタフスキー、イ／ヴァージン、ア『占領下の日本』蒼樹社、一九五三年。

本田幸介「韓国農業の改良に就て」『朝鮮』一九〇八年一〇月、pp. 242–243。

本田秀夫「韓国に招かれて」『友邦』一九七〇年一一月、p. 4。

前間恭作「処容歌解読」一九二九年（京都大学文学部国語学国文学研究室編『前間恭作著作集〈下〉』京都大学国文学会、一九七四年、に収録されている）。

牧洋「半島の新文化といふこと」『緑旗』一九四一年一一月、pp. 35–37（牧洋は李石薫の創氏名）。

牧洋「国民文学の諸問題」『緑旗』一九四二年四月、pp. 62-65。

馬越徹『韓国近代大学の成立と展開——大学モデルの伝播研究』名古屋大学出版会、一九九五年。

又吉盛清『日本植民地下の台湾と沖縄』沖縄あき書房、一九九五年。

マッケンジー、フレデリック・A『朝鮮の悲劇』平凡社、一九七二年（渡辺学訳注。原著は一九〇八年。東洋文庫222）。

松田利彦「衆議院議員選挙と朴春琴」『ほるもん文化3　在日朝鮮人が選挙に行く日』新幹社、一九九二年、pp. 80-91。

松村紘一「労務と義勇化問題」『大東亜』一九四二年五月、pp. 25-27（松村紘一は朱耀翰の創氏名）。

松村紘一「出船の精神」『新時代』一九四三年七月、pp. 16-18。

松村紘一「千年を超えて——（半島の子等召さる、日に）」『朝日新聞〈中鮮版〉』一九四三年八月四日付。

松村紘一「詩壇三十年」『新時代』一九四四年四月、pp. 58-61。

松本厚治『企業主義の興隆』日本生産性本部、一九八三年。

松本厚治「韓国の経済発展と日本モデル」松本厚治・服部民夫編著『韓国経済の解剖』文真堂、二〇〇一年。

松山常次郎「合理的関係を確立せよ」朝鮮新聞社編、一九三六年（『韓国併合史研究資料①　朝鮮統治の回顧と批判』〈復刻版〉龍溪書舎、一九九五年、に収録されている。pp. 163-168）。

丸山真男「福沢諭吉と日本の近代化」『丸山真男集〈第十五巻〉』岩波書店、一九九六年（「序」として収録されている）。

満洲新聞「血書　軍官志願　半島の若き訓導から」一九三九年三月三一日付。

ミアーズ、ヘレン『アメリカの鏡・日本』アイネックス、一九九五年（原著は一九四八年）。

三岡健次郎「自衛隊将軍　鄧小平と会す」『軍事研究』一九七七年一二月、pp. 70-77。

三品彰英『朝鮮史概説』弘文堂、一九五三年（一九四〇年の初版本に、現代の部が追補されている）。

三品彰英『新羅花郎の研究』平凡社、一九七四年（原著は一九四三年）。

三品彰英遺撰『三国遺事考証〈上〉』塙書房、一九七五年。

三矢宮松「満洲国の成立と朝鮮」朝鮮新聞社編、一九三六年（『韓国併合史研究資料① 朝鮮統治の回顧と批判』〈復刻版〉龍溪書舎、一九九五年、に収録されている。pp. 132-136）。

緑旗連盟編『今日の朝鮮問題講座4 朝鮮思想界概観』緑旗連盟、一九三九年（森田芳夫が執筆した）。

薬袋進『王子製紙解体余聞』王子製紙社史編纂所、一九五八年。

南亮三郎編『韓国人口の経済分析』アジア経済研究所、一九七二年。

美濃部俊吉「朝鮮青年は実業界へ進出せよ」『朝鮮統治の回顧と批判』朝鮮新聞社編、一九三六年（『韓国併合史研究資料① 朝鮮統治の回顧と批判』〈復刻版〉龍溪書舎、一九九五年、に収録されている。pp. 115-120）。

宮尾舜治「目賀田男を憶ふ」『朝鮮統治の回顧と批判』朝鮮新聞社編、一九三六年（『韓国併合史研究資料① 朝鮮統治の回顧と批判』〈復刻版〉龍溪書舎、一九九五年、に収録されている。pp. 36-38）。

宮崎市定「私の未来学」『東亜』一九八七年一一月、pp. 4-6。

宮田節子『朝鮮民衆と「皇民化」政策』未来社、一九八五年。

宮田節子編『十五年戦争極秘資料集〈第十五集〉朝鮮軍概要史』不二出版、一九八九年。友邦文庫所蔵。

宮田節子解説・監修「未公開資料 朝鮮総督府関係者録音記録〈1〉十五年戦争下の朝鮮統治」『東洋文化研究第2号』二〇〇〇年三月、pp. 1-225。

宮田節子解説・監修「未公開資料 朝鮮総督府関係者録音記録〈2〉朝鮮統治における『在満朝鮮人』問題」『東洋文化研究第3号』二〇〇一年三月、pp. 127-316。

宮田節子解説・監修「未公開資料 朝鮮総督府関係者録音記録〈3〉朝鮮総督府——組織と人」『東洋文化研究第4号』二〇〇二年三月、pp. 139-352。

＊宮本正明　宮田節子解説・監修「未公開資料　朝鮮総督府関係者録音記録〈2〉」を見よ。
村井実訳・解説『アメリカ教育使節団報告書』講談社、一九七九年（報告書は一九四八年に作成されている）。
＊村山智順「朝鮮総督府編著」もしくは「朝鮮総督府編・村山智順」を見よ。
メリル、ジョン『済州島四・三蜂起』新幹社、一九八八年。
＊毛沢東「東京大学近代中国史研究会」を見よ。
森田芳夫「日本統治三十六年の終焉」『アジア公論』一九七三年八月、pp. 120–134。

森高繁雄編『大東亜戦史8　朝鮮編』富士書苑、一九七八年。

諸橋轍次『大漢和辞典〈巻一〉』大修館、一九六〇年。

八木信雄『日本と韓国』日韓文化出版社、一九七八年。

安興晟煥「全鮮の組織網と其間の事業」『大東亜』一九四二年五月、pp. 19–21（安興晟煥は李晟煥の創氏名）。

安田敏朗『「言語」の構築』三元社、一九九九年。
＊矢部敦子「申采浩」を見よ。
山口正之『朝鮮キリスト教の文化史的研究』御茶の水書房、一九八五年。

山路愛山「韓山紀行」吉本隆明編『現代日本思想大系4　ナショナリズム』筑摩書房、一九六四年、pp. 57–73（原載は一九〇四年）。

山田寛人『植民地朝鮮における朝鮮語奨励政策――朝鮮語を学んだ日本人』不二出版、二〇〇四年。

山田正浩「今に残る儒教文化」『地理』二〇〇三年三月、pp. 42–49。

山本七平『洪思翊中将の処刑』文藝春秋、一九九七年。

山本武利編訳『延安リポート』岩波書店、二〇〇六年。

山本有造「日本における植民地統治思想の展開Ⅱ」『アジア経済』〈第32巻第2号〉一九九一年二月、pp. 34–53。

ヤング、ピーター編『第二次世界大戦――全作戦図と戦況』白金書房、一九七五年。

兪鎮午「時局と文化人の任務」『総動員』一九四〇年二月、pp. 79–81。

兪鎮午「所感」『三千里』一九四〇年七月、p. 91。

兪鎮午「『大東亜精神の教化普及』に就いて　文学の友へ送る書翰」『大東亜』一九四三年三月、pp. 51–53。

兪鎮午「大いなる融和――決戦文学の理念確立」『文学報国』一九四三年九月一〇日。

兪鎮午「自主独立への道」『アジア公論』一九七七年三月。pp. 39–47（原載は『新東亜』）。

與謝野寛ほか『現代日本文学大系25』筑摩書房、一九七一年。

善生永助『朝鮮の人口研究』朝鮮印刷出版部、一九二五年。

善生永助『朝鮮』満鉄社員会、一九三八年。

吉田精一『現代文学と古典』桜楓社、一九八一年。

吉田敦彦「世界と日本の神話」『世界の神話がわかる』日本文芸社、一九九七年、pp. 1–8。

吉野誠「『朝鮮史の方法』解説」『梶村秀樹著作集〈第2巻〉朝鮮史の方法』明石書店、一九九三年、pp. 373–387。

芳村香道「自慢よりも練成」『京城日報』一九四二年五月一四日付（芳村香道は朴英熙の創氏名）。

読売新聞「政社、非政社の実数」一九一〇年八月四日付。

読売新聞「アジア七ヶ国世論調査」一九九五年五月二三日付。

読売新聞社編『20世紀どんな時代だったのか　政治・社会編』読売新聞社、二〇〇〇年。

ランデス、デビッド・S『「強国」論』三笠書房、二〇〇〇年。

李栄薫『大韓民国の物語』文藝春秋、二〇〇九年。

李漢基「強大国政治と韓国民族主義」『アジア公論』一九七三年一〇月、pp. 109–123。

李基東「日本帝国軍隊での韓国人将校〈上〉」『アジア公論』一九八五年二月、pp. 118–136（原載は『新東亜』

一九八四年八月。中・下とも同じ)。

李基東「日本帝国軍隊での韓国人将校〈中〉」『アジア公論』一九八五年三月、pp. 105–119。

李基東「日本帝国軍隊での韓国人将校〈下〉」『アジア公論』一九八五年四月、pp. 97–110。

李基文『韓国語の歴史』大修館書店、一九七五年。

陸戦史研究普及会編『陸戦史集21〈朝鮮戦争6〉中共軍の攻勢』原書房、一九七一年。

李慶成「韓国近代美術の形成と様相」『アジア公論』一九八〇年五月、pp. 228–235。

李景珉『朝鮮現代史の岐路』平凡社、一九九六年。

李健『日韓・相互理解への構図』PHP研究所、一九八二年。

李光洙「朝鮮文化の将来」『総動員』一九四〇年一月、pp. 38–44。

李光洙「内鮮青年に寄す」『総動員』一九四〇年九月、pp. 58–60。

李光洙「顔が変る」『文藝春秋』一九四〇年一一月、pp. 19–21。

李光洙『内鮮一体随想録』中央協和会、一九四一年。

李光洙『無情』波田野節子訳、平凡社、二〇〇五年(原載は一九一七年)。

*李光洙「香山光郎」名の寄稿が多いことに注意。

李康洙「伝統文化と文化変動」『季刊 *Koreana*』一九九〇秋季号、pp. 30–50。

李光周「過去を峻烈に告発したドイツ ナチの残滓を清算した戦後西ドイツの歴史教育の方向」『アジア公論』一九八二年一一月、pp. 76–82(原載は『政経文化』一九八二年九月)。

李孝石「日本語が世界語に」『緑旗』一九四二年三月、p. 132(「私が国語で文学を書くことについての信念」という表題の記事中にある寄稿文)。

李甲寧「上海と同胞」『三千里』一九四〇年一月、pp. 52–53。

李恒寧「セマウル運動と大学の役割 キャンパスに映ったセマウル運動とその学問的理論づけ」『アジア公論』

一九七六年一一月、pp. 56–59（原載は『世代』）。

李在徹「日本文学の影響」仲村修編訳『韓国・朝鮮児童文学評論集』明石書店、一九九七年、pp. 85–89。

李志綏『毛沢東の私生活〈下〉』文藝春秋、一九九四年。

李勝羽「嗜好・礼俗としての茶」『アジア公論』一九七五年三月、pp. 270–283。

李祥雨『朴正熙時代――その権力と内幕』朝日新聞社、一九八八年。

李鍾徹『萬葉と郷歌』東方書店、一九九一年。

李鐘麟「新しい朝鮮の希望」『三千里』一九四一年一一月。

李丞玉「朝鮮文学」河盛好蔵監修『ラルース世界文学事典』角川書店、一九八三年、pp. 271–284。

李進熙『好太王碑と任那日本府』学生社、一九七七年。
＊李人稙　「宇野秀弥」を見よ。
李崇寧「世宗大王の業績と思想〈3〉――世宗大王の経学思想」『アジア公論』一九八二年一一月、pp. 143–173。

李崇寧「世宗大王の個性と思想〈4〉――その嗜好・性格・思想・私生活などに対する考察」『アジア公論』一九八三年三月、pp. 162–175。

李盛雨「韓国の食べ物の社会史〈I〉」『アジア公論』一九七九年六月、pp. 182–187。
＊李晟煥　「安興晟煥」を見よ。
李成市「朝鮮王朝の象徴空間と博物館」宮嶋博史ほか編『植民地近代の視座――朝鮮と日本』岩波書店、二〇〇四年、pp. 27–48。

李青若『在日韓国人三世の胸のうち』草思社、一九九七年。
＊李石薫　「牧洋」を見よ。
李瑄根『韓民族の閃光――韓末秘史』国書刊行会、一九六七年。

李相禧「韓・日関係四〇年（一九四五―一九八五年）――韓国の社会、文化的変化」『季刊 *Koreana*』一九九一年秋季号、pp. 10–21（原載は『日本研究論叢〈第五集〉』pp. 256–292）。

李泰俊「解放前後――ある作家の手記」一九四六年。朝鮮文学の会編『現代朝鮮文学選2巻』創土社、一九七四年。

李泰鎮・安重根ハルピン学会編著『安重根と東洋平和論』日本評論社、二〇一六年（本書に安重根「東洋平和論」が収録されている。pp. 414–421。本稿は一九一〇年に擱筆）。

李沢徽「韓末の危機意識と斥邪衛正」『アジア公論』一九八四年八月、pp. 94–103（原載は『月刊朝鮮』一九八四年三月）。

李東華「私の東京留学時代」『アジア公論』一九八七年三月、pp. 160–162。

李炳注「弁明」『韓国短編小説選』岩波書店、一九八八年、pp. 209–228。

李丙燾「歴史から何を学ぶべきか」『アジア公論』一九八二年五月、pp. 35–41（原載は『新東亜』一九八二年二月）。

李龍範「謎に包まれた渤海史」『アジア公論』一九八一年一〇月、pp. 112–124（原載は『新東亜』一九八一年七月）。

劉傑『漢奸裁判』中央公論新社、二〇〇〇年。

李離和『人物朝鮮の歴史』明石書店、二〇〇〇年。

柳根鎬「韓・日国学思想の中国観と自国観の比較――中采浩と本居宣長の反中華論を中心に」渡辺浩・朴忠錫編『国家理念と対外認識』慶應義塾大学出版会、二〇〇一年、pp. 187–216。

柳致真「先づ尚武の精神」『京城日報』一九四二年五月三〇日付。

梁官洙『韓国民族民主運動の軌跡』柘植書房、一九九四年。

梁賢恵『尹致昊と金教臣　その親日と抗日の論理』新教出版社、一九九六年。

梁柱東「漢臭的内容を打破しやう」『朝鮮思想通信』一九二七年三月二二日、p. 4（「時調は復興さすべきか」という特集の一環として掲載されている）。

林学洙「北支へ使して〈下〉」『京城日報』一九三九年五月二四日付。

林鍾国『親日派』御茶の水書房、一九九二年。

林彪「人民戦争の勝利万歳〈上〉——抗日戦勝利二十周年を記念して」『世界週報』一九六五年九月二八日、pp. 78–89。

林炳稷「八一五解放から建国まで」『アジア公論』一九七三年八月、pp. 162–173（原載は月刊『中央』）。

林和「現代朝鮮文学の環境」『文藝』一九四〇年七月、pp. 178–202。

林和「新文学史の方法」（『東亜日報』一九四〇年一月一三—二〇日に「朝鮮文学研究の一課題——新文学史の方法論」として連載されたもの）。李光鎬編著『韓国の近現代文学』法政大学出版局、二〇〇一年、に日本語訳文が収録されている（pp. 284–297）。

ルイス、フローラ『ヨーロッパ〈上〉民族のモザイク』河出書房新社、一九九〇年。

ルーセ、ユゲット「朝鮮」オフィス・ド・リーブル編『アジア・美の様式〈上〉』連合出版、一九九〇年、pp. 229–237。

麗羅『山河哀号』徳間書店、一九八六年。

麗羅『体験的朝鮮戦争』徳間書店、一九九二年。

レドフィールド、ロバート『文明の文化人類学』誠信書房、一九六〇年。

レベジ、アレクサンドル『憂国』徳間書店、一九九七年。

呂運亨「今ぞ示せ〝皇民半島〟」『京城日報』一九四三年一一月九日付。

ロスチャイルド、ジョセフ『大戦間期の東欧——民族国家の幻影』刀水書房、一九九四年。

盧明植「懺悔としての韓国現代史」『*KOREA FOCUS*』一九九四年五月・六月、pp. 128–146（原載は『対話』

一九九四年春季号)。

和信産業株式会社『和信五十年史』一九七七年(非売品)。

和田駿「外国植民地と異なる我が朝鮮統治策」『朝鮮統治の回顧と批判』朝鮮新聞社編、一九三六年(『韓国併合史研究資料① 朝鮮統治の回顧と批判』〈復刻版〉龍溪書舎、一九九五年に収録されている。pp. 161–163)。

渡辺学「李朝期の初等教科書『童蒙先習』について」『武蔵大学論集〈第十巻第四号〉』一九六三年三月、pp. 49–82。友邦文庫所蔵。

和田春樹・高崎宗司編訳『分断時代の民族文化』社会思想社、一九七九年(宋建鎬「李承晩と金九の民族路線」pp. 145–201、前掲の姜万吉ほかによる座談会記録 pp. 203–271 などが収録されている。原載は『創作と批評』一九七七年秋季号)。

王仁神社奉賛会『王仁神社建設の為め内外の有志諸賢に懇請す』王仁神社奉賛会、一九三三年。

2 韓国語(朝鮮語)文献(CDを含む)

(注1)日本語訳で表示している。著者名・出版社名について、漢字が判明しない、または元から存在しない場合は当該部分を片仮名で書き、ハングル原表記を括弧で付記している。
(注2)著者名は、漢字もしくは仮名で表記したものを五十音順に配列している。
(注3)漢字は原則として日本の新字体に統一している。
(注4)丹齋申采浩先生記念事業会『丹齋申采浩全集』〈上・中・下〉各三巻および別集より引用している〈上・中・下〉各巻は一九七二年、別集は一九七七年に刊行された。本文ではそれぞれ申采浩

『上』『中』『下』『別集』と表記している）。

（注5）秋憲樹編『資料　韓国独立運動』延世大学出版部に収録されている中国語の論稿・記事については、後掲する「3　中国語文献（台湾語・漢文文献を含む）」を参照。

（注6）安益泰の作品を収めたCDも以下に掲げている。

青木洪「草鞋」『金融組合』一九四三年八月、pp. 98–106（青木洪は洪鍾羽の創氏名）。

天城活蘭「女性の武装」『朝光』一九四二年二月、pp. 122–124（天城活蘭は金活蘭の創氏名）。

安益泰『韓国幻想曲』音楽東亜、一九九二年（これは書籍ではなくCD。ここには「交響的幻想曲韓国」「降天声楽」「交響詩曲論介」「旧皇室愛国歌」「（Auld Lang Syne の旋律で歌われる）旧愛国歌」「（現在の）愛国歌」の六つの楽曲が収録されている）。

安在鴻選集刊行委員会『民世安在鴻選集2』知識産業社、一九八三年。

安春根「一九一〇年以後の言論・出版」国史編纂委員会編『韓国史論5　近代』一九七八年、pp. 192–207。

安明善「北米合衆国の独立史を閲し我が大朝鮮国の独立を論ず」『大朝鮮独立協会会報』〈自第一号至第一八号〉亜細亜文化社、一九七八年、pp. 82–85（原載は一八九七年）。

アン・ヨンギュ（안용규）『跆拳道　歴史・精神・哲学』図書出版21世紀教育社、二〇〇〇年。

*イ・チョンウ「ユク・ソンチョル」を見よ。

印貞植「東亜の再編成と朝鮮人」『三千里』一九三九年一月、pp. 52–64。

音楽東亜『韓国幻想曲』（CD）一九九二年（安益泰作曲「交響的幻想曲」「交響詩曲論介」「降天声楽」など六曲が収録されている。CDのケースには、一二ページからなる曲の解説が同封されている）。

岳裔「三要論」大韓興学報第12号『韓国開化期学術史21　大韓興学報（下）自第六号至第十三号』亜細亜文化社、一九七八年、に収録されている。pp. 423–430（原載は一九一〇年）。

韓興教「国文と漢文の關係」『大韓留学生学報』〈第壱号〉一九〇七年三月、pp. 28–30。

韓国開発研究院『日本経済社会の進化と韓日貿易』一九八八年。

韓国開発研究院『韓国経済半世紀政策資料集』一九九五年。

韓国学文献研究所編『韓国開化期教科書叢書』亜細亜文化社、一九七七年、pp. 11–12。

韓国経済新聞「日本指向の絵　いまだに多い」一九八二年十二月十二日付。

韓国経済新聞「『日帝残滓』をめぐり　美術界声明攻防戦」一九八三年四月二四日付。

韓国人物史編纂会『歴代国会議員総覧』租税公論社、一九八三年。

韓国政経社『六代選良のあれこれ』一九六五年。

韓国放送公社『韓国放送史』一九七七年。

韓国放送公社『韓国放送史　別冊』一九七七年。

韓国民族文化大百科事典編纂部『韓国民族文化大百科事典』韓国精神文化研究院、一九九一年各巻。

韓昇助・李享純・李教悳・金星龍『東北亜情勢の変化と韓・日関係』集文堂、一九九五年。

季刊美術『韓国美術の日帝植民残滓を清算する道』一九八三年春季号、pp. 99–114（「韓国美術の悲劇的な再出発」「日本美術の移入過程」「美術教育に及ぼしたおそるべき被害」「皇国臣民化時節の美術界」「民族美術のための至上の課題」「植民地美術の波長と余波」「我々の美感を回復する道」「わが美術の正統性」「日帝植民史観が遺したもの」の各論稿が掲載されている。執筆者として金潤洙、文明大、李慶成、李亀烈、崔淳雨らの名前が冒頭に掲げられているが、誰がどの論文を書いたのかはわからないようになっている）。

キム・ドクス（김덕수）『柔道正鑑』パン（판）、一九九七年。

キム・ハクミン（김학민）／チョン・ウンヒョン（정운현）編『親日派罪状記』ハクミン（학민）社、一九九三年。

教育部『社会科教育過程　別冊7』大韓教科書株式会社、一九九八年。

姜荃「国文便利及漢文弊害の説」『太極学報』〈第六号〉一九〇七年一月、pp. 15–18。

姜元植・李京明『跆拳道現代史』ポギョン（보경）文化社、一九九九年。

金允植／キム・ヒョン（김현）『韓国文学史』民音社、一九七三年。

金允植『韓国近代作家攷』一志社、一九七四年。

金允植「反歴史主義指向の過誤」『金東仁全集17〈別巻〉金東仁文学研究』朝鮮日報社、一九八八年、pp. 34–45。

金雲泰・金仁会・李炫熙「鼎談　民族・民主・統一への遠い道」『政経文化』一九八五年八月、pp. 76–89。
＊金活蘭　「天城活蘭」を見よ。
金翰容「朝鮮文壇振興策小攷」『朝光』一九三六年一月、pp. 147–153。

金九「祝辞」『三千里』一九三二年一〇月、p. 92。

金九『白凡金九自叙伝　原本白凡逸史』瑞文堂、二〇〇一年（禹玄民による現代語訳。原著は一九四七年）。

金根洙「一九一〇年以前の言論・出版」国史編纂委員会編『韓国史論5　近代』一九七八年、pp. 183–192。

金錫源「実戦談と非常時局の覚悟」『朝光』一九三九年九月、pp. 116–126（インタビューの記録。文責は記者）。

金思燁『日本の万葉集』民音社、一九八三年。

金鍾範『第四代民議員人物批判』中央政経研究所、一九六〇年。

金性洙「学徒よ聖戦に出でよ　大義に死す時　皇民たることの責務は大」『毎日新報』一九四三年一一月七日付。

金素雲「父祖の汚名を一掃」『毎日新報』一九四三年一一月二二日付。

金鎮世編『韓国古典小説作品論』集文堂、一九九〇年。

金東仁「感激と緊張」『毎日新報』一九四二年一月二三日付。

金東仁「キム・ドクス（김덕수）」（『金東仁全集4　金研実伝ほか短編小説（一九三九―一九四八）』朝鮮日報社、一九八八年、に収録されている。pp. 335-345。原著は一九四六年）。

金東仁「文壇三〇年の足跡」（『金東仁全集15　朝鮮史温古・史屑集ほか』朝鮮日報社、一九八八年、に収録されている。pp. 311-404。原載は一九四八―四九年）。

金文輯「内鮮一体具現の方法　『朝鮮民族』の発展的解消論序説――上古への帰還」『朝光』一九三九年九月、pp. 256-262。

金炳魯「放浪、教授、弁護士」『三千里』一九二九年九月、pp. 33-34。

金満堤・Mason E. S. ほか『韓国経済の近代化』韓国開発研究院、一九八一年。

金明植「大陸進出と朝鮮人」『朝光』一九三九年四月、pp. 46-49。

金容沃『跆拳道哲学の構成原理』トンナム（통나무）、一九九〇年。

金利祚『韓国法曹人秘伝』法律出版社、一九九四年。

金煉甲『愛国歌作詞者研究』集文堂、一九九八年。

桂光吉「漢城旬報と周報の影印および翻訳について」（『漢城旬報　漢城周報翻訳版』寛勲クラブ信永研究基金、一九八三年中の「発刊の辞」p. i)。

経済企画院調査統計局『韓国の人口動態統計』一九六五年。

洪淳昶「三国文化の日本伝播」『思想と政策』一九八四年冬季号、pp. 54-64。
＊洪鍾羽「青木洪」を見よ。
洪承勉「日帝時代が韓国人の倫理観に及ぼした影響」洪承勉・黄俊淵・黄弼昊『韓国人の倫理観』韓国精神文化研究院、一九八三年、pp. 187-221。

高炳翊『東亜交渉史の研究』ソウル大学校出版部、一九七〇年。

高炳翊「韓国古代の史書」『東アジア文化史論考』ソウル大学校出版部、一九九七年、pp. 65-77。

＊崔益鉉　中国語文献リスト中の「韓国文集編纂委員会」を見よ。
国際協力室編『第3回国際学術会議　論文集』韓国精神文化研究院、一九八五年。

呉光洙『韓国現代美術史』悦話堂、一九九五年。

権泰燮『朝鮮経済の基本構造』朝鮮時論社、一九四七年。

権悳奎「大倧教観——大倧教は歴史上いかなるものか」『三千里』一九三六年四月、pp. 135–139。

崔鉉培『朝鮮民族更生の道』一九三〇年（正音社より一九七四年に再刊されている）。

崔錫夏「朝鮮魂」『太極学報』一九〇六年一二月、pp. 19–22。

崔昌圭『韓民族の主体性と韓国史の正統性』金鳥出版社、一九七六年。

崔禎鎬「流入を続ける日本文化の原住所」『韓国人』一九八四年一〇月、pp. 38–42。

崔南善「歴史を通じて見た朝鮮人」一九二八年、『六堂崔南善全集1』玄岩社、一九七三年、pp. 86–91。

崔南善「日本文学における朝鮮の姿」一九三一年、『六堂崔南善全集9』玄岩社、一九七四年、pp. 416–429。

崔南善「自列書」『六堂崔南善全集10』玄岩社、一九七四年、pp. 530–533（原載は『自由新聞』一九四九年三月一〇日付）。

三千里「朴烈愛人の最後の遺書」一九三一年四月、pp. 51–54（金子文子の遺書が翻訳され掲載されている。『三千里』は雑誌名）。

三千里「安重根事件公判速記録」一九三一年七月、pp. 19–22。

三千里「民族発展に対する人民投票」一九三五年一月、pp. 54–58。

三千里「京城帝大出身青年学士の進路」一九三五年八月、pp. 135–141。

三千里「右翼陣営、左翼陣営〈1〉　朝鮮人徴兵を語る　時中会首領崔麟氏」一九三六年一二月、pp. 48–51。

三千里「機密室」一九四〇年七月、p. 2。

三千里「上海財界の三百万円覇者　孫昌植訪問記」一九四一年九月、pp. 100–105。

三千里「臨戦対策協議会」『三千里』一九四一年一一月、pp. 46–61（『三千里』社が主催した大会の議事録）。

司空壹・L. P. Jones『経済開発と政府および企業家の役割』韓国開発研究院、一九八一年。

車戴貞「東亜新秩序と革新」『三千里』一九三九年一月、pp. 64–68。

車相瓚「朝鮮新聞発達史」『朝光』一九三六年一一月、pp. 40–52。

嘯印生「歳己酉終に旧韓を送る」一九〇九年（大韓興学会『韓国開化期学術誌21　大韓興学報〈下〉』亜細亜文化社、一九七八年、に収録されている。pp. 151–154。原載は一九〇九年）。

徐元燮『時調文学研究』蛍雪出版社、一九七七年。

徐載弼「論説」『独立新聞』一八九六年八月四日付。

徐椿「可有、不可有を論じ、朝鮮民族性の暗黒面に及ぶ」『学之光』一九二一年六月、pp. 30–37。

徐廷柱「日政末期と私の『親日詩』」『新東亜』一九九二年四月、pp. 490–500。

申栄雨「朝鮮の歴史大家　丹斎　獄中会見記」一九三一年（この会見記は一九三一年一二月一九日から二八日にかけて『朝鮮日報』に掲載された。『丹斎申采浩全集〈下巻〉』蛍雪出版社、一九七二年、に収録されている。pp. 437–448）。

申海永「漢文字と国文字の損益如何」『大朝鮮独立協会会報〈第16号〉』一八九七年七月、pp. 1–5（『韓国開化期学術誌12　大朝鮮独立協会会報』〈自第一号至第一八号〉亜細亜文化社、一九七八年に収録されている。pp. 381–385）。

申興雨「太平洋風雲の展望」『三千里』一九四一年一一月、pp. 25–28。

申興雨「新嘉波と共栄圏」『大東亜』一九四二年五月、pp. 88–89。

愼根縡『韓日近代文学の比較研究』一潮閣、一九九五年。
＊申采浩　「丹斎申采浩先生記念事業会」を見よ。
申相楚『民族性の再発見』青坡文化社、一九七三年。

申福龍「朝鮮朝後期における民族意識の展開過程」国民倫理研究会『民族意識の探求』韓国精神文化研究院、一九八五年、pp. 61–72。

愼鏞廈『朝鮮土地調査事業研究』知識産業社、一九八二年。

愼鏞廈「民族形成の理論」愼鏞廈編『民族理論』文学と知性社、一九八五年、pp. 13–58。

全海宗『韓中関係史研究』一潮閣、一九七七年（「中国と韓国」pp. 9–24、「韓中朝貢関係概観――韓中関係史の鳥瞰のために」pp. 26–58、「清代韓中朝貢関係考」pp. 59–112などが収録されている）。

全海宗「韓国史をどのように見るか」歴史学会編『韓国史の反省』新丘文化社、一九九〇年、pp. 8–18。

千時権「国学の巨星、清渓金思燁博士」『清渓金思燁博士追慕文集』清渓金思燁博士追慕記念事業会、二〇〇二年、pp. 45–66。

全錫淡・李基洙・金漢周『日帝下の朝鮮社会経済史』朝鮮金融組合連合会、一九四七年。

先人文化社『大韓帝国期政策史資料集Ⅰ』一九九九年。

宗敏鎬『朝鮮開化期小説の史的研究』一志社、一九七五年。

宋秉郁「安益泰の知られざる二つの作品」『客席』二〇〇六年三月、pp. 86–89。

宋秉郁「安益泰の民族アイデンティティ――ある音楽家の正当な評価のために」『客席』二〇〇六年四月、pp. 86–90。

ソウル新聞「否定・消極的植民史観排撃」一九八七年三月二六日付。

ソウル新聞「名士の故郷25　精文研教授朴成壽の茂朱」一九九二年三月三日付。

大韓年鑑社編述『韓国名士大鑑〈第一輯〉』大韓年鑑社、一九五七年。

大韓年鑑社編述『韓国名士大鑑〈第二輯〉』大韓年鑑社、一九五九年。

大韓民国外交通商部『韓国外交五〇年』一九九九年。

大韓民国国防部戦史編纂委員会『韓国戦争史〈第1巻〉解放と建軍』一九六七年。

丹齋申采浩先生記念事業会『丹齋申采浩全集〈上巻〉』蛍雪出版社、一九七二年（「朝鮮上古史」pp. 31-354が収録されている。原載は『朝鮮日報』一九三一年六月一〇日―一〇月一四日）。

丹齋申采浩先生記念事業会『丹齋申采浩全集〈中巻〉』蛍雪出版社、一九七二年（「朝鮮民族の全盛時代」pp. 140-148、「淵蓋蘇文の死年」pp. 149-158、「朝鮮歴史上一千年来第一大事件」pp. 103-120、「東国巨傑　崔都統伝」pp. 415-456などが収録されている。「乙支文徳」も本書に収められているが、もとの論稿の原ページpp. 1-79が付せられ、通しページはない）。

丹齋申采浩先生記念事業会『丹齋申采浩全集〈下巻〉』蛍雪出版社、一九七二年（「浪客の新年漫筆」pp. 25-34、「朝鮮革命宣言」pp. 35-46、「日本の三大忠奴」pp. 55-57、「與友人絶交書」pp. 58-62、「大韓の希望」pp. 63-71、「歴史と愛国心の関係」pp. 72-80、「東洋主義に対する批評」pp. 88-94、「文法を統一すべし」pp. 95-96、「国民・大韓　両魔頭上に各一棒」pp. 105-107、「惜しいかな、禹龍澤氏の国家・大韓両魔報の走狗とならんとは」pp. 121-p. 123、「道徳」pp. 136-144、「利害」pp. 145-151、「思想家の労力を要求するとき」pp. 152-155、「地動説の効力」pp. 384-385などの論説に加えて、獄中会見記、死後の追慕文などが収録されている）。

丹齋申采浩先生記念事業会『丹齋申采浩全集〈別集〉』蛍雪出版社、一九七七年（「論麗史諲筆」pp. 30-31、「天喜堂詩話」pp. 55-72、「国漢文の軽重」pp. 73-77、「聲討文」pp. 87-90、「許多古人之罪悪審判」pp. 119-121、「愛国二字を仇視する教育家」pp. 122-123、「国家を滅ぼす学部」pp. 124-128、「西湖問答」pp. 131-145、「国家は即一家族」pp. 148-149、「同化の悲観」pp. 150-152、「精神上の国家」pp. 160-161、「国民の魂」pp. 167-168、「東洋伊太利」pp. 184-187、「韓国の第一豪傑大王」pp. 188-191、「文化と武力」pp. 200-201、「韓・日合併論者に告ぐ」pp. 204-207、「二〇世紀新国民」pp. 210-229、「古物陳列所載　高麗磁器有感」pp. 230-231、「韓国と満州」pp. 232-234などが収録されている）。

趙錫坤「収奪論と近代化論を越えて　植民地時代の再認識」『創作と批評』一九九六年夏季号、pp. 355-370。

趙潤済『韓国文学史』探究堂、一九八七年。

朝鮮日報「田中総理の政治妄言」一九七四年一月三一日付。

朝鮮日報「茶道用語統一し　手順を簡単に」一九八四年二月二八日付。

朝鮮日報「大韓民国政府樹立五〇周年記念世論調査」一九九八年七月一五日付。

朝鮮日報「安益泰先生、満洲国創立記念曲 自ら作曲、指揮」「舞台中央　日章旗縦に掛かり」二〇〇六年三月八日付（別の記事として、それぞれ一面と三面に掲載）。

朝鮮日報「〝愛国歌　作詞家は尹致昊〟資料追加発掘」二〇一三年六月一八日付。

張徳順『国文学通論』新丘文化社、一九八三年。

趙炳玉「日本帝国と朝鮮人の進路」『三千里』一九四一年一一月、pp. 53-54。

沈元燮『時調文学研究』蛍雪出版社、一九七七年。

丁時采『韓国行政制度史』法文社、一九八五年。

鄭晋錫『韓国言論史研究』一潮閣、一九八三年。

鄭晋錫編『漢城旬報　漢城周報翻訳版』財団法人寛勲クラブ信永研究基金、一九八三年。

東亜日報「姜元秀君　高文に合格」一九三〇年一月六日付。

東亜日報「国恥日と題して」一九四六年八月二九日付。

東亜日報「侵略者中共撃滅の時」一九五一年一月一九日付。

東亜日報『東亜年鑑』各年版。

内務部統計局『大韓民国統計年鑑』一九六〇年。

裵仁俊「韓国の中の日本色」『新東亜』一九八五年八月、pp. 340-353。

パク・チョンリュル（박종률）『わが剣道の源流——海東剣道の実際』キム・ハクミン（김학민）、一九九七年。

白鉄「世界文学と韓国文学」一九六二年孫世一編『韓国論争史Ⅱ』青藍文化社、一九七六年、pp. 191-205

（原載は『思想界』一九六二年文藝臨時増刊号）。

白楽濬「永遠の光芒を放って」『毎日新報』一九四三年一二月六日付。

反民族問題研究所編『親日派九九人』図書出版トルペゲ（돌베개）、一九九三年（一巻から三巻までの三分冊になっている。出版年は同じ）。

夫址栄『日本、もう一つの韓国』図書出版、一九九七年。

文一平『湖岸史論史話選集』現代実学社、一九九六年（原載は一九三三年）。

朴尹錫「李忠武公墓参拝記」『三千里』一九三一年六月、pp. 71–74。

朴殷植「論説　文弱の弊は必ず国を滅ぼす」『西友学会月報〈第一〇号〉』一九〇六年、pp. 1–6（韓国学文献研究所篇『韓国開化学術誌　西友〈下〉自第一〇号至第一七号』亜細亜文化社、一九七八年に収録されている。pp. 5–10）。

朴殷植「論説」『西友学会月報〈第八号〉』一九〇七年、pp. 1–4（韓国学文献研究所編『韓国開化学術雑誌西友〈上〉』亜細亜文化社、一九七六年、に収録されている。pp. 428–430）。

朴興植「光明の天地に向かって」『朝光』一九四二年二月、pp. 113–114。
＊朴興植　拝謁後の謹話については、「毎日新報」を見よ。
朴晟義『国文学通論・国文学史』イェクリン（예그린）出版社、一九七八年。

朴成壽『日本教科書と韓国史の歪曲』民知社、一九八二年。

朴成壽『民族史の脈を探して』チプヒョンジョン（집현전）、一九八五年（本書には「韓国史　このままでよいのか」pp. 38–45、「民族史の正しい理解」pp. 47–51、「国難克服史の虚実」pp. 52–63、「民族の歴史信仰」pp. 64–67、「大韓国史と小韓国史」pp. 86–107、「史魂と史恨」pp. 113–131、「民族史の歪曲」pp. 132–135、「丹齋の歴史精神」pp. 136–145、「丹齋史学の再発見」pp. 146–154、「丹齋の古代史観」pp. 155–172、「日帝植民史学の理論的基礎」pp. 185–194 などが収録されている）。

朴成壽『韓国史批判』図書出版ポルクサン（볽산）、一九九二年。

朴世茂『童蒙先習』李基奭訳解、弘新文化社、一九八二年（成書は一六世紀）。

毎日新報「拝謁の光栄に感泣　懇談会に出席した朝鮮代表謹話」『毎日新報』一九四二年一二月一一日付（朴興植の談話が写真入りで掲載されている）。

民族政経文化研究所編『親日派群像　予想登場人物』一九四八年。キム・ハクミン（김학민）／チョン・ウンヒョン（정운현）編『親日派罪状記』ハクミン（학민）社、一九九三年、に収録されている（pp. 343–476）。

兪仁浩「韓日関係認識の視角」愼鏞廈編『民族理論』文学と知性社、一九八五年、pp. 111–130。

友洋生「日本文明観」『大韓学会月報〈第八号〉』一九〇七年『韓国開化学術誌19　大韓学会月報〈下〉第七―九号　大韓留学生会学報　第一―三号』亜細亜文化社、一九七八年、pp. 137–142（友洋生は崔錫夏の筆名）。

ユク・ソンチョル（육성철）「イ・チョンウ（이종우）国技院副院長の『跆拳道の過去』衝撃の告白」『新東亜』二〇〇二年四月、pp. 290–311（ユク・ソンチョル記者によるインタビュー記事）。

兪鎭午「瞥見の北支」『朝光』一九四一年一二月、pp. 122–127。

李栄薫「日帝、永久併合を目的　朝鮮近代化に注力」『韓国日報』二〇〇四年四月二二日付（インタビュー記事）。

李鶴城「東満と朝鮮人」『朝光』一九四一年六月、pp. 306–311。

李基東「日帝下の韓国人官吏たち」『新東亜』一九八五年三月、pp. 454–479。

陸軍大学『戦闘力の発揮と強化』一九八〇年。

李光洙「われわれの理想」『学之光〈第一四号〉』一九一七年一一月、pp. 1–9。

李光洙『民族改造論』又新社、一九八一年（本書には、一九一七年から三三年までに発表された、「民族改造論」pp. 91–164、「少年へ」pp. 165–216、「子女中心論」pp. 306–317、「復活の曙光」pp. 318–335など一七編の論稿が収録されている）。

李光洙「朝鮮文学の概念」一九三三年（『韓国近代文学全集2』三省出版社、一九七八年、pp. 350–353 に収録されている）。

李在植／チェ・ヨンラン（최영란）『花郎武士道の本国剣法』東川出版社、一九九九年。

李在銑『韓国開化期小説研究』一潮閣、一九七二年。

李淑子『韓国近代東洋画研究』美術文化院、一九八九年。

李鍾学『軍事理論と軍事教育の研究』ソラボル（서라벌）軍事研究所出版部、一九九七年。

李崇寧『国語造語論攷』乙酉文化社、一九六一年。

李崇寧「古典註釋の科学的態度――〈古典文学の世界進出〉に答える」孫世一編『韓国論争史Ⅱ　文学・語学編』青藍文化社、一九七六年、pp. 402–408。

李青原『韓国民族文学史論』円光大学出版局、一九八二年。

李瑄根「満州と朝鮮」『朝光』一九三九年七月、pp. 58–61。

李瑄根「在満朝鮮人発展策」『三千里』一九四一年一月、pp. 49–50。

李相回「主体性が強固になってはじめて『文化侵略』が防げる」『週刊朝鮮』一九八五年七月二一日、pp. 76–77。

李相昊「北支と朝鮮人」『朝光』一九三九年九月、pp. 208–217。

李台雨「満州生活断想」『朝光』一九三九年七月、pp. 66–71。

李東熙『韓国軍事制度論』一潮閣、一九八二年。

李東初「少年国民の養成」『太極学報』一九〇七年一二月、pp. 7–10。

李徳奉「韓国のなかの日本文化」『日本学報〈第35輯〉』一九九五年一一月、pp. 11–36。

李宝鏡「国文と漢文の過渡時代」『太極学報』一九〇八年五月（李宝鏡は李光洙の本名）。

柳永益『甲午更張研究』一潮閣、一九九〇年。

柳永博『清韓論』東方図書出版社、一九八九年（韓国語文献。本書には、一八八八年に出版されたDenny, Owen Nickerson "*China and Korea*" の全文、その韓国語訳文、柳永博による解題、関連資料が収録されている）。

柳光烈「李堈殿下国境出走秘史」『三千里』一九三一年一〇月、pp. 52-54。

柳宗鎬「韓国的なるもの――それをどのように規定するか」孫世一『韓国論争史Ⅱ』青藍文化社、一九七六年、pp. 178-190。

柳致真「国民演劇樹立に対する提言」『毎日新報』一九四一年一月三日付。

劉鳳栄「三〇年前の朝鮮」『朝光』一九三九年二月、pp. 114-117。

林鍾国『親日文学論』平和出版社、一九六三年。

連合通信編『韓国人名辞典』連合通信、一九八九年。

盧明植「韓国民族主義の脈」『朝鮮日報』一九八二年九月一二日付。

（注1）漢字は原則として日本の新字体に統一している。
（注2）『資料』とは、中国の新聞・雑誌などに掲載された韓国独立運動に関する記事・論稿を収録する、秋憲樹編『資料　韓国独立運動』延世大学出版部を指す（第一巻は一九七一年、第二巻は一九七二年、第三巻は一九七三年に刊行されている）。

3　中国語（台湾語・漢文を含む）文献

尹保雲『韓国為什麼成功　朴正煕政権与韓国現代化』文津出版社、一九九三年。

苑書義『李鴻章伝』人民出版社、一九九四年。

王受華「対於中韓民族同盟抗日一點意見」『朝鮮民族戦線』一九三八年五月二五日、『資料　韓国独立運動』（冒頭注参照。以下単に『資料』という）第一巻、pp. 617–618。

王明星「蔑視・正視・重視――近代朝鮮儒生的日本観」復旦大学韓国研究中心編『韓国研究論叢〈第二輯〉』上海人民出版社、一九九六年、pp. 380–395。

韓国電映振興委員会編著『韓国電映史　従開化期到開花期』周健蔚・徐鳶訳、上海訳文出版社、二〇一〇年。

韓国文集編纂委員会編『勉菴先生文集〈一〉』景仁文化社、一九九四年（崔益鉉の文集。上訴文が多く収録されている）。

管雪齋「中韓両大民族的互信」『朝鮮民族戦線』漢口・朝鮮民族戦線社、一九三八年五月二五日（『資料』第一巻、p. 635）。

季平子『従鴉片戦争到甲午戦争――一八三九年至一八九五年間的中国対外関係史』華東師範大学出版社、一九九六年。

金陵「朝鮮革命的情勢」『朝鮮義勇隊〈第四〇期〉』一九四一年一〇月、『資料』第三巻、pp. 99–103。

厳大衛「国際情勢之転変与弱小民族応有之覚悟」『韓民』一九四五年四月二五日、『資料』第三巻、pp. 337–340。

顧維鈞「關於中日紛糾問題之総説帖」一九三二年四月、『資料』第三巻、pp. 401–428。

黄玉蘭・趙万鈞『宝島春秋――中国台湾史録』社会科学文献出版社、一九九五年。

黄昭堂「台湾人的反植民及 Nationalism 的発展」台湾研究基金会『百年来的台湾』前衛出版社、一九九五年、pp. 297–309。

黄枝連『天朝礼治体系研究〈中巻〉東亜的礼儀世界――中国封建王朝与朝鮮半島関係形態論』中国人民大学出版社、一九九四年。

侯宣傑『袁世凱全伝』当代中国出版社、一九九四年。

国立編訳舘主編・出版『認識台湾〈歴史篇〉』一九九七年。

昊景平「評中国国民政府対承認韓国臨時政府所持的態度」復旦大学韓国研究中心編『韓国研究論叢〈第三輯〉』上海人民出版社、一九九七年、pp. 163–200。

辜正坤編著『外国名詩百首』北京出版社、二〇〇〇年。

呉鉄城「韓国党派之調査与分析」一九四四年四月二二日、『資料』第二巻、pp. 63–80（呉鉄城はこの報告の受信者。発信者は不明）。
＊崔益鉉「韓国文集編纂委員会」を見よ。
時報「自署韓人愛国団領袖金九述歴刺日要人案之経過」一九三二年五月一〇日、『資料』第一巻、pp. 55–57。

謝俊美「一八九四年清朝出兵朝鮮始末」復旦大学韓国研究中心編『韓国研究論叢〈第二輯〉』上海人民出版社、一九九六年、pp. 257–285。

周光慶・劉瑋『漢語与新文化啓蒙　現代中国史叢書7』東大図書股分有限公司、一九九六年。

蕭貽待「朝鮮人的逃命生活」『外交月報』一九三四年一二月一五日、『資料』第一巻、pp. 56–65。

蕭貽待「日本海外移民与中国」『外交月報』一九三五年二月、『資料』第一巻、pp. 768–786。

蔣堅忍「日本帝国主義侵略中国史」漢口・奮闘報社、一九三一年一〇月、『資料』第三巻、pp. 612–625。

章之鴻「抗日救国」『中央日報』一九三二年一月二〇・二一・二三日、『資料』第一巻、pp. 597–601。

笑仙「在中韓僑問題」『外交月報』一九三三年三月一五日、『資料』第一巻、pp. 481–487。

蔣非非・王小甫等『中韓関係史　古代巻』社会科学文献出版社、一九九八年。

徐紅嵐『中日朝三国歴史紀年表』遼寧教育出版社、一九九八年。

如松「論朝鮮義勇隊在革命運動中的地位——糺正両種錯誤的認識」『朝鮮義勇隊通訊』一九四〇年九月一三日、『資料』第三巻、pp. 59–64。

徐宗懋『日本情結――従蔣介石至李登輝』天下文化出版股分有限公司、一九九七年。

徐万民『中韓関係史　近代巻』社会科学文献出版社、一九九六年。

新韓民主党・中央執委会「新韓民主黨修正綱領」一九四五年一二月二一日、『資料』第二巻、pp. 192–194。

中報「韓民移植東北之研究」一九三一年七月二三日（韓民国臨時政府旧址管理書処編『有関韓国独立運動　中韓関係史料選編一九一〇――一九四九』に収録されている。pp. 269–272）。

石源華「論中日戦争期間的韓国臨時政府」復旦大学韓国研究中心編『韓国研究論叢〈第一輯〉』上海人民出版社、一九九五年、pp. 60–78。

叢笑難『甲午戦争百年祭』華夏出版社、一九九四年。

荘萬壽・施正鋒「中国及其覇権主義的形成」『台湾民族主義2』前衛出版社、一九九四年。

戴鞍鋼「一八八二年《朝美条約》的　縁起与影響」復旦大学韓国研究中心編『韓国研究論叢〈第二輯〉』上海人民出版社、一九九六年、pp. 247–256。

戴鞍鋼「巨文島事件与朝鮮的国際環境」復旦大学韓国研究中心編『韓国研究論叢〈第三輯〉』上海人民出版社、一九九七年、pp. 219–227。

戴逸・楊東梁・華立『甲午戦争与東亜政治』中国社会科学出版社、一九九四年。

大公報「韓国臨時政府首長　歓送我東北長官」一九四五年八月二一日、『資料』第一巻、pp. 487–488。

台湾省行政長官公署「台湾省二二八暴動事件報告」鄧孔昭『二二八事件資料集』稲郷出版社、一九九一年、pp. 393–416。

中国国民党「関於扶助朝鮮光復運動之検討意見」一九四五年八月、『資料』第一巻、pp. 695–697。

朝鮮民族革命党「第六次代表大会宣言」一九四一年一二月一〇日、『資料』第二巻、pp. 204–211。

朝鮮民族戦線連盟「朝鮮民族戦線連盟闘争綱領」一九三八年四月一〇日、『資料』第二巻、pp. 256–257。

張存武『清代中韓関係論文集』台湾商務印書館、一九八七年（本書には、「清韓関係　一六三六――一六四四」、

「清韓封貢關係之制度性分析」が収録されている。それぞれ、pp. 1-71、pp. 72-85)。

陳潮「伝統的華夷国際秩序中韓宗藩関系」復旦大学韓国研究中心編『韓国研究論叢〈第二輯〉』上海人民出版社、一九九六年、pp. 209-246。

陳芳明「百年来的台湾与台湾風格」台湾研究基金会『百年来的台湾』前衛出版社、一九九五年、pp. 277-292。

陳木杉『中共編写「中華民国史」真相探討』国立編訳館、一九九四年。

沈亮棨編「国恥演説」沈雲龍主編『近代中国史料叢刊三篇〈第二六輯〉』文海出版社、一九二一年。

沈渭濱「朝鮮〝壬午兵変〟与中韓関係述論〈下〉」復旦大学韓国研究中心編『韓国研究論叢〈第四輯〉』上海人民出版社、一九九八年、pp. 188-208。

鄧孔昭『二二八事件資料集』稲郷出版社、一九九二年。

武月星主編『中国抗日戦争史地図集』中国地図出版社、二〇〇五年(初版は一九九五年)。

彭維学「対《認識台湾》教科書評析」『台湾研究』第4期、一九九七年、pp. 28-33。

馬彦「李青天伝」孫玉梅・宋健・金成蘭・馬彦『韓国著名反日独立運動家伝』吉林省社会科学院、一九九七年、pp. 560-697。

羅青「抗戦中的中韓民族連合問題」『朝鮮民族戦線』一九三八年五月二五日、『資料』第一巻、pp. 627-634。

李雲漢『中国近代史』〈増訂新版〉三民書局、一九九六年。

李岩・池水涌『朝鮮文学通史』社会科学文献出版社、二〇〇〇年。

李光「附呈報告書」一九四四年一〇月二七日、『資料』第二巻、pp. 439-443(呉鉄城に宛てた建議書の添付資料)。

李筱峰『解読二二八』玉山社、一九九八年。

李芒『万葉集選』人民文学出版社、一九九八年(李芒は翻訳者)。

梁啓超「朝鮮滅亡之原因」一九一〇年(『飲冰室合集6　専集1―21』中華書局、一九八九年、に収録されている。もとの論稿の原ページ pp. 1–7 が付せられ、通しページはない）。

梁啓超「日本併呑朝鮮記」一九一〇年（『飲冰室合集 6　専集 1―21』中華書局、一九八九年、に収録されている。もとの論稿の原ページ pp. 1–27 が付せられ、通しページはない）。

林明徳『袁世凱与朝鮮』中央研究院近代史研究所、一九七〇年。

林明徳「李鴻章対朝鮮的宗藩政策　一八八二―一八九四年」『韓国研究論叢〈第一輯〉』上海人民出版社、一九九五年、pp. 100–122。

歴史科教学研討会主編『中国近代史』幼獅文化事業公司、一九八八年。

魯迅「一個青年的夢」『新青年』〈第七巻第二号〉一九二〇年一月、pp. 66–67。

4　英語文献

Bark, Dong-Suh and Lee Chae-Jin. “Bureaucratic Elite and Development Orientations”, Suh, Dae-Sook and Lee, Cae-Jin ed. *Political Leadership in Korea,* University of Washington Press, Seatle and London, 1976, pp. 91–133.
Capener, Steven D. “Problems in the Identity and Philosophy of Taegwondo and Their Historical Problem”, *Korea Journal,* Winter 1995, pp. 80–94.
Choo, Hak-Chung. “The Educational Basis of Korea Economic Development”, Chung H. Lee and Ippei Yamazawa ed. *The Economic Development of Japan and Korea,* New York, 1987, pp. 171–184.
Clark, Donald N. “Faith and Betrayal: Notes on Korea’s Experience in the Chinese Tributary System”（本論稿は、国際協力室編『第3回国際学術会議　論文集』韓国精神文化研究院、一九八五年〈韓国語文献〉に収録

されている。pp. 199–215)。
Commager, Henry Steele."The Search for a Usable Past" *The Search for a Usable Past and Other Essays in Historiography,* Alfred A. Knopf, 1967, pp. 3–27.
Denny, Owen Nickerson. "*China and Korea*". 原著は一八八八年に上海で出版された。柳永博『清韓論』東方図書出版社、一九八九年（韓国語文献）に全文が収録されている。pp. 93–139.
Joint Chiefs of Staff "Basic Directive for Post-Surrender Military Government in Japan Proper" 3 November 1945. 本資料は、大蔵省財政室編『昭和財政史　終戦から講和まで〈二〇巻〉英文資料』に収録されている。
Jomo, K. S. "*Southeast Asia's Misunderstood Miracle*", Westview Press, 1997.
Keidel, Albert. "*Korean Regional Farm Product and Income, 1910-1975*", Korea Development Institute, 1979.
Kim, Kyong-Dong. "*Rethinking Development: Theories and Experiences*", Seoul National University Press, 1985.
Kim, Se-Jin. "*The Politics of Military Revolution in Korea*", The University of North Carolina Press, 1971.
Kimura, Mitsuhiko. "Standards of Living in Colonial Korea: Did the Masses Become Worse Off or Better Off Under Japanese Rule ?", *Journal of Economic History,* Vol. 53, No. 3, September, 1993, pp. 629–652.
Kohli, Atul. "Where Do High Growth Political Economies Come From ? The Japanese Lineage of Korea's Developmental State", World Development, Vol. 22, No. 9, 1994, pp. 1269–1293.
Kranewitter, Rudolf. "Prejudices Against the Japanese", *Korea Journal,* Vol. 32, No. 1, Spring 1992, pp. 72–83.
Lee, Hahn-Been. "*Korea: Time, Change, and Administration*", East-West Center Press, Honolulu, 1968.
Matsumoto, Koji. "Evolution of the Japanese System of Business Enterprises", In Japan's Postwar Experiences — Their Implocations for the Transformation of Central and East European Economies — The Japan Institute of International Affairs, 1994, pp. 8–30.
McKinlay, Brian. "*Australia 1942 End of Innocen: End of Innocence*", HarperCollins, Sydney, 1985.

Nahm, Andrew C. "Modernization Process in Korea: A Historical Perspective", In Modernization of Korea and the Impact of the West, East Asian Studies Center, University of South California, 1981, pp. 25–68.

Oliver, Robert T. "*Syngman Rhee: The Man Behind the Myth*", Dodd, Mead And Company, 1954.

Park, Yeon Hee / Park, Yeon Hwan / Jon Conrad "Tae Kwon Do The Ultimate Reference Guide to the World's Most Popular Martial Art" Facts On File 1989.

Perkins, Dwight H. "The Historical Foundations of Modern Economic Growth", In The Economic and Social Modernization of The Republic of Korea, edited by E. Mason, Mahn Jae Kim, Council on East Asian Studies, Harvard University, pp. 58–91, 1980.

Sakurai, Keiko. "Creating an Image of Community through Textbook in Iran", Annals of Japan Association for Middle East Studies, No. 9, March, 1994, pp. 143–164.

著者略歴――――
松本厚治 まつもと・こうじ

1944年生まれ、東京大学経済学部卒業。通商産業省入省。在大韓民国大使館参事官、在オーストラリア大使館参事官、埼玉大学大学院教授などを歴任。韓国関係の著作として『日韓経済摩擦』（東洋経済新報社）、『韓国経済の解剖』（共編著。文真堂）などがある。

韓国「反日主義」の起源

2019年3月4日 第1刷発行
2021年4月5日 第3刷発行

著　者 松本厚治
装幀者 鈴木正道
発行者 藤田　博
発行所 株式会社 草思社
〒160-0022 東京都新宿区新宿1-10-1
電話 営業 03(4580)7676 編集 03(4580)7680

本文印刷 株式会社三陽社
付物印刷 株式会社暁印刷
製本所 大口製本印刷株式会社

ISBN978-4-7942-2387-6 Printed in Japan 検印省略